Teamkonstellation und betriebliche Innovationsprozesse

Manfred Bornewasser
Christopher M. Schlick
Ricarda B. Bouncken
(Hrsg.)

Teamkonstellation und betriebliche Innovationsprozesse

 Springer

Herausgeber
Prof. Dr. Manfred Bornewasser
Abteilung für Arbeits- und
Organisationspsychologie
Ernst-Moritz-Arndt-
Universität Greifswald
Franz-Mehring-Str. 47, 17487
Greifswald
Deutschland

Prof. Dr. Ricarda B. Bouncken
Lehrstuhl für Strategisches Management
und Organisation
Universität Bayreuth
Universitätsstr. 30, 95440
Bayreuth
Deutschland

Univ.-Prof. Dr.-Ing. Dipl.-Wirt.-Ing.
Christopher M. Schlick
Lehrstuhl und Institut für
Arbeitswissenschaft
RWTH Aachen University
Bergdriesch 27, 52062
Aachen
Deutschland

Die vorliegende Veröffentlichung wurde aus dem Verbundprojekt „derobino – Demografierobuste Innovation für Forschungs- und Entwicklungsteams" – Förderkennzeichen 01HH11007, 01HH11008, 01HH11009 und 01HH11010 – mit Mitteln des Bundesministeriums für Bildung und Forschung (BMBF), des Europäischen Sozialfonds und der Europäischen Union finanziert. Die Verantwortung für den Inhalt der einzelnen Beiträge liegt bei den Autoren.

ISBN 978-3-658-07385-5   ISBN 978-3-658-07386-2 (eBook)
DOI 10.1007/978-3-658-07386-2

Die Deutsche Nationalbibliothek verzeichnet diese Publikation in der Deutschen Nationalbibliografie; detaillierte bibliografische Daten sind im Internet über http://dnb.d-nb.de abrufbar.

Lektorat: Dr. Lisa Bender, Yvonne Homann

Gedruckt auf säurefreiem und chlorfrei gebleichtem Papier

Springer ist eine Marke von Springer DE. Springer DE ist Teil der Fachverlagsgruppe Springer Science+Business Media
(www.springer.de)

Geleitwort der Herausgeber

Das vorliegende Buch entstand im Rahmen eines interdisziplinären Forschungsverbundes. Arbeitswissenschaftler der RWTH Aachen, Psychologen der Universität Greifswald und Wirtschaftswissenschaftler der Universität Bayreuth sowie Repräsentanten eines Unternehmens der Metallindustrie sind kooperativ der Frage nachgegangen, wie sich die Innovationsfähigkeit von Unternehmen im demografischen Wandel erhalten oder sogar steigern lässt. Eine solche Zusammenarbeit stellt immer eine Herausforderung dar, zumal nicht nur unterschiedliche Theorien und Sprachen, sondern vor allem auch unterschiedliche Methoden und Forschungsebenen aufeinander zu beziehen sind. Während Psychologen gemeinhin auf der Mikroebene agieren, beziehen sich Wirtschaftswissenschaftler zumeist auf die übergeordnete Makroebene und bewegen sich Arbeitswissenschaftler auf der Mesoebene, die Individuen und technische Strukturen in Form eines Arbeitssystems miteinander verknüpft. Parallel dazu werden in allen drei Disziplinen unterschiedliche methodische Ansätze verfolgt: Im vorliegenden Fall arbeiteten die Arbeitswissenschaftler bevorzugt mit der Methode der Simulation, die Wirtschaftswissenschaftler mit Befragungsinstrumenten und die Psychologen mit der Methode des Experiments. Zahlreiche Arbeitssitzungen waren sodann erforderlich, um die größte Herausforderung von BMBF-Verbundprojekten zu bewältigen: Aus den unterschiedlich gewonnen Befunden praxisnahe Werkzeuge zu entwickeln, die helfen können, Herausforderungen auf der praktischen Ebene des betrieblichen Alltags besser bewältigen zu können. In den nachfolgenden Kapiteln werden die erarbeiteten Forschungsergebnisse und die entwickelten Werkzeuge näher dargestellt und erörtert sowie aus der Perspektive der betrieblichen Praxis evaluiert. Wir danken Reinhard Weiß von der Eisengießerei Torgelow für seine inhaltlichen und praktischen Anregungen und Hinweise.

Kaum ein Buch würde erscheinen, gäbe es nicht im Hintergrund eifrige Mitarbeiterinnen und Mitarbeiter, die von Anfang an die koordinierenden Fäden in der Hand gehalten und gerade im finalen Stadium das Ziel nicht aus dem Auge verloren haben. Die Projektkoordination leistete in Aachen Susanne Mütze-Niewöhner, in Bayreuth Martin Ratzmann und in Greifswald Anne Köhn. Ihnen gebührt unser herzlicher Dank. Die Koordination aller Buchbeiträge lag in Greifswald in den bewährten Händen von Antonia Unger, die intensiv durch Kevin Kirchner unterstützt wurde. Beide haben die mühsame Aufgabe auf sich genommen, sämtliche Beiträge in eine verlagsgerechte Form zu bringen. Nicht zuletzt möchten wir uns auch bei Frau Brechtel-Wahl vom Verlag Springer Psychologie herzlich für all ihre konstruktiven Vorschläge und Hinweise zur Güte bedanken. Ein ganz besonderer Dank gilt Dr. Andreas Theilmeier vom Projektträger im Deutschen Zentrum für Luft- und Raumfahrt e. V. Er hat unser Projekt allzeit konstruktiv und zuverlässig betreut. Schließlich möchten wir allen Verfassern für ihre Beiträge Dank sagen.

Zum Abschluss noch der Hinweis auf zwei Formalitäten: Die nachfolgenden Beiträge in diesem Buch spiegeln nicht in jedem Falle die Auffassung der Herausgeber wider. Vielmehr sind für die Inhalte die zu jedem Beitrag angegebenen Verfasser verantwortlich. Zugunsten der besseren Lesbarkeit wird auf die Nennung beider Geschlechterformen verzichtet und nur die männliche Form verwendet. Die Autoren weisen jedoch ausdrücklich darauf hin, dass dies als geschlechtsneutrale Bezeichnung erfolgt und die weibliche Form stets eingeschlossen ist.

Manfred Bornewasser
Christopher M. Schlick
Ricarda B. Bouncken

Vorwort

Sicherung der Innovationsfähigkeit im demografischen Wandel

Deutschland ist seit Jahren ein bedeutsamer Exporteur auf allen Weltmärkten und hielt jahrelang den Titel des „Exportweltmeisters". Dieser Erfolg geht vor allem auf die Innovationskraft der deutschen Wirtschaft, seiner hoch entwickelten Industrie, seiner weltweit anerkannten dualen Ausbildung und nicht zuletzt die Leistungskraft seiner zahlreichen kleineren und mittleren Unternehmen, die über ganz Deutschland verteilt sind, zurück. Jährlich werden etwa 20.000 internationale Patente angemeldet, womit Deutschland 2011 laut OECD im weltweiten Vergleich den dritten Rang hinter den USA und Japan einnimmt. Allerdings zeigt sich in mancherlei Hinsicht Stagnation: Deutschland hält zwar seinen ansehnlichen Rang, jedoch werden die Abstände zur Spitze größer und es holen andere Länder, insbesondere China, deutlich auf. Dies gilt auch für den traditionell innovationsstarken deutschen Maschinen- oder Fahrzeugbau. In einzelnen Märkten, wie etwa der Bio- oder der Informationstechnologie, droht Deutschland sogar, den Anschluss zu verlieren.

Im Spitzensport gilt es als ausgemacht, dass die Eroberung eines Spitzenplatzes leicht ist im Verhältnis dazu, diesen Spitzenplatz auf Dauer zu halten. Permanente Motivationsverluste müssen immer wieder durch neue Begeisterungswellen ausgeglichen werden. Sich auf Medaillen und Lorbeeren auszuruhen ist angesichts der weltweiten Konkurrenz unmöglich. Das gilt auch für die Innovation. Mit der jahrelangen Positionierung im Spitzenbereich verbinden sich zahlreiche gravierende Herausforderungen. Erwähnt seien etwa die relativ geringen Anteile von Studierenden in den sogenannten MINT-Fächern, die verhältnismäßig geringe Quote an Bruttoinlandsausgaben für Forschung und Entwicklung gemessen am Bruttoinlandsprodukt oder die Verschlechterung des Verhältnisses von eingesetzten Forschungsmitteln und Patentanmeldungen. Eine besondere Herausforderung stellt auch der demografische Wandel dar, der in den nächsten Jahren zu erheblichen Engpässen bei der Rekrutierung neuer Nachwuchskräfte sowie zu einer Alterung der Belegschaften führen wird. Auch hier stellt sich die Frage, in welcher Form daraus zusätzliche Nachteile für die Innovationsfähigkeit der deutschen Wirtschaft resultieren bzw. welche Chancen in diesen Entwicklungen liegen.

Das Bundesministerium für Bildung und Forschung ist sich der Bedeutsamkeit des Themas Innovation ebenso bewusst wie der aufgezeigten Herausforderungen. Es unterstützt mit seinem Forschungs- und Entwicklungsprogramm „Arbeiten, Lernen, Kompetenzen entwickeln – Innovationsfähigkeit in einer modernen Arbeitswelt" in ausgewählten Verbundprojekten aussichtsreiche Strategien zur Bewältigung der aufgezeigten demografischen Entwicklung, wobei das anwachsende Alter der Belegschaften durch geeignete Personalentwicklungsmaßnahmen ebenso offensiv angegangen wird wie der Rückgang junger Nachwuchskräfte. Letzteres gibt Gelegenheit, auf die erfolgreiche Personalgewinnung der letzten Jahre durch Migration und eine verbesserte Willkommenskultur zu verweisen.

In dieser Veröffentlichung werden die Ergebnisse aus einem Verbundprojekt vorgestellt, das nicht in den häufig zu hörenden Chor einstimmt, die zentrale Bedrohung für die Innovativität des Standorts Deutschland liege im zunehmenden Alter der Erwerbstätigen. Im Gegenteil, es wird implizit behauptet, ein höheres Lebensalter könne sogar bereichern und Innovationen anregen. Kreativität und Innovativität sind demnach keine Frage des Lebensalters, schon gar nicht in der Phase des Arbeitslebens. Viel wichtiger ist die Frage, in welchen Strukturen vor Ort am Arbeitsplatz gearbeitet wird, ob Lernen und Kooperation gefördert werden und ob es über koordinierte Kommunikationskanäle zu vielfältigen wechselseitigen Anregungen kommt.

Dieser strukturell förderliche Aspekt gilt den Autoren zufolge auch für die Zusammensetzung der Arbeitskräfte in Teams. Diversität kann die Performanz fördern, d. h. entscheidend ist die Kombination von Jung und Alt bzw. die Diversität des Arbeitsteams, wobei diese Diversität nicht nur auf das Alter, sondern auch auf zahlreiche andere Merkmale zu beziehen ist. In diesem Sinne kommt es in Unternehmen darauf an, innovationsförderliche Diversität zu organisieren, d. h. junge und alte, naturwissenschaftlich, ingenieurwissenschaftlich und sozialwissenschaftlich ausgebildete, weibliche und männliche Fachkräfte in Arbeitsgruppen oder Teams zusammenzustellen. Die Diversitätsplanung kann scheitern, wenn Vertreter z. B. unterschiedlicher Alters- oder Funktionsgruppen nicht in hinreichender Zahl im Unternehmen vertreten sind.

Aus der Projektarbeit sind einige Werkzeuge hervorgegangen, die zum einen der Planung von effizienten Arbeitsprozessen und zum anderen der Planung von innovationsförderlicher Diversität dienen. Zwei seien hier kurz herausgegriffen: Mit einem Simulationswerkzeug werden Teile komplexer Innovationsprozesse nachgebildet und untersucht, in welcher Zeit solche Prozesse unter der Randbedingung bestimmter Engpassqualifikationen ablaufen. Mit einem Diversitätsplaner werden Unternehmen dabei unterstützt, hinsichtlich verschiedener demografischer und funktionaler Merkmale optimal diverse Teams zusammenzustellen. Die Schnittstelle beider Werkzeuge liegt interessanterweise in der Demografie. Im ersten Fall geht es um die Frage, ob genügend qualifizierte Arbeitskräfte für einzelne Arbeitsschritte vorhanden sind, im zweiten Fall stellt sich die Frage, ob sich überhaupt Teams mit optimaler Diversität bilden lassen. Aus beiden Werkzeugen leiten sich strategische Überlegungen zur Rekrutierung und zur Zusammensetzung des Personals ab.

Dank der wohl abgestimmten Projektarbeit, die durch zahlreiche Treffen der Verbundpartner sowie der Fokusgruppe und darüber hinaus durch vielfältige Kontakte mit anderen Projekten gekennzeichnet war, wird in dem vorliegenden Buch ein fundierter Beitrag sowohl zur wissenschaftlichen Diskussion als auch zur betrieblichen Gestaltung geleistet. Daher nehme ich diese Gelegenheit gern wahr, um mich an dieser Stelle bei allen beteiligten Projektpartnern für die sehr gute Kooperation während der Förderphase zu bedanken. Es bleibt zu hoffen, dass die erarbeiteten theoretischen und empirischen Ansätze auch weiterhin vertieft sowie die erarbeiteten Instrumente in zahlreichen Unternehmen zum Einsatz gebracht werden. Sie mögen die Unternehmen dabei unterstützen, die zukünftigen demografischen Herausforderungen zu meistern und einen Beitrag dazu leisten, die Innovationskraft des Standorts Deutschland zu stärken.

Dr. Andreas Theilmeier
Projektträger im Deutschen Zentrum für Luft- und Raumfahrt e. V.
Innovationsfähigkeit im demografischen Wandel

Inhaltsverzeichnis

Autorenverzeichnis

Dominic Bläsing Abteilung für Arbeits- und Organisationspsychologie, Ernst-Moritz-Arndt-Universität Greifswald, Greifswald, Deutschland

Dipl.-Demogr. Sebastian Bloch Abteilung für Arbeits- und Organisationspsychologie, Ernst-Moritz-Arndt-Universität Greifswald, Greifswald, Deutschland

Prof. Dr. Manfred Bornewasser Abteilung für Arbeits- und Organisationspsychologie, Ernst-Moritz-Arndt-Universität Greifswald, Greifswald, Deutschland

Prof. Dr. Ricarda Bouncken Lehrstuhl für Strategisches Management und Organisation, Universität Bayreuth, Bayreuth, Deutschland

Dipl.-Phys. Stefan Frenzel Abteilung für Arbeits- und Organisationspsychologie, Ernst-Moritz-Arndt-Universität Greifswald, Greifswald, Deutschland

Dorit Hahn M.A. Abteilung für Arbeits- und Organisationspsychologie, Ernst-Moritz-Arndt-Universität Greifswald, Greifswald, Deutschland

Dipl.-Psych. Madlen Hiller Abteilung für Arbeits- und Organisationspsychologie, Ernst-Moritz-Arndt-Universität Greifswald, Greifswald, Deutschland

Dr. Anne Köhn Abteilung für Arbeits- und Organisationspsychologie, Ernst-Moritz-Arndt-Universität Greifswald, Greifswald, Deutschland

Philipp Przybysz M.Sc. Lehrstuhl und Institut für Arbeitswissenschaft, RWTH Aachen University, Aachen, Deutschland

Dipl.-Psych. Martin Ratzmann Lehrstuhl für Strategisches Management und Organisation, Universität Bayreuth, Bayreuth, Deutschland

Prof. Dr.-Ing. Dipl.-Wirt.-Ing. Christopher M. Schlick Lehrstuhl und Institut für Arbeitswissenschaft, RWTH Aachen University, Aachen, Deutschland

Dipl.-Ing. Sebastian Terstegen Lehrstuhl und Institut für Arbeitswissenschaft, RWTH Aachen University, Aachen, Deutschland

Dr.-Ing. Reinhard Weiß Qualitätsmanagement, Eisengießerei Torgelow GmbH, Torgelow, Deutschland

Demografie und Innovation: Stand der Forschung

Christopher M. Schlick, Manfred Bornewasser und
Ricarda B. Bouncken

Zusammenfassung

Die Entwicklung innovativer Produkte, Prozesse und damit verbundener Dienstleistungen ist ein entscheidender Wettbewerbsfaktor für deutsche Unternehmen. Um negative Auswirkungen der demografischen Entwicklung auf die Innovationsfähigkeit von Forschungs- und Entwicklungsteams (FuE-Teams) zu vermeiden, benötigen Unternehmen geeignete Instrumente, die es ihnen erlauben, ihre Innovationsfähigkeit abzuschätzen und mit Hilfe von geeigneten Personal-, Team- und Organisationsentwicklungsmaßnahmen zu steuern. Dieser Beitrag zeigt die Herausforderungen auf, vor denen produzierende Unternehmen stehen, beleuchtet die Prozesse der Teambildung und gibt einen Überblick über geeignete Methoden und Werkzeuge, mit denen Unternehmen ihre

C. M. Schlick (✉)
Lehrstuhl und Institut für Arbeitswissenschaft, RWTH Aachen University,
Bergdriesch 27, 52062 Aachen, Deutschland
E-Mail: c.schlick@iaw.rwth-aachen.de

M. Bornewasser
Abteilung für Arbeits- und Organisationspsychologie,
Ernst-Moritz-Arndt-Universität Greifswald, Franz-Mehring-Str. 47,
17487 Greifswald, Deutschland
E-Mail: bornewas@uni-greifswald.de

R. B. Bouncken
Lehrstuhl für Strategisches Management und Organisation, Universität Bayreuth,
Universitätsstr. 30, 95440 Bayreuth, Deutschland
E-Mail: bwl6@uni-bayreuth.de

© Springer Fachmedien Wiesbaden 2015
M. Bornewasser et al. (Hrsg.), *Teamkonstellation und betriebliche Innovationsprozesse*, DOI 10.1007/978-3-658-07386-2_1

FuE-Teams vor dem Hintergrund der demografischen Veränderungen gestalten und deren Innovationsfähigkeit steigern können.

1.1 Ausgangssituation

Die Globalisierung der Wirtschaft und die immer schneller voranschreitende technologische Entwicklung stellen für Unternehmen eine immer größere Herausforderung dar. Um dauerhaft im globalen Wettbewerb bestehen zu können, müssen Unternehmen kontinuierlich ihre angebotenen Produkte, Prozesse und Services verbessern und erneuern. Speziell die Kompetenz der Innovationsfähigkeit kann über alle Branchen hinweg einen außerordentlichen Beitrag zur Existenzsicherung und zum wirtschaftlichen Erfolg leisten. Die Sicherung und der kontinuierliche Ausbau der Innovationsfähigkeit in produzierenden Unternehmen erfordern adäquate Spitzenleistungen bei Innovationen und damit bei der kurzfristigen, aber auch strategischen Planung von Forschungs- und Entwicklungsprojekten (FuE-Projekten). Eine Herausforderung ist dabei insbesondere für Unternehmen in Europa die demografische Veränderung, mit der ein Mangel an Fach- und Nachwuchskräften in FuE-Projekten einhergeht. Dem weiterhin bestehenden Trend, FuE-Erfolge nur kurzfristig und nicht unter Berücksichtigung der langfristigen Veränderung des Unternehmens – insbesondere einer in Deutschland kontinuierlich zunehmenden Alterung der Belegschaft in FuE-Abteilungen – zu betrachten, kann daher am besten entgegengewirkt werden, wenn „demografierobuste" Unternehmenskonzepte zugrunde gelegt werden, die zugleich einen wirtschaftlichen Nutzen für das jeweilige Unternehmen bieten.

Das vorliegende Buch soll hierzu einen Beitrag leisten. Es geht aus der Kooperation von drei Universitätsinstituten und einem betrieblichen Verbundpartner im Rahmen des vom Bundesministerium für Bildung und Forschung geförderten und aus Mitteln des Europäischen Sozialfonds kofinanzierten Forschungsprojektes „derobino – Demografierobuste Innovation für Forschungs- und Entwicklungsteams" hervor. Es beleuchtet die Konsequenzen, die der demografische Wandel für Unternehmen in Deutschland bringen kann und zeigt zugleich auf anschauliche Weise auf, welche Handlungs- und Gestaltungsmöglichkeiten sich für Unternehmen ergeben.

1.2 Projektpartner und Projektziele

Das Projektkonsortium bestand aus Vertretern mehrerer wissenschaftlicher Fachrichtungen, die eine multi- und transdisziplinäre Vorgehensweise zur Bearbeitung des Forschungsgegenstandes ermöglichte. Der Lehrstuhl Sozialpsychologie/Arbeits-

und Organisationspsychologie der Ernst-Moritz-Arndt-Universität in Greifswald unter der Leitung von Prof. Dr. Manfred Bornewasser untersuchte die demografischen und individuellen Faktoren der Innovationsfähigkeit. Der Lehrstuhl für Strategisches Management und Organisation der Universität Bayreuth unter der Leitung von Prof. Dr. Ricarda Bouncken betrachtete in diesem Projekt auf struktureller Ebene die Erfolgsfaktoren von Innovationsteams im demografischen Wandel. Die Erkenntnisse der Forschungen auf individueller und struktureller Ebene wurden ergänzt und erweitert von Arbeiten des Instituts für Arbeitswissenschaft der RWTH Aachen unter der Leitung von Prof. Dr. Christopher M. Schlick, indem die Befunde in ein Simulationsmodell eingingen, welches die Abbildung der quantitativen Auswirkungen der einzelnen Faktoren auf organisationaler Ebene ermöglichte. Zudem stand mit der Eisengießerei Torgelow GmbH ein betrieblicher Verbundpartner als tatkräftige Unterstützung zur Seite, der zugleich wertvolle Einblicke in den betrieblichen Alltag ermöglichte, wichtige und zentrale Beiträge für die Entwicklung und Anwendung der Methoden lieferte und als „Versuchskaninchen" zur Verfügung stand.

Die Zielsetzung des Forschungsprojektes war zum einen, die Art und Stärke der Einflussfaktoren hinsichtlich der Innovationsfähigkeit auf individueller, struktureller und organisationaler Ebene zu identifizieren und daraus konkrete Gestaltungs- und Handlungsempfehlungen abzuleiten. Zum anderen lag der Fokus darauf, Unterstützungswerkzeuge, Konzepte und Methoden zum Umgang mit den sich verändernden demografischen Rahmenbedingungen für den Einsatz in der betrieblichen Praxis zu konzipieren und unter wissenschaftlicher Begleitung beim betrieblichen Verbundpartner zu erproben.

1.3 Innovationsfähigkeit im Demografischen Wandel

Bedingt durch sinkende Geburtenraten und erhöhte Lebenserwartung steigt das durchschnittliche Alter der Bevölkerung an. Die entsprechenden Alterskohorten der Älteren nehmen an Umfang zu, während gleichzeitig der Umfang der Alterskohorten der Jüngeren abnimmt und es in der Kombination beider Faktoren zu einem verstärkten Fachkräftemangel kommt, der schließlich in einer Reduzierung der Innovationsfähigkeit von Unternehmen münden kann. Dieser Trend betrifft nicht allein die Bundesrepublik Deutschland, sondern tritt ebenfalls in anderen europäischen Volkswirtschaften ein. Auch für die Vereinigten Staaten von Amerika wird eine ähnliche, jedoch im Vergleich zu Europa nicht so drastische Prognose abgegeben. Grund dafür ist die im Vergleich zu Europa höhere Geburtenrate und die insgesamt etwas niedrigere Lebenserwartung. Entgegen der negativen Vorhersage wächst die Gesamtzahl der Weltbevölkerung weiterhin, insbesondere durch eine steigende Geburtenrate auf dem afrikanischen und dem asiatischen Kontinent. Jedoch ist die wachsende Population nicht gleichbedeutend mit der Schlussfolgerung, dass der demografische Wandel diese Länder nicht betreffen wird. Vorhersagen der Vereinten Nationen zufolge werden sich die Geburtenrate und die Lebenserwartung in den heute und in den nächsten Jahren noch wachsenden Ländern ähnlich entwickeln wie in den bereits heute vom demografischen Wandel betroffenen Ländern. In diesen Gebieten wird die Entwicklung jedoch erst zu einem späteren Zeitpunkt einsetzen. Die Alterung der Gesellschaft ist somit ein globales Problem, von dem wir in Europa, und speziell in der Bundesrepublik, als eine der ersten betroffen sein werden. In Deutschland wird bis 2050 die Zahl der Erwerbsfähigen auf unter 30 Mio. fallen. In Anbetracht der Tatsache, dass eben jene Zahl der Erwerbsfähigen im Jahr 2000 noch bei 42 Mio. lag, bedeutet der Rückgang der Erwerbsfähigen, dass Unternehmen in Zukunft ihre Tätigkeiten und Aktivitäten nicht in der gleichen Weise durchführen können, wie sie es bisher getan haben. Älteren Arbeitspersonen wird eine bedeutende Rolle in Unternehmen zukommen, so dass die Aufrechterhaltung ihrer Arbeitsfähigkeit ein eigenes Ziel im Kontext der demografischen Entwicklung darstellt. Es bedarf alternativer Gestaltungsansätze, um den Verlust des Erfahrungswissens und den Rückgang an Nachwuchskräften zu kompensieren, ohne dabei Einbußen in wirtschaftlicher Hinsicht befürchten zu müssen. Der demografische Wandel stellt keine plötzliche und neue Entwicklung dar. Es besteht aber die Notwendigkeit der Auseinandersetzung mit den möglichen Folgen des demografischen Wandels. Die Ausgangssituation stellt sich nicht als äußerst kritisch, jedoch aber als strategisch notwendig heraus. Hierzu leistet das vorliegende Buch auf vielfältige Art einen Beitrag. Es werden Ansätze zum erfolgreichen Umgang mit den Herausforderungen des demografischen Wandels auf personaler, struktureller und organisationaler Ebene beschrieben. Es bietet einen methodischen „Werkzeugkasten" an, der Instrumente unterschiedlicher Klassen für eine Reihe sich bietender Anwendungsfälle bereithält. Diese Instrumente sind, so wird sich im Verlaufe dieses Buches herausstellen, für Unternehmen in verschiedenen Phasen des Innovationsprozesses und auf unterschiedlichen Ebenen anwendbar. Dabei ergänzen sich die Werkzeuge gegenseitig. Die aufgezeigten Personal- und Organisationsentwicklungsmaßnahmen bilden einen Schwerpunkt, mit dem die Unternehmen zu jeder Zeit ihre Situation untersuchen und daraus Gestaltungsmaßnahmen zur Verbesserung ableiten können. Ferner ist ein Simulationswerkzeug entstanden, mit dessen Hilfe die Auswirkungen von verschiedenen Arten des Personaleinsatzes (und somit unterschiedlichen Qualifikationen) auf einen Innovationsprozess beschrieben werden können. In Kombination mit weiteren Instrumenten, beispielsweise einer Altersstrukturanalyse, können frühzeitig entstehende Bedarfe erkannt und adäquate Maßnahmen eingeleitet werden. Die Funktion sowie der Einsatz der im Verlauf des Projektes entwickelten Werkzeuge in den jeweiligen Werkzeugklassen werden in den einzelnen Kapiteln dieses Buches beschrieben.

Auch Innovation ist kein unbekanntes Terrain auf der Forschungslandkarte. Bereits seit Mitte des 20. Jahrhunderts setzen sich Wissenschaftler mit der Fragestellung auseinander, wie Innovationsprozesse beschrieben werden können und welches die erfolgshemmenden bzw. erfolgstreibenden Faktoren hierbei sind. Zweifelsohne muss aber anerkannt werden, dass Innovationen in der Industrie einen anderen Stellenwert haben als im wissenschaftlichen Kontext. In der Wissenschaft wird nach einem passenden Erklärungsmodell gesucht, unter dem sich möglichst viele Innovationsprozesse betrachten lassen. Grundsätzlich stellt sich aber das für Wissenschaftler inhärente Problem ein, dass Innovationen eben nur aus einer retrospektiven Sichtweise – also *post hoc* – betrachtet werden können. Die Suche nach einem Erklärungsmodell, einer Theorie, aus der sich das Entstehen von Innovationen *ex ante* vorhersagen lässt, treibt viele Forscher an. Es bleibt allerdings fraglich, ob eine solche Theorie in ihrer Allgemeinheit überhaupt existiert, und ob sie, in Anbetracht der Vielzahl von unterschiedlichen Auslegungen der Bedeutung von Innovation, überhaupt Bestand haben kann.

Für Unternehmen sind Innovationen unerlässlich. Sie sind Bedingung für die Wettbewerbsfähigkeit und somit für den Fortbestand eines Unternehmens von existenzieller Bedeutung. Innovationen sind aber in der Regel mit Investitionen und hohen Kosten verbunden, obwohl der Ausgang der korrespondierenden Forschungs- und Entwicklungsprozesse oftmals ungewiss ist. Innovationen unterliegen einem hohen Risiko, beispielsweise wenn die Erträge aus dem entwickelten Produkt die zugehörige finanzielle Investition nicht decken oder gar ganz ausbleiben. Somit kann ein Unternehmen, welches sich der Notwendigkeit von Innovationen bewusst ist und diese aktiv anstrebt, sich durch seine Bemühungen allein nicht auf die Generierung von Innovationen verlassen. Die Berücksichtigung weiterer Umstände der Um- und Durchsetzung ist zwingend erforderlich.

Die unterschiedliche Wahrnehmung von Innovation in Wissenschaft und Industrie äußert sich auch durch eine gewisse Unschärfe in der Bedeutung des Begriffs. Was genau fällt unter den Begriff der Innovation? Unter dem „Deckmantel" der Innovation werden in Unternehmen viele Prozesse der Neuentstehung vereint. Produkte und Dienstleistungen, die es zuvor nicht gab, werden häufig als radikale Innovationen bezeichnet. Sie sind in der Regel sehr prominent und sichtbar, treten aber vergleichsweise selten auf. Häufiger hingegen sind inkrementelle Innovationen, die sich oft aus der Verbesserung bestehender Produkte oder Dienstleistungen ableiten. Sie äußern sich in kleinen Verbesserungen, die im Vergleich zu vorangehenden Entwicklungsstadien beispielsweise die Benutzung erleichtern oder um Funktionen bereichert wurden. Obwohl es sich dabei nicht um neue, zuvor nicht dagewesene Produkte handelt, so ist diese Art der Innovation für den Endanwender meistens in gewisser Form sichtbar. Eine dritte Art von Innovation, häufig als Prozessinnovation bezeichnet, tritt verglichen mit radikalen oder inkrementellen Innovationen wesentlich häufiger auf, bleibt aber meistens verborgen, da sie sozusagen „hinter den Kulissen" stattfindet. Hierzu zählen beispielsweise der Austausch von Materialien, die zur Herstellung eingesetzt werden, die Umstellung auf neue Technologien im Produktionsprozess oder auch die Umstrukturierung der Arbeitsorganisation. In diesem Sinne können auch die Ergebnisse klassischer kontinuierlicher Verbesserungsprozesse (KVP) als Innovation verstanden werden. Unter den Innovationsbegriff fallen aber auch von Kunden in Auftrag gegebene Produktentwicklungen, nicht nur dann, wenn vollständig neue Produkte zu entwickeln sind, sondern auch wenn durch die Änderungen von essenziellen Spezifikationen der Entwicklungsprozess von vorne durchlaufen werden muss (sog. Anpassungsentwicklung). Eine weitere Art von Innovation ist die Anpassung bestehender Produkte, z. B. für bestimmte Nutzergruppen oder geografische Märkte (sog. Variantenentwicklung). Innovation hat somit ein breites Bedeutungsspektrum, sodass es in der Kooperation von Unternehmen und Wissenschaft im Einzelfall immer der Klärung des Begriffes bedarf.

Die Demografie und die sich daraus ergebende Entwicklung ist und bleibt ein zentraler Punkt, auf den das Augenmerk gerichtet bleiben muss. Daraus abgeleitet ergibt sich die zu untersuchende Fragestellung, welchen Einfluss nicht allein das Alter, sondern auch die Alterszusammensetzung auf die Innovationsfähigkeit von Unternehmen haben kann. Da innerhalb von Unternehmen oft eine Gruppe von Menschen mit Innovationsaufgaben betraut werden, kann die Fragestellung zunächst auf den Einfluss der Alterszusammensetzung auf die Leistung der Gruppe heruntergebrochen werden. Die Ergebnisse vorangehender Untersuchungen auf diesem Gebiet liefern jedoch keine eindeutigen Belege für oder gegen eine altersheterogene Ausgestaltung von Teams. In diesem Zusammenhang stellt sich die berechtigte Frage nach der Bedeutung von Altersdiversität. Kann eine Gruppe von Menschen überhaupt in Bezug auf das Alter nicht divers sein? Ab welchen Unterschieden sollte man von Altersdiversität sprechen und bis zu welchem Zeitpunkt kann ein Team noch als altershomogen bezeichnet werden? Allein über die Definition des Begriffes Altersdiversität und die Frage, ab wann eine Gruppe divers oder homogen ist, ließe sich eine eigene Abhandlung anfertigen. Weiterhin bleibt das Problem bestehen, dass eine Gruppe, deren Mitglieder etwa im gleichen Alter sind, zwar hinsichtlich des Merkmals Alter möglicherweise als homogen gilt, diese Gruppe aber durch die Verschiedenheit anderer Personeneigenschaften, etwa das Geschlecht, die fachliche Kompetenz, die Herkunft etc. in Wahrheit immer durch Diversität geprägt sein wird.

Implizit wird damit die Annahme getroffen, dass die Innovationsfähigkeit eine Funktion des Alters und speziell der Altersdiversität ist. Die Frage, die sich im Anschluss stellt, ist die nach weiteren Einflussfaktoren auf die Innovationsfähigkeit, z. B. die räumliche Vorstellungskraft, mathematische Fähigkeiten, Kreativität etc. Der Einfluss von Dispositionsmerkmalen auf die Innovationsfähigkeit stellt wahrscheinlich nur einen Aspekt dar, den es zu untersuchen gilt, wenn Aussagen über die Entstehung von Innovationen zu treffen sind. Unberücksichtigt bleiben zwei weitere Einflussgrößen, die sich auch noch in weitere Aspekte unterteilen lassen. Auf der einen Seite steht die Unternehmensebene; so sind etwa die Unternehmenskultur oder die Verfügbarkeit von Ressourcen, welche die Motivation zur Generierung von Innovationen erheblich, sowohl positiv wie auch negativ, beeinflussen können, zu berücksichtigen. Auf der anderen Seite können die Wettbewerbssituation auf dem Markt und der Vergleich mit Rivalen im Konkurrenzkampf zu Bedingungen führen, die Innovation erforderlich, oder im entgegengesetzten Fall, unmöglich machen. Zudem spielt die Ausgereiftheit der Technologie in einer Domäne eine Rolle, die nicht zu vernachlässigen ist. Innovation ist demnach ein Zusammenspiel vieler Faktoren, von denen im vorliegenden Buch einer eingehend behandelt wird.

1.4 Überblick über die Kapitelstruktur

Die inhaltliche Darlegung der im Forschungsprojekt erzielten Ergebnisse erfolgt in insgesamt 13 Kapiteln. Die einzelnen Kapitel stellen jeweils einzelne Ergebnisse und Teilaspekte des Projektes dar. Zum Ende eines jeden Beitrages werden die aus wissenschaftlicher Sicht relevanten Ergebnisse zusammengefasst und die sich daraus ergebenden Implikationen für die unternehmerische Praxis herausgestellt. Auf diese Weise soll sichergestellt werden, dass die Hürde für den Transfer der sich aus den Forschungsaktivitäten ergebenden Erkenntnisse in die betriebliche Realität möglichst klein wird und die entwickelten wissenschaftlichen Methoden, Modelle und Konzepte den Weg zur weiteren Anwendung finden. Die erzielten und in diesem Buch beschriebenen Ergebnisse werden in jedem Kapitel durch einen Kommentar von unternehmerischer Praxisseite beleuchtet. Auf diese Weise wird der Bedeutung der wissenschaftlichen Erkenntnisse direkt der Spiegel der praktischen Relevanz vorgehalten, sodass dem Praktiker ermöglicht wird, sich ein schnelles Urteil über den Einsatz und Nutzen der Ergebnisse im eigenen Unternehmen zu bilden.

Ausgehend von einer generischen Beschreibung von Innovationsprozessen werden in Kap. 2 eine Reihe von Einflussfaktoren auf den zeitlichen Verlauf und den Erfolg von Innovationen identifiziert. Innovationen entstehen in Unternehmen im Kontext standardisierter Prozesse und hierarchischer Strukturen. Je nach Ausprägung dieser Rahmenbedingungen können diese Prozesse einen unterschiedlichen zeitlichen Verlauf nehmen. In der Literatur wird eine große Anzahl von Modellen zur zeitlichen Abfolge von Innovationsprozessschritten unterschieden, wobei durchgängig Phasen der Ideengenerierung (oder Forschung) und Umsetzung einer Idee (oder Entwicklung) voneinander getrennt werden. Konkret wird an Beispielen aufgezeigt, dass Innovationen sich in Form von Produkten, Prozessen oder als Serviceinnovationen vollziehen, die als Ergebnis der Erweiterung eines Lösungsraumes aufgefasst werden. Es wird argumentiert, dass ein erweiterter Suchraum aufgespannt werden muss, in dem positive, tragbare Veränderungen für den Status Quo gesucht und gefunden werden.

Nach dieser weit gefassten organisationalen Perspektive wird in Kap. 3 näher auf die Rolle des Individuums im Innovationsprozess und im Innovationsteam eingegangen. Das Konzept der Rolle ist in diesem Zusammenhang durchaus wörtlich zu nehmen. Menschen unterscheiden sich hinsichtlich vieler Charakteristika, z. B. des Alters, der Berufserfahrung, des Geschlechts, ihrer Funktion innerhalb eines Unternehmens oder auch ihrer sozialen Rolle. Im Mittelpunkt der Untersuchung steht die Auswirkung der sozialen Rolle auf unterschiedliche Parameter des Innovationsprozesses. Ausgehend von bestehenden Rollenmodellen wird die theoretische Basis für ein Rollenkonzept im Innovationskontext gelegt. Die Funktionen der Rollen Ideenstimulierer, Ideenformer und Ideenumsetzer sowie Vermittler und Koordinator im Innovationsprozess werden in Kap. 3 ausführlich beschrieben. Neben einer Beschreibung wird in diesem Kapitel auch die empirische Prüfung des Modells vorgestellt sowie der Nutzen eines Rollenkonzepts für die Innovationsleistung in der betrieblichen Realität diskutiert.

Im Sinne eines Ebenenmodells von Arbeitsprozessen ist das folgende Kap. 4 eine Ebene höher angesiedelt. Die Betrachtung persönlicher Merkmale und Eigenschaften zeigt auf, wie individuelle Merkmalsausprägungen auf der Teamebene wirken. Insbesondere bei der Betrachtung des Alters auf struktureller Ebene kann aufgezeigt werden, dass positive Effekte für die Teamleistung durch die ansteigende Altersdiversität hervorgebracht werden können. Diesen positiven Effekten stehen auf der anderen Seite eher negative Konsequenzen gegenüber, wonach Subgruppenbildung durch erhöhte Altersdiversität angeregt und der Zusammenhalt innerhalb der Gruppe gesenkt werden könne. Im Zentrum der Betrachtung stehen die aus der empirischen Forschung belegten Vor- und Nachteile von homogenen und heterogenen Teamstrukturen, die sich aus dem Alter, der Altersdiversität und der Teamgröße ergeben.

In Kap. 5 werden detaillierte Analysen des aktuellen und Prognosen des zukünftigen Arbeitsmarktes unter Berücksichtigung von Ausbildungs- und Kompetenzprofilen in zwei verschiedenen Regionen Deutschlands dargelegt. Die Analysen basieren auf selbst erhobenen Unternehmensdaten, während für die Prognose Daten der Bundesagentur für Arbeit und des Statistischen Bundesamts verwendet werden. Exemplarisch wird aufgezeigt, wie aus einer solchen Analyse zukünftige Bedarfe abgeleitet und in Hinblick auf das zu erwartende Angebot des Arbeitsmarktes evaluiert werden können. Daraus lassen sich Handlungsoptionen für die zukünftige Personalbeschaffung ableiten.

Zusätzliche persönliche Merkmale, etwa die Dauer der Betriebszugehörigkeit oder die berufliche Erfahrung, die in Gruppen zu Diversität führen können, werden in Kap. 6 thematisiert. Aus methodischer Sicht wird zum einen betrachtet, wie multiple Diversitäten innerhalb eines Teams ermittelt werden können, zum anderen wird die Frage beantwortet, welcher Zusammenhang zwischen dem Erfolg von innovativen Teams und deren multidiversitärer Zusammensetzung besteht.

In Kap. 7 wurden im Rahmen einer umfangreichen Befragung von Unternehmen Aspekte interner Gruppenprozesse in der Zusammenarbeit untersucht. Im Mittelpunkt stehen dabei insbesondere „weiche" Faktoren wie Teamgeist, Kommunikation und interne Koordination sowie der Umgang mit Konflikten und deren Auswirkung auf die Qualität der Zusammenarbeit im Team.

Die auf der individuellen, strukturellen und organisationalen Ebene gewonnenen Erkenntnisse fließen in Kap. 8 schließlich in ein Simulationsmodell der Arbeitsprozesse ein. Dieses Simulationsmodell berücksichtigt die Zuordnung von Arbeitspersonen unter Beachtung von möglichen Konflikten, sodass mögliche Schwachstellen in der Planung bereits frühzeitig erkannt werden können. Mithilfe der Simulation von Arbeitsprozessen können die kurz- und langfristigen Innovationspotenziale von FuE-Teams im jeweiligen betrieblichen Kontext erfasst werden. Durch die Anwendung der Simulation können verschiedene Verläufe eines Innovationsprozesses nachgebildet und miteinander verglichen werden.

In Kap. 9 wurden die Hypothesen zum Effekt von Altersdiversität mittels experimenteller Untersuchungen unter Laborbedingungen überprüft. Eine besondere Herausforderung des Laborversuches war, die Aufgabenstellung für die teilnehmenden Teams derart zu gestalten, dass sie zugleich Innovationsleistung abbildet und Vergleiche zwischen den Gruppen ermöglicht. Die Ergebnisse dieses Versuches münden in einem Modell, welches die Einflüsse von Teamzusammensetzung, Aufgabenart und Konfliktstilen auf die Innovationsfähigkeit eines Teams abbildet.

Die entwickelten Konzepte und Maßnahmen zum souveränen Umgang mit dem demografischen Wandel konnten während der Projektlaufzeit bereits in Unternehmen eingesetzt werden. Der Einsatz von modular aufgebauten Personalentwicklungsmaßnahmen hinsichtlich der Stärkung der individuellen Erfolgsfaktoren, speziell auch bei älteren Mitarbeiterinnen und Mitarbeitern, aber auch zur Führung von altersgemischten Belegschaften, wird in Kap. 10 beschrieben. Diese Personalentwicklungsmaßnahmen umfassen Aspekte der informellen Kommunikation und Kooperation, welche als essenzieller Bestandteil eines intergenerativen Erfahrungsaustausches verstanden werden. Es werden sowohl generell erprobte Instrumente im Innovationskontext beleuchtet als auch der Einsatz konkreter Personalentwicklungsmaßnahmen beschrieben. Gleichermaßen wird erörtert, unter welchen Rahmenbedingungen kooperativer Erfahrungsaustausch stattfinden kann und wie diese Rahmenbedingungen durch die Unternehmensleitung geschaffen werden können.

Komplementär zu den Personalentwicklungsmaßnahmen konnten auch begleitende Organisationsentwicklungsmaßnahmen konzipiert werden, die in Kap. 11 vorgestellt werden. Diese Maßnahmen fokussieren primär den Umgang mit Diversität ebenso wie die Bedeutung von verschiedenen Managementinstrumenten und stoßen auf diese Weise eine positive Entwicklung der Organisationskultur an.

Während der Projektlaufzeit konnte auch bereits das in Kap. 8 beschriebene Simulationsmodell im Unternehmen eingesetzt werden. Kap. 12 verdeutlicht beispielhaft die Anwendung und den sich daraus ergebenden Nutzen des Simulationswerkzeugs für die betriebliche Praxis.

Abgeschlossen wird dieses Buch mit einer prägnanten Zusammenfassung, in der die Relevanz der erzielten Ergebnisse für die Praxis nochmals explizit herausgestellt wird. Im letzten Kapitel wird der Einsatz der entwickelten Konzepte, Instrumente und Methoden reflektiert und der „Mehrwert", der sich für die Unternehmen daraus ergibt, aufgezeigt.

Hinweise für die betriebliche Praxis

Dieses Buch zeigt nicht nur die Herausforderungen auf, denen wir als Unternehmen im Zuge der demografischen Veränderung in der Bevölkerung gegenübertreten. Es verdeutlicht gleichzeitig auch, dass die zukünftig antizipierten Probleme bereits heute eine Verankerung in der Realität in unserem Betrieb haben. Dementsprechend groß ist die Notwendigkeit, praxisgerechte Lösungsansätze zu finden und erfolgreich einzusetzen.

In dem vorliegenden Buch werden verschiedene Problemstellungen aufgegriffen, die sich aus der demografischen Entwicklung ergeben. Teilweise waren uns diese Probleme bewusst, teilweise sind wir auf neue aufmerksam gemacht worden, sodass wir gleich in doppelter Hinsicht von dem Projekt derobino profitieren konnten: Uns wurden nicht nur Problemstellen aufgezeigt, sondern, praktisch im gleichen Atemzug, ein entsprechender Lösungsansatz präsentiert. Das systematische Aufzeigen von Problemstellen, die auch Unternehmensvertretern mit großer Sicherheit bekannt vorkommen werden, bei gleichzeitiger Darstellung von Maßnahmen und Handlungsmöglichkeiten macht dieses Buch insbesondere lesenswert.

Prof. Dr.-Ing. Dipl.-Wirt.-Ing. Christopher M. Schlick absolvierte ein Simultanstudium der Automatisierungstechnik und Wirtschaftswissenschaften an der TU Berlin. 1992 und 1993 arbeitete er als Projektingenieur in der Industrie. 1994 startete er seine Laufbahn als wissenschaftlicher Mitarbeiter am Institut für Arbeitswissenschaft der RWTH Aachen. Als Oberingenieur promovierte er 1999 an der Fakultät für Maschinenwesen der RWTH Aachen zum Dr.-Ing., wo er sich 2004 auch habilitierte. Ab dem Jahr 2000 leitete er die Abteilung Ergonomie und Führungssysteme bei der Forschungsgesellschaft für Angewandte Naturwissenschaften, bis er 2004 an die RWTH Aachen berufen wurde. Als Direktor des Instituts für Arbeitswissenschaft der RWTH Aachen verantwortet er seither zahlreiche Forschungsvorhaben auf den Gebieten der Arbeits- und Prozessorganisation, der Ergonomie sowie der

Gestaltung von Mensch-Maschine-Systemen. Zudem ist er seit April 2005 Mitglied der Institutsleitung des Fraunhofer-Instituts für Kommunikation, Informationsverarbeitung und Ergonomie.

Prof. Dr. Manfred Bornewasser leitet die Abteilung für Arbeits- und Organisationspsychologie am Institut für Psychologie der Universität Greifswald. Seine Forschungsschwerpunkte liegen im Bereich der angewandten Personal- und Organisationsentwicklung, hier insbesondere der Prozessgestaltung. Er ist Leiter verschiedener BMBF-geförderter Projekte. Im Projekt derobino beschäftigt er sich intensiv mit Problemen der Teamdiversität und deren Auswirkungen auf die Innovativität, im Projekt Pikoma mit Problemen der Prozessgestaltung und Kompetenzentwicklung in Wirtschaft und Verwaltung. Im Kontext des Projekts Service4Health setzt er sich in Kooperation mit dem Fraunhofer IAO in Stuttgart mit Fragen der Produktivität von Dienstleistungsarbeit im Bereich von Anästhesie und OP von Krankenhäusern auseinander.

Prof. Dr. Ricarda Bouncken, geboren 1969, studierte nach ihrer Berufsausbildung zur Bankkauffrau Betriebswirtschaftslehre an der Universität Hamburg. Nach Abschluss des Studiums arbeitete sie 1995/96 als wissenschaftliche Angestellte an der Universität der Bundeswehr Hamburg am „Institut für Marketing". 1996 wechselte sie an die Universität St. Gallen, wo sie als wissenschaftliche Mitarbeiterin am „Institut für Betriebswirtschaftslehre" im Jahr 1997 promovierte. Nach einer Projektmitarbeit am „Lehrstuhl Strategisches Management und Tourismusmanagement" an der Universität Lüneburg trat sie dort 1998 eine Stelle als wissenschaftliche Assistentin am „Lehrstuhl für Entscheidung und Organisation" an. Hier habilitierte sie im WS 2001/02. Im Jahr 2002/03 hatte sie eine Vertretungsprofessur des Lehrstuhls „Allgemeine Betriebswirtschaftslehre und Personal- und Organisationsökonomie" an der Universität Greifswald inne. Nach einem Ruf an die Brandenburgisch Technische Universität (Cottbus) übernahm sie dort von 2003 bis 2004 den Lehrstuhl für „Allgemeine BWL und Besondere der Planung und des Innovationsmanagements". Von 2004 bis 2009 war sie Lehrstuhlinhaberin des Lehrstuhls für „ABWL und Organisation, Personal sowie Innovationsökonomie" an der Ernst-Moritz-Arndt-Universität Greifswald. Im Jahr 2009 erhielt sie einen Ruf an die Universität Bayreuth und leitet seither den Lehrstuhl für „Strategisches Management und Organisation". Zu ihren Forschungsschwerpunkten zählen die Strategie und Organisation von Innovationsprozessen in und zwischen Unternehmen, die Gestaltung, Führung und Strategie von horizontalen und vertikalen Unternehmenskooperationen und die Organisation von internationalen Unternehmen, insbesondere die Handhabung von interkulturellen Diversitäten.

Vielfalt von Innovationen und Innovationsprozessen

2

Manfred Bornewasser und Anne Köhn

Zusammenfassung

Das Wort „Innovation" ist in aller Munde. Man sieht sich einerseits permanent Innovationen ausgesetzt, vernimmt andererseits aber auch immer wieder Sorgen, wonach zukünftig die Innovationsfähigkeit deutscher Unternehmen in Frage gestellt sei. Dies verwirrt, zumal sich die Rahmenbedingungen für innovative Prozesse und Produkte in diesem Land nicht so dramatisch verändern und verändert haben, als dass es Dinge, die es bislang gab, nicht auch in Zukunft geben wird. Was meint man, wenn man von Innovation oder Innovationsmanagement spricht? Wodurch zeichnen sich Innovationen aus? Kann man systematische Klassifikationen von Innovationen vornehmen? Weisen Innovationen einen einheitlichen Verlauf aus und lassen sie sich als eine systematische Abfolge von Prozessen und Aktivitäten beschreiben? Das vorliegende Kapitel gibt Antworten auf diese und ähnliche Fragen.

M. Bornewasser (✉) · A. Köhn
Abteilung für Arbeits- und Organisationspsychologie,
Ernst-Moritz-Arndt-Universität Greifswald,
Franz-Mehring-Str. 47, 17487 Greifswald, Deutschland
E-Mail: bornewas@uni-greifswald.de

A. Köhn
E-Mail: anne.koehn@uni-greifswald.de

© Springer Fachmedien Wiesbaden 2015
M. Bornewasser et al. (Hrsg.), *Teamkonstellation und betriebliche Innovationsprozesse,* DOI 10.1007/978-3-658-07386-2_2

2.1 Innovation ist Treiber für Wachstum

Man redet viel über Innovationen, ohne dass klar ist, was als eine Innovation gilt und wie man Innovationen erfassen kann. Das gilt auch für das Konzept der Innovationsfähigkeit, eine scheinbar allein an Personen gebundene Kompetenz, welche infolge der demografischen Alterung der deutschen Bevölkerung gern in Abrede gestellt wird. Offensichtlich wird mit Innovation etwas gemeint, was die Entwicklung voranbringt und Wachstum fördert. Am Ende steht ein neues Produkt, das durch einen spezifischen Veränderungsprozess entstanden ist. Innovationen werden folglich als prozessuale und gegenständliche Treiber des wirtschaftlichen Wachstums begriffen: Wirtschaftliche Einrichtungen schaffen über Personen und spezielle Prozesse innovative Produkte, die an einem Markt angeboten und nachgefragt werden sowie in den Besitz von Kunden übergehen. Innovative Produkte werden erworben, weil sie eine neuartige und funktional bessere Lösung von Kundenproblemen ermöglichen.

Innovation stellt sich nicht ein, sondern es müssen Bedingungen organisiert und gefördert werden, die Innovation begünstigen. Wo in der Natur die Mutation nach Zufallsprinzipien abläuft, versuchen soziale Gemeinschaften bei Veränderungen nachzuhelfen und zu steuern. Nicht erst die Not soll erfinderisch machen, sondern die Innovation soll prospektiv zu einem bewusst gestalteten Vorgang des Alltags werden. An die Stelle von Not tritt dabei die ebenso aversive Konkurrenz. Innovation wird erforderlich, weil infolge von Globalisierung, technologischem Wandel und weltweiter Deregulierung der internationale Wettbewerbsdruck erheblich zugenommen hat und Unternehmen gezwungen sind, sich kontinuierlich über neue Prozesse und Produkte für den Markt attraktiv zu erhalten. Innovation sichert gerade in der sogenannten affluent society (Galbraith 1958), die ohnehin durch Reichtum und Wahlmöglichkeiten geprägt ist, den Kundenzuspruch.

Innovation stellt damit ein Element im wirtschaftlichen Kontext dar. Wirtschaft lebt vom Austausch. Dieser ist einmal geprägt von der Vorstellung des Produzenten, dass bestimmte Ressourcen kombiniert werden, um darüber immer wieder neue Produkte zu erzeugen, welche an einem Markt abzusetzen sind und einen Käufer finden, der bereit ist, dafür ein möglichst hohes Entgelt zu zahlen. Innovation treibt die Konsumtion. Zum anderen ist der Austausch geprägt von der Vorstellung des Konsumenten, sich am Markt kontrolliert und interessengeleitet in den Besitz von Ressourcen bringen zu können. Für den Produzenten sind Ressourcen oder Produktionsfaktoren dabei vor allem Arbeitskräfte, technologische Werkzeuge und Werkstoffe. Für den Konsumenten sind es die am Markt erworbenen Produkte, die entweder verbraucht oder aber für eigene Projekte nutzbringend investiert werden.

Diese Vorstellungen verbinden das Konzept der Innovation mit grundlegenden Theorien und Modellen des wirtschaftlichen Handelns, des Erzeugens von Produkten, des Tauschs und des Konsums bzw. der Interaktion von Produzenten und Verbrauchern (vgl. Tirole 2003). Produktion, Austausch und Konsumtion prägen das ökonomische Geschehen. Ökonomische Theorien und Modelle konzentrieren sich auf einzelne Ausschnitte dieses Geschehens. Dabei stellten sich im letzten Jahrhundert deutliche Fokusverschiebungen ein: Die Aufmerksamkeit verlagerte sich von der Produktion hin zum Markt mit seinen Kunden. Die ressources-based view wich mehr und mehr der market-based view (Penrose 1959) und das Marketing nahm an Bedeutung zu, je weiter sich Verkäufermärkte in Käufermärkte umwandelten und der Konsument durch vielfältige Formen der Organisation an Macht gewann (man denke an Testzeitschriften oder den gesetzlichen Verbraucherschutz). Diese Entwicklung setzt sich aktuell in der Ausarbeitung der Dienstleistungskomponente fort: Wo früher das Industrial Engineering die Produktionsszene beherrschte, fordert nun zunehmend auch das Service Engineering Beachtung (Bullinger und Scheer 2006; Spath und Ganz 2008). Die bislang autonom vom Konsumenten gestaltete Verwertungssphäre gewinnt damit für die Produzenten an Bedeutung. Der Produzent unterstützt nunmehr den Konsumenten sogar bei der fortlaufenden Verwertung und eröffnet ihm Möglichkeiten, die von ihm erworbenen, meist technischen Produkte optimal zu nutzen. Damit steht nicht allein der Vertrieb im Zentrum der Dienstleistung, sondern auch die Begleitung des Kunden bei der Nutzung des erworbenen Produkts.

Vor dem Hintergrund dieser fokalen Verschiebungen gewinnt auch der Innovationsbegriff eine Erweiterung. Innovation bezieht sich nicht nur auf die Bereitstellung von attraktiven und neuartigen Produkten sowie auf neue Weisen der Herstellung innovativer Produkte in der autonomen Produktionssphäre, sondern vermehrt auch auf die Nutzung der Produkte in der bislang vom Kunden gestalteten Konsumsphäre. Produktions- und Konsumsphäre rücken damit nicht nur enger zusammen, sondern beeinflussen sich vermehrt wechselseitig. Die Produktionssphäre erhält systematische Anregungen von Kunden und die Konsumsphäre wird über den Verkauf hinaus auch bei der Nutzung der Produkte unterstützend beeinflusst. Aus einem linearen ist ein interaktiver Zusammenhang geworden. Wo Christensen (1995) bislang vor allem eine Kopplung von Prozess und Produkt sah und diese als product-process cycle dynamics ansprach, lässt sich nunmehr auch eine Kopplung von Produkt und Nutzung postulieren und analog durch sogenannte product-service cycle dynamics oder gar product-service-use cycle dynamics beschreiben. Neben die klassischen und nach wie vor dominierenden Produkt- und Prozessinnovationen treten nun die Serviceinnovationen. Industrial Engineering und Service Engineering bis hin zum nutzungsbegleitenden Networking mit Kunden sind zu gleichwertigen Säulen der innovativen Produktentwicklung geworden. Die folgende Abb. 2.1 bringt diesen komplexen Zusammenhang in linearer Form zum Ausdruck. Erkennbar wird, dass sich Produzent und Konsument gegenüberstehen. Ihre Beziehung zueinander wird über einen dynamischen Produktions-Produkt-Konsumtions-Zyklus vermittelt, der in allen Komponenten zum Gegenstand von Innovation werden kann. Der Produzent verfügt über Wissen und Kompetenz, den Prozess-Produkt-Zyklus zu gestalten, während Konsumenten durch ihr manifestiertes Verhalten einen Pro-

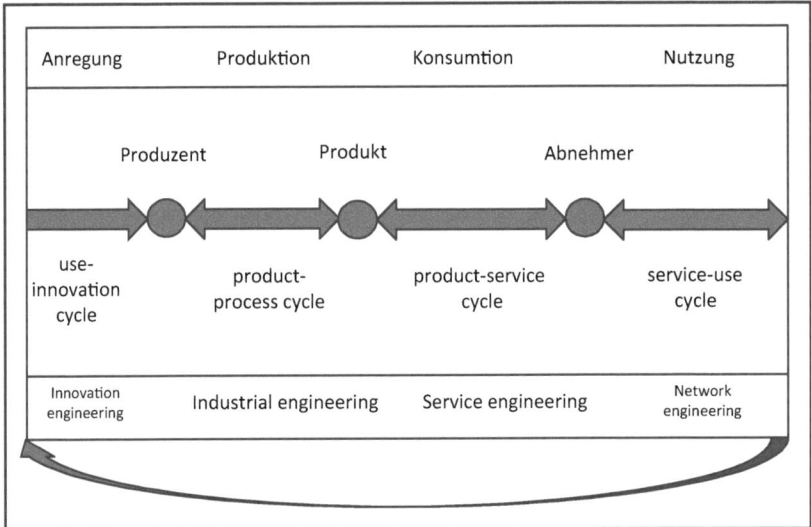

Abb. 2.1 Annäherung von Produktions- und Konsumtionssphäre

dukt-Nutzungs-Zyklus prägen. Ziel des dynamischen Geschehens ist es, im Produkt eine Korrespondenz zwischen beiden Zyklen zu erzeugen: Ein Produkt wird im Produktionsprozess so zugeschnitten, dass es den Nutzungsvorstellungen entspricht. Im Design liegt die zentrale Schnittstelle von Industrial und Service Engineering, in der Nutzungsunterstützung die Schnittstelle von Industrial Engineering und Innovation.

Trotz dieser Ausdehnung und Verknüpfung von Produktions- und Konsumtionssphäre sollte nicht übersehen werden, dass Unternehmen weiterhin als organisierte Einheiten der Produktion bestehen bleiben. Sie verfügen durch die Organisation über Macht und Ressourcen und sind bestrebt, sich am Markt gegenüber Konkurrenten zu behaupten und möglichst viele Kunden an sich zu binden. Daraus resultieren die vornehmlich betriebswirtschaftlich geprägten Vorstellungen, dass zum einen der gesamte Zyklus vom Produzenten her gedacht wird und zum zweiten der Produzent der primäre und aktive Teil in der Kette ist, während der Konsument den sekundären und eher passiven Teil darstellt. Es entstehen völlig neuartige, innovative Geschäftsmodelle, die, stärker als bisher üblich, auch die Rolle des Kunden mehr einbeziehen. Was heute jedoch gern als eine Interaktion von gleichberechtigten Partnern beschrieben wird, verdeckt ein wenig die nach wie vor bestehenden Differenzen zwischen Produzenten und Kunden, allerdings wird der Kunde durchaus früher, intensiver und auch umfassender in die eigenen Aktivitäten der Produktion und des Marketing einbezogen. Dies ermöglichen vor allem die modernen technischen Kommunikationswerkzeuge. Dabei hat sich die Qualität der Beziehung aber nicht grundsätzlich geändert. Die Anstrengungen im Bereich des Service Engineering gehen folglich in der Regel auch nicht vom Kunden aus (gleichwohl auch er infolge der IT-Entwicklung mehr Möglichkeiten hat, Kontakt zu Unternehmen aufzunehmen). Markteintritt, Diffusion und Nutzungsunterstützung bleiben weiterhin unternehmerische Entscheidungen und Aktivitäten, die ein hohes Maß an Kosten erzeugen. Die Autonomie auf beiden Seiten bleibt bestehen, aber der Produzent trug und trägt weiterhin das wesentlich höhere Risiko, während das Risiko des Konsumenten auch bei intensiver Kontaktgestaltung mit einem Unternehmen eher gering ist (wenn C&A ausfällt, dann geht man eben zu P&C).

2.2 Innovationen als Prozesse

Innovationen selbst sind nicht plötzlich und unerwartet wie Eingebungen da, sondern sind Prozesse, an deren Ende eine Neuschöpfung steht. Sie beschreiben nicht nur Ergebnisse in Form eines neuen Produkts, sondern auch den Prozess hin zu diesen neuen Produkten sowie die Prozesse des Vertriebs und der Verbreitung der neuen Produkte (man spricht diesbezüglich von der Diffusion der Innovationen, vgl. Rogers 2003). Innovationen erstrecken sich damit über weite Zeiträume hinweg. Sie haben einen Anfang und ein Ende. Sie werden angestoßen und auch abgeschlossen, wobei es eine Frage der Konvention ist, wo Anfang und Ende (Quelle und Senke) gesetzt werden. Definitionsgemäß gelten Prozesse als inhaltlich abgeschlossene, zeitliche und sachlogische Abfolgen von Aktivitäten in einem betrieblichen Kontext, die zur Bearbeitung eines betriebswirtschaftlich relevanten Objekts notwendig sind bzw. Kundennutzen stiften (Bornewasser 2009).

Prozesse werden organisiert und sind in der Produktion auf Wiederholung und Dauer gestellt. Daraus resultiert Routine. Diese Routine gilt auch für Innovationsprozesse, wenngleich Innovationsprozesse weitaus seltenere Ereignisse darstellen als Produktionsprozesse. Vor diesem Hintergrund unterscheidet Gerybadze (2004) Routinen erster und zweiter Art: Routinen erster Art lassen sich auch als standard operating procedures beschreiben, die darauf abzielen, robuste Abläufe in Richtung auf eindeutig beschriebene Zielzustände zu installieren und zu betreiben. Routinen zweiter Art gehen auf solche Regeln zurück, die vorgeben, wie gezielte Prozesse z. B. der Erneuerung oder der Einbeziehung von Kunden in einen Verbesserungsprozess ohne eindeutig definierte Zielzustände, effektiv zu gestalten sind. Wenn Prozesse gebündelt oder aneinandergereiht werden, dann entstehen Geschäftsprozesse. Wesentliche Merkmale von Geschäftsprozessen sind Schnittstellen zwischen internen Bereichen, insbesondere aber zu den Marktpartnern, wodurch die internen betrieblichen Geschäftsprozesse zu Teilen von betriebsübergreifenden Wertschöpfungsketten werden.

Alle diese Überlegungen lassen sich in der Definition der Innovation von Goldhar (1980) im Sinne eines organisierten Prozesses aufzeigen, der innerhalb eines Produktionsunternehmens abläuft: „Innovation from idea generation to problem solving to commercialization, is a sequence of organizational and individual behavior patterns connected by formal resource allocation decision points" (S. 284). Dabei werden im ersten Teil der Definition zentrale Prozesse benannt und im zweiten Teil mit organisatorischen Steuerungsmaßnahmen und individuellen Verhaltensmustern verbunden. In diesem Sinne werden als Innovation die Ideengenerierung, die Problemlösung und auch die Vermarktung als organisierte, sequentielle Prozesseinheiten begriffen, denen per definitionem Muster von spezifischen, an Individuen gebundene Aktivitäten zugeordnet sind.

Diese Definition verlagert die Innovation in das Unternehmen hinein. Innovationen erfolgen innerhalb der Unternehmensgrenzen. Sie werden von daher als geschlossene Innovationen (Closed Innovation) beschrieben. Diesem Typus steht die sogenannte Open Innovation entgegen. Open Innovation beschreibt den Innovationsprozess als einen „vielschichtigen offenen Such- und Lösungsprozess, der zwischen mehreren Akteuren über die Unternehmensgrenzen hinweg abläuft" (Reichwald und Piller 2007, S. 117). Entscheidend ist dabei der Verweis auf die Öffnung der Grenzen sowie den damit verbundenen externen Input bzw. die Auslagerung von internen Aufgaben auf externe Akteure. Die Strategie der Open Innovation wird gewählt, um durch aktive Einbindung in Netzwerke Zugang zu Bedürfnis- und Lösungsinformationen von Seiten der Kunden und Nutzer zu erhalten und dadurch die Effektivität und Effizienz von Produkten und Prozessen zu steigern.

In beiden Fällen kommt der Prozesskoordination eine entscheidende Bedeutung zu, weil Innovationsprozesse trotz aller organisatorischen Vorgaben nicht vorhersehbar, sondern risikobehaftet sind und weil einzelne Lösungsansätze immer wieder unterbrochen, wiederholt und sogar abgebrochen werden können. Ex ante implizieren Innovationen immer die Möglichkeit, falsche Wege zu gehen, die man dann wieder verlassen muss, um neu anzufangen. Solche Iterationen dienen meist der Anpassung im Sinne eines inkrementellen Verbesserns des beschrittenen Lösungsweges. Sie können jedoch auch zur völligen Verwerfung des gewählten Ansatzes führen. Ex post betrachtet haben dann zwar versuchsweise Innovationsprozesse stattgefunden, jedoch zu keinem Erfolg geführt. Innovationen gelten in der Regel als das Ergebnis erfolgreich abgeschlossener Innovationsprozesse.

Ein zweiter Grund für das Koordinationserfordernis liegt darin, dass Innovationsprozesse vornehmlich als Teamprozesse und nicht als Leistungen einzelner Personen zu sehen sind. Zwar begreift Schumpeter (1939) den Unternehmer als Innovator, der es versteht, Erfindungen im Unternehmen und am Markt durchzusetzen. Er grenzt damit jedoch explizit den Erfinder vom Umsetzer ab und betont vor allem den Aspekt der technischen Entwicklung und der Marktorientierung. Erfindungen hingegen betonen den Aspekt der Forschung. Wissensexploration und Wissensexploitation bilden nach Schumpeter die beiden Kernelemente der Innovation. Explorationen werden nicht ohne zusätzliche organisatorische Maßnahmen der Exploitation zur Innovation. Hier deutet sich an, dass Innovationen auf Arbeitsteilung und damit auf koordinierten Prozessen basieren. Je besser die arbeitsteilige Interaktion im Team koordiniert wird, desto besser ist die Teamperformanz (Högl und Gemünden (2001), sprechen diesbezüglich von Teamwork-Qualität). Witte (1973) hat diesen Gedanken der arbeitsteiligen Innovation in sein bekanntes Promotorenkonzept einfließen lassen, wo er vor allem den Fach- und den Machtpromotor unterscheidet, ohne dabei jedoch explizit auf die Rolle von Innovationsteams einzugehen.

Innovationen setzen sich damit aus Erfindungen (Inventionen) und Umsetzungen (Applikationen) zusammen. Beide Elemente sind nicht in strikter linearer Abfolge zu sehen, sondern basieren meist auf langen Serien von Versuchen, theoretischen Ansätzen und vermarktbaren Realisationen. Jede Innovation hat von daher Vorläufer und Nachfolger. Es gibt in der Regel keine erstmalige Eingebung, sondern immer nur ein Zusammenführen verschiedener Wissenskomponenten zu einer neuen Kombination, die dann zum Erfolg führen kann, wenn wie bei einem Puzzle alle Steine zu einer guten Gestalt vereint werden (Berkun 2010). Die Innovation entsteht, wenn „the last peace of work fits into place. However, the last piece is not any more magical than the others and it has no magic without its connection to the other pieces" (S. 9). Diese Vorstellung wird auch von Csikszentmihalyi (1997) geteilt, der von Invention als insight spricht und sie als das Verarbeiten von Ideen in einer Art Inkubator beschreibt. In diesem Inkubator stoßen verschiedenste Ideen aufeinander und werden in mehr oder weniger erfolgversprechende Assoziationen gebracht, bevor diese dann in ein funktionsfähiges Modell umgesetzt werden können. Als ein solcher Inkubator können auch think tanks, brain pools oder crossfunktionale Innovationsteams angesehen werden. Vergleichbar ist das von Osborn (1966) beschriebene Brainstorming als eine Methode der gezielten Assoziation von ungewöhnlichen Ideen in einem Team zu verstehen. Im Bereich der Kreativitätsforschung schreibt Amabile (1996) dem Gedächtnis eine ähnliche Rolle der Aggregation von Wissen zu, wenn sie das Generieren von Antworten auf eine Problemlage als ein Durchsuchen des Gedächtnisraumes nach Antwortmöglichkeiten darstellt.

2.3 Innovationen als neuartige Problemlösungen, die an einem Markt verwertet werden können

Innovationen werden durch externe Ereignisse angestoßen. Solche Ereignisse können im Unternehmen, in der Umgebung des Unternehmens oder beim Wettbewerber angesiedelt sein. Ein solches externes Ereignis verweist auf ein internes Problem und erfordert eine Reaktion, eine Veränderung im Sinne einer Problemlösung, so dass Prozesse, Produkte oder Serviceleistungen und damit die Produzenten-

Konsumenten-Relation verändert wird. Innovationsprozesse werden durch Probleme angestoßen, lösen Problemlöseprozesse aus und liefern bei erfolgreichem Abschluss eine Lösung, die neuartig gegenüber der Ausgangssituation ist. Innovationsprozesse können somit auch als Problemlöseprozesse beschrieben werden. Probleme entstehen, wenn Erwartungen enttäuscht werden und Störungen entstehen (Popper 2004). Probleme eröffnen Räume, in denen eine Lösung gesucht werden könnte. Es werden versuchsweise Lösungen überprüft und falsche Lösungen sofort eliminiert. Diese Lösungsversuche können gedanklicher Art sein, sie können aber auch in konkretes Probierverhalten einmünden, das sich dann auch als falsch oder richtig erweist. Hat sich ein Lösungsentwurf als fehlerhaft oder als Irrtum erwiesen, dann ist das Problem weiterhin ungelöst und bedarf solange neuer Lösungsversuche, bis es zufriedenstellend beseitigt ist. Die Lösung selbst kann dann später aber erneut zum Gegenstand einer kritischen Überprüfung werden.

Jede Innovation könnte im Sinne dieses Bildes als ein Prozess beschrieben werden, der von der faktischen Störung über einen Problemlöseprozess bis hin zur Bereitstellung einer neuartigen Lösung reicht. Innovationen sind folglich dynamisch und zyklisch angelegt. Sie sind Ausdruck eines Entwicklungsprozesses, in dem es darum geht, mit immer wieder neuen Ideen und Leistungen die Bedürfnisse von Kunden besser als bisher zu bedienen. Sternberg und Sternberg (2011) geben einen detaillierten Überblick über den problem-solving cycle, der von der Problemidentifikation bis hin zur Evaluation der Problemlösung reicht. Nicht ganz überraschend enden die beiden psychologisch ausgerichteten Autoren in einem Exkurs zur Kreativität (vgl. auch West und Farr 1990).

Für jede Störung lassen sich in der Praxis verschiedene Lösungsalternativen vorstellen: Wenn in einem Prozess zu viele Fehler geschehen, dann könnte es mehrere Lösungsansätze geben, z. B. Schulung des Personals, besseres Schnittstellenmanagement, andere Werkstoffe etc. Damit wird ein Raum eröffnet, der eine große Vielzahl von Alternativen bereithält. Im Innovationsprozess wird aufbauend auf der bislang akzeptierten Problemlösung in der Tendenz eine anschlussfähige Lösung gesucht bzw. eine solche Lösung erprobt, die aktuell ohne größere Umstellungen gangbar ist. Es wird quasi diejenige Lösung gesucht, die am wenigsten Bestehendes in Frage stellt und dennoch eine befriedigende Antwort auf die Störung gibt. Die Probleme können in allen drei Aspekten, die die Beziehung von Produzenten und Konsumenten ausmachen, nämlich Prozesse, Produkte und Service, liegen. Durch die Störung wird die Produzenten-Konsumenten-Beziehung indirekt oder direkt in Frage gestellt, zumal durch z. B. unzureichend robuste Prozesse, funktionale Produkte und Serviceangebote das gegebene Ausgangsverhältnis absolut oder im temporalen oder lateralen Vergleich in Frage gestellt ist.

Die Beschreibung und Vorgabe eines Problems engt den Suchraum für eine Lösung ein. Sie liefert den konkreten Ausgangspunkt und auch einen möglichen

Tab. 2.1 Systematischer Überblick

Ausgangssituation	Prozess	Produkt	Service
Problemlösung vorgegeben, Lösungsraum eingeschränkt	Kontinuierlicher Verbesserungsprozess	Produktvarianten mit unterschiedlichen Funktionen	Organisation einer Fokusgruppensitzung, um Verbesserungsvorschläge auszuarbeiten
Problemlösung offen, Lösungsraum erweitert	Reorganisation von Abläufen in einer Abteilung	Entwicklung von neuartigen Prüfverfahren für Guss	Umsetzung eines Open-Innovation-Modells durch Einbeziehung von Kunden

Endpunkt für den Innovationsprozess, ohne dass vorab zu bestimmen ist, wie genau dieser Endpunkt gestaltet sein wird. Innovationen sind damit immer Prozesse, bei denen a) der Ausgangspunkt mehr oder weniger klar definiert ist und b) der Endpunkt mehr oder weniger offen ist. Wenn man eine Innovation als eine problemlösungsgetriebene Aktivitätenfolge begreift, dann gibt es keine Innovation ohne Problem. Von daher lassen sich Innovationen danach klassifizieren, wo das Problem liegt (Prozess, Produkt, Service) und inwieweit die Problemlösung bereits vorgegeben ist (Ausgang offen, z. B. mit Metall oder Plastik; Ausgang festgelegt, z. B. Produkt, das auf den gegebenen Maschinen bearbeitet werden kann). Einen systematischen Überblick liefert die folgende Tab. 2.1.

Innovationsprozesse werden durch Störungen angestoßen und enden bei der Überwindung der Störung. Sie bewegen sich damit wie in einem Wachstumsprozess von einem Ausgangsniveau zum Zeitpunkt t_n zu einem veränderten, meist verbesserten Endniveau zum Zeitpunkt t_{n+1}. Wird die Störung nur beseitigt, spricht man von einer Reparatur. Jede Innovation beinhaltet darüber hinausgehend eine Verbesserung bzw. eine positive Veränderung. Wenn die Problemlösung vorgegeben ist, wird das Problem in bestimmter Weise bearbeitet und gelöst, wobei sich eher periphere Änderungen ergeben. Der Kern der bisherigen Lösung bleibt erhalten. Wenn die Problemlösung offen bleibt, können gänzlich neue Lösungsansätze erprobt werden, die bislang nicht praktiziert wurden. Das ist etwa der Fall, wenn Arbeitsprozesse nicht mehr in Linien-, sondern in Teamstrukturen ablaufen, wenn gänzlich neue Prüfverfahren zur Dichtebestimmung von Guss eingesetzt werden oder wenn – wie bei der Open Innovation – neuartige Toolkits für das Co-Design entwickelt werden. Im ersten Fall wird quasi nur das Flexibilitätspotenzial der bestehenden Organisationsformen ausgereizt. Im zweiten Fall werden darüber hinausgehende Innovationspotenziale genutzt, um gänzlich neuartige Prozesse, Produkte oder Services zu gestalten, die bis dahin feststellbare Defizite sprunghaft überwinden helfen sollen.

Bei allen Innovationen muss aufzuzeigen sein, dass seitens des Produzenten nach Lösungen in den Prozessen, Produkten oder Services gesucht wird, die für einen Markt, für einen Konsumenten und für die Verbreitung relevant sind. Nur gute Ideen zu haben reicht für eine Innovation nicht aus. Eine Invention zu tätigen mag kreativ sein, nicht aber innovativ. Zur Innovation gehören neben der Invention auch die Erprobung, die Realisierung, die Produktion und die Verwertung. „Idea is not an innovation until it reaches people" (Berkun 2010, S. 46). Vielfach bedarf es keiner relevanten Invention, sondern lediglich veränderter Rahmenbedingungen für Produktionsprozesse. Aber auch dabei bleibt es letztlich immer ein Stück weit offen, wie sich die Problemlösung entwickelt. Je offener das Problem definiert ist, desto mehr Spielraum für Lösungsversuche ist angezeigt. Ferner muss bei allen Innovationen der Bezug auf die wirtschaftliche Vermarktung ausweisbar sein: Auch jede Prozessinnovation als eine Neukombination von Ressourcen wird nur getätigt, wenn z. B. Produktionskosten einzusparen, Fehlerhäufigkeiten zu reduzieren oder Arbeitszeiten zu verkürzen sind und damit die eigene Wettbewerbsposition verbessert werden kann. Dabei spielt es zunächst einmal keine Rolle, ob der Innovationsprozess mit oder ohne Beteiligung von externen Partnern erfolgt.

2.3.1 Innovationen als Erweiterung des Lösungsraums auf Produktebene = Produktinnovation

Produzenten und Konsumenten berühren sich im Produkt. Im Produkt vereinigen sich die Problemlösungsvorschläge des Unternehmers sowie die tatsächlichen und unterstellten Problemlösungswünsche des Kunden. Beide verfügen über ein vergleichbares mentales Modell des Problems, seiner Lösung und der erforderlichen Mittel. In dem Sinne findet im Produkt eine Integration von Produzent und Kunde statt. Je größer die Überlappung zwischen den mentalen Modellen, desto größer ist das Vermarktungspotenzial. Ein Unternehmer erkennt, was Kunden wünschen (man denke an den legendären Werbeslogan: Bauknecht weiß, was Frauen wünschen) und verfügt über die Potenziale (Ressourcen, Dispositive), ein passendes Werkzeug zu entwickeln, herzustellen, anzubieten und zu verkaufen, das den Wünschen der Kunden und deren Zahlungsbereitschaft mehr oder weniger genau entspricht. Mit dem Produkt können aber auch weitere Erwartungen in Richtung auf den Herstellungsprozess (man wünscht keine Armaturen aus Plastik) oder an den Service einhergehen (man erwartet einen Anruf, wenn das Fahrzeug zur technischen Überwachung ansteht).

Ein einmal geschaffenes Produkt hat nicht auf Ewigkeit Bestand. Jede gefundene Lösung wird gepflegt, ständig ausgearbeitet und verfeinert. Es wird aber auch die Produktpalette erweitert, es kommen im Zuge der Produktdifferenzierung immer wieder neue Produkte, z. B. Hämmer auf den Markt, die auf immer spezifischere Problemstellungen abgestimmt sind (man denke an den speziellen Hammer für den Dachdecker, den Forstarbeiter oder den Goldschmied). Auch Baukasten- oder Modulsysteme erfüllen das Merkmal des gezielten Zuschnitts auf Bedürfnisse unterschiedlicher Zielgruppen. Man könnte all diese Verfeinerungen und Differenzierungen als fortdauernde Wertsteigerungen (man spricht auch vom Value Added Service) und Produktinnovationen auf der Basis des ursprünglichen Produkts beschreiben. Die Rede ist auch von Wertschöpfungs- oder strategischen Innovationen, die dadurch gekennzeichnet sind, dass neue technologische Leistungsmerkmale (z. B. höhere Beständigkeit des Hammergriffs durch Verwendung von spezifischen Materialien), bessere Funktionen (ergonomisch optimal geformter Griff) oder erhöhter Anwendungsnutzen (zusätzliche Hebelfunktionen) gegeben sind. Relativ zum ersten Referenzwerkzeug ergeben sich immer wieder neue Varianten, die das allgemeine Problem des Versenkens von Nägeln kontextbezogen fortlaufend besser und leichter lösen lassen.

Erkennbar nehmen Innovationen Bezug auf einen Vorgänger oder auf eine vorangegangene Problemlösung und erweitern diese Lösung z. B. im Sinne einer Anreicherung von Funktionen, einer längeren Haltbarkeit des Produkts oder einer leichteren Handhabbarkeit. Bewusst wird aber auch auf Diversität und Differenzierung gesetzt: Für bestimmte Segmente, Sparten und Branchen entstehen eigene Arten von Werkzeugen, die auf die besonderen Rahmenbedingungen des jeweiligen Absatzmarktes zugeschnitten sind.

2.3.2 Innovationen als Erweiterung des Lösungsraums auf Prozessebene = Prozessinnovation

Während sich im Produkt mentale Vorstellungen von Produzenten und Kunden zur Problemlösung treffen, sind die zur Herstellung der Produkte erforderlichen Leistungen und Prozesse relativ unabhängig von den Kundenvorstellungen. Ihre autonome Gestaltung obliegt weitgehend der technischen Kompetenz des Produzenten oder der von ihm eingestellten Ingenieure. Alle Produkte werden unter den Bedingungen einer industriell organisierten Produktion in standardisierten, auf Massenproduktion hin ausgelegten Leistungsprozessen erstellt. Diese sind weitgehend am Prinzip der Arbeitsteilung und Fließfertigung ausgerichtet, an betrieblichen Effizienzkriterien orientiert (unter Nutzung von Skalen- sowie Verbundeffekten) und erfolgen im Produktionsbereich ohne jegliche Integration des Kunden (auch dann nicht, wenn unter Bedingungen der mass customization gearbeitet wird oder auf der Basis des Modulbaus individualisierte Fahrzeuge gebaut werden, vgl. Reichwald und Piller 2007). Der Prozess ist dabei weitgehend unabhängig vom Produkt als Standard- oder Individualprodukt im Sinne eines Werkzeugs zur Problemlösung des Kunden zu sehen. Für den Kunden ist die Qualität des Produkts, nicht der Produktionsprozess von entscheidender Relevanz.

Prozesse in Unternehmen sind nicht nur sehr unterschiedlich organisiert, sondern reichen auch mehr oder weniger weit über die Grenzen des Unternehmens hin zu Lieferanten und Kunden hinaus. Der Vertrieb lässt dem Kunden mehr oder weniger viele Möglichkeiten, in die autonomen Produktionsprozesse einzugreifen. Vergleichbar endet der Produktionsprozess teilweise nicht bereits mit dem Transport des Produkts hin zum Kunden, sondern erst bei Einweisungen und Schulungen für das Personal oder neuerdings gar bei der kontinuierlichen technischen Unterstützung im Dauerbetrieb einer Maschine (Ganz et al. 2013). Erkennbar wird hier, dass Produktion und Service immer weiter zusammenwachsen bzw. dass die autonomen Anteile innerhalb des Unternehmens reduziert und die relationalen Elemente der Dienstleistung immer weiter ausgedehnt werden. Der autonome Produzent und der autonome Konsument gehören im Zuge der sogenannten Hybridisierung von Produkten mehr und mehr der Vergangenheit an (Bryson 2008).

Alle Prozesse können immer wieder verändert werden. Prozessinnovationen liegen dann vor, wenn der betriebliche Leistungsprozess im Sinne einer gemessenen (und nicht vermeintlichen) Verbesserung, einer Effizienz- oder Effektivitätssteigerung in Relation zum vorangegangenen Referenzzeitpunkt t_{n-1} verändert wird. In diesem Fall wird ebenfalls der bisher genutzte Lösungsraum des jeweiligen Unternehmens erweitert, indem die Prozesse zeitlich, räumlich und funktional besser gestaltet werden, Durchlaufzeiten vermindert und damit ein größerer Output erzeugt wird, Wege reduziert oder Wartezeiten verkürzt werden, Schnittstellen vermieden und Belastungen für die operativen Kräfte verringert oder die Qualifikationsanforderungen an die operativen Kräfte reduziert werden. Erkennbar werden Effizienzkriterien an Prozesse angelegt, gleichzeitig aber auch ergonomische und gesundheitliche Aspekte beachtet. Eine Prozessinnovation liegt vor, wenn ein quantitativ oder qualitativ neues Ressourcenbündel geschnürt wird und sich dadurch quasi kausal bedingt signifikante Verbesserungen aufzeigen lassen (z. B. mithilfe von Six-Sigma hinsichtlich der Qualität der Produkte oder mittels anderer Prozesskostenkennzahlen).

Zwei Beispiele mögen den Charakter von Prozessinnovationen verdeutlichen:

1. Prozessinnovationen in einem metallverarbeitenden Unternehmen: Ausgangspunkt der Innovation war die Feststellung abnehmender Termintreue. Die Ursache hierfür wurde zunächst vornehmlich in einer unzureichenden Organisation des Einkaufs gesehen. Bei näherer Analyse stellte sich jedoch heraus, dass der gesamte Ablauf zwischen Vertrieb, Konstruktion, Einkauf und Arbeitsvorbereitung erhebliche Schwachstellen aufwies. Diese äußerten sich z. B. darin, dass die vorhandenen Planungsinstrumente nicht effektiv genutzt wurden, so dass sich der Produktionsbeginn zu weit nach hinten verlagerte, dass Konstruktionsunterlagen nicht zeitig beim Einkauf eintrafen und technologische Prüfungen häufig ausblieben. In einer Workshopserie wurde gemeinsam mit den Beschäftigten eine detaillierte Ablaufplanung mit eindeutigen Terminvorgaben sowie Hol- und Bringepflichten erarbeitet. Die Prozesse wurden genau beschrieben und visualisiert und in den Büros der Beschäftigten ausgehängt. Es wurde ein

Musteraktenordner angelegt, der vorgibt, wie die erforderlichen Dokumente kontinuierlich abzulegen und an welchen Stellen sämtliche Veränderungen per Handzeichen und Datum zu registrieren sind. Nach erfolgter Auslieferung eines jeden bestellten Produkts erfolgte eine Bewertung der Abläufe, die auf dem abgelegten Ordner durch eine farbliche Markierung gekennzeichnet wurde. Halbjährlich erfolgt eine Auswertung der Ordner durch das Controlling.

2. Prozessinnovation in einer Eisengießerei: Ausgangspunkt der Innovation war die Feststellung von Qualitätsmängeln an einzelnen Gussteilen, die starke Verzögerungen in den Abläufen erzeugten und auch seitens der Kunden reklamiert wurden. Bei genauerer Analyse wurde festgestellt, dass die Mängel auf eine unzureichende Gestaltung der Schnittstellen zwischen den Abteilungen Putzen, Prüfen und Nachputzen zurückzuführen waren. Dieser Befund führte zu dem Beschluss, die linienartige Struktur im Produktionsbereich aufzugeben und Teams von Putzern, Prüfern und Nachputzern zu bilden, die dann ganzheitlich für sämtliche Arbeitsschritte an den einzelnen Teams zugeordneten Gussteilen aufzukommen hatten. Auf diese Weise wurde die funktionale Arbeitsteilung und damit die kritische Schnittstellengestaltung zwischen den Abteilungen aufgegeben und die Bearbeitung der Gussteile in die Selbstorganisation der einzelnen Teams übergeben. Ferner wurden für die einzelnen Schichten feste Teamkombinationen gebildet und auch der im Bedarfsfall erforderliche Austausch von Personal zwischen Teams genau festgelegt. Den Teamleitern oblag es, den Teams die jeweils erforderlichen Mitarbeiter zuzuordnen, die Produktionsplanung zu betreiben und die konkreten Zustände der zugeordneten Gussteile (Abstrahlen erfolgt, Ultraschallprüfung steht an) an einer Schautafel zu visualisieren.

Produkt- und Prozessinnovationen sind weitgehend unabhängig voneinander. Man kann mit ein und demselben Prozess durch leichte Modifikationen veränderte Produkte erzeugen, man kann aber auch ein und dasselbe Produkt durch veränderte Prozesse erzeugen. Eine völlige Veränderung von Abläufen führt nicht automatisch zu neuen Produkten, sondern in der Regel lediglich zu Einsparungen oder Verbesserungen bei der Ressourceneinbringung der Faktoren Arbeit, Betriebsmittel und Werkstoffe. Innovative Produkte geben aber häufig auch Anlass, über eine korrespondierende Veränderung der zugrunde liegenden Prozesse nachzudenken.

2.3.3 Innovationen als Erweiterung des Lösungsraumes auf Serviceebene = Serviceinnovation

Produktion ist in der traditionellen Sicht (diese wird auch als sogenannte goods-dominant logic gekennzeichnet (Vargo und Lusch 2008)) des begrenzten Unternehmens und der Closed Innovation eine Angelegenheit des Unternehmens. Der

Kunde wird als eine passive Größe gesehen. An ihn werden Produkte verkauft. Produzenten sind die aktiven Größen, die Produkte herstellen und verkaufen, weil sie das Kaufverhalten der Kunden erahnen, ihren latenten Bedarf aus Lebenskontexten erschließen (Ng 2013) oder durch aktives Marketing in Erfahrung bringen. In der Sammlung von validen Bedürfnisinformationen liegt eine zentrale Ressource des Unternehmens.

In der modernen, von der sogenannten service-dominant logic geprägten Sicht, wird der Produktionsprozess zu einem grenzüberschreitenden Wertschöpfungsprozess ausgedehnt und Innovationsprozesse dadurch tendenziell im Sinne einer „Open Innovation" konzipiert. Dadurch wird der betriebliche Leistungsprozess entgrenzt und es werden zusätzlich externe Akteure in einen koordinierten Interaktionsprozess einbezogen. Diese Sichtweise wird von Spohrer und Kwan (2009) als eine hoch abstrakte service system worldview mit den zentralen Komponenten interactive service systems, value propositions, governance mechanism und dynamic interlocking service network präsentiert: Produzenten und Kunden sind beide als Servicesysteme zu begreifen, die über Interaktionen ökonomisch beschreibbare Werte ko-kreieren, die sich dabei an spezifischen Machtstrukturen orientieren und in Netzwerke eingebunden sind (vgl. Abb. 2.1, wo mit Blick auf diese Sichtweise explizit ein Networking aufgenommen wurde).

Reichwald und Piller (2007) vertreten die Auffassung, dass die klassisch tayloristische Industrieproduktion eine „eindeutige Präferenz für unternehmensinterne Lösungen" (S. 19) aufweist. Innovation wird folglich als eine Angelegenheit einer abgegrenzten Organisation begriffen, erfolgt innerhalb des Unternehmens, ist auf einen passiven Kunden hin zugeschnitten, dessen Bedürfnisse ermittelt werden und führt damit regelmäßig zu überraschenden Präsentationen von neuen Produkten (z. B. auf der Automobilmesse werden Autos verhüllt präsentiert und dann enthüllt, um einen solchen affektiv gespeisten Überraschungseffekt hervorzurufen). Im abgegrenzten Unternehmen ist die Innovation mit erheblichen Risiken verbunden (hat man die Bedürfnisse getroffen?). Aktiv ist dabei vornehmlich der Produzent (von Hippel (1986) kennzeichnet den traditionellen Ansatz von daher auch als das manufacturer-active paradigm, während der moderne Ansatz dann als extremer Gegenentwurf im Sinne eines customer-active paradigm verstanden wird).

Ob Closed oder Open Innovation (vgl. Chesbrough 2003): In beiden Fällen wird darüber spekuliert, wie die Abnahme der hergestellten Produkte sichergestellt werden kann, indem das Unternehmen seine Marketingabteilung nutzt und mit traditionellen Mitteln Bedürfnisinformation ermittelt oder aber den Kunden aktiv in die Prozesse der Bedürfnisermittlung und der Ideengenerierung einbezieht. Dabei wird rasch erkennbar, dass die Grenzen zwischen manufacturer- und customer-active paradigm sowie zwischen Aktion und Interaktion fließend sind, wie die zwischen klassischer und moderner Industrieproduktion.

Die traditionelle Vermarktung läuft über die Instrumente der Marktforschung, wobei „die Gestaltung der Marketinginstrumente einer Unternehmung stets im Hinblick auf das Kaufverhalten der aktuellen oder potenziellen Abnehmer erfolgt" (Meffert 2000, S. 36). Dabei stehen auf Absatzmärkten nicht nur die Kunden im Zentrum der Aufmerksamkeit, sondern auch die Wettbewerber. Eine Serviceinnovation im Sinne der traditionellen Closed Innovation besteht etwa darin, in der Marketingabteilung z. B. von anbieter- und produktbezogenen Ansätzen auf nachfragebezogene Ansätze zu wechseln und damit über gänzlich neuartige Methoden den Absatzmarkt zu erforschen, den bisherigen Marketing-Mix zu verändern, neue Werbemaßnahmen zu erproben oder umfassende Maßnahmen zur Ermittlung der Produktzufriedenheit zu ergreifen.

Als Strategie eines Unternehmens stellt Open Innovation neue Methoden und Ansätze zur Verfügung, um vor allem besseren Zugang zu Bedürfnis- und Lösungsinformation zu erhalten und so die Effizienz und Effektivität im Innovationsprozess zu steigern. Durch die direkte Integration von Kunden und Nutzern kann besser die Bedürfnisinformation z. B. hinsichtlich Soll- und Kann-Leistungen erfasst werden. Ferner soll durch Nutzung eines großen, heterogenen Netzwerks von externen Forschern die Lösungssuche verbessert werden. Dies geschieht z. B. über einen offenen Aufruf. Andere, stark auf die Interaktion mit Kunden und Nutzern zugeschnittene Instrumente stellen Ideenwettbewerbe, Lead-User-Methoden (im Gegensatz zu Voice-of-the-Customer-Methoden) oder User-Toolkits dar, um Nutzungsentwicklungen beim Kunden zu unterstützen und den Produkttransfer zu vereinfachen (im Gegensatz etwa zu Verfahren des Quality-Function-Deployment, wo der Kunde das Unternehmen unterstützt (Reichwald und Piller 2007, S. 152)).

Mit der Open Innovation wird stärker als mit den traditionellen Marketinginstrumenten die Schnittstelle zwischen dem autonomen Betrieb und dem autonomen Kunden aufgeweicht. Wo bislang alle Aktion vom Produzenten ausging, kommt es nun zu einer Art Interaktion zweier mehr oder weniger gleichberechtigter Partner, die sich bei der gemeinsamen Wertschöpfung wechselseitig unterstützen. Open Innovation ist dabei nur in Ausschnitten Ersatz für traditionelle Marketinginstrumente (z. B. lassen sich Marktsimulationen oder Conjoint-measurement-Verfahren kaum substituieren) und ist fast immer nur produktorientiert. Dabei lassen die in klassischen und modernen Dienstleistungslehrbüchern dargestellten Beispiele Zweifel aufkommen, inwieweit die gewählten Fälle repräsentativ für die nationalen Absatzmärkte sind. Die von Reichwald und Piller (2007) oder von Ng (2013) präsentierten Beispiele betreffen vor allem kurzlebige Konsumgüter wie Musik, Oberbekleidung oder Modeschmuck, während etwa Meffert (2000) viel stärker an hochwertigen und langlebigen Industrieprodukten orientiert ist. Die Marktlebenszyklen beider Produktbereiche unterscheiden sich deutlich, von daher werden auch Marketing- und Innovationsprozesse ganz unterschiedlich ausfallen.

2.4   Ab wann ist eine Veränderung eine Innovation? Inkrementelle und radikale Innovationen

Prozesse stellen Abfolgen von Tätigkeiten dar. Sie sind über die Quelle und die Senke in einer besonderen Weise von einem permanenten Fluss von Tätigkeiten abgehoben und speziell organisiert. Diese Vorstellung einer Abhebung von einer undefinierbaren Masse von Tätigkeit unterliegt auch Innovationsprozessen: Als Prozesse sind auch sie abgehoben, herausgehoben gegenüber anderen Prozessen, wobei das Besondere dieser Prozesse darin liegt, dass sie Neues hervorbringen. Quelle und Senke prägen diesen Prozess, wobei aber nicht eindeutig festzulegen ist, wo Anfang und Ende eines Innovationsprozesses liegen. Im Kontext des Problemlöseansatzes liegt die funktionelle Quelle in der Feststellung einer Störung, die Senke hingegen im Falle einer Produktinnovation in einem kaum exakt zu bestimmenden Moment der Verbreitung am Markt, im Falle der Prozess- und der Serviceinnovation in der praktischen Implementation eines neuen, prozessualen Vorgehens. Wenn man das Diffusionsmodell von Rogers (2003) zugrundelegt und die Diffusion mit zum Innovationsprozess rechnet, dann endet der Innovationsprozess z. B. dann, wenn das Produkt von sogenannten Early Adopters in ausreichender Menge erworben wurde und vor einer sprunghaften Verbreitung steht (Take-off-Phase der Diffusion, S. 11).

Unabhängig vom Gegenstand des Innovationsprozesses bildet Neuheit ein relatives Konzept. Neuheit ist referentiell immer auf einen Vorgänger bezogen und impliziert auch bereits den Nachfolger. Neues ist punktuelles, vorläufig letztes Glied einer langen Kette von Entwicklungsschritten. In diesem Sinne stellt sich auch immer wieder die Frage, worin genau die Innovation liegt bzw. gegenüber welchem Aspekt sich das Neue vom bestehenden Alten abhebt. Die Innnovationshöhe kann auch als Innovationsgrad beschrieben werden (Schultz et al. 2011). Zur Beschreibung von Neuem können über die Zeit hinaus drei weitere Dimensionen herangezogen werden:

- **Intensität**: Wie neu ist das Produkt bzw. der Prozess? Wie sehr hebt sich das Produkt bzw. der Prozess von Vorgängern ab (Innovationshöhe)? Wie hoch ist die Ähnlichkeit zwischen Vorgänger und neuem Nachfolger? Von Marktneuheiten wird gesprochen, wenn der Gegenstand der Innovation am nationalen oder internationalen Markt noch nicht eingeführt worden ist; von Betriebsneuheit wird gesprochen, wenn z. B. ein Prozess in einem spezifischen Betrieb erstmalig eingeführt wird.
- **Adressat**: Für wen ist das Produkt neu? Ein Produkt oder ein Prozess ist immer für einen bestimmten Adressatenkreis dann neu, wenn man mit diesem Produkt/ Prozess oder einer Produkt-/Prozessvariante noch nicht in Berührung gekom-

men ist. So mag etwa ein Planungstool in der Automobilindustrie gebräuchlich sein, während es in einem KMU bislang völlig unbekannt ist.

- **Raum**: In welchem Gebiet ist etwas neu? Innovationen mögen in spezifischen geografischen Räumen bereits verbreitet sein, während sie in anderen Räumen noch unbekannt sind. Durch Diffusion werden Innovationen in immer mehr Räume hinein verbreitet. Umgekehrt ist z. T. lokales Wissen bei Kunden von großem Interesse bei Produzenten, die über dieses Wissen nicht verfügen.

Geht man davon aus, dass angesichts der elektronischen Kommunikationsmittel Innovationen über alle Personen und Räume hinweg rasch Bekanntheit erlangen, so stellt heutzutage die Intensität der Innnovation das entscheidende Differenzierungskriterium dar. Eine Innovation kann mehr oder weniger weit gegenüber der bisherigen Lösung abgehoben sein. Diese Metapher bedarf weiterer Kriterien: Das Produkt ist hinsichtlich technologisch bedeutsamer Kernmerkmale mehr oder weniger ähnlich, d. h. es weist eine größere oder kleinere Zahl von gemeinsamen technologischen Merkmalen auf; es verfügt über eine mehr oder weniger vergleichbare Struktur und es lässt mehr oder weniger viele Fortführungen von Entwicklungen (Anschlussfähigkeit) erkennen. Dies führt zunächst zu einer Nominalklassifikation von Innovationen: Innovationen von geringer Innovationshöhe werden als inkrementelle, solche von großer Innovationshöhe als radikale Innovationen bezeichnet. Inkrementelle oder kontinuierliche Innovationen stellen Weiterentwicklungen auf einem einmal eingeschlagenen Pfad dar (Pfadabhängigkeit), während radikale oder diskontinuierliche Innovationen gänzlich neue Wege einschlagen. Im ersten Fall bleibt das Produkt im Kern erhalten, während sich eher periphere Aspekte verändern. Im zweiten Fall ändern sich der Kern und mit ihm auch Teile der Peripherie.

Eine radikale Innovation ist dann zustande gekommen, wenn das Problem der Herstellung einer stabilen Verbindung zwischen zwei Objekten nicht mehr etwa durch Versenkung eines Nagels mittels eines hammerartigen Werkzeugs oder einer Schusspistole gelöst wird, sondern durch ein gänzlich anderes Verfahren, etwa eine Klebetechnik. Statt des Hammers wird nunmehr eine Klebepistole verwendet. Das heißt, ein Klebstoff wird auf eine Fläche aufgetragen, die zuvor intensiv gereinigt werden muss, Trockenzeiten sind einzuhalten und neuartige zerstörungsfreie Prüftechniken einzusetzen, um die Klebewirkung nachzuweisen. Zwar kann das Produkt noch eine vergleichbare Erscheinungsform ausweisen (man denke etwa an Flugzeuge, in die wesentliche Teile aus Karbonfasern eingearbeitet sind, die miteinander verklebt werden), dennoch verweist der Herstellungsprozess auf gänzlich andersartige Werkstoffe, Abläufe, Verbindungen zwischen Teilen und auch Prüftechniken. Auf diese Weise entstehen sogenannte Durchbruchinnovationen: Es werden völlig neue Produkte für ganz neue Bedarfsfelder und für bislang gänzlich unerschlossene Märkte hergestellt.

Auch Prozessinnovationen lassen sich nach inkrementellen und radikalen Formen unterscheiden: Inkrementelle Prozessinnovation liegt vor, wenn in der gleichen
Konstellation von Ressourcen bzw. Ressourcenbündeln periphere Verbesserungen
vorgenommen werden, etwa wenn Transportwege neu gestaltet werden oder die
zentrale Lagerhaltung aufgegeben und in die ablaufenden Prozesse dezentral integriert wird. Das bekannte KVP-Programm führt in der Regel nur zu inkrementellen
Innovationen. Eine radikale Prozessinnovation liegt vor, wenn qualitativ neuartige
Elemente in die Prozessgestaltung integriert werden, also etwa neue Ressourcen
einbezogen werden (z. B. Rechner am Produktionsarbeitsplatz, um die Konstruktionszeichnungen zu visualisieren) oder Ressourcen neu verknüpft werden (z. B.
Transporte von Waren über automatisierte Fahrzeuge, die von einem Dispatcher
oder einem autonomen Programm gesteuert werden). Als radikale Innovation kann
auch die mass customization etwa in der Bekleidungsbranche oder der Modulbau
in der Automobilindustrie angesehen werden. In diesen Fällen wird das grundlegende Paradigma der Produktion verändert, weshalb Francis und Bessant (2005)
auch von sogenannten Paradigmeninnovationen sprechen.

Klassifikationsschemata haben den Nachteil, dass sie Differenzen postulieren,
wo Überlappung gegeben bzw. Gleichheit annehmen, wo Differenz vorliegt. Eine
exakte Abgrenzung zwischen beiden Extremen ist nicht möglich, solange flie-
ßende Übergänge gegeben sind. Von daher zeigen Hauschildt und Salomo (2011)
Wege auf, das Urteil über die Intensität einer Innovation auf der Basis höherwer-
tiger Ordinal- oder Rationalskalen zu fällen. Allerdings bleibt auch hier immer die
Frage offen, wie viel Kriterien einbezogen und wie sie operationalisiert werden.
Aregger (1976) spricht von Innovationen als signifikanten Änderungen im Status
quo eines sozialen Systems, die auf neuem Wissen, Materialien, Maschinen und
sozialen Prozessen beruhen. Hier stellt sich nicht nur die Frage danach, welche
zusätzliche Bedeutung dem Wissen zukommt, hier stellt sich auch die Frage, ob
der Begriff signifikant mit seinem Bezug zur Statistik nicht eine Messgenauigkeit
vorgaukelt, die faktisch gar nicht gegeben ist. Oftmals wird man erst im Nachhin-
ein erkennen, dass man über eine Serie von inkrementellen Verbesserungsschritten
oder eine Neukombination von Verbesserungsmaßnahmen auch eine radikale Innovation geschaffen hat.

Inkrementell und radikal sind auch nicht im Sinne von ganz bestimmten Pro-
duktionsformen oder Arbeitsorganisationen geprägt. Auch dort, wo eine tayloristische Industrieproduktion vorherrscht, ist die Unterscheidung von inkrementellen
und radikalen Innovationen möglich. In gleicher Weise können auch Unternehmen, die auf die sogenannte „Open Innovation" setzen, inkrementelle und radikale Innovationen hervorbringen. Die faktische Einbeziehung von Kunden in den
Produktionsprozess stellt nicht schon automatisch eine radikale Serviceinnovation
dar. Die würde es erst, wenn damit auch eine praktisch wirksame Abkehr vom

manufacturer-active paradigm vollzogen würde und z. B. Lead-User mit jedem Vorschlag auch Anteile am Erfolg erwerben bzw. auch am Risiko beteiligt würden. Die postulierten theoretischen Differenzen sind vermutlich erheblich größer als die empirisch festzustellenden praktischen Differenzen bei der Durchführung von modernen Marketingmaßnahmen.

2.4.1 Innovationen als Phasenmodelle mit zeitlicher Erstreckung

Innovationen sind Aneinanderreihungen von operativen Tätigkeiten. Diese werden in festgelegten Abfolgen erledigt. Sie lassen sich demnach in eine zeitliche Anordnung und damit in einem abstrakten Phasenmodell darstellen, in dem jede einzelne Tätigkeit einen bestimmten Ort einnimmt und durch eine Vorläufer-Nachläufer-Relation zu beschreiben ist. Bei routinisierten Prozessen werden eindeutig beherrschbare Tätigkeiten aneinandergereiht, deren zeitliche Erstreckung exakt z. B. in einem kritischen Pfad zu berechnen und damit auch zu planen ist.

Innovationsprozesse haben den Nachteil, dass man sie ex ante nicht recht kalkulieren kann. Weder der Prozess noch das Ergebnis lassen sich eindeutig planen. Man fragt meist erst ex post, wenn die Innovation erfolgreich war, wo der Ausgangspunkt lag, wie lange es gedauert hat und welche Umwege gegangen werden mussten. In Unternehmen wird dennoch versucht, solche erratischen Innovationsprozesse zu routinisieren, zu rationalisieren und sie damit auch zumindest minimal steuerbar zu machen. Innovationen unterliegen damit zwar immer noch nicht einer explizierbaren Methode, aber die Innovationsprozesse werden dennoch begrenzt steuer- und beherrschbar (man denke an Verfahren des Rapid Prototyping von Produkten und Geschäftsmodellen oder des Simultaneous Engineerings, wodurch Zeitgewinne realisiert werden sollen). Das hat aber einen spezifischen Preis: Das Problem und die mögliche Problemlösung werden von Anfang an mehr oder weniger eingekreist. Wenn erst einmal ein Innovationsteam gebildet wird, ist die Problemlage weitgehend bekannt, das Problem beschrieben und damit auch der Lösungsweg bereits vorgezeichnet. Das alles setzt umfängliche organisatorische Routinen voraus, die für jeden betrieblichen Innovationsprozess unerlässlich sind und vielfältige Mittel- und Personalentscheidungen erforderlich machen. Hierzu zählen Aktivitäten wie:

• **Screening und Monitoring**: Ein systematisches Durchsuchen aller Vorgänge nach Schwachstellen und Störungen, vor allem im Vergleich zu den Wettbewerbern. Controlling, Benchmarking oder systematische Fehleranalysen haben sich als sehr erfolgreiche Verfahren erwiesen.

- **Auswahlentscheidungen:** Alternativen sind abzuwägen. Ist eine Festlegung auf ein zentrales Problem erfolgt und besteht die Absicht, dieses Problem in einem organisierten Verfahren anzugehen und eine Lösung herauszuarbeiten, so wird ein Innovationsteam gebildet, dem die Aufgabe auferlegt wird.

- **Ausstattung mit Ressourcen:** Um ein organisiertes Verfahren der Problemdiagnose sowie einen Innovationsprozess durchführen zu können, müssen durch das Management die erforderlichen Ressourcen in Form von Zeit, Geld und Köpfen bereitgestellt werden.

- **Prototypische Umsetzung:** Die mögliche Problemlösung wird nicht nur skizziert oder simuliert, sondern auch zumindest in Ansätzen konkretisiert und ersten Tests und Bewertungen ausgesetzt. Aus dem gedanklichen Entwurf wird eine Probe entwickelt, die bei Erfolg weiter umgesetzt wird und zu einem neuartigen Produkt oder Prozess führt.

- **Durchführung von Markttests:** Bevor das Produkt endgültig auf dem Markt angeboten wird, erfolgen spezifische Testverfahren, mittels derer das Kaufverhalten von ausgewählten Kunden erfasst und Kauf- und Nichtkaufentscheidungen systematisch ausgewertet werden.

In Unternehmen wird in der Regel auf der Grundlage einer Problemdiagnose eine detaillierte Problembeschreibung im Sinne eines Pflichtenhefts als Ausgangspunkt des Innovationsprozesses festgelegt. Von Anfang ist damit klar, dass ein neuer Markt zu erschließen, ein teures Glied in der Prozesskette durch ein kostengünstigeres Glied zu ersetzen oder die Produktionszeit zu verkürzen ist. An dieser Problemdiagnose setzt der Innovationsprozess an, der dann aufgrund von sachlogischen Vorstellungen einen spezifischen Verlauf nimmt. Er ist dadurch in seinen Abläufen eingeschränkt planbar, ebenso sind die erforderlichen Entscheidungen im Verlauf des Prozesses vorhersehbar zu lokalisieren. Für diese lokalen Marken stehen die Konzepte des Meilensteins oder des Entscheidungspunktes.

Die Vorstellung eines solchen linearen Innovationsprozesses liegt auch dem Oslo-Handbuch zugrunde, das bezüglich Innovationen von einer Annahme technologischer Veränderungen und neuartiger Formen der Leistungsbereitstellung für den Kunden ausgeht. Im Zentrum stehen sogenannte technological product and process innovations (TPP). Eine solche TPP „innovation has been implemented, if it has been introduced on the market (product innovation) or used within a production process (process innovation). TPP involve a series of scientific, technological, organizational, financial, and commercial activities" (OECD 1997, S. 47). Dies setzt eine Akquisition und Generierung von relevantem Wissen, das neu für die Firma ist, ebenso voraus, wie produktionsvorbereitende Aktivitäten. Damit sind die Forschungs- und Entwicklungskomponenten des Innovationsprozesses benannt. Ergänzt werden diese Komponenten um Marketingkomponenten, wozu das Marketing für neue und verbesserte Produkte (evtl. in Kombination mit einer Elimination von eigenen konkurrierenden Produkten) sowie komplementäre Dienstleistungen, wie besondere Schulungsprogramme oder IT-Anpassungen, beim Kunden zählen. Das Oslo-Programm zeigt damit deutliche Nähen zur Innovation im traditionellen Kontext der Industrieproduktion (und nicht der modernen Dienstleistung) auf. Es dominiert die Vorstellung einer im Betrieb ablaufenden Closed Innovation.

Diese Vorstellung prägt in Teilen auch das Klassifikationsschema von Jolly (1997). Er nimmt allerdings eine stärker auf die Service- und Verwertungsprozesse ausgerichtete Phasenbildung vor und differenziert die

- Vorstellung (Imagination) als eine Phase der kognitiven Kopplung von explorativem Wissen um Märkte und Technologien,
- Inkubation als frühzeitiges, kognitives Erproben von Produktdesign, Zuschnitt des Angebots und Rahmengebung für Entwicklung und Kommerzialisierung,
- Demonstration als Erarbeitung von konkreten Demonstratoren; sie dienen als basales, über verschiedene Sinne erfassbares Anschauungsmaterial für die Produktion,
- Promotion als eine machtvolle Schaffung der Voraussetzung für den Absatz an einem Erstmarkt bzw. die Nutzung durch einen Erstanwenderkreis,
- Durchsetzung als nachhaltige Kommerzialisierung des Produkts sowohl in Absätzmärkten für Produkte als auch für technologische Lösungen (man installiert einen neuen Prozess im eigenen Unternehmen und bietet sich anschließend als Berater für vergleichbare technologische Lösungen an).

Eine vergleichbare sequentielle Rationalität liegt vielfältigen Phasenmodellen zugrunde, die allesamt mehr oder weniger übereinstimmende Abfolgen von Tätigkeiten eines Produktionsunternehmens detailliert beschreiben. Auf diese Weise lassen sich Metaprozesse etwa im Sinne von Forschung (Generierung einer Lösungsidee), Entwicklung (Umsetzung der Lösungsidee), Produktion und Verbreitung beschreiben, die dann, über eine Dadurch-dass-Relation vermittelt, ganz unterschiedlich immer weiter aufgespalten werden (z. B. Entwicklung dadurch, dass zunächst X, dann Y und schließlich Z gemacht werden). Für alle Phasenmodelle gilt, dass sie unterschiedliche Tätigkeitsschwerpunkte setzen und dabei mehr die Vorfeldsuche, die Ideengenerierung oder die Umsetzung und Verwertung fokussieren. Alle diese Aktivitäten laufen in besonderen aufbauorganisatorischen Strukturen ab, die in eine Hierarchie eingebunden sind und Über- und Unterordnungen zum Ausdruck bringen. Innovationen bleiben damit grundlegend Teil betrieblicher Abläufe (und unterscheiden sich dadurch von sogenannten Erfindungen oder Tüfteleien, die oftmals in privaten Kontexten oder angeblich in Garagen entstehen), auch wenn diese Abläufe durch ein hohes Maß an Spezifität und Unsicherheit geprägt sind, weshalb wiederholt darüber entschieden werden muss, ob Innovationsprozesse linear fortgesetzt, iterativ wiederholt oder auch ausgesetzt oder gänzlich abgebrochen werden. In jeder einzelnen Phase des Prozesses werden Tätigkeiten durchgeführt, die das Risiko eines Scheiterns der Anstrengungen reduzieren oder aber es erkennbar größer werden lassen. Davon abhängig wird an spezifischen Entscheidungspunkten seitens der zuständigen Führungskräfte festgelegt, ob die nächste Phase eingeleitet wird oder nicht.

2.4.2 Innovationsprozesse im traditionellen linear-sequentiellen Modell

Das allgemeine linear-sequentielle Modell beschreibt die Abfolge von Forschungs-, Entwicklungs-, Produktions- und Markteinführungsaktivitäten. Es kann im traditionellen Sinne Schumpeters (1939) als eine einseitige Exploration von Wissen im Forschungszusammenhang hin zur Exploitation von Wissen im Produktions- und Marktkontext begriffen werden. Zugrunde liegt eine geschlossene Vorstellung von der abstrakten Idee seitens der eigenen Ingenieure hin zur konkreten Anwendung in der Produktion sowie zur Verbreitung im Marketing. Gleichzeitig verbindet sich diese Überlegung mit der Vorstellung von klar abgegrenzten Organisationseinheiten, die nacheinander über Schnittstellen hinweg ein Ergebnis übernehmen und es dann weiter verarbeiten.

Hier wird das Dreiphasenmodell nach Thom (1980) als grundlegendes Modell dargestellt, weil es mit der Ideengenerierung und der Ideenakzeptierung seinen Schwerpunkt auf die mehr psychologischen Kernannahmen einer Ideen- und Entscheidungsfindung im sozialen Kontext z. B. eines Teams legt (s. Abb. 2.2). Die Ideengenerierung wird mit drei Aspekten der Suchfeldbestimmung, der Ideenfindung und des Ideenvorschlags beschrieben. Es zeigen sich deutliche Parallelen

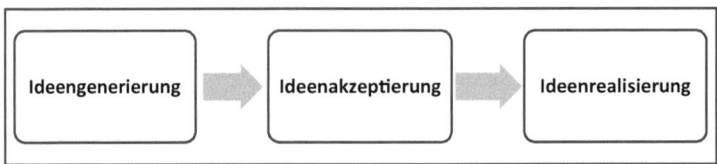

Abb. 2.2 Ideenorientiertes Phasenmodell sequenzieller Innovationsprozesse nach Thom (1980)

etwa zu den psychologischen Komponenten des Innovationsprozesses bei Patterson (2002) oder zum Stufenmodell von Basadur und Basadur (2011), wo Ideengeneration und Konzeptualisierung als cognitive activities im Sinne eines „finding" dargestellt werden. Dabei wird die Ideengenerierung in unmittelbarer Nähe zur Problembeschreibung und zur sogenannten reaktiven Kreativität (Unsworth 2001) gesehen, während die Konzeptualisierung eher in Richtung auf eine gedankliche Problemstrukturierung und erste Problemlösungsansätze verweist.

Aus psychologischer Sicht dominieren in dieser ersten Phase individuelle Faktoren (Basadur und Gelade 2005): Hier spielen insbesondere Wahrnehmungs- (experiencing vs. thinking) und Bewertungsstile (evaluation vs. ideation) eine entscheidende Rolle, die Teammitarbeiter mehr in Richtung auf Ideengeneratoren oder Konzeptualisierer prägen (zur Rolle einzelner Mitglieder vgl. Kap. 3). Ford (1996) führt in seinem Modell individueller kreativer Handlungen die Präsentation der eigenen Ideen zudem auf zwei zentrale Überzeugungen zurück: receptivity und capability beliefs. Receptivity beliefs stehen für die Überzeugung, dass die Gruppe sich für Ideen offen zeigt, positives Feedback gibt und Akzeptanz signalisiert. Capability beliefs stehen für die Überzeugung, dass sich die eigene Idee auch im Kontext der Gruppe bzw. später auch der Organisation verwirklichen lässt.

Die folgende Phase der Ideenakzeptierung wird stärker durch kontextuelle soziale Faktoren bestimmt: Individuelle Vorschläge werden von der Gruppe aufgenommen, bewertet und im positiven Fall weiter elaboriert und optimiert, ehe sie dann auch von der Gruppe in einer weiteren Phase umgesetzt werden. Die dritte Phase der Ideenrealisierung beschreibt allgemein die Umsetzung des von der Gruppe positiv bewerteten und akzeptierten Lösungsansatzes. Diese Phase kennzeichnen Basadur und Basadur (2011) in ihrem Modell als acceptance und action, Patterson spricht von einer Überprüfung im organisatorischen Kontext, ehe dann die eigentliche Implementierung mit starker Unterstützung durch die Organisation einsetzt. Hierbei fällt generell auf, dass diese stark praktisch und evaluativ geprägte Phase in allen psychologisch geprägten Modellen relativ wenig Detaillierung erfährt.

Eine deutliche inhaltliche Aufwertung gerade der Implementierung (gelegentlich ist in der Werbung auch vom doing part of innovation die Rede) erfolgt in den Modellen von Herstatt (1999) sowie von Ulrich und Eppinger (1995). Hier dominieren eindeutig die Entwicklung, die Prototypenerstellung, die Produkterprobung und das Design sowie die Produktion und die Marktdurchdringung. Die folgende Abb. 2.3 gibt das Phasenmodell von Ulrich und Eppinger mit seinem starken Fokus auf das Design wieder. Das Design lässt sich dabei zentral dem product-service dynamic cycle (vgl. Abb. 2.1) zuordnen und verbindet im Innovationsprozess den Hersteller mit seinen technologischen Vorstellungen und den Abnehmer mit sei-

Abb. 2.3 Phasenmodell von verwertungsorientierten Innovationsprozessen in Anlehnung an Ulrich und Eppinger (1995)

nen Nutzenvorstellungen. Auf der Grundlage von Designentscheidungen kommt es dann zur Produktion. Das Modell beginnt bei der Konzeptentwicklung für das Design und endet beim Produktionsstart, die Ideengenerierung und die sich anschließende Marktdurchdringung werden nicht eigens berücksichtigt. Der Innovationsprozess wird dabei vornehmlich als eine abgestimmte Kooperation von Marketing, Design und Produktion begriffen. Allen drei Abteilungen kommen während der fünf ausgewiesenen Phasen spezielle Aufgaben zu. Das Marketing kümmert sich z. B. um Marktsegmente, Produktfamilien, Vermarktungspläne, Werbematerialien sowie die Betreuung der frühen Nutzer (Early Adopters), während sich das Design verstärkt auf Produktmerkmale, Produktmaterialien, Haltbarkeiten und die Produktqualität konzentriert. Erkennbar wird bei diesem Modell, dass die frühen kognitiven und interaktiven Entstehungsphasen völlig ausgeschlossen sind. Das Modell konzentriert sich auf vielfältige (meist auch parallel ablaufende) Aktivitäten, die erst im Anschluss an die Entscheidung, das neue Produkt auf den Markt zu bringen, anlaufen. Es lässt einen erheblichen Koordinationsaufwand zwischen den verschiedenen Bereichen erahnen.

Eine starke Betonung der Funktionalität des Designs liegt auch dem Ansatz des sogenannten Design Thinking zugrunde. Design Thinking beschreibt eine Methode, in der Mitgliedern verschiedener Funktionen (z. B. Produzenten, Marketingexperten und Kunden) oder wissenschaftlicher Disziplinen in Teams kooperieren, um ausgehend von einer Problemlage kreative Konzepte und Problemlösungen zu erarbeiten und iterativ auf ihre Durchführbarkeit zu überprüfen. Auch diese Methode lässt sich als prozessualer Ablauf beschreiben, der mehrere Phasen umspannt, etwa Verstehen, Beobachtung, Perspektivendefinition, Ideenfindung, Prototypenbildung und Testen. Diese Abfolge wird immer wieder leicht abgewandelt, betont allerdings insbesondere einen impliziten Lernprozess, der Design Thinking niemals zu einem Ende kommen lässt. Das Verfahren des Design Thinking wird in starker Anlehnung an die Begründer Kelley und Leifer (z. B. Kelley und Littman 2002; Kelley und Kelley 2013) in der d.school des Hasso Plattner Instituts in Potsdam vermittelt (Plattner et al. 2009).

At the d.school, we learn by doing. We don't just ask our students to solve a problem, we ask them to define what the problem is. Students start in the field, where they develop empathy for people they design for, uncovering real human needs they want to address. They then iterate to develop an unexpected range of possible solutions, and create rough prototypes to take back out into the field and test with real people. Our bias is toward action, followed by reflection on personal discoveries about process. Experience is measured by iteration: students run through as many cycles as they possibly can on any project. Each cycle brings stronger insights and more unexpected solutions. (http://dschool.stanford.edu/our-point-of-view/)

2.4.3 Innovationsprozesse im Stage-Gate-Modell

Phasenmodelle beschreiben in der Regel allein zeitliche Abläufe von Tätigkeiten ohne Bezug auf einbettende organisatorische Strukturen. Sie könnten von daher auch als eindimensionale Modelle gekennzeichnet werden. Innovationsprozesse in kleineren oder größeren Unternehmen laufen aber nicht ohne Einbindung in hierarchische Strukturen ab. Es sind immer Entscheidungen des Managements, die sowohl zur Initiierung als auch zur Fortsetzung oder zur Beendigung von solchen an Ressourcen gebundenen Prozessen führen. Von daher lassen sich betriebliche Innovationsprozesse besser durch ein Modell beschreiben, das dem Stage-Gate-Prozess von Cooper und Kleinschmidt (1986) nachempfunden ist und sich anders als die Generierungs- oder Ideationsmodelle allein auf die Hardfacts von Innovationsprozessen konzentriert (s. Abb. 2.4).

In diesem Modell wird eine phasenweise Abfolge von abstrakten Tätigkeiten (Stage) dargestellt, die durch sogenannte Quality Gates (Q) unterbrochen werden, an denen eine Bewertung von Fortschritt und Reife der betreffenden Phase durch das Management erfolgt. Für diese Quality Gates sollten bereits vor dem Start des

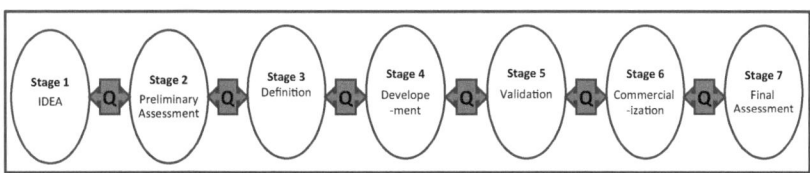

Abb. 2.4 Entscheidungsorientiertes Stage-Gate-Modell nach Cooper und Kleinschmidt (1986)

Programm Management Office				
Projekt Controlling	**Informationen**	**Qualitätssicherung**	**Meetings/Workshops**	**Kommunikation**
Zielvereinbarungs-prozess betreuen	Berichtswesen	Interne Audits	Planung und Moderation von Workshops	Projektmarketing
Masterplan erstellen und pflegen	Informationsraum mit Aushang des Projekt-Status	Risikomanagement	Festlegung der Meetingstruktur	Projektinterne und –übergreifende Kommunikation
Kosten überwachen	Projektlaufwerk, Zugriffsrechte	Methodische Unterstützung der Beteiligten	Protokolle, Ablauf	Vermittlung von internem und externem Coaching

Abb. 2.5 Thematische Gliederung eines Programm Management Office (nach Voigt 2007, S. 58)

Innovationsprozesses klare und messbare Kriterien festgelegt werden, die widerspiegeln, inwieweit sich das Innovationsprojekt im Zeit- und Kostenrahmen befindet, ob es immer noch kommerziell attraktiv ist und wie hoch die Chancen für eine erfolgreiche Beendigung des Projekts bei angemessenem Ressourceneinsatz sind. Die einzelnen Phasen umfassen die Entscheidung zur Innovation, die Vorbereitung, die Gestaltung, die Umsetzung und die abschließende Absicherung der Innovation. Letztere kann wiederum als Auslöser für neue Innovationen auf höherem Niveau bzw. auf qualitativ höherer Stufe fungieren. Eine detaillierte Ausarbeitung der einzelnen Stufen dieses Modells sowie der Reifegradkriterien an den verschiedenen Quality Gates liefert die ingenieurwissenschaftliche Dissertation von Voigt (2007).

Von entscheidender Bedeutung ist dabei die Gestaltung des Projektmanagements, die drei zentrale Aspekte umfasst: Bündelung der Projektmanagementaufgaben, Definition der Verantwortlichkeiten im Innovationsprojekt und die Bildung einer oder mehrerer leistungsstarker Arbeitsgruppen. Abbildung 2.5 gibt eine thematische Gliederung der Projektmanagementaufgaben wieder.

Das von Cooper und Kleinschmidt (1986) präsentierte und ausgearbeitete Modell hat einen empirischen Hintergrund. Es resultiert aus einem systematischen Vergleich zwischen erfolgreichen und nicht erfolgreichen Innovationsprojekten in Unternehmen. Hierbei kristallisierte sich die standardisierte Vorgehensweise bei Entwicklungsprojekten als Erfolgsfaktor heraus. Dabei laufen die einzelnen Phasen nicht mehr streng sequentiell ab, vielmehr sind auch Überlappungen und Parallelführungen möglich. Die kontinuierliche Überprüfung nach jeder Stufe mindert das Risiko des Scheiterns von Innovationsanstrengungen und Innovationsinvestitionen.

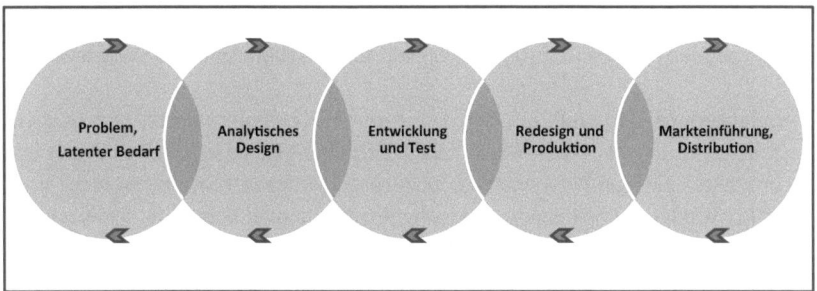

Abb. 2.6 Interaktives Chain-linked-Modell des Innovationsprozesses in Anlehnung an Kline und Rosenberg (1986)

2.4.4 Innovationsprozesse im Chain-linked-Modell

Bereits das Stage-Gate-Modell gibt deutlich zu erkennen, dass Innovationsprozesse nicht allein durch eine Sequenzierung von Aktivitäten zu beschreiben sind, sondern auch die Einbettung in eine Organisationsstruktur erforderlich machen und an die kontinuierlichen Beiträge verschiedener Einzelpersonen oder Arbeitsgruppen gebunden sind. Dabei vermittelt Abb. 2.4 den Eindruck, als handele es sich um eine Abfolge von Arbeitsschritten durch verschiedene Arbeitsgruppen, die jeweils durch das Management und seine Entscheidungen unterbrochen werden. Diese Sichtweise verkennt die Bedeutung von Verknüpfungen oder Überlappungen zwischen den verschiedenen Arbeitsphasen, die für das sogenannte Chain-linked-Modell von Kline und Rosenberg (1986) konstitutiv sind (vgl. Abb. 2.6). Die lineare Abfolge bleibt hier einerseits erhalten (unterschieden werden vor allem Entwicklungsphasen des Designs bis hin zur Markteinführung), andererseits wird sie durch die Metapher der Verkettung von Gliedern qualitativ auf ein neues Niveau gehoben. Die Verkettung schafft Schnittstellen, die durch sogenannte „linkage pins" abgebildet werden können. Hierunter sind Personen zu verstehen (z. B. liaison officer), die beiden Gliedern oder Teilen des Innovationsprozesses angehören und dadurch Kontinuität und Wissenstransfer zwischen den Phasen sichern. Diese Verknüpfung über einzelne Personen kann sowohl in horizontaler als auch vertikaler Hinsicht erfolgen (Conway (1997) nutzt den Begriff „link-pin", während Allen (1977) von einem „technological gatekeeper" redet).

Die Besonderheiten des Chain-linked-Modells erschöpfen sich jedoch nicht allein in der Verkettung und der dadurch geschaffenen Überbrückung (Jolly (1997) spricht von „bridging", Tushman (1977) von einem boundary spanning) zwischen Phasen. Von zentraler Bedeutung ist auch die Annahme, dass es keinen direkten

Zusammenhang zwischen Forschung und Innovation gibt. Forschung ist häufig sogar von Innovationsprozessen entkoppelt. Drei Aspekte sind hier bedeutsam:

- Innovationen sind nicht in erster Linie durch Forschung initiiert und fundiert, sondern beruhen auf dem Wissen der Mitarbeiter über bestehende Prozesse und Produkte. Diese an Personen oder Technik gebundenen Wissensbestände (stock of knowledge) bilden den Ausgangspunkt von Innovationen. Erst wenn das bestehende Wissen nicht mehr ausreicht, um einzelne Komponenten eines neuen Produkts zu entwickeln, kann auf externe Forschung zurückgegriffen werden.
- Eine weitere Besonderheit besteht in der Annahme einer ausgeprägten kommunikativen Rückmeldekultur einerseits zwischen Wissenschaft und Innovationsprozessen sowie andererseits zwischen den verschiedenen Phasen, die den Innovationsprozess zu einem höchst iterativen aber auch integrativen Verfahren machen. Auf diese Weise werden Wissenschaft und Forschung im Chain-linked-Modell zu einem eher begleitenden denn steuernden Instrumentarium.
- Schließlich wird angenommen, dass bestehendes technologisches Wissen die Forschung im Austausch ebenso beeinflusst wie neue Forschungsbefunde die bestehende Praxis beeinflussen. Im Chain-linked-Modell kommt Wissenschaft und Forschung keine führende Rolle mehr zu. Die Impulse aus der Forschung werden sogar zunehmend durch sogenannte market pulls ersetzt, also Anstöße seitens des Marktes und der wichtigsten Kunden (erinnert sei an die Funktion der Lead-user im Kontext der Open Innovation oder an das Design Thinking).

Infolge der Annahme von Schnittstellen werden die in einzelnen Arbeitsphasen erstellten Arbeitsergebnisse nicht mehr nur über Grenzen hinweg weitergereicht (Annahme des throw over the wall bei gleichzeitiger Gefahr des Not-invented-here-Effekts (Katz und Allen 1982)), sondern das Arbeitsergebnis wird reflexiv auf vorangegangene und zukünftig erwartete Problemlösungen hin erörtert. Auf diese Weise entstehen nicht nur organisierte Übergänge, sondern über ausgeprägte Feedback- und Feedforwardschleifen kommt es zu einer verstärkten Integration des gesamten Innovationsprozesses. Linkage, Bündelung, Synergiebildung und Verkoppelung sind häufig verwendete Begriffe, um die dargestellte Integration zu beschreiben.

2.4.5 Gemeinsamkeiten und Unterschiede zwischen den Modellen

Innovation wird in allen Modellen als ein dynamischer Prozess begriffen. Innovationsprozesse sind strukturierte Abfolgen von Tätigkeiten, die einen Start- und einen Endpunkt ausweisen. Der Startpunkt beschreibt ein Problem bzw. eine Problemerarbeitung, die zumeist einer technologischen Lösung zuzuführen ist; der Endpunkt ist dort gegeben, wo die Problemlösung im Falle eines Produkts in den Markt eingebracht wird. Dadurch umfasst jeder Innovationsprozess Komponenten der theoretischen Problemkonzeption, der technologischen Invention und der kommerziellen Exploitation (Trott 2002). Dabei sind die einfachen Modelle weitgehend linear ausgerichtet, ohne Hinweise auf Störungen oder Iterationen (oder sogenannte round trips), die etwas anspruchsvolleren Modelle beziehen auch verstärkt dynamische oder interaktive Komponenten ein (wobei in der Praxis der Dynamik eine entscheidende Bedeutung zukommt, um letztlich durch eine verkürzte Time to market einen möglichst großen Wettbewerbsvorteil zu erzielen). Im Zentrum aller Modelle stehen Produktinnovationen. Andere Arten der Innovation, wie sie etwa von Francis und Bessant (2005) in ihrem 4P-Ansatz (Produkt-, Prozess-, Positions- und Paradigmeninnovationen) dargestellt werden, finden kaum explizite Berücksichtigung.

Neben dieser allgemeinen Gemeinsamkeit lassen sich vier zentrale Unterscheidungsmerkmale benennen:

1. **Fokusdifferenzen**: Die Modelle haben ihren Fokus auf unterschiedlichen Ausschnitten des gesamten Prozesses. Sie betreffen entweder primär die Ideengenerierung oder aber die vom Markt angestoßene Produktentwicklung, wobei sich das oftmals nur darin zeigt, wie ausdifferenziert einzelne Phasen dargestellt werden. Die technologische Entwicklung findet eher seltener ausgefeilte Beachtung. Damit steht einmal verstärkt die Idee oder Invention im Vordergrund (Ideenfindung, -generierung, -bewertung, -präzisierung, -realisierung), dann aber das Projekt der Entwicklung im Sinne eines geplanten Vorgehens bis hin zum Prototypen und schließlich zur Kommerzialisierung des Produkts z. B. mit einem Konzeptdesign, Markttests, Redesign und einem Absatzplan. Psychologisch orientierte Ansätze betonen vor allem die Invention (bis hin zur Gleichsetzung von Kreativität und Innovation), betriebswirtschaftlich orientierte Ansätze konzentrieren sich weitgehend auf die Aspekte der Organisation von Innovationsprozessen sowie der Vermarktung der neu entstandenen Resultate.

2. **Differenzen hinsichtlich der Rolle der Forschung**: Die Rolle von Wissenschaft und Forschung wird in den einzelnen Modellen sehr unterschiedlich gesehen. Dort wo insbesondere die Ideengenerierung und Invention fokussiert wird, kommt der Forschung eine entscheidende Rolle zu. Aus der Forschung resultieren die Anstöße für die praktische Entwicklung. Innovation wird hier als science-driven beschrieben. Dies kommt in der sogenannten Leiter- oder Ladder-Metapher zum Ausdruck (Gomory 1989). Die Forschung wird als eine übergeordnete Instanz begriffen, die für die technologische Entwicklung die

entscheidenden Impulse liefert. Im Chain-linked-Modell geht es aber weniger um Anstöße aus der Wissenschaft, sondern um eine aus dem Unternehmen heraus oder vom Markt angeregte Verbesserung von Produkten und Prozessen unter Anleitung und Ausnutzung des bestehenden technologischen Wissens (Finke (2014) spricht diesbezüglich auch von Citizen Science). Innovationen sind dadurch weniger forschungs- als vielmehr wissensbasiert. Innovationsprozesse können auch dort ausgelöst werden, wo keine Forschungsabteilung oder Forschungskooperationen mit Universitäten oder Forschungsgesellschaften bestehen. Dadurch werden erste Modelle immer wieder mit radikalen Innovationen in Verbindung gebracht, während etwa das Chain-linked-Modell eher mit marktausgelösten kontinuierlichen Verbesserungen des Bestehenden oder inkrementellen Innovationen assoziiert werden. Viele Innovationen starten hier mit konkreten Problembeschreibungen, die dann meist auf der Grundlage des vorhandenen Wissens in den Unternehmen gelöst werden müssen. Hierbei lassen sich innovationsförderliche Effekte durch die gezielte Kombination unterschiedlicher Wissensbestände erzeugen (vgl. hierzu Kap. 6).

3. **Differenzen bei der organisatorischen Einbettung**: Phasenmodelle sind stark zeitlich ausgerichtet. Sie beschreiben zeitliche Abfolgen von Tätigkeiten, nehmen aber kaum Bezug auf organisatorische Rahmenbedingungen. Dies ist verstärkt im Stage-Gate-Modell der Fall, wo das Management über wiederholte Entscheidungen über den Fortbestand eines Projekts in den Innovationsprozess einbezogen ist. Durch die kontinuierliche Überprüfung nach jeder Stufe wird das Risiko des Scheiterns von Innovationsanstrengungen und Innovationsinvestitionen gemindert. Die sogenannten „Quality Gates" deuten diffus auf die organisatorische Einbindung von diversen Machtpromotoren hin. Diese organisatorische Einbindung ist auch im Chain-linked-Modell explizit gemacht, wo konkret zu gestaltende Schnittstellen oder Überlappungen zwischen den Tätigkeitsphasen postuliert werden. Boundary spanning oder linkage pin stellen abstrakte Konzepte für gezielte Maßnahmen dar, um die Schnittstellenproblematik zu bewältigen und die klassische Vorstellung einer mechanischen Weitergabe, die immer von einem Not-invented-here-Effekt bedroht sein kann, zu umgehen. Beide Modelle, sowohl das Stage-Gate-Modell als auch das Chain-linked-Modell deuten die organisatorische Einbindung eines jeden Innovationsprozesses lediglich an. Wie sie konkret gestaltet wird, geht aus den beiden Modellen allerdings nicht hervor.

4. **Differenzen im Grad der Geschlossenheit von Innovationen**: Innovationen werden in den linear sequenziellen Modellen vornehmlich als innerhalb der betrieblichen Grenzen ablaufende Prozesse begriffen. Die sogenannte Closed Innovation ist Gegenstand dieser Modelle. Hingegen erörtern etwa das Chain-linked Modell oder das Design Thinking verstärkt die Kontakte zu vernetz-

ten Unternehmen, Forschungseinrichtungen oder auch Kundensegmenten. Der Innovationsprozess erfolgt dann interaktiv oder vernetzt, so wie er auch bei der sogenannten Open Innovation beschrieben wird. Dabei ist allerdings zu prüfen, ob solche interaktiven Ansätze für alle Formen der Innovation geeignet sind. Der wissenschaftliche Trend geht in Richtung Open Innovation, ohne dass jedoch empirische Befunde dafür vorlägen, wie verbreitet diese Ansätze sind und ob sie in allen Bereichen von Industrie und Dienstleistung in vergleichbarer Häufigkeit praktiziert werden.

2.5 Innovationsprozesse als Gegenstand des Managements in der Organisation

Innovationsprozesse reichen von der Problembeschreibung bis hin zur Vermarktung und beschreiben ein organisationales Ablaufmuster, das durch vielfältige formale Entscheidungen zur Ressourcenallokation geprägt ist. Diese betreffen in der Regel Kosten, Zeit und zur Verfügung zu stellendes Personal: Es werden Ressourcen zur Verfügung gestellt, um neue Produkte zu entwerfen und ihre Umsetzung in wirtschaftlichen Erfolg zu ermöglichen (Hauschildt und Salomo 2011). Das Management entscheidet über die Gestaltung und Ausstattung der Business Pipeline, die zu zukünftigen Erfolgen und Wachstum führen soll. Dabei geht es nicht allein darum, einen unternehmensinternen Prozess in Gang zu setzen, sondern auch Interaktion und Vernetzung mit externen Partnern im Sinne einer Open Innovation zu betreiben: Hierzu zählen neben Austauschprogrammen mit Partnern über Abteilungen und Geschäftsfelder hinweg auch sogenannte cross-linkings mit Partnern aus anderen Industriezweigen und Forschungseinrichtungen. Der organisatorisch abgesicherte Austausch über Grenzen und verschiedene Funktionalitäten hinweg steht im Zentrum aller Bemühungen.

Ferner bedürfen die Innovationsprozesse einer Organisation der Steuerung, weil sie neben, parallel oder auch komplementär und sogar in Konkurrenz zu den normalen Geschäftsprozessen ablaufen. Von zentraler Bedeutung ist damit die Koordination der knappen Ressourcen und Kompetenzen zwischen starren Linien und fluiden Projekten. Dabei kann es zu erheblichen Konflikten und Widerständen kommen, zumal mit Innovationsprozessen oftmals der Abzug von Personal aus der Linie einhergeht und die normalen Geschäftsprozesse dadurch leiden können. Eine letzte kostenträchtige Managementaufgabe liegt in der Durchsetzung der Innovation am Markt.

Innovationsprozesse benötigen Zeit und sind durch Unsicherheit geprägt. Es ist selbst bei einer detaillierteren Problemskizze unsicher, ob eine Lösung in angemessener Zeit gefunden, technologisch umgesetzt und das Produkt am Markt erfolgreich verbreitet werden kann (rollout). Zwischen der Problembeschreibung und dem rollout können Jahre der Inkubation liegen. Weil Innovationsprozesse mit einem hohen Maß an Risiko verknüpft sind, brauchen sie fortlaufend Schutz und Unterstützung gegen verschiedenste Formen des Widerstands (vgl. Kap. 3). Diese Aufgabe leisten im Management sogenannte Promotoren, die sich für die Durchführung von Innovationsprozessen einsetzen und sich auch gegen potenziell aufkommende Widerstände stemmen. Witte (1972) führte das Promotorenkonzept ein und beschränkte es in seinem ursprünglichen Ansatz auf den Fach- und den Machtpromotor. Damit wurde die klassische Dichotomie von Erfinder und Unternehmer, wie sie von Schumpeter (1939) beschrieben wurde, wiederbelebt: Durch Invention und Kommerzialisierung verschafft sich der Unternehmer einen strategischen Vorteil am Markt. Der Fachpromotor ist dabei vornehmlich für die Inventionsprozesse zuständig, der Machtpromotor setzt die neuen Produkte am Markt durch. Später wurden Fach- und Machtpromotoren durch Prozess- und Beziehungspromotoren ergänzt, wobei die Prozesspromotoren die internen Überbrückungen im Projekt und die Beziehungspromotoren die externen Überbrückungen in Netzwerke hinein leisten (Gemünden und Walter 1995).

Innovationsprozesse werden in Unternehmen in der Regel im Kontext von Teams und Projekten durchgeführt. Solche Projekte sind durch die Einmaligkeit der Aufgabe und eine zeitliche Befristung definiert, sie erfolgen in geplanten zeitlichen Abläufen und werden durch ein speziell gebildetes Team, das zumeist Repräsentanten verschiedener Funktionalitäten umfasst (cross-functional), betrieben. Die Führung und Zusammensetzung der Teams sowie die Gestaltung der Beziehungen und Abläufe in den Teams, stellen die zentralen Herausforderungen an das Teammanagement dar. Die Abb. 2.7 gibt in Anlehnung an Högl und Gemünden

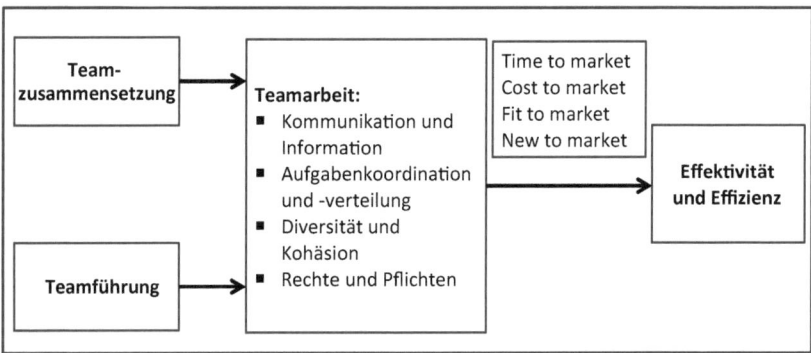

Abb. 2.7 Konzeptionelles Modell der Teamarbeit in Anlehnung an Hoegl und Gemuenden (1999)

(1999) einen Überblick über die Organisation und das Management von konkreten Innovationsteams. Entscheidend ist, dass durch das Teammanagement die Voraussetzungen für eine möglichst kurze Inkubationszeit (Time to market, Cost to market) sowie eine optimale Passung zwischen Bedürfnis und Angebot geschaffen (Fit to market, New to market) und damit eine hohe Effektivität und Effizienz erzeugt werden (auf Aspekte der Zusammensetzung bzw. Diversität von Teams wird in Kap. 6 näher eingegangen, Aspekte der Gestaltung von Koordination und Kooperation in Innovationsteams werden in Kap. 7 ausführlich thematisiert). Von besonderer Bedeutung ist die Organisation der Partizipation der Beschäftigten an Innovationsprozessen (Scholl et al. 2013). Vorliegende Befunde zeigen, dass Prozessinnovationen besonders dann erfolgreich umgesetzt werden können, wenn durch Partizipation der Wissenszuwachs ansteigt und der Widerstand gegen Veränderungen abnimmt. Dies betrifft insbesondere Prozessinnovationen, weil hiervon Mitarbeiterinteressen berührt sind und deshalb ein Mitbestimmungsrecht aus dem BetrVG gemäß §§ 111 bis 113 abgeleitet werden kann.

Hinweise für die betriebliche Praxis
Praktiker erleben Innovationsprozesse aus unmittelbarer Nähe, sind in solche Prozesse einbezogen und sogar von ihnen betroffen. Von daher entsteht in der Regel eine Differenz zwischen dem konkret Erlebten und den meist abstrakten Darstellungen aus der Wissenschaft. Diese Differenz betrifft im vorliegenden Fall vier Aspekte:
1. **Generalisierung ist nur eingeschränkt möglich:** Aus praktischer Sicht stellt sich der Eindruck ein, dass die Forschung zur Innovation stark auf industrielle Großunternehmen ausgerichtet ist. Damit wird ein seit Jahren bestehender Trend bestätigt, der die Produktion stützt und die Dienstleistung weitgehend außer Betracht lässt, der aber auch die große Zahl der kleinen und mittleren Unternehmen (KMU) und Handwerksbetriebe vernachlässigt. Diese können es sich in der Regel nicht erlauben, aufwendige Innovationsprozesse mit Unterstützung aus der Forschung in Gang zu setzen, um neue Produkte oder Prozesse zu erarbeiten. Hier stellt sich dann die Frage, ob überhaupt und wie in solchen Betrieben Innovationsprozesse organisiert und gestaltet werden. Zu erkennen ist, dass in KMU viel Innovationsbemühungen ohne ausgeprägte Strukturen jenseits der traditionellen Linien ablaufen und dass weniger eigene Forschung und Entwicklung als vielmehr der Einkauf von innovativem Wissen z. B.

über Praktikantenverträge mit Universitäten oder betreute Qualifizierungsarbeiten betrieben wird. Dabei steht das technologische Wissen vor Ort im Zentrum aller Veränderungsprozesse, Studenten und Praktikanten geben Anregungen und lösen kritische Reflexionen aus. Anzunehmen ist ferner, dass vornehmlich technologische Veränderungen betrieben und systematische Serviceinnovationen weitgehend vernachlässigt werden. Allerdings werden auch KMU ständig dazu gezwungen, neuartige Serviceleistungen am Markt zu imitieren, ohne dass hierbei der Anspruch erhoben würde, z. B. ein systematisches Marketing im Sinne etwa einer Open Innovation zu betreiben. Der Alltag eines KMU ist angesichts der Knappheit von Personalressourcen vornehmlich durch unsystematisches Trial and Error sowie inkrementelle Innovationen und kontinuierliche Verbesserungsprozesse (KVP) geprägt. Eine systematische Bestandsaufnahme der Ist-Situation sowie eine klar artikulierte und strukturierte Definition des Ziels sowie des Weges dorthin besteht jedoch eher selten. Oftmals besteht Innovation auch nur darin, plötzlich und unerwartet auftretende Mängel in der Produktion systematisch zu analysieren und erkannte Fehler zu beseitigen. Selbst das kann sehr viel Zeit in Anspruch nehmen. Im Nachgang werden gerade bei KMU häufig die erarbeiteten Lösungen inklusive der durchaus begründet verworfenen „Irrwege" selten hinreichend dokumentiert, so dass bei neuerlichen Innovationsprozessen immer wieder vormals erarbeitete aber nicht dokumentierte Ergebnisse erneut erarbeitet werden. Begründet wird dies durchweg mit fehlenden Ressourcen, insbesondere personeller Natur.

Ferner fällt auf, dass bei theoretischen Erörterungen die Erzeugung von langlebigen Gütern im Mittelpunkt steht, während die stärker serviceorientierten Ansätze eher Güter von kurzer Nutzungsdauer betreffen. Wenn es etwa um Innovationen im Bereich von Service geht, dann betreffen sie vor allem modische Oberbekleidung, Musik oder Software, also Güter, die stark mit Design, Mode und Ästhetik verbunden sind. Im Bereich der Metallverarbeitung spielen solche Aspekte eher eine untergeordnete Rolle. Entscheidend sind hier vor allem die technologische Qualität und die Haltbarkeit des Erzeugnisses. Die angesprochenen Branchen sind zudem direkt an das Internet bzw. an die Nutzung von modernster IuK-Technik gebunden, die man in vielen KMU und Handwerkssparten ebenfalls nicht vorfindet. Auch hier stellt sich die Frage nach der Verallgemeinerbarkeit.

2. **Ganzheitliche Sicht auf Innovationen ist erforderlich**: Jedes Unternehmen ist bestrebt, sich am Markt zu behaupten. Das setzt voraus, qualitativ hochwertige Produkte liefern zu können. Um dies zu leisten, wurden vielfältige Prozesse installiert und ständig überarbeitet, die allesamt aufeinander abgestimmt sein und auf qualitativ konstant hohem Niveau ausgeführt werden müssen. Dies garantieren zu können stellt bereits eine sehr hohe Herausforderung dar. Innovationen bezüglich dieser Prozesse kosten in der Regel nicht nur viel Geld, sondern sie führen auch zu erheblichen Anstrengungen im Bereich der Koordination von Technologien und Prozessen. Ohne an eine abgehobene Innovation zu denken, können bereits kleinere Änderungen im Prozessablauf, etwa die Verwendung alternativer Schlichte oder Quarzsande bei der Herstellung von Guss, zu erheblichen Folgewirkungen im Bereich der Bearbeitung der Gussteile führen. Gezielte technologische Innovationen, etwa in der Formerei eines Gießereiunternehmens, müssen immer auch daraufhin untersucht werden, wie sie sich in den anderen Produktionsbereichen auswirken. Wo das unterbleibt, können kostenträchtige Folgeprobleme auftreten (etwa im Bereich des Strahlens und Putzens).

Dies verweist auf einen wichtigen Aspekt, der gezielte Beachtung verdient. Entscheidend bei Innovationen ist die Analyse des Ausgangsproblems. Dieses wird in den meisten theoretischen Betrachtungen zur Innovation irgendwie nur vorausgesetzt. Hierin liegt aber der entscheidende Punkt: Ohne eine solche systematische Analyse der Ursachen und Folgen von Störungen im weitesten Sinne lässt sich kaum bestimmen, an welchem Problem eine Innovation ansetzen sollte und wie sie sich ihrerseits auf die weiteren Abläufe auswirkt. In einer verknüpften Struktur haben lokale Innovationen an vielen anderen Stellen Anpassungsnotwendigkeiten zur Folge. Das muss bedacht werden. Umgekehrt kommen lokale Verbesserungsmaßnahmen oftmals nicht zur Wirkung, wenn sie nicht auf Vorläufer- oder Nachfolgerprozesse abgestimmt sind. Oft wird auch nicht hinreichend beachtet, dass die Einführung, etwa eines neuen Planungstools, nur dann erfolgreich ist, wenn viel Aufwand für Schulungen in der gesamten Prozesskette betrieben wird. Vermutlich scheitern zahlreiche Innovationsbemühungen in Unternehmen daran, dass solche systematischen Analysen des gesamten Prozesses (und nicht nur eines Ausschnitts) weitgehend unterbleiben. Nur einzelne punktuelle Veränderungen in einem ganzheitlich strukturierten Prozess bringen oftmals nicht die erwarteten Ergebnisse. Von daher sollte jeder beabsichtigten Prozessinnovation eine systematische Prozessanalyse vorangehen. Diese Prozessanalyse ist gerade in KMU durch ein möglichst heterogen besetztes Team aus Fachleuten der verschiedensten Disziplinen vorzunehmen.

3. **Qualifizierung ist ein wichtiges Element der Innovationsfähigkeit:** Die aufgezeigten Modelle verweisen allesamt auf die Bedeutung von Wissen für die Beherrschung von etablierten technologischen Prozessen und auch Innovationsprozessen. Dabei bleibt oft unklar, was unter Wissen oder gar neuem Wissen zu verstehen ist. Wer in der Praxis arbeitet, studiert in der Regel keine Bücher und Fachpublikationen, sondern verlässt sich auf sein in der Aus- und Fortbildung sowie in der Praxis erworbenes Wissen. Von großer Bedeutung für KMU ist dabei vor allem das technologische Wissen der Arbeitsvorbereiter, Ingenieure, Meister und Vorarbeiter, das fortlaufend in den relevanten Sparten aktualisiert, aber auch an die operativen Kräfte weitergegeben werden muss. Genauso relevant ist aber auch das Erfahrungswissen im Umgang mit speziellen Werkzeugen und Werkstoffen. Wichtig für zielgerichtete Veränderungen ist – wiederum gerade in KMU – dass die ausübenden Werker gehört werden. Einerseits haben viele eine eigene Meinung, wie eine Innovation aussehen könnte, andererseits muss dem Standard „Das haben wir schon immer (noch nie) so gemacht" entgegengewirkt werden. All dieses zusammenfassend lässt sich festhalten, dass es ohne ein solches Wissen kein reflektiertes Arbeiten gibt und kaum Möglichkeiten bestehen, an Veränderungsprozessen zu partizipieren. Gerade innovationsbereite Unternehmen müssen sich aktiv um die Qualifizierung ihrer Mitarbeiter bemühen. Auch wenn Wissen von außen in ein Unternehmen importiert wird (z. B. durch Studenten, Praktikanten oder Berater), setzt dies grundlegende Anschlussmöglichkeiten bei den eigenen Mitarbeitern voraus. Aus diesem Grunde scheitern oftmals gut gemeinte Prozessinnovationen etwa im Bereich des Einsatzes von elektronischen Planungs- und Controllinginstrumenten, weil der Wissensabstand zwischen Informatikern der IT-Abteilung und operativen Kräften in der Produktion zu groß ist und auch aus unterschiedlichen Motiven heraus nicht immer nach Möglichkeiten gesucht wird, den Abstand zu verringern.

4. **Es fehlt in Unternehmen oft an Innovationskultur.** Die theoretischen Ausführungen vermitteln den Eindruck, dass Innovationen etwas Positives darstellen, das von jedermann gewollt ist. In der Praxis stellt sich oft-

mals ein gegensätzlicher Eindruck ein: Viele Beschäftigte sind am Erhalt des Bestehenden interessiert und erleben Innovationen als etwas Bedrohliches. Das kann auf verschiedenen Hierarchieebenen ganz unterschiedliche Ursachen haben: Prozessinnovationen werden oftmals mit dem Ziel vorangetrieben, Kosten oder Personal einzusparen, wodurch die operativen Kräfte Nachteile erahnen. Im Bereich der Meister führen technologische Innovationen oftmals zu einer Verminderung der Kontrollspannen und dadurch zu bedrohlichen Machtverlusten. Führungskräfte befürchten Einbußen im Leistungsergebnis, wenn Mitarbeiter vorübergehend für Innovationsteams abgestellt werden müssen. Innovationsprozesse haben den Nachteil, dass die Erfolge sich erst relativ spät zeigen, die Kosten allerdings sehr frühzeitig spürbar werden. Von daher schrecken auch Führungskräfte häufig vor Innovationsprozessen zurück.

Der Ausweg aus diesem Dilemma liegt erneut nicht darin, einfach nur lokale Defizite aufzuspüren, vielmehr kommt es darauf an, das gesamte Themenfeld der Innovation mit einem positiven touch zu versehen. Innovation muss semantisch mit positiv besetzten Konzepten assoziiert werden. Die Aufgabe des Managements liegt dann darin, eine Innovationskultur zu schaffen, die die Innovation allseitig als Vorteil erleben lässt. Mitarbeiter müssen sich angeregt fühlen, über ihre Arbeit nachzudenken, aufgetretene Fehler systematisch zu analysieren, Veränderungsvorschläge zu unterbreiten, mal über den Tellerrand des eigenen Wirkbereichs hinauszuschauen und darüber nachzudenken, ob man aus Lösungen, die man in anderen Bereichen kennengelernt hat, etwas Nützliches für den eigenen Arbeitsplatz ableiten kann. Hier kommt es darauf an, durch z. B. betriebliche Kommunikations- und Anreizstrukturen Motivation zu schaffen, Veränderungen überhaupt zu denken, geschweige denn sie vorzuschlagen. Viele Mitarbeiter auf allen Ebenen gehen angesichts betrieblicher Strukturen nicht von der Erwartung aus, dass ihre Hinweise und Vorschläge überhaupt auf rezeptive Ohren treffen. In dieser Hinsicht sind junge Mitarbeiter optimistischer Weise oftmals noch bereit, sich die Hörner abzustoßen, während ältere Mitarbeiter pessimistischer Weise bereits resigniert haben. Entscheidend ist aber nicht das Alter, entscheidend ist die unzureichend entwickelte Innovationskultur. Es ist ein Irrglaube zu meinen, die Innovationsfähigkeit scheitere an den betrieblichen Altersstrukturen. Sie scheitert vielmehr an einer unzureichenden Innovationskultur.

Literatur

Allen, T. J. (1977). *Managing the flow of technology: Technology transfer and the dissemination of technological information within the R&D organization.* Cambridge: The MIT Press.

Amabile, T. M. (1996). *Creativity in context. Update to social psychology of creativity.* Colorado: Boulder.

Aregger, K. (1976). *Innovation in sozialen Systemen.* München: UTB.

Basadur, M. S., & Basadur, T. M. (2011). Where are the generators? *Psychology of Aesthetics, Creativity, and the Arts, 5*(1), 29–42.

Basadur, M. S., & Gelade, G. (2005). Modeling applied creativity as a cognitive process: Theoretical foundations. *The International Journal of Thinking & Problem Solving, 15*(2), 13–41.

Berkun, S. (2010). *The myths of innovation.* Canada: O'Reilly Media.

Bornewasser, M. (2009). *Organisationsdiagnostik und Organisationsentwicklung.* Stuttgart: Kohlhammer.

Bryson, J. R. (2008). Value chains or commodity chains as production projects and tasks: Towards a simple theory of production. In D. Spath & W. Ganz (Hrsg.), *Die Zukunft der Dienstleistungswirtschaft – Trends und Chancen heute erkennen* (S. 264–287). München: Carl Hanser Verlag.

Bullinger, H. J., & Scheer, A. W. (Hrsg.). (2006). *Service Engineering – Entwicklung und Gestaltung innovativer Dienstleistungen.* Berlin: Springer.

Chesbrough, H. W. (2003). *Open innovation – the new imperative for creating and profiting from technology.* Boston: Harvard Business School Press.

Christensen, J. F. (1995). Asset profiles for technological innovation. *Research Policy, 24,* 727–745.

Conway, S. (1997). Strategic personal links in successful innovation: link-pins, bridges, and liaisons. *Creativity and Innovation Management, 6*(4), 226–233.

Cooper, R. G., & Kleinschmidt, E. J. (1986). An investigation into the new product process: steps, deficiencies, and impact. *Journal of Product Innovation Management, 3,* 71–85.

Csikszentmihalyi, M. (1997). *Creativity: Flow and the psychology of discovery and invention.* New York: Harper Perennial.

Finke, P. (2014). *Citizen Science. Das unterschätzte Wissen der Laien.* München: oekom.

Ford, C. M. (1996). A theory of individual creative action in multiple social domains. *Academy of Management Review, 21,* 1112–1142.

Francis, D., & Bessant, J. (2005). Targeting innovation and implications for capability development. *Technovation, 25*(3), 171–183.

Galbraith, J. K. (1958). *The affluent society.* New York: Mariner Books.

Ganz, W., Tombeil, A. S., Bornewasser, M., & Theis, P. (2013). *Produktivitätsleitlinie: Produktivität von Dienstleistungsarbeit.* Stuttgart: Fraunhofer.

Gemünden, H. G., & Walter, A. (1995). Der Beziehungspromotor – Schlüsselperson für interorganisationale Innovationsprozesse. *Zeitung für Betriebswirtschaft, 65*(9), 971–986.

Gerybadze, A. (2004). *Technologie- und Innovationsmanagement: Strategie, Organisation und Implementierung.* München: Vahlen.

Goldhar, J. D. (1980). Some modest conclusions. In B. V. Dean & J. D. Goldhar (Hrsg.), *Management of research and innovation* (S. 283–284). New York: Elsevier Science Ltd.

Gomory, R. (1989). From the ladder of science to the product development cycle. *Harvard Business Review, 67,* 99–105.

Hasso Plattner Institute of Design: Our point of view. http://dschool.stanford.edu/our-point-of-view/. Zugegriffen: 15. Juni 2014.

Hauschildt, J., & Salomo, S. (2011). *Innovationsmanagement.* München: Vahlen.

Herstatt, C. (1999). Theorie und Praxis der frühen Phasen des Innovationsprozesses. *IO-Management, 68*(10), 72–81.

Von Hippel, E. (1986). Lead users: A source of novel product concepts. *Management Science, 32*(7), 791–805.

Högl, M., & Gemünden, H. G. (1999). Determinanten und Wirkungen der Teamarbeit bei innovativen Projekten: Eine theoretische und empirische Analyse. *Zeitschrift für Betriebswirtschaft, 69*(Ergänzungsheft 2), 35–61.

Högl, M., & Gemünden, H. G. (2001). Teamwork quality and the success of innovative projects: A theoretical concept and empirical evidence. *Organisation Science, 12*, 435–449.

Jolly, V. K. (1997). *Commercializing New Technologies: Getting from Mind to Market.* Boston: Harvard Business School Press.

Katz, R., & Allen, T. J. (1982). Investigating the Not Invented Here (NIH) syndrome: A look at the performance, tenure, and communication patterns of 50 R & D Project Groups. *R & D Management, 12*, 7–19.

Kelley, T., & Kelley, D. (2013). *Creative confidence.* Crown Business.

Kelley, T., & Littman, J. (2002). *Das IDEO Innovationsbuch. Wie Unternehmen auf neue Ideen kommen.* München: Econ.

Kline, S. J., & Rosenberg, N. (1986). An overview of innovation. In R. Landau & N. Rosenberg (Hrsg.), *The positive sum strategy* (S. 275–305). Washington, DC: The National Academic Press.

Meffert, H. (2000). *Marketing: Grundlagen marktorientierter Unternehmensführung – Konzepte, Instrumente, Praxisbeispiele.* Wiesbaden: Gabler.

Ng, I. (2013). *Value and worth: Creating new markets in the digital economy.* Oxford: Innovorsa Press.

OECD. (1997). *Oslo manual, proposed guidelines for collecting and interpreting technological innovation data.* Paris: Organisation for Economic Cooperation and Development.

Osborn, A. F. (1966). *Applied imagination. Principles and procedures of creative problem solving.* New York: Scribner.

Patterson, F. (2002). Great minds don't think alike? Person-level predictors of innovation at work. *International Review of Industrial and Organizational Psychology, 17*, 115–144.

Penrose, E. T. (1959). *The theory of the growth of the firm.* New York: Oxford University Press.

Plattner, H., Meinel, C., & Weinberg, U. (2009). *Design thinking. Innovation lernen – Ideenwelten öffnen.* München: mi-Wirtschaftsbuch.

Popper, K. R. (2004). *Alles Leben ist Problemlösen. Über Erkenntnis, Geschichte und Politik.* München: Piper.

Reichwald, R., & Piller, F. (2007). *Interaktive Wertschöpfung. Open Innovation, Individualisierung und neue Formen der Arbeitsteilung.* Wiesbaden: Gabler.

Rogers, E. M. (2003). *Diffusion of innovations.* New York: Free Press.

Scholl, W., Breitling, K., Janetzke, H., & Shajek, A. (2013). *Innovationserfolg durch aktive Mitbestimmung. Die Auswirkungen von Betriebsratsbeteiligung, Vertrauen und Arbeitnehmerpartizipation auf Prozessinnovationen.* Berlin: edition sigma.

Schultz, C., Zippel-Schultz, B., & Salomo, S. (2011). *Innovationen im Krankenhaus sind machbar! Innovationsmanagement als Erfolgsfaktor.* Stuttgart: Kohlhammer.

Schumpeter, J. A. (1939). *Business cycles – a theoretical, historical and statistical analysis of the capitalist process.* New York: McGraw-Hill Book Company.

Spath, D., & Ganz, W. (Hrsg.). (2008). *The future of services. Trends and perspectives.* München: Hanser.

Spohrer, J., & Kwan, S. K. (2009). Service Science, Management, Engineering, and Design (SSMED): An emerging discipline – outline and references. *International Journal of Information Systems in the Service Sector, 1*(3), 1–31.

Sternberg, R. J., & Sternberg, K. (2011). *Cognitive psychology.* Belmont: Wadsworth Cengage Learning.

Thom, N. (1980). *Grundlagen des betrieblichen Innovationsmanagements.* Königstein: Hanstein.

Tirole, J. (2003). *The theory of industrial organization.* Cambridge: MIT Press.

Trott, P. (2002*). Innovation management and new product development.* London: Prentice Hall.

Tushman, M. L. (1977). Special boundary roles in the innovation process. *Administrative Science Quarterly, 22,* 587–605.

Ulrich, K. T., & Eppinger, S. D. (1995). *Product design and development.* New York: McGraw-Hill Book Company.

Unsworth, K. (2001): Unpacking creativity. *Academy of Management Review, 26*(2), 289–297.

Vargo, S. L., & Lusch, R. F. (2008). Service-dominant logic: Continuing the evolution. *Journal of the Academic Marketing Science, 36*(1), 1–10.

Voigt, T. (2007). *Systematik zur qualitätsgerechten Umsetzung organisatorischer Veränderungsprozesse: CHANGE-Anwenderleitfaden.* Frankfurt a. M.: FQS.

West, M. A., & Farr, J. L. (1990). Innovation at work. In M. West & J. Farr (Hrsg.), *Innovation and creativity at work: Psychological and organizational perspectives* (S. 3–13). Chichester: Wiley.

Witte, E. (1972). *Das Informationsverhalten in Entscheidungsprozessen.* Tübingen: Mohr.

Witte, E. (1973). *Organisation für Innovationsentscheidungen – Das Promotoren-Modell.* Göttingen: Schwartz.

Prof. Dr. Manfred Bornewasser leitet die Abteilung für Arbeits- und Organisationspsychologie am Institut für Psychologie der Universität Greifswald. Seine Forschungsschwerpunkte liegen im Bereich der angewandten Personal- und Organisationsentwicklung, hier insbesondere der Prozessgestaltung. Er ist Leiter verschiedener BMBF-geförderter Projekte. Im Projekt derobino beschäftigt er sich intensiv mit Problemen der Teamdiversität und deren Auswirkungen auf die Innovativität, im Projekt Pikoma mit Problemen der Prozessgestaltung und Kompetenzentwicklung in Wirtschaft und Verwaltung. Im Kontext des Projekts Service4Health setzt er sich in Kooperation mit dem Fraunhofer IAO in Stuttgart mit Fragen der Produktivität von Dienstleistungsarbeit im Bereich von Anästhesie und OP von Krankenhäusern auseinander.

Dr. Anne Köhn ist wissenschaftliche Mitarbeiterin am Lehrstuhl von Prof. Dr. Bornewasser und Mitarbeiterin im BMBF-geförderten Projekt derobino. Nach einem Studium der Psychologie arbeitete sie in der Rechts- und Staatswissenschaftlichen Fakultät der Universität Greifswald am Lehrstuhl von Frau Prof. Dr. Bouncken, beschäftigte sich dort intensiv mit Problemen der empirischen Forschung und der quantitativen Methodenlehre und verfasste ihre Dissertation zum Thema Führung und Innovation. Nach erfolgter Promotion konzentrierte sie sich im BMBF-geförderten Projekt Kosipol (Prof. Dr. Frevel, Münster) zusätzlich auf Fragen des subjektiven Sicherheitsempfindens.

Rollen im Innovationsprozess

3

Madlen Hiller

Zusammenfassung

Organisationale Innovationen sind komplexe Prozesse. Ihre erfolgreiche Bewältigung setzt voraus, dass unterschiedliche fachliche, aber auch überfachliche Kompetenzen zusammenkommen. Diese spezifischen, einander ergänzenden Leistungsbeiträge zu Arbeitsprozessen werden in der Forschungsliteratur als Rollen beschrieben. Ein Anliegen des Projektes derobino war es, ein Rollenmodell speziell für Innovationsteams zu formulieren. Um einen Einblick in den Stand der Forschung zu erhalten, werden zunächst drei etablierte Rollenkonzepte vorgestellt und ihre Anwendbarkeit auf Teaminnovationen erörtert. Anschließend wird dargelegt, wie ein auf Teaminnovationen zugeschnittenes Rollenmodell entwickelt und empirisch überprüft wurde. Das Kapitel schließt mit einer kritischen Bewertung der Verwertbarkeit von Rollenkonzepten für die betriebliche Praxis ab.

M. Hiller (✉)
Abteilung für Arbeits- und Organisationspsychologie,
Ernst-Moritz-Arndt-Universität Greifswald,
Franz-Mehring-Str. 47, 17487 Greifswald, Deutschland
E-Mail: madlen.hiller@uni-greifswald.de

© Springer Fachmedien Wiesbaden 2015
M. Bornewasser et al. (Hrsg.), *Teamkonstellation und betriebliche Innovationsprozesse*, DOI 10.1007/978-3-658-07386-2_3

3.1 Innovation als Ergebnis von Teamprozessen

Für die frühe Innovationsforschung stand das Individuum im Mittelpunkt der Betrachtungen. Ziel war es, herauszufinden, welche Eigenschaften Innovatoren von gewöhnlichen Menschen unterscheiden. Dieser Fokus auf der innovativen Persönlichkeit findet sich auch in der Entrepreneur- und Leadershipliteratur wieder (Slappendel 1996). Innovationen in Unternehmen sind jedoch selten die Leistung von Einzelpersonen. Sie werden in vielen Fällen von Arbeitsgruppen angestoßen, erarbeitet und in die betriebliche Routine überführt (Hülsheger et al. 2013; West und Farr 1990). Arbeitsgruppen werden mehrheitlich definiert als mehrere Personen, die interagieren und gemeinsame Ziele, Werte und Normen verbinden. Sie werden sowohl durch andere als auch durch sich selbst als soziale Einheit wahrgenommen (Guzzo und Dickson 1996; Kauffeld und Schulte 2013; Stempfle 2010; Ullmann-Jungfer und Werkmann-Karcher 2010; von Rosenstiel 1995). Der Begriff Team wird z. T. enger definiert. Für seine Verwendung werden eine engere Zusammenarbeit und ein höheres Maß an Interaktionen vorausgesetzt als bei Gruppen. In der Innovationsliteratur werden Gruppe und Team jedoch häufig gleichbedeutend gebraucht (Hülsheger et al. 2013), weswegen sie auch im Folgenden als Synonyme verwendet werden.

Die erfolgreiche Realisierung organisationaler Innovationen ist ein hochkomplexer Prozess, der das Wissen und die Erfahrungen in vielen Unternehmens- und Fachbereichen erfordert. Diese Komplexität kann nur durch arbeitsteilige Gruppen bewältigt werden, in denen das individuelle Wissen, die Fähigkeiten und Fertigkeiten eines jeden Mitglieds kombiniert werden. Im Team kommen multiple funktionelle Qualifikationen zusammen, damit schon in frühen Phasen der Entwicklung und Planung Wissen vernetzt werden kann, Möglichkeiten ausgelotet und eventuelle Einschränkungen in der späteren Umsetzung bedacht werden können.

Unabhängig von einer möglichen Leistungssteigerung hat Teamarbeit den Vorteil, dass Informationen zwischen den Prozessbeteiligten schneller zirkulieren können. Darüber hinaus werden Entscheidungen, die in Gruppen getroffen wurden, eher akzeptiert (von Rosenstiel 1995). Dass die Akzeptanz der Prozessbeteiligten für die Realisierung neuer Projekte nicht unwichtig ist, spiegelt sich auch in der breiten Forschung zu Widerständen in Innovationsprozessen wider (s. Hauschildt und Salomo 2011).

Trotz dieser Bedeutung von Teamarbeit für innovative Unternehmen finden sich vergleichsweise wenige Untersuchungen auf Gruppenebene (Somech und Drach-Zahavy 2013). Teamarbeit ist notwendig, aber nicht automatisch ein Garant für Innovationserfolg. Es wurde noch wenig erforscht, welche Bedingungen Innovationsteams erfolgreich machen. Gebert bringt es wie folgt auf den Punkt: „…[es] stellt sich nicht die Frage, ob wir Teamarbeit wollen, sondern nur noch die

Frage, *wie* wir die Zusammenarbeit in der Gruppe am besten gestalten können…"
(Gebert 2004, S. 10).

Den unterschiedlichen Anforderungen einer Aufgabe muss jeweils ein Teammitglied mit entsprechender Kompetenz gegenüberstehen, während alle an der
Lösung des Gesamtproblems interessiert sind (von Rosenstiel 1995). Nur so ist
eine Gruppe tatsächlich mehreren unabhängig voneinander arbeitenden Personen
überlegen. Innovationsteams sind insofern als kooperative Systeme zu verstehen,
in denen jedes Mitglied seinen Teil zum Prozessergebnis beisteuert. Diese individuellen Beiträge bestehen zum einen in dem Expertenwissen und den fachlichen
Fertigkeiten, z. B. als Produktionsleiter, Marketingchef oder Einkäufer. Zum anderen hängt das Gelingen von Projekten auch von überfachlichen Kompetenzen
ab, z. B. von der Strukturierung der eigenen Vorgehensweise oder der Fähigkeit
verschiedene Vorschläge zu einer Lösung zusammenzuführen (Kauffeld 2006).
Das Konzept der Rolle bietet einen geeigneten theoretischen Ausgangspunkt, um
zu beschreiben, welche Beiträge, die über das relevante fachspezifische Wissen
und Können hinausgehen, für den Innovationserfolg von Teams entscheidend sind.

3.2   Das Konzept der Rolle

In Arbeitsgruppen differenzieren sich typischerweise verschiedene Rollen aus
(z. B. Ullmann-Jungfer und Werkmann-Karcher 2010; von Rosenstiel 1995). Der
soziologische Rollenbegriff umfasst ein Bündel von Verhaltenserwartungen, das
an eine bestimmte Position in einem sozialen Gefüge geknüpft ist. Unter sozialen
Positionen werden „Punkte oder Orte in einem Koordinatensystem sozialer Beziehungen" verstanden, die ebenso wie die Rolle vom Einzelnen losgelöst sind
(Dahrendorf 2006, S. 34). Die Ansprüche an Inhaber von Positionen werden nicht
von einer Einzelperson, sondern von der Gesellschaft bestimmt und verändert. Sie
können sich auf das Verhalten (Rollenverhalten) oder auf das Aussehen und den
Charakter des Positionsinhabers beziehen (Rollenattribut; Dahrendorf 2006). Beispielsweise wird von einem Projektleiter erwartet, dass er Aufgaben der Koordination und Steuerung übernimmt (Rollenverhalten) und über Durchsetzungsver-
mögen (Rollenattribut) verfügt. Ein jeder nimmt eine Vielzahl von Positionen ein,
da er sich immer wieder in anderen sozialen Systemen wiederfindet, sei es bei der
Arbeit, in der Familie oder im Sportverein.

Als Teil sozialer Systeme ist der Einzelne mit den Normen der Gesellschaft so-
zialisiert worden und hat die Erwartungshaltungen, die an eine Position gekoppelt
sind, über die Zeit verinnerlicht. Sich diesen Verhaltensvorschriften zu entziehen,
ist im Grunde nicht möglich, ohne Sanktionen fürchten zu müssen (Dahrendorf
2006). Diese können von Antipathie, sozialem Ausschluss bis hin zu rechtlichen

Konsequenzen reichen (z. B. beim Whistleblowing). Das Erfüllen von Rollen-erwartungen kann aber auch honoriert werden (z. B. durch die Nominierung zum Mitarbeiter des Monats). Dieses traditionelle Rollenkonzept geht vor allem auf die strukturell-funktionale Theorie zurück, in der Rollen als Elemente sozialer Struk-turen begriffen werden, mit denen eine Funktion für die Gesellschaft verbunden ist (Parsons 1945).

Im Gegensatz dazu stellt der interaktionistische Ansatz die aktiven Beiträge des Individuums bei der Übernahme von Rollenverhalten in den Vordergrund (Mead 1934). Hiernach entwickeln sich Rollen durch soziale Interaktionen. Normen lie-fern zwar eine Reihe von Verhaltenshinweisen, jedoch wird erst im Miteinander ausgehandelt, wie genau eine Rolle ausgefüllt wird (Biddle 1986). In dem interak-tionistischen Rollenverständnis drückt sich aus, dass die Konturen von Rollen un-terschiedlich stark ausgeprägt sein können. Dieser Ansatz ist besonders interessant, um die Ausdifferenzierung von Rollen in Arbeitsgruppen zu erklären, bei denen eben häufig keine klar definierten Strukturen vorliegen, im Gegensatz zur Position im Tagesgeschäft, bei der die Erwartungen und Verantwortlichkeiten in einer Stel-lenbeschreibung größtenteils explizit fixiert sind. Es können also formale Rollen von informalen Rollen unterschieden werden, je nachdem wie klar sie, z. B. durch Vorschriften oder Regelungen, strukturiert sind. Informale Rollen lassen dem Trä-ger einen größeren Handlungsspielraum (Folkerts 2001).

Im Rollenverständnis der amerikanischen Managementliteratur tritt der Aspekt der Erwartung noch weiter in den Hintergrund. Rollen werden hier lediglich als Bündel beobachtbarer Aktivitäten angesehen (Mintzberg 1973). Dies trifft auch für die bekannten Rollenmodelle für den Arbeitskontext zu (Belbin 1981; Margerison und McCann 1995; Witte 1973), in denen die Leistungsbeiträge der Prozessbetei-ligten von Interesse sind. In welchem Verhältnis diese zu Erwartungshaltungen stehen, fließt weder in die Konzeptualisierung noch in die Operationalisierung der Ansätze ein.

Der lateinische Ausdruck „pars" und der englische Begriff „part" implizieren, dass Rollen in ihrer ursprünglichen Bedeutung als Teile eines Komplexes oder ei-nes Systems zu verstehen sind. Die mit einer Rolle verbundenen Verhaltensweisen ergeben, zusammen mit den Verhaltensweisen einer anderen Rolle, ein Ganzes. Teams sind solche Systeme. In ihnen müssen sich bestimmte Verhaltensweisen ergänzen, damit sie als arbeitsteilige Einheit effektiv sind.

Im Fokus der Arbeit im Projekt derobino stand die Frage, welche Teamaktivi-täten und damit verbundene Rollen zu erfolgreichen Innovationsprozessen führen. Um zunächst einen Einblick in den Stand der Forschung zu gewinnen, werden drei frühere Rollenansätze vorgestellt: Eine vor allem im deutschsprachigen Raum verbreitete und anerkannte Theorie, die Rollen im Innovationsprozess beschreibt, sowie zwei etablierte Teamrollenmodelle, die ebenfalls den Aspekt der Innovativität in ihren Konzepten aufgreifen.

3.3 Das Promotorenmodell

Das bekannte Promotorenmodell bezieht sich explizit auf den Innovationskontext. Es knüpft an Schumpeters Gedanken an, dass Innovationen arbeitsteilig erfolgen. So unterscheidet Schumpeter (1912) zwischen dem Erfinder, der die Invention hervorbringt, und dem Unternehmer, der die Erfindung durchsetzt. Ausgangspunkt des Promotorenmodells war die Fragestellung, „…welche innovationsfördernden Kräfte in Unternehmen und Behörden wirksam sind, um den Schritt von einer technischen Erfindung zu deren wirtschaftlicher Nutzung zu vollziehen" (Witte 1973, S. 11). Es wird als Prämisse gesetzt, dass sowohl die Bereitschaft zur aktiven Durchsetzung von Innovationen als auch die Fähigkeit, Probleme auf dem Weg zu deren erfolgreicher Umsetzung zu lösen, grundsätzlich gering sind. Witte (1973) spricht in dem Zusammenhang von Willens- und Fähigkeitsbarrieren, die Innovationen entgegenstehen.

Die Willensbarrieren erwachsen der Ungewissheit und den unkalkulierbaren Veränderungen, die Innovationen mit sich bringen. Zudem können Veränderungen erfahrungsgemäß nur mit Energie erreicht werden. Das erklärt den grundsätzlichen Wunsch von Prozessbeteiligten, am Status Quo festzuhalten. Die Barriere erhöht sich, wenn Opponenten in den Innovationsprozess eingreifen, um den Ist-Zustand zu erhalten oder gegenläufige Veränderungsprozesse durchzusetzen.

Die Fähigkeitsbarrieren ergeben sich aus der Neuartigkeit des Produktes bzw. des Prozesses und den damit einhergehenden Unklarheiten. Für Innovationen liegen keine Erfahrungswerte vor, auf denen die Entscheidungen über notwendige Schritte auf dem Weg zur Realisierung aufbauen könnten. Die Barriere ist besonders hoch, wenn mehrere Unternehmensbereiche durch die Neueinführung betroffen sind, die ineinander greifen müssen (z. B. Fertigung, Lager, Materialbeschaffung, Marktanalyse und Finanzen). Hier muss notwendigerweise der Problemzusammenhang verstanden werden, um die auftretenden Widrigkeiten bewältigen zu können.

Beiden Formen von Widerständen stehen spezifische Energien gegenüber, die nur selten von einer Person alleine aufgebracht werden können. Willensbarrieren können nach Witte (1973) vor allem durch Macht überwunden werden, da diese es ermöglicht, kooperatives Verhalten zu belohnen und blockierendes Verhalten zu sanktionieren. Entsprechend bezeichnet er Personen, die Widerstände des Nicht-Wollens abbauen, als *Machtpromotoren* (vgl. Tab. 3.1.). Fähigkeitsbarrieren wiederum können nur durch Fachwissen überwunden werden, welches die Lösung neuer

Tab. 3.1 Übersicht zu den Promotorenrollen (in Anlehnung an Mansfeld 2011, S. 31)

Rolle	Barrieren	Machtquelle	Leistungsbeiträge
Fachpromotor	Fähigkeitsbarrieren	Fachwissen	Ideengenerierung
			Alternativenentwicklung
			Informationsbereitstellung
			Konzeptevaluierung
Machtpromotor	Willensbarrieren	Hierarchische Macht	Zieldefinition
			Ressourcenbereitstellung
			Schutz vor Opponenten
Prozesspromotor	Administrative Barrieren	Organisationskenntnis, Kommunikationsstärke	Zusammenführung
			Vermittlung
			Konfliktmanagement
			Zielgerichtete Kommunikation
			Prozesssteuerung
			Koordination
Beziehungspromotor	Externe Austauschbarrieren	Netzwerkkenntnis, Sozialkompetenz	Informationsaustausch
			Finden und Zusammenbringen von Interaktionspartnern
			Koordination, Planung und Steuerung von Austauschprozessen
			Konfliktmanagement

und komplexer Sachprobleme ermöglicht. Folglich nennt er Personen, die Widerstände des Nicht-Könnens auflösen, *Fachpromotoren*. Da jeder Innovationsfall unterschiedliche Fachkenntnisse erfordert, kann es sein, dass jedes Mal jemand anderes über die notwendige Expertise verfügt. Für die Realisierung sehr komplexer Veränderungen können mitunter auch mehrere Fachpromotoren erforderlich sein.

Witte (1973) konnte empirisch belegen, dass bei Vorhandensein eines Tandems aus Fachpromotor und Machtpromotor eine deutlich höhere Prozessaktivität aller Beteiligten, ein höherer Innovationsgrad und eine größere Problemlöseumsicht zu beobachten sind, als bei anderen Konstellationen (nur Fachpromotor, nur Machtpromotor, Personalunion aus Fach- und Machtpromotor, Fehlen von Promotoren).

Hauschildt und Chakrabarti (1988) ergänzten das Modell später um die Rolle des *Prozesspromotors*. Sein Beitrag ist es, Barrieren des Nicht-Dürfens zu überwinden. Darunter sind vor allem organisatorische und administrative Hindernisse zu verstehen. Prozesspromotoren sind mit den unternehmensinternen Abläufen vertraut, verfügen über Kommunikationsfähigkeit und die erforderliche Beharrlichkeit, bürokratische Hürden zu nehmen.

Eine eindeutige Bestätigung der vorgeschlagenen Troika-Struktur (Fachpromotor, Machtpromotor, Prozesspromotor) findet sich erst bei Kirchmann (1994). Demnach ist das Vorhandensein aller drei Rollen in Innovationsprozessen eher selten vorzufinden, aber dann auch mit einem höherem Neuigkeitsgrad sowie einem größeren technischen und wirtschaftlichen Erfolg der Innovation verbunden.

Gemünden und Walter (1995) fügten der Troika letztendlich den *Beziehungspromotor* hinzu. Er nimmt sich Barrieren in der Kooperation mit externen Partnern an (Kunden, Zulieferer, externe Know-How-Träger). Diese Barrieren können darin bestehen, dass a) ein geeigneter Innovationspartner nicht bekannt ist oder gar nicht gesucht wird („Nicht-voneinander-wissen"), b) eine Kooperation keine Basis im Sinne gemeinsamer Arbeitsstandards oder Kommunikationsweise findet („Nicht-miteinander-können"), c) Motive oder Einstellungen der Partner einer Zusammenarbeit entgegenstehen („Nicht-miteinander-wollen") oder d) Gebote, Verbote oder Normen der Organisationen oder auch der Gesellschaft einer kooperativen Beziehung im Wege stehen („Nicht-miteinander-dürfen"; Hauschildt und Salomo 2011).

Der Beziehungspromotor zeichnet sich durch ein gut ausgebautes Netzwerk, Kontaktfähigkeit, soziale Kompetenz und diplomatisches Geschick aus. Untersuchungen belegen die positive Wirkung des Beziehungspromotors auf den Innovationserfolg (Zusammenfassung der Ergebnisse bei Hauschildt und Salomo 2011). Die einzelnen Rollen mit korrespondierenden Barrieren und Machtquellen sind in Tab. 3.1 zusammengefasst.

Kritische Würdigung

Das Promotorenmodell beschreibt die für Innovationsvorhaben relevanten Rollen und die Vorteile des Zusammenwirkens ihrer jeweiligen Beiträge. Die Rollen sind durch die entsprechenden Barrieren, an denen sie ansetzen und ihre spezifischen Machtquellen klar definiert. Sie lassen sich deswegen gut messen und untersuchen (Mansfeld 2011). Die Rollen und ihr innovationsförderlicher Einfluss sind empirisch gut abgesichert.

Ursprünglich wurde das Promotorenmodell als informelle Form der Arbeitsteilung betrachtet, in dem Akteure eigeninitiativ Verantwortung für ein Innovationsvorhaben übernehmen (Witte 1973). Auch die Untersuchungen zu dem Modell weisen zum Großteil darauf hin, dass die Arbeitsteilung der Promotoren im Innovationsprozess spontan erfolgt und nicht bewusst organisiert wird (Hauschildt und Salomo 2011). Dennoch lassen sich die Erkenntnisse der Promotorenforschung auf Innovationsteams übertragen, die erst etabliert werden, wenn die Weiterverfolgung einer Idee bereits von der Unternehmensführung beschlossen wurde oder irgendeine Art von Innovationsauftrag vorliegt. So empfiehlt es sich für die Teamzusammenstellung, Inhaber von Fachwissen, hierarchischer Macht, Organisationskenntnis und Netzwerkbeziehungen zusammenzuführen, um das Auftreten von

Promotorenverhalten und eine Synergie der Rollen zu ermöglichen (vgl. Witte 1973). Allerdings lässt sich Promotorenverhalten kaum vorhersagen und auch die Erhebungsmethoden sind fast alle auf die rückblickende Identifikation von Promotoren ausgerichtet (vgl. Folkerts 2001).

3.4 Belbins Rollenmodell

Ein Modell für Teamrollen, das große Beachtung in Theorie und Praxis erfahren hat, wurde von Belbin (1981) vorgeschlagen. Die Theorie ging aus einer 9-jährigen Studie hervor, in der die Teamzusammensetzung effektiver Managementteams untersucht wurde. Analysiert wurden die Persönlichkeitseigenschaften und die Fähigkeit zum kritischen Denken der Mitglieder erfolgreicher und weniger erfolgreicher Teams. Die Einschätzungen der Teammitglieder wurden durch Verhaltenschecklisten ergänzt, welche Beobachter während der Aufgabenbearbeitung für jedes Team ausfüllten. Der Erfolg eines Teams wurde anhand einer Managementübung gemessen. Als Ergebnis dieser Analysen schlug Belbin (1981) die ursprünglich acht Teamrollen vor: den Neuerer, den Beobachter, den Koordinator, den Teamarbeiter, den Weichensteller, den Umsetzer, den Macher und den Perfektionisten. Später wurde die Rolle des Spezialisten ergänzt (Belbin 2010, s. Tab. 3.2 für eine Kurzbeschreibung der Rollen).

Nach Belbin (2010) definieren sich die Teamrollen über Verhaltenstendenzen in Teaminteraktionen und spezifische Beiträge zum Teamprozess. Sie sind abzugrenzen von funktionellen Berufsrollen, die sich auf technische Fähigkeiten und das jobrelevante, operationale Wissen beziehen. Folglich können Personen mit gleichen Funktionen unterschiedliche Teamrollen einnehmen (Aritzeta et al. 2007).

Belbin (2010) definiert das Team als ein „… set of players who have a reciprocal part to play, and who are dynamically engaged with one another" (S. 98). Hierin klingt schon die Grundannahme des Rollenmodells an, der zufolge sich in erfolgreichen Teams die Beiträge der Mitglieder im Gruppenprozess ergänzen und sich die verschiedenen Verhaltensausrichtungen in einer Balance befinden müssen (Teambalance-Hypothese). Eine alleinige Ausrichtung der Teammitglieder beispielsweise auf eine zügige Umsetzung von Plänen oder auch harmonische Teamprozesse ist demzufolge langfristig wenig erfolgreich.

Für eine optimale Teamzusammenstellung sollte zunächst eine Person mit besonderem Wissen hinsichtlich der Zielstellung ausfindig gemacht und dann ein Manager ausgewählt werden, der eine gute Beziehung zu diesem Experten hat, wobei diese Schritte in der Praxis auch simultan ablaufen können. Anschließend wird das Team um weitere relevante Rollen ergänzt, bis alle notwendigen Beiträge durch Rollenträger abgedeckt sind. In dem Zusammenhang weist Belbin (2010, S. 102) darauf hin, dass kleinere Teams im Durchschnitt ausgewogener, flexibler

Tab. 3.2 Zusammenfassende Beschreibung der Teamrollen (eigene Übersetzung in Anlehnung an Aritzeta et al. 2007)

	Teamrolle	Beitrag	Schwächen
Wissen	Neuerer (Plant)	Generiert Ideen und löst schwierige Probleme	Ignoriert Kostenkalkulationen; zu gedankenverloren, um effektiv zu kommunizieren
	Beobachter (Monitor Evaluator)	Sieht alle Optionen und urteilt akkurat	Fehlt Antrieb/Elan und Fähigkeit, andere zu inspirieren; kann zu kritisch sein
	Spezialist (Specialist)	Liefert spezielles, relevantes Wissen und ebensolche Fähigkeiten	Kann nur zu speziellen Aspekten etwas beitragen; bleibt in technischen Details verhangen
Kommunizieren	Koordinator (Coordinator)	Identifiziert Talente, klärt Ziele und delegiert effektiv	Kann als manipulativ angesehen werden; lädt eigene Arbeit bei anderen ab
	Teamarbeiter (Teamworker)	Hört zu und verhindert Reibereien	Unentschieden in Krisensituationen; meidet Konfrontationen
	Wegbereiter (Resource Investigator)	Erkundet Möglichkeiten und baut Kontakte auf	Übermäßig optimistisch; verliert das Interesse, sobald der anfängliche Enthusiasmus verflogen ist
Handeln	Macher (Shaper)	Hat den Antrieb und die Courage, Hindernisse zu überwinden	Anfällig für Provokationen; verletzt Gefühle anderer
	Umsetzer (Implementer)	Setzt Ideen in Realität um und leitet die dafür notwendigen Schritte ein	Etwas unflexibel; langsam in seiner Reaktion auf neue Möglichkeiten
	Perfektionist (Completer Finisher)	Sucht Fehler, perfektioniert und verfeinert	Neigung, sich unnötig zu sorgen; delegiert ungern

und erfolgreicher sind. Er geht dabei davon aus, dass in optimalen Teams mehrere Rollen von einer Person gleichzeitig ausgefüllt werden können. Eine Rolle kann zudem von mehreren Personen eingenommen werden.

Belbin et al. (1976) konnten einen positiven Zusammenhang zwischen ihren Leistungsvorhersagen auf Grundlage der Teamzusammensetzung und der tatsächlichen Teamleistung finden. Eine jüngere Untersuchung zeigte, dass Teams, deren Mitglieder hohe aggregierte Werte in den Rollen des Neuerers (Kreativität), des Koordinators und des Teamworkers aufweisen, leistungsstärker sind. Entgegen Belbins Teambalance-Hypothese konnte allerdings nur ein marginal signifikanter positiver Zusammenhang ($r=.26$, $p<.10$, $N=33$) zwischen der Anzahl der Rollen im Team und der Leistung gefunden werden (Chong 2007).

Kritische Würdigung

Die Grundzüge des Konzeptes sind sehr griffig und plausibel, so dass es in der Praxis gut angenommen wurde. Ansprechend für Praktiker sind vor allem die bildhaften Beschreibungen der Postulate. Die Entwicklung von Ideen und Lösungen wird als elementare Herausforderung in Teamprozessen angesehen, was sich in der Rolle des Neuerers ausdrückt. Das Modell ist insofern ein wertvoller Vorstoß zur Beschreibung der überfachlichen Arbeitsteilung in Innovationsprozessen. Eine Bestimmung der eigenen Teamrolle ermöglicht das Team Role Self-Perception Inventory (TRSPI-8R), das durch Einschätzungen von Beobachtern ergänzt werden sollte. Es ermöglicht durch sein Erhebungsformat die Vorhersage, welche Rolle ein Mitarbeiter einnehmen wird. Die Testgüte des TRSPI ist umstritten. Die konvergente Validität ist zufriedenstellend. Die Faktorstruktur ließ sich jedoch nicht immer nachweisen (Aritzeta et al. 2007). Die Teambalance-Hypothese, welche eine bessere Leistung bei einer ausgeglichenen Verteilung aller Rollen vorhersagt, konnte z. T. bestätigt werden. Die Differenzierung in neun Teamrollen erscheint sehr ambitiös. Einige der Rollen lassen sich semantisch und auch empirisch schwer voneinander abgrenzen. Die Erfahrung mit Innovationsteams hat gezeigt, dass die Rollen sich durch ihre Namen nicht gleich in ihrer Bedeutung erschließen, z. B. Umsetzer vs. Macher. Die Konzentration auf die drei Grundorientierungen der Wissens-, Handlungs- und Kommunikationsorientierung in einem sparsameren Modell könnte innovative Teamleistungen möglicherweise besser vorhersagen.

3.5 Das Team Management System (TMS)

Mitte der Achtziger Jahre entwickelten Margerison und McCann einen Rollenansatz, der ebenfalls auf die Fragestellung zurückgeht, was Teams erfolgreich macht (Margerison und McCann 1995). In dem Modell wird das Generieren neuer Ideen und Lösungen als ein bedeutsamer Aspekt von Teamarbeit einbezogen. Der Ansatz wurde insofern als weiterer theoretischer Grundstein für die Erforschung von Rollen in Innovationsteams erachtet.

Das Team Management System (TMS) geht zurück auf Gespräche mit Managern über deren Probleme, wie sie diese lösen und inwiefern dies die Teamergebnisse beeinflusst. Aus den Antworten wurden neun kritische Schlüsselfunktionen[1] in Teams erschlossen. Hierunter werden Tätigkeiten gefasst, denen nachgekommen werden muss, damit Prozesse erfolgreich bewältigt werden können. Im Einzelnen sind dies:

---

[1] Die Autoren nennen die key work functions auch work activities, weswegen die Begrifflichkeiten auch hier synonym verwendet werden.

1. *Beraten*: Informationen sammeln und weitergeben
2. *Innovieren*: neue Ideen kreieren/neue Wege finden, um alte Probleme anzupacken
3. *Promoten:* Ideen ans Management herantragen, überhaupt andere von ihnen überzeugen und Ressourcen beschaffen
4. *Entwickeln:* Weiterentwickeln von Ideen, so dass diese umsetzbar sind und auf dem Markt Bestand haben
5. *Organisieren:* den Prozess durch „Deadlines" und „Benchmarks" strukturieren, Ressourcen zuordnen, Entscheidungen treffen
6. *Umsetzen:* Produkte herstellen bzw. Dienstleistungen erbringen
7. *Überwachen:* Details im Auge behalten, hohen Qualitätsstandard sicherstellen
8. *Instandhalten:* sicherstellen, dass die Infrastruktur gegeben ist, damit die Teammitglieder maximal effektiv sein können
9. *Verbinden:* alle Teammitglieder koordinieren, um maximale Kooperation und maximalen Austausch von Ideen und Erfahrungen sicherzustellen

Aus diesen Schlüsselfunktionen ergeben sich die Rollen, die in einem Team eingenommen werden müssen (Abb. 3.1). Sie sind a) weitgehend unabhängig von den Positionen der Teammitglieder in der Organisation und müssen b) unabhängig von der spezifischen Zielstellung eingenommen werden, damit Teamprozesse erfolgreich sind. Eine zentrale Funktion für den Teamerfolg ist das Zusammenführen aller Teambeiträge.

Zu einem gewissen Maße sind die genannten Tätigkeiten in jedem Beruf erforderlich, wenngleich zu unterschiedlichen Anteilen. Gleichzeitig haben Menschen unterschiedliche Vorlieben. Margerison und McCann (1995) machten in ihren Interviews die Erfahrung, dass die meisten ihrer Gesprächspartner sich mit drei, manchmal auch vier Tätigkeitsarten wohlfühlten. Meistens gab es jedoch auch eine oder mehrere Aktivitäten, die sie weniger mochten und deswegen bei Möglichkeit delegierten oder vernachlässigten. Damit das nicht passiert und allen kritischen Schlüsselfunktionen nachgekommen wird, müssen die Präferenzen mit den Funktionen in Übereinstimmung gebracht werden. Zur Ermittlung der individuellen Präferenzen wurde ein Fragebogen, der Management Index (TMI), entwickelt. In Anlehnung an die Myers-Briggs-Typen (Myers et al. 1976) wird über die vier folgenden Dimensionen ein Persönlichkeitsprofil erstellt:

1. Wie werden *Beziehungen* zu anderen aufgebaut: introvertiert vs. extravertiert? Es gibt Menschen, die eher extravertiert oder eher introvertiert sind. Extravertierte Typen sind gesellig, schließen schnell und gerne Kontakte zu anderen, während introvertierte ruhig sind und sich gerne zurückziehen.

Abb. 3.1 Die Rollen und ihre korrespondierenden Arbeitsstile (in Anlehnung an Margerison und McCanns Team Management Wheel 1995, S. 123)

2. Wie werden *Informationen* gesammelt und verwertet: praktisch vs. kreativ? Praktische Personen arbeiten lieber mit Ideen, die schon geprüft wurden. Sie vertrauen auf Fakten und Details. Kreative Köpfe dagegen hinterfragen gerne den Ist-Zustand und bringen neue Ideen ein.
3. Wie werden *Entscheidungen* getroffen: analytisch vs. werte-/prinzipienorientiert? Analytische Typen legen objektive Entscheidungskriterien fest und wählen die Option mit dem größten Nutzen, während werteorientierte Individuen sich an ihren Prinzipien und Glaubenssätzen orientieren.
4. Wie wird die eigene Arbeit und die anderer *organisiert*: strukturiert vs. flexibel? Strukturierte Typen agieren handlungsorientiert und schließen Schritte gerne ab. Flexiblen Typen ist es hingegen lieber, die Situation zunächst vollständig zu erfassen und möglichst viele Informationen vorliegen zu haben, ehe sie etwas beschließen.

In Interviews mit Managern wurde bestätigt, dass diese Punkte die Zusammenarbeit im Team maßgeblich beeinflussen. Mithilfe einer Faktorenanalyse konnte gezeigt werden, dass die Persönlichkeitsprofile mit einer Präferenz für bestimmte Schlüsselfunktionen korrespondieren. Abbildung 3.1 ist zu entnehmen, dass die Kombination aus zwei Präferenzen jeweils eine Rolle definiert. Zum Beispiel sind Organisatoren analytisch und strukturiert. Die Ausprägung der anderen beiden Dimensionen kann für die Rolle variieren. So gibt es Organisatoren, die eher extravertiert sind, und solche, die eher introvertiert sind. Das Verknüpfen aller Beiträge beruht nicht auf Präferenzen, sondern auf Fähigkeiten, die durch das Koordinieren und Integrieren von Personen in Gruppen erlernt werden.

Margerison und McCann (1995) schildern, dass Arbeitsgruppen die Repräsentation der Schlüsselfunktionen in erfolgreichen Teams, in Form des Team Management Wheels, hilfreich für die Analyse der eigenen Teamaktivitäten fanden. Mit der Kenntnis über die Präferenzen im Team wird deutlich, welche Bereiche gut abgedeckt sind und welchen mehr Aufmerksamkeit geschenkt werden muss. Idealerweise, so die Kernaussagen des Modells, verteilen sich die Rollenpräferenzen der Teammitglieder gleichmäßig auf die Rollen im Team Management Wheel und werden die Beiträge aller Rollen darüber hinaus zusammengeführt. So sorgen Verknüpfer dafür, dass auch Introvertierte ihre Gedanken und Ideen einbringen. Sie halten Extravertierte an, zum Punkt zu kommen. Sie achten darauf, dass sich Diskussionen einerseits nicht in praktischen Details verlieren, andererseits aber auch nicht die Konkretisierung und Realisierbarkeit von zunächst oftmals abstrakten Ideen vergessen wird. Verknüpfer bleiben ergebnisorientiert und lenken das Gespräch immer wieder darauf, welche Schlussfolgerungen aus Einwänden gezogen werden müssen oder eben, wie sich etwas praktisch umsetzen ließe. Sie sorgen also immer wieder dafür, dass die einzelnen Arbeitsstile ausbalanciert und deren Vorzüge ausgeschöpft werden.

Kritische Würdigung
Margerison und McCanns TMS weist Parallelen zu Belbins Theorie hinsichtlich der Anzahl der Rollen und der zentralen Annahme auf, dass eine ausgewogene Verteilung der Teammitglieder auf alle Rollen zu besseren Ergebnissen führt. Wie auch von Belbin wird behauptet, dass unabhängig von einer spezifischen Zielstellung die postulierten Schlüsselfunktionen erfüllt werden müssen, um als Team erfolgreich sein zu können. Das TMS unterscheidet sich jedoch dadurch, dass der Tätigkeit des Verknüpfens aller Beiträge eine besondere Bedeutung beigemessen wird. Aus den Aussagen der Manager schlussfolgern sie, dass das Zusammenführen aller Teambeiträge eine zentrale Bedeutung für den Teamerfolg hat.

Die Messung der Präferenzen über den TMI genügt den allgemeinen psychometrischen Anforderungen, wie in eigenen, umfangreichen Untersuchungen von den Autoren belegt wurde (vgl. auch Furnham et al. 1993). Grundsätzlich bietet die Erhebung von Präferenzen den Vorteil, dass Verhaltensvorhersagen ermöglicht werden. Unklar ist, wieso sich die Präferenzen auf die vier Dimensionen Beziehungen, Informationen, Entscheidungen und Organisation beziehen und nicht direkt

Präferenzen für die Schlüsselfunktionen erhoben werden. Die Kernannahmen des Modells basieren auf einer qualitativen Herangehensweise. Eine Überprüfung der Thesen durch quantitative Studien ist bislang nicht bekannt.

3.6 Zusammenfassende Gegenüberstellung der drei Rollenmodelle

Die drei vorgestellten Rollenmodelle weisen Überschneidungen, aber auch Unterschiede auf (vgl. Tab. 3.3). Sie alle haben gemein, dass sie von einer Arbeitsteilung ausgehen (im Gegensatz zum Championmodell beispielsweise; Schön 1963).

Besonders Belbins Rollenmodell und das TMS von Margerison und McCann weisen einige Parallelen auf. Beide geben an, dass

- es Rollen in Teams gibt, die für die erfolgreiche Bearbeitung eines Vorhabens eingenommen werden müssen;
- diese weitgehend unabhängig von der konkreten Zielstellung sind;
- es neun Teamrollen gibt;
- die Teams erfolgreicher sind, wenn sich die Teammitglieder gleichmäßig auf die Rollen verteilen (Ausgewogenheitsannahme);

Tab. 3.3 Die Rollenkonzepte im Überblick

	Promotorenmodell	Belbin-Teamrollen	TMS
Bezugsrahmen	Innovationen in Organisationen	Arbeitsteams	Arbeitsteams
Theoretische Herleitung	Überlegungen, wer Innovationsblocka-den überwindet	Studie zur Team-bildung und -effektivität	Befragung von Managern zu erfolgskritischen Faktoren der Teamarbeit
Anzahl der Rollen	4	9	9
Instrumente	vornehmlich Erfas-sung der Rollen durch Single-Item-Beschreibungen mit mehrstufiger Likert-Skala	Team Role Self-Perception Inventory zur Erhebung der eigenen Rollenwahrnehmung	Team Manage-ment Index (TMI) zur Erhebung der Rollenpräferenzen
Stärken	Theoretische Einbet-tung der Rollen und weitgehend empiri-sche Bestätigung	Popularität	Zuverlässige Messung der Rollenpräferenzen

- Individuen manche Rollen anderen gegenüber bevorzugen, wobei jedoch auch relativ einfach in verwandte Rollen geschlüpft werden kann;
- ihre jeweiligen Messinstrumente eine Vorhersage des individuellen Rollenverhaltens ermöglichen und damit auch Aussagen darüber treffen können, wie gut ein Team aufgestellt ist.

Es findet sich jedoch auch eine Reihe von Unterschieden. Während sich das Promotorenmodell konkret mit Rollen in Innovationsprozessen befasst, definierten Margerison und McCann sowie Belbin Teamrollen, die nicht an ein spezielles Ziel gebunden sind. Allerdings berücksichtigen diese Modelle, dass es sich bei Projekten, die in Gruppen bearbeitet werden, selten um Routinetätigkeiten handelt. Das Generieren von Ideen und neuen Lösungen wird als elementare Anforderung in Gruppenprozessen angesehen, der die Rollen des Neuerers bzw. Innovators entgegengesetzt werden.

Das Promotorenmodell kann auf Teams übertragen werden, ist aber nicht notwendigerweise an eine formelle Arbeitsstruktur gebunden (Witte 1973). Das Promotorenverhalten beschreibt häufig sogenanntes extra-role behaviour, bei dem sich Mitarbeiter für ein Vorhaben einsetzen, ohne dass dies von ihnen erwartet wird. Es ist dann stark an die intrinsische Motivation der Akteure gebunden. Bei Teaminnovationen wird die Verantwortung für das Gelingen des Projektes hingegen einer Gruppe von ausgewählten Mitarbeitern übertragen, von denen Engagement für die Projektziele erwartet wird. Wie genau die einzelnen Leistungsbeiträge der Teammitglieder aussehen sollen, ist jedoch auch hier nicht formal geregelt. Die bei Belbin und Margerison und McCann beschriebenen Teamrollen sind gleichfalls als informale Rollen zu verstehen, denen keine formalisierten Verhaltenserwartungen zugrunde liegen.

Zu den Unterschieden ist noch hinzufügen, dass, obwohl die Belbin- und die TMS-Rollen recht ähnlich klingen mögen, eine Untersuchung keine direkte Übereinstimmung der Rollen fand (Rushmer 1996). Inwieweit das auf die bereits angesprochenen Probleme bei der Operationalisierung der Belbin-Rollen zurückzuführen ist, bleibt offen.

3.7 Das Rollenmodell im Forschungsprojekt derobino

3.7.1 Theoretische Überlegungen

Ein Anliegen des Projektes derobino war es, die Rollen und Leistungsbeiträge in Innovationsteams zu beschreiben. Mit drei populären Rollenansätzen wurde ein Einblick in den Stand der Forschung gegeben. Während bei Belbin (1981) und

Margerison und McCann (1995) Arbeitsteams unabhängig von der Zielstellung und bei Witte (1973) Innovationen unabhängig von Teamstrukturen betrachtet wurden, liegt der Fokus des Rollenansatzes im Projekt derobino konkret auf Innovationen in Teams. Neben dem Ziel, ein Teamrollenmodell speziell auf den Innovationskontext zuzuschneiden, wurde auch ein sparsamer Ansatz angestrebt. Sowohl Belbin (1981) als auch Margerison und McCann (1995) postulieren neun Teamrollen. Es sollte der Versuch unternommen werden, mit weniger, speziell auf Innovationen ausgelegten Rollen den Projekterfolg von Teams vorherzusagen.

Hierfür galt es zunächst zu ergründen, welche Tätigkeiten in Innovationsprozessen von Teams ausgeführt werden müssen und welche Rollen demzufolge relevant für den Innovationserfolg sind. Als Grundlage für die Beantwortung dieser Frage wurden Innovationsprozessmodelle herangezogen. Darüber hinaus wurden Innovationsteams zu erfolgskritischen Beiträgen von Teammitgliedern befragt.

Innovationsprozesse sind Prozesse der Informationsverarbeitung, während derer neue Ergebnisse durch Transformation bestehenden Wissens gewonnen werden (z. B. Leenders et al. 2003; West 2002). In Wissenschaft und Praxis hat es sich bewährt, diesen Prozess der Wissensgenerierung in verschiedene Phasen einzuteilen. In vielen Phasenmodellen zu Innovationsprozessen lassen sich eine Phase der Ideengenerierung, der Ideenausarbeitung und Ideenbewertung sowie der Umsetzung wiederfinden (vgl. z. B. Thom 1980; Herstatt 1999 in Kap. 2). Der Konzeptualisierung der Rollen in Innovationsteams liegt die Annahme zugrunde, dass diese Schritte iterativ ablaufen, d. h., dass nach der Prüfung auf Umsetzbarkeit einer Idee unter Umständen erneut Vorschläge generiert und ausgearbeitet werden müssen. Es kann auch sein, dass die Idee nur modifiziert werden muss, damit sie realisierbar ist, doch auch hierfür müssen wieder Lösungsvorschläge entwickelt werden. Diese drei Aktivitäten spielen insofern während des gesamten Prozesses immer wieder eine Rolle. In Abhängigkeit von der Phase ändern sich auch die Anforderungen an die einzelnen Teammitglieder. Für die Generierung von Vorschlägen sind vor allem Kreativität und Problemlösefähigkeit gefragt. Dann muss eine jede Idee auch ausgearbeitet und in eine praktische Lösung transformiert werden, die gegen kritische Einwände im Team Bestand hat. Hierfür sind konvergentes Denken und Fachwissen notwendig. In den Umsetzungsphasen sind vor allem praktische Fähigkeiten und Persistenz erforderlich. Auf der Ebene der Teamprozesse erscheint es wichtig, dass die Teamaktivitäten strukturiert und koordiniert werden. Die Innovationsforschung hat gezeigt, dass zudem ein sachlicher Austausch und die Zusammenführung unterschiedlicher Interessen in der Gruppe sichergestellt werden müssen (z. B. Xie et al. 1998).

Es werden demnach fünf Leistungsbeiträge in Innovationsprozessen für wesentlich erachtet: Ideen einbringen, Ideenkonkretisierung und Ideenauswahl voranbringen, Ideen umsetzen, Koordinieren und Vermitteln. Sie sind jeweils mit einer

Rolle verknüpft, wobei die ersten drei Rollen für die inhaltliche Bearbeitung der Aufgabe essenziell sind und die letzten beiden einen effektiven und reibungslosen Prozess sicherstellen.

3.7.2   Beschreibung der Rollen im Projekt derobino

Die fünf Rollen im Projekt derobino spiegeln die erfolgskritischen Leistungsbeiträge in Innovationsprozessen wider. Sie sind im Folgenden zusammengefasst und in Abb. 3.2 dargestellt.

Der *Ideengeber* regt durch das Hinterfragen und Aufbrechen alter Denkstrukturen neue Ideen an. Er zieht bestehende Vorgehensweisen in Zweifel und sucht auf neuen Wegen innovative Lösungsvorschläge. Seine Stärke liegt im divergenten Denken und Einbringen unkonventioneller Gedanken. Seine Rolle ist vor allem während der Phase der Ideengenerierung von Bedeutung.

Der *Entscheider* zeichnet sich durch konvergentes Denken und Fachwissen aus. Er sorgt dafür, dass der Ideenumsetzungsprozess konstruktiv voranschreiten kann und stößt die Konkretisierung von Ideen voran, damit aus ihnen praktische Lösungen werden. Der Entscheider klärt Verständnisprobleme auf und sorgt für nachhaltige Entscheidungen. Er tritt vor allem während der Ideenkonkretisierung und Ideenauswahl in Erscheinung.

Der *Umsetzer* verfügt über praktische Fähigkeiten und setzt Ideen in die Realität um. Er testet die Machbarkeit von Ideen und zeigt dabei, wenn nötig, erhebliche Beharrlichkeit. Die Rolle des Umsetzers ist für eine erfolgreiche Ideenimplementierung von Bedeutung.

Der *Koordinator* organisiert die Umsetzung, er strukturiert den Projektverlauf und sorgt dafür, dass Prioritäten gesetzt und eingehalten werden. Seine Stärken wirken vor allem auf der Metaebene des Prozesses.

Der *Vermittler* sorgt für eine sachliche Diskussionskultur. Treffen verschiedene Interessen aufeinander, bemüht er sich um eine gemeinsame Lösung und schreitet ein, wenn Konflikte zu eskalieren drohen. Ebenso wie der Koordinator ist diese Rolle auf der Metaebene des Innovationsprozesses angesiedelt und sorgt für einen reibungslosen Ablauf.

Elemente der eingangs dargestellten Rollenmodelle finden sich auch in den hier beschriebenen Rollen in Innovationsteams wieder. Ebenso wie bei Belbin und dem TMS wird eine kreative und eine umsetzende Rolle als wichtig erachtet. Der Koordinator weist trotz des gleichen Namens allerdings nur wenig Parallelen zu Belbins Koordinator und eher Parallelen zum Organisator sowie zum Verknüpfer bei Margerison und McCann auf. Vermittelnde und entscheidungsvorbereitende Aktivitä-

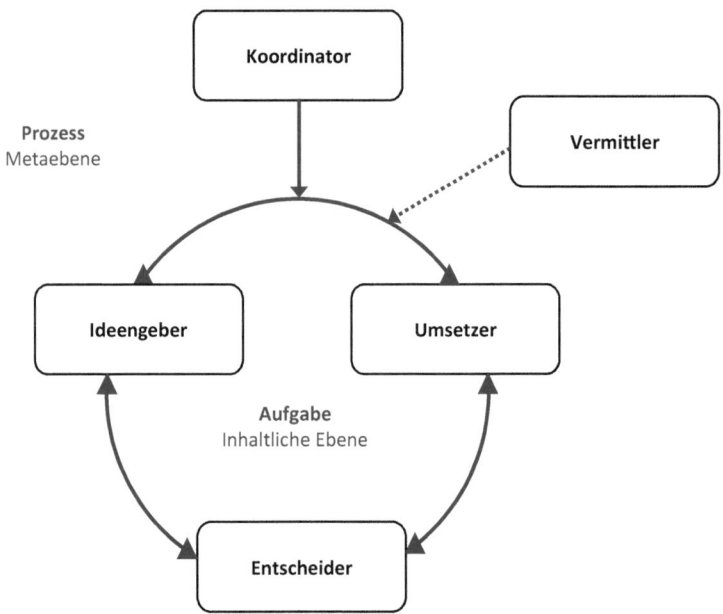

Abb. 3.2 Die Rollen im Forschungsprojekt derobino

ten sind im TMS in der Rolle des Verknüpfers gebündelt. Der Rolle des Vermittlers entspricht weitgehend Belbins Teamworker. Somit sind Gemeinsamkeiten, aber auch Unterschiede zwischen den vorgeschlagen Teaminnovationsrollen und den allgemeinen Teamrollen der etablierten Modelle vorhanden.

Es wird angenommen, dass sich die Rollen in Innovationsteams nicht nur entsprechend der Position der Mitglieder in der Organisation ausdifferenzieren, sondern auch in Abhängigkeit vom individuellen Wissen, den Fähigkeiten und Fertigkeiten einer Person zugeschrieben bzw. ausgehandelt werden. Zum Beispiel liegt es nahe, dass die Verantwortlichkeit für Deeskalationen häufig beim Projektleiter gesehen wird. Dieser muss jedoch nicht zwangsläufig diese Rolle einnehmen. Dies wird vor allem dann zutreffen, wenn viele informelle Unterredungen und Meetings stattfinden, an denen der Projektleiter nicht beteiligt ist. Es ist beispielsweise sehr gut vorstellbar, dass der Betriebsälteste die längsten Beziehungen zu seinen Teamkollegen und einen gewissen Stand innerhalb der Gruppe hat und dadurch häufiger als Vermittler agiert.

3.7.3   Entwicklung eines Fragebogens zur Messung der Rollen im Projekt derobino

Mit der Entwicklung eines Fragebogens zur Messung der Rollen sollten drei Aspekte ermöglicht werden. 1) Die Überprüfung der theoretischen Annahmen des Rollenmodells. Vor allem soll die Hypothese getestet werden, dass die mit den Rollen verknüpften Verhaltensweisen einen positiven Zusammenhang zum Projekterfolg aufweisen. 2) Eine Diagnostik der Ist-Situation in Gruppen. Das fertig entwickelte Instrument soll zukünftig in der Praxis Aussagen darüber ermöglichen, inwieweit bedeutsame Beiträge für die Innovationsarbeit von den Teammitgliedern schon erbracht werden und wo noch Schwächen bestehen. 3) Der Fragebogen soll zudem die Grundlage für die Ableitung von Verbesserungsbedarfen sein.

Anders als bei der Messung individueller Merkmale sollte es mit dem Fragebogen zur Messung der Rollen im Projekt derobino möglich sein, zu bestimmen, in welchem Maße eine jede Funktion von dem Team als abgedeckt wahrgenommen wird. Eine grundlegende Annahme ist, wie bei den vorgenannten Rollenmodellen auch, dass eine Person, gerade in kleinen Teams, mehrere Rollen gleichzeitig einnehmen oder je nach betrachteter Innovationsphase von einer Rolle in die andere wechseln kann. Genauso ist es möglich, dass verschiedene Personen die gleiche Rolle übernehmen. Es wird davon ausgegangen, dass eine jede Rolle ihren eigenen Beitrag zum Innovationserfolg leistet. Dabei ist es unbedeutend, ob die Rolle von einer oder mehreren Personen ausgefüllt wird. Vielmehr kommt es darauf an, dass die damit verknüpften Verhaltensweisen gezeigt werden.

Vor dem Hintergrund dieser theoretischen Überlegungen erfolgte die Itemformulierung auf der Gruppenebene und auf der Ebene von Verhaltensweisen. Dies hat den Vorteil, dass die Einschätzung der Rollenausprägung bereits durch ein Teammitglied erfolgen kann und nicht die individuellen Rollen von jedem einzelnen Teammitglied erhoben werden müssen. Verhaltensbasierte Items wurden allgemeinen Präferenzen vorgezogen (Beispiel: „Die Teammitglieder haben für Struktur im Projektverlauf gesorgt" statt „Die Teammitglieder bevorzugen Struktur gegenüber Flexibilität"), da die Verhaltensweisen anderer Personen im Gegensatz zu deren Präferenzen direkt beobachtbar sind. Das tatsächlich gezeigte Verhalten sollte zudem die Teamergebnisse stärker beeinflussen als Neigungen, die bedingt durch die Situation oder Teamkonstellationen nicht immer in einem entsprechenden Verhalten resultieren. Im nachstehenden Abschnitt werden erste Ergebnisse der psychometrischen Prüfung des Fragebogens dargestellt.

Testtheoretische Befunde

Eine erste Version des Fragebogens wurde entwickelt und in einem Pretest an 81 Gruppenmitgliedern getestet. Daraus resultierte eine adaptierte Fragebogenversion, die nun über 25 Items die Rollenausprägungen im Team auf einer 6-stufigen Skala erfasste. Sie wurde an 256 Innovationsteams aus Unternehmen des verarbeitenden Gewerbes erneut getestet. Befragt wurde jeweils ein Mitglied der Innovationsprojekte.

Zur Bestimmung der Güte psychometrischer Testverfahren werden zwei Hauptkriterien herangezogen, die Reliabilität und die Validität. Die Reliabilität ist die Zuverlässigkeit eines Tests und gibt an, wie stabil die Messung des Konstrukts ist. Unter dem Begriff Validität wird die Gültigkeit eines Tests verstanden, d. h. inwiefern Schlussfolgerungen aus den Testergebnissen angemessen und nützlich sind.

Eine Prüfung der Itemschwierigkeiten ergab, dass keines vorab ausgeschlossen werden musste ($p = .46–.80$). Anschließend wurde eine Faktorenanalyse durchgeführt, um statistisch aufzeigen zu können, dass die entwickelten Items gut zwischen den Rolleninhalten differenzieren.

Items, die auf mehr als einem Faktor luden oder Faktorladungen unter .40 aufwiesen, wurden aus der jeweiligen Skala entfernt. (Das dritte Item der Skala „Vermittler" wurde trotz seiner geringeren Faktorladung beibehalten, damit jedes Konstrukt durch mindestens drei Items repräsentiert wurde.) Aufgrund des Eigenwertkriteriums wurden fünf Faktoren extrahiert. Eine Prüfung der Eignung der Daten zeigte, dass die Voraussetzungen für die Durchführung einer Faktorenanalyse gegeben waren (KMO = .84; Bartlett's Test auf Sphärizität: $\chi^2 = 1501{,}95$, $p < .001$). Die Formulierungen der verbliebenen Items und die ermittelten Faktorladungen auf den einzelnen Skalen für die 5-Faktorenlösung sind in Tab. 3.4 dargestellt. Die Faktorstruktur entspricht den fünf Rollen Ideengeber, Entscheider, Umsetzer, Koordinator und Vermittler. Die fünf Faktoren erklären 51 % der Gesamtvarianz.

In Tab. 3.5 sind die Mittelwerte, Standardabweichungen und Reliabilitäten (Cronbachs-Alpha) der einzelnen Skalen aufgeführt. Die Werte für Cronbachs-Alpha liegen durchschnittlich bei .75 (Range: .71–.78) und können angesichts der Kürze der Skalen als zufriedenstellend angesehen werden (Nunnally 1978).

Die Interkorrelationen zwischen den Rollen sind als gering bis mittelmäßig zu bewerten (Durchschnitt = .40, Range = .17–.62, s. Tab. 3.6). Es handelt sich demzufolge nicht nur theoretisch sondern auch praktisch um unterschiedliche Konstrukte, gleichwohl gewisse Überlappungen der Rollen vorliegen. Der Zusammenhang zwischen den Skalen zu den Koordinatoren und zu den Entscheidern deutet darauf hin, dass Teams, die in der Lage sind, den Prozess zu strukturieren und koordinieren, häufig auch gut darin sind, unausgereifte Ideen in nachhaltige Lösungen zu überführen.

Tab. 3.4 Faktorladungen der Items

Item	Die Teammitglieder…	Faktor 1	2	3	4	5
I_1	…haben angeregt, dass neue Wege eingeschlagen werden	.731				
I_2	…haben die Suche nach neuen Lösungsvorschlägen angestoßen	.604				
I_3	… haben kreative Ideen eingebracht	.567				
I_4	… haben mit verschiedenen Ideen gespielt	.445				
I_5	… haben verschiedene Vorschläge zu einem neuen Lösungsvorschlag verknüpft	.499				
E_1	… haben die praktische Umsetzung von Ideen tatkräftig vorangetrieben		.722			
E_2	… haben dafür gesorgt, dass Entscheidungen von allen im Team mitgetragen werden		.565			
E_3	… haben ihr Wissen geteilt, um Verständnisprobleme zu beseitigen		.529			
E_4	… haben neu eingebrachte Gedanken weitergeführt.		.446			
U_1	… haben die technische Realisierbarkeit von Ideen getestet			.698		
U_2	… haben solange experimentiert, bis eine zufriedenstellende Lösung erreicht war			.688		
U_3	… haben verschiedene Möglichkeiten der Umsetzung erprobt			.626		
K_1	… haben Prioritäten herausgearbeitet				.694	
K_2	… haben ihre Aktivitäten koordiniert				.665	
K_3	… haben für eine Struktur im Projektverlauf gesorgt				.642	
V_1	…sind schlichtend eingeschritten, wenn Konflikte zu eskalieren drohten					.944
V_2	… haben unsachliche Auseinandersetzungen verhindert					.782
V_3	… haben zwischen verschiedenen Interessen vermittelt					.373

Extraktionsmethode: Hauptachsenanalyse; Promax-Rotation. Ladungen $< .35$ werden nicht angezeigt

I = Ideengeber, E = Entscheider, U = Umsetzer, K = Koordinator, V = Vermittler

Tab. 3.5 Mittelwerte, Standardabweichungen und Reliabilitäten der Skalen

Rolle	MW	SD	α
Ideengeber	4.32	0.84	0.77
Entscheider	4.73	0.77	0.73
Umsetzer	4.37	1.10	0.71
Koordinator	4.32	1.05	0.78
Vermittler	3.55	1.52	0.75

Eine Normierung der Skalen und Bestätigung dieser Ergebnisse durch die Testung an weiteren Stichproben steht noch aus. Dennoch werden im folgenden Abschnitt die ersten Zusammenhänge der Rollen mit dem Innovationserfolg vorgestellt.

3.7.4 Die Rollen im Projekt derobino und ihre Beziehung zum Innovationserfolg

Tabelle 3.6 zeigt die Korrelationen verschiedener Aspekte des Projekterfolges und der einzelnen Rollen auf. Wird zunächst betrachtet, wie viele nützliche *Ideen zur Erreichung der Projektziele* eingebracht wurden, so hingen diese mit einer starken Ausprägung jeder einzelnen Teamrolle zusammen. Sowohl Ideengeber, Entscheider, Umsetzer, Koordinator und Vermittler wiesen einen Zusammenhang zu den Ideen im Projektverlauf auf. Besonders die Entscheider in den Gruppen schienen eine Vielzahl hilfreicher Ideen zu begünstigen ($r = .35$, $p < .01$). Interessanterweise wurde aber die *Innovativität des Projektergebnisses* vor allem dann hoch bewertet, wenn es starke Ideengeber und Umsetzer in der Gruppe gab ($r = .16$ bzw. $r = .21$, $p < .01$). Die *Einhaltung des Zeitplans* wurde durch eine starke Präsenz eines Entscheiders im Team ($r = .26$, $p < .01$) und eines guten Koordinators wahrscheinlicher ($r = .14$, $p < .05$). Für die *Einhaltung des Budgets bzw. Kostenplans* war ebenfalls eine ausgeprägte Entscheidungskompetenz im Team förderlich ($r = .19$, $p < .01$). Das *Erreichen der Projektziele* erforderte offensichtlich eine gute Ausprägung fast aller Rollen. Der Umsetzer leistete zwar einen Beitrag, jedoch ist der Zusammenhang zur Erreichung der Ziele nicht statistisch bedeutsam.

Für den *Gesamterfolg des Projektes* war das Vorhandensein von Entscheidern und Vermittlern bedeutsam ($r = .20$ bzw. $r = .19$, $p < .01$). Je aktiver diese Rollen ausgeübt wurden, desto erfolgreicher war das Projekt aus Sicht des Teamleiters am Ende.

Tab. 3.6 Korrelation der Teamrollen mit den Erfolgsvariablen (hervorgehoben) und die jeweilige interne Konsistenz der Rollenskalen (in Klammern)

	Variable	1	2	3	4	5	6	7	8	9	10	11
1	Ideengeber	(.77)										
2	Entscheider	.57**	(.73)									
3	Umsetzer	.48**	.42**	(.71)								
4	Koordinator	.54**	.62**	.36**	(.78)							
5	Vermittler	.22**	.31**	.17**	.29**	(.75)						
6	Anzahl der Ideen im Projektverlauf	*.27** *	*.35*** *	*.22** *	*.24*** *	*.19** *	–					
7	Grad der Innovativität des Projektergebnisses	*.16** *	*.12*	*.21** *	*.05*	*.03*	*.28** *	–				
8	Einhaltung des Zeitplans	*.02*	*.26** *	*–.10*	*.14* *	*–.04*	*.23** *	*.09*	–			
9	Einhaltung des Kostenplans	*.12*	*.19** *	*.08*	*.09*	*.09*	*.15* *	*.06*	*.38** *	–		
10	Erreichen der Projektziele	*.15* *	*.22** *	*.07*	*.12* *	*.14* *	*.32** *	*.24** *	*.30** *	*.31** *	–	
11	Wahrgenommener Projekterfolg insgesamt	*.09*	*.20** *	*.04*	*.07*	*.19** *	*.36** *	*.33** *	*.29** *	*.26** *	*.56** *	–

$**p < .01$; $*p < .05$, $N = 255$–290

Insgesamt wirken sich die Kompetenzen von Entscheidern am stärksten auf den Projekterfolg aus. Die Weiterführung und Konkretisierung von abstrakten Ideen, das Vorantreiben der praktischen Umsetzung, das Herbeiführen eines Konsenses sowie die Aufklärung von fachlichen Verständnisproblemen sind für Innovationsprojekte in jeder Hinsicht förderlich. Die Ergebnisse weisen darauf hin, dass Entscheider im Team dazu führen, dass mehr nützliche Ideen eingebracht werden, dass der Zeit- und Kostenplan häufiger eingehalten werden und dass die Projektziele eher erreicht werden.

Zur Überprüfung der Hypothese, dass jede Rolle einen eigenständigen positiven Beitrag zum Innovationserfolg leistet, wurde eine Regressionsanalyse durchgeführt. Einen signifikant positiven Effekt auf den Projekterfolg hatten die Aktivitäten von Entscheidern ($\beta = .27, p < .01$) und Vermittlern ($\beta = .18, p < .01$). Entgegen der Hypothese hatten koordinierende Aktivitäten einen negativen Effekt auf den wahrgenommenen Projekterfolg ($\beta = -.16, p < .05$). Für die Rollen der Ideengeber und Umsetzer konnte kein signifikanter Effekt auf die abhängige Variable gefunden werden ($\beta = -.01, p > .05$ bzw. $\beta = -.04, p > .05$). Die Hypothese konnte somit nicht bestätigt werden. Insgesamt erklären die Rollenausprägungen nur 9 % der Varianz in dem wahrgenommenen Projekterfolg.

3.8   Zusammenfassung und kritische Bewertung

Es wurden drei etablierte Rollenmodelle und das Rollenmodell aus dem Forschungsprojekt derobino vorgestellt. Sie alle eint die Grundaussage, dass nicht nur Personen mit unterschiedlicher Fachexpertise zusammenkommen müssen, sondern auch eine spezifische Rollenverteilung erforderlich ist. Die einzelnen Rollenbeschreibungen geben dabei wieder, welche überfachlichen Qualitäten von Teammitgliedern kritisch für Innovationsprozesse bzw. Teamprozesse allgemein sind.

Im Projekt derobino ist ein Rollenmodell entwickelt worden, das auf die Anforderungen in Innovationsteams zugeschnitten und mit fünf Rollen sparsamer ist als die bekannten Teamrollenmodelle. Mit dem Rolleninventar aus dem Projekt derobino wurde ein Instrument zur Erfassung von Rollen in Innovationsteams eingeführt, das durch die Messung auf Gruppenebene schon mit einem Teammitglied durchführbar ist. Wenn die Möglichkeit besteht, sollte die Einschätzung der Rollen jedoch durch alle Teammitglieder erfolgen, um sicherzustellen, dass die Wahrnehmungen sich decken und die Messung des Rollenverhaltens reliabel ist. Die ersten psychometrischen Ergebnisse sind zufriedenstellend. Weitere Untersuchungen zur Validierung und Normierung sind jedoch notwendig. Die Entwicklung einer Skala, welche die Rollen auch auf individueller Ebene misst und somit Aussagen über die individuelle Ausprägung einer Rolle bei einzelnen Teammitgliedern erlaubt, könnte das Rolleninventar je nach Fragestellung ergänzen. Hierzu wäre auch eine verallgemeinernde Umformulierung der Items notwendig, z. B. „Ich habe kreative Ideen eingebracht".

Eine Schwäche des Rollenmodells liegt in der geringen Vorhersagekraft für spezifisches Rollenverhalten sowie für das Rollenverhalten insgesamt hinsichtlich des Innovationserfolgs. Obwohl die Ergebnisse unserer Stichprobe nicht generalisierbar sind, da die erforderlichen statistischen Voraussetzungen nicht gegeben waren, liefern sie Hinweise darauf, dass nur zwei der fünf Rollen tatsächlich einen positiven Einfluss auf den Projekterfolg haben. Die vorliegende Untersuchung bediente sich der quantitativen Feldforschung, um das Rollenmodell unter den realen Bedingungen von Arbeitsteams zu testen. Offensichtlich sind noch andere Faktoren für den Projekterfolg von größerer Bedeutung als die mit den Rollen assoziierten Verhaltensweisen. Es muss außerdem eingeräumt werden, dass die Ergebnisse auf der Grundlage der Einschätzungen des Rollenverhaltens von nur einem Teammitglied beruhen und deswegen individuellen Verzerrungen unterliegen können.

Auf theoretischer Ebene bereitete eine trennscharfe Namensgebung und Abgrenzung der mit den Rollen verbundenen Verhaltensweisen Schwierigkeiten. In der Konzentration auf teaminterne Tätigkeiten liegt eine weitere Schwäche des Rollenmodells im Projekt derobino. Es fokussiert auf Aktivitäten innerhalb des Teams als sozialer Entität. Teams sind jedoch in eine Unternehmensumwelt eingebettet, zu der Abhängigkeiten bestehen und mit der sie interagieren müssen, z. B. um Ressourcen zu beschaffen, Informationen einzuholen etc. Die Bedeutung dieser Aktivitäten würdigt im Besonderen das Promotorenmodell. Sie finden in den Rollen des Machtpromotors (Durchsetzung der Innovationsumsetzung), des Prozesspromotors (Abbau organisatorischer Barrieren) und des Beziehungspromotors (Nutzung externer Kontakte für das Projekt) ihre Entsprechung. Aber auch im TMS finden sich Interaktionen mit der Teamumwelt unter den Schlüsselfunktionen (Promoten, Instandhalten, Beraten). In Belbins Rollenmodell ist vor allem der Wegbereiter für diese Aktivitäten zuständig. Aus praktischer Sicht bieten sich Rollenmodelle an, um ein Bündel von Verhaltensweisen zu beschreiben, die anders als die Funktion im Unternehmen keiner Person direkt zugeschrieben werden, aber dennoch ausgeführt werden müssen und erfolgsrelevant sind. Zum heutigen Stand der Forschung kann eine Anwendung des Rollenmodells aus dem Projekt derobino noch nicht empfohlen werden. Hierzu sind weitere Modifikationen notwendig.

Hinweise für die betriebliche Praxis

Rollenmodelle entstammen der Wissenschaft. Sie kennzeichnen in sehr fundamentaler Weise erwartete Verhaltensweisen, die von spezifischen Personen in spezifischen Positionen ausgeführt werden sollen und auf der Basis von Lernprozessen auch ausgeführt werden. Zwischen Erwartungen und dem faktischen Verhalten besteht oftmals Übereinstimmung. Ohne diese Übereinstimmung wäre es in der Praxis kaum möglich, alltäglich die Unternehmensziele zu erreichen. Konflikte sind zwar häufig, aber sie dominieren nicht den Alltag.

In der Praxis wendet man vornehmlich dort das Rollenkonzept an, wo spezifische dauerhafte Funktionen und Positionen im Unternehmen angesprochen sind. Jemand nimmt die Position des Meisters ein und spielt dann seine Rolle etwa gegenüber dem Auszubildenden. Dabei wird z. B. kritisch reflektiert, ob er seinen Aufgaben als Meister nachkommt oder ob er diesen Aufgaben gewachsen ist. Allerdings wird hierbei das Konzept der Rolle eher alltagssprachlich verwendet: Man meint damit eine Mischung von Position, Funktion, Aufgabe und vielfältigen Verhaltensweisen, ohne dass exakt klar wäre, welchen Aspekt man genau anspricht. Dabei ist allerdings meist unbestritten, welche Person in welcher Situation welche Rolle spielt. Ein Wechsel der Meisterrolle über verschiedene Personen hinweg ist eher ungewöhnlich. Was allerdings häufig vorkommt ist, dass verschiedene Rollen mit vergleichbaren Verhaltensformen verknüpft sind. Aus der Sicht der Praxis stellt sich von daher die Frage, wie genau Rollen und Verhaltensweisen voneinander zu trennen sind. In Produktionsprozesse sind zahlreiche Verhaltensweisen eingebunden, ohne dass hier jedoch von verschiedenen Rollen gesprochen wird.

Im praktischen Kontext der Innovation spielen Rollen im theoretischen Sinne erwarteter Verhaltensweisen sicherlich eine Rolle, man ist sich solcher Erwartungen an das Verhalten in der Regel allerdings nicht explizit bewusst, es sei denn man wird in einer spezifischen Rolle etwa des Koordinators oder eines Fachpromotors abgeordnet. Wer sich in ein Innovationsteam hineinbegibt oder in ein solches hineingeschickt wird, weiß von daher immer nur mehr oder weniger genau, worauf es nunmehr ankommt und welche Verhaltensweisen von ihm in welchen Phasen des Prozesses erwartet werden. Gelegentlich werden spezifische Verhaltensregeln vorab festgelegt, aber das ist eher die Ausnahme als die Regel. Von daher wird es von zahlreichen situativen Faktoren abhängen, wie sich der einzelne Mitarbeiter in diesen Zusammenhang einbringt: Der Einkäufer wird sich vermutlich eher zurückhalten, wenn er das Gefühl hat, es geht um ein zu lösendes technologisches

Problem; der Controller wird sich nur dann einbringen, wenn es um zahlen-basierte Ressourcenentscheidungen geht. Hier stellt sich immer wieder die Frage, wie sehr die nachhaltigen funktionalen Rollen die vorübergehenden Rollen in einem Innovationsteam prägen können. Gerade weil Innovations-teams nur kurzfristig bestehen, könnte dies als Anlass gesehen werden, sich eher verstärkt nur in seiner funktionalen Rolle einzubringen.

Psychologen neigen scheinbar dazu, der Phase der Ideengenerierung und damit allen kommunikativen Aktivitäten der Ideenerzeugung, Ideenpräsen-tation oder Ideenbegründung sehr breiten Raum einzuräumen. Gerade in KMU kommt dieser Phase jedoch keine allzu starke Bedeutung zu, da viel Innovation direkt auf betrieblichen Erfahrungen basiert. Viel entscheidender ist für viele Unternehmen die technologische Umsetzung, die in ihrer Kom-plexität oftmals nicht hinreichend erkannt und geplant wird. Eine technische Prüfung zu absolvieren oder eine Serie von Experimenten zu planen und durchzuführen (diese Aspekte werden im dargestellten Fragebogen erwähnt) stellt dabei ganz andere Herausforderungen an ein Innovationsteam als etwa eine Anregung zu einem neuen Weg zu geben oder eine neue Problemlösung vorzuschlagen. Zentrales Problem aller Innovationsteams ist fast immer die Erstellung eines Prototypen, also eines ersten konkreten Produkt- oder Prozessmodells, das dann bestimmten Testungen unterworfen und anschlie-ßend weiterentwickelt werden kann. Ein weiteres kommt hinzu: Ideen kann zwar jeder entwickeln, aber es kommt in der Praxis auch ganz entscheidend darauf an, in Relation zum Wissen der anderen Teammitglieder vernünftige und gute Ideen vorzutragen, ansonsten besser zu schweigen. Dies möge als ein Hinweis darauf interpretiert werden, dass auch Innovationsprozesse von Anfang an unter Zeit- und Kostengesichtspunkten zu sehen sind. Es geht dabei zumeist nicht um Konkurrenz zwischen Personen oder Berei-chen, sondern vor allem darum, möglichst rasch einen Auftrag zu bearbei-ten oder ein neues Produkt auf den Markt zu bringen. Viele Ideen können dort hilfreich sein, aber noch besser ist es, viele gute Ideen zu präsentieren. Die Ergebnisse der Untersuchung bestätigen, wie wichtig es ist, die prakti-sche Umsetzbarkeit im Auge zu behalten und Ideen zu Ende zu denken. Der Wechsel vom divergenten, offenen Denken ins konvergente, rationale Den-ken muss gelingen, die abstrakte Idee in eine konkrete, fachlich fundierte, praktisch umsetzbare Lösung überführt werden. Diesen Kompetenzen des Entscheiders soll zukünftig mehr Beachtung bei der Zusammenstellung und Führung von Innovationsteams geschenkt werden.

Literatur

Aritzeta, A., Swailes, S., & Senior, B. (2007). Belbin's team role model: Development, validity and applications for team building. *Journal of Management Studies, 44*(1), 96–118. doi:10.1111/j.1467-6486.2007.00666.x.

Belbin, R. M. (1981). *Management teams, why they succeed or fail.* Oxford: Butterworth-Heinemann.

Belbin, R. M. (2010). *Team roles at work* (2. Aufl.). Oxford: Butterworth-Heinemann.

Belbin, R. M., Aston, R., & Mottram, D. (1976). Building effective management teams. *Journal of General Management, 3,* 23–29.

Biddle, B. J. (1986). Recent developments in role theory. *Annual Review of Sociology, 12*(1), 67–92. doi:10.1146/annurev.so.12.080186.000435.

Chong, E. (2007). Role balance and team development: A study of team role characteristics underlying high and low performing teams. *Journal of Behavioral and Applied Management, 8*(3), 202–217.

Dahrendorf, R. (2006). *Homo Sociologicus: Ein Versuch zur Geschichte, Bedeutung und Kritik der Kategorie der sozialen Rolle* (16. Aufl.). Wiesbaden: VS Verlag für Sozialwissenschaften.

Folkerts, L. (2001). *Promotoren in Innovationsprozessen: Empirische Untersuchung zur personellen Dynamik.* Wiesbaden: Deutscher Universitäts-Verlag.

Furnham, A., Steele, H., & Pendleton, D. (1993). A psychometric assessment of the Belbin Team-Role Self-Perception Inventory. *Journal of Occupational and Organizational Psychology, 66,* 245–257.

Gebert, D. (2004). *Innovation durch Teamarbeit: Eine kritische Bestandsaufnahme.* Stuttgart: Kohlhammer.

Gemünden, H. G., & Walter, A. (1995). Beziehungspromotoren – Schlüsselpersonen für zwischenbetriebliche Innovationsprozesse. *Zeitschrift für Betriebswirtschaft, 65,* 971–986.

Guzzo, R. A., & Dickson, M. W. (1996). Teams in organizations: Recent research on performance and effectiveness. *Annual review of psychology, 47,* 307–338. doi:10.1146/annurev.psych.47.1.307.

Hauschildt, J., & Chakrabarti, A. K. (1988). Arbeitsteilung im Innovationsmanagement – Forschungsergebnisse. *Zeitschrift Führung und Organisation, 57*(6), 378–389.

Hauschildt, J., & Salomo, S. (2011). *Innovationsmanagement* (5. Aufl.). München: Franz Vahlen.

Herstatt, C. (1999). Theorie und Praxis der frühen Phasen des Innovationsprozesses. IO Management, 68, 72–81.

Hülsheger, U. R., Maier, G. W., & Anderson, N. (2013). Innovation in Gruppen und Teams. In D. E. Krause (Hrsg.), *Kreativität, Innovation und Entrepreneurship* (S. 175–191). Wiesbaden: Springer Gabler.

Kauffeld, S. (2006). *Kompetenzen messen, bewerten, entwickeln: Ein prozessanalytischer Ansatz für Gruppen* (Betriebswirtschaftliche Abhandlungen) (Bd. 128). Stuttgart: Schäffer-Poeschel.

Kauffeld, S., & Schulte, E. M. (2013). Teams und ihre Entwicklung. In M. Landes & E. Steiner (Hrsg.), *Psychologie der Wirtschaft* (S. 385–402). Wiesbaden: Springer VS.

Kirchmann, E. M. W. (1994). *Innovationskooperation zwischen Herstellern und Anwendern* (DUV: Wirtschaftswissenschaft) (Bd. 3). Wiesbaden: Deutscher Universitätsverlag.

Leenders, R. T. A. J., van Engelen, J. M. L., & Kratzer, J. (2003). Virtuality, communication, and new product team creativity: A social network perspective. *Journal of Engineering and Technology Management, 20,* 69–92.

Mansfeld, M. N. (2011). *Innovatoren: Individuen im Innovationsmanagement*. Wiesbaden: Gabler.

Margerison, C. J., & McCann, D. (1995). *Team management: Practical new approaches* (2. Aufl.). Didcot: Management Books 2000.

Mead, G. H. (1934). *Mind, Self and Society from the Standpoint of a Social Behaviorist*. Chicago: University of Chicago.

Mintzberg, H. (1973). *The nature of managerial work*. New York: Harper & Row.

Myers, I. B., & Briggs, K. C. (1976). *Myers-Briggs type indicator*. Palo Alto: Consulting Psychologists Press.

Nunnally, J. C. (1978). *Psychometric theory*. New York: McGraw-Hill.

Parsons, T. ([1945]1973). Systematische Theorie in der Soziologie. Gegenwärtiger Stand und Ausblick. In T. Parsons (Hrsg.), *Beiträge zur soziologischen Theorie* (S. 31–64). Darmstadt: Luchterhand.

von Rosenstiel, L. (1995). Kommunikation und Führung in Arbeitsgruppen. In H. Schuler (Hrsg.), *Lehrbuch der Organisationspsychologie* (2. Aufl., S. 321–352). Bern: Huber.

Rushmer, R. K. (1996). Is Belbin's shaper really TMS's thruster-organizer? An empirical investigation into the correspondence between the Belbin and TMS team role models. *Leadership and Organization Development Journal, 17*, 20–6.

Schön, D. A. (1963). Champions for radical new inventions. *Harvard Business Review, 41*, 77–86.

Schumpeter, J. A. (1912). *Theorie der wirtschaftlichen Entwicklung*. Leipzig: Duncker und Humblot.

Slappendel, C. (1996). Perspectives on innovation in organizations. *Organization Studies, 17*(1), 107–129. doi:10.1177/017084069601700105.

Somech, A., & Drach-Zahavy, A. (2013). Translating team creativity to innovation implementation: The role of team composition and climate for innovation. *Journal of Management, 39*, 684–708.

Stempfle, J. (2010). *Die Psychologie des Problemlösens: Was Kommunikation in Entscheidungsgruppen erfolgreich macht* (Wissenschaftliche Beiträge aus dem Tectum-Verlag/ Reihe Psychologie) (Vol. 18). Marburg: Tectum-Verlag.

Thom, N. (1980). *Grundlagen des betrieblichen Innovationsmanagements*. Königsstein: Peter Hanstein.

Ullmann-Jungfer, G., & Werkmann-Karcher, B. (2010). Gruppen und Teams in Organisationen. In B. Werkmann-Karcher & J. Rieticker (Hrsg.), *Angewandte Psychologie für das Human Resource Management: Konzepte und Instrumente für ein wirkungsvolles Personalmanagement* (S. 395–418). Berlin: Springer.

West, M. A. (2002). Sparkling fountains or stagnant ponds: An integrative model of creativity and innovation in work groups. *Applied Psychology: An International Review, 51*, 355–424.

West, M. A., & Farr, J. L. (1990). Innovation at work. In M. A. West & J. L. Farr (Hrsg.), *Innovation and creativity at work: Psychological and organizational strategies* (S. 3–13). Chichester: Wiley.

Witte, E. (1973). *Organisation für Innovationsentscheidungen: Das Promotoren-Modell*. Schriften der Kommission für Wirtschaftlichen und Sozialen Wandel (Bd. 2). Göttingen: Schwartz.

Xie, J., Song, M. X., & Stringfellow, A. (1998). Interfunctional conflict, conflict resolution styles, and new product success: A four-culture comparison. *Management Science, 44*, 192–206.

Dipl.-Psych. Madlen Hiller studierte Psychologie an der Universität Potsdam und der Universität Toulouse Le Mirail. Sie absolvierte die Ausbildung an der HPI School Design Thinking und arbeitete dort als wissenschaftliche Mitarbeiterin im Design Thinking Research Program. Heute ist sie wissenschaftliche Mitarbeiterin am Lehrstuhl für Arbeits- und Organisationspsychologie der Universität Greifswald sowie freiberufliche Mediatorin. Ihre Forschungsschwerpunkte sind Interaktionsmuster beim kreativen Problemlösen in Gruppen, Konfliktstile und Diversität.

Die Rolle des Teamdesigns für die Teamleistung

4

Martin Ratzmann

Zusammenfassung

Der demografische Wandel in Deutschland stellt Unternehmen kurz- bis mittel-fristig vor die Herausforderung, mit deutlich veränderten Altersstrukturen um-zugehen. Für die Arbeit in Innovationsprojekten impliziert diese Entwicklung, dass sich Teammitglieder über ihren kross-funktionalen Hintergrund hinaus, häufig auch stärker hinsichtlich ihres Alters und ihrer Berufserfahrung unter-scheiden. Es wird aufgezeigt, dass Veränderungen der Altersstruktur und des Teamdesigns einen geringen – aber nicht zu vernachlässigenden – Einfluss auf die Ergebnisse der Teamarbeit aufweisen. Die Ergebnisse basieren auf einer aktuellen Befragung von Innovationsprojekten aus 290 Unternehmen des Ver-arbeitenden Gewerbes in Deutschland.

4.1 Innovation und Teamarbeit

Forschung und Unternehmenspraxis zeigen auf, dass der Einsatz von Teamarbeit die Entwicklung von Innovationen begünstigt. Um die technologischen Herausfor-derungen zu meistern, arbeiten innerhalb dieser Teams immer häufiger Personen mit unterschiedlichem funktionalem Hintergrund.

M. Ratzmann (✉)
Lehrstuhl für Strategisches Management und Organisation, Universität Bayreuth,
Universitätsstr. 30, 95440 Bayreuth, Deutschland
E-Mail: martin.ratzmann@uni-bayreuth.de

© Springer Fachmedien Wiesbaden 2015
M. Bornewasser et al. (Hrsg.), *Teamkonstellation und betriebliche Innovationsprozesse*, DOI 10.1007/978-3-658-07386-2_4

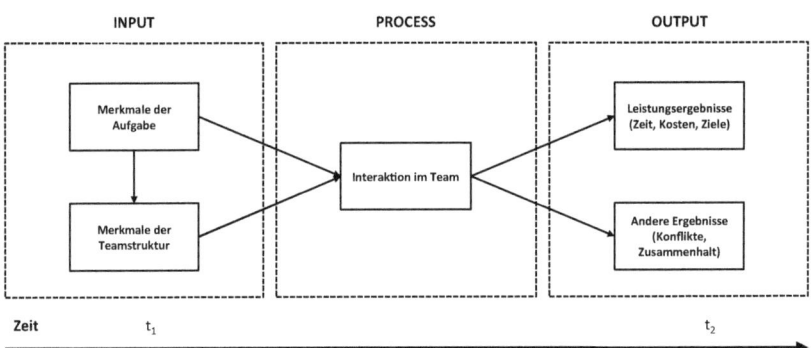

Abb. 4.1 Input-Process-Output-Rahmenmodell zur Analyse von Gruppenverhalten und -leistung in Anlehnung an Hackman (1987)

Die Prognosen der Bevölkerungsentwicklung in Deutschland zeigen auf, dass der Anteil der Bevölkerung im erwerbsfähigen Alter abnimmt und die Erwerbstätigen zunehmend älter werden. Eine mögliche Folge dieser Entwicklung ist es, dass Unternehmen und insbesondere die Teams vor der Herausforderung stehen, mit diverseren Altersstrukturen umzugehen. Durch den Ein- oder Ausschluss bestimmter Personen bilden sich, auf Basis individueller Merkmale, ganz konkrete Teamkonstellationen heraus. Weil die Einbindung von Personen in Teams in der Regel durch funktionale Aspekte (die Zuordnung von Personen zu Prozessen) bestimmt und durch die demografische Entwicklung verstärkt wird, wird es zunehmend wichtiger, Klarheit über den Einfluss der altersstrukturellen Veränderungen auf den Teamerfolg zu schaffen.

Das Input-Process-Output-Modell (IPO) von Hackman (Guzzo und Shea 1992; Hackman 1987) ist ein verbreitetes Modell zur Erklärung der Leistung in Arbeitsgruppen. Darin werden die aus den Eigenschaften der Teammitglieder (z. B. Kompetenzen, Status, Persönlichkeitsmerkmale, Fähigkeiten, Wissen, Erfahrungen und demografische Merkmale) resultierende Teamstruktur und die damit verbundenen Gruppenprozesse als Vorbedingung der Teamleistung angesehen (s. Abb. 4.1).

Insbesondere bei der Entwicklung von radikalen Innovationen weisen die Aufgabenstellungen eine hohe Unsicherheit und Komplexität auf. Dies geht damit einher, dass sich Teammitglieder intensiver miteinander austauschen und abstimmen müssen, um Iterationen von Abläufen zu vermeiden und Teilergebnisse zu einer Teamleistung zusammenzufügen.

Dabei wird der Austausch zwischen den Teammitgliedern über die aufgabenrelevanten Erfahrungs- und Wissensunterschiede hinaus, auch durch eher soziale Aspekte (z. B. altersspezifische Vorurteile und persönliche Konflikte) beeinflusst (vgl. Kap. 7).

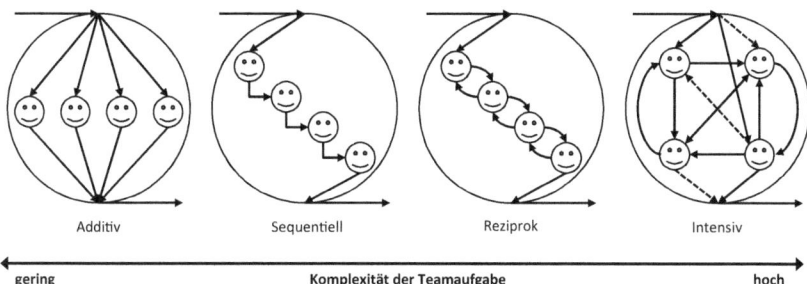

Abb. 4.2 Merkmale von einfachen vs. komplexen Teamaufgaben nach Bell und Kozlowski (2002)

4.1.1 Teamaufgabe

Eine Besonderheit von Teamarbeit besteht darin, dass die Mitglieder ein gemeinsames Ergebnis erzeugen, welches nicht als individuelle Leistung einzelner Teammitglieder anzusehen ist (Hackman 1987; Hackman und Wageman 2005). Die Komplexität von Teamaufgaben lässt sich darüber bestimmen, wie viele Teilaufgaben zur Zielerreichung umgesetzt werden müssen und wie hoch die wechselseitige Abhängigkeit zwischen diesen einzelnen Teilaufgaben ist (Bell und Kozlowski 2002).

Weniger komplexe Aufgaben lassen sich relativ einfach in unabhängige Aufgaben unterteilen und *additiv* zu einem Ergebnis zusammenführen. Eine höhere Komplexität weisen Aufgaben auf, wenn die einzelnen Teilaufgaben ausschließlich nacheinander (*sequenziell*) bearbeitet werden können oder die Tätigkeiten eine *reziproke* Bearbeitung (Iteration) einschließen. Bei der Umsetzung höchst komplexer Aufgabenstellungen müssen die Teammitglieder spezifische Teilaufgaben und Probleme identifizieren und geeignete Lösungswege finden. Dabei ist eine intensive Zusammenarbeit notwendig, um die gemeinsame Aufgabe umzusetzen (Bell und Kozlowski 2002) (vgl. Abb. 4.2).

Die Aufgabenstellungen in Innovationsprojekten sind durch neuartige Zielsetzungen charakterisiert und beinhalten häufiger Aktivitäten, die im Gegensatz zu Routinearbeiten und standardisierten Aufgabenspezifikationen stehen (Bouncken 2011). Innovationen – sowohl Prozesse als auch Produkte – werden häufig über ihren Veränderungsgrad als radikal oder inkrementell unterschieden (Abernathy und Utterback 1978; Lu und Chen 2010). Radikale Innovationen basieren auf der Entwicklung oder Anwendung neuartiger Ideen und neuer Technologien (Bouncken und Koch 2007; Hill und Rothaermel 2003). Ihre Aufgabenanforderungen weisen eine hohe Komplexität und Unsicherheit auf (Wegge et al. 2008), erfordern ein hohes Maß an experimentellem Verhalten und gehen mit häufigen Iterationen bis zur Problemlösung einher (Bouncken und Koch 2007). Im Gegensatz dazu weisen inkrementelle Innovationen (Adaptionen und Weiterentwicklungen) weniger Unsicherheit auf und erfordern eher einen stärkeren Leistungseinsatz sowie die Anwendung oder Kombination vorhandener Technologien (Bouncken und Koch 2007; Dewar und Dutton 1986).

Innerhalb des IPO-Modells weisen die Aufgabenmerkmale unterschiedliche analytische Ebenen auf. Die Aufgabe wird primär als Vorbedingung der Teamzusammensetzung angesehen (Bell und Kozlowski 2002) und kann auf Teamprozesse wirken (Bell und Kozlowski 2002). Andererseits gibt es zahlreiche Befunde, welche die Aufgabe als moderierende Kontextvariable zwischen den Teamprozessen und Teamergebnissen positionieren (Hackman und Morris 1983; Wegge et al. 2008).

Nach Hackman (1968; Hackman und Morris 1975) lassen sich Aufgaben hinsichtlich ihres Typs (Ideengenerierung, Diskussion, Problemlösung) und ihrer Schwierigkeit unterscheiden. Während der Aufgabentyp die Anforderungen an Fähigkeiten, Wissen und Erfahrung bestimmt, entscheidet die Schwierigkeit einer Aufgabe darüber, wie viel Einsatz notwendig ist, um die Aufgabe zu erfüllen (Hackman 1968; Hackman und Morris 1975).

4.1.2 Teamgröße

Die Größe eines Teams hängt in hohem Maß von der Aufgabe, den Zielen und den notwendigen Teamprozessen ab (Curral et al. 2001; Guzzo und Shea 1992). Dabei bestimmt sie nicht nur den funktionalen, sondern auch über den sozialen Verbund der Teammitglieder. Größere Teams verfügen in der Regel nicht nur über mehr Ressourcen (z. B. Zeit, Energie), sondern sie vereinen auch unterschiedliche funktionale Hintergründe (Drach-Zahavy und Somech 2001, S. 117) und unterschiedliche Ansichten (Moreland et al. 1996).

Diese Ressourcen ermöglichen es großen Teams, auch sehr hohe Zielsetzungen zu erreichen und mehr Stabilität gegenüber veränderten Umweltbedingungen aufzuzeigen (Moreland et al. 1996). Insbesondere bei der Bearbeitung einfacher Aufgaben, deren Ergebnis primär durch den additiven Einsatz verfügbarer Ressourcen bestimmt ist (Guzzo und Shea 1992, S. 282), wird die Teamgröße als primärer Leistungsfaktor angesehen.

Die hohe Komplexität und Unsicherheit von innovationsbezogenen Aufgabenstellungen erfordert hingegen einen sehr intensiven Austausch von Wissen,

Erfahrungen und Ansichten innerhalb des Teams. Untersuchungen weisen darauf hin, dass Teams eher erfolgreich sind, wenn sie nicht größer als notwendig sind, um die Aufgabe umzusetzen (Curral et al. 2001, S. 191). In sehr kleinen Teams (zwei bis drei) sind sich die Mitglieder häufig zu ähnlich, um die beste Lösung zu erreichen (Curral et al. 2001, S. 191). Demgegenüber treten in sehr großen Teams (mehr als 12 bis 13) häufiger Probleme auf, wenn z. B. Unklarheiten über die Aufgabenverteilung, Missverständnisse oder Terminabsprachen die Koordination erschweren. Zudem kann häufig die effektive Integration aller Mitglieder dadurch erschwert werden, dass ein stärkerer Einfluss auf Entscheidungsprozesse gesucht wird und Diskussionen über Aufgabenverteilungen die Zusammenarbeit belasten (Curral et al. 2001, S. 192). Ein uneffektiver Austausch von Wissen und mangelnde Partizipation der Teammitglieder können eine negative Folge zu großer Teams sein (Curral et al. 2001, S. 191). Darüber hinaus liegt in sehr großen Teams häufig eine geringere Identifikation mit dem Teamziel vor und soziale Konflikte (z. B. durch mangelnde Kooperationsbereitschaft oder Trittbrettfahrer) treten stärker in den Vordergrund. Damit können Motivationsverluste, Leistungseinbußen (Moreland et al. 1996) und sinkende Arbeitszufriedenheit einhergehen.

4.2 Merkmale des Teamdesigns

Obwohl sich die Forschung seit dreißig Jahren mit dem Einfluss des Teamdesigns auf den Teamerfolg beschäftigt, besteht nur ein geringer Konsens darüber, wie demografische Strukturen die Leistung von Teams beeinflussen (Horwitz und Horwitz 2007, S. 989; Thatcher 2013, S. 52). Nach Moreland (2013; Moreland et al. 1996) bestehen zudem unterschiedliche Ansichten darüber, wie die Aggregation von individuellen Merkmalen (z. B. dem Alter) zu einem strukturellen Merkmal umgesetzt werden sollte. Während formale Altersstrukturen darüber Auskunft geben, welchen Anteil bestimmte Altersschichten in Teams aufweisen und mit bestimmten Erwartungen an die Leistungsfähigkeit ihrer Mitglieder einhergehen (Settersten und Mayer 1997), beschäftigte sich die Diversitätsforschung lange Zeit mit der Verteilung (Dispersion) des Alters in Teams (Jehn et al. 2008). Neuere Analysestrategien fokussieren darüber hinaus die mögliche Anordnung (Alignment) von Mitgliedern mit ähnlichen gegenüber Mitgliedern mit unterschiedlichen Merkmalsausprägungen, um die Zusammensetzung von Teams zu erforschen (Jehn et al. 2008).

4.2.1 Alter

Das Alter ist eine der offensichtlichsten sozialen und kulturellen Kategorien und dient, durch soziale und kulturelle Erwartungen an bestimmte Erfahrungen und Rollen, der Herausbildung von kognitiven und sozialen Strukturen (Settersten und Mayer 1997). Zu den häufigsten Vorurteilen gegenüber alternden Menschen gehören eine abnehmende physische und kognitive Leistungsfähigkeit, ein geringeres Lernpotenzial und häufigere gesundheitliche Probleme (Wegge et al. 2011). Aktuelle Forschungsergebnisse weisen aber auch darauf hin, dass Veränderungen in der kognitiven Verarbeitung älterer Menschen nicht ausschließlich durch eine geringere kognitive Leistungsfähigkeit, sondern auch durch höheres Wissen und damit verbundenen umfasseneren Verarbeitungsprozessen erklärt werden können (Gray und Hills 2014; Ramscar et al. 2014). Darüber hinaus wird häufig angenommen, dass jüngere Menschen über höhere akademische Kenntnisse verfügen, aber sozial unerfahren sind, während ältere Menschen weniger akademische Kenntnisse, aber mehr Arbeitserfahrung und soziale Fertigkeiten vorweisen können (Backes-Gellner und Veen 2013).

4.2.2 Altersunterschiede (Altersdiversität)

Der klassische Ansatz von Blau (1977) definiert *Diversität als Gruppenvariable*, die den Grad der Unterschiedlichkeit innerhalb einer Population angibt (Lauring und Selmer 2012, S. 91; Thatcher et al. 2003, S. 218). Je nach Forschungsrichtung und zugrunde liegender Theorie existieren jedoch hinsichtlich der Definition unterschiedliche Schwerpunktsetzungen. So definieren stärker sozialwissenschaftlich ausgerichtete Wissenschaften Diversität als Merkmal, welches zu der Wahrnehmung führt, dass andere Personen als unterschiedlich wahrgenommen werden (Palmer 2006, S. 2; van Knippenberg et al. 2004, S. 1008). Eine extrem informationstheoretisch ausgerichtete Definition sieht in Diversität: „…simply … the number of sensors collectively possessed by the group's member agents. Different sensors represent agents having different viewpoints or experiences of their world" (Palmer 2006, S. 6).

Nach Harrison und Klein (2007) lassen sich Merkmale grundlegend in drei Diversitätsformen differenzieren: *separation, variety* und *disparity*. Abgrenzung (separation) bezieht sich auf die laterale Unterschiedlichkeit von Teammitgliedern (z. B. Ansichten, Werte oder Einstellungen) und wirkt auf die Teamprozesse und Teamergebnisse (Bell et al. 2011, S. 712). Eine höhere Ähnlichkeit auf dieser Ebene kann beispielsweise mit mehr Vertrauen und höherer Kohäsion einhergehen.

Vielfalt (variety) bezieht sich auf die kategorialen Unterschiede (z. B. Funktion, Wissen, Erfahrung) von Teammitgliedern. Eine höhere Diversität im Team wird hier durch eine höhere Verfügbarkeit unterschiedlicher Kategorien reflektiert (Bell et al. 2011, S. 713) und steigert die Problemlösekapazitäten sowie das Innovationspotenzial des Teams. Ungleichheit (disparity) fokussiert vertikale Unterschiede, die sich zum Beispiel in der Verteilung von Gütern oder Ressourcen (z. B. Status, Macht, Boni) auf Grund einer längeren Beschäftigungsdauer ergeben (Bell et al. 2011, S. 713). Dieser Kontext zeigt auf, dass Altersunterschieden mit ganz verschiedene Diversitäten einhergehen und unterschiedliche Konsequenzen für die Teamprozesse bewirken können.

Ely und Thomas (2001) verweisen darauf, dass die Steigerung von demografischer Diversität (z. B. Alter) im Team mit Unterschieden in Ansichten und Werten, Wissen und Arbeitsstilen sowie vielfältigeren Netzwerken einhergeht. Dieses Potenzial sehen sie als geeignet, um auch komplexere Aufgaben zu lösen und qualitativ hochwertige Entscheidungen zu treffen. Darüber hinaus werden weitere Vorteile diverser Teams durch eine gesteigerte Kreativität (Lauring and Selmer 2012) und höhere Vielfalt in Interpretationsmöglichkeiten, Entscheidungsregeln und mentalen Modellen angesehen (Backes-Gellner und Veen 2013), wodurch unterschiedliches technologisches und soziales Wissen auf unterschiedlichem Niveau neu kombiniert werden kann (Backes-Gellner und Veen 2013). Backes-Gellner und Veen (2013) fassen die Vorzüge von hoher Altersdiversität in Teams in drei Faktoren zusammen. Einerseits liegen die schon beschriebenen Problemlösekapazitäten im Sinne einer kognitiven Toolbox vor, andererseits bieten altersdiverse Teams auch die Möglichkeit von verbesserten Anreizstrukturen und einen effektiven Transfer von spezifischem Wissen und Normen durch die älteren an die jüngeren Generationen.

Neben den Vorteilen zeigen altersdiverse Teams aber auch negative Konsequenzen auf. Mit steigender Altersdiversität wird ein höherer Koordinationsaufwand notwendig, da Schwierigkeiten in der Kommunikation zwischen älteren und jüngeren Teammitgliedern auftreten können und Wertekonflikte zu einer schlechteren sozialen Integration führen (Backes-Gellner und Veen 2013). Die vollständige Integration aller Beteiligten wird jedoch als Voraussetzung dafür angesehen, dass die Potenziale diverser Teams genutzt werden können (Lauring und Selmer 2012). Darüber hinaus wird auch eine höhere Fluktuation von Älteren beobachtet (Backes-Gellner und Veen 2013).

In ihrem Rahmenmodell gehen Backes-Gellner und Veen (2013) von der Annahme aus, dass die mit Altersdiversität verbundenen Aufwendungen (Kosten) mit steigenden Unterschieden progressiv steigen. Da der Nutzen degressiv zunimmt, nimmt der zusätzliche Nutzen mit zunehmender Altersdiversität ab. Der resultie-

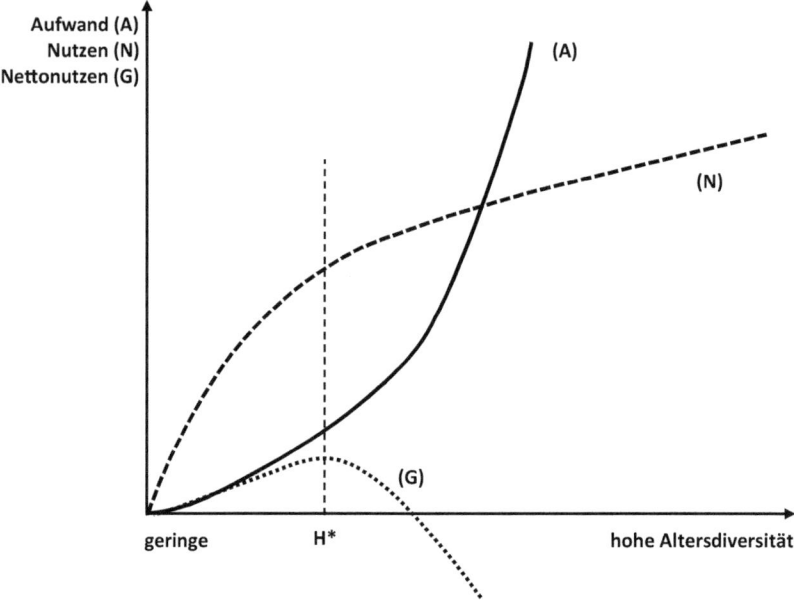

Abb. 4.3 Kosten-Nutzen-Analyse der Altersdiversität nach Backes-Gellner und Veen (2013)

rende Netto-Nutzen aus Vor- und Nachteilen weist darauf hin, dass primär der Nutzen altersdiverser Teams gegenüber den Kosten überwiegt. Wird ein spezifischer Punkt (H*) überschritten, wird die Differenz von Nutzen und Kosten durch die weiter steigenden Kosten bestimmt, die dann den Nutzen überwiegen. In Hinblick auf die Leistung weist die Kosten-Nutzen-Analyse somit einen umgekehrt u-förmigen Effekt steigender Altersdiversität auf (vgl. Abb. 4.3).

4.2.3 Anordnung des Alters

Während sich die Diversitätsforschung schon längere Zeit mit der Verteilung des Alters (Altersdiversität) in Teams (Jehn et al. 2008) beschäftigt hat, fokussieren neuere Analysestrategien auch die mögliche Anordnung (Alignment) des Alters von Teammitgliedern (Jehn et al. 2008). Der entscheidende Unterschied zu früheren Diversitätskonzepten liegt darin, dass nicht die Unterschiedlichkeit eines Merkmals innerhalb der Gruppe betrachtet wird, sondern die Anordnung der Teammitglieder hinsichtlich dieses Merkmals und die Anzahl homogener Untergruppen

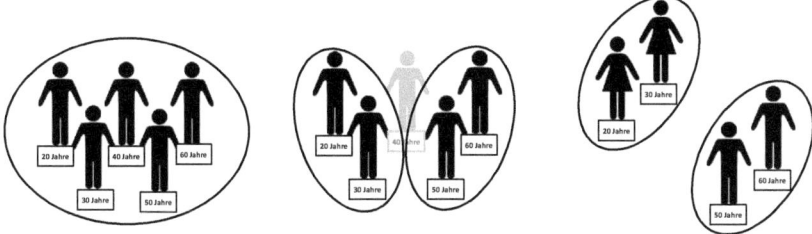

Abb. 4.4 Die Salienz von Unterschieden wird von links nach rechts stärker und ganz rechts zusätzlich durch synchrone Unterschiede in einer weiteren Kategorie verschärft

(Lau und Murnighan 1998, S. 328; Thatcher et al. 2003, S. 219). Dieses sogenannte Faultline-Konzept basiert auf den Theorien der sozialen Identität (Haslam et al. 2011; Turner und Reynolds 2008), der Selbstkategorisierung (Hogg und Terry 2000; Turner et al. 2008) und dem Ähnlichkeits-Attraktions-Paradigma (Chattopadhyay et al. 2004; Zellmer-Bruhn et al. 2008) und zeigt auf, dass die negativen Aspekte von Altersdiversität bei einer ungünstigen Anordnung des Alters verstärkt werden können (Thatcher et al. 2003, S. 221). Dies tritt innerhalb von Teams in Form von Spannungslinien (Faultlines) in Erscheinung (Bruch et al. 2010; Thatcher et al. 2003, S. 219). Darüber hinaus ermöglichen es Faultlines, mehr als nur ein Diversitätsmerkmal des Teams in die Analysen einzubeziehen (Thatcher et al. 2003, S. 219).

Die unterschiedlichen Perspektiven von verteilungs- und anordnungsbasierten Ansätzen werden beispielhaft in Abb. 4.4 verdeutlicht. Das erste Team (links) weist einen Altersdurchschnitt von 40 Jahren mit einer Standardabweichung (Diversität) von 15,8 Jahren auf. Die Stärke der Faultline in diesem altersdiversen Team ist mäßig, weil die Unterschiede zwischen den Mitgliedern gleich groß sind und sich somit keine homogenen Subgruppen herausbilden können. Im zweiten Team (Mitte) wurde ein Teammitglied ausgeschlossen. Der Altersdurchschnitt liegt wie im ersten Team bei 40 Jahren. Die Diversität steigt gegenüber dem ersten Team leicht an ($SD = 18,3$ Jahre). Hinsichtlich der Faultline weist der Ausschluss dieses einen Teammitgliedes einen extremen Effekt auf. Die Altersstruktur ermöglicht nun eine typische Unterscheidung in Junge vs. Alte, wobei die Altersunterschiede zwischen den Mitgliedern innerhalb jeder Subgruppe deutlich kleiner sind (10 Jahre) als die Unterschiede zwischen den Subgruppen (55 vs 0,25 Jahre). Dieser Effekt wird im dritten Team (rechts) noch dadurch verstärkt, dass die Distanz zwischen den altersbasierten Subgruppen zusätzlich durch ein unterschiedliches Geschlecht kontrastiert wird.

Tab. 4.1 Teamrollen und damit assoziiertes Verhalten in Anlehnung an Belbin (2012)

Teamrolle	Charakteristisches Verhalten
Ideenstimulierer	Durchbricht alte Denkstrukturen, schlägt neue Lösungswege vor und äußert kreative Ideen im Projektteam
Ideenformer	Trägt aktiv dazu bei, dass alle Personen im Projektteam die einge- brachten Ideen verstehen. Zudem bewertet der Ideenformer die einge- brachten Ideen anderer Teammitglieder und entwickelt sie weiter
Ideenumsetzer	Betont die Wichtigkeit der Machbarkeit von Lösungen. Der Ideen- umsetzer prüft verschiedene Möglichkeiten der Ideenrealisierung und zeigt erhebliche Beharrlichkeit bei der Umsetzung
Koordinator	Übernimmt vor allem organisatorische Aufgaben, strukturiert den Projektverlauf und nutzt seine Kontakte nach außen
Vermittler	Sorgt für eine gute Atmosphäre im Team. Dem Vermittler ist es wich- tig, dass alle Teammitglieder die getroffenen Entscheidungen mittragen und er schreitet ein, wenn Konflikte eskalieren

4.2.4 Teamrollen und Rollendifferenzierung

Rollen werden als spezifische Sets von Verhaltensmerkmalen definiert (Pennington 2002, S. 89; Slater 1955, S. 300), durch welche Individuen eine bestimmte Posi- tion innerhalb der Gruppe einnehmen. Neben dem beobachtbaren Verhalten sind Rollen auch mit spezifischen Erwartungen verbunden (Pennington 2002, S. 90). Ein bekanntes Modell basiert auf den Arbeiten von Belbin (2012) und beschreibt verschiedene typische Rollen (vgl. Tab. 4.1), die von Teammitgliedern eingenom- men werden. Der Einfluss von Teamrollen und Teamrollendiversität wird intensiv erforscht und in der Praxis angewandt (Aritzeta et al. 2007; Belbin 2012). Rollen können sich hinsichtlich ihrer strategischen Bedeutung unterscheiden. So unter- scheiden Aritzeta et al. (2007) zwischen aufgabenbezogenen Rollen, welche auf die Koordination der Problemlöseaktivität der Gruppe ausgerichtet sind, und unter- stützenden Rollen. Diese dienen stärker der Förderung von gruppenorientiertem Verhalten (Aritzeta et al. 2007, S. 97). In Abgrenzung zu funktionalen Rollen hebt Belbin (2012) hervor, dass Personen, die für eine bestimmte Tätigkeit (funktionale Rolle) eingestellt werden, hohe Variationen hinsichtlich ihrer Teamrolle aufweisen können.

Die Zuweisung von Rollen zu Personen kann bei überschaubaren Aufgaben relativ einfach sein, während bei komplexen Aufgabenstellungen stärker die er- forderlichen Fähigkeiten der Personen eingebunden werden müssen (Aritzeta et al. 2007, S. 98). Innerhalb eines Teams weisen die Mitglieder typischerweise zwei bis drei Rollen auf (Henry und Todd Stevens 1999, S. 246). Die Anzahl und die Verteilung von Rollen kann zu Rollenbelastung oder Rollenkonflikt führen (Pennington 2002, S. 90). Rollenbelastung weist auf die Schwierigkeit hin, eine Rolle umzusetzen, weil die notwendigen Fähigkeiten oder Erfahrungen nicht vorhanden sind oder zu viele Rollenerwartungen an eine Person gestellt werden. Nach Belbin (2012) steigt mit einer stärkeren Rollenbelastung die Gefahr, dass ein plötzlicher Abbruch im erforderlichen Verhalten auftritt und dies möglicherweise zu unvorhersehbaren Konsequenzen führt. Das Teamrollenmodell weist zahlreiche empirische Beziehungen zu Teamprozessen und Teamleistung auf. Die Annahme der Teamrollen-Balance-Hypothese ist es, dass leistungsfähige Teams über alle Teamrollen verfügen (Aritzeta et al. 2007, S. 105) und dass die unterschiedliche Kombination von Teamrollen mit besseren Leistungen einhergeht, als wenn die Teammitglieder hauptsächlich wenige Rollen mit hoher Überschneidung aufweisen. Wenn mehrere Personen innerhalb eines Teams die gleiche Rolle einnehmen, kann dies zu Rollenkonflikten führen und die Leistung des Teams verschlechtern. Insofern kann es besser sein, wenn einzelne Rollen nur durch eine Person eingenommen werden (Henry und Todd Stevens 1999, S. 246). Eine solche Rollenverteilung stellt eine Form der Rollendifferenzierung im Team dar (Slater 1955, S. 301).

4.3　Unternehmensbefragung

Im Zeitraum von April bis Juni 2013 führten wir in Unternehmen des Verarbeitenden Gewerbes (NACE Code 2) mit Produktionsstandorten in Deutschland eine standardisierte telefonische Befragung durch. Dafür wurden 1858 Unternehmen durch ein Marktforschungsinstitut telefonisch kontaktiert. Mit einer Rücklaufquote von 15,7 % nahmen Innovationsteams aus insgesamt 290 Unternehmen teil.

Die meisten der befragten Unternehmen gehören zum Maschinenbau (95 Unternehmen), gefolgt von der Verarbeitung von Metallerzeugnissen. Ferner antworteten Unternehmen aus dem Bereich der Herstellung optischer bzw. elektronischer Instrumente, Unternehmen, die elektrische Ausrüstungen produzieren, Betriebe der chemischen Industrie sowie kunststoffverarbeitende Unternehmen. Die restlichen Unternehmen gehören zu den Branchen Nahrungs- und Futtermittelherstellung und der Metallerzeugung (vgl. Abb. 4.5).

Der größte Teil (79,9 %) der Projekte war auf produktbezogene Innovationen ausgerichtet (vgl. Abb. 4.6). Innerhalb dieser Projekte waren insgesamt 1,176 Teammitglieder an vorwiegend radikalen Innovationen beteiligt (70,6 %).

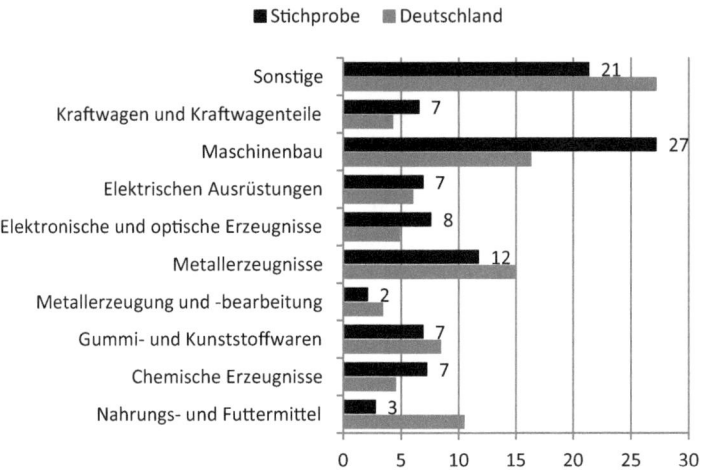

Abb. 4.5 Branchenverteilung der befragten Unternehmen im Vergleich zur Verteilung aller Betriebe des Verarbeitenden Gewerbes in Deutschland. (Quelle: Statistisches Bundesamt 2013)

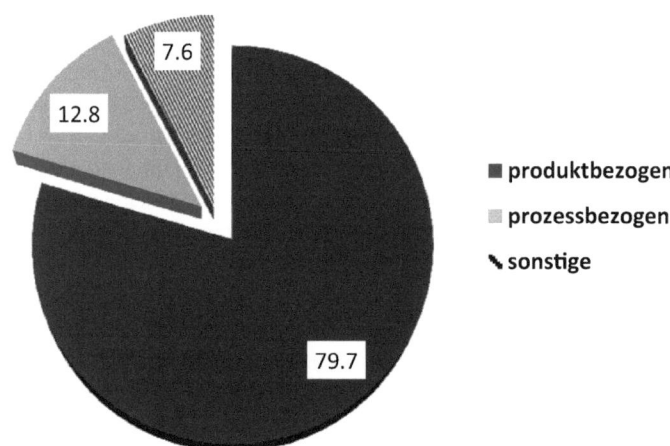

Abb. 4.6 Art der Innovationsprojekte innerhalb der Stichprobe ($N = 290$)

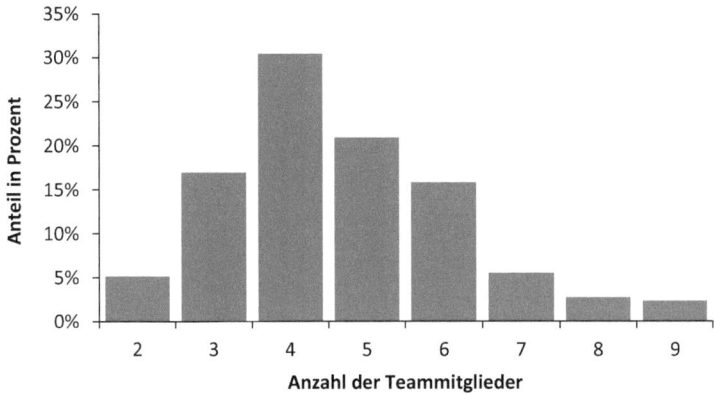

Abb. 4.7 Verteilung der Teamgröße innerhalb der der erhobenen Stichprobe ($N=290$)

4.3.1 Messungen

Um die Komplexität der Aufgabenstellung zu erfassen, befragten wir die Teamleiter hinsichtlich des Ausmaßes der geplanten Neuerungen hinsichtlich inkrementeller (z. B. Optimierung) und radikaler Aspekte (z. B. umfangreiche Neuproduktentwicklung). Entwicklungen, die in Hinblick auf die verwendete Technologie, den Nutzen für den Kunden und die Erschließung neuer Märkte als radikale Innovation bewertet wurden, indizieren Aufgaben mit einer höheren Komplexität. Die Items wurden auf einer fünfstufigen Skala ($1=$inkrementell vs. $5=$radikal) beantwortet und einer Hauptachsen-Faktorenanalyse unterzogen. Der resultierende Faktor bindet 77,0 % der Itemvarianz. Die verwendeten Items weisen mit Faktorladungen zwischen 0,754 und 0,846 auf eine sehr gute Indikatorreliabilität hin. Ebenso zeigt die Reliabilität (Cronbachs-Alpha$=0,850$) auf eine hohe Messgüte hin.

Die Teamgröße ermittelten wir aus der Anzahl der Teammitglieder. Mehr als zwei Drittel aller Teams (67 %) setzten sich aus vier, fünf oder sechs Mitgliedern zusammen (vgl. Abb. 4.7). 22 % waren als eher klein (2 oder 3 Mitglieder), 11 % als sehr groß (7 bis 9 Mitglieder) zu klassifizieren. Mit einem Anteil von 30 % waren Viererteams am häufigsten in der Stichprobe vertreten. Zusammen mit den Fünferteams (21 %) bilden sie mehr als die Hälfte aller Teams.

Zur Berechnung der Altersdiversität verwendeten wir die Standardabweichung des Alters der Mitglieder im Team. Die Werte für die Ausprägung altersbasierter Faultlines wurden mit Hilfe des des Programpaketes ‚asw.cluster' (Meyer und Glenz 2013) in der Statistiksoftware R ermittelt. Die zugrunde liegende Berechnung bezieht sich auf das Vorgehen von Bezrukova et al. (2009) und berücksichtigt zur Analyse des Faultline-Scores das Produkt aus der Faultline-Stärke (Fau$_g$) und der Subgruppendistanz (D$_g$) (vgl. Gl. 4.1).

$$Fau_g = \left(\frac{\sum_{j=1}^{p}\sum_{k=1}^{2} n_k^g \left(\bar{x}_{jk} - \bar{x}_j \right)^2}{\sum_{j=1}^{p}\sum_{k=1}^{2}\sum_{i=1}^{n_k^g} \left(\bar{x}_{ijk} - \bar{x}_j \right)^2} \right) g = 1, 2, \ldots, (2^{n-1} - 1)$$

$$D_g = \sqrt{\sum_{j=1}^{P} \left(\bar{X}_{1j} - \bar{X}_{2j} \right)^2}$$

Gleichung 4.1 Faultline-Stärke Faug (Thatcher et al. 2003) und Subgruppendistanz Dg; Quelle: Bezrukova et al. 2009

Innerhalb der Befragung wurden die Teammitglieder gebeten, alle beteiligten Teammitglieder hinsichtlich ihres Rollenverhaltens zu beschreiben. Dabei war es möglich, dass einer Person mehrere Rollen zugeordnet wurden (Rollenbelastung), dass dieselbe Rolle von mehreren Personen übernommen wurde (Rollenkonflikt) und dass nicht alle Rollen im Team vorhanden waren (Rollenbestand). Da die Verteilung der Rollen in hohem Maß von der Anzahl der Teammitglieder (k) mitbestimmt wird, berechneten wir die Rollendifferenzierung im Team (R$_{Diff}$) nach Gl. 4.2:

Gleichung 4.2 Rollendifferenzierung im Team
$$R_{Diff} = \frac{6 - \frac{\sum_{i=1}^{k}(r_{i1} + \ldots + r_{i5})}{k}}{6 - (R_1 + \ldots + R_5)}$$

Die Rollenbelastung eines Teammitgliedes (i) ergibt sich demnach aus der Summe der ihr zugeschriebenen Rollen (r_1 bis r_5; vgl. Abb. 4.8), die binär mit eins kodiert waren. Der Rollenbestand innerhalb des Teams wurde aus den vorhandenen Rollen im Team (R_1 bis R_5) gebildet. Rollenbelastung und Rollenbestand wurden hinsichtlich ihres Wertebereiches dahingehend transformiert, dass der Quotient das Ausmaß an Rollendifferenzierung im Team indiziert, wobei der Rollenbestand in seinem Minimum durch die Rollenbelastung der einzelnen Teammitglieder vorgegeben ist.

Inwieweit ein Projektteam erfolgreich war, beurteilten wir anhand der vier Dimensionen Konflikte, Zeit, Kosten und Ergebnis. Wir fragten danach, inwieweit eine konfliktfreie Zusammenarbeit möglich war, der Zeit- und Kostenplan für das Projekt eingehalten wurde und ob das Projektergebnis den Projektzielen entsprach. Die Beurteilung des Projekterfolges unter diesen Aspekten entspricht dem Vor-

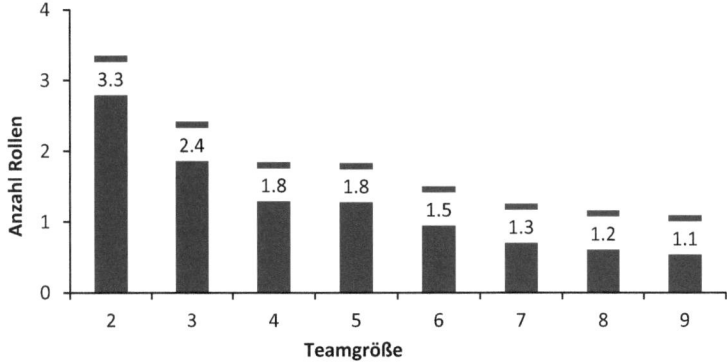

Abb. 4.8 Rollenbelastung der Teammitglieder bei unterschiedlicher Teamgröße ($N = 254$)

gehen anderer Forscher, die eine soziale, zeitliche, finanzielle und qualitative Betrachtung empfehlen (Hackman 1987; Hackman und Wageman 2005; Hoegl und Gemuenden 2001).

4.3.2   Methodisches Vorgehen

Für die Analysen wurde die Software Mplus in der Version 5.21 eingesetzt. Dies ermöglicht es, auch manifeste Variablen in Strukturgleichungsmodelle zu integrieren und die Korrelationen zwischen unabhängigen Variablen zu berücksichtigen, um die Verzerrung von Parameterschätzungen durch Multikollinearität zu reduzieren. Im ersten Schritt der Berechnungen wird die Fragestellung analysiert, welche Merkmale des Teamdesigns vordergründig durch die Komplexität der Aufgabe bestimmt werden.

Im zweiten Schritt der Analyse werden die Effekte der Teamstrukturmerkmale auf die differenzierten Ergebnisse der Teamarbeit untersucht. Aufgrund der häufig postulierten u-förmigen Effekte von Teamgröße und Teamdiversität auf die Teamleistung werden in der Analyse lineare und quadratische Effekte berücksichtigt.

Als Kontrollvariablen wurden vier Instrumente des Managements berücksichtigt (zur Messung von Standardisierung, Autonomie, Prozess- sowie Ergebniskontrolle vgl. Kap. 7). Zur Annahme der postulierten Modelle wird die Bedingung vorausgesetzt, dass sowohl durch die Hinzunahme der unabhängigen Variablen als auch durch die Berücksichtigung der quadratischen Terme eine signifikant höhere Varianzaufklärung der abhängigen Variablen möglich wird.

Tab. 4.2 Korrelationen der Aufgabenkomplexität und der Teamstruktur ($N = 290$)

	AK	TG	AD	RD
Aufgabenkomplexität (AK)	1			
Teamgröße (TG)	0,114 ^{t}	0,1		
Altersdiversität (AD)	0,133*	0,042	1	
Rollendifferenzierung (RD)	−0,037	0,440***	0,137*	1

Markierte Koeffizienten sind signifikant auf dem Niveau: $p < 0,10$, *$p < 0,05$, **$p < 0,01$ und ***$p < 0,001$)

4.4 Ergebnisse

Während signifikante Effekte durch die Aufgabenkomplexität auf das Teamdesign vorgefunden wurden, zeigen sich keine bzw. extrem schwache Effekte des Teamdesigns auf die Ergebnisse im Team. Dies zeigt die Notwendigkeit auf, näher auf die Prozesse innerhalb von Teams einzugehen, um spezifische Wirkungsweisen unterschiedlicher Teamdesigns aufzuzeigen (vgl. Kap. 7).

4.4.1 Aufgabenkomplexität und Teamdesign

Die Korrelationen in Tab. 4.2 zeigen auf, dass komplexere Aufgaben tendenziell in größeren und altersdiverseren Teams bearbeitet werden. Die Komplexität der Aufgabe weist hingegen keinen bedeutsamen Zusammenhang mit einer stärkeren Rollendifferenzierung im Team auf. Eine stärkere Rollendifferenzierung geht jedoch mit größeren und altersdiverseren Teams einher.

Die Ergebnisse des Strukturgleichungsmodells weisen darauf hin, dass die Aufgabenkomplexität nur als Vorbedingung einer höheren Altersdiversität in Teams anzusehen ist. Diese Annahme wird zusätzlich dadurch bekräftigt, dass keine signifikante Korrelation zwischen Altersdiversität und Teamgröße besteht (s. Tab. 4.2). Insofern sollten die größeren Altersunterschiede in diesen Teams nicht als Folge der Teamgröße, sondern als gezielte Reaktion auf (erforderliche) Wissens- und Erfahrungsanforderungen angesehen werden.

Die Berücksichtigung der Kontrollvariablen deutet darauf hin, dass eine hohe Ergebniskontrolle und die damit einhergehende Festlegung von Zielsetzungen bei der Zusammenstellung von Innovationsteams eher zur Bildung größerer Teams führen. Mitbestimmung im Sinne hoher Autonomie führt demgegenüber tendenziell zur Vermeidung von größeren Altersunterschieden im Team (s. Tab. 4.3).

Tab. 4.3 Effekte der Aufgabenkomplexität auf die Gestaltung von Teamgröße, Altersdiversität und Rollendifferenzierung

	Teamgröße	Altersdiversität	Rollendifferenzierung
Kontrollvariablen			
Autonomie	0,081	$-0,142^{t}$	$-0,066$
Standardisierung	$-0,109$	0,013	$-0,136$
Ergebniskontrolle	$0,352^{t}$	$-0,176$	0,297
Prozesskontrolle	$-0,035$	0,183	$-0,016$
Haupteffekte			
Aufgabenkomplexität	0,089	$0,118^{t}$	$-0,049$
R^{2}	$0,074^{t}$	$0,080*$	0,043

Markierte Koeffizienten sind signifikant auf dem Niveau: ^{t} $p<0,10$, $*p<0,05$, $**p<0,01$ und $***p<0,001$

4.4.2 Teamdesign und Teamergebnisse

Die verwendeten Kontrollvariablen weisen teilweise signifikante Effekte auf die Teamergebnisse auf (vgl. Abschn. 4.5). Durch die Hinzunahme der linearen Effekte der Teamstruktur (Teamgröße, Altersdiversität und Rollendifferenzierung) wird die erklärte Varianz (R^{2}) der abhängigen Variablen signifikant verbessert. Ebenso verhält es sich unter Berücksichtigung der quadratischen Effekte. Dies zeigt auf, dass die Effekte des Teamdesigns auf die Teamleistung keinem linearen Trend folgen, sondern besser durch u-förmige Verlaufsformen erklärt werden können.

4.4.2.1 Konflikte im Team

Die Zusammenarbeit in größeren Teams ist häufiger durch Konflikte zwischen den Teammitgliedern geprägt (vgl. Tab. 4.4). Dieser Effekt verläuft nicht linear. Daraus lässt sich ableiten, dass ein Maximum an Konflikten bei einer Teamgröße von etwa sieben Mitgliedern besteht (vgl. Abb. 4.9). Mit einer weiter ansteigenden Teamgröße nehmen die Konflikte im Team dann wieder leicht ab, was möglicherweise im Zusammenhang mit vermehrten Teamentwicklungs- oder Koordinationsmaßnahmen innerhalb sehr großer Teams stehen könnte.

Gegenüber der Teamgröße weist die Altersdiversität des Teams einen schwächeren und umgekehrten Effekt auf. In der Zusammenarbeit von Teammitgliedern mit eher ähnlichem Alter treten demnach Konflikte zwischen Teammitgliedern eher in Erscheinung. Demgegenüber fallen Konflikte in Teams mit höherer Altersdiversität (etwa 14 Jahre) weniger ins Gewicht (vgl. Abb. 4.9).

Tendenziell weist auch der Faultline-Score auf das Konfliktpotenzial innerhalb der Teamarbeit hin. Mit steigender Fragmentierung des Alters innerhalb des Teams treten Konflikte demnach eher in Erscheinung. Dabei wird deutlich, dass die

Tab. 4.4 Effekte des Teamdesigns auf differenzierte Ergebnisse der Teamarbeit (Fit-Indizes des Strukturgleichungsmodells)

	Die Zusammenarbeit war wenig konfliktbeladen.	Der Zeitplan des Projekts wurde konsequent eingehalten.	Der Kostenrahmen wurde strikt eingehalten.	Die Projektziele wurden erreicht.
Kontrollvariablen				
Autonomie	0,16*	0,03	0,07	0,01
Standardisierung	0,55**	0,35*	0,23	0,44*
Ergebniskontrolle	0,19	0,17	0,44*	0,56*
Prozesskontrolle	−0,47	−0,17	−0,33	−0,62^ت
Aufgabenkomplexität	−0,07	−0,06	−0,11^t	−0,12
Lineare Effekte				
Teamgröße	−0,32***	0,04	0,24**	−0,19*
Altersdiversität	0,46*	0,10	0,04	−0,04
Rollendifferenzierung	0,08	0,09	−0,10	−0,05
Faultline-Score	−0,35^t	−0,19	−0,08	−0,03
Quadratische Effekte				
Teamgröße^2	0,20*	−0,01	−0,17*	0,22*
Altersdiversität^2	−0,15	0,05	0,23^t	−0,03
Rollendifferenzierung^2	0,12	0,16*	0,00	−0,03
Faultline-Score^2	0,11	−0,02	−0,07	0,12
R^2	0,305***	0,155**	0,223***	0,313***

Chi^2 (df)=374,1(254); CFI=0,95; RMSEA=0,04; SMR=0,05. Markierte Koeffizienten sind signifikant auf dem Niveau: $^t p < 0,10$, $*p < 0,05$, $**p < 0,01$ und $***p < 0,001$)

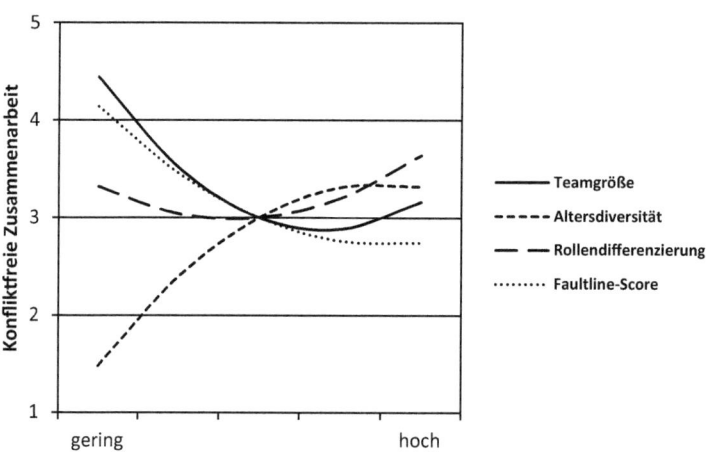

Abb. 4.9 Teamstrukturmerkmale und Konflikte in der Zusammenarbeit

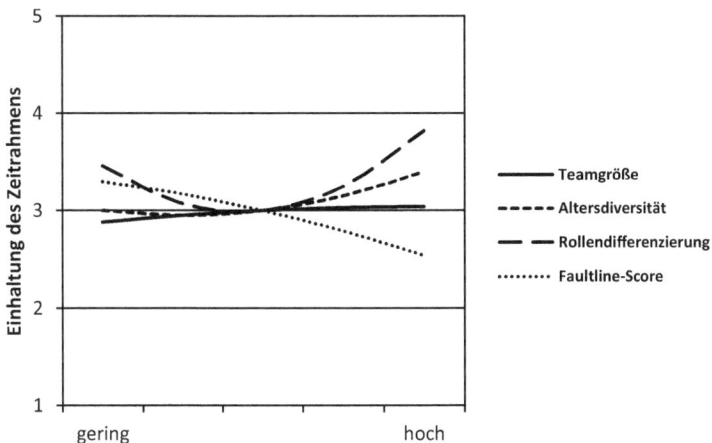

Abb. 4.10 Teamstrukturmerkmale und zeitliche Effizienz

Betrachtung der Altersstruktur, über die durchschnittliche Abweichung im Team (Altersdiversität) hinaus, wertvolle Hinweise für das Teamklima bieten kann.

4.4.2.2 Zeitplan des Projekts

Hinsichtlich der zeitlichen Effektivität der Teamarbeit wird ersichtlich, dass weder Teamgröße noch Altersdiversität oder Altersstruktur einen bedeutsamen Effekt aufweisen. Die Rollendifferenzierung innerhalb des Teams scheint hierbei das geeignetste Merkmal, um die Einhaltung zeitlicher Rahmenbedingungen zu sichern. Es kann aufgezeigt werden, dass mit steigender Rollendifferenzierung im Team die Einhaltung des zeitlichen Rahmens verbessert wird (vgl. Abb. 4.10). Möglicherweise kann in kleinen Teams aber auch eine sehr geringe Rollendifferenzierung (jeder kümmert sich um alles) zu leicht positiven Effekten beitragen.

4.4.2.3 Kostenrahmen des Projekts

Die Teamgröße des Teams erscheint als geeignete Variable, um Überschreitungen des Kostenrahmens zu prognostizieren. Mit Blick auf den Kostenrahmen stellt eine Teamgröße von etwa sechs bis sieben Mitgliedern die optimale Teamgröße dar. Sowohl kleinere als auch größere Teams zeigen den Trend auf, den vorgegebenen Kostenrahmen nicht einzuhalten (vgl. Abb. 4.11).

Auch hinsichtlich der Altersdiversität wird ein nicht-linearer Verlauf aufgezeigt. Während Teams mit sehr geringer (bis 2 Jahre) oder mit einer sehr hohen Altersdiversität (16 Jahre) den vorgegebenen Kostenrahmen eher einhalten, überschreiten Teams mit einer mittleren Altersdiversität (8 Jahre) tendenziell den vorgegebene Kostenrahmen.

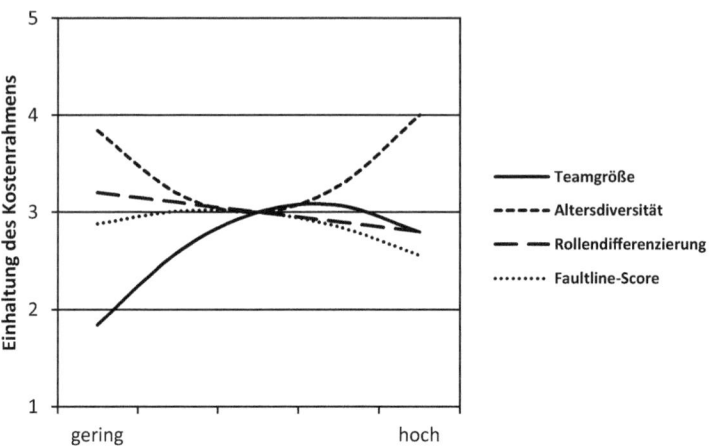

Abb. 4.11 Teamstrukturmerkmale und finanzielle Effizienz

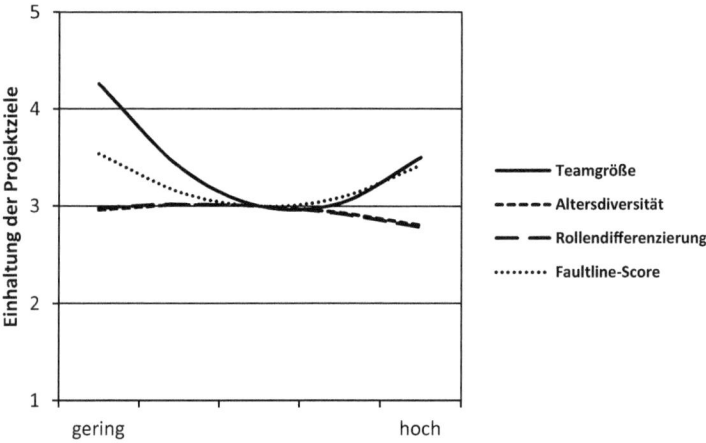

Abb. 4.12 Teamstrukturmerkmale und Effektivität (Projektziele)

4.4.2.4 Projektziele

Die Teamgröße eignet sich am besten, um Vorhersagen darüber zu treffen, ob die geplanten Ziele vollständig erreicht werden. Entgegen den Darstellungen zur Einhaltung des finanziellen Rahmens weisen die mittelgroßen Teams (6 bis 7 Mitglieder) jedoch die schlechteste Prognose in Hinsicht auf die Projektziele auf (vgl. Abb. 4.12). Insbesondere kleinere Teams fallen durch einen stärkeren Trend zur effektiven Umsetzung der geplanten Ziele auf. Altersdiversität,

Rollendifferenzierung und Faultline-Score weisen keinen signifikanten Effekt auf die Effektivität der Teamleistung auf (vgl. Tab. 4.4).

4.5 Diskussion und Implikationen für Unternehmen

Hinweise für die betriebliche Praxis

Im Zuge der demografischen Entwicklung und um die Ressourcen für die Bearbeitung hoch komplexer Aufgaben zu sichern, arbeiten häufiger Personen mit hohen Altersunterschieden und unterschiedlichem funktionalen Hintergrund zusammen in Teams.

Die Befunde einer Befragung von Innovationsteams aus 290 Unternehmen des Verarbeitenden Gewerbes weisen darauf hin, dass komplexere Teamaufgaben auch eher in altersdivers gestalteten Teams bearbeitet werden und dies nicht durch die Teamgröße bedingt ist. Während häufiger angenommen wird, dass die individuelle Leistungsfähigkeit von Personen mit zunehmendem Alter abnimmt, kann aufgezeigt werden, dass die Einbindung älterer Personen in Innovationsteams und die damit verbundene höhere Altersdiversität zu keinen nennenswerten Nachteilen im Hinblick auf die Effektivität des Teams führt.

Aus den Befunden zur Teamstruktur können jedoch Bedingungen aufgezeigt werden, in denen die Zusammenarbeit stärker durch Konflikte belastet und Teamergebnisse gefährdet werden können. Trotz der Berücksichtigung differenzierter Aspekte der Leistung sind die Auswirkungen der Teamstruktur aber eher als gering einzustufen.

In diesem abschließenden Abschnitt werden die wesentlichen Erkenntnisse der Untersuchung in Form von Handlungsempfehlungen zusammengefasst. Während der Fokus in diesem Kapitel auf die Zusammensetzung von Teams und die damit verbundene Leistung ausgerichtet ist, wird in Kap. 7 näher auf die Teamprozesse eingegangen. Um die Teamarbeit auch im demografischen Wandel erfolgreich zu gestalten, ist es sinnvoll ein paar Regeln bei der Teamgestaltung zu berücksichtigen, um die Grundlage für eine erfolgreiche Zusammenarbeit zu schaffen.

(1) Teams sollten keine Aufgaben bearbeiten, die besser durch Einzelne erfüllt werden könnten.
   – Komplexe Aufgabenstellungen sind in stärkerem Maß durch Unsicherheiten geprägt. Dabei sollten Ältere einbezogen werden, weil

Ältere häufig eher in der Lage sind, die Umsetzbarkeit von Ideen einzuschätzen.

(2) Teams sollten ausreichend groß, aber nicht größer als notwendig sein.

- Größere Teams weisen ein stärkeres Konfliktpotenzial auf und zeigen keine bedeutsamen Vorteile in Hinblick auf die Einhaltung zeitlicher Rahmenbedingungen.
- In kleineren Teams werden zwar finanzielle Rahmenbedingungen eher überschritten, dafür steigt aber die Wahrscheinlichkeit, dass auch alle Ziele des Projekts erreicht werden.

(3) Altersunterschiede im Team sollten beachtet, aber nicht überbewertet werden.

- Bei der Teamzusammensetzung sollte die Altersstruktur von Teams in Hinblick auf mögliche Spannungslinien (Faultlines) überprüft werden.
- Sind klare altersbezogene Faultlines vorhanden, sollten offensichtliche Altersunterschiede zwischen den Teammitgliedern durch Ähnlichkeiten im Kommunikationskontext ausbalanciert werden.
- Insgesamt kann die vollständige Integration von jüngeren und älteren Teammitgliedern dazu beitragen, dass die Zusammenarbeit reibungsloser verläuft.
- Insbesondere in sehr großen Teams können höhere Altersunterschiede mit einer stärkeren Rollendifferenzierung einhergehen und das Konfliktpotenzial verringern.

(4) Die Verteilung von Rollen im Team sollte berücksichtigt werden.

- Teamrollen sollten ausdifferenziert oder undifferenziert (Einer macht alles) sein. Eine mittlere Rollendifferenzierung ist eher nicht sinnvoll, weil sie der zeitlichen Effizienz des Teams keine Vorteile verschafft.

(5) Der Projektablauf sollte klar geregelt sein.

- Geregelte Strukturen über den Ablauf von Teilaufgaben und täglichen Aktivitäten können dazu beitragen, Konflikte in der Zusammenarbeit der Teammitglieder zu verringern.
- Darüber hinaus sichern Standards auch die Einhaltung des zeitlichen Rahmens und der erwünschten Projektziele.

(6) Zielvereinbarungen sollten klar festgelegt und fixiert werden.

- Die Orientierung an Zielvereinbarungen und das Feedback, in welchem das Team seine Ziele erreicht hat, steigern besonders dann den

Projekterfolg, wenn zu Beginn noch Unklarheit über die zielführenden Prozesse besteht.

– Zielvereinbarung und Ergebniskontrolle wirken sich positiv auf die finanzielle Effizienz der Teamarbeit aus.

(7) Handlungsspielraum bei der Umsetzung bieten.

– Autonomie kann dazu beitragen, das Konfliktpotenzial der Zusammenarbeit zu verringern.

– Demgegenüber kann eine zu starke Festlegung expliziter Handlungsanweisungen und deren Anpassung durch Vorgesetzte die Zielerreichung gefährden.

Literatur

Abernathy, W. & Utterback, J. M. (1978). Patterns of industrial innovation. *Technology Review, 80*(7), 40–47.

Aritzeta, A., Swailes, S., & Senior, B. (2007). Belbin's team role model: Development, validity and applications for team building*. *Journal of Management Studies, 44*(1), 96–118. doi:10.1111/j.1467-6486.2007.00666.x.

Backes-Gellner, U., & Veen, S. (2013). Positive effects of ageing and age diversity in innovative companies – large-scale empirical evidence on company productivity. *Human Resource Management Journal, 23*(3), 279–295. doi:10.1111/1748-8583.12011.

Belbin, R. M. M. (2012). *Team roles at work*. London: Routledge.

Bell, B. S., & Kozlowski, S. W. J. (2002). A typology of virtual teams: Implications for effective leadership. *Group Organization Management, 27*(1), 14–49. doi:10.1177/105 9601102027001003.

Bell, S. T., Villado, A. J., Lukasik, M. A., Belau, L., & Briggs, A. L. (2011). Getting specific about demographic diversity variable and team performance eelationships: A meta-analysis. *Journal of Management, 37*(3), 709–743. doi:10.1177/0149206310365001

Bezrukova, K., Jehn, K., Zanutto, E., & Thatcher, S. M. B. (2009). Do workgroup faultlines help or hurt? A moderated model of faultlines, team identification, and group performance. *Organization Science, 20*(1), 35–50.

Blau, P. M. (1977). *Inequality and composition. A primitive theory of social structure*. New York: Free Press.

Bouncken, R. B. (2011). Innovation by operating practices in project alliances – when size matters. *British Journal of Management, 22*(4), 586–608. doi:10.1111/j.1467–8551.2010.00688.x.

Bouncken, R. B., & Koch, M. J. (2007). The role of innovation orientation: Strategic antecedents and innovation consequences of innovation orientation. *International Journal of Technology Intelligence and Planning, 3*(3), 213–232.

Bruch, H., Kunze, F., & Böhm, S. (2010). *Generationen erfolgreich führen: Konzepte und Praxiserfahrungen zum Management des demografischen Wandels*. Wiesbaden: Gabler.

Chattopadhyay, P., George, E., & Lawrence, S. A. (2004). Why does dissimilarity matter? Exploring self-categorization, self-enhancement, and uncertainty reduction. *Journal of Applied Psychology, 89*(5), 892–900.

Curral, L. A., Forrester, R. H., Dawson, J. F., & West, M. A. (2001). It's what you do and the way that you do it: Team task, team size, and innovation-related group processes. *European Journal of Work and Organizational Psychology, 10*(2), 187–204.

Dewar, R. D., & Dutton, J. E. (1986). The adoption of radical and incremental innovations: An empirical analysis. *Management Science, 32*(11), 1422–1433.

Drach-Zahavy, A., & Somech, A. (2001). Understanding team innovation: The role of team processes and structures. *Group Dynamics: Theory, Research, and Practice, 5*(2), 111.

Ely, R. J., & Thomas, D. A. (2001). Cultural diversity at work: The effects of diversity perspectives on work group processes and outcomes. *Administrative Science Quarterly, 46*(2), 229–273.

Gray, W. D., & Hills, T. (2014). Does cognition deteriorate with age or Is It enhanced by experience? *Topics in Cognitive Science, 6*(1), 2–4. doi:10.1111/tops.12080.

Guzzo, R. A., & Shea, G. P. (1992). Group Performance and intergroup relations in organisations. In M. D. Dunnette & L. M. Hough (Hrsg.), *Handbook of industrial and organizational psychology* (2. Aufl., Bd. 3, S. 269–314). Palo Alto: Consulting Psychologist Press.

Hackman, J. R. (1968). Effects of task characteristics on group Products. *Journal of Experimental Social Psychology, 4*, 162–187.

Hackman, J. R. (1987). The design of work teams. In J. W. Lorsch (Hrsg.), *Handbook of organizational behavior* (S. 315–342). Englewood Cliffs: Prentice-Hall.

Hackman, J. R., & Morris, C. G. (1975). Group tasks, group interaction process, and group performance effectiveness: A review and proposed integration. In L. Berkowitz (Hrsg.), *Advances in experimental social psychology* (S. 45–99). New York: Academic Press.

Hackman, J. R., & Morris, C. G. (1983). Group tasks, group interaction, and group performance effectiveness. In H. H. Blumberg, A. P. Hare, V. Kent, & M. Davies (Hrsg.), *Small groups and social interaction* (Bd. 1, S. 331–345). Chichester: Wiley.

Hackman, J. R., & Wageman, R. (2005). A Theory of team coaching. *Academy of Management Review, 30*(2), 269–287.

Harrison, D. A., & Klein, K. J. (2007). What's the difference? Diversity constructs as separation, varity, or disparity in organizations. *Academy of Management Review, 32*(4), 1199–1228.

Haslam, S. A., Reicher, S. D., & Levine, M. (2011). When other people are heaven, when other people are hell: How social identity determines the nature and impact of social support. In J. Jetten, C. Haslam, & S. A. Haslam (Hrsg.), *The social cure: Identity, health, and well-being* (S. 157–174). New York: Psychology Press.

Henry, S. M., & Todd Stevens, K. (1999). Using Belbin's leadership role to improve team effectiveness: An empirical investigation. *Journal of Systems and Software, 44*(3), 241–250. doi:http://dx.doi.org/10.1016/S 0164-1212(98)10060-2.

Hill, C. W. L., & Rothaermel, F. T. (2003). The performance of incumbent firms in the face of radical technological innovation. *Academy of Management Review, 28*(2), 257–274.

Hoegl, M., & Gemuenden, H. G. (2001). Teamwork quality and the success of innovative projects: A theoretical concept and empirical evidence. *Organization Science, 12*(4), 435–449.

Hogg, M. A., & Terry, D. J. (2000). Social identity and self-categorization processes in organizational contexts. *Academy of Management Review, 25*(1), 121–140.

Horwitz, S. K., & Horwitz, I. B. (2007). The effects of team diversity on team outcomes: A meta-analytic review of team demography. *Journal of Management, 33*(6), 987–1015. doi:10.1177/0149206307308587.

Jehn, K. A., Bezrukova, K., & Thatcher, S. (2008). Conflict, diversity, and faultlines in workgroups. In C. K. W. De Dreu & M. Gelfand (Hrsg.), *The Psychology of Conflict and Conflict Management in Organizations* (S. 179–210). The SIOP Frontiers Series, New York: Lawrence Erlbaum Associates.

van Knippenberg, D., De Dreu, C. K. W., & Homan, A. C. (2004). Work group diversity and group performance: An integrative model and research agenda. *Journal of Applied Psychology, 89*(6), 1008–1022. doi:10.1037/0021–9010.89.6.1008.

Lau, D. C., & Murnighan, J. K. (1998). Demographic diversity and faultlines: The compositional dynamics of organizational groups. *Academy of Management Review, 23*, 325–340.

Lauring, J., & Selmer, J. (2012). Knowledge sharing in diverse organisations. *Human Resource Management Journal, 22*(1), 89–105. doi:10.1111/j.1748–8583.2010.00158.x.

Lu, T. T., & Chen, J. C. (2010). Incremental or radical? A study of organizational innovation: An artificial world approach. *Expert Systems with Applications, 37*(12), 8193–8200. doi:10.1016/j.eswa.2010.05.067.

Meyer, B., & Glenz, A. (2013). Calculating diversity faultlines with the asw.cluster package in R.

Moreland, R. L. (2013). Composition and diversity. In J. M. Levine (Hrsg.), *Group processes* (S. 11–32). New York: Taylor & Francis.

Moreland, R. L., Levine, J. M., & Wingert, M. L. (1996). Creating the ideal group: Composition effects at work. In E. H. W. J. H. Davis (Hrsg.), *Understanding group behavior* (Vol. 20). *Small group processes and interpersonal relations* (S. 11–35). Hillsdale: Lawrence Erlbaum Associates, Inc.

Palmer, V. (2006). Simulation of the categorization-elaboration model of diversity and workgroup performance. *Journal of Artificial Societies and Social Simulation, 9*(3), 1–13.

Pennington, D. C. (2002). *The social psychology of behaviour in small groups*. New York: Psychology press.

Ramscar, M., Hendrix, P., Shaoul, C., Milin, P., & Baayen, H. (2014). The myth of cognitive decline: Non-linear dynamics of lifelong learning. *Topics in Cognitive Science, 6*, 5–42. doi:10.1111/tops.12078.

Settersten, R. A., Jr., & Mayer, K. U. (1997). The Measurement of age, age structuring, and the life course. *Annual Review of Sociology, 23*, 233–261. doi:10.2307/2952551.

Slater, P. E. (1955). Role Differentiation in Small Groups. *American Sociological Review, 20*(3), 300–310. doi:10.2307/2087389.

Statistisches Bundesamt. (2013). *Beschäftigung und Umsatz der Betriebe des Verarbeitenden Gewerbes*. Fachserie 4, Reihe 4.1.1. Wiesbaden: destatis.

Thatcher, S. M. B. (2013). Moving beyond a categorical approach to diversity: The role of demographic faultlines. In Q. M. Roberson (Hrsg.), *The oxford handbook of diversity and work* (S. 52–72). New York: Oxford University Press.

Thatcher, S. M. B., Jehn, K. A., & Zanutto, E. (2003). Cracks in diversity research: The effects of diversity faultlines on conflict and performance. *Group Decision and Negotiation, 12*(3), 217–241. doi:10.1023/a:1023325406946.

Turner, J. C., & Reynolds, K. J. (2008). The Social Identity Perspektive in Intergroup Relations: Theories, Themes, and Controversies. In R. Brown & S. L. Gaertner (Hrsg.), *Blackwell handbook of social psychology: Intergroup processes* (S. 133–152). Blackwell Publishers Ltd.

Wegge, J., Roth, C., Neubach, B., Schmidt, K. H., & Kanfer, R. (2008). Age and gender diversity as determinants of performance and health in a public organization: The role of task complexity and group size. *Journal of Applied Psychology, 93*(6), 1301–1313. doi:10.1037/a0012680.

Wegge, J., Jungmann, F., Liebermann, S., Schmidt, K. H., & Ries, B. C. (2011). Altersgemischte Teamarbeit kann erfolgreich sein. *Sozialrecht + Praxis, 7,* 433–442.

Zellmer-Bruhn, M. E., Maloney, M. M., Bhappu, A. D., & Salvador, R. (2008). When and how do differences matter? An exploration of perceived similarity in teams. *Organizational Behavior and Human Decision processes, 107*(1), 41–59. doi:http://dx.doi.org/10.1016/j.obhdp.2008.01.004.

Dipl.-Psych. Martin Ratzmann, geboren 1974, studierte Psychologie an der Universität Greifswald. Er arbeitete u. a. als wissenschaftlicher Mitarbeiter an der Universität Greifswald und promoviert im Bereich Betriebswirtschaftslehre an der Universität Bayreuth. Seine Forschungsschwerpunkte betreffen Kooperation und Wissenstransfer von Zulieferern in der Supply Chain, Flexibilisierung der Arbeit mit dem Schwerpunkt Zeitarbeit sowie Innovationsprozesse in diversen Teams.

Demografische Restriktionen bei der Bildung von Innovationsteams

5

Sebastian Bloch

Zusammenfassung

Für viele Unternehmen ist der demografische Wandel allgegenwärtig, sodass in zunehmendem Maße die Notwendigkeit besteht, angemessen auf die veränderten Anforderungsprofile in der Arbeitswelt zu reagieren. Insbesondere in strukturschwachen Regionen Deutschlands wird sich der Rückgang der erwerbsfähigen Bevölkerung verbunden mit einem Anstieg des Durchschnittsalters auch auf die Betriebe auswirken. Daher ist es aus Sicht der Unternehmen ratsam, frühzeitig auf das schwindende Arbeitskräfteangebot zu reagieren, um die bestehende Nachfrage insbesondere nach Mitarbeitern in der Forschung und Entwicklung zu befriedigen. Mit Hilfe von Betriebsanalysetools ist es möglich, Belegschaften nach demografischen Gesichtspunkten einzuordnen sowie mit Hilfe festgelegter Personalentwicklungsmaßnahmen in die Zukunft zu projizieren. Unter Berücksichtigung der Arbeitsmarktentwicklung in der Region lassen sich so gezielt Handlungsoptionen ableiten.

5.1 Einleitung

Das Problem des seit Längerem stattfindenden demografischen Wandels ist allgegenwärtig. Demografisch bezeichnet dieses Phänomen eine Verschiebung der Altersstruktur innerhalb der Gesellschaft. Ursache hierfür ist die stetige Zunahme der

S. Bloch (✉)
Abteilung für Arbeits- und Organisationspsychologie, Ernst-Moritz-Arndt-Universität Greifswald, Franz-Mehring-Str. 47, 17487 Greifswald, Deutschland
E-Mail: sebastian.bloch@uni-greifswald.de

© Springer Fachmedien Wiesbaden 2015
M. Bornewasser et al. (Hrsg.), *Teamkonstellation und betriebliche Innovationsprozesse*, DOI 10.1007/978-3-658-07386-2_5

Zahl älterer Menschen, verbunden mit einem Rückgang des Bevölkerungsanteils junger Menschen. Der demografische Wandel ist insbesondere im Rahmen der sozialen Sicherungssysteme in den Fokus des öffentlichen Interesses gelangt. Auch in den Unternehmen besteht die Notwendigkeit, angemessen auf die veränderten Anforderungsprofile in der Arbeitswelt zeitnah reagieren zu können. So gilt es insbesondere Situationen zu vermeiden, in denen das Unternehmen mittelfristig nicht in der Lage ist, bedarfsgerecht qualifizierte Mitarbeiter zu rekrutieren. Ursächlich hierfür kann eine Verknappung des gegenwärtigen Arbeitskräfteangebots im Einzugsbereich des Unternehmens sein.

Neben der demografischen Aufbereitung des Arbeitskräfteangebots für den Einzugsbereich zweier Unternehmen in Grenzregionen beschäftigt sich dieses Kapitel somit auch mit der Zusammensetzung der Belegschaften im Allgemeinen und FuE-Abteilungen und -Teams im Besonderen. Hierzu zählen sowohl die demografische Einordnung der Belegschaft über Altersstrukturanalysen zum gegenwärtigen Zeitpunkt als auch die Vorhersage der demografischen Zusammensetzung der Mitarbeiter in zukünftigen Phasen auf Grundlage der bevölkerungsstatistischen Daten der Stützperiode sowie der Personalpolitik des Unternehmens in der Vergangenheit.

Eine weiterführende Differenzierung nach Qualifikationsgruppen erlaubt ferner eine präzisere, auf die Belange des betreffenden Unternehmens zugeschnittene Prognose des Personalbedarfs sowie die Formulierung geeigneter Handlungsoptionen für die zukünftige Personalbeschaffung insbesondere im Bereich der hochspezialisierten Qualifikationsprofile.

5.2 Vorgehen

Zahlenmäßige Veränderungen der Bevölkerung im Umkreis eines Betriebes können die Zusammensetzung der Belegschaft nachhaltig bedingen und beeinflussen. Somit muss es das Ziel eines jeden Unternehmens sein, eine Personalpolitik zu entwerfen, welche sowohl die firmeninternen Ziele betont, als auch die Entwicklung in der Region berücksichtigt. Dabei wird die Bevölkerungsentwicklung im Allgemeinen durch das sogenannte Arbeitskräfteangebot, respektive Erwerbspersonenpotenzial operationalisiert. Dessen Durchschnittsalter steigt stetig und auch die Proportionen verschieben sich aufgrund des demografischen Wandels gegenwärtig. Der Anteil der Jüngeren nimmt permanent ab, der der Älteren zu. Seit dem Jahr 2007 gibt es beispielsweise erstmals mehr Über-50-Jährige als Unter-35-Jährige in Deutschland (Statistisches Bundesamt 2008, Tab. 2.1).

Das Arbeitskräfteangebot kann sowohl insgesamt nach Alter und Geschlecht als auch nach Berufsgruppen oder auch Qualifikationen differenziert dargestellt werden. Verglichen wird diese Entwicklung mit der des jeweiligen Unternehmens (daher die Bezeichnung Vergleichsdaten). Möchte man eine bedarfsgerechte Personalpolitik entwerfen, ist es unerlässlich, den sogenannten Ersatzbedarf, auch als einfache Fortschreibung bezeichnet, zu ermitteln. Dieser beschreibt die quantitative und qualitative Veränderung der Zusammensetzung der Belegschaft im Zeitablauf, ohne die Einflussnahme jedweder personeller Maßnahmen. Es wird somit von Neueinstellungen und Kündigungen abstrahiert. Vereinfacht ausgedrückt wird hiermit ein Szenario beschrieben, welches sich von jeder Wachstum generierenden Personalpolitik loslöst. Der Ersatzbedarf kann somit auch als Abgangstafel verstanden werden. Allein das Renteneintrittsalter von beispielsweise 65 Jahren muss bestimmt werden. In Abhängigkeit des jeweiligen Unternehmens kann es nun beispielsweise das Ziel sein, eben jenen Verlust aufzufangen bzw. zu ersetzen (daher auch der Begriff Ersatzbedarf). Als Konsequenz würde hiermit zumindest eine Konstanz der zahlenmäßigen Zusammensetzung der Belegschaft erreicht werden.

Auf dieser Basisannahme aufbauend kann nun eine Personalpolitik entwickelt werden, welche die Angebotssituation auf dem relevanten Arbeitsmarkt erkennt und mögliche Diskrepanzen mit der eigenen Arbeitskräftenachfrage aufdeckt. Allerdings dürfen an dieser Stelle natürlich nicht die qualitativen Aspekte der Mitarbeiter vernachlässigt werden, so zum Beispiel die Altersstruktur. Denn es ist unstrittig, dass der Austritt eines 20-jährigen Mitarbeiters nicht mit dem Eintritt einer 40-Jährigen kompensiert werden kann. Zu unterschiedlich sind hierbei die bevölkerungsdynamischen Konsequenzen. Dies ist allein schon mit der Tatsache begründet, dass bei gleichem Renteneintrittsalter ein jüngerer Arbeitnehmer bei Eintritt in das Unternehmen eine längere Verweildauer im Betrieb aufweisen wird. Auch sind die erworbenen Qualifikationen und Fähigkeiten zwischen den Mitarbeitern häufig recht unterschiedlich, sodass beim Ausscheiden von Mitarbeitern dieser Abfluss von Humankapital nicht immer adäquat ersetzt werden kann. Dies gilt in besonderem Maße für FuE-Teams. Der Prognosezeitraum kann frei gewählt werden. Analog zur Prognose von ganzen Bevölkerungen nehmen die Unsicherheiten, mit sehr weit gefassten Zeiträumen, jedoch zu. In der Praxis haben sich deshalb Zeiträume von nicht mehr als 15 Jahren bewährt. Gleichwohl ist anzumerken, dass Prognosen weniger an ihren Ergebnissen, als vielmehr an ihren Annahmen gemessen werden, welche offengelegt und gut begründet werden sollten. Abbildung 5.1 beschreibt das grundsätzliche Vorgehen.

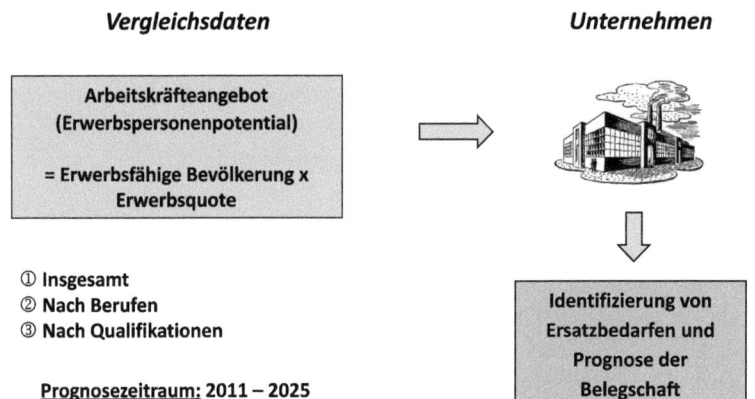

Abb. 5.1 Überblick zum grundsätzlichen Vorgehen

5.3 Die Unternehmen und deren Einzugsbereich

Als Praxisbeispiel für die folgenden Auswertungen dienen zwei Unternehmen, die Eisengießerei Torgelow in Mecklenburg-Vorpommern und ABM Greiffenberger in Marktredwitz in Bayern.

Die Eisengießerei Torgelow GmbH ist in der Produktion schwerer Gussteile tätig. Durch eine generationenübergreifende Weitergabe von Erfahrungen hat sich das Unternehmen ein hohes Maß an Fachkompetenz im Bereich von handgeformtem Grau- und Sphäroguss erworben. Ferner erlaubt die kontinuierliche Weiterentwicklung des metallurgischen Know-hows, Gussteile für technologisch anspruchsvolle Anwendungen mit komplizierten Bauteilgeometrien zu produzieren, um die Aufträge der Kunden kurzfristig, flexibel, zuverlässig und effizient zu realisieren. Nach umfangreichen Investitionen in der Vergangenheit gehört das Unternehmen nun zu den größten Handformgießereien Europas.

Die Firma ABM Greiffenberger entwickelt Antriebslösungen, angefangen beim Motor über Getriebe, Bremse und Frequenzumrichter bis zur passenden Gebertechnologie. Durch die komplette Eigenfertigung kommt es zu keinerlei Schnittstellenproblemen beim Kunden. In vielen Märkten, von der Hebetechnik bis zu Antrieben für Biomasseheizungen ist die Firma Greiffenberger einer der führenden Anbieter weltweit. In drei Werken, in Marktredwitz und Plauen, werden jährlich im Schnitt etwa 300.000 Antriebe hergestellt. Tochtergesellschaften in Europa, Nordamerika und Asien sowie Auslandsvertretungen in wichtigen Industrieländern garantieren den engen Kontakt zu Kunden in aller Welt.

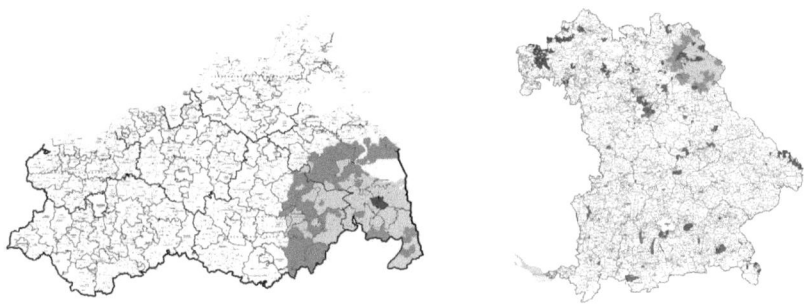

Abb. 5.2 Einzugsbereich beider Unternehmen. (Quelle: Amt für Geoinformation, Vermessungs- und Katasterwesen und Amt für Digitalisierung, Breitband und Vermessung, farbliche Anpassungen)

Die folgende Abb. 5.2 beschreibt die geografische Lage beider Unternehmen in den Grenzregionen Mecklenburg-Vorpommerns und Bayerns.

Gemäß der vorliegenden Karten beschreiben die gelb gekennzeichneten Gemeinden jene, in denen die Mitarbeiter beider Firmen direkt wohnhaft sind. Die geografische Erweiterung um die grün eingefärbten Gemeinden dient zwei Gesichtspunkten. Zum einen soll damit ein zusammenhängendes und lückenloses Gebiet geschaffen werden und zum anderen werden somit die Fallzahlen der Vergleichsdaten hinsichtlich der Berechnung des Arbeitskräfteangebots erhöht. Die rot gekennzeichneten Gebiete bezeichnen indes den jeweiligen Sitz des Unternehmens, also die Städte Torgelow und Marktredwitz.

5.4 Demografische Analyse der Mitarbeiter beider Firmen – Teil 1

5.4.1 Ausgewählte Instrumente zur Altersstrukturanalyse von Belegschaften

Den Ausgangspunkt jeder Analyse stellt die Bestimmung des Ist-Zustands des zu untersuchenden Betriebes dar. Die Benennung des sogenannten Status Quo ist jedem etablierten Prognosewerkzeug gemein und essenziell für weiterführende Analysen. Dafür ist es unbedingt erforderlich, die Grunddaten der Belegschaft wie z. B. das Alter und das Geschlecht zu ermitteln und in das entsprechende Analysetool zu überführen.

Ein Instrument, welches neben diesen unverzichtbaren Informationen die Eingabe weiterer Daten erlaubt, ist das Programm ABAS, entwickelt von der Unique GmbH in Berlin (Jasper et al. 2006). So können zur zusätzlichen Konkretisierung darüber hinaus Daten wie z. B. die Qualifikation, Tätigkeit und die Abteilungszugehörigkeit eingegeben und ausgewertet werden. Ferner lassen sich für die Entwicklung der Altersstruktur relevante Parameter, wie der Umfang der Ausbildungstätigkeit, personelle Zu- und Abgänge sowie das erwartete durchschnittliche Renteneintrittsalter jeweils getrennt nach Geschlecht festlegen und beliebig variieren. Nach Auskunft der Autoren besteht das Ziel darin, Unternehmen in die Lage zu versetzen, altersstrukturelle Veränderungen vorauszusehen und aktiv Einfluss auf die zukünftige Struktur und Charakteristika ihrer Belegschaft zu nehmen.

Ein weiteres universell einsetzbares Analysewerkzeug bietet der IHK-Demografie-Rechner der IHK Osnabrück-Emsland (Schaeper 2009). Mit diesem wird dem Benutzer aus drei Blickwinkeln gezeigt, ob das eigene Unternehmen fit für den demografischen Wandel ist. Neben der obligatorischen Altersstrukturanalyse des Unternehmens lässt sich im Rahmen eines Wettbewerbsvergleichs ermitteln, wie sich die Altersstruktur der Belegschaft gegenwärtig und auch künftig vom Branchendurchschnitt unterscheidet. Und schließlich bietet der regionale Fachkräfte-Check die Möglichkeit, mit Hilfe von Vergleichsdaten für Niedersachsen zu zeigen, wo es bei der Stellenbesetzung in Zukunft zu Engpässen kommen könnte.

Ferner hat das Institut der Wirtschaft Thüringens mit dem Equal-Betriebsdemografie-Tool (Schmerbauch et al. 2009) eine Vorlage geschaffen, welche sich speziell an kleine Unternehmen mit bis zu 250 Mitarbeitern richtet. Nach der Eingabe der Personaldaten Geburtsdatum, Eintrittsdatum, Geschlecht und Gruppenmerkmal erlaubt das Programm eine schnelle und unkomplizierte betriebsdemografische Analyse. Hierzu zählen das Durchschnittsalter der Gesamtbelegschaft in 5 bzw. 10 Jahren, der Anteil von Altersgruppen sowie dessen Fortschreibung.

Für die nachfolgenden Auswertungen diente jedoch das Analyse-Tool ALSTAN der Techniker Krankenkasse (Dewitz und Krüger 2009). ALSTAN basiert auf dem Tabellenkalkulationsprogramm Excel und lässt sich daher problemlos in jedem Unternehmen einsetzen. Zunächst muss das Auswertungsdatum eingegeben werden. Es ist die Grundlage für die zeitlichen Berechnungen, da sich Variablen wie Alter und Unternehmenszugehörigkeit auf dieses Datum beziehen. Analog zu den bereits vorgestellten Programmen stellen das Geburtsdatum und das Geschlecht die Basisdaten dar, deren Eingabe zwingend erforderlich ist. Optionale Felder sind beispielsweise der „Bereich", womit der jeweilige Mitarbeiter einer bestimmten Abteilung oder einem bestimmten unternehmerischen Einsatzbereich zugeordnet werden kann. Mit Hilfe des Feldes „Eintrittsdatum" kann errechnet werden, wie lange der jeweilige Mitarbeiter bis zum Auswertungsdatum bereits im Unternehmen beschäftigt war.

Alleinstellungsmerkmal von ALSTAN ist die Möglichkeit der differenzierten Eingabe personenbezogener AU-Daten. So ist es möglich, nicht nur die AU-Fälle insgesamt, sondern auch die jährlichen AU-Tage im Programm einzulesen. Darüber hinaus lassen sich weitere Parameter, die für die Analyse der Altersstruktur im Unternehmen von Bedeutung sind, eingeben. Einige Beispiele hierfür sind die Stellenbezeichnung, Funktion, Nationalität, Gehaltsgruppe, Standort, Produktlinie, Kostenstelle oder die Qualifikation. Jedes Unternehmen hat somit die Möglichkeit, individuelle Kriterien zu bestimmen, die für eine detaillierte Altersstrukturanalyse genutzt werden sollen. Sind alle diese Stammdaten eingetragen, besteht die Möglichkeit, sich den Ist-Zustand des Unternehmens ausgeben zu lassen.

Um die Entwicklung der Altersstruktur zu prognostizieren, müssen weitere Annahmen getroffen werden. Möchte man lediglich den Ersatzbedarf berechnen, genügt die Festlegung des Rentenzugangsalters. Für weiterführende Szenarien kann zudem die Zahl der Einstellungen sowie Fluktuationen eingegeben werden. Dieses kann sowohl jährlich als auch alle 2 bzw. 3 Jahre erfolgen. Ferner lässt sich die Ausbildungstätigkeit des Unternehmens mit einbinden. Hierzu zählen die Anzahl neuer Azubis nach Geschlecht, das durchschnittliche Azubianfangsalter, die Übernahmequote sowie die Ausbildungsdauer. Für die Berechnung des Krankenstandes müssen zudem die Soll-Arbeitstage pro Jahr eingetragen werden

5.4.2 Die Analyse des Ist-Zustandes

5.4.2.1 Insgesamt

Zum 31.12.2013 beschäftigte die Eisengießerei Torgelow 598 Mitarbeiter, welche sich in 549 Männer und 49 Frauen aufteilten, woraus sich ein Männerüberhang von 91,8 % ergibt. Für die Firma ABM Greiffenberger wiederum arbeiteten zum gleichen Zeitpunkt 546 Beschäftigte. Auch hier ist die Belegschaft mit einem Männeranteil von 87,4 % als überwiegend homogen zu charakterisieren. Größere Unterschiede ergeben sich hingegen beim Vergleich des Durchschnittsalters. Während die Beschäftigten der EGT mit einem Durchschnittsalter von 36,5 Jahren relativ jung sind, sind die Mitarbeiter der Firma Greiffenberger mit durchschnittlich 44,8 Jahren mehr als 8 Jahre älter (vgl. Tab. 5.1).

Und auch beim Vergleich mit der Statistik der Bundesagentur für Arbeit für die gesamte Grenzregion ergeben sich signifikante Unterschiede. Neben einem ausgeglichenen Geschlechterverhältnis liegt auch die Höhe des Durchschnittsalters auf etwa dem gleichen Niveau. Während allerdings die Beschäftigten in der gesamten Grenzregion Mecklenburg-Vorpommerns deutlich älter sind als die Mitarbeiter der EGT, sind die Beschäftigten im Nordosten Bayerns signifikant jünger als die Mitarbeiter von Greiffenberger.

Tab. 5.1 Alters- und Geschlechtsstruktur der Mitarbeiter beider Firmen sowie derer in den jeweiligen Grenzregionen zum 31.12.2013 bzw. 31.12.2010. (Quelle: Personaldaten, Statistik der Bundesagentur für Arbeit, eigene Berechnungen)

		EGT Torgelow			ABM Greiffenberger		
		Männer	Frauen	Gesamt	Männer	Frauen	Gesamt
Anzahl (absolut)	Firma	549	49	598	477	69	546
	Grenzregion	38.482	39.402	77.884	80.566	71.420	151.986
Anteil (in %)	Firma	91,8	8,2	100	87,4	12,6	100
	Grenzregion	49,4	50,6	100	52,8	47,2	100
Durchschnittsalter (in Jahren)	Firma	36,3	38,3	36,5	44,6	46,0	44,8
	Grenzregion	41,5	42,2	41,9	40,3	40,3	40,3

Neben der allgemeinen Alters- und Geschlechtsstruktur lässt sich auch die Berufs- und Qualifikationsstruktur sowohl innerhalb der Firmen als auch in den Grenzregionen abbilden. Die Klassifizierung der Berufsstruktur basiert auf den amtlichen Daten der Bundesagentur für Arbeit und unterteilt sich in die Fertigungsberufe, die technischen Berufe, die Dienstleistungsberufe und die sonstigen Berufe. Zu den Fertigungsberufen gehören beispielsweise die Elektriker, Schlosser, Tischler, Maler oder auch die Raumausstatter. Die technischen Berufe hingegen werden durch die Ingenieure, Chemiker, Physiker, Mathematiker, Techniker und technischen Sonderfachkräfte repräsentiert. Zu den Dienstleistungsberufen zählen unter anderem die Warenkaufleute, Bürofachkräfte, Lehrer, Ärzte und Apotheker sowie sämtliche Reinigungsberufe. Zu den sonstigen Berufen gehören die Pflanzenbauer, Tierzüchter und Fischereiberufe, die Bergleute und Mineralgewinner sowie die übrigen sonstigen Berufe. In der folgenden Tab. 5.2 soll zunächst die Berufsstruktur abgetragen werden (Anteile jeweils in Prozent).[1]

Betrachtet man zunächst lediglich die Firmenwerte, so dominieren bei den Männern mit einem Anteil von über 75 % sowohl bei der EGT als auch bei Greiffenberger die Mitarbeiter mit einem erlernten Fertigungsberuf. Mit deutlichem Abstand folgen die technischen und die Dienstleistungsberufe. Das Bild der Frauen ist dagegen deutlich heterogener geprägt. Hier sind es die Mitarbeiterinnen mit einem erlernten Dienstleistungsberuf, die die höchsten Anteile aufweisen. Große Diskrepanzen zwischen den beiden Unternehmen ergeben sich bei den weiteren Ausprägungen. Bei der EGT liegen die Anteile der Fertigungs- und der technischen

---

[1] Die errechneten Werte beruhen auf der Systematik des „erlernten" und nicht des „ausgeübten" Berufs.

Tab. 5.2 Berufsstruktur der Mitarbeiter beider Firmen sowie derer in den jeweiligen Grenzregionen zum 31.12.2013 bzw. 31.12.2010 (Anteile in Prozent). (Quelle: Personaldaten, Statistik der Bundesagentur für Arbeit, eigene Berechnungen)

		EGT Torgelow			ABM Greiffenberger		
		Männer	Frauen	Gesamt	Männer	Frauen	Gesamt
Firma	Fertigungsberufe	76,1	24,5	71,9	77,8	30,4	71,8
	Technische Berufe	13,7	28,6	14,9	9,6	1,4	8,6
	Dienstleistungs-berufe	4,7	44,9	8,0	6,7	50,7	12,3
	sonstige Berufe	5,5	2,0	5,2	5,9	17,4	7,3
	Summe	*100*	*100*	*100*	*100*	*100*	*100*
Grenz-region	Fertigungsberufe	40,9	6,1	23,1	46,5	14,0	31,2
	Technische Berufe	5,9	2,1	4,0	8,7	1,8	5,4
	Dienstleistungs-berufe	45,6	88,4	67,5	42,9	82,7	61,7
	sonstige Berufe	7,6	3,4	5,5	1,9	1,5	1,7
	Summe	*100*	*100*	*100*	*100*	*100*	*100*

Berufe nahezu auf dem gleichen Niveau. Bei der Firma Greiffenberger hingegen ist der Anteil der Mitarbeiterinnen mit einem technischen Beruf auf einem verschwindend geringen Niveau. Vergleicht man diese Werte mit denen der entsprechenden Grenzregionen, so ergeben sich teilweise frappierende Unterschiede. Nach Angaben der Bundesagentur für Arbeit liegen die Werte für die Fertigungs- und Dienstleistungsberufe bei den Männern demnach beinahe auf dem gleichen Niveau. Dagegen dominieren bei den Frauen mit einem Anteil von über 80 % die Dienstleistungsberufe, was wiederum für ein sehr homogenes Bild spricht.

Im Gegensatz zur Berufsstruktur basiert die Klassifikation der Qualifikationsstruktur nicht auf den amtlichen Daten der Bundesagentur für Arbeit, sondern auf den Auswertungen des Mikrozensus. Diese untergliedern sich in die Personen mit einem Berufsabschluss, die Personen ohne einen Berufsabschluss, die Meister, Techniker und Fachschulabsolventen sowie Fachhochschul- und Universitätsabsolventen. Nachstehend ist in Tab. 5.3 die Qualifikationsstruktur der Mitarbeiter beider Firmen abgetragen.

Innerhalb der beiden Unternehmen dominieren die Personen mit einem erlernten Berufsabschluss, wobei bei der EGT Torgelow die entsprechenden Werte etwas höher ausfallen. Weiterhin sind die großen Unterschiede beim Vergleich der Anteile Ungelernter auffällig. 2,5 % (EGT) stehen 7,1 % (Greiffenberger) gegenüber, wobei die Frauen hier in über 17 % der Fälle jedwede Berufsausbildung vermissen lassen. Ferner sind Meister, Techniker und Fachschulabsolventen sowie

Tab. 5.3 Qualifikationsstruktur der Mitarbeiter beider Firmen sowie derer in den jeweiligen Grenzregionen zum 31.12.2013 bzw. 31.12.2010 (Anteile in Prozent). (Quelle: Statistisches Amt Mecklenburg-Vorpommern (2007), Bayerisches Landesamt für Statistik und Datenverarbeitung (2012), Mikrozensus, eigene Berechnungen)

		EGT Torgelow			ABM Greiffenberger		
		Männer	Frauen	Gesamt	Männer	Frauen	Gesamt
Firma	Ohne Berufsabschluss	2,7	0,0	2,5	5,7	17,4	7,1
	Mit Berufsabschluss	84,7	75,5	83,9	74,6	74,5	73,9
	Meist/Tech/FS	5,6	0,0	5,2	6,7	6,2	2,9
	FH/Uni	6,9	24,5	8,4	13,0	12,1	5,8
	Summe	*100*	*100*	*100*	*100*	*100*	*100*
Grenz-region	Ohne Berufsabschluss	16,2	15,6	15,9	14,2	17,8	15,8
	Mit Berufsabschluss	58,4	60,7	59,5	52,0	55,8	53,7
	Meist/Tech/FS	10,7	12,0	11,3	12,8	10,3	11,7
	FH/Uni	14,7	11,7	13,3	20,9	16,2	18,7
	Summe	*100*	*100*	*100*	*100*	*100*	*100*

Fachhochschul- bzw. Universitätsabsolventen, relativ gesehen, bei der EGT etwas häufiger anzutreffen. Allerdings lassen sich auch hier deutliche geschlechtsspezifische Unterschiede erkennen. Während weibliche Meister hier überhaupt nicht auftreten, ist der Anteil von FH- bzw. Uniabsolventen mit fast einem Viertel gegenüber den Männern deutlich erhöht.

Stellt man diese Zahlen denen der Grenzregionen gegenüber, ergeben sich abermals teils drastische Unterschiede. Über 15 % der Personen sind hier ohne jede Berufsausbildung. Zudem fallen die Werte der Personen mit einer abgeschlossenen Berufsausbildung vergleichsweise gering aus. Allerdings ist der Anteil der Meister/Techniker und FS-, FH- bzw. Uniabsolventen verglichen mit den beiden Firmen deutlich höher.

5.4.2.2 FuE

Nachdem sich die bisherigen Ausführungen mit der gesamten Belegschaft beschäftigt haben, dienen die folgenden Analysen der Einordnung der Mitarbeiter in der Forschung und Entwicklung. Zunächst soll hierfür anhand folgender Tab. 5.4 die Alters- und Geschlechtsstruktur dieser Klientel näher beleuchtet werden.

8,0 (EGT) bzw. 14,7 % (Greiffenberger) aller Mitarbeiter sind in der Forschung und Entwicklung beschäftigt. Analog zum Geschlechterverhältnis insgesamt

Tab. 5.4 Alters- und Geschlechtsstruktur der Mitarbeiter in der Forschung und Entwicklung beider Firmen zum 31.12.2013. (Quelle: Personaldaten, eigene Berechnungen)

	EGT Torgelow			ABM Greiffenberger		
	Männer	Frauen	Gesamt	Männer	Frauen	Gesamt
Anzahl (absolut)	43	5	48	77	3	80
Anteil (in %)	89,6	10,4	100	96,3	3,8	100
Durchschnittsalter (in Jahren)	43,8	38,8	43,1	45,2	40,7	45,0

überwiegt der Anteil der Männer. Bemerkenswerte Unterschiede ergeben sich lediglich bei der Betrachtung des Durchschnittsalters. Während in der EGT alle männlichen Beschäftigten lediglich 36,8 Jahre alt sind, beträgt das Durchschnittsalter der Mitarbeiter in der Forschung und Entwicklung dagegen 43,8 Jahre. Die Unterschiede bei den Frauen sind hingegen marginal. Bei der Firma Greiffenberger zeigt sich dagegen ein anderes Bild. Hier sind es die Männer, die im Rahmen der Altersstruktur keinen nennenswerten Unterschied aufweisen. Überraschenderweise sind die in der FuE beschäftigten Frauen dagegen mehr als 5 Jahre jünger als die gesamte weibliche Belegschaft. Die folgende Abb. 5.3 verdeutlicht die Altersstruktur anhand von ausgewählten Altersgruppen.

Insgesamt erweist sich die Altersstruktur der Mitarbeiter in der FuE als relativ heterogen mit Anteilen in den jungen, mittleren und hohen Altersgruppen. Im Vergleich beider Firmen überwiegen bei den jungen Altersgruppen 21–25 und 26–30

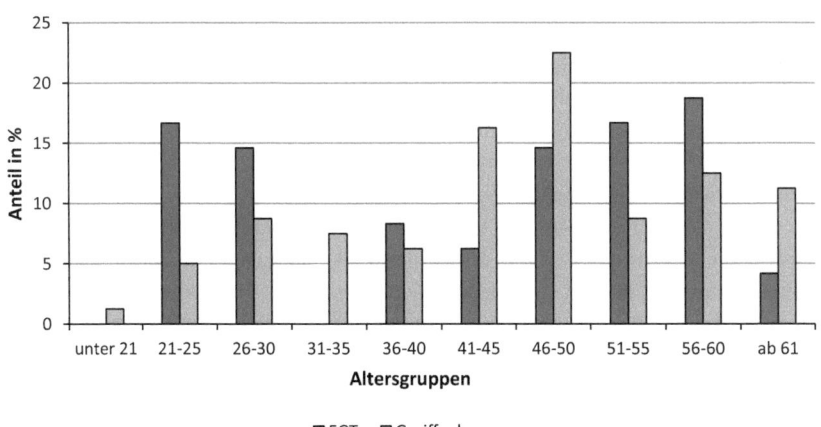

Abb. 5.3 Altersstruktur der Mitarbeiter in der Forschung und Entwicklung beider Firmen zum 31.12.2013. (Quelle: Personaldaten, eigene Berechnungen)

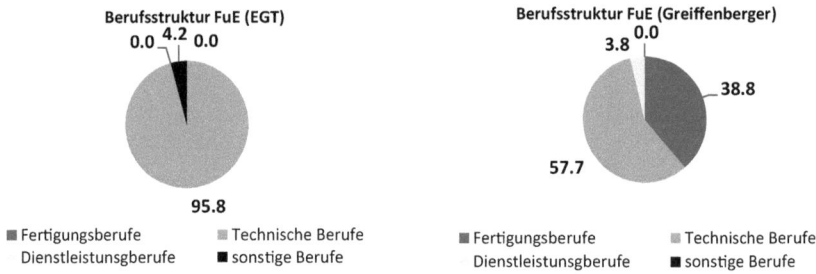

Abb. 5.4 Berufsstruktur der Mitarbeiter in der Forschung und Entwicklung beider Firmen zum 31.12.2013. (Quelle: Personaldaten, eigene Berechnungen)

die Anteile der EGT, selbiges gilt auch für die Altersgruppen 51–55 und 56–60. Bei den mittleren Altersgruppen 41–45 und 46–50 sowie der höchsten Altersgruppe der über 61-Jährigen überwiegen hingegen die Anteile von Greiffenberger. Größere Unterschiede zwischen den beiden Firmen ergeben sich ferner beim Vergleich der Berufsstruktur, dargestellt in der folgenden Abb. 5.4.

Diese erweist sich am Beispiel der EGT Torgelow als deutlich homogener. Über 95 % der Mitarbeiter, die hier in der Forschung und Entwicklung beschäftigt sind, haben einen technischen Beruf erlernt bzw. ein technisch ausgerichtetes Studium absolviert, gehören also zur Gruppe der Physiker, Mathematiker, Ingenieure und technischen Sonderfachkräfte. Gemäß Tab. 5.2 gehörten dieser Gruppe, auf das ganze Unternehmen bezogen, jedoch nur knapp 15 % der Mitarbeiter an. Die Berufsstruktur der Mitarbeiter in der FuE bei Greiffenberger ist dagegen weniger stark auf eine Personengruppe konzentriert. Mit Anteilen von 57,7 % (technische Berufe) und 38,8 % (Fertigungsberufe) ist das Bild deutlich segmentierter geprägt. Gleichwohl bestehen nach wie vor erhebliche Unterschiede zur Berufsstruktur des gesamten Unternehmens bzw. aller Mitarbeiter. Zusammenfassend lässt sich also festhalten, dass die Mitarbeiter in der FuE durch einen hochspezialisierten homogenen Personenkreis charakterisiert werden können.

Die in Abb. 5.5 dargestellte Qualifikationsstruktur verdeutlicht abermals große Unterschiede sowohl zwischen den beiden Unternehmen als auch zwischen den Mitarbeitern der FuE und allen Beschäftigten. Erneut ist das Bild der EGT deutlich konzentrierter und fokussierter mit Anteilen von lediglich zwei Personengruppen, den Akademikern (77,1 %) sowie den Meistern, Technikern und Fachschulabsolventen (22,9 %). Facharbeiterabschlüsse sowie Personen, die jede Berufsausbildung vermissen lassen, bzw. Ungelernte sucht man vergebens. Im zweiten Unternehmen ist der prozentuale Anteil der Facharbeiter mit 28,8 % dagegen vergleichsweise hoch. Entsprechend fallen die Anteile der FH- bzw. Uniabsolventen mit 61,3 %

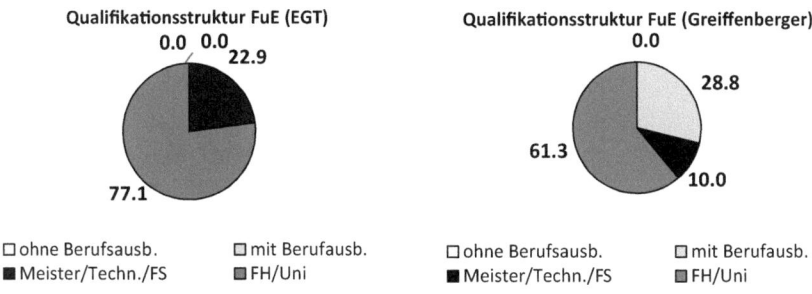

Abb. 5.5 Qualifikationsstruktur der Mitarbeiter in der Forschung und Entwicklung beider Firmen zum 31.12.2013. (Quelle: Personaldaten, eigene Berechnungen)

und insbesondere die der Meister und Techniker mit 10,0 % geringer aus. Personen, die das Helfersegment bedienen, sind auch hier nicht vorhanden. Im Vergleich zur Qualifikationsstruktur aller Beschäftigten der beiden Unternehmen weisen die Mitarbeiter in der FuE jedoch die signifikant höheren Bildungsabschlüsse auf.

5.5 Die Entwicklung des Arbeitskräftepotenzials in den beiden Grenzregionen

5.5.1 Insgesamt

5.5.1.1 Die erwerbsfähige Bevölkerung

Nachdem die vorherigen Ausführungen der demografischen Einordnung der Belegschaft zum gegenwärtigen Zeitpunkt dienten, konzentrieren sich die folgenden Bemerkungen auf die Entwicklung des Arbeitskräfteangebots in den beiden Grenzregionen rund um die betreffenden Unternehmen (vgl. Abb. 5.1). Operationalisiert wird das Arbeitskräfteangebot bzw. Erwerbspersonenpotenzial als Produkt aus erwerbsfähiger Bevölkerung und Erwerbsquote. Während die erwerbsfähige Bevölkerung die Bevölkerung im Alter zwischen 15 und 65 bzw. 67[2] Jahren darstellt, impliziert die Erwerbsquote den Anteil der Erwerbstätigen und Erwerbslosen an der erwerbsfähigen Bevölkerung. Im Unterschied zur Arbeitskräftenachfrage ist die Prognose des Arbeitskräfteangebots weniger risikobehaftet, da sie weniger von der regionalen Wirtschaftsentwicklung abhängt und damit weniger konjunkturellen Schwankungen unterliegt (Kotte et al. 2010, S. 23).

---

[2] Die Regelaltersgrenze wird momentan schrittweise angehoben und beträgt 67 Jahre für Geburtskohorten ab 1965.

Prognosen zur Ermittlung der künftigen (erwerbsfähigen) Bevölkerung werden regelmäßig erstellt. Sie sind eine Entscheidungsgrundlage für arbeitsmarktpolitische Fragestellungen und spielen eine große Rolle für die Gestaltung der sozialen Sicherungssysteme, insbesondere der gesetzlichen Rentenversicherung.

Um Bevölkerungsprognosen zu erstellen, muss eine Vielzahl an Annahmen getroffen werden. Diese umfassen die Sterbefälle (Mortalität), Geburtenzahl (Fertilität) und Wanderungsbewegungen (Migration). Wenngleich sich die Mortalität in den letzten Jahrzehnten im Gegensatz zur Fertilität und Migration am gleichförmigsten entwickelt hat, ist deren Prognose methodisch anspruchsvoll. Aus diesem Grund sollen die vom Statistischen Bundesamt bis zum Jahr 2030 für Mecklenburg-Vorpommern und Bayern berechneten Werte zur Lebenserwartung stellvertretend für die beiden Grenzregionen herangezogen werden. Nachdem Männer und Frauen in der Grenzregion Mecklenburg-Vorpommern mit gegenwärtig 76,5 bzw. 82,9 noch zu durchlebenden Jahren rechnen können, steigt die Lebenserwartung bei Geburt im Jahr 2025 nach Maßgabe der berechneten Werte des Statistischen Bundesamtes auf 79,2 bzw. 84,7 Jahre. Die Werte für die Grenzregion in Bayern steigen von gegenwärtig 78,3 (Männer) bzw. 83,6 (Frauen) auf 80,2 bzw. 85,2 Jahre (Statistisches Bundesamt 2009). Insbesondere in Mecklenburg-Vorpommern schließt sich somit die Schere der Übersterblichkeit der Männer.

Die Annahmen zur Fertilität und Migration beruhen hingegen auf Veröffentlichungen des Statistischen Amtes Mecklenburg-Vorpommern zur 4. Landesprognose (2009) sowie denen des Bayerischen Landesamts für Statistik und Datenverarbeitung (2011).[3]

Hinsichtlich der Fertilität wird in der Grenzregion Mecklenburg-Vorpommern von einem leichten Anstieg der Geburten von gegenwärtig 1,39 Kindern auf 1,55 Kinder pro Frau im Jahr 2020 ausgegangen. Dieses Niveau soll bis zum Ende des Prognosezeitraums im Jahr 2025 konstant bleiben. In Bayern hingegen wird bereits ab dem gegenwärtigen Zeitpunkt eine Konstanz von 1,28 Kindern je Frau unterstellt.

Bei der Migration muss zwischen der Wanderung innerhalb der Landesgrenzen, der Wanderung in andere Bundesländer sowie der Wanderung ins Ausland unterschieden werden.

Die Fortzüge aus Mecklenburg-Vorpommern in andere Bundesländer sollen sich bis zum Jahr 2020 halbieren. Begründet wird dies damit, dass die geburtenschwachen Geburtsjahrgänge zu Beginn der 1990er Jahre gegenwärtig und auch

---

[3] Im Gegensatz zu Mecklenburg-Vorpommern werden im Freistaat Bayern keine 3 Varianten, sondern nur eine Variante berechnet. Für den Vergleich mit Bayern dient daher die als „mittlere" bezeichnete Variante 2 in Mecklenburg-Vorpommern.

in naher Zukunft die Migration dominierenden Altersstufen stellen werden. Geht man nun gleichzeitig von einer unveränderten Nachfrage der Wirtschaft nach Auszubildenden und jungen Arbeitnehmern sowie einem beständigen Angebot an attraktiven Studienplätzen in Mecklenburg-Vorpommern aus, sollte das Hauptwanderungsmotiv, keinen Ausbildungs- oder Arbeitsplatz zu finden, deutlich abgeschwächt werden. Während in der Vergangenheit viele Auszubildende wenigen Lehrstellen gegenüberstanden, kehrt sich dieses Verhältnis schon jetzt um und wird sich in der Zukunft noch verstärken. In Bayern wird hingegen eine Konstanz der Fortzüge in andere Bundesländer unterstellt.

Bezüglich der Zuzüge aus den anderen Bundesländern geht das Statistische Amt M-V von einem leichten Rückgang um 12 % bis zum Jahr 2020 aus. Dabei gehen die Zuzüge aus den neuen Bundesländern bis 2020 um 50 % zurück, da die dortigen Geburtsjahrgänge aus den frühen 1990er Jahren ebenfalls schwach besetzt sind und nur bedingt für Zuzüge nach Mecklenburg-Vorpommern bzw. die Grenzregion zur Verfügung stehen. Den Zuzügen aus den alten Bundesländern wird in den nächsten Jahren hingegen Konstanz unterstellt. Da jedoch der überwiegende Teil der Zuzüge, nämlich 75 %, aus den alten Bundesländern stammt, relativiert sich der 50 %-ige Rückgang der Zuzüge aus den neuen Bundesländern, sodass im Ergebnis ein Rückgang um die besagten 12 % steht. Für die Grenzregion in Bayern wird dagegen ein marginaler Zuwachs von 0,3 % bis zum Jahr 2025 erwartet.

Zudem wird für Mecklenburg-Vorpommern angenommen, dass aufgrund der Freigabe der Grenzen zu den neuen EU-Mitgliedsstaaten im Rahmen der vereinbarten Arbeitnehmerfreizügigkeit die Zuzüge aus dem Ausland ab dem Jahr 2010 um 10 % ansteigen werden. Für die Grenzregion Bayerns wird hingegen bis zum Jahr 2025 ein Rückgang der Zuzüge um etwa 10 % vorhergesagt.

Bei der Wanderung innerhalb der Landesgrenzen fungiert für den Prognosezeitraum sowohl bei den Zu- als auch bei den Fortzügen lediglich der Mittelwert der Jahre 2006 bis 2008 (M-V) bzw. 2008 bis 2010 (Bayern). Zu komplex ist das dortige Wanderungsgeschehen, als das dies angemessen in die Zukunft projiziert werden könnte (Tab. 5.5).

Entsprechend den unterschiedlichen Prognoseannahmen ergeben sich in den nächsten Jahren prognostisch günstige und weniger günstige Jahresendbestände. Aufgrund der unterschiedlichen Fallzahlen in den beiden Grenzregionen soll in der folgenden Abb. 5.6 anstatt der absoluten die relative Darstellung Anwendung finden.[4]

---

[4] Nachdem das Bundesamt für Bauwesen und Raumordnung die Erwerbsquoten bis einschließlich der Altersstufe 69 berechnet, wird zur Vereinheitlichung die Berechnung der erwerbsfähigen Bevölkerung ebenfalls bis zum Alter 69 vollzogen.

Tab. 5.5 Annahmen zur Prognose der erwerbsfähigen Bevölkerung. (Quelle: Statisches Amt Mecklenburg-Vorpommern (2006), Bayerisches Landesamt für Statistik und Datenverarbeitung (2011))

	Mecklenburg-Vorpommern	Bayern
Mortalität	Anstieg der Lebenserwartung 2013–2025 Männer: 76,5 ⇨ 79,2/ Frauen: 82,9 ⇨ 84,7	Anstieg der Lebenserwartung 2013–2025 Männer: 78,3 ⇨ 83,6/ Frauen: 80,2 ⇨ 85,2
Fertilität	Anstieg der Kinderzahl je Frau auf 1,55 bis zum Jahr 2020, danach konstant	Konstanz von 1,28 Kindern je Frau bis zum Jahr 2025
Wanderung innerhalb der Landesgrenzen	Keine spezifischen Annahmen (Basis für die Zu- und Fortzüge ist der Mittelwert der Jahre 2006 bis 2008 für M-V bzw. 2008 bis 2010 für Bayern)	
Fortzüge in andere Bundesländer	Rückgang um 50 % bis zum Jahr 2020, danach konstant	Konstanz
Zuzüge aus anderen Bundesländern	Rückgang um 12 %	Zuwachs um 0,3 %
Fortzüge in das Ausland	Konstanz	Konstanz
Zuzüge aus dem Ausland	Anstieg um 10 % bis zum Jahr 2020, danach konstant	Rückgang um 10 %

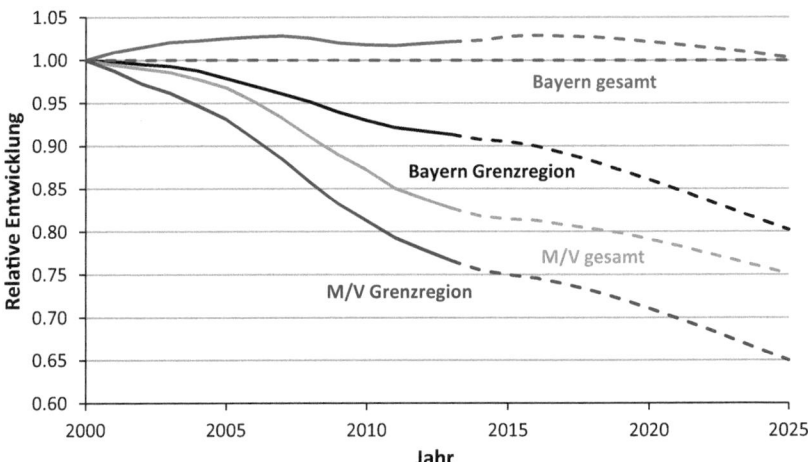

Abb. 5.6 Relative Entwicklung der erwerbsfähigen Bevölkerung in den beiden Grenzregionen sowie Bayern und M-V insgesamt zwischen 2000 und 2025. (Quelle: Statisches Amt Mecklenburg-Vorpommern, Bayerisches Landesamt für Statistik und Datenverarbeitung, eigene Berechnungen)

Diese zeichnet ein höchst unterschiedliches Bild der Bevölkerungsentwicklung sowohl entlang der Stützperiode als auch im Prognosezeitraum. Die Hintergründe hierfür sind vielschichtig. In Mecklenburg-Vorpommern sind auch noch zu Beginn der 2000er Jahre die Folgen der Wiedervereinigung mit ihren politischen, wirtschaftlichen und sozialen Umwälzungen spürbar. Demografisch führte dies im Wesentlichen einerseits zum Aufschieben und später gar zum Aufheben von ursprünglich geplanten Geburten sowie andererseits zur ausbildungs- und arbeitsplatzmotivierten Nettoabwanderung in die alten Bundesländer. Aus diesem Grund hat Mecklenburg-Vorpommern nach Angaben der Autoren der Raumordnungsprognose 2025/2050 seit dem Jahr 1990 etwa 15 % seines ursprünglichen Bevölkerungsstands eingebüßt (Bucher und Schlömer 2009). Dieser negative Trend wird sich in den kommenden Jahren zwar abschwächen, aber dennoch unvermindert anhalten. In der Grenzregion ist die Situation aufgrund der geografischen Lage im äußersten Osten Mecklenburg-Vorpommerns noch angespannter. Die Region umfasst beispielsweise den kompletten ehemaligen Landkreis Uecker-Randow, welcher in den Jahren 1990 bis 2010 einen Bevölkerungsverlust von knapp 30 % verkraften musste. Damit liegt dieser Landkreis von über 450 Landkreisen und kreisfreien Städten deutschlandweit auf Platz 4. Bis zum Jahr 2025 wird der Verlust weitere 10 % betragen.

Und auch in anderen Regionen Deutschlands unterscheiden sich die Bevölkerungsentwicklungen ganzer Bundesländer erheblich von denen der eingeschlossenen Landkreise und kreisfreien Städte. Während Bayern beispielsweise in den letzten Jahren einen beträchtlichen Zuwachs seiner Bevölkerungszahl verzeichnen konnte, sank die Bevölkerungszahl in der Grenzregion dagegen erheblich. Von den 96 Landkreisen und kreisfreien Städten in Bayern wiesen in den Jahren 1990 bis 2010 nur fünf einen Nettoverlust der Bevölkerungszahl auf. Diese liegen allesamt in Oberfranken, in dem auch die Grenzregion liegt. So wird beispielsweise der Landkreis Wunsiedel im Fichtelgebirge, mit einem Bevölkerungsverlust von über 13 % nach 1990 führend in Bayern, komplett von der Grenzregion umschlossen. Daher ist es auch nicht verwunderlich, dass sich auch in der Zukunft diese Entwicklung fortsetzen wird. Bayern insgesamt wird dagegen seine Bevölkerungszahl bis 2025 in etwa konstant halten können.

In den folgenden beiden Abb. 5.7 und 5.8 sollen die Bevölkerungspyramiden beider Grenzregionen in den Jahren 2010 und 2025 vergleichend nebeneinander dargestellt werden.

Wenngleich der Begriff der Bevölkerungs- bzw. Alterspyramide nach wie vor Verwendung findet, weisen diese speziell in Industrienationen in jüngerer Vergangenheit vielmehr die Form einer Urne bzw. Zwiebel auf. Die Ursache hierfür liegt in der sukzessiven Verschiebung der zahlenmäßig noch relativ stark besetzten

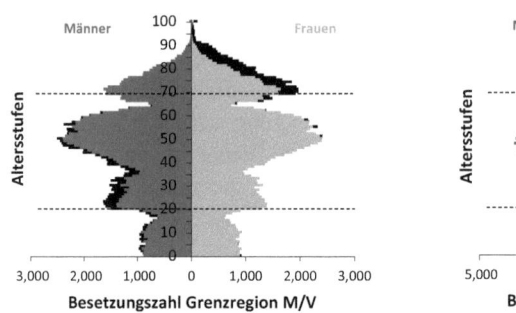
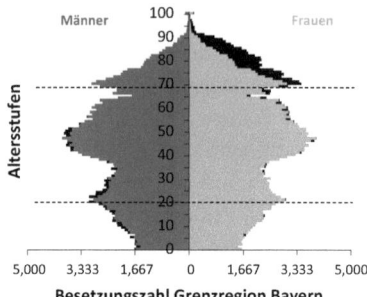

Abb. 5.7 Bevölkerungspyramiden der beiden Grenzregionen in M-V und Bayern im Jahr 2010. (Quelle: Statisches Amt Mecklenburg-Vorpommern (2006), Bayerisches Landesamt für Statistik und Datenverarbeitung (2011), eigene Berechnungen)

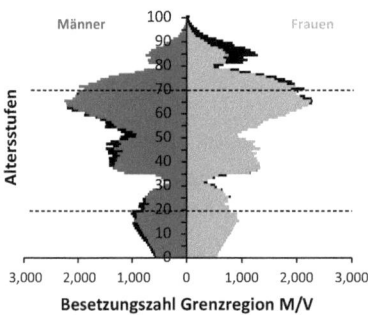
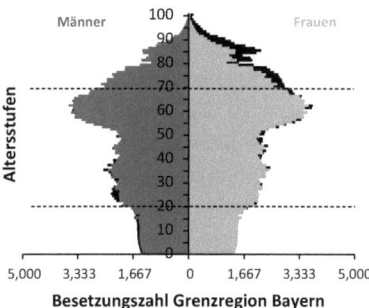

Abb. 5.8 Bevölkerungspyramiden der beiden Grenzregionen in M-V und Bayern im Jahr 2025. (Quelle: Statisches Amt Mecklenburg-Vorpommern (2006), Bayerisches Landesamt für Statistik und Datenverarbeitung (2011), eigene)

Altersstufen hinauf in die Altersstufen oberhalb des Alters 69. Somit wird ein großer Teil der gegenwärtig noch erwerbsfähigen Bevölkerung dem Arbeitsmarkt in den kommenden Jahren nicht mehr zur Verfügung stehen. Anhand der Abbildungen ist jedoch zu erkennen, dass die Konsequenzen für die Grenzregion in Mecklenburg-Vorpommern und somit auch für die Eisengießerei Torgelow deutlich tiefgreifender sein werden.

Lanciert wird diese Entwicklung mit einer beständigen Zunahme des Durchschnittsalters, was sowohl für die gesamte als auch für die erwerbsfähige Population gilt. In der Grenzregion M-Vs beträgt das Durchschnittsalter der erwerbsfähigen Bevölkerung momentan 45,9 Jahre und wird im Jahr 2025 auf 48,1 Jahre steigen. Die Grenzregion Bayerns weist hingegen Werte von 43,5 bzw.45,7 Jahren auf.

5.5.1.2 Die Erwerbsquoten

Nachdem die gesamte erwerbsfähige Bevölkerung ermittelt wurde, soll im Folgenden die Erwerbsbeteiligung, operationalisiert durch die Erwerbsquoten, prognostiziert werden. Diese geben an, welcher Anteil einer Bevölkerungsgruppe eine Erwerbstätigkeit ausübt oder als Arbeitssuchender beabsichtigt, dies zu tun. Das im folgenden Abschnitt dargestellte Erwerbspersonenpotenzial stellt somit die Summe aus Erwerbstätigen und Erwerbslosen dar.

Entsprechende Daten hierzu liefert das Bundesinstitut für Bau-, Stadt- und Raumforschung (Bucher und Schlömer 2009). Bereits seit dem Ende der 1980er Jahre arbeitet das Institut an sogenannten Raumordnungsprognosen, wobei die nachfolgenden Auswertungen auf der aktuellsten Version 2025/2050 basieren.[5]

Gemäß der obigen Abb. 5.9 lag die Erwerbsquote in den betreffenden Regionen zu Beginn des Beobachtungszeitraums nahezu auf dem gleichen Niveau. Das bedeutet, dass von 100 Personen im erwerbsfähigen Alter 75 bzw. 76 entweder erwerbstätig oder erwerbslos waren. Nachdem die Quoten in M-V jedoch nach einem zwischenzeitlichen Anstieg nunmehr sinken, werden selbige in Bayern bis zum Jahr 2025 in etwa konstant bleiben.

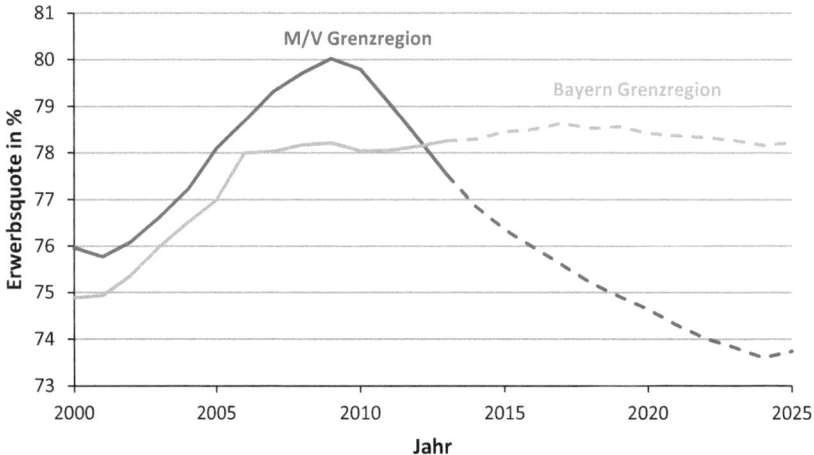

Abb. 5.9 Erwerbsquoten der beiden Grenzregionen in M-V und Bayern in den Jahren 2000 bis 2025. (Quelle: Bundesinstitut für Bau-, Stadt- und Raumforschung, eigene Berechnungen)

---

[5] Die Erwerbsquoten der beiden Grenzregionen wurden mittels Gewichtung gesondert berechnet, nachdem das BBSR die Daten lediglich maximal auf Kreisebene publiziert.

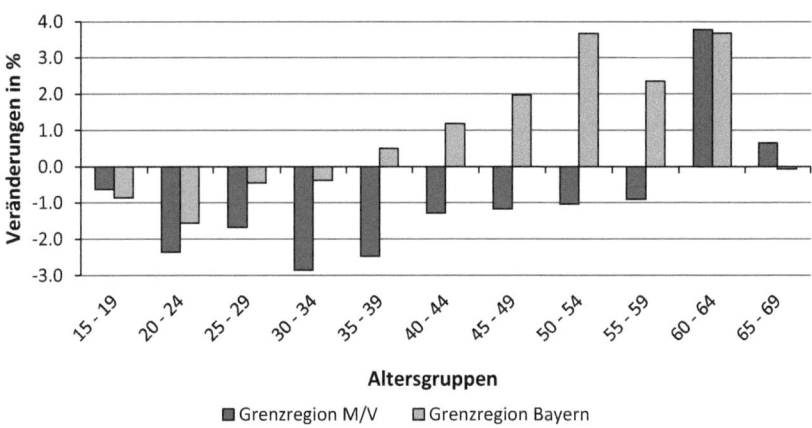

Abb. 5.10 Prozentuale Veränderung der Erwerbsquoten in den beiden Grenzregionen in M-V und Bayern in den Jahren 2000 bis 2025. (Quelle: Bundesinstitut für Bau-, Stadt- und Raumforschung (Bucher und Schlömer 2009), eigene Berechnungen)

Neben einer absoluten Betrachtung ist auch eine Darstellung möglich, welche die prozentuale Veränderung in den Jahren 2010 bis 2025 differenziert nach Altersgruppen aufweist (Abb. 5.10).

So sind es insbesondere die jungen Altersgruppen, deren Teilhabe am Erwerbsleben in den nächsten Jahren spürbar sinken wird. Dies gilt in besonderem Maße für die Grenzregion in Mecklenburg-Vorpommern, wo sich der Rückgang zusätzlich auf die mittleren Altersgruppen erstreckt. Im Unterschied dazu sind es in den nächsten Jahren vermehrt ältere Menschen, die auf dem Arbeitsmarkt partizipieren werden.

5.5.1.3 Das Erwerbspersonenpotenzial

Nachdem die erwerbsfähige Bevölkerung in den beiden Grenzregionen in den nächsten Jahren deutlich sinken wird und parallel die Erwerbsneigung maximal auf dem gleichen Niveau verharrt, ist ein Rückgang des Arbeitskräfteangebots nur folgerichtig, s. Abb. 5.11.

Der Rückgang des Erwerbspersonenpotenzials betrifft Männer und Frauen gleichermaßen. In Zahlen bedeutet dies, dass im betrachteten Zeitraum sowohl für die Männer als auch für die Frauen der Grenzregion M-V ein Rückgang von 42,4 bzw. 43,7 % festgestellt werden kann (Bayern: 24,4 bzw. 14,9 %). Damit verbunden ist eine Erhöhung des Durchschnittsalters der Erwerbstätigen, welches für die Männer und Frauen in M-V von 38,8 bzw. 39,4 auf 44,3 bzw. 43,5 Jahre ansteigen wird (Bayern: 40,0 bzw. 39,3 auf 42,9 bzw. 43,1). Weiterhin zeigt sich eine erhebliche

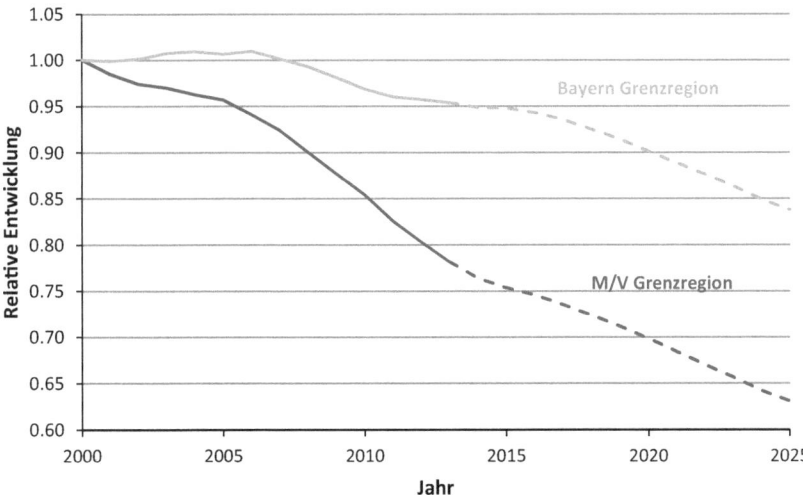

Abb. 5.11 Relative Entwicklung des Arbeitskräftepotenzials in den beiden Grenzregionen zwischen 2000 und 2025. (Quelle: Statisches Amt Mecklenburg-Vorpommern (2006), Bayerisches Landesamt für Statistik und Datenverarbeitung (2011), BBSR (Bucher und Schlömer 2009), eigene Berechnungen)

Verschiebung zwischen den Altersstufen in den nächsten Jahren. Während im Jahr 2000 in etwa jede zehnte Person des Erwerbspersonenpotenzials zwischen 55 und 69 Jahren alt war, wird es im Jahr 2025 bereits jede fünfte Person sein. Dies gilt für beide Grenzregionen. Entsprechend verringern sich die Anteile speziell der beiden niedrigsten Altersgruppen von 15–24 und 25–34 Jahren.

5.5.2 Nach Berufen und Qualifikationen

Eine Prognose des Erwerbspersonenpotenzials nach einzelnen Qualifikationsstufen und Berufsfeldern stellt eine tiefere Spezifizierung dar. Entsprechend nehmen die Unsicherheiten zu, die mit diesem Bestreben verbunden sind. Auch aus diesem Grund sollten derartige Prognosen weniger an ihren Ergebnissen als vielmehr an ihrer Methodik gemessen werden. Ungeachtet dessen wurde in den letzten Jahren vermehrt der Versuch unternommen, die künftige Zahl an Erwerbspersonen nicht nur insgesamt abzubilden. So fußt beispielsweise die Projektion von Bonin et al. (2007) auf drei wesentlichen Elementen. Das erste Element bildet die Bevölkerung *nicht in Ausbildung*. Der zweite Baustein ist das Modell des beruflichen Bildungs-

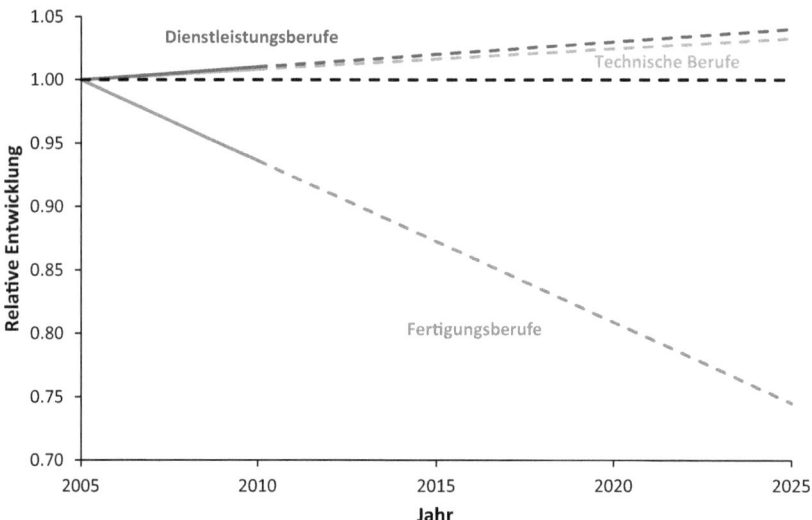

Abb. 5.12 Relative Entwicklung der Zahl an Erwerbspersonen nach Berufsfeldern zwischen 2005 und 2025. (Quelle: Mikrozensus des Statistischen Bundesamtes, Kalinowski und Quinke (2010), eigene Berechnungen)

systems, das die Übergänge vom Bildungssystem in den Arbeitsmarkt vorausberechnet. Der dritte Baustein sind die Erwerbsquoten (vgl. Abschn. 5.5.1.2), die im Grundsatz trendmäßig fortgeschrieben werden. Allerdings projizieren die Autoren das Arbeitskräfteangebot ausschließlich nach Qualifikationsstufen, nicht aber nach Berufsfeldern.

Einen vergleichbaren Ansatz findet man in den BIBB-IAB-Modellrechnungen (Kalinowski und Quinke 2010) vor. Diese beinhalten zudem die Prognose nach Berufen. Erschwerend wiegt jedoch die Tatsache, dass die Ergebnisse nicht für die alten und neuen Bundesländer getrennt, geschweige denn für die beiden selbst gefassten Grenzregionen Mecklenburg-Vorpommerns und Bayerns vorliegen. Vielmehr beziehen sich die Daten auf das gesamte Bundesgebiet. Im Unterschied zu den bisherigen Analysen spiegeln die folgenden zwei Diagramme daher keineswegs die Entwicklungen wider, welche ausschließlich auf die beiden Grenzregionen zugeschnitten sind. Gleichwohl soll mit Hilfe der relativen Darstellung ein Ausblick auf künftige bundesdeutsche Tendenzen gewagt werden, welche möglicherweise auf die beiden Grenzregionen reflektieren. In Abb. 5.12 sei zunächst die Prognose nach Berufsfeldern dargestellt.

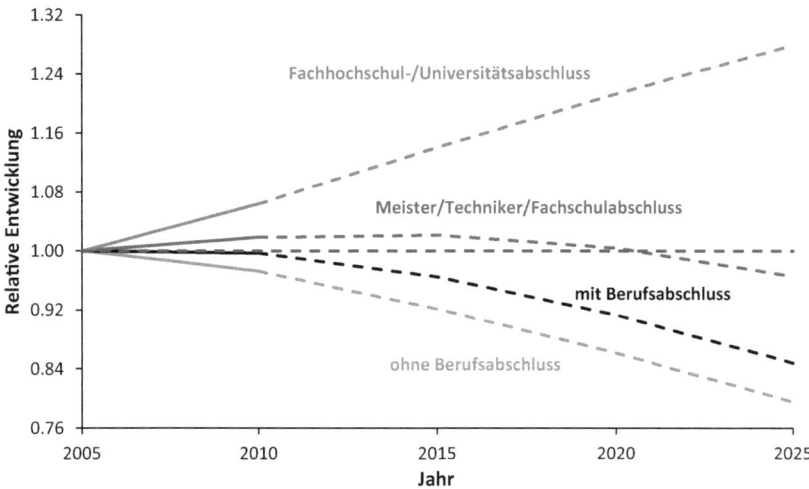

Abb. 5.13 Relative Entwicklung der Zahl an Erwerbspersonen nach Qualifikationsstufen zwischen 2005 und 2025. (Quelle: Mikrozensus des Statistischen Bundesamtes, Kalinowski und Quinke (2010), eigene Berechnungen)

Die Entwicklung des Erwerbspersonenangebots bis 2025 nach Berufsfeldern ist äußerst heterogen. So sind es ausschließlich die produktionsbezogenen Fertigungsberufe, die von einem teils drastischen Rückgang des Erwerbspersonenangebots um etwa 25 % gekennzeichnet sind. In den einzelnen Feldern des Dienstleistungsbereichs ist dagegen bis 2025 eine Zunahme zu verzeichnen. Die Analysen zu den Mitarbeitern beider Firmen haben jedoch gezeigt, dass das Bild in der Forschung und Entwicklung überwiegend technisch geprägt ist. Die Zahl an Erwerbspersonen, welche mit einem entsprechenden Beruf ausgestattet sind, sollte bis 2025 um etwas mehr als 3 % ansteigen. Die künftige Entwicklung nach Qualifikationsstufen gibt die folgende Abb. 5.13 wider.

Analog zu den Berufsfeldern zeichnet die Entwicklung der Erwerbspersonen nach Qualifikationsstufen ein ausgesprochen heterogenes Bild. Ruft man sich an dieser Stelle die Qualifikationsstruktur speziell der Mitarbeiter in der FuE beider Betriebe ins Gedächtnis, so überwiegen die Anteile der Akademiker und Meister, Techniker und Fachschulabsolventen. Insbesondere die Zahl der Erwerbspersonen mit akademischen Abschlüssen wird sich bis zum Jahr 2025 deutlich erhöhen. Nachdem noch im Jahr 2005 etwa 15 % aller Erwerbspersonen einen akademischen Abschluss vorweisen konnten, werden es im Jahr 2025 schätzungsweise bereits knapp 22 % sein. Die Zahl der Meister und Techniker hingegen wird etwa auf dem

Ausgangsniveau verbleiben. Auf der anderen Seite wird sich gegenüber dem Jahr 2005 die Zahl der Facharbeiter (−15,2 %) und insbesondere die der Ungelernten (−20,4 %) drastisch verringern. Gemessen am gesamten Erwerbspersonenpotenzial werden es im Jahr 2025 lediglich 15,7 % sein, die dem Helfersegment zuzuordnen sind, nachdem es zu Beginn des Beobachtungszeitraumes noch 18,1 % waren.

Gemessen am Betriebsbild der Forschung und Entwicklung sind dies durchaus positive Tendenzen. Inwieweit sich diese Zahlen jedoch auch auf die beiden Grenzregionen übertragen lassen, kann an dieser Stelle nicht geklärt werden.

5.6 Demografische Analyse der Mitarbeiter beider Firmen – Teil 2

5.6.1 Der Ersatzbedarf bzw. die einfache Fortschreibung

Wie bereits in Abschn. 5.2 zum Vorgehen beschrieben, ergibt sich die Prognose des Ersatzbedarfes bzw. der einfachen Fortschreibung lediglich aus einer Komponente, dem festzulegenden Rentenzugangsalter. Im Jahr 2012 betrug dieses in Deutschland für Männer 61,2 und für Frauen 61,0 Jahre (Statistik der deutschen Rentenversicherung 2013) und lag damit weit unter der Regelaltersgrenze. Für die folgenden Analysen wird für beide Geschlechter ein Rentenzugangsalter von 65 Jahren unterstellt (Tab. 5.6).

Sofern keinerlei Neueinstellungen und Kündigungen vorgenommen werden, reduziert sich der Bestand bis zum Jahr 2025 unterschiedlich stark. Aufgrund der ausgesprochen günstigen Altersstruktur der Mitarbeiter der Eisengießerei Torgelow reduziert sich der Bestand aller Mitarbeiter in den kommenden zwölf Jahren um lediglich 14,2 %. Die Mitarbeiter der ABM Greiffenberger sind im Schnitt deutlich älter, erreichen dadurch das Rentenzugangsalter früher und scheiden somit eher aus dem Unternehmen aus. Bis 2025 sind es 28,2 %. Die entsprechenden Werte für die Teams aus FuE liegen mit 31,3 bzw. 28,8 % dagegen relativ nah beieinander.

Insbesondere bei der EGT ist daher der Rekrutierungsbedarf an neuen Mitarbeitern in der FuE in den nächsten Jahren deutlich höher einzuschätzen als es bei der

Tab. 5.6 Die Prognose des Ersatzbedarfes bis 2025 (einfache Fortschreibung). (Quelle: Personaldaten, eigene Berechnungen)

		2013	2016	2019	2022	2025
EGT	Insgesamt	598	590	573	547	513
	FuE	48	47	43	37	33
Greiffenberger	Insgesamt	546	518	485	438	392
	FuE	80	75	66	61	57

Gesamtzahl aller Mitarbeiter der Fall ist. Parallel zu dieser Entwicklung erfolgt ein starker Anstieg des Durchschnittsalters der Beschäftigten von 36,5 auf 45,1 (EGT) bzw. 44,8 auf 51,6 (Greiffenberger) Jahre. Für die FuE-Teams werden folgende Werte prognostiziert: EGT (43,1 bis 48,5), Greiffenberger (45,0 bis 51,4).

5.6.2 Fortschreibung unter Berücksichtigung personeller Fluktuation

Die Basis für die Fortschreibung bilden die Personalentwicklungsmaßnahmen des Jahres 2013. Das bedeutet, dass für alle künftigen Jahre die Personalpolitik aus dem Jahr 2013 unterstellt wird. Dies betrifft sowohl die absolute Zahl an Neueinstellungen und Abgängen als auch die Alters- und Geschlechtsstruktur. Ferner soll das Renteneintrittsalter unverändert bei 65 Jahren liegen. Sowohl bei der EGT als auch bei Greiffenberger waren die Zugänge den Abgängen im Jahr 2013 mit einem Verhältnis von 114:95 bzw. 39:32 deutlich überlegen. Unterschiede zwischen beiden Unternehmen ergeben sich allerdings bei der Betrachtung des Durchschnittsalters, bei der EGT waren die Neueinstellungen im Schnitt 33,5 und die Abgänge 29,4 Jahre alt (Greiffenberger: 37,1 bzw. 53,0). Zumindest bei der Firma Greiffenberger kann man insofern von einer Wachstum generierenden und gleichzeitig verjüngenden Personalpolitik sprechen.

Bei den Mitarbeitern in der FuE ist das Verhältnis bei der EGT hingegen ausgeglichen (4:4), bei Greiffenberger leicht positiv (8:6). Außerdem sind die Zugänge in beiden Betrieben jünger als die Austritte (EGT: 47,3 zu 52,8; Greiffenberger: 39,3 zu 48,3). Inwieweit sich diese Annahmen sowohl auf den absoluten Bestand als auch auf die Entwicklung des Durchschnittsalters niederschlagen, soll die folgende Tab. 5.7 klären.

In beiden Unternehmen wird sich der Bestand an Mitarbeitern in den nächsten Jahren erhöhen, wobei die EGT einen erheblich stärkeren Zuwachs von über

Tab. 5.7 Die Prognose Mitarbeiterzahlen und des Durchschnittsalters bis 2025 auf Basis der Personalpolitik aus dem Jahr 2013. (Quelle: Personaldaten, eigene Berechnungen)

			2013	2016	2019	2022	2025
EGT	Bestand	Insgesamt	598	659	749	813	869
		FuE	48	50	53	51	47
	Durchschnitts-alter	Insgesamt	36,5	40,5	43,8	46,7	49,4
		FuE	43,1	44,5	45,5	45,5	46,4
Greiffenberger	Bestand	Insgesamt	546	562	590	610	634
		FuE	80	89	102	111	117
	Durchschnitts-alter	Insgesamt	44,8	44,5	45,1	45,4	45,9
		FuE	45,0	45,3	46,2	47,9	49,7

45 % gegenüber dem Basisjahr aufweist. Dies liegt in erster Linie an dem positiven Verhältnis aus Zu- und Abgängen. Demnach treten jedes Jahr rechnerisch 19 Personen mehr in das Unternehmen ein, als gleichzeitig Personen ausscheiden. Ferner ist das Durchschnittsalter der Mitarbeiter zum gegenwärtigen Zeitpunkt sehr gering. Das bedeutet wiederum, dass nur ein vergleichsweise kleiner Prozentsatz der Beschäftigten in den nächsten zwölf Jahren des Beobachtungszeitraums das festgesetzte Renteneintrittsalter von 65 Jahren erreichen wird. Gleichwohl sind die Neueinstellungen signifikant älter als die Austritte. Nachdem dieses Szenario Jahr für Jahr konstant aufrechterhalten wird, führt dies neben einem starken Anstieg der Belegschaftszahlen auch zu einer rasanten Erhöhung des Durchschnittsalters. Mit 49,4 Jahren im Jahr 2025 liegt dieses gar noch über dem Durchschnittsalter der einfachen Fortschreibung (Abschn. 5.6.1).

Dagegen fällt der Anstieg bei der Firma Greiffenberger mit rund 16 % deutlich gemäßigter aus. Zwar sind auch hier die Zugänge den Abgängen zahlenmäßig überlegen, jedoch fällt die Differenz von sieben Personen weniger stark aus. Zudem ist das Durchschnittsalter der Mitarbeiter bereits zum Beginn der Betrachtung auf einem Niveau, dass die EGT erst im Jahr 2020 erreicht. Das bedeutet, dass bereits jetzt ein Großteil der Mitarbeiter älter als 53 Jahre alt ist und somit bis zum Jahr 2025 aus Altersgründen dem Unternehmen verloren geht. Daran ändert auch nichts die Tatsache, dass die Zugänge deutlich jünger sind als die Austritte.

Bei der Betrachtung der FuE-Teams kann die EGT nach einem kurzfristigen Anstieg der Mitarbeiter am Ende des Betrachtungszeitraums zumindest eine Konstanz erzielen und auch das Durchschnittsalter erfährt nur einen marginalen Anstieg. Anders dagegen das Bild bei der Firma Greiffenberger. Hier generiert bereits die jährliche Personalpolitik ein Mindestwachstum von plus zwei Personen. Gleichzeitig verblieben aufgrund der Altersstruktur die neuen Mitarbeiter in der FuE länger im Unternehmen als es bei den Austritten der Fall gewesen wäre. Daher ist es nicht verwunderlich, dass bis zum Jahr 2025 ein Wachstum von etwa 16 % erzielt wird. Damit verbunden ist ein Anstieg des Durchschnittsalters um knapp fünf Jahre. Die künftige Altersstruktur der Mitarbeiter der Forschung und Entwicklung sei vergleichend mit derer des Jahres 2013 in folgender Abb. 5.14 dargestellt.

Nachdem sich die Altersstruktur der FuE-Teams in der EGT momentan noch als relativ ausgeglichen und heterogen zeigt, wird sich dies in den kommenden Jahren unter der Bedingung der gewählten Personalentwicklungsmaßnahmen deutlich ändern. Dann sind es primär die mittleren Altersstufen, die durch die FuE repräsentiert werden. Bei der Firma Greiffenberger hingegen verschiebt sich das Bild zunehmend in Richtung der älteren Mitarbeiter. Ungeachtet dessen erfahren auch die relativ jungen Altersgruppen 31 bis 35 und 36 bis 40 deutliche Zuwächse, sodass das Betriebsbild weiterhin recht ausgeglichen und heterogen geprägt sein wird.

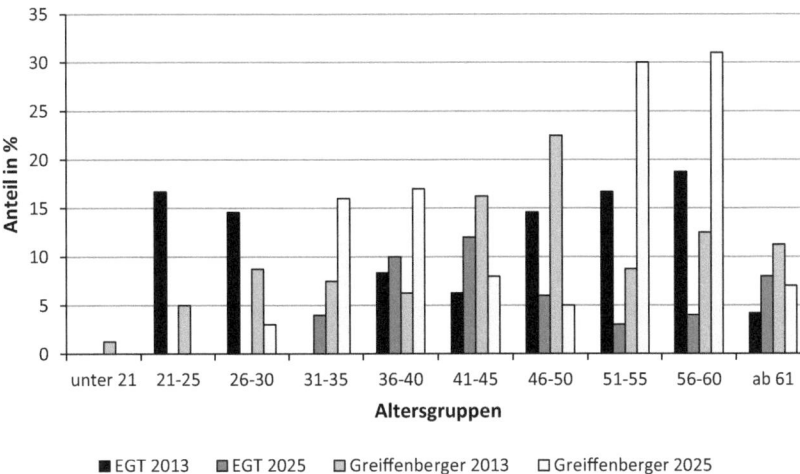

Abb. 5.14 Altersstruktur der Mitarbeiter in der Forschung und Entwicklung beider Firmen 2013 und 2025. (Quelle: Personaldaten, eigene Berechnungen)

Hinweise für die betriebliche Praxis
Bevölkerungs- und auch Arbeitsmarktprognosen sind angesichts der demografischen Entwicklung bzw. der Verwerfungen innerhalb der Altersstruktur von Gesellschaften essenziell. Derartige Prognosen werden seitens der entsprechenden Institutionen daher in regelmäßigen Abständen neu berechnet und veröffentlicht. So bieten sie den Trägern sozialer Sicherungssysteme und auch den Unternehmen die Möglichkeit, frühzeitig und angemessen auf die künftigen Erfordernisse reagieren zu können.

Um jedoch aus Sicht des Unternehmens zielgerichtete Handlungsoptionen ableiten zu können, besteht die Notwendigkeit der Verknüpfung dieser Ergebnisse mit der demografischen Zusammensetzung der Mitarbeiter innerhalb von Firmen. Aus diesem Grund wurden in der Vergangenheit von einer Vielzahl von Institutionen Instrumente entwickelt, um die künftige Personalstruktur von Betrieben abzubilden. Erst mit Hilfe solcher Tools lassen sich Personalentwicklungsmaßnahmen entwickeln, die sowohl die Entwicklung des Arbeitskräfteangebots in der Region als auch die firmeninternen Ziele und Vorgaben berücksichtigen. So kann es das Ziel eines Unternehmens sein, die Größenordnung seiner Belegschaft konstant zu halten oder bei entsprechender industrieller Nachfrage zusätzliche Mitarbeiter zu rekrutieren. Auch kann eine Umstrukturierung der Belegschaft nach qualitativen Gesichtspunkten erfolgen, so z. B. nach einzelnen Qualifikationsstufen oder Berufsfeldern. Seitens der beiden hier vorgestellten Unternehmen kann es ebenso das Ziel sein, verstärkt auf die Rekrutierung neuer Mitarbeiter in der Forschung und Entwicklung zu setzen.

Daher ist dieser Bericht als wissenschaftlicher Praxisbeitrag zu verstehen, welcher nicht nur die Ergebnisse an zwei realen Firmenbeispielen verdeutlicht, sondern auch das Vorgehen. Den Ausgangspunkt jeder demografischen Betriebsprognose bildet die Analyse des Ist-Zustandes. Hier gilt es sämtliche Mitarbeiter aufzulisten, um sich einen Überblick über die vorhandene Alters-, Geschlechts-, Berufs- und Qualifikationsstruktur zu verschaffen. In Abhängigkeit der firmeninternen Ziele gilt es nun ein möglichst realistisches zukünftiges Szenario zu entwerfen, welches auch die Entwicklung in der jeweiligen Region mitberücksichtigt. Insbesondere in den hier vorgestellten beiden Grenzregionen, mit einem teilweise stark rückläufigen Arbeitskräfteangebot, ist dies besonders wichtig. Somit wird der Pool an potenziellen neuen Mitarbeitern immer kleiner, vergleichbar etwa mit den neuen Bundesländern nach dem Geburteneinbruch in den 1990er Jahren. Als Konsequenz entwickelte sich aus einer Nachfrage- eine Azubilücke, womit sich die Betriebe mit der Situation konfrontiert sahen, nicht mehr ausreichend junge Mitarbeiter einstellen zu können.

Differenziert man jedoch die Mitarbeiterstruktur nach qualitativen Gesichtspunkten, etwa der Berufs- und Qualifikationsstruktur oder gar nach Mitarbeitern in der Forschung und Entwicklung, ergeben sich teils abweichende Handlungsmaßnahmen. Das Bild von FuE-Teams korreliert stark mit hohen Bildungsabschlüssen, wie den Fachhochschul- und Universitätsabsolventen. Gleichzeitig üben diese Mitarbeiter einen technisch ausgerichteten Beruf aus. Im Beispiel eines Hochschulabsolventen war das Studium also technisch ausgerichtet. Zu den Absolventen gehören demnach Ingenieure, Physiker, Mathematiker, Chemiker und technische Sonderfachkräfte. In diesen Feldern prognostizieren die entsprechenden Vergleichsdaten bezogen auf Deutschland einen signifikanten Anstieg des Erwerbspersonenpotenzials. Inwieweit diese Entwicklung auch auf die beiden Grenzregionen Mecklenburg-Vorpommerns und Bayerns übertragbar ist, lässt sich an dieser Stelle schwer abschätzen.

Innerhalb beider Unternehmen ist jedoch von einem weiteren Anstieg des Durchschnittsalters auszugehen, was sowohl für die gesamte Belegschaft, als auch speziell für FuE-Teams gilt. Nach Maßgabe der Personalpolitik aus dem Jahr 2013 kann zudem von einem teils kräftigen Anstieg der Mitarbeiterzahlen ausgegangen werden. Inwieweit sich diese Entwicklung mit der in der Grenzregion vereinbaren lässt, wird die Zukunft zeigen. Ferner ist es fraglich, ob das Jahr 2013 hinsichtlich der getroffenen Personalentscheidungen als repräsentativ gelten kann.

Ungeachtet dessen wurde dem interessierten Leser gezeigt, wie sich mit Hilfe der Berechnung des Ersatzbedarfes potenzielle Nachfragelücken aufdecken lassen, um sie bei Bedarf durch Rekrutierung neuer Mitarbeiter zu schließen. Gleichwohl sind die Mitarbeiter bzw. die Altersstruktur eines Unternehmens aufgrund der gesellschaftlichen Einflüsse einem ständigen Wandel unterlegen. Aus diesem Grund sollte die Altersstrukturanalyse ein fester Bestandteil im Personalmanagement sein.

Literatur

ABM Greiffenberger. *Homepage*. http://www.abm-antriebe.de/. Zugegriffen: 24. Feb. 2014.

Bayerisches Landesamt für Statistik und Datenverarbeitung. (2011). *Regionalisierte Bevölkerungsvorausberechnung für Bayern bis 2030*. München.

Bayerisches Landesamt für Statistik und Datenverarbeitung. (2012). *Erwerbstätige nach der überwiegend ausgeübten Tätigkeit in Bayern. Ergebnisse der 1%-Mikrozensuserhebung*. München.

Bonin, H., Schneider, M., Quinke, H., & Arens, T. (2007). Zukunft von Bildung und Arbeit, Perspektiven von Arbeitskräftebedarf und -angebot bis 2020. *IZA Research Report, No. 9*, Bonn.

Bucher, H., & Schlömer, C. (2009). *Raumordnungsprognose 2025/2050, Bevölkerung, private Haushalte, Erwerbspersonen. Berichte Band 29*. Bonn: Bundesinstitut für Bau-, Stadt- und Raumforschung.

Dewitz, R., & Krüger, M. (2009). *Altersstrukturanalyse. Auf den demografischen Wandel vorbereitet sein – Ein Leitfaden und ein EDV-Tool*. http://www.tk.de/tk/demografiemanagement/angebot-der-tk/altersstrukturanalyse/199392. Zugegriffen: 24. Feb. 2014.

Eisengießerei Torgelow. *Homepage*. http://www.eisengiesserei-torgelow.de/de/home.html. Zugegriffen: 24. Feb. 2014.

Jasper, G., Jürgenhake, U., Rohwedder, A., & Sczesny, C. (2006). *Altersstrukturanalyse von Belegschaften ABAS© – ein Blick in die Zukunft, Leitfaden und EDV-Tool für KMU*. http://www.unique-berlin.de/unique_pdf/abas_broschuere.pdf. Zugegriffen: 24. Feb. 2014.

Kalinowski M., & Quinke H. (2010). Projektion des Arbeitskräfteangebots bis 2025 nach Qualifikationsstufen und Berufsfeldern. In R. Helmrich & G. Zika (Hrsg.), *Beruf und*

Qualifikation in der Zukunft, BIBB-IAB-Modellrechnungen zu den Entwicklungen in Berufsfeldern und Qualifikationen bis 2025 (S. 103–123). Bonn: BIBB.

Kotte, V., Meier, H., & Stöckmann, A. (2010). *Demografischer Wandel – Auswirkungen auf den Arbeitsmarkt in Mecklenburg-Vorpommern. IAB Regional – Berichte und Analysen aus dem regionalen Forschungsnetz.* Nürnberg: IAB.

Landesamt für Digitalisierung, Breitband und Vermessung Bayern. *Homepage.* http://vermessung.bayern.de/service/kontakt.html. Zugegriffen: 24. Feb. 2014.

Landesamt für innere Verwaltung Mecklenburg-Vorpommern, Amt für Geoinformation, Vermessungs- und Katasterwesen. Homepage. http://www.laiv-mv.de/land-mv/LAiV_prod/LAiV/AfGVK/. Zugegriffen: 24. Feb. 2014

Schaeper, B. (2009). *Demografie-Rechner Niedersachsen, Altersstrukturanalyse – Wettbewerbsvergleich – Fachkräfte-Check.* http://www.osnabrueck.ihk24.de/Container/400608/Demografie_Rechner.html. Zugegriffen: 24. Feb. 2014.

Schmerbauch, A., Kot, H., & Heß, J. U. (2009). *Betriebsdemografie-Tool.* http://www.fruehwarnsysteme.net/tools/05.html. Zugegriffen: 24. Feb. 2014.

Statistisches Amt Mecklenburg-Vorpommern. (2007). *Statistische Berichte. Beruf, Ausbildung und Arbeitsbedingungen der Erwerbstätigen (Mikrozensus) in Mecklenburg-Vorpommern.* Schwerin.

Statistisches Amt Mecklenburg-Vorpommern. (2009). *Statistische Berichte. 4. Landesprognose (Basisjahr 2006), Bevölkerungsentwicklung in Mecklenburg-Vorpommern bis 2030.* Schwerin.

Statistisches Bundesamt. (2008). *Bevölkerung und Erwerbstätigkeit, Bevölkerungsfortschreibung.* Fachserie 1 Reihe 1.3. Wiesbaden.

Statistisches Bundesamt. (2009). *Bevölkerung Deutschlands bis 2060-12. Koordinierte Bevölkerungsvorausberechnung.* Wiesbaden.

Statistik der Bundesagentur für Arbeit. (2013). *Arbeitsmarkt in Zahlen, Sozialversicherungspflichtig Beschäftigte (SvB) am Wohnort (WO).* Statistik-Service Nordost Hannover und Statistik-Service Südost Nürnberg.

Statistik der deutschen Rentenversicherung. (2013). *Rentenversicherung in Zahlen.* Berlin.

Dipl.-Demogr. Sebastian Bloch studierte zwischen 2003 und 2008 den bundesweit einmaligen Studiengang Diplom-Demografie. Seit September 2009 ist er wissenschaftlicher Mitarbeiter am Lehrstuhl von Prof. Dr. Bornewasser an der Universität Greifswald. Hier vertritt er die Forschungsprojekte Flex4Work und derobino. Die Arbeiten an der Universität haben sowohl Bevölkerungs- als auch Arbeitsmarktprognosen zum Gegenstand. Das Ziel ist die Beantwortung der Frage, inwieweit sich künftig Arbeitskräfteangebot und -nachfrage verschieben und somit mögliche Ersatzbedarfe in den Firmen begründen. Neben seiner wissenschaftlichen Arbeit hält Herr Bloch Vorträge, zu nennen sind hierbei der Vortrag auf der „GastRo" im November 2011 zum Thema „Vorhersage der Entwicklung von Arbeitskräfteangebot und -nachfrage im Gastgewerbe in Ostvorpommern" oder der Vortrag im Max Planck Institut im Mai 2012 zum Thema „Beschreibung der demografischen Entwicklung in Mecklenburg-Vorpommern 1985–2010 sowie die Vorhersage der Beschäftigtenzahlen bis 2030 unter Berücksichtigung der Prognose von Arbeitskräfteangebot und –nachfrage".

Diversität als Erfolgsfaktor für Innovation

6

Manfred Bornewasser, Dominic Bläsing und
Stefan Frenzel

Zusammenfassung

Die Leistungsfähigkeit von Arbeitsgruppen hängt stark von der Diversität der Gruppenmitglieder ab. Dabei zeigt sich in der Forschung, dass das Konzept der Diversität uneindeutig ist und folglich in großer Bedeutungsvielfalt verwendet wird. Angelehnt an die Tradition der Input-Process-Output-Modelle wird die Diversität als ein holistisches Merkmal von Gruppen bestimmt und argumentiert, dass eine hohe Diversität über einen Mechanismus der abwägenden Informationszusammenführung zu besseren Leistungsresultaten führt. Aus einem integrativen Modell zum Zusammenhang von Diversität und Innovation wird ein Diversitätsplaner entworfen, der es Führungskräften ermöglichen soll, eine optimal diverse Gruppe bzw. ein erfolgreiches Innovationsteam zusammenzustellen.

M. Bornewasser (✉) · D. Bläsing · S. Frenzel
Abteilung für Arbeits- und Organisationspsychologie, Ernst-Moritz-Arndt-Universität
Greifswald, Franz-Mehring-Str. 47, 17487 Greifswald, Deutschland
E-Mail: bornewas@uni-greifswald.de

D. Bläsing
E-Mail: db102021@uni-greifswald.de

S. Frenzel
E-Mail: stefan.frenzel@uni-greifswald.de

© Springer Fachmedien Wiesbaden 2015
M. Bornewasser et al. (Hrsg.), *Teamkonstellation und betriebliche Innovationsprozesse*, DOI 10.1007/978-3-658-07386-2_6

Arbeitsprozesse werden angesichts der Knappheit von Ressourcen arbeitsteilig gestaltet, Arbeitsaufgaben auf verschiedene Positionen aufgeteilt und über eine koordinative Steuerung auf ein gemeinsam verfolgtes Ziel ausgerichtet. Wo in diesen Prozessen personale Ressourcen gebündelt werden, entstehen die Voraussetzungen für die Bildung von Arbeitsgruppen oder Teams, in denen interaktiv und kooperativ gearbeitet wird.

Arbeitsgruppen sind strukturierte soziale Systeme, in denen eine überschaubare Zahl von Personen in strukturierter Anordnung auf ein gemeinsames Ziel hin kooperiert. Diese Kooperation kann hinsichtlich des interaktiven Moments in unterschiedlich intensiver Weise erfolgen. Eine Kooperation im weiteren Sinne liegt vor, wenn die Bewältigung interdependent gestalteter Aufgaben ohne viel Austausch zwischen den Gruppenmitgliedern abläuft. Jedes Mitglied erledigt seine Aufgabe und es kommt für den Erfolg der Gruppe darauf an, dass jedes Mitglied ein gutes (Teil-)Ergebnis abliefert. Eine Kooperation im engeren Sinne liegt vor, wenn die Bewältigung der Aufgaben mit einem intensiven Austausch zwischen den Gruppenmitgliedern einhergeht. Für den Erfolg der Gruppe ist entscheidend, dass sich jedes Mitglied abgestimmt in den Austausch einbringt und dadurch das Gesamtergebnis positiv beeinflusst.

Die Strukturierung einer Arbeitsgruppe ist Aufgabe des Managements. Zu dieser Aufgabe gehört u. a. die Herausarbeitung eines klaren Ziels, die Schaffung einer gemeinsamen mentalen Repräsentation von Aufgabe und Ziel, die Installation der Rahmenbedingungen des Arbeitsprozesses, der über verschiedenste Tätigkeiten zum Ziel führt, die Zuordnung von Personalressourcen zu verschiedenen Prozessteilen, die Führung und Überwachung der verschiedenen Personen und Aktivitäten sowie die Bewertung der Zielerreichung nach Aspekten der Effektivität und Effizienz. In der Gruppe werden die anfallenden Aufgaben autonom oder kontrolliert aufgeteilt, werden die Beiträge der einzelnen Mitglieder zeitlich synchronisiert und wird der Prozess hin zum Endergebnis kontinuierlich überwacht und anlassbezogen korrigiert. Entscheidend für den Erfolg sind die vorgegebenen Strukturen und Regeln sowie die Kooperationsfähigkeit und Kooperationsbereitschaft der Mitglieder.

Eine erste zentrale Aufgabe betrifft die Zuordnung von Personalressourcen: Personen werden anderen Personen in hierarchischer oder kooperativer Richtung zugeordnet und auf eine gemeinsame Aufgabenbewältigung ausgerichtet. Eine zweite betrifft die Zusammensetzung der Arbeitsgruppe. Im Gegensatz zur privaten Sphäre, werden Arbeitsgruppen in Unternehmen nicht spontan gebildet, sondern von Leitungskräften zusammengestellt. Je nach Aufgabenstellung wird sich die Zusammensetzung unterscheiden. Von großer Bedeutung ist dabei die Frage, wie ähnlich oder unterschiedlich die verschiedenen Gruppenmitglieder hinsichtlich verschiedener Merkmale sein sollen, um die Aufgabe in der Gruppe optimal bewältigen zu können. Dabei kann davon ausgegangen werden, dass Routineaufgaben eher von homogeneren, Innovationsaufgaben hingegen eher von diversen Teams erfolgreich ausgeführt werden (Sternberg et al. 2005). Gerade in Innovationsteams kommt es entscheidend darauf an, die Diversität der Arbeitsgruppe angemessen zu gestalten, damit das gemeinsame Ziel erreicht werden kann. Dabei kann Diversität als eine Ressource der innovativen Leistungserstellung begriffen werden: Diversität fördert die Leistungsfähigkeit der Gruppe.

Im Folgenden wird die Bedeutsamkeit der Diversität in Arbeitsgruppen oder Teams herausgestellt, wird auf unterschiedliche Dimensionen der Diversität eingegangen sowie ein Modell zum Einfluss unterschiedlicher Diversitätsdimensionen auf den Leistungsprozess und das Leistungsergebnis präsentiert. Darauf aufbauend wird ein noch vorläufiges Instrument zur Planung und Herstellung von optimaler Diversität in Innovationsteams vorgestellt.

6.1 Klassische Annahmen zur sozialen Gruppe: Interdependente Aufgaben, gemeinsames Ziel und Koordination durch Führung

Wenn man von Gruppe spricht, dann werden verschiedene Assoziationen ausgelöst: Gruppen setzen sich aus Personen zusammen, ohne dass über die Personen selbst als vielmehr über ihre Positionen und Beziehungen zueinander eine Aussage gemacht wird. Diese Beziehungen können formeller oder informeller Natur sein. Gruppen weisen eine bestimmte Größe auf, sind auf ein Ziel ausgerichtet, weisen eine zeitliche Erstreckung, Bestand oder Dauer auf und sie sind abgegrenzt. Alle diese Vorstellungen laufen auf eine Definition von Gruppen hinaus, die die Organisation von Aufgaben oder Tätigkeiten auf ein spezifisches Ziel hin betonen: Die Arbeitsgruppe ist ein organisiertes System von Mitgliedern, die so miteinander verbunden sind, dass unterschiedliche Funktionen vereinigt werden, Rollenbeziehungen zwischen Funktionsträgern bestehen und Normen existieren, die das Verhalten der Gruppe und all ihrer Mitglieder hinsichtlich interner und externer Kontakte regeln (McDavid und Harari 1968). In diesem Sinne verbindet auch Sherif (1966) die Gruppe mit zwei zentralen Merkmalen: 1) mit der Struktur oder Organisation, die die Mitglieder auf ein Ziel ausrichtet sowie 2) mit sozialen Normen, die das Verhalten der Mitglieder bei der kooperativen Verwirklichung der Ziele sowie in der Interaktion miteinander und über die Gruppengrenzen hinweg steuern. Die Struktur der Organisation wird von Luhmann (1972, S. 23) als „Aufgabenordnung" begriffen.

Die Kooperation, also der durch spezifische Tätigkeiten der Mitglieder getragene Interaktionsprozess, ist für Gruppenleistung unerlässlich. Dabei kommt es

in der Gruppe entscheidend darauf an, durch die Gestaltung von Aufgabeninter-
dependenz und sozialer Interaktion die Gruppenleistung zu maximieren. Dazu ist
erheblicher Aufwand erforderlich, der ab einer bestimmten Größe der Gruppe nicht
mehr durch direkte Interaktion zu bewältigen ist. Von daher wird die Arbeitsgruppe
oder das Arbeitsteam in der Regel als eine relativ kleine und freiwillige Ansammlung von Mitgliedern verstanden (Levine und Moreland 2013).

Gruppen bilden sich im Alltag spontan, um gemeinsame Interessen zu realisieren, die in individueller Anstrengung nicht zu realisieren wären. Sie befriedigen
darüber hinaus soziale Bedürfnisse. In der Arbeitswelt erfolgt die Konzentration in
Hinsicht auf die zu bewältigenden Aufgaben und die damit verbundenen Arbeitstätigkeiten. Sie bilden den Kern einer jeden Arbeitsgruppe. Jedes Mitglied einer
Gruppe erhält eine Aufgabe, die arbeitsteilig in Interaktion mit anderen Mitgliedern zu bewältigen ist und zum Erreichen des Gruppenziels beiträgt. McGrath
(1984) unterteilt die Aufgaben inhaltlich in kooperative und konfliktäre sowie
konzeptuelle und ausführende Typen, wobei diese Typologie offen lässt, wo die
Abgrenzungen liegen und wie sehr einzelne Aufgaben nicht auch durch Komponenten der andren Aufgaben durchdrungen sein können. Innovationsteams sind in
diesem Sinne Gruppen, die in der Anfangsphase vornehmlich kooperativ-konzep-
tuelle Aufgaben der Ideengenerierung zu bewältigen haben, in der Endphase hingegen dominieren kooperativ-ausführende Aufgaben der Umsetzung und Markteinführung. Dabei wird zusätzlich davon ausgegangen, dass alle mit einer Aufgabe
betrauten Mitglieder über eine koordinative Intervention auf das gemeinsame Ziel
hin ausgerichtet sind und dadurch eine höhere oder bessere Gruppenleistung erbracht wird. Diese koordinative Intervention umfasst die Steuerung von Wissens-
und Wollenskomponenten: Erstere betreffen Regeln und Anleitungen, letzere die
Setzung von motivierenden Anreizen (vgl. Picot et al. 2008).

Die psychologische Gruppenforschung hat sich in der Vergangenheit schwer
getan, diese Überlegungen zur Struktur und Organisation einer Gruppe in ihren auf
das individuelle Verhalten und Erleben ausgerichteten Theorien zu beachten. Sie
neigt dazu, die Gruppe als ein theoretisches Konstrukt zu begreifen, das auf empirisch erfassbare, individuelle Faktoren zurückgeführt werden kann.

In diesem Sinne wird z. B. die Gruppenleistung als eine Summe von individuellen Einzelleistungen aufgefasst. Addiert man diese Einzelleistungen etwa
beim Seilziehen auf, so kann man dieses empirische Gruppenergebnis gegen das
aufsummierte Potenzial aller individuell möglichen Leistungen stellen und dann
ermessen, ob es zu positiven oder negativen Differenzen zwischen dem Leis-
tungpotenzial und dem Leistungsresultat kommt. Eine positive Differenz deutet
einen Prozessgewinn (durch erfolgreiche Koordination), eine negative Differenz
einen Prozessverlust (z. B. infolge von Motivations- und Koordinationsmängeln)
an. In der Forschung werden überwiegend Prozessverluste festgestellt, wodurch

die Gruppe eine latente Abwertung gegenüber dem einzelnen Individuum erfährt (Tschan 2002). Dieser Befund dürfte allerdings weitgehend durch den Typus der zu bewältigenden Gruppenaufgaben bedingt sein (Steiner 1972): Wo die Gruppenleistung vornehmlich durch Summation von weitgehend selbständig zu erbringenden Leistungen definiert ist (etwa beim Seilziehen oder beim Mannschaftszeitfahren im Radsport) oder die beste und schlechteste Einzelleistung das Gruppenergebnis bestimmen, kommen der Organisation und der Koordination wenig Bedeutung zu. Die Gruppe wird hier tendenziell auf eine Nominalgruppe als eine Ansammlung von Personen reduziert, die eine gleiche Tätigkeit vollzieht, die mittels physikalisch vergleichbarer Parameter zu beschreiben ist. In der Arbeitswelt erweist sich die Gruppe insbesondere dort dem Individuum überlegen, wo arbeitsteilig vorgegangen werden muss, jedes Mitglied also einen andersartigen Beitrag zu leisten hat und das Gruppenergebnis nicht ohne den individuellen Einzelbeitrag zu erstellen ist. Komplexe arbeitsteilige Aufgaben erfordern interdependente Beiträge der Mitglieder. Wo diese nicht in hinreichender Qualität erbracht werden, wird das Gruppenziel verfehlt.

Lediglich eine Nominalgruppe wird auch dann thematisiert, wenn Gruppen nicht mehr als strukturierte, zielgerichtete Systeme oder Ganzheiten begriffen werden, die unabhängig von den individuellen Merkmalsausprägungen ihrer Mitglieder bestehen, sondern auf eine Ansammlung von Personen mit gleicher Merkmalsstruktur reduziert werden (Bornewasser und Bober 1987). Im Kontext der, die sozialpsychologische Gruppenforschung dominierenden, Theorie der sozialen Kategorisierung werden Gruppen subjektivistisch begriffen als „two or more individuals who share a common social identification of themselves, or, which is nearly the same thing, perceive themselves to be members of the same social category" (Turner 1982, S. 15). Auf diese Weise wird die konkrete Gruppe mit ihren eigenen, oben benannten holistischen Merkmalen auf eine abstrakte Klasse oder eine zufällige Ansammlung von Individuen reduziert, die ein an jedem Einzelnen feststellbares Merkmal aufweisen (z. B. weiblich, Brillenträger oder Besitzer eines Ausweises). Die für die Gruppenbildung konstitutive „Ist Teil von"-Relation, die jedem Mitglied einen besonders ausgewiesenen Platz in einem vorgegebenen, funktional ausgerichteten Beziehungsgeflecht zuschreibt, wird damit völlig vernachlässigt und durch eine „Ist Element von"-Relation ersetzt. Dadurch entsteht eine Differenzierung von Nominalgruppen, die einer spezifischen psychologischen Dynamik unterworfen ist. Sie wird durch die bekannten Konzepte der Akzentuierung von Differenzen, der Favorisierung und Diskriminierung zwischen Gruppen und der Homogenisierung innerhalb von Gruppen geprägt (Tajfel 1981). Die Gruppenbildung erhält hier einen deutlich destruktiven Zug: Nicht mehr die Schaffung von Einheit steht im Vordergrund, sondern die Trennung sowie die Subgruppenbildung.

Wenn Individuen aber als Teile oder Mitglieder einer konkreten Gruppe begriffen werden sollen, dann müssen zunächst einmal Merkmale der Gruppe und Merkmale der Personen unterschieden werden: Sogenannte holistische Merkmale der Gruppe beschreiben etwa den Namen, die Größe, das Alter, die Zusammensetzung oder die Struktur der Gruppe. Sogenannte partielle Merkmale charakterisieren die Mitglieder der Gruppe, wobei hier wieder zu unterscheiden ist, ob ein Mitglied hinsichtlich der Struktur einer Gruppe oder unabhängig davon gekennzeichnet wird. Im ersten Fall wird es z. B. als Meister, Entscheidungsbefugter, Angestellter, Leiter der Abteilung X oder Auszubildender eines Unternehmens beschrieben (sogenannte partiell-strukturelle Merkmale, die nur in Relation zu anderen Mitgliedern der Gruppe Bestand haben), im letzten Fall wird es hinsichtlich von Merkmalen charakterisiert, die zwar am Mitglied erfasst werden, jedoch relativ zu den anderen Mitgliedern zu bestimmen sind (z. B. ist man mit 25 Jahren jung in Relation zu anderen Mitgliedern im Alter von 57, 61 und 66 Jahren). In diesem letzten Fall spricht man von partiell-individuellen Merkmalen. Konkrete Arbeitsgruppen zeichnen sich gerade dadurch aus, dass sie in einer zielführenden Struktur Positionen aufweisen, die funktional hierarchisch und kooperativ miteinander verknüpft sind und von qualifizierten Individuen eingenommen werden, von denen dann entsprechend unterschiedliche Leistungsbeiträge z. B. als Einkäufer, Logistiker und Controller erwartet werden können. Die Mitglieder tragen hier zunächst einmal unabhängig von ihren individuellen Merkmalen konstruktiv zum Gruppenergebnis bei. Allerdings können spezifische individuelle Merkmale wie der Fleiß oder das Talent einer Person positiv, die Streitbereitschaft und die Dominanz negativ dazu beitragen, dass die Gruppenergebnisse mehr oder weniger gut ausfallen (wobei jede Gruppe wiederum strukturelle Maßnahmen wie eine systematische Prozesskontrolle ergreifen kann, um Konflikten und Störungen entgegenzuwirken).

Unabhängig von diesen auffälligen Tendenzen zur Bildung von Nominalgruppen lassen sich in der klassischen Gruppenpsychologie verschiedene Ansätze zur Beschreibung und Erklärung von Gruppenleistungen aufzeigen. Dabei wird die Gruppe als eine spezifisch strukturierte Ansammlung von Personen begriffen, die im Kontext von definierten Beziehungen eine Aufgabe zu bewältigen hat (allgemein wird immer wieder von Handlungsregulation und Informationsverarbeitung gesprochen) und dadurch ein Ziel, ein Leistungsergebnis bzw. ein Gruppenergebnis erstellt. Im Gruppenergebnis gehen die aufeinander abgestimmten Individualleistungen auf und verschaffen den einzelnen Mitgliedern das Gefühl, einen positiven Beitrag zum Gesamtergebnis geleistet zu haben. Diese Beschreibung stellt die Basis des sogenannten Input-Process-Output-Modells der Gruppenproduktivität dar (Hackman 1987): Der Input wird über vielfältige Eingangsfaktoren, der Prozess über koordinierte Leistungen und der Output über Faktoren, die das Gruppen-

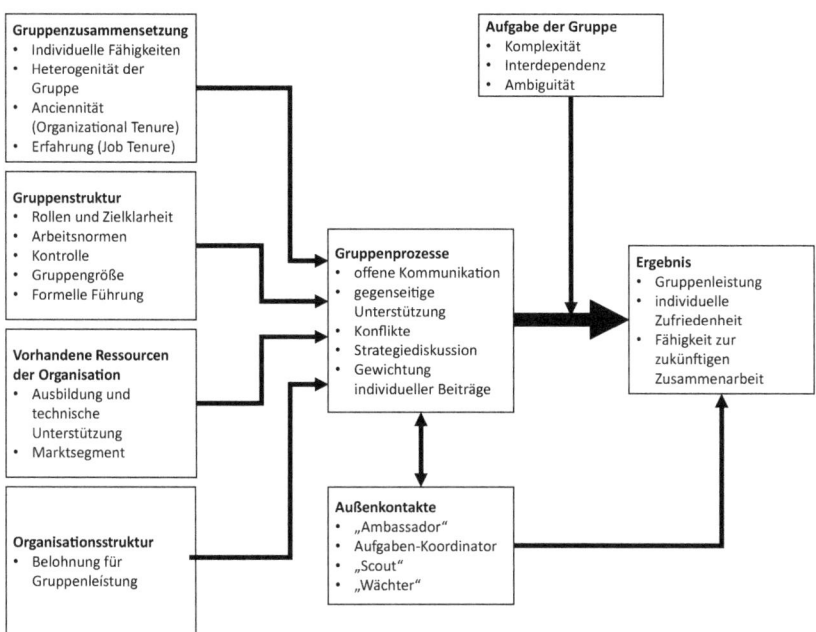

Abb. 6.1 Modell zur Gruppeneffizienz nach Gladstein (1984)

ergebnis abbilden, operationalisiert. Die folgende Abb. 6.1 gibt ein abgewandeltes Modell von Gladstein (1984) zur Gruppeneffizienz wieder.

Dieses Modell vereinigt auf der Input-Seite holistische Merkmale wie die Gruppenstruktur, die Gruppenzusammensetzung, die verfügbaren Ressourcen und die Anreizstrukturen. Als Gruppenprozesse werden die Kommunikation, Konflikte und wechselseitiger Informationsaustausch innerhalb der Gruppe dargestellt. Auf der Output-Seite werden insbesondere die Gruppenleistung und die Zufriedenheit der Mitglieder thematisiert. Besondere Beachtung verdient die Rolle der Aufgabe: Sie umfasst quasi alle prozessualen Elemente, weist ihnen jedoch unterschiedliches Gewicht je nach Komplexität, Interdependenz und Klarheit zu. Die Aufgabe hat damit moderierenden Charakter. Weil keine Arbeitsgruppe in einem Unternehmen abgeschlossen von der Umwelt existiert und arbeitet, betont Gladstein auch die Bedeutung der organisationalen Umwelt und insbesondere die Außenkontakte der Gruppe zu anderen Gruppen. Letzterer Aspekt wurde insbesondere von Ancona und Caldwell (1992) ausgearbeitet.

In abstrakter Erweiterung des IPO-Modells begreifen Arrow et al. (2000) Gruppen als komplexe Systeme, die aus individuellen Teilsystemen bestehen, die Aufgaben bewältigen sowie in Umgebungssysteme eingebettet sind. Daraus werden einerseits ebenenspezifische Prozessdynamiken abgeleitet: Lokale Dynamiken beschreiben die aufgabenbezogenen Tätigkeiten der Gruppenmitglieder, globale Dynamiken die gruppalen Prozesse und kontextuelle Dynamiken die Interaktionen mit der organisationellen Umgebung, in die die Gruppe eingebunden ist. Andererseits wird der eigentliche Wertschöpfungsprozess hin zum Gruppenergebnis über ein sogenanntes Koordinationsnetzwerk beschrieben, das sich aus sechs verschiedenen Teilnetzwerken zusammensetzt: Die Zusammensetzung der Gruppe aus den individuellen Mitgliedern beschreibt das member-network, die Zusammensetzung der Aufgaben einer Gruppe das task-network, das tool-network umfasst die technologischen Ressourcen, das „Arbeitsnetzwerk" beschreibt die Kooperation der Mitglieder in verschiedensten Projekten, das role-network den Zugang und die Kontrolle über Ressourcen und das sogenante job-network den Einsatz von technologischen Ressourcen bei der Bewältigung der Aufgabe durch die Mitglieder. Solche Netzwerke konstituieren ihrerseits wiederum dynamische Komplexe, die wechselseitig aufeinander einwirken und in der Summe dazu beitragen, das Verhalten von Gruppenmitgliedern auf Ziele auszurichten, ohne dass hierbei jedoch der Prozess als eine Resultante unterschiedlicher Vektoren erklärt wird. Der eigentliche Leistungsprozess erscheint nur als eine Black Box bzw. eine Ansammlung von Black Boxes (Steiner 1986), die als ein mehr oder weniger zyklischer Vorgang beschrieben wird, in dem unterschiedliche Positionsinhaber mit unterschiedlichen Aufgaben in einer technologischen Umwelt hierarchisch, interaktiv und dynamisch verknüpft sind.

Als vereinfachende Reduktion des Gladstein-Modells kann das Modell von Schulz-Hardt et al. (2007) angesehen werden. Es vereinigt auf der Inputseite die Gruppenzusammensetzung (Merkmale der Mitglieder bezüglich der erfolgreichen Bewältigung der Aufgabe), die Gruppensynchronisation (z. B. Koordination durch Führung) und das Gruppenlernen (verschiedene Arten des Lerntransfers). Diese nehmen aufgabenabhängig Einfluss auf den leistungsrelevanten Gruppenprozess (basierend auf Koordination, Motivation und Fertigkeiten), der dann wiederum die Gruppenleistung prägt.

Der Aspekt der Gruppenzusammensetzung, also die Beschreibung des member networks mit den zahlreichen partiell-strukturellen und partiell-individuellen Merkmalen, findet gerade in der letzten Zeit unter dem Stichwort Diversität erhebliche Beachtung. Hinter diesem Konzept verbirgt sich die Frage, ob hinsichtlich partiell-individueller Merkmale unterschiedlich oder gleichartig zusammengestellte Gruppen bessere oder schlechtere Leistungen erbringen. Mit Blick auf das Modell von Gladstein (1984) kann die Antwort auf die Frage nur unter Beachtung der moderierenden Aufgabe gegeben werden. Zu vermuten ist, dass die Diversität sich ganz unterschiedlich auswirken wird, je nachdem, wie komplex und eindeutig die Aufgabe formuliert ist und wie stark die einzelnen Aufgabenteile interdependent miteinander verknüpft sind. Hier wird angenommen, dass Innovationsteams komplexe und interdependente Aufgaben zu erfüllen haben, die ein hohes Maß an Diversität erfordern.

In einem Literaturüberblick stellen Williams und O'Reilly (1998) zwei theoretische Positionen gegenüber, die sich mit dem Zusammenhang von Gruppendiversität und Gruppenleistung beschäftigen. Die erste Position wird als social categorization perspective, die zweite als information/decision making perspective bezeichnet. Die erstgenannte Perspektive geht wie bereits dargestellt davon aus, dass Ähnlichkeiten und Differenzen zwischen Merkmalen von Gruppenmitgliedern dazu genutzt werden, sich selbst und andere Mitglieder Gruppen zuzuordnen und darüber die sogenannte Ingroup, der man sich selbst zurechnet und eine oder mehrere Outgroups zu bilden. Mitglieder der Ingroup werden favorisiert wahrgenommen, Mitglieder der Outgroup werden diskriminiert. Durch die Kategorisierung wird die Gruppe somit in verschiedene Subgruppen aufgespalten. Daraus ist der Befund abzuleiten, dass mit zunehmender Homogenisierung ein höheres Maß an affektiver Bindung an die Gruppe, ein geringeres Maß an sozialen Konflikten und auch ein höheres Maß an Leistung erzielt wird (Riordan und Shore 1997; Pelled et al. 1999; Simons et al. 1999). Dies würde etwa bedeuten, dass eine Gruppe von gleichaltrigen Mitgliedern bessere Leistungen bei einer Innovationsaufgabe zeigt, als eine Gruppe von Individuen unterschiedlichen Alters.

Die zweitgenannte Perspektive kommt zum entgegengesetzten Befund. Dahinter steckt die Überlegung, dass diverse Gruppen über unterschiedliche Wissensbestände, Strategien der Informationsverarbeitung und Kompetenzen verfügen. Dadurch entsteht ein größerer Ressourcenpool, der für die Bewältigung der Aufgabe umso mehr von Vorteil ist, je weniger redundant und überlappend das Wissen ausfällt. Die Diversität kann zwar verstärkt zu sachlichen Auseinandersetzungen führen (Jehn et al. (1999) sprechen von task conflict), diese tragen jedoch entscheidend zu interessanteren, kreativen und innovativen Problemlösungen und damit auch zu besseren Gruppenleistungen bei (Bantel und Jackson 1989; Sternberg et al. 2005). Von daher wäre etwa zu erwarten, dass eine heterogen zusammengesetzte Gruppe von Chemikern, Biologen und Informatikern, die eine neue, wissensrelevante Aufgabe zu bewältigen haben, ein besseres Resultat erzielen als eine homogene, nur aus Chemikern bestehende Gruppe.

Van Knippenberg et al. (2004) unternehmen den Versuch, beide Modelle zu integrieren. Dazu differenzieren sie die Merkmale, über die sich Personen kategorisieren und zuordnen, in zwei Klassen: Soziale Kategorisierungen erfolgen vornehmlich über oberflächlich erkennbare, visible Merkmale der Mitglieder, während die in der Perspektive der Informationsverarbeitung angesprochenen Merkmale wie Wissen, Ausbildung oder Funktion innerhalb eines Unternehmens eher verdeckt und nicht der direkten Wahrnehmung zugänglich sind. Von daher sollten negative

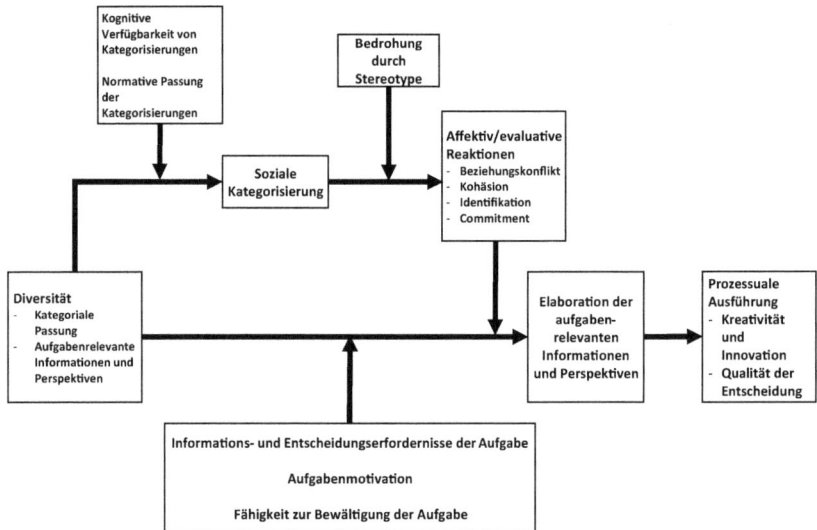

Abb. 6.2 Das Categorization-Elaboration-Modell nach van Knippenberg et al. (2004)

Diversitätseffekte an oberflächliche (social category diversity basierend z. B. auf Geschlecht oder Alter) und positive Diversitätseffekte an tieferliegende, verdeckte Merkmale von Individuen (informational diversity z. B. auf der Grundlage von Bildung oder Erfahrung) gebunden sein. Die folgende Abb. 6.2 gibt das Categorization-Elaboration-Model (CEM) wieder. Wie das Modell zu erkennen gibt, führt die diverse Zusammensetzung in einem direkten Pfad zur Elaboration von gruppenrelevanten Informationen, die zu hochwertigen Leistungsergebnissen im Sinne von Innovationen oder Entscheidungen führen. Entscheidend dabei ist das Wissen, Können und Wollen der Gruppenmitglieder, die Aufgabe auszuführen. Sie wirken als Moderatoren. In einem indirekten Pfad führt die erkennbare Diversität über kognitive Prozesse zur sozialen Kategorisierung, die dann wiederum über ein Bedrohungserleben bezüglich der eigenen sozialen Identität zu vermehrt negativen affektiven und evaluativen Reaktionen sowie sozialen Konflikten und damit schließlich zu einer mehr oder minder starken Beeinträchtigung der Gruppenleistung beiträgt.

Die soziale Kategorisierung resultiert in kognitiven Verzerrungen und Vorurteilen und ist disruptive to the group functioning (Proposition 6, S. 1015) bzw. elaboration of task-relevant information (Proposition 7, S. 1017), d. h. sie führt z. B. zur Verweigerung von Kommunikation, zur Entwertung von Argumenten oder zum Zurückhalten von Information, wodurch das Gruppenergebnis gefährdet wird. Die zerstörerischen Effekte der sozialen Kategorisierung nehmen weiter zu, wenn sie nicht nur über eine Dimension, sondern simultan über mehrere Dimensionen gleichzeitig erfolgen und zu immer gleichartigen Grenzziehungen führen (z. B. Geschlecht, Alter und Hautfarbe). In diesem Falle trägt dann multiple Kategorisierung zur Herausbildung von sogenannten Faultlines oder Bruchlinien bei (Lau und Murnighan 1998; Thatcher et al. 2003), die markante Subgruppenbildungen und starke soziale Konflikte zur Folge haben (bei der Zweiteilung wird gar nicht auf soziale Konflikte eingegangen, die sich aus Differenzen über Rollenerwartungen in den Gruppen ergeben).

6.2 Arten der Diversität

Das Konzept der Diversität beschreibt einen Zustand von Gruppen, der auf Differenzen hinsichtlich partiell-struktureller und partiell-individueller Merkmale der Mitglieder zurückgeht. Eine eindeutige Definition von Diversität liegt momentan nicht vor. Van Knippenberg und Schippers charakterisieren Work Group Diversity daher als den Grad, zu dem es Unterschiede zwischen den Gruppenmitgliedern gibt. Diese können groß oder klein sein (van Knippenberg und Schippers 2007). Eine Einzelperson kann nicht divers sein, sie trägt aber immer in Relation zu den anderen Mitgliedern zur Diversität der Gruppe bei. Erst unter Berücksichtigung der Gruppenebene kann somit eine Aussage zum Grad der Diversität getroffen werden. Dieser Wert ist nicht fest und wird, abhängig von Gruppengröße und Gruppenzusammensetzung, unterschiedlich stark variieren. Ein einheitliches Maß für Diversität liegt aktuell nicht vor.

Dies hat einen weiteren Grund darin, dass der Begriff keine einheitliche Bedeutung aufweist. Harrison und Klein (2007) begegnen dem Definitionsproblem mit einer Aufteilung des Begriffes. Sie unterscheiden drei Formen der Diversität: Separation (Unterschiedlichkeit von Meinungen), Varietät (Vielfalt vor Arten) und Disparität (Über- und Unterlegenheit von Personen).

Separation beschreibt Unterschiede hinsichtlich geäußerter Positionen oder Meinungen einzelner Mitglieder (Meinungsunterschiede). Diese Positionen können auf einer Ähnlichkeitsdimension abgetragen werden. Es geht hierbei immer um die Position eines Mitglieds auf einem theoretisch unendlichen Kontinuum von möglichen Meinungspositionen zwischen zwei Extremen.

Unter Varietät versteht man die Unterschiedlichkeit hinsichtlich bestimmter kategorialer Merkmale (Ausprägungsunterschiede), z. B. im Bereich des Wissens oder der Erfahrung zwischen den Mitgliedern, aber auch die Herkunft könnte über diese Variante erfasst werden.

Disparität beschreibt Konzentrationsverhältnisse zwischen den Mitgliedern einer Gruppe oder Gemeinschaft hinsichtlich z. B. Macht, Geld, Information oder anderer Ressourcen (Rangunterschiede).

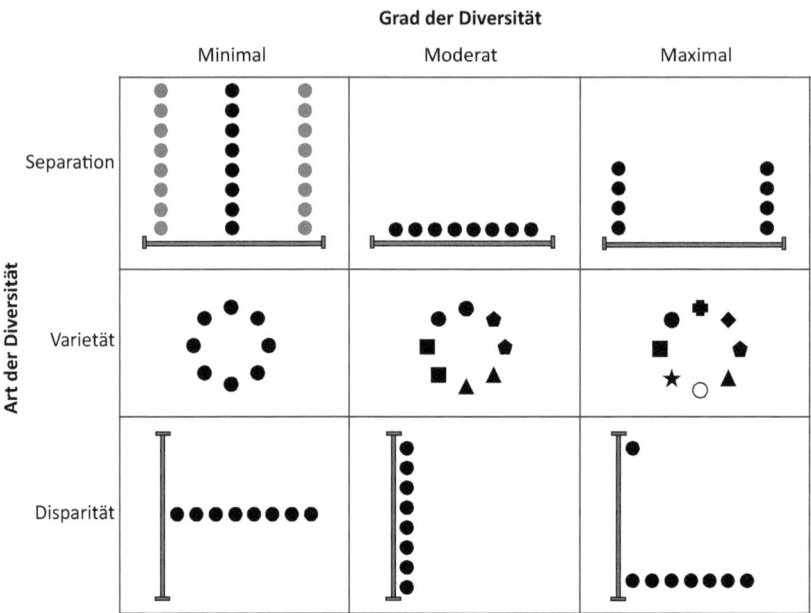

Abb. 6.3 Art und Grad der Diversität von Gruppenmitgliedern nach Harrison und Klein (2007)

Zum besseren Verständnis der unterschiedlichen Diversitätsarten werden in Abb. 6.3 minimale, moderate und maximale Formen der unterschiedlichen Arten von Diversität visualisiert.

Nehmen wir ein Team von Wissenschaftlern, das ein innovatives Produkt gestalten soll. Es ist dabei nur bekannt, was das Endprodukt leisten soll, nicht jedoch, wie man zu diesem Ergebnis gelangt. Würde das Team aus acht Mitgliedern bestehen, die alle der Meinung sind, eine Mischung aus Methode A und B wäre ideal für das Erreichen des Ziels, wäre die Separation des Teams minimal (alle haben die gleiche Auffassung).

Eine moderate Form der Separation läge vor, wenn jedes der acht Teammitglieder an einer anderen Stelle auf dem Kontinuum zwischen Methode A und B liegen würde (im Optimalfall alle mit gleichem Abstand). Gäbe es innerhalb des Teams je vier Verfechter von Methode A und Methode B, so wäre die Separation der Gruppe maximal. In diesem Fall stünden sich quasi zwei Teilgruppen gegenüber und erzeugten dadurch einen Konflikt. Wenn wir unter Diversität die Meinungsunterschiede von Teammitgliedern verstehen, wie kommt es dann jedoch dazu, dass die Separation nur moderat ist, wenn alle Teammitglieder unterschiedlicher Meinung sind? In diesem Falle besteht zwischen allen Mitgliedern zwar ein Dissens, aber kein Mitglied ist in der Lage, Macht zu mobilisieren, um sich gegen ein anderes Mitglied durchzusetzen. In diesem Falle entsteht keine Subgruppenbildung innerhalb der Gruppe. Allerdings ist anzunehmen, dass die Kohäsion der Gruppe nur gering ist.

Beschreiben wir das Team unter Gesichtspunkten, die sich kategorial differenzieren lassen (z. B. Bildungsabschlüsse, Studium), so befinden wir uns im Bereich der variety, der Vielfalt oder der Ausprägung unterschiedlicher Arten. Würde das Team aus acht Mitgliedern bestehen, die alle Physiker sind, wäre die Vielfalt minimal. Gäbe es innerhalb des Teams je zwei Physiker, zwei Musiker, zwei Philosophen und zwei Biologen, so wäre die Vielfalt als moderat einzuschätzen. Wären alle acht Wissenschaftler aus unterschiedlichen Disziplinen, so wäre die Ausprägung der Vielfalt maximal. Hier stehen also nicht Meinungsunterschiede zwischen Mitgliedern, sondern eher unterschiedliche Wissensarten zur Debatte. Variety beschreibt eine Form von Unterschiedlichkeit, die intuitiv mit dem Konzept der Diversität verbunden ist (Gardenswartz und Rowe 1998) und von Blau (1977) als heterogeneity eingeführt und berechnet wurde. Diversität bedeutet damit, dass z. B. im Innovationsteam ein hohes Maß an unterschiedlichem Wissen bereitgehalten wird, da jedes Mitglied unterschiedliches Fachwissen aus seinem spezifischen Fachbereich einfließen lassen kann. Nicht Unterschiedlichkeit hinsichtlich eines Merkmals, sondern die Andersartigkeit ist entscheidend. Dabei ist man in der Wahl der Dimensionen frei: Auch könnte man die Gruppe der Physiker weiter aufsplitten und dadurch eine maximale Vielfalt erzeugen, dass man Festkörperphysiker, Kernphysiker, theoretische Physiker, Plasmaphysiker, Geophysiker etc. zusammenarbeiten lässt. Immer erhält man einen Ideenpool, der größer ist, als wenn man nur Kernphysiker unter sich arbeiten lässt, wobei davon ausgegangen wird, dass ein großer Ideenpool bei einem Innovationsprojekt von Vorteil ist.

Bei der Disparität geht es um den Zugriff auf Ressourcen innerhalb eines Teams. Für den Fall, dass alle acht Teammitglieder zu gleichen Teilen auf relevante Ressourcen wie Wissensnetzwerke oder Laborräume Zugriff haben, wäre die Disparität minimal. Würden die Unterschiede zwischen den Mitgliedern so ausfallen, dass das komplette Kontinuum zwischen „kein Zugriff auf Ressourcen" und „Zugriff auf alle Ressourcen" ausgenutzt würde, wäre die Disparität moderat. Würde es jedoch nur einen Wissenschaftler geben, der über alle Ressourcen verfügen könnte und hätten die restlichen sieben keinerlei Zugriff auf die Ressourcen, so wäre die Disparität der Gruppe maximal ausgeprägt. Das Konstrukt der Disparität bringt somit Rangunterschiede zwischen Mitgliedern einer Gruppe zum Ausdruck: Rangunterschiede in der Gruppe sind maximal und damit auch wieder Gruppenkonflikte sehr wahrscheinlich, wenn geringe Anteile der Mitglieder über große Anteile an Ressourcen bzw. große Anteile der Mitglieder über einen geringen Anteil desselben Gutes verfügen können. Disparität bedeutet damit eine Asymmetrie von Machtverhältnissen innerhalb einer Gruppe. Disparität entspricht bei Blau (1977) der inequality.

Alle drei Formen der Diversität bringen ganz verschiedenartige Formen der Unterschiedlichkeit von Personen in einem sozialen System zum Ausdruck. Die Separation lässt sich dabei auf einem lateralen Kontinuum intervallskalieren und ist meist mit einer bimodalen Verteilung um einen Mittelwert herum verknüpft. Variety beschreibt kategoriale Unterschiede zwischen Mitgliedern einer sozialen Einheit (z. B. Männer und Frauen). Sie ist nominalskaliert und beschreibt die Zugehörigkeit von einzelnen Mitgliedern zu kategorialen Ausprägungen der grundlegenden (nichtkontinuierlichen) Dimension (z. B. wissenschaftliche Disziplinen). Die Disparität beschreibt Unterschiede in vertikaler Richtung und betrifft in der Regel den ungleich verteilten Zugang zu Ressourcen in einer sozialen Einheit. Sie ist rational skaliert und beschreibt z. B. die Einkommens- oder Informationsverteilung. Die Separation wird in der Regel über die Standardabweichung, die Varietät über den Blau-Index und die Disparität z. B. über den Gini-Koeffizienten berechnet (Harrison und Klein 2007).

Auf Innovationsteams und deren Leistungsfähigkeit bezogen beschreiben die drei Formen der Unterschiedlichkeit folglich ganz verschiedene Aspekte: Im Falle der Separation sind in der Regel oppositionelle Verhältnisse zwischen Mitgliedern hinsichtlich der Güte von Beiträgen angesprochen. Aus der Zugehörigkeit zu einer abgewerteten Kategorie wird dann auf die mangelnde Qualität der Beiträge geschlossen. Diese Abwertungen implizieren Konflikte, Vorurteile und wechselseitiges Misstrauen der Gruppenmitglieder und bewirken schließlich einen Mangel an Gruppenkohäsion und eine geringe Qualität der Leistung. Im Falle der Varietät werden eher Aspekte der Verarbeitung von Informationen aus unterschiedlichen Quellen thematisiert. Durch die Kombination von funktionalem Wissen kommt es zu mehr Kreativität, zu sachlich-kritischen Auseinandersetzungen und zu besseren Entscheidungen, was wiederum dem Zusammenhalt der Gruppe dienlich ist. Varietät bedeutete damit Informationsvielfalt, die für innovative Teams wichtig ist. Im Falle der Disparität werden schließlich Machtverhältnisse in der Gruppe thematisiert, wodurch die Gruppenmitglieder hinsichtlich ihrer Beiträge in unterschiedlicher Weise eingeschränkt werden. Dadurch entstehen Reibungen, Depressionen und Rückzugsverhalten, was wiederum die Leistungsfähigkeit der Gruppe beeinträchtigen kann und gerade für Innovationsteams von Nachteil ist.

In diesem Sinne lassen sich alle drei Definitionsansätze von Diversität auf die Zusammenarbeit von Wissenschaftlern oder anderen Angehörigen von Berufsgruppen in Innovationsteams beziehen. Vor dem Hintergrund der Aufgabenstellung eines Innovationsteams erscheint insbesondere die Vielfalt der funktionalen Wissensbestände von entscheidender Bedeutung zu sein, während sich Separation (Meinungsunterschiede) und auch Disparität (Machtunterschiede) tendenziell, über die Herausbildung von Konflikten im Sinne von Vorurteilen und Diskriminierungen zwischen Subgruppen, negativ auswirken. In Innovationsteams sollten vornehmlich rationale Mittel-Zweck-Relationen dominieren, während alle Formen von Macht, Statusbildung und Hierarchie weitgehend ausgeschlossen sein sollten. Für die Problemlösung in Gruppen oder Teams eignen sich von daher insbesondere Ansätze zur funktionalen Andersartigkeit. Alle anderen Arten von Diversität dürften eher hinderlich sein bzw. nur im Falle von Misserfolgen in Erscheinung treten. Damit bleibt jedoch noch die Frage offen, wie eine solche Diversität für konkrete Innovationsteams bestimmt werden kann.

6.3 Empirische Befunde zur funktionalen, demografischen und kulturellen Diversität

Gruppen bestehen aus Mitgliedern, die in einer spezifischen Struktur Aufgaben bewältigen und dadurch ein gemeinsames Gruppenziel realisieren. Das gemeinsame Ziel, aber auch die Koordination der Aufgaben gibt allen Mitgliedern einer Gruppe eine gemeinsame Orientierung und Ausrichtung. Die Unterschiedlichkeit bzw. Diversität der Mitglieder selbst fällt von daher kaum ins Gewicht, solange die von ihnen geforderten Beiträge, die funktional für die Erreichung des gemeinsamen Ziels sind, tatsächlich erbracht werden.

Diversität kann sich auf ganz unterschiedliche Merkmale von Personen und deren Verteilung in der Arbeitsgruppe beziehen. Die funktionale Diversität einer Gruppe beschreibt eine Zusammensetzung von Mitgliedern hinsichtlich z. B. Wissens- oder Tätigkeitselementen, die von funktionaler Bedeutung für das Erreichen einer Problemlösung sind. Die Integration unterschiedlichen Wissens führt zu einem besseren Gruppenergebnis, wobei dieses Merkmal am Äußeren der Person kaum auszumachen ist. Wissen ist wenig visibel und kann von daher nicht gut zur Differenzierung in Gruppen herangezogen werden. Die gut sichtbare demografische Diversität einer Gruppe beschreibt etwa die direkt erkennbare Alters- oder Geschlechtszusammensetzung einer Gruppe. Dabei hat aber das Alter in der Regel keinen direkten Einfluss auf ein Leistungsergebnis der Gruppe, wohl aber indirekte Einflüsse dann, wenn man annimmt, dass etwa mit dem Alter spezifische Erfahrungen oder Einbußen an Funktionalität einhergehen. Typisch für diese Annahme sind etwa die Arbeiten zum Abbau von körperlichen und geistigen Fähigkeiten über die Altersspanne hinweg. Sie gehen von einem umgekehrt u-förmigen Verlauf der kognitiven Entwicklung über die Lebenszeit aus (Schaie 1994). Schließlich beschreibt die kulturelle Diversität die über die Mitglieder vermittelte Zusammensetzung von Werten und Überzeugungen in der Gruppe. Diese Art der Diversität kann sich z. B. über soziale Benachteiligungen im Bildungssystem und daran anschließend über das Geschlecht indirekt auch auf die Zuweisung spezifischer Aufgaben oder die Leistung in einer Gruppe auswirken.

In der Literatur finden sich vornehmlich Untersuchungen zu einzelnen Diversitäten (z. B. Altersdiversität) und deren Auswirkung auf verschiedenste Aspekte der Gruppe (meist Leistung, seltener Zufriedenheit oder Kohäsion), sehr selten sind hingegen Untersuchungen zum kombinierten Einfluss unterschiedlicher Diversitäten. Gerade im Bereich der Innovation ist jedoch zu erwarten, dass die Integration von Wissen besonders dann von Bedeutung ist, wenn sie aus verschiedensten Quellen gespeist wird (z. B. neben Alter und Erfahrung auch Wissen aus dem Studium, aus verschiedenen Branchen, aus verschiedenen Unternehmen und Positionen).

6.3.1 Diversität im Wissen

Diversität im funktionellen Hintergrund beschreibt die Unterschiedlichkeit der Mitglieder einer Arbeitsgruppe im Hinblick auf ihre Zugehörigkeit zu speziellen funktionellen Einheiten einer Organisation und den dort nachgefragten Wissens- und Kompetenzstrukturen (z. B. Abteilungen wie Finanzen oder Forschung und Entwicklung). Es wird angenommen, dass mit der Zugehörigkeit zu solchen Einheiten spezifische Fertigkeiten und Wissensstrukturen assoziiert sind, die die Aufgabenbewältigung in der sozialen Einheit ermöglichen. Von dieser Form der Diversität könnte generell die Diversität des Bildungsgrades abgegrenzt werden. Sie bezieht sich auf alle die Fähigkeiten, die während der Ausbildungszeit bis hin etwa zur Promotion erworben wurden. Da beide Formen der Diversität jedoch auf dieselben Kernaspekte (Unterschiede in Fähigkeiten und Wissensstrukturen) Bezug nehmen, werden sie im Folgenden einheitlich als funktionelle Diversität bezeichnet.

Die Wirkung der funktionellen Diversität wird theoretisch durch Ansätze erklärt, die Information und Wissen als Ressourcen für kognitiv geprägte Leistungsprozesse sehen. Beispiele sind etwa Theorien zum information processing oder decision making in Gruppen (Wittenbaum und Stasser 1996; Kerschreiter et al. 2003). Basisidee ist hier, dass aus dem Zusammenwirken von unterschiedlichen Ressourcen wie Fertigkeiten und Wissensstrukturen einzelner Mitglieder ein Ideenpool, ein Raum oder ein Inkubator entsteht, der neuartige Verknüpfungen von Ideen und Konzepten ermöglicht und zu besseren Lösungen beiträgt. Dieser Effekt wird noch verstärkt, wenn die einzelnen Mitglieder über verschiedene methodische Herangehensweisen an Problemstellungen verfügen (Ely und Thomas 2001). Die Interaktion der einzelnen Mitglieder und die Kombination von Wissen und Herangehensweisen macht die Lösung einer komplexen Aufgabe wahrscheinlicher und wirkt sich positiv auf die Gesamtleistung aus (Bell et al. 2011). Vergleichbare Annahmen liegen auch dem sogenannten Design Thinking zugrunde (Plattner et al. 2009). Dieser Zusammenhang unterliegt allerdings einigen Einschränkungen:

- Zum einen muss das Wissen der Gruppenmitglieder aufgabenbezogen und zusätzlich muss eine Verteilung unterschiedlichen Wissens in der Gruppe gegeben sein, dass zwischen den Mitgliedern eine interdependente Beziehung besteht. Wo nur identisches und damit redundantes Wissen gegeben ist, kann in der Gruppe oder im Team keine zusätzliche Anregung entstehen (Stasser und Titus 2003).
- Zum anderen ist Leistung nicht gleich Leistung. In empirischen Studien wurden vor allem positive Zusammenhänge zu Kreativität und Innovation gefunden, nicht jedoch zu Routinetätigkeiten, die von jedermann beherrscht werden (van Dijk et al. 2012).
- Ferner ist anzumerken, dass die Zusammenhänge oftmals durch Moderations- und Mediationseffekte beeinflusst sind. Relevant ist hier einmal die Art der Aufgabe, die von der Gruppe zu bewältigen ist. In Gruppen, die sich mit intellektuellen Aufgaben auseinandersetzen müssen, sind die Zusammenhänge zwischen funktioneller Diversität und innovativer Leistung ausgeprägter (Bell et al. 2011).
- Auch die Aufgabenschwierigkeit gilt als Moderator. Da komplexe Aufgaben neue Lösungsansätze erfordern und eine Gruppe von Experten über einen Pool von verschiedenen Lösungsansätzen verfügt, steigt die Wahrscheinlichkeit in der diversen Gruppe an, einen neuen Lösungsansatz zu kreieren.
- Daneben ist auch die Gruppengröße zu berücksichtigen. Eine größere Gruppe verfügt über mehr Fähigkeiten und Ressourcen zur Aufgabenbewältigung. Nach Horwitz und Horwitz (2007) überwiegt dieser Nutzen mögliche Koordinationsaufwendungen infolge zunehmender Größe.
- Zudem spielt die Form des Wissensaustauschs eine Rolle. Dabei hängt die funktionelle Diversität neben dem Wissensaustausch innerhalb der Gruppe auch mit dem Wissensaustausch außerhalb der Gruppe zusammen (Cummings 2004; Keller 2001).

Diese Einschränkungen werden in einer neueren Studie von Boone und Hendriks (2009) bestätigt. Es werden drei Moderatoren benannt, die die funktionelle

Diversität zur Wirkung bringen: Als erstes muss eine Gruppe auch als Gruppe zusammenarbeiten (Mitglieder müssen über die Expertise der jeweils anderen informiert sein). Sodann müssen alle spezifischen Informationen auch tatsächlich ausgetauscht werden (spezifisches Wissen wird gepoolt und Wissenslücken können leichter überwunden werden) und zum Dritten sollen Generierung und Entscheidungsfindung dezentralisiert werden (jedes Mitglied leistet einen gleichgewichtigen Beitrag zum Entscheidungsprozess und fördert so den offenen Informationsaustausch).

Wenn diverse Kompetenzen kommunikativ gebündelt werden müssen, um eine finale Lösung herauszuarbeiten, dann entstehen Differenzen und Meinungsverschiedenheiten. Sie werden häufig als Sachkonflikte beschrieben (Jehn 1995). Gemeint sind damit in der Regel Auseinandersetzungen nach dem Prinzip von These, Antithese und Synthese. Prinzipiell gilt für alle Arten von Wissensdiversität, dass mit hoher Wahrscheinlichkeit Sachkonflikte zwischen den Mitgliedern auftreten (Horwitz und Horwitz 2007; Ostergaard et al. 2011). Diese Konflikte müssen jedoch nicht zwangsläufig schlecht sein und leistungsmindernd wirken. Nach Jehn (1995) wirkt sich der aufgabenbezogene Sachkonflikt – also etwa eine Auseinandersetzung zwischen einem Pharmazeuten und einem Neurologen um die Wirksamkeit eines neuartigen Präparats – durchaus positiv auf Problemlösungen aus (divergente Informationen werden stärker diskutiert), wohingegen sich sozioemotionale Beziehungskonflikte z. B. um die Über- oder Unterlegenheit einer Berufsgruppe eher negativ auf das Leistungsverhalten auswirken (kognitive Ressourcen werden von Aufgabenbearbeitung abgezogen). Wo Konflikte vom gemeinsamen Ziel ablenken, sinkt die Leistungsfähigkeit der Gruppe, wo sie die gemeinsame Zielerreichung unterstützen, steigt die Leistungsfähigkeit der Gruppe.

Über die Sachkonflikte hinaus können aber auch Beziehungskonflikte zwischen den Mitgliedern entstehen, die in der Literatur vor allem als Folge der Kategorisierung einzelner Mitglieder angesehen werden (und nicht z. B. als unterschiedliche Auffassungen über Rollen). Diese sozialen Konflikte, etwa zu Beiträgen von Männern und Frauen in der Gruppe, wirken sich negativ oder destruktiv auf die Gruppenleistung aus. Man könnte die beiden Konflikte auch als Elaborations- und Kategorisierungskonflikte beschreiben: Elaborationskonflikte entstehen aufgrund unterschiedlicher fachlicher Ansätze oder divergierender Methoden, Kategorisierungskonflikte entstehen aufgrund von Meinungsverschiedenheiten, die nicht in der Sache, sondern in der festgestellten Ausprägung und Verteilung einzelner Personenmerkmale, wie dem Alter, der Nationalität oder dem Geschlecht und daran festgemachten Vorurteilen begründet sind. Das gemeinsame Gruppenziel hilft in der Regel, die Sach- oder Elaborationskonflikte zu bewältigen, ohne dass es zu Beziehungs- oder Kategorisierungskonflikten kommt. Wo das gemeinsame Ziel jedoch an Kohäsionskraft verliert, können soziale Kategorisierungen zur Ausprägung von Subgruppenbildungen beitragen. Eine ausführlichere Erörterung dieser Überlegungen liefern van Knippenberg et al. (2004) in ihrer Explikation des sogenannten Categorization-Elaboration-Modells (vgl. auch Kap. 9).

6.3.2 Diversität in demografischen Merkmalen

Unterschiedliche Altersgruppen oder Geschlechtergruppen bringen unterschiedliche Wissenselemente, die sich aus ressourcentheoretischer Sicht günstig auf die Gruppenleistung auswirken. Sie können aber aufgrund der Visibilität der Alters- und Geschlechtsmerkmale auch zu negativen Effekten der Abgrenzung voneinander oder gar des Zerfalls einer einheitlichen Gruppe beitragen. Von daher stellt sich die Frage, unter welchen konkreten Zusammensetzungen der Gruppe eher positive, förderliche Effekte und unter welchen eher negative Kategorisierungseffekte auftreten, die auf Grenzziehungen zwischen Subgruppen zurückzuführen sind (van Knippenberg et al. 2004). Alter und Geschlecht, aber auch andere personengebundene Kategorisierungsmerkmale bilden für jede Gruppe ein Risiko, da sich über personengebundene Merkmale dysfunktionale Vorurteile und Subgruppbildungen ergeben können. Alters- und Geschlechtsdiversität kann damit zu einer Reduktion der Gruppenleistung führen, wenn die sozialen Differenzen stärker werden und die gemeinsamen Zielvorstellungen überstrahlen.

6.3.2.1 Alter

Aufgrund des demografischen Wandels in den meisten westlichen Industriestaaten stehen Unternehmen verstärkt vor der Herausforderung, ihre alternden Belegschaften zu organisieren. Zwangsläufig kommt es hierbei zur Zusammenarbeit von Jung und Alt. Diese Zusammenarbeit wird in der Öffentlichkeit gelegentlich kritisch gesehen, sie kann jedoch vorteilhaft für den Teamerfolg sein, wenn sich das Team mehr auf das gemeinsame Ziel der Gruppe als auf die Unterschiede zwischen den einzelnen Mitgliedern orientiert und Jung und Alt unterschiedliche Beiträge beisteuern: „diversity is valuable, when it adds new information" (Williams und O'Reilly 1998, S. 87). Die Orientierung auf das gemeinsame Gruppenziel ist entscheidend und bedarf dann auch keiner Unterstützung z. B. durch eine differenzierende Wertschätzung des jüngeren oder älteren Personals (Ries et al. 2012; Wegge et al. 2004), wodurch im Grunde bereits die soziale Diskriminierung angesagt, aber dann doch durch eine positive Einstellung wieder aufgehoben werden soll (wobei Anstrengungen zur Aufhebungen von Vorurteilen in der Regel nicht sonderlich erfolgreich sind).

Der Leistungsvorteil einer altersdiversen Gruppe basiert auf dem bereits aufgezeigten Prozess der elaborativen Informationsverarbeitung in der Gruppe. Arbeiten Menschen unterschiedlichen Alters und unterschiedlicher Generationen zusammen, so kommt es zwangsläufig zum Aufeinandertreffen auch unterschiedlicher Erfahrungen und unterschiedlichen Wissens, welches man sich im Laufe des Lebens erarbeitet hat. Dieser diverse Wissenspool schafft bessere Lösungsansätze und steigert die Leistungsfähigkeit von Innovationsteams (Kerschreiter et al. 2003).

Wenn Alt und Jung zusammenarbeiten und erfolgreich auf ein gemeinsames Ziel hin ausgerichtet sind, verlieren die Gruppenmitglieder bestehende Differenzen zwischen den Mitgliedern aus den Augen. Man hat das Ziel im Auge, nicht die Hautfarbe oder die Nationalität der Kollegen. Allerdings können diese Differenzen immer wieder wirksam werden, wenn das Ziel nicht erreicht wird oder wechselseitige Vorurteile und Stereotype (z. B. Junge haben keine Ahnung oder Alte sind starrköpfig) die Zusammenarbeit von Anfang an prägen. Von daher gilt für jede Gruppenbildung eine doppelte Maxime für Führungskräfte: Vermittlung eines stabilen, Gemeinsamkeit schaffenden Ziels sowie die Vermeidung von Zusammensetzungen der Mitglieder in der Weise, dass starke Separationen und Subgruppenbildungen über die Alterskategorie erfolgen können (Zanutto et al. 2010). In jeder Gruppe können die Gemeinsamkeiten vorübergehend verloren gehen, für diesen Fall sollte jedoch durch eine angemessene Verteilung der Altersvariablen der zerstörerischen Subgruppenbildung vorgebeugt werden. Potenzielle Kategorisierungseffekte können niemals ausgeschlossen, sondern immer nur präventiv berücksichtigt und überdeckt werden. Auf diese Weise kann ein Maximum an Leistungsfähigkeit erzielt werden. Eine ausgewogene Mischung von alten und jungen Teammitgliedern, bei der die Unterschiede zwischen den beiden Extrema nicht zu groß ausfällt (eine 20,30,40,50,60-Verteilung wäre eher anzustreben als eine 20,20,40,60,60-Verteilung), kombiniert die Vorteile beider Altersgruppen und ermöglicht eine Zusammenarbeit zwischen Jung und Alt, die dem Unternehmen zugutekommt.

Auch das Alter der Führungskraft in einer Gruppe ist zu beachten. Diese sollte im Vergleich zum restlichen Team nicht auffällig jung sein, um Akzeptanzprobleme zu vermeiden. McDonough III (1990) zeigt für Innovationsprojekte einen negativen Zusammenhang zwischen der Teamleistung und dem Alter des Teamleiters auf. Mit zunehmendem Alter der Führungskraft schreiten Innovationsprojekte jedoch auch langsamer voran, wobei unklar bleibt, ob dieser Unterschied für erfolgreiche und erfolglose Projekte sowie für Projekte mit hohem oder geringem Novitätsgrad in gleicher Weise gilt.

Die Befundlage legt den Schluss nahe, dass ein altersmäßig diverses Team den Vorteil der verbesserten Elaboration von Wissen besitzt, allerdings gleichzeitig auch den Nachteil der Erzeugung von sozialen Konflikten. Umgekehrt hat ein altershomogenes Team den Vorteil, dass es nicht zu sozialen Konflikten kommt, allerdings auch den Nachteil, dass es keine stärke Informationselaboration gibt. Bei der Gruppenzusammensetzung ist also auf ein ausgewogenes Verhältnis beider Komponenten zu achten. Wo das gemeinsame Ziel für das Handeln prägend oder der Erfolg relativ sicher ist, kann ein höheres Maß an Altersdiversität riskiert werden als dort, wo das gemeinsame Ziel nur schwach prägend oder der Erfolg der Gruppenleistung in Frage gestellt ist. In diesem Sinne hat ein altersmäßig homogenes Team etwa den Vorteil, dass die interne Kommunikation in der Gruppe schneller in Gang kommt, infolgedessen jede Art der Teambildung schneller abgeschlossen und der Punkt der höchsten Produktivität schneller erreicht werden kann. Für ein innovatives Projekt ist es jedoch von geringem Vorteil, wenn dadurch nur uniforme und bestätigende Auffassungen ausgetauscht werden und keine Elaboration unterschiedlichen Wissens erfolgt. Der Vorteil des altersmäßig diversen Teams liegt im größeren Wissensschatz und im kritischen Austausch, gleichgültig ob innerhalb der Gruppe oder aber auch über die Gruppengrenzen hinaus (etwa im Kontext von Designerteams oder im Bereich der Open Innovation unter Einbeziehung von externen Kunden und Lieferanten; Neubach et al. 2006; Ladwig et al. 2006).

6.3.2.2 Geschlecht

Ein weiterer aus der Demografie resultierender Aspekt der Diversität ist das Geschlechterverhältnis in Arbeitsgruppen. Laut Bundesagentur für Arbeit (2012) hat sich das Verhältnis der erwerbstätigen Männer und Frauen in den letzten zehn Jahren erheblich verändert: Waren im Jahr 2000 noch 72.8 % aller Männer und 57.7 % aller Frauen erwerbstätig, so waren es im Jahr 2010 75.9 % aller Männer und 66.0 % aller Frauen. Die Arbeitswelt ist damit hinsichtlich des Geschlechts der Arbeitnehmer ausgeglichener geworden. Was jedoch folgt aus der Geschlechterverteilung innerhalb eines Teams für dessen Zusammenarbeit?

Da an das Geschlecht auch wieder spezifische Wissens- und Erfahrungsunterschiede gebunden sind, kann die Kombination der Unterschiedlichkeiten zu einem besseren Gesamtergebnis beitragen und sich damit einem homogenen Team, das z. B. nur aus Männern besteht, überlegen erweisen (Wood 1987). Cox und Blake (1991) postulieren in diesem Sinne einen Value-in-diversity-Effekt, d. h. die Produktivität steigt durch geschlechtsspezifische Diversität und damit die Elaboration von Wissen und Fertigkeit an (Drach-Zahavy und Trogan 2013). Diese Erklärung basiert erneut auf dem bereits dargelegten ressourcentheoretischen Ansatz, wonach Frauen und Männer über unterschiedliche Fertigkeiten, Wissensbestände und Perspektiven verfügen (Ali et al. 2013). In vergleichbarer Weise ist allerdings erneut zu beachten, dass aus der Diversität auch soziale bzw. Kategorisierungskonflikte resultieren können (Gläsener 2011; Pelled 1997). Solche negativen Effekte treten vor allem dann auf, wenn Genderdifferenzen oder sogenannte Faultlines (zu diesem Konzept Lau und Murnighan 1998) dadurch aktiviert werden, dass man den Teammitgliedern vornehmlich geschlechtsbasierte Teilaufgaben innerhalb des Gesamtprozesses zuweist (Persall et al. 2008).

Welches prozentuale Verhältnis von Männern und Frauen sollte auf der Grundlage gesteigerter Produktivität durch Geschlechtsdiversität angestrebt werden? Die optimale Verteilung ist hierbei eine 50:50 Verteilung, also gleich viele Männer und Frauen. Dies ist jedoch schon rein rechnerisch bei ungeraden Teams und auch rein organisatorisch oftmals nicht möglich. In diesen Fällen gilt es einige Aspekte zu beachten. Es wurden sowohl negative Effekte für von Männern dominierten Gruppen (Williams und O'Reilly 1998) als auch in von Frauen dominierten Gruppen (Wegge et al. 2008) hinsichtlich der Gruppenleistung gefunden. Ein mittlerer Anteil von Frauen (40–60 %) scheint für die Produktivität einer Gruppe am besten zu sein (Hoogendoorn et al. 2013). Umgekehrt lassen sich Männer in der Unterzahl schlechter in ein Team integrieren als Frauen (Kanter 1977). Frauen in der Mehrheit zeigen wiederum die am stärksten egalitären Einstellungen gegenüber dem anderen Geschlecht, was aber Männer in der Minderheit nicht stärker zufriedenstellt. Es ist in der Folge davon abzuraten, die Mehrheit eines geschlechtsdiversen Teams aus Männern bestehen zu lassen, da in einem solchen Fall die Integration der Frauen erschwert wird und der value in diversity verlorengeht.

6.3.3 Diversität in kulturellen Werten

Die dargestellten Grundannahmen gelten auch für die kulturelle Diversität. Eine neuere Metaanalyse von Stahl et al. (2010) zeigt erneut einerseits positive Poolbildungs- oder Elaborationseffekt auf, andererseits lässt sie jedoch auch negative Kategorisierungseffekte erkennen, die auf die visiblen Merkmale der Zugehörigkeit zu unterschiedlichen Kulturen zurückgeführt werden können. Wo viel unterschiedliches Wissen und viele fachdisziplinäre Perspektivendifferenzen gegeben sind, entsteht über die Divergenz und die Sachkonflikte ein Leistungsvorteil. Dominieren hingegen die Kategorisierungseffekte, resultiert eine Leistungsabnahme der Gruppe. In einem Modell werden die differenziellen Effekte von Diversität und Homogenität der Gruppe, vermittelt über divergentes und konvergentes Interagieren, auf die Teamleistung abzuklären versucht.

Dem Modell zufolge erhöht kulturelle Diversität die divergenten Interaktionsprozesse, was wiederum positiven Einfluss auf die Teamleistung nimmt. Dabei entfalten einzelne Elemente der Interaktion eine positive Wirkung auf die Teamleistung (z. B. Brainstorming), während andere Elemente negative Auswirkungen haben (z. B. soziale Konflikte, die vom eigentlichen Ziel der Gruppenleistung ablenken). Kulturelle Diversität ist der Homogenität der Gruppe dann überlegen, wenn die Zusammenarbeit sachlich auf das gemeinsame Ziel ausgerichtet bleibt und nicht durch störende Kategorisierungen durchkreuzt wird. Homogene, monokulturelle Gruppen stellen eine Art Sicherheitsvariante dar: Das Leistungsergebnis mag schwächer sein, aber dieses Ergebnis wird infolge des zunehmenden konvergenten Denkens zumindest erreicht. Solche Gruppen stoßen jedoch immer dann an ihre Grenzen, wenn es um Innovation oder um eine hohe Qualität einer Problemlösung geht. In diesem Fall bieten kulturell diverse Teams – ungeachtet des Risikos, dass störende soziale Konflikte auftreten könnten – bessere Chancen auf Erfolg. Als zentrale Moderatoren gelten die Gruppengröße und das Gruppenalter: In großen Gruppen und mit zunehmender Dauer der Zusammenarbeit entstehen eher Konflikte.

Bestätigung für diese Überlegungen liefert auch Gläsener (2011). Er führte eine Untersuchung mit dem Ziel durch, „Bedingungen zu ermitteln, die helfen, Prozessgewinne zu begünstigen und Prozessverluste zu vermeiden, um aus diversen Teams Erfolgsteams zu machen." Identifiziert wurden sieben Merkmale eines Teamklimas, welche zur Verringerung von Konflikten führen sollen. Hierzu gehören Harmonie, Kompromissbereitschaft, interkulturelle Kompetenz, Offenheit sowie Kommunikation, Toleranz und Respekt. In einer Studie von Luijters et al. (2008) konnte der Zusammenhang zwischen der wahrgenommenen Ähnlichkeit kultureller Werte von Teammitgliedern und der Identifikation mit diesem Team aufgezeigt werden: Angenommen wird, dass Diversität die Identifikation mit dem Team verschlechtert und dadurch eine Leistungsminderung eintritt. Im Falle eines guten Gruppenklimas konnten diese dysfunktionalen Effekte jedoch kompensiert werden.

6.4 Integratives Modell zum Zusammenhang von Diversität und Innovation

Das in Abb. 6.4 vorgestellte Modell zum Zusammenhang von Diversität und Innovation reiht sich in die Tradition der sogenannten Input-Process-Output-Modelle ein. Auf der Inputseite stehen zwei unterschiedliche Einflussfaktoren, die die Gruppenprozesse und deren Ergebnis steuern. Das sind einmal die sogenannten Hardfacts, also die materiellen, zeitlichen und personellen Ressourcen, die unerlässlich

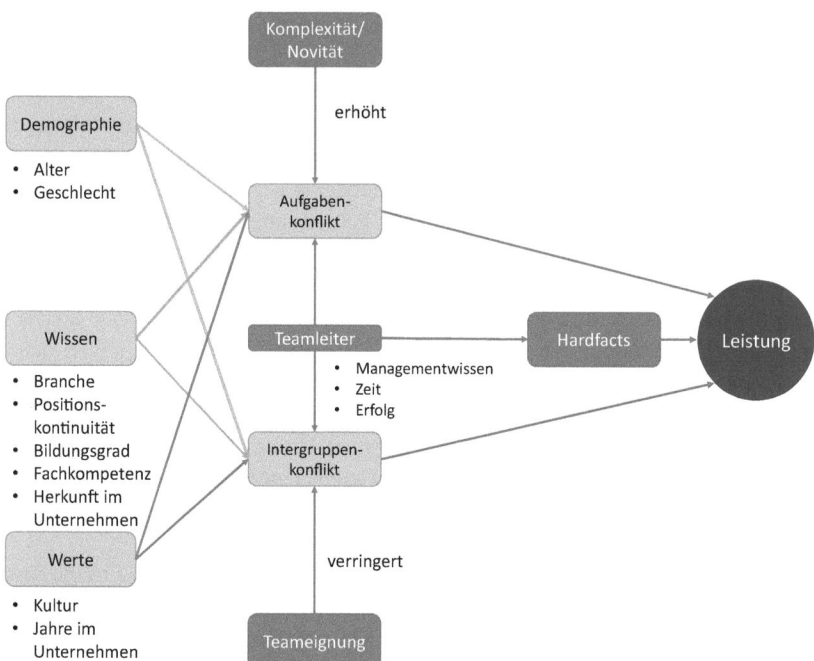

Abb. 6.4 Integratives Modell zum Zusammenhang von Diversität und Leistung

für die Gruppenleistung sind und vom Management eines Unternehmens bereitgestellt werden müssen. Darüber hinaus wird der Input durch die Zusammensetzung der Gruppe hinsichtlich verschiedener Diversitäten thematisiert. Diese betreffen funktionale, demografische und kulturelle Faktoren.

Der Prozess in der Gruppe wird als ein aufgabenbezogener, koordinierter Leistungsprozess begriffen, der zentral auf der Verarbeitung oder Elaboration von Information im Sinne eines Austauschprozesses zwischen den Mitgliedern eines Innovationsteams ausgerichtet ist. Dieser Prozess ist durch Konflikte bedroht, die zu zeitlichen Verzögerungen führen können. Eine besondere Rolle spielt auch die Kompetenz der Führungskraft, wobei anzunehmen ist, dass stressbelastete Teams vor allem durch alte und erfahrene Teamleiter und stressfreie Teams durch junge und risikobereite Teamleiter geführt werden sollten (Fiedler und Garcia 1987).

Als Output gilt das innovative Gesamtgruppenergebnis, das sich in der erfolgreichen Bewältigung der Teamaufgabe zeigt. Diese Bewältigung stellt das gemeinsame Ziel aller Mitglieder dar, die in ihrem komplexen Tun wechselseitig aufeinander angewiesen sind. Als Innovation gilt die Schaffung eines neuartigen Produkts, Prozesses oder Services (s. Kap. 2 in diesem Buch). Das postulierte Modell lässt sich am einfachsten von rechts nach links lesen. Eine entscheidende Hürde für den Erfolg eines Innovationsprojektes (dem Entstehen einer Leistung) ist es, dass die notwendigen Voraussetzungen (Hardfacts) in ausreichendem Maße zur Verfügung stehen. Hat das Team weder die monetären noch die zeitlichen oder personellen Mittel zu einer erfolgreichen Umsetzung des Projektes, so ist dieses von Beginn an zum Scheitern verurteilt. Sind diese Voraussetzungen gegeben, dann sind die Zusammensetzung und die Zusammenarbeit ein entscheidender Faktor für den Erfolg eines Teams.

Der Prozess selbst basiert auf der Verarbeitung von Information und den dabei auftretenden Konflikten. Dabei werden aufgabenbezogene und aufgabenfremde Konflikte bzw. Sach- und Sozial- oder Kategorisierungskonflikte unterschieden. Aufgabenbezogene Konflikte beschreiben die förderlichen Auseinandersetzungen um die Problemlösung, welche das Projekt vorantreiben, indem die Mitglieder in einen kreativen Austausch von Argumenten eintreten und versuchen, durch Integration ihrer unterschiedlichen Erfahrungen und Meinungen eine befriedigende Lösung zu finden. Sollte dies nicht gelingen oder das Projekt aus einem anderen Grund heraus wenig erfolgversprechend verlaufen, so gewinnt der Aspekt der sachfremden Sozialkonflikte an Bedeutung. Diese Konflikte entstehen nicht durch kontroverse aufgabenbezogene Beiträge, sondern durch deren Bewertung und dadurch bedingte Blockierungen eines erfolgreichen Austauschprozesses. Beiträge können im Konfliktfall als unzureichend klassifiziert werden, weil sie z. B. von Männern, Alten oder Angehörigen fremder Kulturen stammen, je nachdem welche differenzierende Kategorie in Frage kommt und aus welcher Perspektive geschaut wird. Es wird angenommen, dass sachbezogene Auseinandersetzungen zum Erfolg eines Projekts führen, während sachfremde Konflikte zwischen Mitgliedern zu einem Scheitern des Projektes beitragen. Dieses Scheitern kann dann der Auslöser weiterer Schuldzuweisungen sein (Schuld sind immer die anderen).

Beide Konfliktarten müssen bei divers zusammengesetzten Teams bereits bei der Planung der Gruppenzusammensetzung austariert werden: Selbst wenn es gelingen sollte, die Gruppe auf ein gemeinsames Ziel hin auszurichten, können von unterschiedlichen Zusammensetzungen mehr oder weniger starke Risiken für sachfremde Konflikte ausgehen. Beide Konfliktarten unterliegen zudem moderierenden Einflüssen von aufgaben- und personenbezogenen Faktoren. Auf den Aufgabenkonflikt nimmt der Neuheitsgrad der Aufgabe direkten Einfluss. Hierunter ist die Abweichung der Aufgabe von den herkömmlichen betrieblichen Vorgehensweisen zu verstehen (z. B. einen Dieselmotor zu bauen, nachdem bisher immer nur Benzinmotoren hergestellt wurden). Mit zunehmender Ausprägung des Neuheitsgrades werden neuartige Problemlösungen benötigt und sollte das Team ein höheres Maß an Diversität aufweisen. Dieses erhöhte Maß an Diversität steigert gleichzeitig aber auch das sachbezogene Konfliktpotenzial, wodurch sich die Bewältigung des Problems hinauszögern kann. Handelt es sich bei dem Projekt jedoch um ein Routineprojekt ohne Neuigkeitswert, so ist eher eine weniger diverse Zusammensetzung von Vorteil. Dadurch verringert sich der Zeitaufwand für das Projekt. Ein zweiter Moderator, der insbesondere die Wirkung von sachfremden Sozialkonflikten beeinflusst, betrifft die Teameignung der einzelnen Mitglieder. Hierunter wird die Fähigkeit verstanden, sich im Team auf ein gemeinsames Ziel zu einigen, im Sinne dieses Ziels zu interagieren und Unterschiede zwischen den einzelnen Mitgliedern auszublenden.

Auch vom Teamleiter geht ein moderierender Einfluss aus. Er muss Entscheidungen treffen, wenn Aufgabenkonflikte nicht gelöst werden können oder wenn ein Kompromiss gefunden werden muss. Sein moderierender Einfluss wird wiederum durch den Neuheitsgrad der Aufgabe mediiert. Handelt es sich um ein Routineprojekt, ist eine Führungsperson zu bevorzugen, welche vor allem über viel Fach-, aber weniger Managementwissen verfügt. Durch sein Fachwissen kann sie das Projekt in seinem Ablauf prägen. Bei einem innovativen Projekt sollte genau diese einseitige Prägung nicht erfolgen. Hier wird eine Führungsperson mit viel Managementwissen und weniger Fachwissen benötigt, die insbesondere den internen und externen Austausch moderiert und die Hardfacts im Auge behält. Dadurch soll es dem Team ermöglicht werden, sich gedanklich frei zu entfalten. Ein Projektleiter mit viel Fachwissen würde hier für eine Einengung sorgen.

Den größten Einfluss auf die beiden Konfliktarten haben jedoch personenspezifische Kennwerte der einzelnen Mitglieder wie die wenig sichtbar ausgeübte Funktion (deep-level) oder die stark visiblen Merkmale des Alters, des Geschlechts oder der kulturellen Herkunft (surface-level). Diese werden im Modell nach inhaltlichen Gemeinsamkeiten geordnet. Es wird angenommen, dass die funktionale Diversität den stärksten Einfluss ausübt. Hierin spiegeln sich alle fachlichen und wissensbasierten Unterschiede zwischen den einzelnen Teammitgliedern wider, welche wiederum dazu führen sollen, dass der Ideenpool für Problemlösungen möglichst groß wird. Weniger stark ist der Einfluss auf sachfremde Sozialkonflikte.

Der Bereich der oberflächlichen und visiblen Dimensionen wie Alter oder Geschlecht beschreibt die Merkmale einer Person, die meist auf den ersten Blick festzustellen sind und eine Zuordnung zu spezifischen Subkategorien erleichtern. Hierin liegt einerseits eine Gefährdung der Gesamtgruppe, andererseits liegen in diesen Diversitäten aber auch wieder Chancen, neue Sichtweisen z. B. von Vertretern unterschiedlicher Kulturen kennenzulernen. Dies gilt auch für die Zusammenarbeit von Jung und Alt, weil die älteren Teammitglieder ihre Erfahrungen einbringen und jüngere Mitglieder eher unübliche und neuartige Ideen einfließen lassen können. Jedoch sind die Einflüsse dieser Merkmale auf den sachbezogenen Aufgabenkonflikt nicht so stark wie die Einflüsse aus dem Bereich der funktionalen Diversität (für Problemlösung ist Funktionalität wichtiger als Alter). Den geringsten Einfluss auf die Elaboration, die sachbezogene Auseinandersetzung und die Erreichung des Ziels haben die Dimensionen aus dem Cluster der kulturellen Diversität. Auch wenn eine kollektivistische oder individualistische Ausrichtung durchaus Einfluss auf die Herangehensweise an ein Problem haben können, so spielen sie in einem kohäsiven Team vermutlich eine weniger starke Rolle als die beiden anderen Cluster. Allerdings können gerade sie in Teams auch eine stark zerstörerische Subgruppenbildung forcieren.

6.5   Diversitätsplaner

Für das Management eines Unternehmens stellt sich immer wieder die praktische Frage, wie Innovationsteams zusammengestellt werden sollten. Von daher wird im Folgenden ein Instrument dargestellt, das auf der Basis zahlreicher empirischer Befunde Anleitung gibt, wie man Innovations- oder Leistungsteams nach dem Gesichtspunkt hoher Diversität plant und optimal zusammenstellt. Dieser Diversitätsplaner basiert auf den dargelegten theoretischen Überlegungen, die zur Ableitung von spezifischen Algorithmen für die Berechnung der unterschiedlichen Diversitäten und deren kombinierten Einfluss auf den Teamerfolg führen. Die Ergebnisse dieser Berechnungen schlagen sich in spezifischen Grafiken nieder, die dem Management unmittelbar zu erkennen geben, ob ein ausgewähltes Team über ein optimales Maß an Diversität verfügt und damit einen Teamerfolg erwarten lässt.

Grundlegend ist dabei zunächst einmal, dass ein Team nur dann erfolgreich arbeiten kann, wenn von Seiten des Unternehmens die erforderlichen Ressourcen bereitgestellt werden. Diese sogenannten Hardfacts stellen in unseren Analysen Zeit, Geld und Personal dar. Ohne diese Hardfacts kann es keinen Erfolg geben, auch wenn das Team noch so gut zusammenpassen würde. Diese Hardfacts sind besonders dann unverzichtbar, wenn der Neuigkeitsgrad der Aufgabe sehr hoch ist. In einem solchen Fall steht das Team unter zusätzlichem Stress. Über die Ausprägung der Hardfacts und den Neuigkeitsgrad der Aufgabe lässt sich das Stressniveau bzw. der Stressfaktor des Teams bestimmen. Der entwickelte Diversitätsplaner beinhaltet damit im ersten Schritt eine Art Frühwarnsystem, welches von Anfang an gegebene Missstände im Bereich der Budgetauslastung, des Zeitmanagements und des headcounts, also der Bereitstellung von Mitarbeitern für das Projekt, zusammen mit dem Novitätsgrad verrechnet und in einer ampelartigen Grafik anzeigt. So kann auf einen Blick klar erkannt werden, welche der Hardfacts gut abgedeckt sind und bei welchen Faktoren Verbesserungsnotwendigkeiten bestehen.

Für die Zusammenstellung der Mitglieder für ein innovationsfähiges Team sind zwei Dinge wichtig. Auf der einen Seite kommt es auf innovationsförderliche Kompetenzmerkmale an, die jedes Teammitglied mit in das Team einbringt (funktionale Dimensionen): z. B. Erfahrung, Ausbildung, Branchenkenntnis, Betriebskenntnis sowie spezielle Sach- und Methodenkompetenzen. Zum anderen ist darauf zu achten, dass über all diesen Merkmalen ein hohes Maß an Vielfalt realisiert wird, die verschiedenen Mitglieder also über vielfältige und andersartige Kompetenzen verfügen. Es ist wenig sinnvoll, verschiedene Mitglieder mit gleicher Kompetenz in ein Innovationsteam zu stecken. Auf diese Weise wird nur Redundanz erzeugt und die Mitglieder können sich kaum wechselseitig befruchten und anregen.

Der Diversitätsplaner basiert in weiten Teilen auf Ausprägungen von Mitgliedermerkmalen mit zeitlicher Erstreckung. Zu nennen sind hier z. B. das Lebensalter, die Betriebszugehörigkeit oder die Anzahl der Jahre in derselben Position, z. B. als Einkäufer oder als Produktionsleiter. Über diese Ausprägungen der einzelnen Mitglieder wird die Diversität der Arbeitsgruppe bestimmt, wobei dieses gruppale Merkmal auf drei Aspekten basiert. Bezogen auf das Beispiel des Lebensalters lauten diese:

- Die theoretisch mögliche Spanne des jüngsten und des ältesten Mitglieds, die entsprechend der Erfahrung und der gesetzlichen Vorgaben von etwa 20 bis 65 Lebensjahre reicht. Von daher können alle Mitglieder eines Teams innerhalb dieser Spanne angesiedelt werden.
- Die absolute Spanne des jüngsten und des ältesten Mitglieds innerhalb des konkret gebildeten Teams. Diese wird immer innerhalb der theoretisch möglichen Spanne liegen, z. B. zwischen 28 und 48 Jahren. Die Ausprägungen des Alters werden ordnungsstatistisch der Größe nach sortiert und der Abstand der realen von der idealen Verteilung zu einem einheitlichen Fehler verrechnet. Maximale Diversität liegt vor, wenn das Fehlermaß bei Null liegt, minimale Diversität wenn das Fehlermaß bei 1 liegt.
- Eine weitere Spezifikation erfolgt über die Verteilung der Mitglieder innerhalb der absoluten Spanne. Von optimaler Diversität kann gesprochen werden, wenn die Abstände der einzelnen Mitglieder innerhalb der konkreten Spanne gleich groß sind (z. B. 28, 33, 38, 43 und 48). Weniger optimal wäre die Diversität, wenn eine Subgruppe und ein Ausreißer (28, 30, 33, 34, 48) oder gar zwei Subgruppen innerhalb der Spanne gebildet würden (28, 30, 33, 44, 48). In diesem Sinne kann für jede Konstellation der Altersausprägungen der Mitglieder ein

Wert ermittelt werden, der angibt, wie weit die konkrete von der optimalen Konstellation entfernt ist.

Eine Arbeitsgruppe wird dann als altersdivers angesehen werden, wenn sie eine Spanne von mindestens 15 Jahren aufweist (anderenfalls gilt sie als homogen) und eine nur geringfügige Abweichung von der idealen Gleichverteilung der Mitglieder innerhalb der Spanne aufweist. So wird eine Konstellation 28, 29, 40, 48, 48 zwar hinsichtlich des erstgenannten Kriteriums als divers eingestuft (48–28 > 15), jedoch entsprechend des zweiten Kriteriums als nur geringfügig divers begriffen, da zum einen eine doppelte Teambildung möglich ist (28, 29 vs. 40, 48, 48) und zum anderen das 29-jährige Mitglied ebenso wie eines der beiden 48-jährigen Mitglieder nicht zur Altersdiversität des Teams beitragen. Die Diversität des Teams bleibt damit ein holistisches, ganzheitliches Merkmal des Teams und wird über ein spezifisches Muster der Altersverteilung erfasst. Das Alter wird als ein partiell-strukturelles Merkmal begriffen: Das individuelle Alter (z. B. 40) trägt innerhalb unterschiedlicher Gruppenzusammensetzungen jeweils unterschiedlich zur Diversität bei. Im Gegensatz zu vielen empirischen Untersuchungen im Bereich der sozialen Kategorisierung wird hier in der Konsequenz auch nicht auf absolute Altersangaben sowie die Ermittlung des Mittelwertes und der Standardabweichung der Altersangaben der einzelnen Mitglieder zurückgegriffen. Zudem zeigt sich, dass ein und dieselbe Standardabweichung für unterschiedliche Muster von Altersangaben stehen kann und auch zu wenig sensibel auf unterschiedliche Verteilungen reagiert.

Auf der Basis dieser Überlegungen führt der Planer die Diversitätsberechnungen für ein Team und für die einzelnen Mitglieder über verschiedene Dimensionen durch. Am Ende aller Berechnungen kann dasjenige Team zusammengestellt werden, dessen Werte die über alle zu berücksichtigenden Dimensionen beste Annäherung an eine ausgefüllte Gesamtfläche, also ein theoretisches Optimum an nutzbarer Diversität, darstellt. In der Praxis wird für jedes zusammengestellte Team ein Diversitätswert ermittelt, der in aller Regel unterhalb eines Optimalwertes liegt. Alle Werte der einzelnen Diversitäten schwanken zwischen 0 und 1, wobei der Wert 0 vollständige Homogenität der Mitglieder anzeigt (Altersspanne geringer als 15 Jahre und keine Gleichverteilung über die konkrete Spanne) und der Wert 1 für ein Optimum an Diversität steht (volle Ausschöpfung der Altersspanne und Gleichverteilung über der konkreten Spanne). Damit wird auch zum Ausdruck gebracht, dass sich keine Subgruppen innerhalb des Teams bilden lassen und damit auch die Gefahr eines Auseinanderbrechens über soziale Konflikte gering ist. Berücksichtigung finden im Diversitätsplaner die demografischen Dimensionen des Alter und des Geschlechts, die funktionalen Dimensionen der Fachkompetenz, der

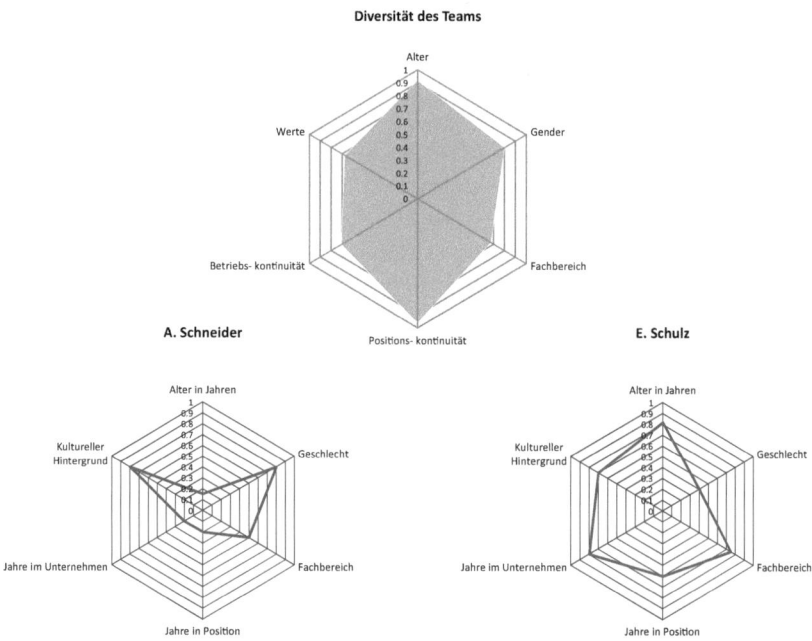

Abb. 6.5 Spinnengrafiken zur Diversität von Teams

Erfahrung in der aktuellen Position (Seniorität) und die kulturellen Dimensionen der Wertvorstellungen und der Dauer der Betriebszugehörigkeit (je länger man einem Betrieb angehört, desto stärker ist man seiner Kultur ausgesetzt). Die Auswahl einer geeigneten Führungskraft für ein Innovationsteam wird primär von dem Faktor des Novitätsgrades sowie vom Branchen- und Managementwissen abhängig gemacht. Ferner werden Aspekte des Alters, die Zahl der bislang bearbeiteten und erfolgreich abgeschlossenen Projekte und die Zahl aktuell geleiteter Projekte berücksichtigt. Einen höheren Wert vergibt der Diversitätsplaner an Führungskräfte, die altersmäßig innerhalb einer homogenen Altersgruppe liegen. Jedoch sollten potenzielle Führungskräfte auch nicht deutlich jünger sein als die Teammitglieder, die sie zu führen haben, damit es nicht zu vermehrten Konfrontationen mit vor allem deutlich älteren Teammitgliedern kommt. Daher ist es auch wichtig, die Hierarchien in einem Innovationsteam so flach wie möglich zu halten (Vedder 2005; Himmel und Henning 2005). Viel Fachwissen und wenig Managementwissen sind hingegen vonnöten, wenn es darum geht, ein eher routinemäßiges Projekt zu bearbeiten (McDonough III 1993).

Der Diversitätsplaner verrechnet nicht nur die angegebenen Werte, sondern er veranschaulicht auch die Befunde in eingängigen Spinnengrafiken. Sie geben für das Unternehmen Auskunft darüber, wie die Rohwerteverteilung über einzelne Personen, die ein Team bilden sollen, aussieht und wie die Teamwerte zu den einzelnen Dimensionen ausfallen. (vgl. Abb. 6.5). Anhand der Spinnengrafik „Teamwerte" wird so ersichtlich, auf welchen Dimensionen geringe oder hohe Ausprägungen an Diversität vorliegen. Unter der Spinnengrafik „Teamwerte" sind die Rohwerte zweier Mitglieder des Teams nach Dimensionen aufgeführt. Dabei bringen die Merkmale keine Bewertungen, sondern lediglich kategoriale oder numerische Ausprägungen von z. B. hohem oder geringem Alter zum Ausdruck.

Hinweise für die betriebliche Praxis
Der aufgezeigte Diversitätsplaner basiert auf theoretischen Überlegungen zur Zusammensetzung von Innovationsteams. Dabei wird davon ausgegangen, dass Diversität die Innovationsfähigkeit von Teams steigert, weil sie ein Aufeinandertreffen verschiedener Sichtweisen auf ein Problem ermöglicht. Aus diesem resultieren dann über eine sachliche Auseinandersetzung verschiedene Impulse für eine neuartige Problemlösung. Diese Position geht von einer Teamvorstellung aus, die das Arbeitsteam als eine durch eine Aufgabe strukturierte Gruppe begreift, deren Mitglieder koordinativ auf ein gemeinsames Ziel hin ausgerichtet sind. Dieses Ziel schafft Gemeinschaft und Geschlossenheit. Scheitert diese Ausrichtung auf ein gemeinsames Ziel, so kommt es nicht zur Elaboration einer innovativen Problemlösung und die Gruppe zerfällt über kurz oder lang.

Die klassische Gruppenforschung hatte zum Ziel, die komplexen Bedingungen für das Gelingen von arbeitsteiliger Gruppenarbeit aufzuzeigen. Dabei sollte die Arbeitsteilung nicht in dem Sinne verstanden werden, dass Kräfte aufsummiert werden, was nur ein geringes Maß an Koordination erforderlich macht. Arbeitsteilung sollte vielmehr dahingehend begriffen werden, dass über ein höheres Maß an Koordination unterschiedliche Kräfte durch kommunikationsgetragene Integration zu einer Einheit zusammengeführt werden, wodurch ein Synergieeffekt erzielt wird, der weit über die Summe der Einzelkräfte hinausgeht. Die Mitglieder befruchten sich und schaffen dadurch Neues. Diese Formulierung schließt an der traditionellen psychologischen Vorstellung an, dass die Gruppe weit mehr ist als die Summe ihrer Teile bzw. dass die Gruppenleistung weit mehr ist als die Summe der individuellen Teilleistungen.

Dieses Ziel hat insbesondere die Sozialpsychologie teilweise aus den Augen verloren, als sie anfing, die Gruppe letztlich zu individualisieren. Zeigte Sherif (1966) in seinen bekannten Feldexperimenten noch auf, wie die Gruppe durch sogenannte superordinate goals nicht nur Konflikte überwindet, sondern sich auch zu gemeinsamen erfolgreichen Leistungen anspornt, so wird spätestens mit der Hervorhebung der sozialen Kategorisierung auf der Grundlage visibler individueller Merkmale eine gegenteilige Wirkung von Gruppenbildung betont. Es ging nicht mehr länger um die Herstellung einer Einheit und die Erstellung einer gemeinsamen Leistung, sondern vielmehr um die Bedrohung und Zerstörung der gruppalen Einheit durch Konflikte und Diskriminierungen. Nicht mehr die Analyse der Bedingungen von Leistung im Wettbewerb um die beste Lösung wurde angestrebt, sondern der Zerfall von Gruppen in Subgruppen und die wechselseitige Diskriminierung standen fortan im Zentrum zahlreicher Forschungsbemühungen. Der Grundtenor der Gruppe verschob sich: War die klassische Gruppentheorie auf eine konstruktive Problemlösung in einer geschlossenen Gruppe aus, so verband sich mit der Ausrichtung an der Kategorisierung eine Ausrichtung an den eher destruktiven Tendenzen der Arbeit in Gruppen.

Gruppenbildung auf ein gemeinsames Ziel hin setzt einerseits die Notwendigkeit der Abstimmung zwischen Personen voraus, geht aber auch nicht ohne Konflikte zwischen den Gruppenmitgliedern vonstatten. Konflikte erhalten hierbei jedoch eine konstruktive, progressive oder vorantreibende Funktion: Einzelne, die willentlich oder auch unwillentlich nicht auf das gemeinsam definierte Ziel hin arbeiten, werden von Gruppenmitgliedern neu auf dieses Ziel hin ausgerichtet. Der Konflikt ist damit zielführend und von der Sache her geprägt. Im Kontext der sozialen Kategorisierung erhält der Konflikt eine ganz andere Bedeutung: Er treibt die Gruppe nicht auf das Ziel voran, sondern die Gruppe auseinander, führt zum Zerfall der Gruppe und unterbindet das Erreichen gemeinsamer Ziele. Die auseinandertreibenden Kräfte werden umso stärker, je mehr unterschiedliche soziale Konfliktlinien sich in der Gruppe aufzeigen und übereinander legen lassen und zu einem Muster tiefer Gräben zwischen Subgruppen führen (zur sogenannten Alignment-Theorie vgl. Thatcher et al. 2003, sowie Breu et al. 2010).

Das von van Knippenberg et al. (2004) propagierte Categorization-Elaboration-Model vereinigt in sich zwei theoretisch widersprüchliche Ansätze zur Gruppe, die nicht zueinander passen. Dennoch macht das Modell auf einen sehr interessanten Punkt aufmerksam: Gruppen können zusammenwachsen und Erfolge erzielen, wenn das gemeinsame Ziel stark präsent ist und eine geeignete interne Struktur gebildet wurde. Dies ist jedoch nicht zwingend der Fall. Gruppen können auch scheitern. In diesem Scheitern liegt dann oftmals der Anlass, auf sachliche Auseinandersetzungen zu verzichten und stattdessen auf soziale Konflikte auszuweichen, die dann zum Zerfall einer Gruppe, eines Teams oder einer Mannschaft führen können. In diesem Sinne beschreibt das CEM einen konstruktiven Ansatz, der im Krisenfall jedoch in eine destruktive Richtung umschlagen kann. In der funktionierenden Gruppe treten soziale Konflikte nicht in Erscheinung, sie treten erst dann zutage, wenn die Gruppe ihre angestrebten Ziele nicht erreichen kann und keine gemeinsam getragene Erklärung für dieses Scheitern findet.

Diese kurze Skizze möge genügen, um zu verdeutlichen, dass die wissenschaftliche Forschung selbst hinsichtlich grundlegender Konzepte – zu denken ist hier an Gruppe, Diversität und Innovation – oftmals keine hinreichende Einheitlichkeit aufweist, so dass eine Bewertung vorliegender Befunde und eine Ableitung praktischer Maßnahmen aus diesen Befunden außerordentlich schwer fällt. Der vorliegende Versuch, aus der etablierten Diversitätsforschung ein Planungsinstrument für die Zusammenstellung von diversen Innovationsteams zu entwickeln, steht nicht nur vor der Schwierigkeit, passende, das eigene Vorgehen stützende Befunde zusammenzustellen und das entwickelte, praktische Werkzeug damit zu rechtfertigen. Dieses Vorgehen impliziert eine Vielzahl von selektiven Entscheidungen, die zu einem einheitlichen Bild zusammengefügt werden. Hierin mag ein Schuss Willkürlichkeit stecken, der aber kaum zu umgehen ist.

Die Willkürlichkeit des angewandten Forschers oder auch des Praktikers ist jedoch auch der Willkürlichkeit von Wissenschaft und Forschung bei der Begriffsbildung bzw. der Unterlassung von definitorischen Bemühungen geschuldet. In diesem Sinne fällt z. B. auf, dass selbst ein so häufig verwendetes Konzept wie das der Diversität nur selten genauer bestimmt wird und auch keine Ansätze vorliegen, Diversität von Gruppen eindeutig zu messen. Hier konnte nur ein erster Versuch dargestellt werden, das Diversitätskonzept etwas genauer zu erhellen und mögliche Messmethoden aufzuzeigen. Diese Arbeit ist fortzusetzen, zumal auch in der Literatur nur wenig Hinweise auf die Bestimmung der Altersdiversität einer Gruppe zu finden sind. Der dargestellte ordnungsstatistische Ansatz stellt einen ersten Versuch dar, die Messung von gruppaler Diversität vorzunehmen.

Der vorliegende Diversitätsplaner geht von der Annahme aus, dass die Arbeitsgruppe bzw. das Innovationsteam über die Zusammensetzung ihrer Mitglieder und ihre Arbeitsstruktur die Voraussetzungen für die Realisierung des Gruppenerfolgs schafft. Diese an der betrieblichen Praxis ausgerichtete Sicht weist deutliche Parallelen zu den Prozessen auf, die für das „Brainstorming" charakteristisch sind: Es werden viele Informationen generiert, anfangs erfolgen keine Zurückweisungen, es werden neue Kombinationen von Informationselementen gesucht und gefördert und schließlich wird eine Entscheidung zugunsten der erfolgsträchtigsten Alternative getroffen und die Lösung gemeinsam ausgearbeitet. Die Gruppe mit ihren funktional unterschiedlichen Mitgliedern schließt sich zusammen und erarbeitet dynamisch aus ihrer Mitte heraus und im Wissen um das gemeinsam geteilte Ziel die neue, bessere Lösung. Das Geheimnis der Gruppe liegt in ihrer Vielfalt an Informationen, im Austausch der Informationen und in der Emotionalität, die ein hohes Maß an Geschlossenheit, Dynamik und Kraft erzeugt, das Gruppenziel zu realisieren. Praktisch bedeutet dies für Innovationsmaßnahmen, dass Gruppen divers zusammengesetzt sein sollten, ein klares, gemeinsam getragenes Ziel ausgegeben werden sollte und frühzeitig Antennen dafür entwickelt werden sollten, unter welchen Bedingungen der Gruppenprozess in eine kritische Phase einmündet, die über sachfremde Konflikte hin zu einer destruktive Auflösung des geschlossenen Gruppenverbandes führen kann. Hierbei kann die Forschung den Praktikern kaum Hilfestellung anbieten, weil der dynamische Prozess selbst bislang kaum erforscht wurde. Konzepte wie Elaboration, Konflikt oder Entscheidungsfindung werden nur als Stellvertreter für dynamische Vorgänge in Gruppen verwendet, ohne dass deren Abläufe in der Gruppe genauer analysiert werden. Der Prozess ist und bleibt eine zentrale Black Box der Gruppenforschung.

Literatur

Ali, M., Ng, Y. L., & Kulik, C. T. (2013). (im Druck). Board age and gender diversity: A test of competing linear and curvilinear predictions. *Journal of Business Ethics*. doi: 10.1007/s10551-013-1930-9.

Ancona, D., & Caldwell, D. (1992). Demography and design: Predictors of new product team performance. *Organization Science, 3*, 321–341.

Arrow, H., McGrath, J. E., & Berdahl, J. L. (2000). *Small groups as complex systems. Formation, coordination, development, and adaptation*. Thousand Oakes: Sage.

Bantel, K., & Jackson, S. (1989). Top management and innovations in banking: Does the composition of the team make a difference? *Strategic Management Journal, 10*, 107–124.

Bell, S. T., Villado, A. J., Lukasik, M. A., Belau, L., & Briggs, A. L. (2011). Getting specific about demographic deversity variable and team performance relationships: A meta-analysis. *Journal of Management, 37,* 709–743.

Blau, P. (1977). *Inequality and heterogeneity.* New York: Free Press.

Boone, C., & Hendriks, W. (2009). Top mangement team diversity and firm performance: Moderators of functional- background and locus-of-control diversitys. *Management Science, 55,* 165–180.

Bornewasser, M., & Bober, J. (1987). Individual, social group and intergroup behavior. Some conceptual remarks on the social identity theory. *European Journal of Social Psychology, 17,* 267–276.

Breu, C., Wegge, J., & Schmidt, K. H. (2010). Alters-, Geschlechts- und „Tenure"-Diversität in Verwaltungsteams – Erklären Faultlines mehr Varianz bei Teamkonflikten und Burnout als traditionelle Diversitätsindikatoren? *Zeitschrift für Arbeitswissenschaft, 64,* 147–159.

Bundesagentur für Arbeit, Arbeitsmarktberichterstattung. (2012). *Der Arbeitsmarkt in Deutschland: Frauen und Männer am Arbeitsmarkt im Jahr 2011.* Nürnberg.

Cox, T., & Blake, S. (1991). Managing cultural diversity: Implications for organizational competitiveness. *The Executive, 5*(3), 45–56.

Cummings, J. N. (2004). Work groups, structural diversity, and knowledge sharing in a global organization. *Management Science, 50,* 352–364.

van Dijk, H., van Engen, M. L., & van Knippenberg, D. (2012). Defying conventional wisdom: A meta-analytical examination of the differences between demographic and job-related diversity relationships with performance. *Organizational Behaviour and Human Decision Processes, 119,* 38–53.

Drach-Zahavy, A., & Trogan, R. (2013). Opposites attract or attack? The moderating role of diversity climate in the team diversity-interpersonal aggression relationship. *Journal of Occupational Health Psychology, 18*(4), 449–457.

Ely, R. J., & Thomas, D. A. (2001). Cultural diversity at work: The effects of diversity perspectives on work group processes and outcomes. *Administrative Science Quarterly, 46*(2), 229–273.

Fiedler, F., & Garcia, J. (1987). *New approaches to effective leadership: Cognitive resources and organizational performance.* New York: Wiley.

Gardenswartz, L., & Rowe, A. (1998). *Managing diversity. A complete desk reference and planning guide* (2. Aufl.). New York: McGraw-Hill.

Gladstein, D. (1984). A model of task group effectivness. *Administrative Science Quarterly, 29,* 499–517.

Gläsener, K. (2011). Diverse Teams = Erfolgsteams? In E.-M. Dombrowski & A. Ducki (Hrsg.), *Schriftenreihe des Gender- und Technik-Zentrums der Beuth Hochschule* (Bd. 4). Berlin: Gender- und Technik-Zentrum der Beuth Hochschule für Technik.

Hackman, J. R. (1987). The design of work teams. In J. W. Lorsch (Hrsg.), *Handbook of organizational behavior* (S. 315–342). Englewood Cliffs: Prentice-Hall.

Harrison, D. A., & Klein, K. J. (2007). What's the difference? Diversity constructs as separation, variety, or disparity in organizations. *Academy of Management Review, 31*(4), 1199–1228.

Himmel, S., & Henning, K. (2005). Diversity Management als Werkzeug der Kompetenzentwicklung in Betrieb und Studium. *Arbeit, 14,* 18–33.

Hoogendoorn, S., Oosterbeek, H., & van Praag, M. (2013). The impact of gender diversity on the performance of business teams: Evidence from a field experiment. *Management Science, 59*(7), 1514–1528.

Horwitz, S. K., & Horwitz, I. B. (2007). The effects of team diversity on team outcomes: A meta-analytic review of team demography. *Journal of Management, 33,* 987–1015.

Jehn, K. A. (1995). A multimethod examination of the benefits and detriments of intragroup conflict. *Administrative Science Quarterly, 40,* 256–282.

Jehn, K. A., Northcraft, G. B., & Neale, M. A. (1999). Why difference make a difference: A field study of diversity, conflict, and performance in workgroups. *Administrative Science Quarterly, 44,* 741–763.

Kanter, R. (1977). Some effects of proportions on group life: Skewed sex ratios and responses to token woman. *American Journal of Sociology, 82,* 965–990.

Keller, R. T. (2001). Cross-functional project groups in research and new product development: Diversity, communications, job stress, and outcomes. *The Academy of Management Journal, 44*(3), 547–555.

Kerschreiter, R., Mojzisch, A., Schulz-Hardt, S., Brodbeck, F. C., & Frey, D. (2003). Informationsaustausch bei Entscheidungsprozessen in Gruppen: Theorie, Empirie und Implikationen für die Praxis. In S. Stumpf & A. Thomas (Hrsg.), *Teamarbeit und Teamentwicklung* (S. 85–118). Göttingen: Hogrefe.

van Knippenberg, D., & Schippers, M. C. (2007). Work group diversity. *Annual Review of Psychology, 58*(5), 15–41.

van Knippenberg, D., de Dreu, C. K. W., & Homan, A. C. (2004). Work group diversity and group performance: An integrative model and research agenda. *Journal of Applied Psychology, 89*(6), 1008–1022.

Ladwig, D. H., Boie, S., & Kutscher, M. (2006). *Age Diversity Management in der Praxis. Personalführung, 39*(3), 38–44.

Lau, D. C., & Murninghan, J. K. (1998). Demographic diversity and faultlines: The compositional dynamics of organizational groups. *Academy of Management Review, 23*(2), 325–340.

Levine, J. M., & Moreland. R. L. (2013). Group composition and diversity. In J. Levine (Hrsg.), *Group processes* (S. 11–32). New York: Psychology Press.

Luhmann, N. (1972). *Funktionen und Folgen formaler Organisation.* Berlin: Duncker & Humblot.

Luijters, K., van der Zee, K. I., & Otten, S. (2008). Cultural diversity in organizations: Enhancing identification by valuing differences. *International Journal of Intercultural Relations, 32,* 154–163.

McDavid, I. W., & Harari, H. (1968). *Social psychology: Individuals, groups, societies.* New York: Harper & Row.

McDonough, E. F. III. (1990). An investigation of the relationship between project performance and characteristics of project leaders. *Journal of Engineering and Technology Management, 6,* 237–260.

McDonough, E. F. III. (1993). Faster new product development: Investigating the effects of technology and characteristics of the project leader and team. *Journal of Product Innovation Management, 10*(3), 241–250.

McGrath, J. E. (1984). *Groups, interaction, and performance.* Englewood Cliffs: Prentice Hall.

Neubach, B., Roth, C., Wegge, J., & Schmid, K. H. (2006). Alt und Jung in einem Team – wie wirkt sich Altersdiversität auf die Arbeitsleistung aus? *Wirtschaftspsychologie aktuell, 13*, 37–40.

Ostergaard, C. R., Timmermans, B., & Kristinsson, K. (2011). Does a different view create something new? The effect of employee diversity on innovation. *Research Policy, 40*, 500–509.

Pelled, L. (1997). Relational demography and perceptions of group conflict and performance: A field investigation. *International Journal of Conflict Resolution, 22*(1), 54–67.

Pelled, L. H., Eisenhardt, K. M., & Xin, K. R. (1999). Exploring the black box. An analysis of work group diversity, conflict and performance. *Administration Science Quarterly, 44*, 1–28.

Persall, M. J., Ellis, A. P. J., & Evans, J. M. (2008). Unlocking the effects of gender faultlines on team creativity: Is activation the key? *Journal of Applied Psychology, 93*(1), 225–234.

Picot, A., Dietl, H., & Franck, E. (2008). *Organisation: Eine ökonomische Perspektive.* Stuttgart: Schäffer-Poeschel Verlag.

Plattner, H., Meinel, C., & Weinberg, U. (2009). *Design Thinking. Innovation lernen – Ideenwelten öffnen.* München: mi-Wirtschaftsbuch.

Ries, B. C., Diestel, S., Wegge, J., & Schmidt, K. H. (2012). Altersheterogenität und Gruppeneffektivität: Der Einfluss von Konflikten und Wertschätzung für Altersheterogenität. *Zeitschrift für Arbeitswissenschaft, 66*(1), 58–72.

Riordan, C. M., & Shore, L. (1997). Demographic diversity and employee attitudes: Examination of relational demography within working units. *Journal of Applied Psychology, 82*, 342–358.

Sherif, M. (1966). *In common predicament: Social psychology of intergroup conflict and cooperation.* Boston: Houghton Mifflin.

Schaie, K. W. (1994). The course of adult intellectual development. *American Psychologist, 49*, 304–313.

Schulz-Hardt, S., Hertel, G., & Brodbeck, F. C. (2007). Gruppenleistung und Leistungsförderung. In H. Schuler & K. H. Sonntag (Hrsg.), *Handbuch der Arbeits- und Organisationspsychologie* (S. 698–706). Göttingen: Hogrefe.

Simons, T., Pelled, L. H., & Smith, K. A. (1999). Making use of difference: Diversity, debate, and decision comprehensivness in top management teams. *Academy of Management Journal, 42*, 662–673.

Stahl, G. K., Maznevski, M. L., Voigt, A., & Jonsen, K. (2010). Unraveling the effects of cultural diversity in teams: A meta-analysis of research on multicultural work groups. *Journal of International Business Studies, 41*, 690–709.

Stasser, G., & Titus, W. (2003). Hidden profiles: A brief history. *Psychological Inquiry, 14*, 304–313.

Steiner, I. D. (1972). *Group process and productivity.* San Diego: Academic.

Steiner, I. D. (1986). Paradigms and groups. In L. Berkowitz (Hrsg.), *Advances in experimental social psychology* (Vol. 19, S. 251–289). New York: Academic.

Sternberg, R. J., Lubart, T. I., Kaufman, J. C., & Pretz, J. E. (2005). Creativity. In K. J. Holyoak & R. G. Morrison (Hrsg.), *The Cambridge handbook of thinking and reasoning* (S. 352–369). New York: Cambridge University Press.

Tajfel, H. (1981). *Human groups and social categories: Studies in social psychology.* New York: Cambridge University Press.

Thatcher, S. M. B., Jehn, K. A., & Zanutto, E. (2003). Cracks in diversity research: The effects of diversity faultlines on conflict and performance. *Group Decision and Negotiation, 12*(3), 217–241. doi: 10.1023/a:1023325406946.

Tschan, F. (2002). *Produktivität in Kleingruppen. Was machen produktive Gruppen anders und besser?* Bern: Huber.

Turner, J. C. (1982). Towards a cognitive redefinition of the social group. In H. Tajfel (Hrsg.), *Social identity and intergroup relations* (S. 15–40). New York: Cambridge University Press.

Vedder, G. (2005). Denkanstöße zum Diversity Management. *Zeitschrift für Arbeitsforschung, Arbeitsgestaltung und Arbeitspolitik, 1,* 34–43.

Wegge, J., Roth, C., Neubach, B., Schmidt, K. H., & Kanfer, R. (2008). Age and gender diversity as determinants of performance and health in a public organization: The role of task complexity and group size. *Journal of Applied Psychology, 93*(6), 1301–1313.

Wegge, J., Schmidt, K. H., Liebermann, S., & van Knippenberg, D. (2011). Jung und Alt in einem Team? Altersgemischte Teamarbeit erfordert Wertschätzung von Altersdiversität. In P. Gelléri & C. Winter (Hrsg.), *Potenziale der Personalpsychologie. Einfluss personaldiagnostischer Maßnahmen auf den Berufs- und Unternehmenserfolg* (S. 35–46). Göttingen: Hogrefe.

Williams, K. Y., & O'Reilly, C. A. (1998). Demography and diversity in organizations: A review of 40 years of research. *Research in Organizational Behavior, 20,* 77–140.

Wittenbaum, G. M., & Stasser, G. (1996). Management of information in small groups. In J. L. Nye & A. M. Brower (Hrsg.), *What's social about social cognition? Social cognition research in small groups* (S. 3–28). Newbury Park: Sage.

Wood, W. (1987). Meta-analytic review of sex differences in group performance. *Psychological Bulletin, 102,* 53–71.

Zanutto, E., Bezrukova, K., & Jehn, K. (2010). Revisiting faultline conceptualization: Measuring faultline strength and distance. *Quality and Quantity, 45,* 701–714.

Prof. Dr. Manfred Bornewasser leitet die Abteilung für Arbeits- und Organisationspsychologie am Institut für Psychologie der Universität Greifswald. Seine Forschungsschwerpunkte liegen im Bereich der angewandten Personal- und Organisationsentwicklung, hier insbesondere der Prozessgestaltung. Er ist Leiter verschiedener BMBF-geförderter Projekte. Im Projekt derobino beschäftigt er sich intensiv mit Problemen der Teamdiversität und deren Auswirkungen auf die Innovativität, im Projekt Pikoma mit Problemen der Prozessgestaltung und Kompetenzentwicklung in Wirtschaft und Verwaltung. Im Kontext des Projekts Service4Health setzt er sich in Kooperation mit dem Fraunhofer IAO in Stuttgart mit Fragen der Produktivität von Dienstleistungsarbeit im Bereich von Anästhesie und OP von Krankenhäusern auseinander.

Dipl.-Phys. Stefan Frenzel studierte von 2002 bis 2007 Physik an den Universitäten Dresden und Greifswald. Danach war er wissenschaftlicher Mitarbeiter am Institut für Mathematik und Informatik der Universität Greifswald, wo er an Problemen der Angewandten Statistik arbeitete. Seit 2014 ist er wissenschaftlicher Mitarbeiter des BMBF-geförderten Projekts Pikoma an der Universität Greifswald. Seine Arbeitsschwerpunkte liegen in den Bereichen Prozessanalyse und Wissensmanagement.

Dominic Bläsing studiert seit 2010 an der Universität Greifswald Psychologie mit Schwerpunkt Arbeits- und Organisationspsychologie. Er arbeitet als studentische Hilfskraft am Lehrstuhl von Professor Dr. Bornewasser. Seine inhaltlichen Schwerpunkte liegen in den Bereichen der Prozessanalyse von Gesundheitsdienstleistungen, der Mensch-Roboter-Interaktion in Dienstleistungssystemen sowie der Diversität von Innovationsteams. Als Praktikant war er beim Fraunhofer IAO in Stuttgart in tätig und unterstützte dort Arbeitsgruppen, die sich insbesondere mit methodischen Fragen der Erfassung von Dienstleistungsprozessen befassten. Aktuell beschäftigt er sich mit Fragen der Definition und Messung von Teamdiversität.

Zusammenarbeit in altersdiversen Innovationsteams

7

Martin Ratzmann

Zusammenfassung

Die Art und Weise, wie sich die Mitglieder in Innovationsteams begegnen, austauschen und zusammenarbeiten, wird in hohem Maß durch das Teamdesign und Rahmenbedingungen bestimmt. Die Vorteile altersdiverser Teams liegen in einer höheren Verfügbarkeit von unterschiedlichem Wissen. Durch die Kombination und Integration verschiedener Ansichten, Interpretationen, Entscheidungsregeln und mentaler Modelle kann der Erfolg von Teamarbeit gesteigert werden. Weil Altersunterschiede aber auch dazu beitragen können, die sozialen Prozesse innerhalb der Teams zu verschlechtern, zeigen wir kritische Bedingungen für die Zusammenarbeit in solchen Teams auf. Die Ergebnisse basieren auf einer Befragung von Innovationsprojekten aus 290 Unternehmen des Verarbeitenden Gewerbes.

7.1 Zusammenarbeit in Innovationsteams

Die Zusammensetzung von Innovationsteams wird in hohem Maß durch funktionale Aspekte der Aufgabenstellung bestimmt. Dabei erfordert es die Bearbeitung komplexer und innovativer Aufgaben häufiger, dass die Teammitglieder unterschied-

M. Ratzmann (✉)
Lehrstuhl für Strategisches Management und Organisation, Universität Bayreuth,
Universitätsstr. 30, 95440 Bayreuth, Deutschland
E-Mail: martin.ratzmann@uni-bayreuth.de

© Springer Fachmedien Wiesbaden 2015
M. Bornewasser et al. (Hrsg.), *Teamkonstellation und betriebliche Innovationsprozesse*, DOI 10.1007/978-3-658-07386-2_7

liches Wissen und Erfahrungen in die Teamarbeit einbringen und teilen. Um die Potenziale aller Teammitglieder voll auszuschöpfen und im Teamergebnis umzusetzen ist es aber auch notwendig, die sozialen Prozesse innerhalb von Teams zu berücksichtigen. So kann beispielsweise eine unerwünschte Teamspaltung in Folge sozialer Kategorisierungsprozesse auftreten und den Austausch relevanter Informationen (Elaboration) beeinträchtigen. Soziale Kategorisierung und Elaboration werden als zwei zentrale Prozesse angesehen, um speziell die Vor- und Nachteile diverser Teams aufzuzeigen. Während unterschiedliches Wissen und Perspektivenvielfalt einerseits als erwünschte Ressource in diversen Teams angesehen werden, da sie die Möglichkeiten für Entscheidungen und Problemlösungen bereichern, kann die Wahrnehmung von Unterschieden zwischen den Teammitgliedern auch als Ursache für Distanzierung, Ausgrenzung oder Grüppchenbildung angesehen werden. Mangelnde Identifikation und fehlende Integration innerhalb von Teams kann jedoch den Austausch des aufgabenrelevanten Wissens verschlechtern und die Integration verschiedener Meinungen beeinträchtigen, so dass das Potenzial des Teams negiert wird. Dies führt in der Konsequenz häufiger dazu, dass die destruktiven Konflikte innerhalb des Teams überwiegen und die Zusammenarbeit uneffektiv gestaltet wird.

7.1.1 Teamprozesse

Unterschiedliche theoretische Ansätze sehen Teamprozesse als essenzielle Erfolgsfaktoren von Teamarbeit an (Hoegl und Gemuenden 2001, S. 435). In klassischen Perspektiven werden die Eigenschaften der Teammitglieder als personale Ressourcen angesehen, mit denen eine potenzielle Produktivität einhergeht (Guzzo und Shea 1992, S. 281). Abweichungen der aktuellen Leistung von diesem Potenzial weisen auf Prozessverlust in Folge von Koordinations- oder Motivationsdefiziten hin. So sind in sehr großen Teams eher höhere Prozessverluste zu erwarten, weil die Möglichkeiten einzelner Teammitglieder nicht vollständig ausgeschöpft werden oder eine geringere Kommunikation zwischen den Teammitgliedern besteht.

Eine zentrale Annahme innerhalb des Rahmenmodells von Hackman (1987, S. 317) ist, dass die Interaktion innerhalb von Teams, neben der Summe der individuellen Fähigkeiten, auch durch spezifische Bedingungen (Aufgabe und Teamdesign) bestimmt wird. In dieser stärker sozialwissenschaftlich ausgerichtete Sichtweise wird die Interaktion der Teammitglieder daher in leistungsbezogene (performance processes) und soziale Prozesse (social processes) unterschieden (Hackman 1987; Hackman und Wageman 2005). Beiden Prozessen sollte schon bei der Zusammenstellung von Teams eine besondere Beachtung entgegengebracht werden, da sie die Teamergebnisse in hohem Maß bestimmen. Insbesondere wenn Teammitglieder aufgrund komplexer Aufgabenanforderungen eine höhere funktionale

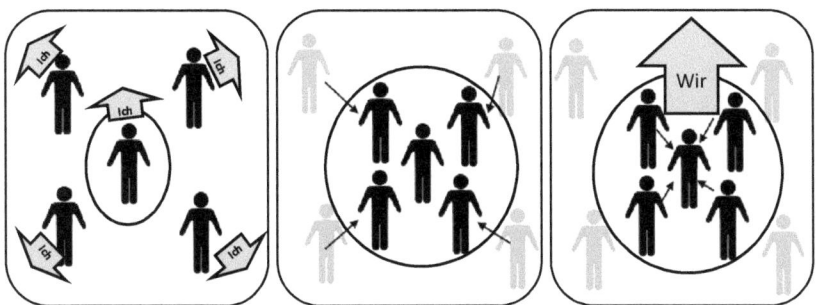

Abb. 7.1 Die Rolle der geteilten sozialen Identität bei der Teamgestaltung nach Haslam et al. (2011). Durch das gemeinsame Ziel wird eine Identität geschaffen, die mit einem geteilten „Wir"-Gefühl einhergehen kann

oder altersbezogene Diversität aufweisen, können soziale Prozesse stärker in Erscheinung treten und die Zusammenarbeit der Mitglieder erschweren.

Die Theorien der sozialen Identität und Kategorisierung zeigen auf, warum die Wahrnehmung von Unterschieden eine Identifikation mit dem Team verhindern kann (Palmer 2006; Turner und Reynolds 2008), die Spaltung von Teams begünstigt (Thatcher et al. 2003) und destruktive Beziehungskonflikte fördert (Jehn et al. 2008).

7.1.1.1 Theorien der sozialen Identität und Kategorisierung

Ein bedeutender Beitrag zur Erklärung von Gruppenverhalten liefert die sozialpsychologische Forschung durch die Tatsache, wie das Verhalten von Teammitgliedern durch ihre subjektive Repräsentation der Situation bestimmt wird (Morris et al. 1999). Durch Kategorisierung – einem grundlegenden kognitiven Prozess – wird es den Mitgliedern eines Teams möglich, eine soziale Identität herauszubilden (Thatcher et al. 2003, S. 221) und die sozialen Beziehungen im Team überschaubar und handhabbar zu machen (Jordan und Russel 1999; Thatcher et al. 2003; Turner und Reynolds 2008). Die soziale Identität innerhalb des Teams basiert dabei primär auf den Erfahrungen und der Wahrnehmung des Einzelnen in der Gruppe und kann zu sozialer Zugehörigkeit (Myers 2003) und damit verbundenen Emotionen, Erwartungen und Wertevorstellungen führen (Thatcher et al. 2003; Turner und Reynolds 2008).

Solange sich zwischen Teammitgliedern keine gemeinsame soziale Identität herausgebildet hat, handeln die Teammitglieder relativ individuell und eigenwillig nach ihren eigenen Grundsätzen (vgl. links in Abb. 7.1). Die Bildung und Wahrnehmung einer gemeinsamen sozialen Identität führt hingegen dazu, dass die Teammitglieder ihr Verhalten stärker an den Normen und Werten des Teams ausrichten, kooperativ zusammenarbeiten und eine gemeinsame Identität aufbauen, um das gemeinschaftliche Ziel zu erreichen (Haslam et al. 2011).

Abb. 7.2 Veränderung der Selbst-Kategorisierung in Folge eines unterschiedlichen Kontextes nach Haslam et al. (2011)

Die Annahme der Theorie der sozialen Identität ist es, dass die Interaktion in Teams sowohl das Selbstkonzept als auch die soziale Identität der Mitglieder prägt und diese soziale Identität als Grundlage sozialer Vergleiche eingesetzt wird. Das Grundprinzip der sozialen Kategorisierung ist die Bestimmung von Ähnlichkeiten. Demnach ordnen Menschen sich und andere in der gleichen Kategorie ein, weil sie sich als ähnlich wahrnehmen. Soziale Kategorien sind zu einem großen Teil erlernt, unterscheiden sich hinsichtlich ihres Inhaltes (z. B. Nationalität, Geschlecht, Beruf oder Alter) und können sich überschneiden, ohne sich dabei auszuschließen (Jordan und Russel 1999).

Die Theorie der Selbstkategorisierung kann als Ergänzung zur Theorie der sozialen Identifikation angesehen werden und schließt explizit ein, dass die Selbstkategorisierung von Menschen auf eine positive Selbstbewertung ausgerichtet ist. Darüber hinaus besteht eine hohe Motivation diesen Zustand aufrecht zu halten (Turner und Reynolds. 2008). Durch welche Merkmale soziale Kategorisierungen letztlich bestimmt werden, hängt davon ab, inwiefern sich die Teammitglieder anhand von Merkmalen einordnen lassen und wie klar eine solche Zuordnung für die Mitglieder erkennbar ist (Haslam et al. 2011). Dies ist der Fall, wenn die Konstellation eines Teams dazu beiträgt, dass die wahrgenommenen Gemeinsamkeiten innerhalb einer Kategorie minimiert und die Unterschiede zwischen den Kategorien maximiert werden (Haslam et al. 2011; Oakes 2008). Haslam et al. (2011) führt hierfür das Beispiel auf, in welchem zwei Frauen im engeren Kontext eine persönliche Identität („Ich") wählen (links in Abb. 7.2), während sie in einem erweiterten Kontext (rechts in Abb. 7.2) in Abgrenzung zu den Männern eine soziale Identität („Wir"/„Frauen") herausbilden.

Soziale Kategorisierung in der Teamarbeit Die Altersunterschiede zwischen Mitgliedern eines Teams sind einfach wahrnehmbar und wenn sie die Grundlage sozialer Kategorisierungsprozesse darstellen, können sie zu einer geringeren Identifikation oder zur Herausbildung von Kategorien führen (Thatcher et al. 2003, S. 221; van Knippenberg et al. 2004, S. 1009). Diese Kategorisierung (Junge vs.

Alte) ist im Team durch die Herausbildung von altersspezifischen Subgruppen oder Allianzen erkennbar.

Altersunterschiede zwischen Teammitgliedern müssen aber nicht zwangsweise dazu führen, dass Teammitglieder zwischen „uns" und den „anderen" unterscheiden, da sich in den meisten Fällen weitere Möglichkeiten einer Kategorisierung bieten (z. B. männlich vs. weiblich, alt vs. jung, Verkauf vs. Produktion) und nicht jede Kategorisierung in der konkreten Situationen auch eingesetzt wird (van Knippenberg et al. 2004, S. 1014). Entscheidend für den Zusammenhalt eines Teams ist neben der Sichtbarkeit von Altersunterschieden und der Altersstruktur, ob eine solche Kategorisierung für die Teammitglieder als sinnvoll erscheint (van Knippenberg et al. 2004, S. 1010).

Ely und Thomas (2001) haben aufgezeigt, dass ein ausgewogenes Verhältnis zwischen Männern und Frauen zu stärkerem Kontakt zwischen den Geschlechtern und einer weniger stereotypen Wahrnehmung beiträgt. Im Resultat werden Geschlechterrollen weniger auf Arbeitsrollen übertragen und Diskriminierungen verringern sich (Ely und Thomas 2001, S. 232).

Das Konzept der Faultlines fokussiert stärker auf bestimmte Anordnungen von Merkmalen (z. B. das Alter), welche die Wahrscheinlichkeit der Teamaufspaltung durch soziale Kategorisierung steigern, die Kohäsion im Team verringern und die Kommunikation verschlechtern. Solche als kritisch zu betrachtenden Anordnungen sind dadurch charakterisiert, dass sie die Möglichkeit bieten, die Teammitglieder einer von wenigen Subgruppen zuzuordnen, wobei die Merkmale innerhalb der Subgruppen durch eine hohe Ähnlichkeit und zwischen den Subgruppen durch hohe Unterschiedlichkeit geprägt sind (vgl. Kap. 4). Wenn sich Menschen in mehreren Kategorien unterscheiden, können Kategorien durch diese Unterschiede verstärkt oder überlagert werden. Wenn beispielsweise in einem Team alle Frauen jung und alle Männer alt sind, fällt eine soziale Kategorisierung leichter, als wenn gleich viele junge und alte Frauen sowie junge und alte Männer in einem Team arbeiten (van Knippenberg et al. 2004, S. 1014). Da die sehr hohe Unterschiedlichkeit in einem oder mehreren Merkmalen die Zuordnung zu einer homogenen Subgruppe erschwert, kann eine höhere Diversität zu einer Verringerung der Kategorisierung beitragen (Palmer 2006; van Knippenberg et al. 2004, S. 1014). Daraus resultiert für einige Forscher der Hinweis darauf, dass die Sichtbarkeit sozialer Kategorien einem umgekehrt-u-förmigen Verlauf folgt (vgl. Abb. 7.3) (Palmer 2006, S. 1014; van Knippenberg et al. 2004).

Während sich der Prozess der sozialen Kategorisierung stärker auf die Wahrnehmung und Zuordnung von Personen zu Subgruppen bezieht (van Knippenberg et al. 2004, S. 1015), wird die Qualität der Zusammenarbeit zwischen den Teammitgliedern durch das Intergroup-Bias bestimmt. Das Intergroup-Bias ist durch eine Präferenz der eigenen Subgruppe gegenüber anderen definiert (Gaertner et al. 1993) und schließt die bevorzugte Wahrnehmung, eine positivere Einstellung und kooperative-

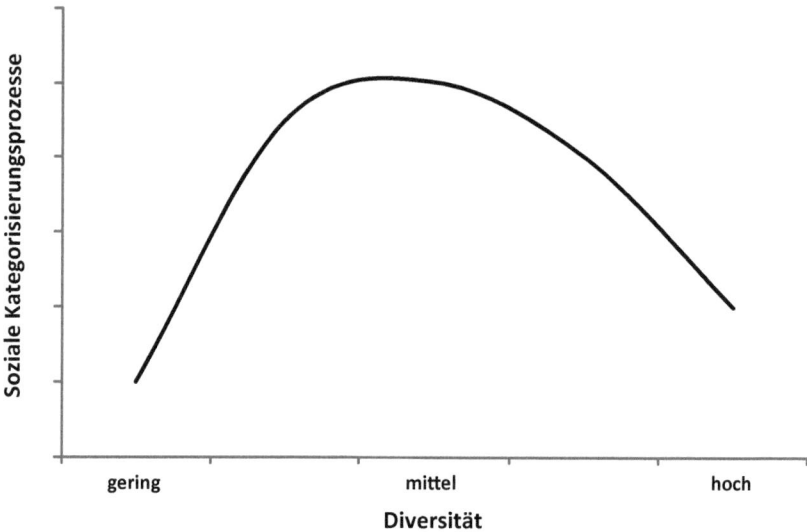

Abb. 7.3 Ausprägung sozialer Kategorisierungsprozesse in Abhängigkeit von der Diversität im Team

res Verhalten innerhalb der eigenen Subgruppe zulasten der anderen Subgruppe ein (van Knippenberg et al. 2004, S. 1015). Es tritt im affektiven Verhalten gegenüber Teammitgliedern, welche nicht der eigenen Subgruppe zugeordnet werden, in Erscheinung und äußert sich in Form geringer Beziehungsstärke und Identifikation sowie mangelnder gegenseitiger Unterstützung, stärkeren Beziehungskonflikten und durch eine höhere Fluktuation (van Knippenberg et al. 2004, S. 1015). Van Knippenberg et al. (2004, S. 1015) vermuten, dass diese offensichtlichen Nachteile diverser Teams nicht durch soziale Kategorisierung an sich, sondern durch das Intergroup-Bias erklärt werden können, da Intergroup-Bias mit einer veränderten Bewertung der Gruppenidentität und dem Gefühl von Bedrohung einhergehen können.

Um die negativen Konsequenzen von Intergroup-Bias zu verringern, sollten Subgruppen eindeutige Rollen zugewiesen werden, um die Besonderheit der Subgruppen außer Frage zu stellen. Darüber hinaus sollten Subgruppen keine Unterschiede hinsichtlich ihres Status aufweisen, um die Bedrohung der Werte von Subgruppen zu reduzieren. Letztlich hat auch die Wahrnehmung und Reflektion durch Vorgesetzte eine entscheidende Bedeutung für die Teamprozesse, weil die Zurückweisung oder das Herabspielen von Unterschieden im Team das Intergroup-Bias verstärken kann (van Knippenberg et al. 2004, S. 1015). Unter Berücksichtigung dieser Perspektiven führt soziale Kategorisierung wahrscheinlich nicht nur zu geringerem Intergroup-Bias, sondern kann auch zu einer positiveren Bewertung und höherer Wertschätzung von Diversität beitragen (van Knippenberg et al. 2004).

7.1.1.2 Elaboration

Während soziale Kategorisierung und die damit verbundenen Gefahren der Teamspaltung und des Intergroup-Bias stärker auf die sozialen Beziehungsaspekte zwischen den Teammitgliedern ausgerichtet sind, fokussiert der Prozess der Elaboration (Informationsverarbeitung) mehr auf die Kommunikation und die Entscheidungs- sowie Problemlösungsprozesse im Team (van Knippenberg et al. 2004, S. 1009). Elaboration wird als Ausmaß des Austausches von aufgabenrelevanten Informationen und Ansichten, der Diskussion und Integration von Ideen, Wissen und Erkenntnissen sowie dem Feedback von Ergebnissen definiert (Meyer et al. 2011, S. 259; van Knippenberg et al. 2004, S. 1011). Die Leistung von Teams ist mit der Elaboration insofern verbunden, da durch sie die Teamkreativität und Teaminnovativität sowie die Entscheidungs- und Problemlösekapazität im Team gesteigert werden kann (van Knippenberg et al. 2004, S. 1010).

Die Vertreter des Elaborationsansatzes stimmen darin überein, dass diverse Teams bessere Leistungen erbringen können als homogene Arbeitsgruppen (Palmer 2006, S. 2). Diverse Teams können auf ein breites Spektrum von Wissen, Erfahrungen und sozialen Netzwerken zurückgreifen und integrieren häufiger auch unterschiedlichere Perspektiven als homogene Teams (Palmer 2006, S. 2; van Knippenberg et al. 2004, S. 1011). Mit steigender Diversität verfügt das diverse Team über zunehmend mehr Ressourcen, wobei diese ab einem bestimmten Punkt als ausreichend angesehen werden können und jede weitere Steigerung der Diversität zu keinem zusätzlichen Ressourcennutzen mehr beiträgt (Palmer 2006) (vgl. Abb. 7.4). Diese breitere Basis an Ressourcen kann bei einer gemeinschaftlichen Arbeit zur Förderung aufgabenbezogener Konflikte zwischen Teammitgliedern beitragen und ist wichtig, um kreative Lösungsansätze und innovative Lösungswege zu finden (Jehn und Mannix 2001, S. 238; Palmer 2006, S. 2; van Knippenberg et al. 2004, S. 1011).

Van Knippenberg et al. (2004, S. 1011) weisen darauf hin, dass die aus Diversität resultierenden Teamprozesse als entscheidender Schlüssel zur Freisetzung des Potenzials diverser Teams anzusehen sind, da nicht die Verfügbarkeit von Wissen (als Ressource) an sich, sondern der Einsatz dieses Wissens in der Teamleistung den Wettbewerbsvorteil diverser Teams darstellen. Unterschiede in Wissen und Ansichten führen zu Aufgabenkonflikten und Widerspruch (Jehn und Mannix 2001, S. 238). Um solche Konflikte zu lösen und unterschiedliche Ansichten zu integrieren, müssen Teammitglieder ihre Kommunikation vertiefen und kreativere Lösungen finden als dies der Fall wäre, wenn kein Konflikt und Widerspruch auftreten würde (van Knippenberg et al. 2004, S. 1011).

Altersdiversität und Elaboration
Über die unterschiedlichen Ansätze der Diversitätsforschung hinweg besteht Uneinigkeit darüber, wie Diversität auf die Elaboration wirkt. Dabei existieren drei grund-

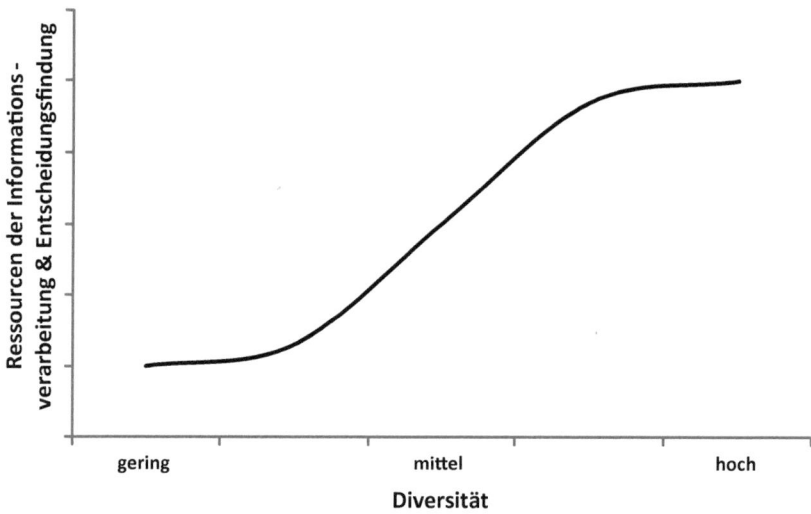

Abb. 7.4 Zunahme der Teamressourcen in Abhängigkeit von der Teamdiversität

legende Richtungen: direkte, zumeist positive Effekte durch Diversität, negative
Effekte durch soziale Kategorisierung (verstärkt durch vorhandene Faultlines sowie
eine negative Einstellung gegenüber Diversität) und unspezifische Effekte in Hinsicht auf die Ausprägung von Faultlines und die Wahrnehmung von Unterschieden.
  Zum Einfluss demografischer Diversität auf die Leistung weisen Ely und Thomas (2001, S. 232) darauf hin, dass mit höherer demografischer Diversität im
Team die verfügbaren Ressourcen gesteigert werden, welche die Teammitglieder
zur Lösung komplexer Probleme einbringen können. Hierzu zählen neben Netzwerken, Perspektiven, Denkweisen, Wissen und Erkenntnissen auch die berufliche
und soziale Erfahrung der Teammitglieder. Während jüngere Menschen häufiger
über höhere akademische Abschlüsse verfügen, aber sozial unerfahren sind, weisen
ältere Menschen häufig mehr Arbeitserfahrung und soziale Fertigkeiten auf (Backes-Gellner und Veen 2013). Obwohl diese Bedingungen einen positiven Effekt
altersdiverser Teams erwarten lassen, weist jedoch der überwiegende Teil der wissenschaftlichen Forschung negative Effekte für verschiedene Aspekte der Teamarbeit auf (Wegge et al. 2011). Dafür werden Beziehungskonflikte in Folge von
unterschiedlichen Wert- und Moralvorstellungen, Arbeitsweisen von Jüngeren und
Älteren sowie Ausgrenzungsprozesse verantwortlich gemacht (Wegge et al. 2011).
  Die mit den Aufgabenanforderungen einhergehende Notwendigkeit einer Elaboration bestimmt insofern nicht nur den Raum für soziale Kategorisierung (Meyer et al. 2011, S. 263), sondern auch über die Relation von Vorteilen gegenüber

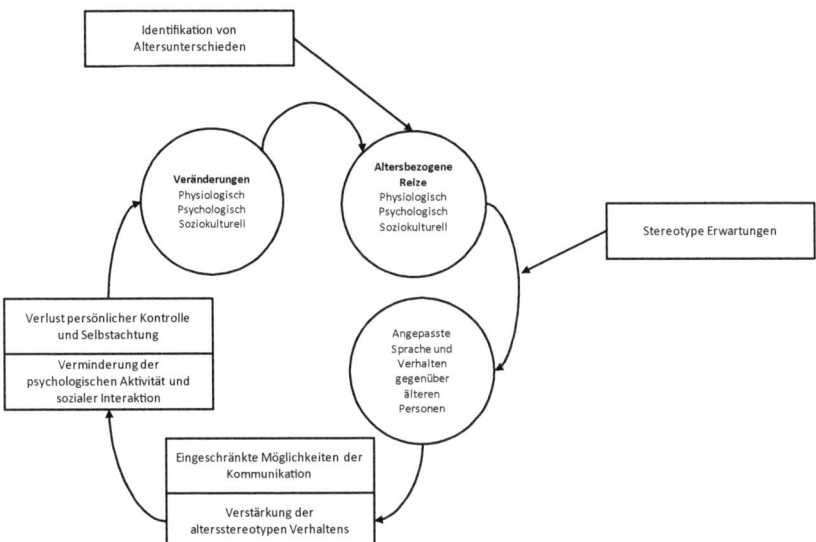

Abb. 7.5 Communication Predicament of Aging Modell (CPA) nach Ryan et al. (1986)

den Nachteilen (Wegge et al. 2011). Verschiedene Forscher vertreten zudem die Ansicht, dass die Wertschätzung von Altersdiversität nicht nur in stärkerem Maß darüber mitbestimmt, wie ein Team zusammengesetzt wird, sondern auch wie es Diversität als sinnvolle und nützliche Voraussetzung zur Bewältigung der Aufgabe ansieht (Homan et al. 2007; Wegge et al. 2011).

Dies kann auch durch Ergebnisse aus dem Bereich der intergenerationalen Kommunikation verdeutlicht werden. Dieses Konzept basiert auf der Annahme, dass Menschen durch spezifische globale Ereignisse und Gegebenheiten geprägt werden. Dies führt zur Herausbildung bestimmter generationsspezifischer Verhaltensformen und hat einen intensiven Einfluss auf die Kommunikationsprozesse zwischen Menschen unterschiedlicher Generationen (Ryan 2007). Das Communication-Predicament-of-Aging-Modell (CPA) von Ryan et al. (1986) weist zudem darauf hin, dass die Wahrnehmung bestimmter Altersmerkmale zur Aktivierung von Stereotypen führen kann und mit spezifischen Kommunikationsstilen (z. B. Überanpassung) einhergeht, welche die Möglichkeit der sinnvollen Kommunikation einschränken (vgl. Abb. 7.5). Diese Überanpassung verändert nicht nur die Einstellung des Empfängers zur Kommunikation, sondern auch seine Selbstwahrnehmung. Letztlich führt dies zu einer Steigerung des altersstereotypen Verhaltens und einer Einschränkung der Möglichkeiten innerhalb der Kommunikation (Ryan 2007; Ryan et al. 1995).

Soziale Kategorisierung und Elaboration

Meyer et al. (2011, S. 282) zeigen auf, welche Effekte Faultlines auf die soziale Integration (Kohäsion, Konflikt und Identifikation) und die Elaboration im Team aufweisen, wenn sich die Teammitglieder als ähnlich oder unterschiedlich wahrnehmen (Meyer et al. 2011, S. 259). Demnach ist die stärkste Elaboration in Teams vorzufinden, die durch starke Faultlines und eine hohe Wahrnehmung von Ähnlichkeiten zwischen den Teammitgliedern gekennzeichnet sind. Mit zunehmender Wahrnehmung von Unterschieden nimmt die Elaboration im Team ab, verbleibt jedoch auf einem durchschnittlichen Niveau und unterscheidet sich nicht von Teams mit geringer Faultline und stark wahrgenommenen Unterschieden. Die schlechteste Elaboration weisen Teams auf, die eine geringe Faultline und eine geringe Wahrnehmung von Unterschieden aufzeigen (Meyer et al. 2011, S. 272).

Die Arbeitsgruppe um van Knippenberg hat mit dem Categorization-Elaboration-Modell (CEM) ein Modell vorgeschlagen (van Knippenberg et al. 2004; van Knippenberg und Schippers 2007), das die unterschiedlichen Effekte von Diversität auf die erbrachte Leistung erklären soll. Innerhalb des CEM haben Wissensunterschiede einen positiven Effekt auf die Elaboration und die Teamleistung. Der Prozess der Elaboration wird jedoch in hohem Maß durch die Aufgabe und das Ausmaß sozialer Kategorisierungsprozesse moderiert. In einer Simulation des CEM zeigt Palmer (2006) auf, dass die Effekte der Diversität auf die Leistung durch eine komplexe, nichtlineare Funktion aus Kategorisierungs- und Elaborationsprozessen beschrieben werden kann.

7.1.2 Teamleistung

Obwohl Teamleistung kein einheitliches Konstrukt darstellt und auf unterschiedlichen Dimensionen gemessen werden kann (Guzzo und Dickson 1996; Guzzo und Shea 1992), konzentriert sich ein großer Teil der Teamforschung auf eine Leistungsbeurteilung anhand operationaler, quantitativer und qualitativer Kriterien (Horwitz 2005). Die differenzierte Betrachtung von sozialen und leistungsbezogenen Teamprozessen legt es jedoch nahe, soziale Aspekte der Teamarbeit auch in den Ergebnissen zu berücksichtigen. Dies hat gerade in diversen Gruppen eine höhere Relevanz, weil die Wechselwirkung von sozialen und leistungsrelevanten Prozessen in den Vordergrund rückt. So profitiert die Leistung in diversen Teams nicht von Unterschiedlichkeit und dem daraus angestoßenen Konflikt und Widerspruch per se, sondern durch die Art und Weise, wie mit diesen Konflikten umgegangen wird (van Knippenberg et al. 2004, S. 1011). Darüber hinaus schließt effektive Teamarbeit auch die Verbesserung des Teampotenzials hinsichtlich zukünftiger Leistungen mit ein (Guzzo und Dickson 1996).

7.1.2.1 Effektivität und Effizient der Zusammenarbeit

Hoegl und Gemuenden (2001) definieren die Teamleistung über das Ausmaß, in welchem ein Team fähig ist, vorgegebene Ziele hinsichtlich der Qualität, des zeitlichen Rahmens und der damit verbundenen Kosten zu erreichen. Dabei lassen sich zwei Hauptkomponenten unterscheiden. Während die Effektivität des Teams anhand der erwarteten und erreichten Qualität beurteilt wird, bilden ökonomische Vergleiche (die Einhaltung von Zeit- und Kostenrahmen) die Basis für die Beurteilung der Effizienz in der Teamarbeit (Hoegl und Gemuenden 2001; Horwitz 2005). Vor diesem Hintergrund zielt die diverse Zusammenstellung von Teams darauf ab, die Fähigkeit des Teams durch eine unterschiedliche Auffassungsgabe der Teamaufgabe und komplementäre Fähigkeiten zu steigern. Diese Merkmale sind für die effektive Gruppenleistung entscheidend, werden aber in ihrer Wirkung sehr stark durch den kontextuellen Rahmen bestimmt (van Knippenberg et al. 2004, S. 1011).

7.1.2.2 Teamwork-Qualität

In Abgrenzung zur Qualität der Ergebnisse und der ökonomischen Teamleistung fokussiert die Teamwork-Qualität stärker auf die affektiv-motivationalen Resultate der Teamarbeit. Sie reflektiert soziale Integration (Meyer et al. 2011, S. 259) sowie die Einstellung und Motivation gegenüber der Interaktion im Team (Hoegl und Gemuenden 2001). Diese Aspekte wirken über das Erreichen des Teamziels hinaus und verbessern die Möglichkeiten und Leistungen zukünftiger Teamarbeit (Guzzo und Dickson 1996), da die Resultate der sozialen Prozesse die Fähigkeiten der Mitglieder zur Zusammenarbeit und die Teamerfahrungen steigern (Hackman und Wageman 2005, S. 272). Das Ausmaß, in welchem sich die Mitglieder eines Teams als Ganzes wahrnehmen (soziale Integration), wird häufig als Kohäsion bezeichnet (Meyer et al. 2011, S. 259). Kohäsion wird als bedeutendes strukturelles (Carron und Brawley 2000) und dynamisches, prozedurales Merkmal von Gruppen (Carron und Brawley 2000) angesehen und kann eine gemeinsame Identität, Zielsetzung oder Bestimmung widerspiegeln. Sie fördert die Motivation des Einzelnen sowie die Einstellung gegenüber der Zusammenarbeit innerhalb der Gruppe (Carron und Brawley 2000; Hoegl und Gemuenden 2001). Für die Qualität der Zusammenarbeit ist es wichtig, dass jedes Teammitglied die Möglichkeit hat, all seine verfügbaren Erfahrungen und sein aufgabenrelevantes Wissen in die Teamarbeit einzubringen (Hackman 1987; Hoegl und Gemuenden 2001). Besonders wichtig erscheint dies vor dem Hintergrund innovativer Aufgabenstellungen, weil diese häufiger auf das Wissen von Teammitgliedern mit unterschiedlichem funktionalem

Hintergrund zurückgreifen müssen. Die Balance der Beiträge ist hervorzuheben, da die Vorteile diverser Teams verhindert werden können, wenn Teammitglieder keine Möglichkeit haben, ihre Ansichten und Ideen einzubringen, weil Diskussion und Entscheidungen von anderen dominiert werden.

Innerhalb der Teamarbeit können gemeinsame Erwartungen hinsichtlich des Einsatzes von einzelnen Teammitgliedern bestehen (Hoegl und Gemuenden 2001). Das Wissen und die Akzeptanz solcher Normen kann destruktive Konflikte verhindern und bestimmt wesentlich über die Qualität der Zusammenarbeit als Team (Hoegl und Gemuenden 2001). Die Teilung der Arbeitslast und die Priorisierung der Teamaufgabe gegenüber anderen Verpflichtungen (Hoegl und Gemuenden 2001) weist auf die Motivation hin, ein gemeinsames Commitment zu schaffen und soziales Trittbrettfahren (social loafing) zu minimieren (Hackman und Wageman 2005, S. 273).

7.1.3 Rahmenbedingungen in altersdiversen Innovationsteams

Das Management altersdiverser Innovationsteams steht vor der Herausforderung Rahmenbedingungen zu schaffen, in denen unterschiedliche Ansichten und Erfahrungen als Basis für einen intensiven Austausch von Wissen genutzt werden. Dabei gilt es einerseits Freiräume für die Kombination von Wissen zu schaffen und andererseits Richtlinien für die Zusammenarbeit aufzuzeigen, um soziale Konflikte zu verringern. Teamarbeit, die durch klare Zielvorgaben, eine hohe Orientierung an der Aufgabe und der Leistung sowie durch ein partizipatives Umfeld charakterisiert ist, weist häufig bessere Ergebnisse auf als die Arbeit in Teams, in denen diese Merkmale gering ausgeprägt sind (Bain et al. 2001). Im Folgenden stellen wir vier Managementinstrumente dar, deren Einfluss wir in Hinsicht auf die Teamprozesse und Teamergebnisse untersuchen (vgl. Abb. 7.6).

7.1.3.1 Standardisierung

Standardisierte Arbeitsabläufe zeigen auf, wie eine Aufgabe bearbeitet werden soll, um Unterschiede in wiederholten Abläufen zu reduzieren und die Effektivität zu steigern (Gilson et al. 2005, S. 522). Viele Unternehmen setzen standardisierte Arbeitsabläufe aber auch ein, um Mitarbeiter über Systeme, Mechanismen und Richtlinien zu informieren und klarzustellen, wie Tätigkeiten umzusetzen sind (Gilson et al. 2005). Standardisierte Arbeitsweisen können dabei helfen, Unklarheiten zu beseitigen und kostspielige Fehlentscheidungen zu vermeiden. Damit bilden sie eine Grundlage, um sicherzustellen, dass vorgegebene Handlungsabläu-

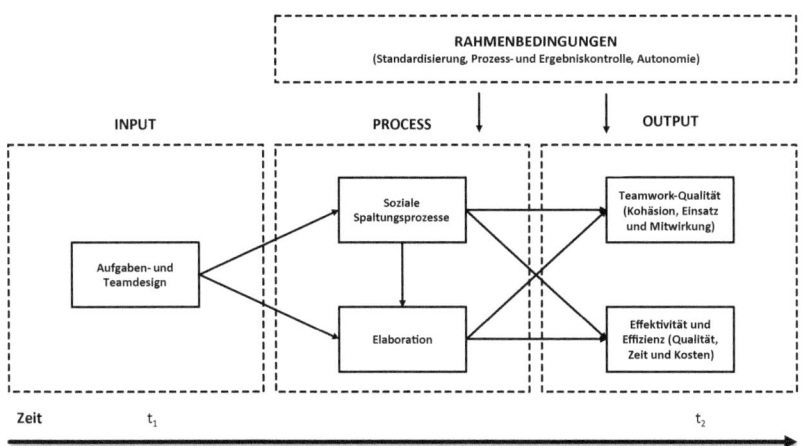

Abb. 7.6 Input-Prozess-Output-Rahmenmodell in Anlehnung an Hackman (1987)

fe von Mitarbeitern auch konsequent verfolgt werden (Gilson et al. 2005). Standardisierung und Routinen werden häufig als Schlüssel im Umgang mit Komplexität angesehen und führen zu einer Einschränkung der Variationsbreite im Verhalten, um die Konsistenz von Abläufen sicherzustellen. Die Kreativität, im Sinne einer Steigerung der Verhaltensvariationen zur Optimierung des Einsatzes und der Ergebnisse, wird in dieser Hinsicht jedoch eingeschränkt. Für das Management von Innovationsprojekten stellt sich dies als Herausforderung dar, weil Teams manchmal kreative Ansätze zur Umsetzung ihrer Aufgaben verfolgen müssen, die es ihnen nicht ermöglichen, standardisierte Arbeitsabläufe einzuhalten. Daher stellt sich häufig die Frage, wie Teams Kreativität und Standardisierung sinnvoll kombinieren können (Gilson et al. 2005).

7.1.3.2 Ergebniskontrolle

Ergebniskontrolle ist auf das konkret erwartete Ziel ausgerichtet (Turner und Makhija 2006) und wird den Teammitgliedern durch die spezifische Festlegung von Kriterien (z. B. Deadlines, Kostenrahmen) und Anforderungen vorgegeben (Bonner et al. 2002; Turner und Makhija 2006). In der Regel werden dabei Anreize eingesetzt, die eine klare Gegenleistung zu dem gewünschten Ergebnis oder Einsatz darstellen (z. B. leistungsbezogene Verträge, Bonus, Gewinnbeteiligung; Turner und Makhija 2006). Während diese Form der Kontrolle stark an das gewünschte Ergebnis gebunden ist, bestehen geringere oder keine Vorgaben über das erforderliche Verhalten oder die Auswahl zielführender Prozesse (Turner und Makhija 2006).

Aus diesem Grund bietet Ergebniskontrolle entscheidende Vorteile, wenn Unklarheit über die zielführenden Prozesse besteht oder ein starker Einfluss von situativen Bedingungen ausgeht und daher eine insgesamt schlechtere Prognose der
notwendigen Abläufe möglich erscheint (Turner und Makhija 2006). Speziell im
Umgang mit unterschiedlichem prozessbezogenen Wissen werden Vorteile eines
ergebniskontrollierten Teammanagements gesehen, weil die Vielschichtigkeit des
Wissens es den Vorgesetzten häufig erschwert, die zugrundeliegenden Prozesse
klar zu spezifizieren (Turner und Makhija 2006). Weil Ergebniskontrolle keine
detaillierten Handlungsabläufe vorgibt, kann sie auch dazu beitragen, dass sich
die Teammitglieder neue Wissensquellen erschließen, um die gewünschten Ergebnisse zu erreichen und über die notwendige Flexibilität zu verfügen, um neue
und einzigartige Lösungen für Probleme zu finden (Turner und Makhija 2006).
Dies erfordert aber auch ein höheres Vertrauen gegenüber dem Team. Während
der Unsicherheit gegenüber der Zielerreichung bei einer hoch ausgeprägten Ergebniskontrolle durch Spezifizierung des Ziels und Freiraum in den Handlungsmöglichkeiten begegnet wird, konzentriert sich eine formale Prozesskontrolle auf
die Fixierung und Kontrolle von Handlungsabläufen, die vom Vorgesetzten als
zielführend angesehen werden.

7.1.3.3 Formale Prozesskontrolle

Formale Kontrolle ist ein eher statischer Prozess der Überwachung und Bewertung
anhand vorbestimmter Kontrollstandards, welche über den gesamten Verlauf konstant bleiben (Bonner et al. 2002). Formale Prozesskontrolle wird eingesetzt, um
Leitlinien für den Projektverlauf festzulegen und ihre Umsetzung zu überprüfen
(Bonner et al. 2002). Dabei ist Prozesskontrolle auf die Überwachung von Handlungen und Abläufen ausgerichtet und setzt voraus, dass den Teammitgliedern
durch klare Bestimmungen aufzeigt wird, welches Verhalten und welche Prozesse
verfolgt werden sollen, um das erwünschte Ergebnis zu erreichen (Bonner et al.
2002; Turner und Makhija 2006). Die individuelle Verantwortung für die Ergebnisse der Prozesse liegt dabei im Verfolgen der explizit formulierten Handlungsanweisungen. Formale Kontrolle ist angebracht, wenn sich die Aufgabenbereiche der
einzelnen Teammitglieder in klar spezifizierte und spezialisierte Aufgaben unterteilen lassen (Turner und Makhija 2006). Prozesskontrolle geht mit hoch formalen,
standardisierten Prozeduren und Regeln, klar etablierten Routinen und speziali-
sierten Tätigkeitsbeschreibungen, ausgeprägten Hierarchien und hoch strukturierten Gruppen einher (Turner und Makhija 2006).

Formale Kontrolle lässt durch ihre klaren Beurteilungsgrundlagen, Regeln und
Normen eine höhere Strukturierung der Arbeit zu. Das erforderliche Verhalten ist
leichter zu kommunizieren und Abweichungen von den explizit festgelegten Hand-

lungsabläufen sind einfacher zu erkennen. Der Einsatz formaler Prozesskontrolle erfordert von Vorgesetzten ein sehr hohes Verständnis hinsichtlich der angemessenen Handlungsabläufe und eignet sich daher eher für Aufgaben mit einer geringen Komplexität, um Fehlspezifikationen und Iterationen zu verhindern (Turner und Makhija 2006). Eine zu hohe Prozesskontrolle kann aber auch dazu führen, dass vorhandene Ressourcen zur Wissensbildung nicht ausgeschöpft werden (Turner und Makhija 2006), die Kreativität im Team eingegrenzt wird, Fortschritte verhindert und letztendlich die Leistung beeinträchtigt wird. Um die Vorteile des unterschiedlichen Wissens in diversen Innovationsteams zu nutzen, erscheint es daher wichtig, dass Führungskräfte eine angemessene Kontrolle ausüben und notwendige Freiräume für Flexibilität, Kreativität und Mitbestimmung schaffen (Bonner et al. 2002, S. 234).

7.1.3.4 Autonomie

Während Standardisierung und Kontrolle stärker auf die Leistungsstrategie des Teams ausgerichtet sind, weist Autonomie auch weiterreichende Effekte auf die Beziehungen zwischen den Teammitgliedern auf. Autonomie bestimmt das Ausmaß, in welchem das Team über Ziele, Arbeitsmethoden, Abläufe und die Verteilung der Arbeit auf die einzelnen Teammitglieder entscheidet (Rico et al. 2007, S. 116). Bei geringer Autonomie wird die Teamaufgabe hauptsächlich von außen strukturiert, so dass keine große Notwendigkeit für ein internes Prozessmanagement oder gemeinschaftliche Entscheidungen besteht. Demgegenüber bedingt hohe Autonomie, dass die Teammitglieder alle möglichen arbeitsbezogenen Entscheidungen gemeinsam treffen müssen. Damit steigt auch die Notwendigkeit, dass die Teammitglieder miteinander kommunizieren und zusammenarbeiten, um Ansichten und Wissen auszutauschen, Überlegungen und Handlungen abzustimmen sowie Entscheidungen über die Abläufe zu treffen (Rico et al. 2007).

Dies kann in Teams das Bewusstsein für Unterschiede zwischen den Teammitgliedern steigern und die Wahrnehmung von Subgruppen fördern, so dass sich die Prozesse innerhalb des gesamten Teams verschlechtern. Infolgedessen können eine geringere Attraktion und weniger freundschaftliche Beziehungen zwischen den Mitgliedern unterschiedlicher Subgruppen die Kohäsion des Teams verringern, Integrationsprobleme steigern und Beziehungskonflikte fördern. Dadurch kann auch die Bereitschaft der Teammitglieder sinken, etwas zur kollektiven Aufgabe beizutragen, so dass die Vorteile von Diversität in der Zusammenarbeit nicht genutzt werden (Rico et al. 2007).

7.2 Stichprobe, Messungen und Methoden

Die Analyse der Teamprozesse und Teamergebnisse basiert auf den Daten einer Befragung von Innovationsteams aus 290 Unternehmen des Verarbeitenden Gewerbes (vgl. Kap. 4). Als Grundlagen der Teamprozesse werden Merkmale der Aufgabe und des Teamdesigns (Teamgröße, Altersdiversität und altersbasierte Faultlines, Rollendifferenzierung) berücksichtigt (vgl. Kap. 4).

7.2.1 Messungen

Zur Messung sozialer Kategorisierung und ihrer Konsequenz im Sinne von Teamspaltungen verwenden wir drei von Jehn und Bezrukova (2010) sowie Zanutto et al. (2011) vorgeschlagene Items, die das Auftreten von Allianzen, Cliquen sowie Bildung von Subgruppen innerhalb des Teams erfragen. Mit Faktorladungen zwischen 0,655 und 0,878 und einem Reliabilitätskoeffizienten (Cronbachs-Alpha) von 0,823 weisen diese Items eine sehr gute Verwendbarkeit auf. Das Ausmaß der Elaboration im Team wurde anhand von fünf Items gemessen, die sich inhaltlich auf die Häufigkeit und Offenheit des Informationsaustausches, die Anerkennung unterschiedlicher Ansichten und Ideen sowie den konstruktiven Umgang mit Meinungsverschiedenheiten beziehen (Meyer et al. 2011; van Knippenberg et al. 2004). Die Items weisen gute Faktorladungen (0,534 bis 0,751) und eine gute Reliabilität (Cronbachs-Alpha = 0,802) auf.

Als Konsequenzen der Teamprozesse wurden die Teamwork-Qualität und die Teamleistung (Effektivität und Effizienz) des Teams erhoben. Die Messung der Teamwork-Qualität basiert auf jeweils zwei Items aus den Bereichen Kohäsion, Einsatz und der Balance der Beiträge von Hoegl und Gemuenden (2001). Die standardisierten Ladungen für den Faktor liegen zwischen 0,572 und 0,745. Mit einem Cronbachs-Alpha von 0,819 kann auch hier von einer guten Reliabilität ausgegangen werden.

Zur Bewertung der Teamleistung (Effektivität und Effizienz) befragten wir die Teamleiter, inwieweit die qualitativen Ziele erreicht wurden, ob das Projekt insgesamt als erfolgreich angesehen werden kann und ob Zeit- und Kostenrahmen eingehalten wurden (4-Items) (Guzzo und Dickson 1996; Hoegl und Gemuenden 2001; Horwitz 2005). Die standardisierten Ladungen für den gemeinsamen Faktor variieren zwischen 0,489 und 0,758. Mit einem Cronbachs-Alpha von 0,655 kann von einer hinreichenden Reliabilität ausgegangen werden. Zusätzlich wurden die Teamleiter gebeten, den Beitrag des Teamergebnisses für das gesamte Unternehmen zu beurteilen. Hierfür wurden vier Items erhoben, welche die Zeitspanne des

Projekts bis zum Prototypen (in Monaten), die Innovativität des Teamergebnisses, den Beitrag des Projektes zum wirtschaftlichen Erfolg sowie zur Wettbewerbsfähigkeit des Unternehmens erfragten.

Das Ausmaß an Standardisierung in den Abläufen wurde durch den Teamleiter anhand von vier Items beurteilt. Dabei wurde in Anlehnung an Gilson et al. (2005) erfragt, inwieweit der Projektablauf, die täglichen Aktivitäten der Teammitglieder und die Abläufe von Teilaufgaben durch Regeln und standardisierte Abläufe bestimmt waren. Faktorladungen zwischen 0,634 und 0,661 sowie ein Cronbachs-Alpha von 0,680 weisen auf die Eignung als Faktor hin.

Der Einsatz von Ergebniskontrolle wurde mit drei Items erfragt, welche die Umsetzung von Teilzielen und die Kontrolle des Projektverlaufs anhand von Zeitvorgaben und definierten Meilensteinen beinhalteten (Bonner et al. 2002). Die Items stammen aus der Output-Control-Skala von Atuahene-Gima und Li (2002) und weisen Faktorladungen zwischen 0,579 und 0,765 und ein Cronbachs-Alpha von 0,717 auf.

In Anlehnung an die Konzeption von Bonner et al. (2002) wurden für die Messung von formaler Prozesskontrolle drei Items verwendet. Wir befragten die Teamleiter, in welchem Ausmaß die Kontrolle darauf ausgerichtet war, dass die Teammitglieder den vorgegebenen Abläufen gefolgt sind, in welchem Ausmaß Abläufe dokumentiert und analysiert wurden sowie ob Handlungsabläufe durch den Vorgesetzten angepasst wurden, wenn die gewünschten Teilergebnisse nicht erreicht wurden (vgl. Atuahene-Gima et al. 2002). Die Items weisen Faktorladungen zwischen 0,512 und 0,732 und eine Reliabilität von 0,534 auf.

Im Einklang mit Rico et al. (2007) wurde Autonomie durch die Ausprägung von Mitbestimmung in verschiedenen Schlüsselaspekten der Tätigkeit (Ideengenerierung, Problemlösung und Entscheidung über Handlungen) erfragt. Die Faktorladungen der Items liegen zwischen 0,490 und 0,801. Mit einem Cronbachs-Alpha von 0,638 kann von einer akzeptablen Reliabilität ausgegangen werden.

7.2.2 Methoden

In einem Strukturgleichungsmodell wurden die Auswirkungen des Managements für Prozesse und Leistung analysiert. Die direkten und indirekten Effekte der Aufgabenkomplexität und des Teamdesigns sowie die Interaktionsterme der Teamdesignmerkmale wurden als Kontrollvariablen in die Analyse einbezogen. Ebenso wurde auf der Ebene der Teamprozesse der indirekte Effekt sozialer Spaltung über Elaboration auf die Teamleistung einbezogen. Um Effekte der Teamleistung für das Unternehmen einzubeziehen, wurde ein zweites Strukturgleichungsmodell berechnet, in welchem die Teamleistung sowie die Interaktion zwischen Teamwork-Qualität und der Teamleistung auf die Erfolgskriterien der Unternehmensebene überprüft wurden.

7.3 Ergebnisse

Die Korrelationen in Tab. 7.1 zeigen auf, dass die berücksichtigten Prozesse der Zusammenarbeit in Innovationsteams in vielfältiger Weise mit der Aufgabe, dem Teamdesign, dem Management sowie den Teamergebnissen verbunden sind. Während soziale Spaltungsprozesse mit größeren Teams, einem geringeren Wissensaustausch, schlechterer Teamwork-Qualität und geringerer Teamleistung (Effektivität und Effizienz) einhergehen, weist die Elaboration stärkere Verweise auf die Aufgabenkomplexität, die Rahmenbedingungen des Teammanagements sowie positive Teamleistungen auf.

7.3.1 Teamdesign und Teamprozesse

Aus den Ergebnissen geht hervor, dass einzig die Teamgröße beide Teamprozesse direkt beeinflusst (vgl. Tab. 7.2). Demnach weisen größere Teams sowohl stärkere Spaltungsprozesse $(0{,}245; p < 0{,}001)$ als auch eine tendenziell geringere Elaboration $(-0{,}117; p < 0{,}01)$ auf. Zudem wird die Elaboration durch die Spaltungsprozesse im Team signifikant verschlechtert $(-0{,}178; p < 0{,}01)$. Eine höhere Altersdiversität verringert die Spaltungsprozesse innerhalb der Teams $(-0{,}191; p < 0{,}01)$. Die Rollendifferenzierung im Team weist keine signifikanten direkten Effekte auf die Teamprozesse auf.

Die tendenziell signifikante Interaktion von Teamgröße und Altersdiversität weist darauf hin, dass der Spaltung von großen Teams durch eine altersdiverse Teamzusammensetzung entgegengewirkt werden kann. Demgegenüber weist die Interaktion zwischen Altersdiversität und Rollendifferenzierung darauf hin, dass Altersunterschiede in stärkerem Maß zu Kategorisierung und Spaltung führen, wenn sie mit Rollendifferenzierungen einhergehen.

Berücksichtigung des Faultlineansatzes Aus den vorausgehenden Ergebnissen wird deutlich, dass größere Altersunterschiede zwischen Teammitgliedern die Spaltungstendenz großer Teams verringern können. Die Betrachtung der Effekte von altersbasierten Faultlines im Kontext der insgesamt wahrgenommenen Unterschiede zwischen den Teammitgliedern zeigt auf, dass die Altersstruktur im Sinne

Tab. 7.1 Korrelationen als Ergebnis einer Konfirmatorischen Faktorenanalyse

	AK	TG	DV	RD	TS	EL	TWQ	EuE	ST	PK	EK	AU
Aufgabenkomplexität (AK)	1											
Teamgröße (TG)	$0,12^t$	1										
Altersdiversität (AD)	$0,13^*$	0,04	1									
Rollendifferenzierung (RD)	−0,04	$0,44^{***}$	$0,14^*$	1								
Teamspaltung (TS)	0,07	$0,24^{***}$	−0,09	−0,07	1							
Elaboration (EL)	$0,19^{**}$	−0,10	0,02	−0,07	$−0,20^{**}$	1						
Teamwork-Qualität (TWQ)	$0,25^{***}$	$−0,15^*$	0,07	$−0,13^t$	$−0,20^{**}$	$0,71^{***}$	1					
Effektivität und Effizienz (EuE)	−0,08	0,06	−0,09	−0,04	$−0,24^{**}$	$0,55^{***}$	$0,48^{***}$	1				
Standardisierung (ST)	$0,15^*$	0,07	0,11	0,02	−0,08	$0,52^{***}$	$0,42^{***}$	$0,55^{***}$	1			
Prozesskontrolle (PK)	0,12	0,08	$0,18^*$	0,08	−0,01	$0,35^{***}$	$0,30^{***}$	$0,30^{**}$	$0,78^{***}$	1		
Ergebniskontrolle (EK)	$0,14^*$	$0,19^{**}$	0,09	$0,15^*$	0,02	$0,40^{***}$	$0,27^{**}$	$0,51^{***}$	$0,76^{***}$	$0,80^{***}$	1	
Autonomie (AU)	0,04	0,09	$−0,16^*$	−0,06	0,04	$0,22^{**}$	$0,24^{**}$	$0,15^t$	0,01	−0,11	−0,01	1

$N = 290$; Fit-Indizes: chi^2 (df) = 687,02(524); CFI = 0,95; RMSEA = 0,03; SRMR = 0,03. Alle markierte Korrelationen sind signifikant auf dem Niveau: $^t p<0,10$, $*p<0,05$, $**p<0,01$ und $***p<0,001$)

Tab. 7.2 Ergebnisse des Strukturgleichungsmodells

	Teamprozesse		Teamergebnisse	
	Spaltung	Elaboration	Teamwork	Leistung
Standardisierung	−0,264	0,479**	0,129	0,064
Formale Prozesskontrolle	0,101	−0,158	0,236	−0,611
Autonomie	0,006	0,228**	0,117	0,059
Ergebniskontrolle	0,096	0,178	−0,243	0,925*
Aufgabenkomplexität	0,064	0,113^t	0,119*	−0,192*
Teamgröße (TG)	0,245***	−0,117^t	−0,086	0,048
Altersdiversität (AD)	−0,191**	−0,046	0,101	−0,026
Rollendifferenzierung (RD)	−0,026	−0,018	−0,020	−0,101
TG x AD	−0,147^t	0,052	0,093	−0,036
TG x RD	−0,051	−0,061	0,099^t	0,026
AD x RD	0,179*	0,078	0,042	0,125
TG x AD x RD	0,118	0,076	−0,017	−0,032
Spaltung		−0,178**	−0,046	−0,264**
Elaboration			0,570***	0,281**
R^2	0,115**	0,414***	0,553***	0,650***

$N = 290$; $\text{Chi}^2(df) = 961{,}47(675)$***; RMSEA $= 0{,}04$; CFI $= 0{,}92$; S-RMR $= 0{,}05$Markierte Koeffizienten sind signifikant auf dem Niveau: $_{t_p}{<}0{,}10$, *$p{<}0{,}05$, **$p{<}0{,}01$ und ***$p{<}0{,}001$

der reinen Altersanordnung an sich eine eher geringe Rolle für die Prozesse der sozialen Kategorisierung und der Elaboration spielt.

Selbst eine stark ausgeprägte altersbasierte Faultline muss nicht zwangsläufig zur aktiven Spaltung im Team führen (vgl. Tab. 7.3 und Abb. 7.7). Demgegenüber führen die wahrgenommenen Unterschiede dann verstärkt zu einem Auseinanderbrechen des Teams, wenn keine altersbedingte Faultline vorhanden ist.

Hinsichtlich der Elaboration innerhalb der Innovationsteams lässt sich darstellen, dass der intensivste Wissensaustausch in Teams vorgefunden wird, die eine geringe altersbasierte Faultline aufweisen und in denen die Unterschiede zwischen den Teammitgliedern insgesamt als eher gering eingeschätzt werden. Mit zunehmender Wahrnehmung von Unterschieden wird der Prozess der Elaboration verschlechtert. Dieser Effekt tritt verstärkt auf, wenn keine altersbasierte Faultline im Team vorhanden ist. Besonders kritisch ist dies, wenn sich die Unterschiede zwischen den Teammitgliedern im Kontext ihrer Kommunikation manifestieren (vgl. Ratzmann et al. 2014).

Dies entspricht auch den Auffassungen von Jehn und Bezrukova (2010), Meyer et al. (2011) und van Knippenberg et al. (2004), welche die Unterschiedlichkeit

Tab. 7.3 Effekte und Interaktion altersbasierter Faultlines sowie wahrgenommener Unterschiede auf die Teamprozesse

	Spaltung	Elaboration
Standardisierung	$-0,263$	0,296
Aufgabenkontrolle	$-0,126$	0,203
Ablaufkontrolle	0,284	$-0,040$
Autonomie	0,178	0,287**
Altersbasierter Faultline-Score (FL)	$-0,150$ *	0,017
Insgesamt wahrgenommene Unterschiede (WU)	0,136 ^{t}	$-0,122$ ^{t}
Interaktion FL x WU	$-0,167$*	0,083
R^2	0,140*	0,417***

($N = 290$): Markierte Koeffizienten sind signifikant auf dem Niveau: $_{t_p} < 0,10$, *$p < 0,05$, **$p < 0,01$ und ***$p < 0,001$

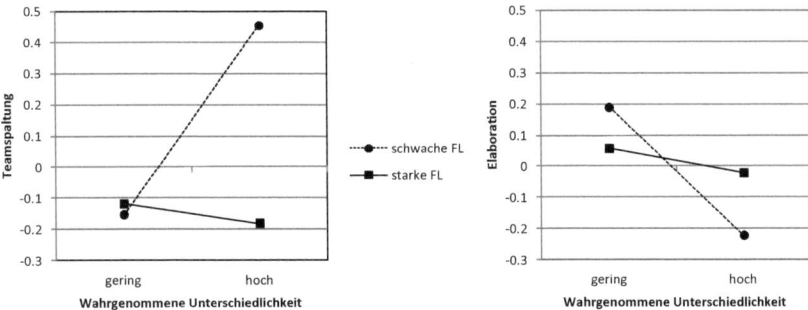

Abb. 7.7 Interaktion zwischen den wahrgenommenen Unterschieden der Teammitglieder und der Ausprägung der altersspezifischen Faultine (FL) auf die Spaltung des Teams (*links*) und die Elaboration im Team (*rechts*)

zwischen Teammitgliedern als Potenzial ansehen, das in Abhängigkeit seiner Qualität sowohl positive als auch negative Prozesse auslösen kann.

7.3.2 Teamprozesse und Teamergebnisse

Die betrachteten Teamprozesse können als entscheidende Vorbedingungen der Teamergebnisse angesehen werden. Während Teamgröße, Altersdiversität im Team und das Ausmaß an Rollendifferenzierung keine bedeutsamen direkten Effekte auf die Teamwork-Qualität und die Teamleistung aufzeigen, so ist der Prozess der Elaboration geeignet, um Unterschiede in der Qualität der Zusammenarbeit (0,570;

$p<0,001$; vgl. Tab. 7.2) und der Leistung (.650; $p<0,001$) aufzuzeigen. Darüber hinaus kann aufgezeigt werden, dass der negative Effekt einer Teamspaltung auf die Teamwork-Qualität vollständig durch eine schlechtere Elaboration im Team erklärt werden kann. Teamspaltung verschlechtert zudem die Leistung ($-0,264$; $p<0,01$) des Teams, was als unabhängig von der Elaboration zu betrachten ist und möglicherweise durch motivationale Aspekte bedingt wird.

7.3.3 Management der Teamprozesse

Aus den Ergebnissen wird deutlich, dass die untersuchten Managementinstrumente nur auf den aufgabenbezogenen Teamprozess (Elaboration) und die Teamleistung (Effektivität und Effizienz) wirken. Das Ausmaß sozialer Spaltungsprozesse wird demgegenüber vordergründig durch das Design des Teams und die damit verbundene Wahrnehmung von Unterschieden zwischen den Teammitgliedern bestimmt.

Umso interessanter erscheint es, dass die hohen korrelativen Zusammenhänge zwischen den Managementinstrumenten und der Teamwork-Qualität (vgl. Korrelation in Tab. 7.1) im Rahmen des Strukturgleichungsmodells nicht als signifikanter Effekt nachgewiesen werden können. Dies kann als Hinweis angesehen werden, dass der vorhandene korrelative Zusammenhang innerhalb des Strukturgleichungsmodells besser durch den (indirekten) Pfad von Standardisierung über Elaboration auf Teamwork-Qualität erklärt werden kann. Standardisierung fördert also nicht per se Zusammenhalt und Einsatzbereitschaft der Teammitglieder, sondern stellt einen bevorzugten Rahmen für den Austausch zwischen den Teammitgliedern dar und der intensivere Austausch fördert die Teamwork-Qualität. Gleiches gilt, wenn auch in etwas geringerer Intensität für Autonomie. Die produktive Leistung des Teams kann durch eine höhere Ergebniskontrolle gefördert werden.

Den negativen Konsequenzen von sozialen Spaltungsprozessen im Team kann das Management insofern durch die Zusammenstellung des Teams und durch ein Umfeld entgegenwirken, welches die Kommunikation und Integration verschiedener Ideen und Meinungen fördert. Insgesamt zeigt sich, dass das Vorhandensein von Regeln und Normen, eingeschränkten Freiräumen und zielorientierter Leistungsbewertung als optimales Umfeld für die Arbeit in (alters-)diversen Teams erscheint.

7.3.4 Die Bedeutung der Teamergebnisse für das Unternehmen

Eine hohe Teamleistung im Sinne der Effektivität steigert auch die Beurteilung des Projekts als innovativen und wirtschaftlichen Erfolg, der die Wettbewerbsfähigkeit

Tab. 7.4 Effekte der Teamergebnisse auf übergeordnete Aspekte des Projekt- und Unternehmenserfolges

	Laufzeit	Innovativität	Wirtschaftlicher Unternehmenserfolg	Wettbewerbsfähigkeit
Teamwork-Qualität (TWQ)	−2.638*	0,077	0,079	0,007
Effektivität und Effizienz (EuE)	0,211	0,446*	0,839**	0,586**
TWQ²	−4.067*	−0,415ᵗ	−0,210	−0,002
EuE²	−0,164	0,075	−0,098	0,146
TWQ x EuE	9.462**	0,193	0,278	−0,413

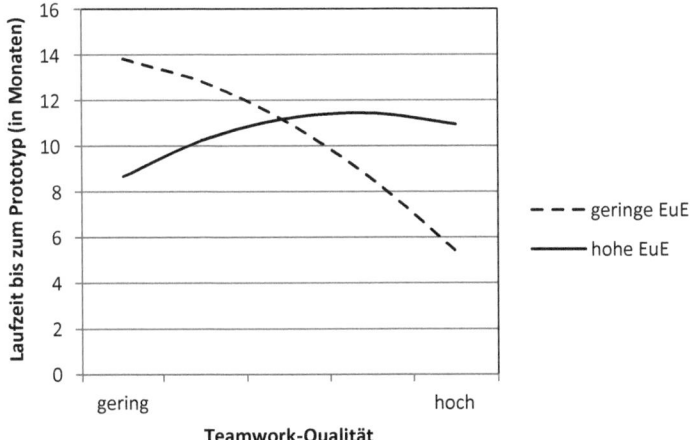

Abb. 7.8 Projektlaufzeit in Abhängigkeit von der Teamwork-Qualität bei erfolgreichen und weniger erfolgreichen Projekten

des Unternehmens fördert (vgl. Tab. 7.4). Demgegenüber wird die Laufzeit der Projekte eher durch eine hohe Teamwork-Qualität verkürzt, wobei Teamwork-Qualität und Leistung eine signifikante Interaktion aufweisen (vgl. Tab. 7.4). Während die Projektlaufzeit bis zur Fertigstellung eines Prototypen in Teams mit hoher Effektivität (Ziele werden innerhalb der festgelegten Zeit und Kosten erreicht) durch eine hohe Teamwork-Qualität tendenziell etwas länger laufen, verkürzt eine hohe Teamwork-Qualität die Laufzeit von Projekten mit geringer Effektivität um durchschnittlich bis zu acht Monate, was einer Laufzeitverringerung von etwa 57.1 % entspricht (vgl. Abb. 7.8). Dies könnte darauf zurückzuführen sein, dass Teams mit einer gemeinsamen Identität und hohem Zusammenhalt Umsetzungsprobleme geschlossener kommunizieren und es damit eher zum Projektabbruch oder einer geeigneten Anpassung der Projektziele kommt, während bei geringerem Zusammenhalt im Team durch wechselseitige Schuldzuweisungen an den vorgegebenen Zielen verharrt wird, ohne das letztlich eine Lösung gefunden wird.

Hinweise für die betriebliche Praxis

Eine Befragung von Innovationsteams aus 290 Unternehmen des Verarbeitenden Gewerbes zeigt auf, dass altersbezogene Aspekte des Teamdesigns eher eine moderate Wirkung auf die Ergebnisse der Teamarbeit haben. Demgegenüber werden die Teamprozesse stärker durch die Aufgabe und das Teamdesign bestimmt. Um optimale Voraussetzungen für die Zusammenarbeit in altersdiversen Innovationsteams zu schaffen, die Bereitschaft der Beschäftigten zur gegenseitigen Toleranz zu fördern und die Potenziale diverser Teams möglichst auszuschöpfen, können die folgenden Punkte beitragen:

1. Spaltungsprozesse in Teams
   - Der Herausbildung von Allianzen oder Grüppchen in Teams sollte mit Vorsicht begegnet werden, da sie mit einem schlechten informellen Austausch, Schwierigkeiten in Hinblick auf Einigung und Entscheidungsfindung sowie mit deutlich schlechteren Teamleistungen einhergehen.
   - Mitgliedern in gespaltenen Teams fällt es schwerer mögliche Vorurteile abzubauen, Einstellungen zu verändern und die Potenziale diverser Teams zu erkennen.
   - Es ist schwierig, die Spaltungsprozesse in bestehenden Teams zu steuern. Vorausschau während der Teamzusammenstellung und geeignete Teambildungsmaßnahmen sind angebracht.
2. Elaborationsprozesse in Teams
   - In wissensrelevanten Bereichen (Innovation) liefert die Kombination, Integration und Kreation von Wissen einen entscheidenden Beitrag zum Erfolg von Teamarbeit.
   - Insbesondere Teams, die aufgrund ihrer Teamstruktur eine Tendenz zum Auseinanderbrechen aufzeigen, profitieren im verstärkten Austausch ihres spezifischen Wissens. Ziel des Wissensaustausches ist es, dass vorhandene Wissen in der Teamaufgabe zu verbinden und unterschiedliche Perspektiven zu integrieren.
   - Eine hohe Elaboration fördert nicht nur die Effektivität und Effizienz der aktuellen Teamleistung; die Teammitglieder zeichnen sich auch

in Zukunft durch stärkeren Zusammenhalt und höhere Einsatzbereitschaft aus.
- Die Elaboration innerhalb des Teams kann durch klare Rahmenbedingungen sowie Freiräume innerhalb der Umsetzung gefördert werden.
3. Teamwork-Qualität, Effektivität und Effizienz
- Während komplexe Aufgabenstellungen die Qualität der Zusammenarbeit im Team verbessern, gehen sie häufiger mit Einbußen hinsichtlich der gewünschten Projektziele oder Überschreitungen von zeitlichen und finanziellen Vorgaben einher.
- Hohe Teamwork-Qualität kann eskalierende Investitionen in erfolglose Projekte verringern, weil das Team geschlossener auftritt, wenn unvorhergesehene Probleme auftreten.

Literatur

Atuahene-Gima, K., & Li, H. (2002). When does trust matter? Antecedents and contingent effects of supervisee trust on performance in selling new products in China and the United States. *Journal of Marketing, 66*(3), 61–81. doi:10.2307/3203455.

Backes-Gellner, U., & Veen, S. (2013). Positive effects of ageing and age diversity in innovative companies – large-scale empirical evidence on company productivity. *Human Resource Management Journal, 23*(3), 279–295. doi:10.1111/1748-8583.12011.

Bain, P. G., Mann, L., & Pirola-Merlo, A. (2001). The innovation imperative: The relationships between team climate, innovation, and performance in research and development teams. *Small Group Research, 32*(1), 55–73.

Bonner, J. M., Ruekert, R. W., & Walker, O. C. (2002). Upper management control of new product development projects and project performance. *Journal of Product Innovation Management, 19*, 233–245.

Carron, A. V., & Brawley, L. R. (2000). Cohesion: Conceptual and measurement issues. *Small Group Research, 31*(1), 89–106. doi:10.1177/104649640003100105.

Ely, R. J., & Thomas, D. A. (2001). Cultural diversity at work: The effects of diversity perspectives on work group processes and outcomes. *Administrative Science Quarterly, 46*(2), 229–273.

Gaertner, S., Dovidio, J., Anastasio, A., Bachman, B., & Rust, M. (1993). The common ingroup identity: Recategorization and the reduction of intergroup bias. *European Review of Social Psychology, 4*, 1–26.

Gilson, L. I., Mathieu, J. E., Shalley, C. E., & Ruddy, T. M. (2005). Creativity and Standardization: Complementary or conflicting drivers of team effectiveness? *Academy of Management Journal, 48*(3), 521–531.

Guzzo, R. A., & Dickson, M. W. (1996). Teams in organizations: Recent research on performance and effectiveness. *Annual Review of Psychology, 47*(1), 307–338. doi:10.1146/annurev.psych.47.1.307.

Guzzo, R. A., & Shea, G. P. (1992). Group performance and intergroup relations in organisations. In M. D. Dunnette & L. M. Hough (Hrsg.), *Handbook of industrial and organizational psychology* (2. Aufl., Vol. 3, S. 269–314). Palo Alto: Consulting Psychologist Press.

Hackman, J. R. (1987). The design of work teams. In J. W. Lorsch (Hrsg.), *Handbook of organizational behavior* (S. 315–342). Englewood Cliffs: Prentice-Hall.

Hackman, J. R., & Wageman, R. (2005). A theory of team coaching. *Academy of Management Review, 30*(2), 269–287.

Haslam, S. A., Reicher, S. D., & Platow, M. J. (2011). *The new psychology of leadership: Identity, influence and power*. New York: Psychology Press.

Hoegl, M., & Gemuenden, H. G. (2001). Teamwork quality and the success of innovative projects: A theoretical concept and empirical evidence. *Organization Science, 12*(4), 435–449.

Homan, A. C., van Knippenberg, D., van Kleef, G. A., & De Dreu, C. K. W. (2007). Bridging faultlines by valuing diversity: Diversity beliefs, information elaboration, and performance in diverse work groups. *Journal of Applied Psychology, 92*(5), 1189–1199. doi:10.1037/0021-9010.92.5.1189.

Horwitz, S. K. (2005). The compositional impact of team diversity on performance: Theoretical considerations. *Human Resource Development Review, 4*(2), 219–245. doi:10.1177/1534484305275847.

Jehn, K. A., & Bezrukova, K. (2010). The faultline activation process and the effects of activated faultlines on coalition formation, conflict, and group outcomes. *Organizational Behavior and Human Decision processes*. doi:http://dx.doi.org/10.1016/j.obhdp.2009.11.008.112 1 2442.

Jehn, K. A., & Mannix, E. A. (2001). The dynamic nature of conflict: A longitudinal study of intragroup conflict and group performance. *Academy of Management Journal, 44*(2), 238–251.

Jehn, K. A., Bezrukova, K., & Thatcher, S. (2008). Conflict, diversity, and faultlines in workgroups. In C. K. W. DeDreu & M. J. Gelfand (Hrsg.), *The psychology of conflict and conflict management in organizations* (S. 179–210). The SIOP Frontiers Series, Lawrence Erlbaum.

Jordan, M. I., & Russel, S. (1999). Categorization. In R. A. Wilson & F. C. Keil (Hrsg.), *The MIT encyclopedia of the cognitive science* (S. 104–106). Cambridge: The MIT Press.

van Knippenberg, D., & Schippers, M. C. (2007). Work Group Diversity. *Annual Review of Psychology, 58*(1), 515–541. doi:10.1146/annurev.psych.58.110405.085546.

van Knippenberg, D., De Dreu, C. K. W., & Homan, A. C. (2004). Work group diversity and group performance: An integrative model and research agenda. *Journal of Applied Psychology, 89*(6), 1008–1022. doi:10.1037/0021-9010.89.6.1008.

Meyer, B., Shemla, M., & Schermuly, C. C. (2011). Social category salience moderates the effect of diversity faultlines on information elaboration. *Small Group Research, 42*(3), 257–282. doi:10.1177/1046496411398396.

Morris, M. W., Ames, D., & Knowles, E. (1999). Attribution theory. In R. A. Wilson & F. C. Keil (Hrsg.), *The MIT encyclopedia of the cognitive science* (S. 46–48). Cambridge: The MIT Press.

Myers, J. R. (2003). *The search to belong: Rethinking intimacy, community, and small groups*. Grand Rapids: Zondervan.

Oakes, P. (2008). The root of all evil in intergroup relations? Unearthing the categorization process. In R. Brown & S. L. Gaertner (Hrsg.), *Blackwell handbook of social psychology: Intergroup processes* (S. 3–21). Malden: Blackwell Publishers Ltd.

Palmer, V. (2006). Simulation of the categorization-elaboration model of diversity and workgroup performance. *Journal of Artificial Societies and Social Simulation, 9*(3), 1–13.

Ratzmann, M., Lehmann, C., & Bouncken, R. (2014). *Konsequenzen einer alternden Belegschaft in FuE – Einschränkungen oder Potenzial für den Innovationsprozess*. GfA-Frühjahrskongress 2014: Gestaltung der Arbeitswelt der Zukunft, München.

Rico, R., Molleman, E., Sánchez-Manzanares, M., & van der Vegt, G. S. (2007). The effects of diversity faultlines and team task autonomy on decision quality and social integration. *Journal of Management, 33*(1), 111–132. doi:10.1177/0149206306295307.

Ryan, E. B. (2007). *Aging, identity, attitudes, and intergenerational communication*. http://www.sagepub.com/upm-data/15091_Chapter4.pdf. Zugegriffen: 15. Juni 2014.

Ryan, E. B., Giles, H., Bartolucci, G., & Henwood, K. (1986). Psycholinguistic and social psychological components of communication by and with the elderly. *Language & Communication*. doi:http://dx.doi.org/10.1016/0271-5309(86)90002-9.

Ryan, E. B., Hummert, M. L., & Boich, L. H. (1995). Communication predicaments of aging: Patronizing behavior toward older adults. *Journal of Language and Social Psychology, 14*(1–2), 144–166. doi:10.1177/0261927x95141008.

Thatcher, S. M. B., Jehn, K. A., & Zanutto, E. (2003). Cracks in diversity research: The effects of diversity faultlines on conflict and performance. *Group Decision and Negotiation, 12*(3), 217–241. doi:10.1023/a:1023325406946.

Turner, J. C., & Reynolds, K. J. (2008). The social identity perspektive in intergroup relations: Theories, themes, and controversies. In R. Brown & S. L. Gaertner (Hrsg.), *Blackwell handbook of social psychology: Intergroup processes* (S. 133–152). Malden: Blackwell Publishers Ltd.

Turner, K. L., & Makhija, M. V. (2006). The role of organizational controls in managing knowledge. *Academy of Management Review, 31*(1), 197–217.

Wegge, J., Schmidt, K.-H., Liebermann, S., & van Knippenberg, D. (2011). Jung und Alt in einem Team? Altersgemischte Teamarbeit erfordert Wertschätzung von Altersdiversität. In P. Gelléri & C. Winter (Hrsg.), *Potentiale der Personalpsychologie. Einfluss personaldiagnostischer Maßnahmen auf den Berufs- und Unternehmenserfolg* (S. 35–46). Göttingen: Hogrefe.

Zanutto, E., Bezrukova, K., & Jehn, K. (2011). Revisiting faultline conceptualization: measuring faultline strength and distance. *Quality & Quantity, 45*(3), 701–714. doi:10.1007/s11135-009-9299-7.

Dipl.-Psych. Martin Ratzmann, geboren 1974, studierte Psychologie an der Universität Greifswald. Er arbeitete u. a. als wissenschaftlicher Mitarbeiter an der Universität Greifswald und promoviert im Bereich Betriebswirtschaftslehre an der Universität Bayreuth. Seine Forschungsschwerpunkte betreffen Kooperation und Wissenstransfer von Zulieferern in der Supply Chain, Flexibilisierung der Arbeit mit dem Schwerpunkt Zeitarbeit sowie Innovationsprozesse in diversen Teams.

Simulation von Innovationsprozessen: Theoretische Grundlagen, Vorgehensweise und Methoden

8

Sebastian Terstegen, Christopher M. Schlick und Philipp Przybysz

Zusammenfassung

Für die erfolgreiche Umsetzung von Innovationen ist die systematische Planung, Steuerung und Kontrolle der Innovationsprozesse eines Unternehmens entscheidend. Klassische Methoden und Werkzeuge des Projektmanagements bieten den Verantwortlichen in der Praxis aber nur eine geringe Unterstützung bei der Planung und Steuerung komplexer Innovationsprojekte unter Unsicherheit. Mit Hilfe alternativer Ansätze, wie dem Verfahren der Simulation, kann der Ablauf eines Innovationsprojektes bereits vor der Durchführung quantitativ analysiert werden. Die Simulation ermöglicht u. a. eine szenarienbasierte Planung, d. h. sogenannte „Was-wäre-wenn"-Analysen, und bietet somit eine valide Entscheidungsgrundlage für Projektmanager.

S. Terstegen (✉) · C. M. Schlick · P. Przybysz
Lehrstuhl und Institut für Arbeitswissenschaft, RWTH Aachen University, Bergdriesch 27, 52062 Aachen, Deutschland
E-Mail: s.terstegen@iaw.rwth-aachen.de

C. M. Schlick
E-Mail: c.schlick@iaw.rwth-aachen.de

P. Przybysz
E-Mail: p.przybysz@iaw.rwth-aachen.de

© Springer Fachmedien Wiesbaden 2015
M. Bornewasser et al. (Hrsg.), *Teamkonstellation und betriebliche Innovationsprozesse*, DOI 10.1007/978-3-658-07386-2_8

8.1 Problemstellung

Aktivitäten im Bereich der Forschung und Entwicklung (FuE) sind für Industrieunternehmen ein wichtiges Instrument zur Verbesserung ihrer jeweiligen
Marktposition. FuE umfasst neben der Entwicklung neuer Produkte auch die Entwicklung und Optimierung der Produktionsprozesse (Bester 2012). Als Produktinnovationen werden sowohl die Entwicklung neuer Produkte als auch die qualitative
Verbesserung bereits existierender Produkte bezeichnet. Prozessinnovationen sind
technologische Erneuerungen, die auf eine Produktivitätssteigerung und eine daraus resultierende Reduzierung der Stückkosten abzielen. Industrieunternehmen
unterliegen einem marktinduzierten Innovationsdruck. Nur diejenigen Unternehmen, die auf zunehmende Kundenansprüche bezüglich Preis, Qualität und Funk-
tionsumfang mit erfolgreichen FuE-Aktivitäten und entsprechenden Produkt- und
Prozessinnovationen reagieren, können sich durch die Einführung marktfähiger
innovativer Produkte und Dienstleistungen Wettbewerbsvorteile sichern und neue
Märkte erschließen.

Zunehmend werden FuE-Aktivitäten in Projektform durchgeführt. Das bedeutet, Vorhaben für Produkt- oder Prozessinnovationen werden unter sowohl zeitlich,
finanziell als auch personell begrenzten Bedingungen strukturiert und bedürfen einer projektspezifischen Organisation (vgl. DIN 69901-5, 2009). Man spricht dann
auch von Innovations- oder Produktentwicklungsprojekten. Die Aufgabe des Projektmanagements besteht in der Definition, Planung und Steuerung dieser Projekte. Eine besonders gewichtige Stellung in dem Projektmanagement-Gesamtprozess
nimmt dabei die Projektplanung ein. Die Projektplanung beinhaltet die Leistungs-
planung, d. h. die Festlegung der zu erbringenden Leistungen und Projektergebnis-
se, die Ablauf- und Terminplanung, d. h. die Festlegung der Ausführungszeiten und
Termine der Projektaufgaben, und die Einsatz-, Kosten- und Finanzmittelplanung,
d. h. die Planung von Aufwänden, die Zuordnung begrenzter Arbeitspersonen auf
Projektaufgaben sowie die Ermittlung des Bedarfs an Finanzmitteln. Die Projektplanung schafft somit die strukturellen und organisatorischen Voraussetzungen für
die geplanten Innovations- und Produktentwicklungsprojekte eines Unternehmens
und nimmt die Weichenstellungen für die erfolgreiche Projektdurchführung vor.

Aufgrund vielschichtiger wechselseitiger Abhängigkeiten zwischen Projektaufgaben, Arbeitspersonen sowie zeitlichen und finanziellen Ressourcen eines Innovationsprojekts sind Projektmanager immer weniger in der Lage, die komplexen
und latent unsicheren Planungsprozesse zu bewältigen. Gerade die Ermittlung des
Fertigstellungstermins eines Innovationsprojekts – eine der wichtigsten Zielgrößen
bei der Projektplanung – ist ein hochkomplexes Planungsproblem und stellt Projektmanager vor erhebliche Herausforderungen. Eine operative Unterstützung steht
Projektmanagern in Form klassischer Projektmanagementmethoden und Projekt-

managementwerkzeuge, wie Gantt-Charts und Netzplantechniken, zur Verfügung. Gantt-Charts sind eine grafische Darstellung des Zeitverbrauches von Projektaufgaben in Form von Zeitbändern. Gantt-Charts lassen sich zwar intuitiv anwenden und geben eine schnelle Übersicht über den Ablaufplan. Sie erfüllen aber nicht die Anforderungen einer umfassenden Projektplanung und lassen sich bestenfalls für wenig komplexe Projekte einsetzen. Netzplantechniken, wie die Critical Path Method (Kelley und Walker 1959; Fondahl 1987), Metra-Potential-Methode (Roy 1962; Kerbosh und Schell 1975) oder Program Evaluation and Review Technique (Malcolm et al. 1959), sind auf der Graphentheorie basierende Verfahren zur Analyse, Beschreibung, Planung und Steuerung von Abläufen im Projekt. Sie ermöglichen die Ermittlung von Ablauf- und Terminplänen und die Identifizierung der kritischen und nichtkritischen Projektaufgaben. Die Einbeziehung von Kosten und Einsatzmittel-Kapazitäten macht Netzplantechniken zu einem umfassenden Instrument für die Termin-, Kosten- und Einsatzmittelplanung (Reichert 2009). Allerdings werden dabei sehr restriktive Annahmen vorausgesetzt. So lassen sich Netzplantechniken meist nur für azyklische Projektstrukturen mit statischen, fest determinierten Durchlaufzeiten und Anordnungsbeziehungen, die zwischen Projektaufgaben bestehen, anwenden. Klassische Projektmanagementmethoden und Projektmanagementwerkzeuge bieten Projektmanagern also nur eine geringe operative Unterstützung bei der Planung und Steuerung komplexer und unsicherer Innovations- und Produktentwicklungsprojekte. Durch alternative Ansätze, wie dem Verfahren der Simulation, kann hingegen die stochastische Natur von Aufgaben in komplexen Innovationsvorhaben abgebildet werden (Licht 2008).

8.2 Prozess- und Projektsimulation

Dynamische Modelle zur Simulation des Ablaufs komplexer Prozesse und Projekte werden bereits seit den 1980er Jahren entwickelt. Unter Simulation wird in diesem Zusammenhang die „Nachbildung eines Systems mit seinen dynamischen Prozessen in einem experimentierbaren Modell" (VDI 3633, 2013) verstanden. Mit Hilfe von Zustandsräumen, die aus Modelleingangsdaten bzw. Simulationsparametern, internen Modelldaten und Simulationsergebnisdaten bestehen, wird die Dynamik eines realen Systems künstlich nachgebildet (VDI 3633, 2013). Dabei unterscheidet man Modelle mit kontinuierlichen und diskreten Zuständen, die entweder vom Zeittakt oder von Ereignissen getrieben werden (Cassandras und Lafortune 2008). Eine Simulationsstudie beschreibt die Vorbereitung, Durchführung und Auswertung einer simulationsgestützten Untersuchung eines Systems mit Hilfe rechnergestützter Simulationsexperimente. In einem Simulationsexperiment werden wiederholt Simulationsläufe durchgeführt, um das Modellverhalten über

einen bestimmten Zeitraum empirisch zu untersuchen. Ein einzelner Simulationslauf ist eine Simulation mit systematischer Variation der Simulationsparameter
(VDI 3633, 2013).

Mit Hilfe der Simulation kann der Ablauf eines komplexen Innovationsprojektes bereits vor der Umsetzung bzw. Durchführung des Projektes analysiert
werden. Zudem unterliegt der Projektmanager nicht den Einschränkungen des
realen Systems, sondern kann Beobachtungszeiträume und beispielsweise Ausführungszeiten und Aufwände von Projektaufgaben oder die Zuordnung von
Arbeitspersonen auf Projektaufgaben beliebig variieren. Auf diese Weise können
Auswirkungen von Planungsalternativen ausgewertet und auch quantifiziert werden. Die Simulation ermöglicht eine szenarienbasierte Planung, d. h. sogenannte „Was-wäre-wenn"-Analysen, und bietet eine valide Entscheidungsgrundlage
für Projektmanager. Sie gewinnt daher an Bedeutung als Unterstützung bei der
operativen Planung und Steuerung komplexer und unsicherer Innovations- und
Produktentwicklungsprojekte.

8.3 Vorgehensweise zur Entwicklung eines Simulationsmodells

Die Entwicklung eines Simulationsmodells beginnt mit der Definition der Problemstellung. In der Problemstellung werden die Anforderungen des zu modellierenden und zu analysierenden realen Systems bzw. der Ausschnitt des realen
Systems beschrieben. Dazu gehört auch, das Untersuchungsziel, die gewünschte
Ergebnisgenauigkeit sowie die erforderliche Modelldetaillierung festzulegen. Mit
steigender Komplexität erhöht sich auch der Aufwand für die Parametrisierung
des Simulationsmodells. Daher wird empfohlen, dass System nur so komplex zu
modellieren, wie es für die festgelegten Untersuchungsziele und zur Lösung der
Problemstellung erforderlich ist (VDI 3633, 2013). Eine übermäßige, über die Beantwortung der Problemstellung hinausgehende Modelldetaillierung ist im Allgemeinen nicht sinnvoll. Anhand der Problemstellung wird der Arbeitsbereich des
Simulationsmodells, die sogenannte Systemgrenze, definiert. Die Systemgrenze
bestimmt die Simulationsvariablen, die zur Lösung des Problems erforderlich sind.
Somit wird auch der relevante zeitliche Horizont für die Modellierung bestimmt.
Durch die Analyse der Problemstellung und der Modellierung des realen Systems
wird anschließend das Konzeptmodell entwickelt (s. Abb. 8.1). Das Konzeptmodell ist somit die mathematische, logische oder verbale Beschreibung des realen
Systems für den gewählten Arbeitsbereich (Sargent 2003). Durch eine Programmierung und Implementierung des Konzeptmodells in Form eines Computerprogramms wird das Konzeptmodell in einem operativen, meist computergestützten

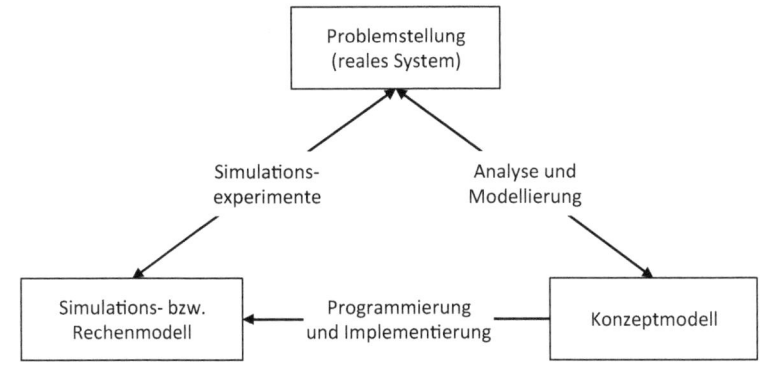

Abb. 8.1 Modellierungsprozess; in Anlehnung an Sargent (2003)

Modell, dem sogenannten Simulations- bzw. Rechenmodell, umgesetzt. Das Simulationsmodell muss eine angemessene Abbildung des realen Systems darstellen. Dies wird durch begleitend durchgeführte Simulationsexperimente sichergestellt, mit denen das Simulationsmodell verifiziert und validiert wird (Sargent 2003). Für die Umsetzung des Modellierungsprozesses in Anlehnung an Sargent (2003) wird meist das ISO-standardisierte Vorgehensmodell zur Durchführung von Simulationsstudien gewählt (s. schematische Darstellung in Abb. 8.2).

8.4 Grafische und matrizenbasierte Modellierung der Modelleingangsdaten

Für die Erfassung der Modelleingangsdaten bzw. Simulationsparameter ist es erforderlich, das Arbeitssystem bzw. die Arbeitsprozesse, die einem Innovations- oder Produktentwicklungsprojekt zugrunde liegen, mit geeigneten Methoden zu modellieren.

Neben den bereits erwähnten Projektplanungsmethoden wie Gantt-Charts und Netzplantechniken werden häufig grafische Beschreibungssprachen zur Modellierung von Geschäfts- und Arbeitsprozessen eingesetzt; sie haben in der Unternehmenspraxis eine große Bedeutung. Die am Institut für Arbeitswissenschaft der RWTH Aachen entwickelte kontrollflussorientierte K3-Methode (Killich et al. 1999) wurde speziell für die Modellierung kooperativer, schwach strukturierter Arbeitsprozesse entwickelt, findet aber auch Verwendung in der Modellierung stark strukturierter Geschäftsprozesse. Der Name K3 ergibt sich aus den Anfangsbuchstaben der Begriffe Koordination, Kooperation und Kommunikation.

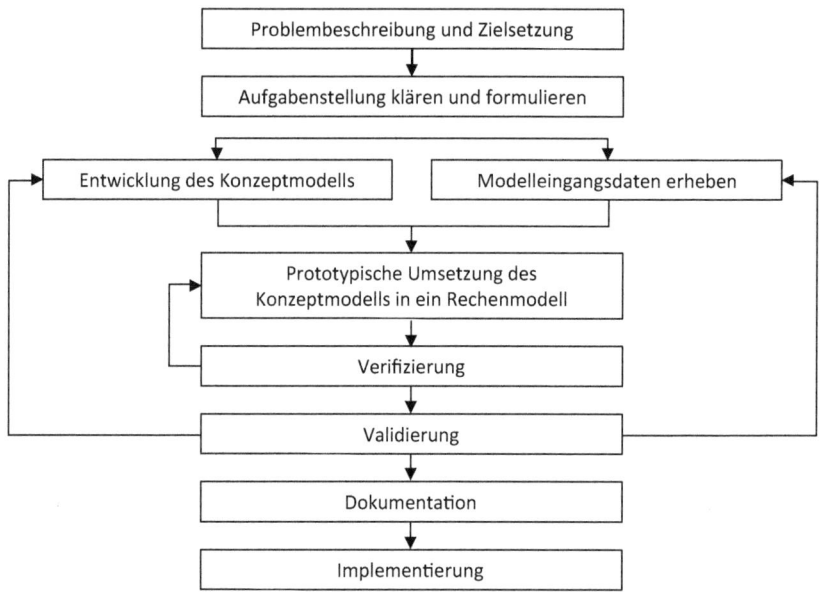

Abb. 8.2 Vorgehensweise zur Entwicklung eines Simulationsmodells; in Anlehnung an Banks (2005)

Zur Darstellung der komplexen Zusammenhänge innerhalb von Arbeitsprozessen eines Innovationsprojekts oder Produktentwicklungsprojekts eignet sich besonders die Modellierung mit matrizenbasierten Methoden. Die Methode Design Structure Matrix (DSM) wurde erstmalig von Steward (1981) vorgestellt. Mit der dynamischen Variante der DSM werden Informationsflüsse und Abhängigkeiten zwischen zeitlich veränderlichen Systemelementen, wie Aktivitäten eines Prozesses, mathematisch beschrieben. Die sogenannte Prozessarchitektur-DSM bzw. Prozess-, Prozessfluss- oder aktivitätsbasierte DSM bietet somit viele Vorteile gegenüber grafischen Prozessbeschreibungssprachen und herkömmlichen Planungsmethoden wie Gantt-Charts oder Netzplantechnik (Eppinger und Browning 2012).

8.4.1 Grafische Prozessmodellierung mit der K3-Methode

Die K3 verwendet zur Modellierung von Organisationseinheiten sogenannte Swimlanes. Eine Swimlane kann, abhängig von der gewünschten Detaillierung, eine einzelne Arbeitsperson, eine Gruppe von Arbeitspersonen, eine Abteilung, einen Unternehmensbereich oder ein ganzes Unternehmen repräsentieren und ordnet eine

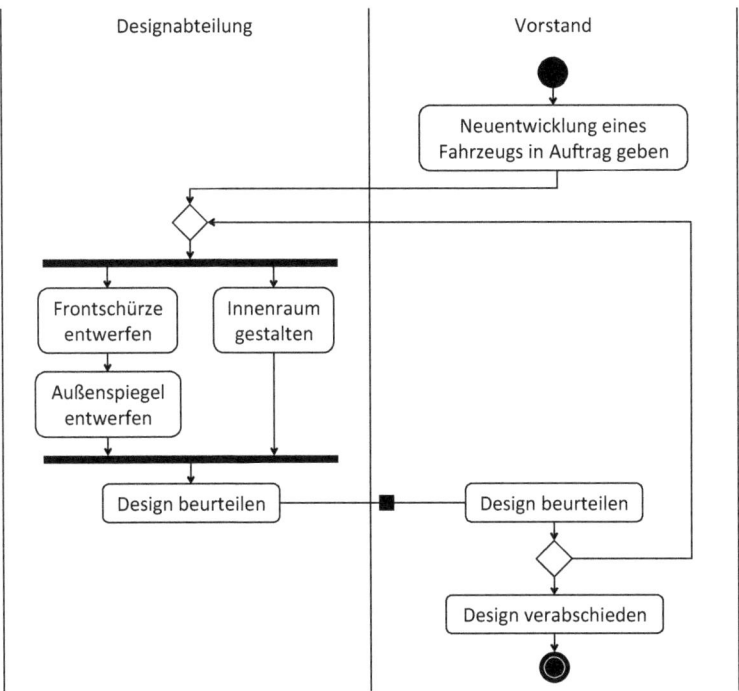

Abb. 8.3 Ausschnitt eines mit der K3-Methode modellierten schwach strukturierten Arbeitsprozesses

Aktivität genau einer Organisationseinheit zu. Das Element Aktivität stellt Tätigkeiten im Prozessablauf dar. Die Aktivität ist definiert als ein zeitverbrauchender Vorgang, der von einem Anfangs- und einem Endergebnis begrenzt wird und zu einem Zustandsübergang führt (VDI 3633, 2013). Der Kontrollfluss legt die Reihenfolge der Aktivitäten bzw. den Prozessablauf fest. Ein grafisches Element zur Parallelkomposition in K3 verzweigt einen Kontrollfluss gegebenenfalls auch über Grenzen von Organisationseinheiten hinweg und bewirkt eine Synchronisation von Aktivitäten. Ein Kontrollfluss wird durch einen Synchronisationsbalken verzweigt. Aktivitäten innerhalb der Synchronisationsbalken, z. B. die Aktivitäten „Frontschürze entwerfen", „Außenspiegel entwerfen" und „Innenraum gestalten" (s. Abb. 8.3), können parallel stattfinden. Die Aktivitäten nach dem Synchronisationsbalken können erst beginnen, wenn die Kontrollflüsse innerhalb der Synchronisationsbalken beendet worden sind. Die synchrone Zusammenarbeit bezeichnet die gemeinsame Ausführung einer Aktivität durch mehrere Organisationseinheiten. Die synchrone Aktivität, z. B. „Design beurteilen", wird von allen Arbeitspersonen gleichzeitig aufgenommen, durchgeführt und beendet.

Ein bei komplexen Arbeitsprozessen weit verbreitetes Organisationskonzept zur Verkürzung der Prozessdauer ist das Concurrent Engineering. Bei dieser Vorgehensweise werden Aktivitäten integriert und hochgradig parallel ausgeführt. Häufig müssen Aktivitäten dann in Iterationsschleifen wiederholt bearbeitet werden, bis durch das iterative Vorgehen eine zufriedenstellende Qualität des Arbeitsergebnisses erreicht wurde. In den mit der K3-Methode modellierten grafischen Prozessmodellen besteht die Möglichkeit, die notwendigen Durchläufe durch eine Iteration darzustellen. Die iterativ zu durchlaufende Folge von Aktivitäten wird in dem grafischen Prozessmodell durch Rauten begrenzt.

Bei der Prozessmodellierung bietet es sich oftmals an, Zusatzinformationen zu einzelnen Notationselementen zu erfassen. Diese Zusatzinformationen werden als Attribute bezeichnet und können in dem grafischen Prozessmodell eingebunden werden. Analog zur Attributierung von K3-Elementen können auch die Konnektoren der K3-Methode attributiert werden. Insbesondere für den Anwendungsbereich Simulation kommt der Attributierung von Elementen und Konnektoren eine hohe Bedeutung zu. Beispielsweise ist festzulegen, welche Kompetenzen zur Ausführung einer Aktivität erforderlich sind (s. Abb. 8.8).

Mit prozessorientierten Modellierungssprachen wie K3 lassen sich die grundlegenden Flussprinzipien der Ablaufmodellierung grafisch darstellen. Diese Flussprinzipien legen den möglichen Verlauf des Kontrollflusses im Prozessmodell fest. Der in Abb. 8.3 dargestellte Ausschnitt eines schwach strukturierten Arbeitsprozesses zeigt die wesentlichen Prozessfragmente, die sozusagen den „prozeduralen Molekülen" einer Ablauforganisation entsprechen, aus denen beliebig komplexe Geschäfts- und Arbeitsprozesse synthetisiert werden können.

8.4.2 Matrizenbasierte Prozessmodellierung mit der „Design Structure Matrix"

Matrizenbasierte Modellierungsmethoden ermöglichen es, Informationsflüsse und Abhängigkeiten zwischen Prozesselementen wie Aktivitäten mathematisch zu beschreiben. Es wird zwischen drei matrizenbasierten Ansätzen unterschieden: Design Structure Matrix (DSM), Design Mapping Matrix (DMM) und Multiple Domain Matrix (MDM) (Maurer 2007).

Die DSM wird in der Literatur häufig auch als Intra-Domain Matrix bezeichnet (Lindemann et al. 2009). Eine DSM stellt Verknüpfungen zwischen n Elementen eines Systems her. Die DSM besteht daher immer aus einer n-dimensionalen quadratischen Matrix. Die Einträge der Matrix kennzeichnen eine qualitative Verbindung zwischen den Elementen. Die Hauptdiagonale der Matrix bleibt dabei unbesetzt (Browning 2001). Häufig wird die DSM zur Darstellung von Arbeits-

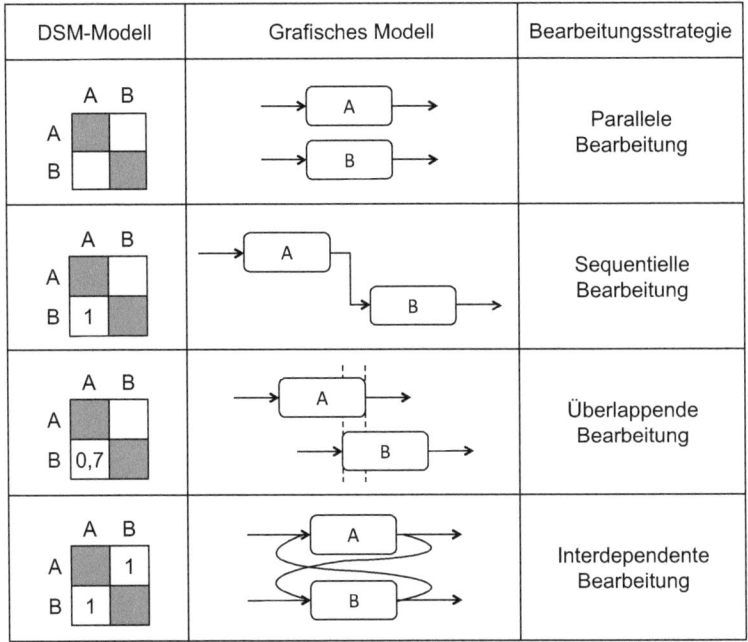

Abb. 8.4 Bearbeitungsstrategien mit der DSM-Methode; in Anlehnung an Browning (2001)

prozessen verwendet. Hierbei beschreiben die Einträge in der DSM die zeitliche Reihenfolge der Systemelemente (Cho und Eppinger 2005). Die Einträge einer DSM können binär oder nummerisch sein. Binäre Einträge in einer DSM beschreiben nur das Vorhandensein einer Abhängigkeitsbeziehung, während nummerische Einträge zusätzlich Informationen über den Grad der Abhängigkeit geben. Die Dreiecksmatrix unterhalb der Hauptdiagonalen beschreibt die vorwärtsgerichteten Abhängigkeiten. Die Dreiecksmatrix oberhalb der Hauptdiagonalen beschreibt die rückwärtsgerichteten Abhängigkeiten (Eppinger et al. 1994).

Aus den in der Design Structure Matrix dargestellten Informationsabhängigkeiten können Prozesse abgeleitet werden, die beispielsweise den Ablauf eines Produktentstehungsprozesses visualisieren. Um den Prozessablauf angemessen darzustellen, reicht es allerdings nicht aus, nur die Reihenfolge der Aktivitäten abzubilden; es müssen auch die zwischen den Aktivitäten bestehenden informatorischen und technischen Abhängigkeiten berücksichtigt werden (Eppinger et al. 1994). Grundsätzlich kann zwischen einer parallelen, einer sequenziellen, einer überlappenden und einer aufgrund von informatorischen Interdependenzen iterativen Bearbeitung von Aktivitäten unterschieden werden (s. Abb. 8.4). Angenommen, eine Aktivität A stellt eine Konstruktionstätigkeit und eine Aktivität B die dazugehörige Fertigungsplanung dar. Eine sequenzielle Bearbeitung beider Aktivitäten entspricht dem Throw-the-design-over-the-wall-Prinzip; das Konstruktionsergebnis, z. B. Konstruktionszeichnungen oder Stücklisten, steht für die anschließende Fertigungsplanung vollständig zur Verfügung. Die teilweise oder vollständige parallele Bearbeitung der Aktivitäten führt zu einer verkürzten Prozessdauer, da gewöhnlich aufeinanderfolgende Aktivitäten gleichzeitig bearbeitet werden. Dabei werden ausreichend vorhandene Ressourcen vorausgesetzt. Zudem wird vorausgesetzt, dass die parallel zu bearbeitenden Aktivitäten unabhängig voneinander sind und keine informatorische Kopplung zwischen den Aktivitäten besteht. Allerdings können diese Annahmen in der unternehmerischen Praxis in der Regel nur selten erfüllt werden. Die gekoppelte bzw. wechselseitige Bearbeitung der Aktivitäten ist vergleichbar mit der parallelen Bearbeitung, entspricht aber eher dem Simultaneous- bzw. Concurrent-Engineering-Prinzip (Eppinger et al. 1994). Dem Beispiel folgend würde die Aktivität B (Fertigungsplanung) bearbeitet werden, sobald ein ausreichendes aber nicht vollständiges Ergebnis der Aktivität A (Konstruktion) vorliegt. Anschließend würden die Aktivitäten A und B parallel bearbeitet werden, was teilweise zu Mehrarbeit führen würde, da mit einem nicht endgültigen Informationsstand gearbeitet wird und sich die Ergebnisse beider Aktivitäten fortlaufend ändern können. Der in der DSM darstellbare Grad der technischen Informationsabhängigkeit geht im grafischen Prozessmodell in der Regel verloren.

Die Domain Mapping Matrix (DMM) – auch als Inter-Domain Matrix (Lindemann et al. 2009), Einfluss-Auswirkungsmatrix (engl. Cause and Effect Matrix) oder Schnittstellenmatrix (engl. Interface Structure Matrix) bezeichnet, basiert auf der DSM und stellt eine Erweiterung dieser hinsichtlich der Verknüpfung unterschiedlicher Systeme dar. Unter einem System wird hierbei jede in Form einer DSM abbildbare Architektur, beispielsweise Produkt, Organisation, Prozess oder Parameter, verstanden. Jedes System mit n Elementen kann mit einem anderen System mit m Elementen in einer $n \times m$-dimensionalen DMM verknüpft werden. Die DMM wird verwendet, um den Einfluss eines Systems auf ein anderes System abzubilden. Der Begriff DMM wurde durch Danilovic und Browning (2007) geprägt, die diesen verwendeten, um die Schnittstelle zwischen Produkt und Organisation zu analysieren. Beispielsweise ergibt sich die Produkt-Organisation-DMM durch die Kombination der Bauteile des Produktes mit den Arbeitsgruppen, die diese Bauteile entwickeln, sowie die Bestimmung der Abhängigkeiten zwischen diesen. Ein Element der $n \times m$-dimensionalen Produkt-Organisation-DMM beschreibt den Einfluss, den ein Element der $n \times n$-dimensionalen Produkt-DSM auf ein Element der $m \times m$-dimensionalen Organisation-DSM besitzt.

Die Multiple Domain Matrix (MDM) umfasst die Methoden der DSM und der DMM und verknüpft sie zu einer integrierten quadratischen Matrix (Lindemann et al. 2009). Beispielsweise bilden die in den DSMs und DMMs dargestellten

Systeme „Prozess", „Organisation" und „Produkt" die Grundlage für die Darstellung und Analyse der Komplexität und Dynamik sowie von Unsicherheiten in einem Produktentwicklungsprojekt. Jede der in der MDM abgebildeten DSMs oder DMMs repräsentiert ein entscheidendes Element des Produktentwicklungsprojektes. Somit können Abhängigkeiten zwischen allen Elementen innerhalb eines Systems (DSM) und zu allen Elementen der anderen Systeme (DMM) beschrieben werden. Mit der MDM ist es grundsätzlich möglich, alle Elemente eines komplexen Arbeitsprozesses zueinander in Beziehung zu setzen. Die MDM kann wie die DSM und die DMM mathematisch verarbeitet werden und bietet die Möglichkeit, komplexe Arbeitsprozesse übersichtlich und komplett darzustellen (s. Abb. 8.6). Aufbauend auf dieser Darstellung können zudem weitere potenzielle Abhängigkeiten und Beziehungen in einem Arbeitsprozess identifiziert und daraus die Notwendigkeit von Informationsbeziehungen zwischen unterschiedlichen Systemen abgeleitet werden (Danilovic und Browning 2007).

8.5 Simulationsmodelle in der Literatur

In der Literatur finden sich eine Reihe unterschiedlicher Simulationsmodelle und Simulationswerkzeuge. Smith und Eppinger (1997) beispielsweise entwickelten ein stochastisches Hidden-Markov-Modell, mit dem verschiedene Abhängigkeiten zwischen Prozessaktivitäten simuliert werden können. Mit der von Browning und Eppinger (2002) entwickelten Monte-Carlo-Simulation können Arbeitsprozesse simuliert und Wahrscheinlichkeitsdichtefunktionen der Prozessdauer berechnet werden. Yassine et al. (2001) erweiterten dieses Simulationsmodell und berücksichtigen einfache Iterationsschleifen im Arbeitsprozess. Karniel und Reich (2007) integrierten in ihrem Simulationsmodell erstmalig verschiedene iterative Bearbeitungsstrategien und verwendeten dazu einen Modellierungsansatz, der mit der DMM-Methode vergleichbar ist. Einen interessanten Ansatz stellt das von Zhang, Zhang, Li und Schlick (2012) entwickelte Simulationsmodell dar. Sie verwendeten zur Repräsentation der internen Modelldaten und Zustandsräume ein agentenbasiertes Verfahren und erstellten die Modelleingangsdaten mit DSM- und DMM-typischen Einflussmatrizen. Den vorgestellten Simulationsmodellen ist gemeinsam, dass die Modelleingangsdaten in Form von DSMs bzw. DMMs erfasst werden.

Jedoch blenden diese und auch weitere in der Literatur beschriebene Simulationsmodelle charakteristische Eigenschaften von Innovations- und Entwicklungsprojekten aus – meist um die Komplexität der Modelle zu reduzieren. So berücksichtigt keines dieser Simulationsmodelle den iterativen, vom Concurrent Engineering geprägten Arbeitsablauf in komplexen Innovations- und Entwicklungsprojekten. Die meisten Modelle gehen entweder von einer ausschließlich sequenziellen oder einer ausschließlich parallelen Bearbeitung der Aktivitäten aus. Eine wie in Innovations- oder Produktentwicklungsprojekten übliche überlappende Bearbeitung der Aktivitäten kann mit diesen Modellen in der Regel nicht abgebildet werden. Die Modelle vernachlässigen zudem die in einem komplexen Arbeitsprozess auftretenden iterationsbedingten Mehraufwände von Aktivitäten. Insbesondere das stochastische Auftreten sowie das mehrfache Durchlaufen von Iterationsschleifen werden nicht simuliert. Darüber hinaus besteht ein wesentliches Defizit dieser Modelle in dem verwendeten prozessorientierten Ansatz. Das heißt, die Modelldynamik geht ausschließlich von den Aktivitäten eines Prozesses aus und berücksichtigt keine Arbeitspersonen oder Sachmittel. Die genannten Defizite verringern den Nutzen der vorgestellten Simulationsmodelle stark.

Daher wurde ein im Folgenden beschriebenes personalintegriertes Simulationsmodell konzipiert und entwickelt, das sowohl Iterationsschleifen, die überlappende Bearbeitung von Aktivitäten als auch die Zuordnung von Arbeitspersonen und Sachmitteln auf Aktivitäten des Arbeitsprozesses berücksichtigt. Bei der personalintegrierten Simulation geht der Modellbestandteil, der für die Modelldynamik verantwortlich ist, zwar von den Aktivitäten eines Arbeitsprozesses aus. Allerdings werden Arbeitspersonen sowie Sachmittel, d. h. Einsatz- und Betriebsmittel, als Ressource in der Simulation des Arbeitsablaufs einberechnet. So werden die Aktivitäten in der Simulation nur ausgeführt, wenn die notwendigen Ressourcen in der erforderlichen Menge bzw. Kapazität vorhanden sind. Dieser Ansatz ermöglicht eine genauere Abbildung der realen Arbeitsprozesse und resultiert in präziseren Prognosen des Ablaufs eines komplexen Innovations- oder Produktentwicklungsprojektes.

8.6 Entwicklung des Konzeptmodells und Implementierung des simulationsfähigen Rechenmodells

Die Entwicklung der entsprechenden Konzept- und Simulationsmodelle orientiert sich an der Vorgehensweise nach Banks (2005). Das zu untersuchende Problem ist die dynamische Analyse und Planung komplexer Arbeitsprozesse von Innovations- oder Produktentwicklungsprojekten (s. auch Kap. 8.1). Bei der Planung der Arbeitsprozesse müssen eine Vielzahl von Einflussfaktoren berücksichtigt werden, wie beispielsweise:

- Welche Aktivitäten müssen ausgeführt werden?
- In welcher Reihenfolge müssen die Aktivitäten ausgeführt werden?
- Welche Arbeitspersonen und Sachmittel müssen für die Ausführung der Aktivitäten zur Verfügung stehen?

Abb. 8.5 Arbeitssystem; in
Anlehnung an Schlick et al.
(2010)

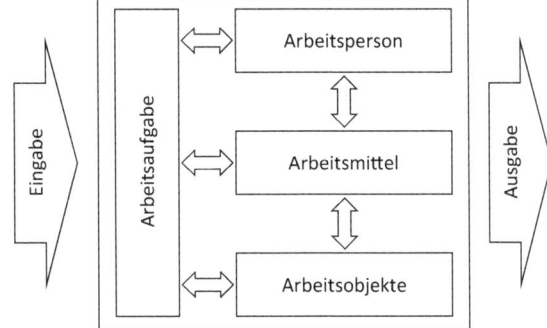

- Welche funktionalen Anforderungen, Qualifikationen oder Kompetenzen müssen die Arbeitspersonen für die Ausführung einer Aktivität erfüllen?
- Wie sind die Arbeitspersonen auf Aktivitäten zuzuweisen, sodass keine Engpässe in der Arbeitskapazität auftreten?

Aufbauend auf der Problem- und Zielspezifikation erfolgt im dritten Schritt des Vorgehensmodells nach Banks (2005) eine Analyse des Arbeitssystems, woran sich die eigentliche Modellbildung anschließt. Die Analyse des Arbeitssystems erfolgt anhand des Arbeitssystems nach Schlick, Bruder und Luczak (2010) (s. Abb. 8.5). Das zu entwickelnde personalintegrierte Simulationsmodell berücksichtigt die Systemelemente Arbeitsaufgabe, die in Form von Aktivitäten repräsentiert wird, Arbeitsperson sowie Arbeitsmittel bzw. Sachmittel. Die Aktivitäten eines Arbeitsprozesses werden in Form eines Prozessmodells modelliert, in dem technische und informatorische Abhängigkeiten zwischen Aktivitäten definiert werden. Daraus können verschiedene Flussprinzipien für das Ablaufmodell abgeleitet werden. So wird zwischen einer sequenziellen, nebenläufigen, überlappenden, reziproken und iterativen Bearbeitung von Aktivitäten unterschieden (s. Kap. 8.4). Zur Berücksichtigung der hohen Unsicherheit bei der Abschätzung des Aufwands der Aktivitäten wird der Aufwand mit Hilfe der Drei-Punkt-Schätzmethode (DeMarco und Lister 2003) ermittelt. Dabei wird auf Grundlage des Erfahrungswissens der Prozessverantwortlichen oder der Datenlage abgeschlossener Prozesse bzw. Projekte die minimale Dauer – sie entspricht einer optimistischen Schätzung –, die wahrscheinliche Dauer und die maximale Dauer – sie entspricht einer pessimistischen Schätzung – der einzelnen Aktivitäten geschätzt. Die in der Praxis häufig auftretenden Iterationsschleifen werden in dem Simulationsmodell berücksichtigt, indem mit einer bestimmten Wahrscheinlichkeit Vorgängeraktivitäten erneut ausgeführt werden. Eine Aktivität stellt bestimmte Anforderungen an die funktionalen

Rollen der Arbeitsperson, z. B. fachliche Kompetenzen und Qualifikationen, sowie an die Funktionen der Sachmittel. Die Prozessverantwortlichen modellieren, über welche funktionalen Rollen eine Arbeitsperson und über welche Funktionen ein Sachmittel verfügen muss, um eine Aktivität ausführen zu können. Auf diese Weise erfolgt während der Simulation des Arbeitsprozesses eine valide Zuordnung von Arbeitspersonen und Sachmitteln auf Aktivitäten. Mit Hilfe des Kostensatzes der Arbeitspersonen sowie der Einzel- und Gemeinkosten der Sachmittel können in der Simulation die Gesamtkosten des Arbeitsprozesses berechnet werden.

Das als computergestütztes Rechenmodell implementierte Simulationsmodell besteht aus Aktivitäten und „Ressourcen". Als „Ressourcen" werden aus Gründen der Vereinfachung im Folgenden sowohl Arbeitspersonen als auch Sachmittel, d. h. Einsatz- und Betriebsmittel, bezeichnet, die zur Ausführung einer Aktivität in bestimmter Anzahl zur Verfügung stehen müssen.

Eine Aktivität besitzt eine eindeutige Identifikationsnummer, eine Bezeichnung bzw. einen Namen, eine Drei-Punkt-Schätzung der Dauer, d. h. eine abgeschätzte minimale, wahrscheinliche und maximale Dauer, ebenso abgeschätzte Kosten, die nicht-variable Kosten für Sach- oder sonstige Mittel darstellen, und Anforderungen an die funktionalen Rollen der zur Verfügung stehenden Ressourcen, die durch einen oder mehrere beliebige Tupel abgebildet werden. Eine Aktivität ist einer Organisationseinheit (im K3-Modell: Swimlane) zugeordnet. Eine Aktivität, die synchron von mehr als einer Organisationseinheit ausgeführt wird, wird dementsprechend mehreren Organisationseinheiten zugeordnet. Eine Aktivität besitzt komplexe Abhängigkeiten bzw. Vorgänger-Nachfolger-Beziehungen zu anderen Aktivitäten. Die Beziehung zu einer anderen Aktivität wird in einem 4-Tupel bzw. Quadrupel abgebildet, die den Startzeitpunkt in Beziehung zum Vorgänger, die Iterationswahrscheinlichkeit erster und zweiter Ordnung, den aus Iterationen resultierenden Mehraufwand sowie die Abnahme der Iterationswahrscheinlichkeit aufgrund von Lerneffekten der Arbeitsperson darstellen. Die leere Menge repräsentiert den Fall, dass eine Aktivität keine Vorgänger und Iterationen besitzt.

Eine Ressource besitzt eine eindeutige Identifikationsnummer, eine Typenbezeichnung, um zwischen Arbeitspersonen und Sachmitteln differenzieren zu können, eine Bezeichnung bzw. einen Namen, einen Kostensatz, wie z. B. Stundenlohn in [€], eine oder mehrere funktionale Rollen bzw. Funktionen, die durch einen beliebigen Tupel abgebildet werden, ein Alter in [Jahre], wenn es sich um eine Arbeitsperson handelt, bzw. eine Anzahl, wenn es sich um ein Sachmittel handelt. Eine Ressource ist einer Organisationseinheit (im K3-Modell: Swimlane) zugeordnet.

Die Modelleingangsdaten der Simulation werden mit vier DSMs erfasst und modelliert. An den Schnittstellen der DSMs entstehen fünf DMMs. Die DSMs

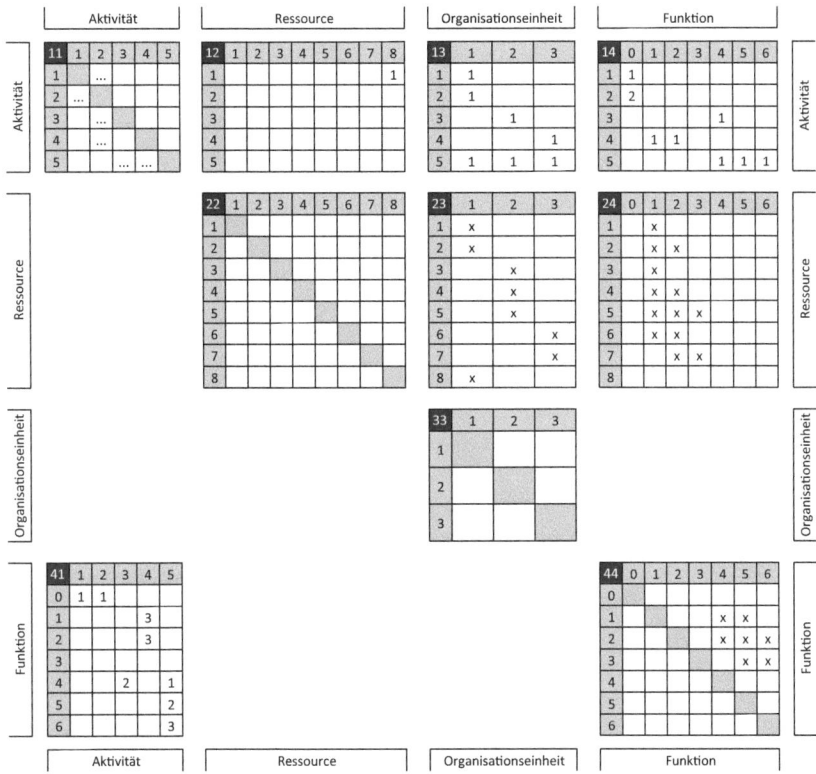

Abb. 8.6 Modelleingangsdaten der Simulation in Form einer MDM am Beispiel eines exemplarischen Arbeitsprozesses

und DMMs werden in der MDM zueinander in Beziehung gesetzt (s. Abb. 8.6). In der Aktivität-DSM (11) werden die komplexen Vorgänger-Nachfolger-Beziehungen modelliert. Diese umfassen den Startzeitpunkt einer Aktivität in Relation zum Vorgänger, die Iterationswahrscheinlichkeiten erster und zweiter Ordnung, den aus Iterationsschleifen resultierenden Mehraufwand sowie die Abnahme der Iterationswahrscheinlichkeiten.

Aus den DMMs können Teamzusammensetzungen und Teamprozesse abgeleitet und in der Ressource-DSM (22) dargestellt werden. Durch Matrixmultiplikationen kann beispielsweise der Grad der Kooperation mehrerer Ressourcen berechnet werden.

In der Organisationseinheit-DSM (33) werden die Organisationseinheiten durch Eintragen in die entsprechenden Zeilen und Spalten modelliert.

In der Funktion-DSM (44) werden die funktionalen Rollen bzw. Funktionen, über die eine Ressource verfügen kann, modelliert. Die Funktion „0" ist als Standard-Funktion definiert, über die jede Ressource verfügt. Die Standard-Funktion wird verwendet, um unspezifische Zuordnungen von Ressourcen auf Aktivitäten zu ermöglichen.

In der Aktivität-Ressource-DMM (12) werden Arbeitspersonen und Sachmittel unmittelbar bestimmten Aktivitäten zugeordnet. Der nummerische Wert entspricht der Anzahl erforderlicher Ressourcen. Die Zuweisungen können mit den Anforderungen an die funktionalen Rollen einer Arbeitsperson bzw. an die Funktion eines Sachmittels kombiniert werden. Dabei ist darauf zu achten, dass die Modellierung eindeutig und widerspruchsfrei ist.

In der Aktivität-Organisationseinheit-DMM (13) wird die Zuordnung von Aktivitäten auf Organisationseinheiten modelliert. Ein binärer Eintrag entspricht der Zuordnung der Aktivität (in der Zeile) auf die entsprechende Organisationseinheit (in der Spalte). Mit Hilfe von Einträgen in mehr als einer Spalte wird eine synchrone Zusammenarbeit an einer Aktivität modelliert. Eine Aktivität muss mindestens auf eine Organisationseinheit zugeordnet sein. Die nummerischen Werte repräsentieren für den Fall, dass die Ressourcen-Aktivitäten-Zuordnung ausschließlich über die Organisationseinheiten erfolgt, wie viele Ressourcen aus einer Organisationseinheit erforderlich sind.

In der Aktivität-Funktion-DMM (14) werden die Anforderungen der Aktivitäten an die funktionalen Rollen der Arbeitspersonen bzw. an die Funktionen eines Sachmittels modelliert. D. h., die Einträge in der DMM repräsentieren, über welche funktionale Rolle eine Arbeitsperson bzw. Funktion ein Sachmittel (in der Spalte) verfügen muss, um eine Aktivität (in der Zeile) ausführen zu können. Zusätzlich repräsentieren die Werte in der DMM die Anzahl der erforderlichen Ressourcen mit entsprechender Funktion.

In der Funktion-Aktivität-DMM (41) wird modelliert, in welcher Organisationseinheit (nummerischer Wert in der DMM) sich eine Ressource, die eine bestimmte Funktionsanforderung (in der Zeile) einer Aktivität (in der Spalte) erfüllt, befindet bzw. befinden muss.

In der Ressource-Organisationseinheit-DMM (23) wird die Zuordnung von Ressourcen auf Organisationseinheiten modelliert. Ein binärer Eintrag entspricht der Zuordnung der Ressource (in der Zeile) zur entsprechenden Organisationseinheit (in der Spalte). Eine Ressource kann maximal auf eine Organisationseinheit zugeordnet werden.

In der Ressource-Funktion-DMM (24) werden die funktionalen Rollen der Arbeitspersonen bzw. die Funktionen eines Sachmittels modelliert. Ein binärer Eintrag in der DMM repräsentiert, dass eine Ressource (in der Zeile) über eine

Funktion (in der Spalte) verfügt. Die Standard-Funktion „0" repräsentiert, dass eine Ressource über keine besondere Funktion verfügt. Wenn beispielsweise keine Aussagen über die funktionalen Rollen bzw. Funktionen getroffen werden kann, lässt sich auf diese Weise eine Zuordnung von Ressourcen zu Aktivitäten ausschließlich über die Organisationseinheiten realisieren.

Aufgrund des Neuigkeitsgrades der Aufgabenstellung und der anwendungsspezifischen Entwicklung des Konzeptmodells existierten in der Literatur keine geeigneten Simulationsmodelle oder Simulationswerkzeuge, die für eine Simulationsstudie hätten verwendet werden können. Daher wurde das entwickelte Konzeptmodell eigenständig in einem ereignisdiskreten Modell und basierend auf der Programmiersprache Java in einem simulationsfähigen Rechenmodell implementiert.

8.7   Verifikation des entwickelten Simulationsmodells

Die Ergebnisse eines Simulationsexperiments mit einer vom Benutzer festgelegten beliebigen Anzahl an Simulationsläufen werden in der Regel als Häufigkeitsverteilungen, sogenannte Histogramme, der Gesamtdauer und Gesamtkosten aller simulierten Arbeitsprozesse dargestellt. Ausgewählte simulierte Arbeitsprozesse werden zudem als Gantt-Chart angezeigt. Somit können der wahrscheinliche zeitliche Verlauf eines Arbeitsprozesses, das Risiko für Zeit- und Budgetüberschreitungen sowie die Berechnung verschiedener Szenarien des Personaleinsatzes prognostiziert werden. Prozessverantwortliche erhalten eine Entscheidungshilfe für die Prozessplanung. In Form einer szenarienbasierten Planung soll zudem die Machbarkeit des geplanten Prozesses analysiert werden können. Neben den prozessorientierten Zielgrößen, wie Prozessdauer und Prozesskosten, können mit dem entwickelten Simulationsmodell auch teamorientierte Zielgrößen prognostiziert und beispielsweise Ressourcen-, Rollen- und Teamkonflikte simuliert werden. Anhand des folgenden einfachen und nachvollziehbaren Fallbeispiels soll die Modellierung und Simulation eines Arbeitsprozesses veranschaulicht werden.

Das Unternehmen ist in drei Organisationseinheiten bzw. Abteilungen unterteilt (s. Abb. 8.7). In der Entwicklungsabteilung befinden sich zwei, in der Konstruktionsabteilung drei und im Vertrieb zwei Arbeitspersonen mit jeweils unterschiedlichen funktionalen Rollen, Alter und Arbeitsentgelt. Der Arbeitsprozess besteht aus fünf Aktivitäten. Für jede Aktivität wurde die Dauer mit Hilfe einer Drei-Punkt-Schätzung bestimmt. Die Dauer der Aktivitäten liegt jeweils zwischen ein und drei Arbeitstagen. Die Kosten wurden in diesem Fallbeispiel nicht betrachtet. Zwischen den Aktivitäten bestehen informatorische Abhängigkeiten, so dass sie

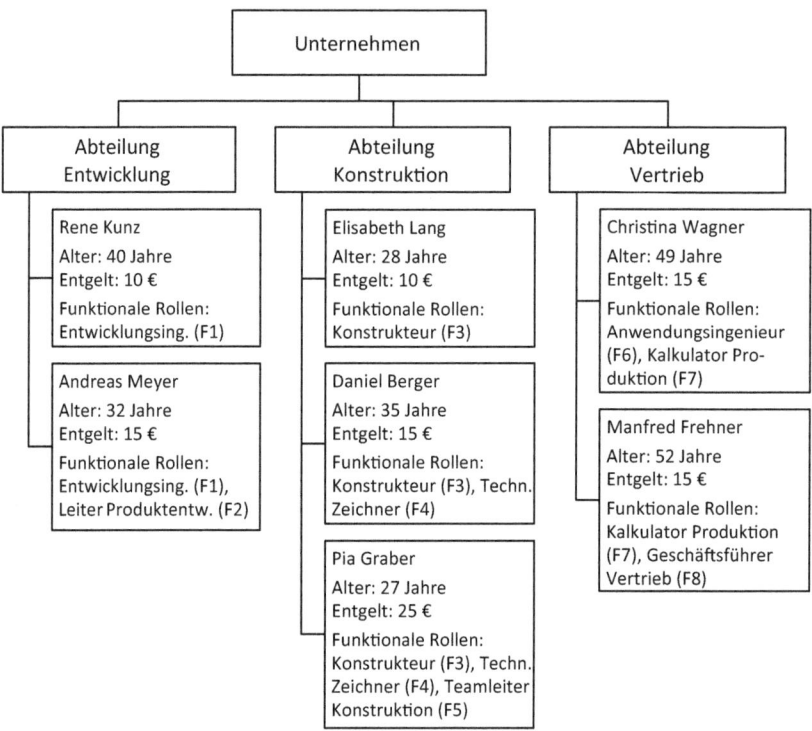

Abb. 8.7 Organigramm des exemplarischen Arbeitsprozesses

nur in einer bestimmten Reihenfolge durchgeführt werden können (s. Abb. 8.8). Zuerst muss das Produkt entwickelt werden (Aktivität 1), anschließend können die Produktfunktionen z. B. mit Hilfe eines „MockUps" getestet werden (Aktivität 2). Erfahrungsgemäß fallen die Tests mit einer Wahrscheinlichkeit von 50 % negativ aus. Die Produktentwicklung sowie der anschließende Test (Aktivitäten 1 und 2) müssen dann erneut in einer Iterationsschleife durchgeführt werden. Dabei entsteht ein Mehraufwand von 100 % der ursprünglichen Dauer. Die Iteration endet nach einer Durchführung, da die Wahrscheinlichkeit bei jeder Iterationsschleife um 100 % abnimmt. Denn erfahrungsgemäß werden die Fehler nach einer Iterationsschleife behoben und alle Funktionstests positiv bestanden. Erst nachdem Aktivität 2 unter Berücksichtigung eventueller Iterationsschleifen abgeschlossen wurde, können die Konstruktionszeichnungen erstellt (Aktivität 3) und parallel dazu die Vertriebsvorbereitungen getroffen werden (Aktivität 4). Sobald beide Aktivitäten

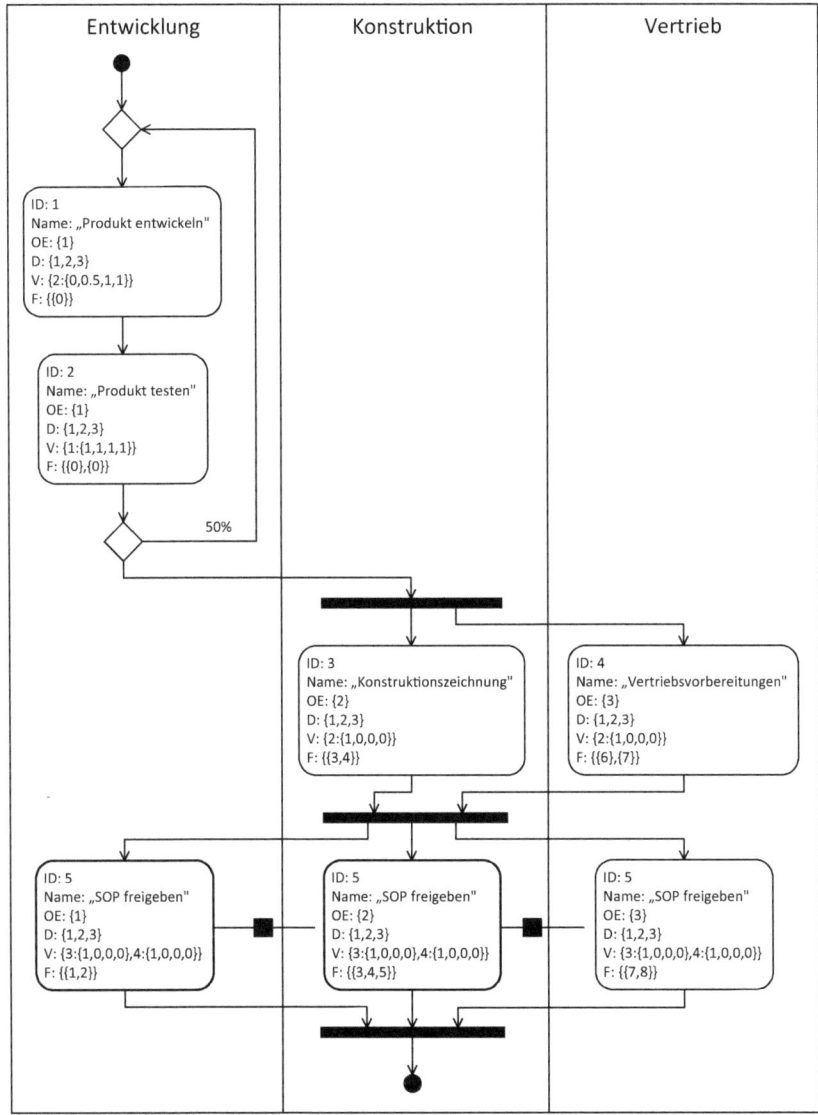

Abb. 8.8 K3-Prozessmodell des exemplarischen Arbeitsprozesses mit den Attributen Organisationseinheit (*OE*), Dauer (*D*), Vorgängerbeziehungen (*V*) und erforderliche funktionalen
Rollen (*F*)

abgeschlossen wurden, wird der Produktionsbeginn (Start of Production, SOP) freigegeben und die Fertigung „hochgefahren" (Aktivität 5). Anschließend terminiert der Prozess.

In der Simulation erfolgt die Zuweisung einer Ressource auf eine Aktivität zufallsbasiert, berücksichtigt aber die Einordnung der Aktivitäten und Ressourcen in eine Organisationseinheit sowie die Funktionsanforderungen der Aktivitäten bzw. die Funktionen der Ressourcen. Für das Fallbeispiel sind folgende Zuordnungen von Ressourcen auf Aktivitäten möglich: Aktivität 1 benötigt eine Arbeitsperson der Entwicklungsabteilung, unabhängig von ihrer funktionalen Rolle. Aktivität 2 benötigt zwei Arbeitspersonen aus der Konstruktionsabteilung. Aktivität 3 benötigt eine Arbeitsperson aus der Konstruktionsabteilung. Die Arbeitsperson muss über die funktionalen Rollen „Konstrukteur" und „Technischer Zeichner" verfügen. Aktivität 4 benötigt zwei Arbeitspersonen aus dem Vertrieb. Eine Arbeitsperson muss über die funktionale Rolle „Anwendungsingenieur", die zweite Arbeitsperson über die funktionale Rolle „Kalkulator Produktion" verfügen. Aktivität 5 wird in einer synchronen Zusammenarbeit von je einer Arbeitsperson aus den Abteilungen Entwicklung, Konstruktion und Vertrieb durchgeführt. Die Arbeitsperson aus der Entwicklung muss über die funktionalen Rollen „Entwicklungsingenieur" und „Leiter Produktentwicklung" verfügen, die Arbeitsperson aus der Abteilung Konstruktion über die funktionalen Rollen „Konstrukteur", „Technischer Zeichner" und „Teamleiter Konstruktion" sowie die dritte Arbeitsperson aus dem Vertrieb über die funktionalen Rollen „Kalkulator Produktion" und „Geschäftsführer Vertrieb".

Für die Zuordnung der Arbeitspersonen auf Aktivitäten bedeutet dies, dass die Produktentwicklung entweder von Herrn Kunz oder Herrn Meyer durchgeführt werden könnte. Der Produkttest muss von Herrn Kunz und Herrn Meyer zusammen durchgeführt werden. Die Konstruktionszeichnung kann entweder von Herrn Berger oder Frau Graber erstellt werden. Die Vertriebsvorbereitungen kann nur Frau Wagner durchführen. Und für die Produktionsfreigabe sind Herr Meyer aus der Entwicklungsabteilung, Frau Graber aus der Konstruktionsabteilung und Herr Frehner aus dem Vertrieb erforderlich.

Anhand der im Folgenden dargestellten Simulationsergebnisse mit 1.000 Simulationsläufen können die prozessorientierten und teamorientierten Zielgrößen des exemplarischen Arbeitsprozesses prognostiziert und analysiert werden. Der Arbeitsprozess dauert zwischen vier und zwölf Arbeitstagen. Die wahrscheinlichste Prozessdauer beträgt sieben Arbeitstage (s. Abb. 8.9). Aus dem Histogramm der Prozessdauer kann man einzelne simulierte Arbeitsprozesse auswählen und als Gantt-Chart anzeigen lassen, hier beispielhaft für die Prozesse mit der geringsten Dauer (MIN), durchschnittlichen Dauer (MODE) und höchsten Dauer

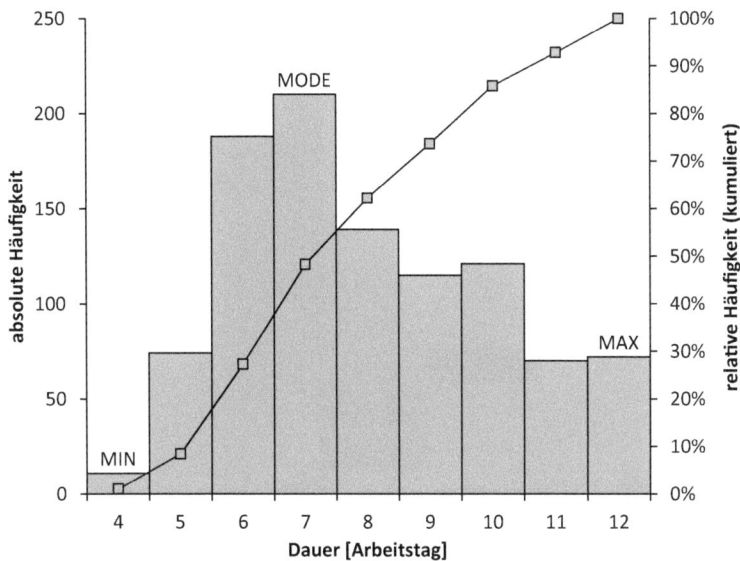

Abb. 8.9 Histogramm der Gesamtdauer des simulierten exemplarischen Arbeitsprozesses

(MAX) (s. Abb. 8.10). Man erkennt deutlich, wie sich unterschiedliche simulierte Arbeitsprozesse voneinander unterscheiden. Der MIN-Prozess mit einer Gesamtdauer von vier Arbeitstagen repräsentiert den Fall, dass die einzelnen Aktivitäten in der minimalen abgeschätzten Dauer durchgeführt werden. Die Wahrscheinlichkeit für das Eintreten dieses Falles beträgt allerdings weniger als 1 %, wie man in Abb. 8.9 ablesen kann. Mit einer relativen Häufigkeit von 21 % – und damit am wahrscheinlichsten – benötigen die Arbeitspersonen eine durchschnittliche Dauer von zwei Arbeitstagen für die Durchführung einer Aktivität. Dieser Fall wird in dem Gantt-Chart des MODE-Prozesses dargestellt (s. Abb. 8.10, Mitte). Der simulierte Prozess mit der längsten Dauer, der MAX-Prozess, hat eine Gesamtdauer von zwölf Arbeitstagen. Die erhöhte Dauer ist zurückzuführen auf eine Iterationsschleife, die während der Simulation auftrat. Nachdem Aktivität 2 das erste Mal durchgeführt wurde, mussten die Aktivitäten 1 und 2 wiederholt durchgeführt werden. Dadurch wurde auch die Durchführung der nachfolgenden Aktivitäten 3, 4 und 5 später begonnen als in den anderen simulierten Prozessen. Die Eintrittswahrscheinlichkeit für diesen Prozess beträgt allerdings nur ca. 7 %, wie man in Abb. 8.9 ablesen kann.

Für jeden simulierten Prozess werden die an einem Arbeitsprozess beteiligten Arbeitspersonen sowie – als ein wesentlicher Parameter – deren Alter dokumen-

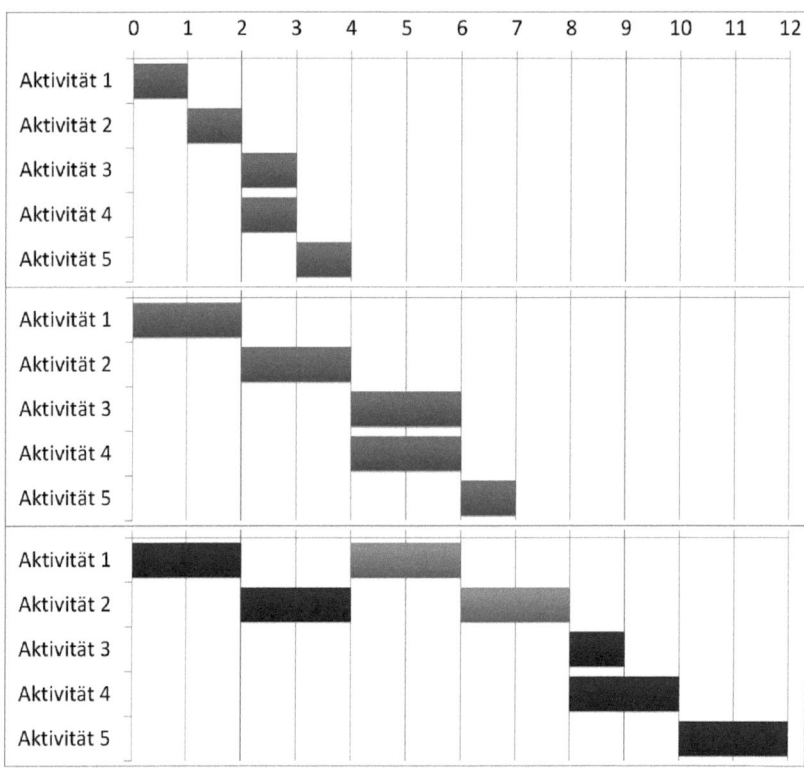

Abb. 8.10 Gantt-Charts des simulierten exemplarischen Arbeitsprozesses mit der geringsten Dauer (*oben*), durchschnittlichen Dauer (*mittig*) und höchsten Dauer (*unten*)

tiert. Daraus werden automatisch Teamgröße, Altersdurchschnitt und Altersdiversität berechnet. Aufgrund der geringen Komplexität des exemplarischen Arbeitsprozesses sind die Teams bei allen simulierten Prozessen identisch. Jedes Team besteht aus den sechs Arbeitspersonen Rene Kunz, Andreas Meyer, Daniel Berger, Pia Graber, Christina Wagner und Manfred Frehner. Der Altersdurchschnitt dieses Teams beträgt 39,2 Jahre (*SD*=9,8); die Differenz zwischen der jüngsten (27) und der ältesten (52) Arbeitsperson beträgt 25 Jahre.

Aufgrund der geringen Komplexität des Arbeitsprozesses standen in jedem Simulationslauf für jede Aktivität ausreichend Arbeitspersonen für die Durchführung der Aktivitäten zur Verfügung. Daher traten keine Ressourcenkonflikte auf.

Hinweise für die betriebliche Praxis

Innovationen finden in produzierenden Unternehmen sowohl in Form von Produktinnovationen als auch in Form von Prozessinnovationen statt. Das bedeutet, wesentliche Unternehmensziele sind sowohl die qualitative Verbesserung unserer Produkte als auch die Produktivitätssteigerung und Reduzierung der Produktionskosten. Die strukturelle und organisatorische Planung der Entwicklungsprojekte und Entwicklungsprozesse, d. h. die Festlegung der Durchlaufzeiten und Termine der Projektaufgaben sowie die Planung von Aufwänden, ist sehr wichtig, um die vereinbarten Leistungsinhalte gegenüber den Auftraggebern erbringen zu können. Aufgrund der komplexen informatorischen Abhängigkeiten zwischen den Projektaufgaben, die mit bestehenden Methoden nicht eindeutig erfasst werden können, besteht häufig die Gefahr, dass die geplanten Dauern und Kosten der Entwicklungsprojekte von den tatsächlichen Werten abweichen.

Das entwickelte Simulationsmodell berücksichtigt die besonderen Charakteristika insbesondere komplexer Innovations- und Produktentwicklungsprojekte und erzeugt als Ergebnis Histogramme der zu erwartenden Projektdauer und Projektkosten sowie die zu erwartenden Projektverläufe. Das Simulationsmodell erfüllt somit im Gegensatz zu den konventionellen Planungsmethoden, die derzeit in der Unternehmenspraxis verwendet werden, alle Anforderungen unserer Projekte und Prozesse. Die beschriebenen struktur- und verhaltensbestimmenden Aspekte, wie beispielsweise informatorische Abhängigkeiten zwischen Projektaufgaben, überlappende Projektaufgaben nach dem Concurrent-Engineering-Prinzip oder Iterationsschleifen, können mit dem entwickelten Modell valide abgebildet und simuliert werden. Dadurch werden unsere Projektmanager und Prozessverantwortlichen bei der Abschätzung von Projektdauern und Projektkosten sowie möglicher Projektverläufe methodisch geleitet und ihre Entscheidungen unterstützt.

Zugegebenermaßen ist der Aufwand für die Erfassung der Modelleingangsdaten der Simulation nicht zu vernachlässigen. Aber grundsätzlich ist eine strukturierte Modellierung der unternehmensinternen Prozesse zu empfehlen. Die Komplexität der Erfassung und Strukturierung der Modelleingangsdaten wird im betrieblichen Alltag erleichtert, wenn er durch fachkundige (gegebenenfalls externe) Moderatoren begleitet wird. Bei der Prozessmodellierung werden Projektmanager oder Prozessverantwortliche von den eingesetzten Methoden K3 und DSM unterstützt. Unsere Erfahrungen haben gezeigt, dass meist ausreichende Erfahrungswerte oder sogar eine ausführliche Datenbasis der zu modellierenden Projekte und Prozesse vorliegen, sodass den Projektmanagern oder Prozessverantwortlichen mit dem neuen Planungsansatz ermöglicht wird, zu einer hinreichend guten Projektplanung zu gelangen. Durch den personalintegrierten Ansatz werden personal- und ressourceninduzierte Abhängigkeiten modellinhärent berücksichtigt.

Das vorgestellte Simulationsmodell ermöglicht durch die Integration verschiedener Ansätze auch eine Unterstützung der Projektmanager und Prozessverantwortlichen bei der Terminplanung mehrerer gleichzeitig durchzuführender Entwicklungsprojekte, d. h. bei der Planung der Multiprojektumgebung. Beispielsweise können die Auswirkungen eines zusätzlichen Kundenauftrages in der Multiprojektumgebung analysiert werden und somit die Machbarkeit des geplanten Projektes abgeschätzt werden.

Mit der Durchführung von szenariobasierten Untersuchungen kann in Form von „Was-wäre-wenn"-Analysen schließlich festgestellt werden, wie sich z. B. eine zusätzlich zum Projekt hinzugezogene oder abgezogene Arbeitsperson, eine zusätzlich hinzugefügte Projektaufgabe oder eine zwischen Arbeitspersonen geänderte Verteilung der Projektaufgaben auf den Fertigstellungstermin eines Projektes auswirkt. Das entwickelte Simulationsmodell kann Projektmanager demnach dabei unterstützen zu untersuchen,

- ob Arbeitspersonen für die Bearbeitung eines Projektes zur Verfügung stehen oder ob ihre Arbeitskapazität für konkurrierende Aufgaben oder Projekte gebunden ist,
- ob ein vereinbarter Fertigstellungstermin eingehalten werden kann bzw. welche Terminabweichung aufgrund der aktuellen Personalsituation erwartet werden kann,
- welche Arbeitspersonen den Entwicklungsprojekten zugeteilt werden müssten, um möglichst viele Fertigstellungstermine einhalten zu können.

Literatur

Banks, J. (2005). *Discrete-event system simulation*. Prentice-Hall international series in industrial and systems engineering (4. Aufl.). Upper Saddle River: Pearson Prentice Hall.

Bester, H. (2012). *Theorie der Industrieökonomik* (6. Aufl.). Berlin, Heidelberg: Springer Gabler.

Browning, T. R. (2001). Applying the design structure matrix to system decomposition and integration problems: A review and new directions. *IEEE Transactions on Engineering Management, 48*(3), 292–306.

Browning, T. R., & Eppinger, S. D. (2002). Modeling impacts of process architecture on cost and schedule risk in product development. *IEEE Transactions on Engineering Management, 49*(4), 428–442.

Cassandras, C. G., & Lafortune, S. (2008). *Introduction to discrete event systems* (2. Aufl.). New York: Springer Science + Business Media.

Cho, S. H., & Eppinger, S. D. (2005). A simulation-based process model for managing complex design projects. *IEEE Transactions on Engineering Management, 52*(3), 316–328.

Danilovic, M., & Browning, T. R. (2007). Managing complex product development projects with design structure matrices and domain mapping matrices. *International Journal of Project Management, 25,* 300–314.

DeMarco, T., & Lister, T. (2003). *Bärentango: Mit Risikomanagement Projekte zum Erfolg führen.* München: Hanser.

DIN Deutsches Institut für Normung e. V. (Hrsg.). (2009). *DIN 69901-5 (2009): Projektmanagement – Projektmanagementsysteme – Teil 5: Begriffe.* Berlin: Beuth Verlag.

Eppinger, S. D., & Browning, T. R. (2012). *Design structure matrix methods and applications.* Cambridge: MIT Press.

Eppinger, S. D., Whitney, D., Smith, R. P., & Gebala, D. A. (1994). A model-based method for organizing tasks in product development. *Research in Engineering Design, 6*(1), 1–13.

Fondahl, J. W. (1987). The history of modern project management – precedence diagramming methods: origins and early development. *Project Management Journal, 28*(2), 33–36.

Karniel, A., & Reich, Y. (2007). *Simulating design processes with self-iteration activities based on DSM planning.* Proceedings of the 2007 International Conference on Systems Engineering and Modeling, 33-41, Haifa.

Kelley, J. E. Jr., & Walker, M. R. (1959). *Critical path planning and scheduling.* Proceedings of the Eastern Joint Computing Conference, 160–172.

Kerbosh, J. A. G. M., & Schell, H. J. (1975). *Network planning by the Extended METRA Potential Method.* Report KS-l.l. University of Technology Eindhoven, Department of Industrial Engineering.

Killich, S., Luczak, H., Schlick, C., Weissenbach, M., Wiedenmaier, S., & Ziegler, J. (1999). Task modelling for cooperative work. *Behaviour & Information Technology, 18*(5), 325–338.

Licht, T. (2008). *Entwicklung eines personenzentrierten Simulationsmodells zur Unterstützung des Multiprojektmanagements in der Produktentwicklung. Industrial engineering and ergonomics* (Bd. 3). Aachen: Shaker-Verlag.

Lindemann, U., Maurer, M., & Braun, T. (2009). *Structural complexity management: An approach for the field of product design.* Berlin: Springer.

Malcolm, D. G., Roseboom, J. H., Clark, C. E., & Fazar, W. (1959). Applications of a technique for R & D program evaluation. *Operations Research, 7*(5), 646–669.

Maurer, M. S. (2007). *Structural awareness in complex product design.* München: Verlag Dr. Hut.

Reichert, T. (2009). *Projektmanagement: Die häufigsten Fallen, die wichtigsten Erfolgsfaktoren.* Freiburg im Breisgau: Haufe.

Roy, B. (1962). Graphes et ordonnancement. *Revue Francaise de Recherche Operationelle, 25*(6), 323–333.

Sargent, R. G. (2003). *Verification and validation of simulation models.* In S. Chick et al. (Hrsg.), Proceedings of the 2003 Winter Simulation Conference (S. 130–143).

Schlick, C. M., Bruder, R., & Luczak, H. (2010). *Arbeitswissenschaft.* Heidelberg: Springer.

Smith, R. P., & Eppinger, S. D. (1997). Identifying controlling features of engineering design iteration. *Management Science, 43*(8), 276–293.

Steward, D. V. (1981). The design structure system: A method for managing the design of complex systems. *IEEE Transactions on Engineering Management, 28*(3), 71–74.

VDI Verein Deutscher Ingenieure. (2013). *VDI-Richtlinie: VDI 3633. Simulation von Logistik-, Materialfluss- und Produktionssystemen – Begriffe.* Berlin: Beuth Verlag.

Yassine, A., Whitney, D., & Zambito, T. (2001). *Assessment of rework probabilities for simulating product development processes using the Design Structure Matrix (DSM).* In J. K. Allen (Hrsg.), Proceedings of DETC '01, ASME 2001 International Design Engineering Technical Conferences, Computers and Information in Engineering Conference.

Zhang, X., Zhang, S., Li, Y., & Schlick, C. M. (2012). Task scheduling behaviour in agent-based product development process simulation. *International Journal of Computer Integrated Manufacturing, 25,* 914–923.

Dipl.-Ing. Sebastian Terstegen studierte Ingenieurinformatik mit Schwerpunkt Elektrotechnik an der Universität Paderborn. Er ist seit 2009 am Institut für Arbeitswissenschaft der RWTH Aachen als wissenschaftlicher Mitarbeiter in der Abteilung Arbeitsorganisation tätig. Seine Arbeits- und Forschungsschwerpunkte liegen in den Bereichen Prozessmanagement und Projektmanagement, insbesondere in der Entwicklung von Simulations- und Optimierungsverfahren.

Prof. Dr.-Ing. Dipl.-Wirt.-Ing. Christopher M. Schlick absolvierte ein Simultanstudium der Automatisierungstechnik und Wirtschaftswissenschaften an der TU Berlin. 1992 und 1993 arbeitete er als Projektingenieur in der Industrie. 1994 startete er seine Laufbahn als wissenschaftlicher Mitarbeiter am Institut für Arbeitswissenschaft der RWTH Aachen. Als Oberingenieur promovierte er 1999 an der Fakultät für Maschinenwesen der RWTH Aachen zum Dr.-Ing., wo er sich 2004 auch habilitierte. Ab dem Jahr 2000 leitete er die Abteilung Ergonomie und Führungssysteme bei der Forschungsgesellschaft für Angewandte Naturwissenschaften, bis er 2004 an die RWTH Aachen berufen wurde. Als Direktor des Instituts für Arbeitswissenschaft der RWTH Aachen verantwortet er seither zahlreiche Forschungsvorhaben auf den Gebieten der Arbeits- und Prozessorganisation, der Ergonomie sowie der Gestaltung von Mensch-Maschine-Systemen. Zudem ist er seit April 2005 Mitglied der Institutsleitung des Fraunhofer-Instituts für Kommunikation, Informationsverarbeitung und Ergonomie.

Philipp Przybysz M.Sc. studierte Arbeits- und Organisationspsychologie sowie International Business: Strategy and Innovation an der Universität Maastricht. Er ist seit 2011 am Institut für Arbeitswissenschaft der RWTH Aachen als wissenschaftlicher Mitarbeiter in der Abteilung Arbeitsorganisation tätig. Sein Arbeits- und Forschungsschwerpunkt liegt in der Untersuchung der Auswirkung des Alters auf die Zusammensetzung von Innovationsteams.

Experimentelle Untersuchungen zur Diversität in Innovationsteams

9

Philipp Przybysz, Sebastian Terstegen, Madlen Hiller, Anne Köhn und Christopher M. Schlick

Zusammenfassung

Ausgehend von der Hypothese, dass für den Innovationserfolg von FuE-Teams nicht nur die Ausprägung des individuellen Alters, sondern die Kombination der Altersausprägungen aller Mitglieder eines FuE-Teams entscheidend ist, werden in diesem Beitrag die Ergebnisse einer branchenneutralen Untersuchung zum Innovationserfolg altersdiverser FuE-Teams dargestellt. In diesen empirischen Studien wurden die Einflussgrößen auf den Erfolg von Innovationsprozessen bei altershomogenen und altersheterogenen Teams untersucht. Die identifizierten Einflüsse auf die Innovationsfähigkeit und der Zusammenhang zwischen

P. Przybysz (✉) · S. Terstegen · C. M. Schlick
Lehrstuhl und Institut für Arbeitswissenschaft, RWTH Aachen University, Bergdriesch 27,
52062 Aachen, Deutschland
E-Mail: p.przybysz@iaw.rwth-aachen.de

S. Terstegen
E-Mail: s.terstegen@iaw.rwth-aachen.de

C. M. Schlick
E-Mail: c.schlick@iaw.rwth-aachen.de

M. Hiller · A. Köhn
Abteilung für Arbeits- und Organisationspsychologie, Ernst-Moritz-Arndt-Universität
Greifswald, Franz-Mehring-Str. 47, 17487 Greifswald, Deutschland
E-Mail: madlen.hiller@uni-greifswald.de

A. Köhn
E-Mail: anne.koehn@uni-greifswald.de

© Springer Fachmedien Wiesbaden 2015
M. Bornewasser et al. (Hrsg.), *Teamkonstellation und betriebliche
Innovationsprozesse*, DOI 10.1007/978-3-658-07386-2_9

233

der personellen Besetzung der altersheterogenen Teams und deren Auswirkungen auf die Teamleistung führen schließlich zu einem Prognosemodell des Innovationserfolgs in Abhängigkeit von der Altersstruktur des Teams.

9.1 Einleitung

Die Globalisierung der Wirtschaft und der immer schneller voranschreitende technologische Fortschritt sind zwei Entwicklungen, welche dafür verantwortlich sind, dass Unternehmen gezwungen sind, häufiger Innovationen in immer kürzeren Zeitabständen hervorzubringen, um ihre Wettbewerbsfähigkeit aufrecht zu erhalten. Ausgehend von der Ressourcentheorie nach Penrose (1959) und Barney (1986, 1991) sind Unternehmen zunächst als eine Ansammlung von Ressourcen zu betrachten, welche sie zur Realisierung ihrer *Kernkompetenz* einsetzen. Die Kernkompetenz stellt dabei die Fähigkeit des Unternehmens dar, aus den gegebenen Ressourcen (häufig auch als Inputfaktoren bezeichnet) ein Produkt herzustellen, oder heutzutage auch immer häufiger eine Dienstleistung zu erbringen (also einen definierten Output zu erzeugen). Durch effiziente Gestaltung von Aufbau- und Ablauforganisation kann die Transformation von Input zu Output zu einer Wertschöpfung führen (Schlick et al. 2010). Durch diese Wertschöpfung ist das Unternehmen in der Lage, auf dem Markt zu konkurrieren und Gewinne zu erwirtschaften. Um allerdings dauerhaft wettbewerbsfähig zu bleiben, muss sich ein Unternehmen gegenüber Konkurrenten und Mitbewerbern einen *Wettbewerbsvorteil* verschaffen. Unternehmen sind mit der Notwendigkeit konfrontiert, Innovationen hervorzubringen, um einen Wettbewerbsvorteil sicherzustellen und auszubauen. Die Herausforderungen im globalen Wettbewerb führen unter anderem zu einer Diversifizierung der Produktvielfalt, wodurch gleichzeitig die Komplexität in den Unternehmen deutlich zunimmt. Jedoch verkürzt sich der Zeitabstand zwischen der Einführung von Innovationen, wodurch die Frequenz zunimmt. Neuproduktentwicklungen nehmen enorm an Bedeutung zu, die technischen Fortschritte, wie beispielsweise die Verschmelzung von Mechanik und Elektrik/Elektronik zur Mechatronik oder der Wechsel von analogen zu digitalen Techniken, fordern eine dauerhafte Weiterentwicklung von Unternehmen (Feldhusen und Grote 2013). Investitionen im Bereich von Forschung und Entwicklung sind ein zweischneidiges Schwert für Unternehmen: Auf der einen Seite unerlässlich, damit der aktuelle (technische) Entwicklungsstand und somit der Anschluss an den Markt und die Konkurrenten nicht verloren geht. Auf der anderen Seite erfordern die immensen Kostenaufwände eine Legitimierung, so dass die erfolgreiche Gestaltung von Innovationen und Neuentwicklungen in einer zunehmenden Anzahl von Fällen zur kritischen Größe für den Fortbestand von Unternehmen wird.

Da Unternehmen in ihrer jeweiligen Branche jedoch nicht nur mit nationalen, sondern auch internationalen Unternehmen in Konkurrenz stehen, gestaltet sich der Kampf um Marktanteile besonders intensiv. Dabei ist jedes Unternehmen durch die einzigartige Kombination aus den zur Verfügung stehenden Mitteln, der Organisationskultur, aber auch durch das Produktangebot, die anvisierten Kunden und auch dem Willen zur Innovation gekennzeichnet, so dass selbst zwischen Unternehmen gleicher Industriezweige immense Unterschiede bestehen können.

Branchenunabhängige Handlungsempfehlungen für Unternehmen können somit nur auf Basis von Gemeinsamkeiten ausgesprochen werden. Aufgrund von wachsendem Umfang und zunehmender Komplexität von Aufträgen ist in vielen Unternehmen zu beobachten, dass Aufgaben nicht mehr einzelnen Arbeitspersonen übertragen werden, sondern in Teams bearbeitet werden (Scholl 2003). Dies ist vor allem in Forschungs- und Entwicklungsabteilungen (FuE-Abteilungen) der Fall. Die Übertragung von Aufgaben an Teams ist jene gemeinsame Basis von Unternehmen mit unterschiedlichen Kernkompetenzen, die es ermöglicht, Handlungsempfehlungen aus wissenschaftlicher Sicht an Unternehmen, zumindest bezüglich der Zusammenstellung von Innovationsteams, zu geben. Diese Handlungsempfehlungen sind nicht an Gegebenheiten in bestimmten Industriezweigen gebunden, sondern haben allgemeingültigen Charakter. Die zugrunde liegende Annahme dabei ist, dass die Leistung von Teams, neben anderen Faktoren, in besonderer Form auch durch die Zusammensetzung und die individuellen Eigenschaften der Teammitglieder beeinflusst wird. Zur Überprüfung dieser Annahme wurde im vom BMBF geförderten und mit Mitteln des ESF unterstützten Projekt „derobino – Demografierobuste Innovation für Forschungs- und Entwicklungsteams" eine Laborstudie konzipiert und durchgeführt, deren Ergebnisse in diesem Kapitel beschrieben werden.

9.2   Herausforderungen des Demografischen Wandels

Neben dem bereits in der Einleitung beschriebenen Wettbewerbsdruck, dem sich Unternehmen aufgrund der Rahmenbedingungen gegenübergestellt sehen, sind Unternehmen mit enormen Herausforderungen, die der demografische Wandel mit sich bringt, konfrontiert. „Wir leben länger; wir werden in der Bundesrepublik Deutschland gleichzeitig immer weniger…" (Rachel 2013), mit diesen Worten eröffnete der Parlamentarische Staatssekretär Thomas Rachel die Fachtagung „Innovationsfähigkeit im demografischen Wandel" im Mai 2013 in Berlin.

Diese Aussage fasst in aller Knappheit die mit dem demografischen Wandel einhergehenden Veränderungen in den Bereichen Gesellschaft und Arbeit zusammen. Fortschritte in der medizinischen Forschung und Versorgung, sowie die in Deutschland (und anderen Industrienationen) auf sehr hohem Niveau sichergestellte Grundversorgung haben dazu geführt, dass die durchschnittliche, individuelle Lebenserwartung von Männern und Frauen in den letzten 140 Jahren um fast fünf Jahrzehnte angestiegen ist (Vaupel und Kistowski 2005). Menschen in Deutschland werden also immer älter. Damit ist aktuell auch verbunden, dass sie auch länger arbeiten müssen. Das spiegelt sich in der schrittweisen Erhöhung des Renteneintrittsalters wider. So ist das gesetzliche Renteneintrittsalter schon von 65 Jahren auf 67 Jahre angehoben worden. Und bereits heute gibt es Diskussionen, die eine Erhöhung des Renteneintrittsalters auf 70 Jahre in der Zukunft nicht ausschließen wollen (Metger 2006; Moewes 2006; Zimmermann 2011). Der Anteil Erwerbstätiger im Alter von 60 bis 65 ist im Jahr 2013 zum ersten Mal seit mehr als 40 Jahren höher als der Anteil derjenigen in der gleichen Altersgruppe, die Pensionen oder Renten beziehen. Erklärt wird dies zum einen durch Veränderungen der gesetzlichen Rahmenbedingungen sowie mit dem höheren Qualifikationsniveau der Beschäftigten, welches ihnen trotz ihres Alters Vorteile gegenüber jüngeren Arbeitspersonen verschaffe (Bundesinstitut für Bevölkerungsforschung 2013). Dieser Trend wird sich in Zukunft verstärken.

Die zweite Entwicklung in der Bevölkerungsstruktur verweist auf die seit Jahren niedrige Geburtenrate in Deutschland. Eine Prognose der Vereinten Nationen aus dem Jahr 2013 besagt, dass für den Zeitraum von 2010 bis 2015 eine Frau in Deutschland im Laufe ihres Lebens 1,4 Kinder zur Welt bringen wird. Gemessen an der Gesamtbevölkerung ist diese Zahl so niedrig, dass sich die Population in Deutschland in den nächsten Jahrzehnten zurückentwickeln wird. Als Folge wird sich die Bevölkerungsstruktur von einer Pyramide (wenige ältere, viele jüngere) hin zu einem Trapez mit schmaler Basis (viele ältere, weniger Jüngere) wandeln (vgl. Abb. 9.1). Diese Entwicklungen haben enorme Auswirkungen auf den Arbeitsmarkt. Zunächst wird sich die demografische Entwicklung in vielen Unternehmen widerspiegeln; das Durchschnittsalter in Betrieben wird sich nach oben bewegen.

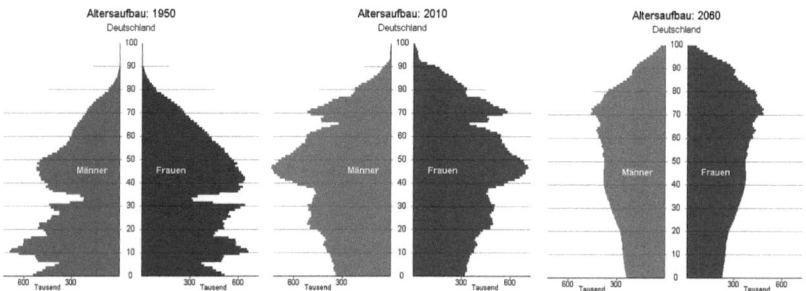

Abb. 9.1 Strukturelle Entwicklung der Erwerbsbevölkerung (Statistisches Bundesamt 2009)

Denn zum einen bedeutet der demografische Wandel für Unternehmen, dass in Zukunft immer weniger junge Nachwuchskräfte zur Verfügung stehen werden. Die Zahl der Berufseinsteiger wird geringer werden, während der Bedarf der Unternehmen an Nachwuchskräften in etwa gleich bleiben wird. Diese Tatsache wird in einem aggressiveren War for Talent, dem Kampf um Nachwuchskräfte, münden (Köching 2003). Zum anderen wird, obschon die Menschen länger arbeiten werden, die Größe der Kohorte derjenigen, die in Zukunft in Altersruhestand gehen, wachsen. Die hohe Zahl der altersbedingt ausscheidenden Mitarbeiter bedeutet vor allem auch, dass ein großer Teil des Wissensbestandes im Unternehmen verloren geht. Denn Wissen, dass sich Mitarbeiter über Jahre angeeignet haben, sogenanntes Erfahrungswissen oder implizites Wissen, lässt sich nur bedingt verbalisieren und somit auch konservieren (Nonaka und Takeuchi 1997). Jenes implizite Wissen, das durch das Ausscheiden der älteren Mitarbeiter verloren geht, kann durch das „frische" Wissen von Berufsanfängern nur bedingt kompensiert werden. Da für die Innovationsfähigkeit von Unternehmen beide Arten von Wissen relevant und notwendig sind, drohen Unternehmen aufgrund des demografischen Wandels Einbußen der Innovationsfähigkeit (Verworn 2009, Bullinger et al. 2003; Herfurth et al. 2003).

Diese beiden Trends – die monoton steigende Lebenserwartung und diametral dazu die stetig sinkende Geburtenrate – spiegeln den Kern des demografischen Wandels wider. Diese Entwicklung hat Konsequenzen sowohl für die Gesellschaft wie auch für die Wirtschaft. Insgesamt wird die Zahl der Erwerbstätigen in Deutschland von ca. 42 Mio. Menschen im Jahr 2000 auf unter 30 Mio. im Jahr 2050 sinken (Schlick et al. 2013). Während weite Teile von Erfahrungswissen und Fähigkeiten aus dem Erwerbsleben ausscheiden, stehen gleichzeitig weniger Erwerbsfähige zur Verfügung, um die entstehenden Wissenslücken zu füllen und den Verlust von Fähigkeiten auszugleichen. Vor diesem Hintergrund ist es die Zielsetzung des Projektes derobino, Unternehmen Hilfestellung zur Aufrechterhaltung und Steigerung der Innovationsfähigkeit zu geben.

Für die Innovationsfähigkeit eines Unternehmens ist vor allem der Funktionsbereich Forschung und Entwicklung maßgeblich. Bedingt durch die zunehmende Aufgabenkomplexität werden Aufgaben in diesen Bereichen vermehrt durch FuE-Teams bearbeitet. Angesichts der durch den Demografischen Wandel ausgelösten Veränderungen ergibt sich eine Reihe von Fragen hinsichtlich der bestmöglichen Zusammenstellung von FuE-Teams: Passen Jüngere und Ältere gemeinsam in ein Innovationsteam? Ist Altersheterogenität in Innovationsteams Voraussetzung für Innovationserfolg? Gibt es aufgabenbezogene Konflikte und sind diese innovationsförderlich oder innovationshemmend? In welchen Gruppen[1] treten diese vermehrt auf?

---

[1] Zu Gunsten der Lesbarkeit werden die Begriffe ‚Team' und ‚Gruppe' synonym verwendet.

9.3   Stand der Forschung

Für eine erste Orientierung wird im Folgenden zunächst ein Blick auf den Stand der Forschung in den Themenfeldern „individuelles Alter und Leistungsfähigkeit", „Diversität, Teambesetzung und Teamperformance" sowie „Konflikte und Konflikthandhabungsstile" geworfen. Die Ableitung von Hypothesen bildet dabei den Abschluss eines Themenblocks, bevor im nachfolgenden Unterkapitel die experimentellen Untersuchungen vorgestellt werden.

9.3.1   Individuelles Alter und Leistungsfähigkeit/ Innovationsfähigkeit

Betrachtet man die Literatur, die sich mit dem Zusammenhang des individuellen Lebensalters mit Innovationsfähigkeit beschäftigt, so finden sich dort im Wesentlichen zwei unterschiedliche Erklärungsansätze. Zum einen wird ein umgekehrt u-förmiges Verhältnis von Lebensalter und Innovationsfähigkeit angenommen. Dieses Modell beschreibt einen steigenden Verlauf der Innovationsfähigkeit bis zu einem Alter von etwa 35 Jahren, an dem ein Maximum erreicht wird und sich das Verhältnis umkehrt. Die Formulierung dieses Modells geht auf Lehman (1953) zurück, der die Erwerbsbiografien von über 400 kreativen Persönlichkeiten, vorwiegend Wissenschaftlern und Künstlern, studierte und dabei die Erschaffung eines bedeutenden Werkes gegen das Alter auftrug (s. auch Schat und Jäger 2010). Weitere empirische Untersuchungen haben diesen Zusammenhang jedoch nicht replizieren können, weshalb die als „Defizithypothese" bekannte Erklärung mittlerweile als überholt angesehen wird.

Vielmehr deuten Ergebnisse diverser Untersuchungen darauf hin, dass zwar körperliche Fähigkeiten (z. B. Muskelkraft, Sehen und Hören) mit steigendem Alter abfallen (Schlick et al. 2010), dies aber nicht gleichbedeutend mit verminderter Arbeitsleistung einhergeht. Insbesondere im Bereich der informatorisch-mentalen, also geistigen Arbeit, lassen sich keine signifikanten Altersunterschiede feststellen. Dies geht insbesondere aus der Seattle Longitudinal Study von Schaie (2005) hervor. Schaie definierte sechs mentale Fähigkeiten, die für den Bereich der geistigen Arbeit von Bedeutung sind: logisches Denken, räumliche Orientierung, numerische Fähigkeit, verbales Gedächtnis, Ausdrucksfähigkeit und Wahrnehmungsgeschwindigkeit. Während der Zeit von 1956 bis 2005 ist es ihm gelungen, die Veränderungen der informatorischen Leistungsfähigkeit von Personengruppen im Abstand von sieben Jahren durch Operationalisierung und Messung dieser sechs

Konstrukte über das Lebensalter hinweg aufzuzeigen. Dabei ist die numerische Fähigkeit die einzige, die mit zunehmendem Lebensalter zwar langsam, aber stetig abnimmt. Räumliche Orientierung und Ausdrucksfähigkeit hingegen steigen mit zunehmendem Alter zunächst an. Über alle sechs mentalen Fähigkeiten hinweg lässt sich eine deutliche Abnahme erst ab dem Alter von 74 (vgl. Zülch 2010) feststellen. Folglich verändern sich die von Schaie identifizierten mentalen Fähigkeiten für geistige Arbeit während der Zeit des Erwerbslebens lediglich minimal. Diese Erkenntnis legt nahe, dass zwischen dem individuellen Lebensalter und der Leistungsfähigkeit im Bereich der geistigen Arbeit kein – oder zumindest kein negativer – Zusammenhang besteht. „Allgemein ist die Leistungsfähigkeit älterer Arbeitspersonen nicht vom kalendarischen Alter abhängig" (Schlick et al. 2010, S. 120). Diese Erkenntnisse haben zu einem Perspektivwechsel auf Alter und Altern geführt. An Stelle der Defizithypothese ist das Kompensations-Modell getreten, welches eine differenzierte Sichtweise postuliert (Adenauer 2002; Landau et al. 2007). Somit ist Altern und Alter nicht gleichbedeutend mit dem Abbau und Verfall von Qualifikation und Leistung; stattdessen wandeln sich Qualifikation, Fähigkeiten und Leistung mit der Zeit. So nehmen manche Fähigkeiten mit dem Alter ab, andere werden gesteigert oder bleiben konstant.

Diese Annahmen werden durch die Theorie der Optimierung durch Selektion und Kompensation (z. B. Baltes und Baltes 1989) unterstützt. Diese Theorie besagt im Wesentlichen, dass Menschen im Laufe ihres Lebens erlernen, durch Anwendung von verschiedenen Mechanismen (Selektion, Optimierung, Kompensation) etwaige Nachteile als Folge des Alterns auszugleichen. Im Rahmen der Selektion werden die Ziele und Kompetenzbereiche neu ausgerichtet oder transformiert, etwa durch einen Übergang von der operativen Projektarbeit zu beratenden Tätigkeiten. Durch die Selektion und der damit einhergehenden Fokussierung auf bestimmte Fähigkeiten und Fertigkeiten können, trotz Leistungsverlusten, in anderen Bereichen gleichbleibende Leistungen und sogar Leistungsgewinne in den fokussierten Bereichen erzielt werden. Die Optimierung beschreibt die Verbesserung der Leistungsfähigkeit in zuvor selektierten Kompetenzbereichen, beispielsweise durch Bildung altersgemischter Teams zwecks Erfahrungsaustausches mit jüngeren Kollegen. Bei der Kompensation werden im Gegensatz zur Selektion die ursprünglichen Ziele und Kompetenzbereiche beibehalten, jedoch erfahren die zur Zielerreichung notwendigen Verhaltensweisen eine Modifikation. Die dabei entwickelten Strategien und Modifikationen zeichnen sich durch einen hohen individuellen Charakter aus, wodurch die Theorie den Status eines Metamodells einnimmt (s. Baltes und Carstensen 1996).

Die in dem oberen Abschnitt beschriebenen Erkenntnisse legen die Schlussfolgerung nahe, dass zwischen jüngeren und älteren Arbeitspersonen keine Leis-
tungsunterschiede angenommen werden können. Dies hat zunächst auf individueller Ebene Bestand; es spricht jedoch nichts dagegen, diese Schlussfolgerung auf
die Gruppenebene zu übertragen.

9.3.2 Teamzusammensetzung und Diversity

Gruppenleistungen, und insbesondere Innovationen als Ergebnis von Teamarbeit,
sind das Ergebnis der Koordination von Unternehmensressourcen und Gruppen-
kommunikationsprozessen, welche durch das Zusammenwirken von Gruppenmitgliedern in Phasen der Einzel- und Teamarbeit zustande kommen (Kozlowski und Klein 2000; Salas et al. 2008). Die Prozesse, die schließlich zu effektiver
Gruppenleistung führen, werden durch eine Vielzahl von Faktoren beeinflusst. Zu
diesen Einflussfaktoren gehören u. a. die Arbeitsaufgabe, die Arbeitsumgebung
oder die Teammitglieder (Bowers et al. 2000). Da die Gruppenmitglieder sich in
vielen Eigenschaften durchaus stark ähneln oder unterscheiden können, sollte der
Besetzung von Gruppen besondere Aufmerksamkeit gewidmet werden. Nicht zuletzt aus diesem Grund wurde und wird das Thema *Diversität in Teams* häufig in
der wissenschaftlichen Literatur diskutiert und es finden sich ausführliche Zusam-
menfassungen z. B. bei Milliken und Martins (1996) oder Wegge und Schmidt
(2009). Dabei kann Diversität zunächst auf jedes Merkmal und jede Eigenschaft
bezogen werden, bezüglich derer Menschen sich unterscheiden können. Eine in
der Literatur weit verbreitete Taxonomie klassifiziert diese in *leicht zu erkennende*
Eigenschaften (readily detectable bzw. visible attributes) und *zugrunde liegende*
Attribute (underlying attributes) (Jackson et al. 1995). Zu der ersten Kategorie
gehören diejenigen Eigenschaften, die auf den ersten Blick erkennbar sind, z. B.
das Geschlecht, das Alter oder die Ethnizität. Zugrunde liegende Attribute hingegen lassen sich von außen nicht erkennen. Zu dieser Form der Diversität zählen
zum Beispiel Unterschiede hinsichtlich Persönlichkeitseigenschaften, Dauer der
Betriebszugehörigkeit, Kompetenz, Wissen und Qualifikationen oder Fähigkeiten.

Die vorliegende Studie fokussiert, vor dem Hintergrund der demografischen
Entwicklung, das Diversitätsmerkmal *Alter*. Dieses Merkmal stellt eine universale
Komponente des menschlichen Lebens dar, die objektiv und einfach messbar ist.
Zugleich korreliert Alter mit bedeutsamen Variablen wie kognitiven Fähigkeiten,
Wissen oder Berufserfahrung (Kooij et al. 2008; Kanfer und Ackerman 2008).
Nicht zuletzt stellt Alter aufgrund der zuvor geschilderten Herausforderung durch
den demografischen Wandel, dem sich Unternehmen in Zukunft stellen werden
müssen, eine essenzielle Variable in der Erklärung von Gruppenleistungen dar.

Aus theoretischer Perspektive gibt es verschiedene Ansätze, welche den Einfluss der Diversität der Gruppenzusammensetzung auf die Teamleistung erklären sollen. Dies führt dazu, dass gegenläufige, einander widersprechende Hypothesen bezüglich des Einflusses von Diversität auf die Gruppenleistung abgeleitet werden können (Ries et al. 2013).

Ein erster Erklärungsansatz leitet sich aus der Theorie der sozialen Identifikation nach Tajfel und Turner (1986) ab. Ihre Theorie der sozialen Identifikation besagt im Wesentlichen, dass Menschen danach streben, ein hohes Selbstwertgefühl zu erlangen und aufrecht zu erhalten. Eine simple und zugleich wirkungsvolle Methode, um dies zu erreichen, bietet der (soziale) Vergleich mit anderen. Der Vergleich mit Mitmenschen im Hinblick auf bestimmte Merkmale (z. B. Alter, Geschlecht, kultureller Hintergrund, Persönlichkeitsmerkmale, Berufsstatus etc.) bietet einerseits die Möglichkeit, sich selbst an Hand dieser Kategorien als soziales Wesen zu definieren. Andererseits werden durch den Kategorisierungsprozess automatisch zwei Gruppen gebildet: Eine Gruppe, die ‚mir' ähnlich ist und eine, die es nicht ist. Tajfel und Turner (1986) bezeichnen diese Gruppen als Ingroup bzw. Outgroup. Die Zugehörigkeit zu einer Ingroup fördert die soziale Identität und stärkt das Selbstwertgefühl. Dieser Mechanismus wird zudem durch die (gemeinsam eingenommene) ablehnende Haltung gegen die Outgroup verstärkt. Mitglieder der Outgroup werden als weniger vertrauenswürdig, weniger kooperativ und weniger ehrlich wahrgenommen, als Mitglieder der Ingroup (Brewer 1979). Als Konsequenz schließen Menschen sich, der Theorie der sozialen Kategorisierung folgend, mit hoher Wahrscheinlichkeit solchen Menschen an, die ihnen ähnlich sind. Größere Heterogenität in Gruppen führt dadurch zwangsläufig zur Bildung von In- und Outgroups. Misstrauen gegenüber der Outgroup und deren negative Wahrnehmung haben zur Folge, dass, aus Sicht der Theorie der sozialen Kategorisierung, Teams mit homogenen Strukturen einen Vorteil gegenüber heterogenen Teams haben. Diversität wirkt sich demnach negativ auf die Teamleistung aus.

Untersuchungen haben zwei bedeutende Determinanten identifiziert, welche zur sozialen Kategorisierung führen. Zum einen sind unterrepräsentierte Eigenschaften ein häufiger Auslöser von Kategorisierungsprozessen (Kanter 1977). Zum anderen führen besonders auffällige, also saliente, Merkmale zu sozialer Kategorisierung (Stangor et al. 1992). Demnach können in einer Gruppe sowohl besonders stark vertretene wie auch nicht sehr ausgeprägte Attribute die Grundlage der sozialen Kategorisierung bilden. Somit lässt sich vorab nicht vorhersagen, auf welcher Grundlage Menschen In- und Outgroups bilden werden.

Ein zweiter Erklärungsansatz ergibt sich aus der Ähnlichkeits-Attraktionstheorie nach Byrne (1971). Analog zur Theorie der sozialen Kategorisierung postuliert diese Theorie ebenfalls, dass Menschen jene Menschen präferieren, mit denen sie etwas gemeinsam haben. Im Gegensatz zur Theorie von Tajfel und Turner steht aber nicht die Kategorisierung – und damit die Einordnung in eine bestimmte Subgruppe – im Vordergrund; der zentrale Mechanismus ist auf zwischenmenschlicher Ebene angesiedelt, so dass, als Konsequenz, die wahrgenommene Ähnlichkeit darüber entscheidet, ob ein Mensch jemanden Zweiten als ‚sympathisch' einstuft. Gemeinsamkeiten führen zu einer positiven Wahrnehmung von Individuen, während das Nicht-Vorhandensein negative Folgen mit sich bringt. So konnte in Studien nachgewiesen werden, dass z. B. die Kommunikation in heterogenen Gruppen weniger ausgeprägt ist als in homogenen (Triandis 1960) oder dass die Fluktuation in heterogenen Gruppen größer ist (McCain et al. 1983). Die aus der Ähnlichkeits-Attraktionstheorie abgeleiteten Hypothesen sind bezüglich des Einflusses von Diversität der Gruppenzusammensetzung auf die Teamleistung im Einklang mit den Hypothesen, die sich aus der Theorie der sozialen Kategorisierung ergeben. In beiden Fällen wird homogenen Teams aufgrund der Ähnlichkeit der Gruppenmitglieder ein Vorteil gegenüber heterogenen Teams nachgesagt, welcher sich in einer besseren Gruppenleistung auswirkt.

Demgegenüber steht die Theorie der Informationsverarbeitung und Entscheidungsfindung (Kerschreiter et al. 2003; van Knippenberg et al. 2004). Diese Theorie betont die Tatsache, dass Arbeitsgruppen besonders davon profitieren, wenn eine breitere Informationsbasis und verschiedene Standpunkte zu einem Thema vorhanden sind. Verschiedenartige Informationen erlauben mehrere Sichtweisen und Perspektiven auf eine Sachlage. Informationsvielfalt ergibt sich in Gruppen, in denen Personen mit unterschiedlichem Hintergrundwissen, unterschiedlicher Herkunft, unterschiedlichen Alters oder unterschiedlichen Bildungs- bzw. Karrierewegen vertreten sind. Diversität in jeglicher Hinsicht wird als Quelle der Informationsvielfalt verstanden. Als Konsequenz sind heterogene Gruppen in der Lage, die sich ergebenden Vor- und Nachteile gegeneinander abzuwägen und zu einer besseren Entscheidung zu gelangen, während homogene Gruppen zwar schneller zu einer Einigung kommen, diese aber im Prozess aus weniger Alternativen ausgewählt wurde. Aus aktuellen Forschungsergebnissen lässt sich ableiten, dass der Effekt der vergrößerten Bandbreite von generierten Ideen besonders bei der Bearbeitung von komplexen Problemstellungen zu Tage tritt (Ries et al. 2013).

Die in der Sozialpsychologie begründeten Theorien schreiben Gruppen mit homogenem Charakter vornehmlich förderliche Effekte von Diversität auf die Gruppenleistung zu, während die Theorien aus dem Bereich der Informationsverarbeitung und Entscheidungsfindung heterogene Gruppenkonstellationen als förderlich für die Teamleistung erachten. Diversität in Gruppen „[…] appears to be a double-edged sword, increasing the opportunity for creativity as well as the likelihood that group members will be dissatisfied and fail to identify with the group" (Milliken und Martins 1996, S. 403). Gerade diese Zweischneidigkeit von förderlichen und hinderlichen Effekten wird in der zugehörigen Literatur zur Diversität in Arbeitsteams immer wieder formuliert und spiegelt sich in entsprechenden Forschungsergebnissen wider. Die Befundlage von Feld- und Laborstudien zur Frage, ob eine homogene oder heterogene Teambesetzung vorteilhafter ist, ergibt kein eindeutiges Bild: So berichten beispielsweise Polzer et al. (2002) sowie Roth et al. (2006) von positiven Wirkungen der Diversität auf die Gruppenleistung, während Ely (2004) sowie West et al. (1999) einen negativen Wirkungszusammenhang beschreiben. Gemischte Ergebnisse weist die Studie von Richard und Shelor (2002) auf, während Cady und Valentine (1999) keine auf die Zusammensetzung zurückzuführenden Effekte feststellen konnten. Homberg und Bui (2013) schließen aus ihrer Meta-Analyse, dass es zumindest auf Ebene des Top Managements keinen Zusammenhang zwischen Diversität und Teamleistung bzw. der Unternehmensergebnisse gibt. In ihrer Studie betrachten sie vier Formen von Diversität: funktionellen Hintergrund, Bildung, Betriebszugehörigkeit sowie Geschlecht. Die Autoren verweisen darauf, dass sie aufgrund der hohen Anzahl von Studien, die zwar Alter als Kontrollvariable erheben und einbeziehen, aber nicht Alter als unabhängige Variable untersuchen, keine Schlussfolgerungen bezüglich der Wirkung von Altersdiversität ziehen können. An dieser Stelle wird deutlich, dass hinsichtlich der Wirkung der Altersstruktur auf die Gruppenleistung noch ein großer Forschungsbedarf besteht. Mit Ausnahme der Arbeiten der Gruppe um Wegge und Schmidt sind uns keine weiteren Forschungsaktivitäten auf dem Gebiet bekannt. Mit Hilfe der in diesem Kapitel beschriebenen Laborstudie sowie den weiteren Ergebnissen des Forschungsprojektes derobino, die in den anderen Kapiteln dieses Buches dargelegt werden, wird der Stand der Forschung erweitert und die bestehende Forschungslücke verkleinert.

Als Erklärung für die größtenteils widersprüchlichen Ergebnisse führen Wegge und Schmidt (2009) ein Modell an (vgl. Abb. 9.2), in dem die Leistung innerhalb einer Gruppe durch vier Mechanismen der Gruppenzusammenstellung beeinflusst werden kann. Zwei Wege wirken über externe Faktoren auf die Gruppenleistung ein, während zwei Mechanismen unmittelbar in der Teamzusammensetzung, also gruppenintern, begründet liegen. Pfad 1 im Modell der Autoren stellt die Beurteilung einer Gruppenleistung durch externe Ansprüche oder Erwartungen an die Gruppe dar. So kann beispielsweise die (objektiv gleiche) Leistung eines Teams, welches durch einen Vorgesetzten beurteilt wird, aufgrund der Gruppenzusammenstellung differenziert ausfallen. Ein älterer Vorgesetzter beurteilt ein junges Team möglicherweise anders als eine Gruppe, in der (ebenfalls oder mehrheitlich) ältere Mitglieder vertreten sind. Der andere externe Mechanismus, Pfad 4 im Modell von Wegge und Schmidt (2009), beschreibt die Nutzung von externen Ressourcen durch die Gruppenmitglieder für die Zielerreichung. Die Effekte, die über diesen

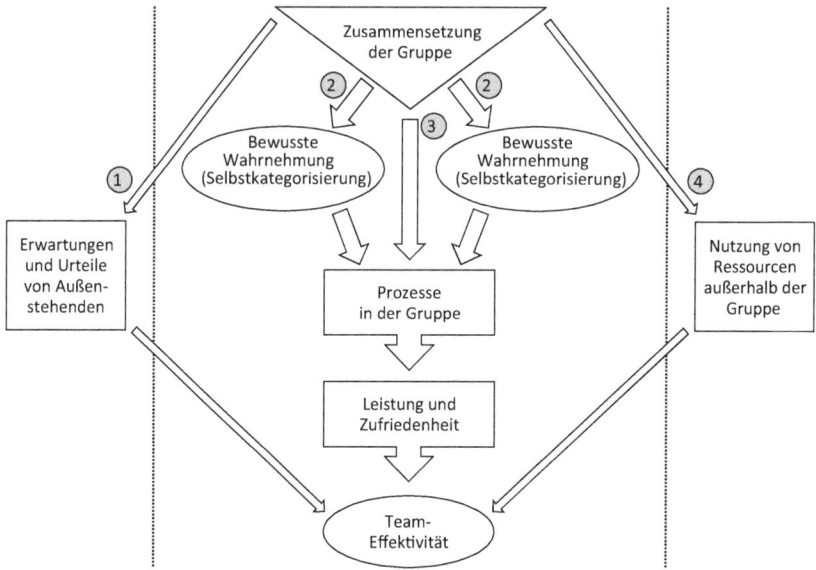

Abb. 9.2 ADIGU Modell nach Wegge und Schmidt (2009)

Pfad – durch Aktivierung externer Kontakte – erzielt werden, decken sich zu einem Teil mit den Vorhersagen der zuvor erläuterten Theorie der Informationsverarbeitung und Entscheidungsfindung. Dabei werden im Allgemeinen diverse Gruppen bessere Leistungen erzielen, da angenommen wird, dass sie über mehr externe Kontakte verfügen und diese gezielt nach relevantem Wissen und Erfahrungen zu Rate ziehen können. Die anderen beiden Mechanismen des Erklärungsmodells attribuieren Schwankungen in der Gruppenleistungen der Teamzusammensetzung. So ist einerseits die Gruppe durch soziale Kategorisierung (Pfad 3) aktiver Auslöser des Effektes. Andererseits kann die Arbeitsaufgabe inhärente Bedingungen mit sich bringen, die eine Personengruppe bevorzugt oder benachteiligt (Pfad 2). So sind Frauen oder Menschen mit asiatischem Hintergrund bei Aufgaben, die hohe Geschicklichkeit erfordern, den meisten Männern gegenüber im Vorteil (Adolph et al. 2010); andersherum werden die Aufgaben, die viel Kraftaufwand erfordern, besser von Männern ausgeführt. Wegge und Schmidt (2009) weisen darauf hin, dass mehrere der von ihnen geschilderten Mechanismen zur gleichen Zeit aktiv sein und die Gruppenleistung beeinflussen können. Diese Tatsache bietet daher eine plausible Erklärung für die oben geschilderten, einander widersprechenden Befunde zum Zusammenhang zwischen Diversität und der Teamleistung. Im Rahmen der nachfolgend geschilderten Laboruntersuchung werden die externen Einflüsse (Pfade 1 und 4) als wenig bedeutsam erachtet, da sie durch die kontrollierten

Bedingungen des Experiments für alle Gruppen konstant gehalten werden. Die Mechanismen der sozialen Kategorisierung sowie der detaillierten Informationselaboration hingegen können nicht a priori ausgeschlossen werden. Die Mitglieder der untersuchten Gruppen lernten sich erst bei den Testsitzungen kennen. Das Alter als salientes Merkmal kann in diesem Fall zu sozialer Kategorisierung führen. In altersheterogenen Gruppen würde dieser Umstand nach den oben beschriebenen sozialpsychologischen Theorien zu einer verringerten Leistung führen, wohingegen eine altershomogene Gruppe davon profitieren würde. Andererseits ist bei den gestellten Aufgaben nicht von einer Bevorzugung einer bestimmten Altersgruppe auszugehen. Zudem sind die Lösungen der Aufgaben nicht eindeutig; bedingt durch die Abbildung eines „innovativen" Aufgabencharakters unter standardisierten Bedingungen können sie als komplex eingestuft werden. Aus diesem Grund sollte eine Gruppe nach Ries et al. (2013) von der Altershomogenität profitieren. Andererseits können sich Wissen, Erfahrung und vielfältige Sichtweisen von jungen und älteren Gruppenmitgliedern ergänzen und sollten somit zu einem Leistungsvorteil gegenüber altershomogenen Gruppen führen. Aufgrund der widersprüchlichen Befundlage ist die erste Hypothese ungerichtet formuliert:

Hypothese 1 Gruppen mit geringer Altersdiversität zeigen bezogen auf Innovationsaufgaben signifikant unterschiedliche Leistungen im Vergleich zu Gruppen mit hoher Altersdiversität.

9.3.3   Konflikte und Konflikthandhabungsstile

Sobald Individuen in Gruppen zusammenarbeiten, sind divergierende Meinungen und Ideen nahezu unvermeidbar. In vielen Fällen führen die teils widersprüchlichen Ansichten zu Konflikten. Ein elementarer Erklärungsbaustein sowohl in der Theorie der sozialen Kategorisierung, als auch im Ansatz der Informationsverarbeitung und Entscheidungsfindung ist die Rolle, die Konflikte in der Wirkung von Diversität auf die Gruppenleistung einnehmen. Üblicherweise werden die Konflikte in zwei Arten (Jehn 1995) unterteilt: Auf der einen Seite stehen emotionale, personenbezogene Konflikte auf relationaler Ebene. Davon unterschieden werden sachliche, aufgabenbezogene Konflikte. Hierbei wird grundsätzlich angenommen, dass Konflikte, welche im Zusammenhang mit sozialer Kategorisierung vorkommen eher auf der Beziehungsebene auftreten und somit besonders in heterogenen Gruppen zu einer Leistungsminderung führen. Im Bereich der Informationselaboration treten hingegen häufiger aufgabenbezogene Konflikte auf, von denen angenommen wird, die Leistung in homogenen Gruppen steigern zu können. (van Knippenberg et al. 2004). Entscheidend für den positiven Effekt, den Konflikte auf die Gruppenleistung ausüben, sind aber nicht die Konflikte selbst, sondern vielmehr die anschließenden, tiefergehenden Prozesse, die durch den Konflikt ausgelöst und zu einer neuen Perspektive führen können sowie die Art und Weise, in der Konflikte innerhalb der Gruppe gehandhabt werden.

Es existieren verschiedene Ansätze, wie die Gruppenmitglieder versuchen, Konflikte zu bewältigen. Das Spektrum reicht von der Durchsetzung der eigenen Idee oder Meinung über die Kompromissfindung, die möglichst alle Meinungen der Mitglieder berücksichtigt bis hin zur generellen Vermeidung von Konflikten. Es kann daher angenommen werden, dass der vorherrschende Konfliktstil einer Gruppe darüber entscheidet, in wie weit die in der Gruppe vorhandenen Perspektiven und Erfahrungen nutzbar gemacht werden können und sich in qualitativ hochwertigen, innovativen Ideen niederschlagen.

Thomas (1976) beschreibt den möglichen Umgang mit Konflikten auf Grundlage des Konfliktrasters (Blake und Mouton 1970) in zwei Dimensionen: Das Ausmaß, in dem das Individuum versucht, die eigenen Interessen durchzusetzen und das Ausmaß, in dem die Interessen des Gegenübers berücksichtigt werden. Aus dieser zweidimensionalen Gegenüberstellung resultieren vier Konfliktstile: vermeidend, entgegenkommend, dominierend, integrierend sowie die hybride Form kompromissbereit. Diese Untersuchung betrachtet die Effekte des integrierenden, vermeidenden und dominierenden Konfliktstils, da diese drei die trennschärfsten Stile darstellen.

Der vermeidende Konfliktstil ist gekennzeichnet durch ein geringes Interesse an der Durchsetzung von eigenen Ideen und Meinungen sowie den Meinungen der anderen Gruppenmitglieder. Typische Verhaltensweisen sind der Rückzug aus möglichen Diskussionen und eine geringe, meist lustlos wirkende Beteiligung an Ideenfindungsprozessen. Uneinigkeiten werden ignoriert, und gegenteilige Meinungen zurückgehalten und nicht offen in der Runde ausgesprochen (Rahim und Magner 1995). Es ist davon auszugehen, dass Gruppenmitglieder mit diesem Konfliktstil Kritik und Zweifel für sich behalten. Andererseits sind Einwände und Zweifel in angemessenem Rahmen notwendig, um voreilige Entscheidungen und die damit verbundene Verschwendung von Ressourcen bei der Verfolgung unrealistischer Ziele zu vermeiden (vgl. Scholl 2004; Xie et al. 1998). Xie et al. merken im Rahmen der Produktentwicklung an, dass „[w]ithout a thorough evaluation of alternatives and debate about critical issues between technical experts and marketers in the new product selection and design stages, the result is likely to be a product with technological excellence but little consumer appeal" (Xie et al. 1998, S. 195). Individuen mit einem vermeidenden Konfliktstil laufen besonders bei der Anwesenheit von dominanten Gruppenmitgliedern Gefahr, konträre Ideen und Vorgehensweisen zu verschweigen. Durch den resultierenden Rückzug aus dem Ideenfindungsprozess bleiben die Ideen und Vorschläge der vermeidenden Gruppenmitglieder ungenutzt. In Verbindung mit dem Informationsverarbeitungsansatz, nach dem die Auseinandersetzung mit verschiedenen Perspektiven neue Ideen überhaupt erst ermöglicht und deren Implementierung fördert (vgl. Hülsheger et al. 2009; van Knippenberg et al. 2004), wird angenommen, dass der vermeidende Konfliktstil negativ mit den Gruppenergebnissen assoziiert ist.

Hypothese 2 Das Vorliegen eines vermeidenden Konfliktstils in der Gruppe äußert sich in signifikant schlechteren Gruppenergebnissen im Hinblick auf Qualität und Quantität bei Innovationsaufgaben.

Ein dominierender Konfliktstil ist durch hohe Wertschätzung der eigenen Ideen und Standpunkte bei gleichzeitiger Geringschätzung der Interessen anderer Individuen gekennzeichnet. Er beinhaltet eine Win-or-Lose-Einstellung anstelle der Suche nach einer optimalen Lösung (welche auch die Interessen anderer Gruppenmitglieder berücksichtigt). Die eigene Meinung oder Idee wird gegen alle Widerstände und Einwände vertreten, kritische Anmerkungen ignoriert oder abgewertet (Rahim und Magner 1995). Problematisch an diesem Konfliktstil ist vor allem, dass nicht die objektiv beste Idee verfolgt wird, sondern die, die vom dominanten Gruppenmitglied vertreten und durchgesetzt wird. Eine auf Macht basierende Konfliktverarbeitung verringert jedoch die Wahrscheinlichkeit von neuartigen Ideen oder der Umsetzung von Veränderungsprozessen (Scholl 2009). Daher lässt sich ableiten, dass ein dominierender Konfliktstil die Innovationsleistung der Gruppe negativ beeinflusst.

Hypothese 3 Das Vorliegen eines dominierenden Konfliktstils in der Gruppe führt zu einer signifikant geringeren Innovationsleistung.

Ein integrativer Konfliktstil ist durch eine starke Beachtung sowohl der eigenen, als auch der Interessen anderer gekennzeichnet. Individuen, die diesen Konfliktstil aufweisen, arbeiten kompromissbereit und suchen nach Lösungen, die möglichst von allen Mitgliedern unterstützt werden (Rahim und Magner 1995). Eine breite Sichtweise auf das Problem ermöglicht eine kreative Suche nach Problemlösungsansätzen (Scholl 2004). Eine Studie zum Konflikt in Dyaden konnte zeigen, dass Personen mit einem integrativem Konfliktstil mehr lernten, als Personen mit anderen Konfliktstilen (Scholl 2009). Das Konfliktverhalten der entgegenkommenden Personen war gekennzeichnet durch das Ausprobieren von neuen Wegen der Problemlösung und dem Hinterfragen von etablierten Abläufen und Prozessen. Daher wird angenommen, dass der integrative Konfliktstil die Grundlage für eine elaborierte Informationsverarbeitung darstellt und die innovativen Gruppenergebnisse hinsichtlich Originalität, Kundennutzen und Realisierbarkeit fördert.

Hypothese 4 Das Vorliegen eines integrativen Konfliktstils in der Gruppe führt zu einer signifikanten Verbesserung der Innovationsleistung

9.4   Experimentelles Design

9.4.1   Stichprobe

Insgesamt nahmen 127 Personen (67 Frauen und 60 Männer) aus diversen Berufs-gruppen (z. B. Bauingenieure, Chemiker, Lehrer etc.) an der Studie teil, das Durch-schnittsalter lag bei 40,9 Jahren ($SD = 18,8$). Bei den Teilnehmern der jüngeren Kohorte handelte es sich überwiegend um Studierende. Unter diesen Studierenden waren sowohl naturwissenschaftliche, wie auch ingenieurswissenschaftliche und geisteswissenschaftliche Fachrichtungen zu etwa gleichen Anteilen vertreten. Die älteren Teilnehmer wurden über eine Zeitungsannonce und durch Werbung in den Veranstaltungen des Seniorenstudiums gewonnen. Als Einschlusskriterium galt bei den älteren Personen lediglich Berufserfahrung, dieses Kriterium wurde jedoch nicht bei den studentischen Teilnehmern angewendet. Insgesamt konnten 67 Per-sonen der jüngeren Teilnehmergruppe rekrutiert werden, während 60 Teilnehmer der älteren Alterskohorte zugeordnet waren.

Auf Grundlage des Alters wurden homogene und heterogene Gruppen mit je vier Personen gebildet, Gegenstand der Stichprobe waren insgesamt 23 altersho-mogene und elf altersheterogene Gruppen. Jeder Gruppe waren je zwei männliche und zwei weibliche Personen zugeteilt. Durch Nichterscheinen von Teilnehmern konnten in 13 Fällen nur Dreiergruppen untersucht werden. Die Versuchspersonen erhielten für ihre Teilnahme eine monetäre Aufwandsentschädigung. Eine Gruppe erzielte in allen Aufgaben Ergebnisse, die auf ein Missverstehen der Instruktion schließen ließen. Diese Gruppe wurde von der weiteren Analyse ausgeschlossen. Um Vergleichbarkeit zu gewährleisten, wurden alle Dreiergruppen ebenfalls von der Analyse ausgeschlossen, abschließend verblieben somit zehn altersheterogene und elf altershomogene Gruppen.

Als Grenzalter wurde das 40. Lebensjahr festgelegt; die elf altershomogenen Gruppen wiesen somit entweder nur Mitglieder unter 40 Jahren (homogen jung, $n = 4$) oder über 40 Jahren (homogen alt, $n = 7$) auf. Beide homogenen Gruppen wurden für die Analyse zusammengefasst betrachtet. Die altersheterogenen Grup-pen ($n = 10$) bestanden aus jeweils zwei Personen unter und zwei Personen über 40 Jahren, mit einer männlichen und einer weiblichen Person pro Altersgruppe. Ferner wurde bei der Zusammenstellung der Gruppen darauf geachtet, dass der Alters-unterschied in altersheterogenen Teams entsprechend groß war, so dass durch den festgelegten Grenzwert keine Gruppen nominell als altersheterogen geführt wur-den, obwohl das Alter der Gruppenmitglieder eher als homogen einzustufen gewe-sen wäre (z. B. eine Gruppe, in der die Mitglieder 38, 39, 40 und 41 Jahre alt sind).

9.4.2 Aufgaben

Um die Effekte der Altersdiversität im Innovationskontext untersuchen zu können, wurden zwei Aufgaben entworfen, die den realen Anforderungen an Forschungs- und Entwicklungsteams gerecht werden. Eine besondere Herausforderung hierbei liegt in der konträren Natur der Bedingungen, unter denen Innovation bzw. Laborexperimente auftreten. So finden Innovationen häufig in einem offenen, nur unscharf beschriebenen Prozess statt, dessen Verlauf und Ausgang zu Beginn noch ungewiss sind. Andererseits sind Laborexperimente streng regulierten Auflagen unterworfen. Die standardisierten Bedingungen führen dazu, dass die beobachteten Effekte von unabhängigen Dritten repliziert werden können. Diese gegensätzlichen Ausgangsvoraussetzungen stehen im Zielkonflikt und verlangen nach einer Kompromisslösung, welche beide Zielkriterien weitestgehend erfüllt. Da sich ein Innovationsprozess in unterschiedliche Phasen, z. B. der Ideengenerierung oder der Implementierung eines Prototyps, unterteilen lässt, wurden die Aufgaben angelehnt an diese beiden Phasen konzipiert.

Der erste Arbeitsauftrag bestand in der Erstellung eines Konzeptes für eine innovative Dusche. Das zu erstellende Konzept konnte jegliche Elemente einer Dusche (Armaturen, Schlauch, Duschkopf, Architektur etc.) umfassen. Um den Prozess für alle teilnehmenden Gruppen zu standardisieren und vergleichbare Ergebnisse zu erhalten, wurde ein dreistufiger Ansatz zur Lösungsfindung vorgegeben. Jede Phase dieses Prozesses dauerte zehn Minuten. In der ersten Phase fand ein freies Brainstorming statt. Ungeachtet der Realisierbarkeit oder weiterer Kriterien, sollten so viele Ideen wie möglich produziert werden. In der zweiten Phase wurde die Gruppe aufgefordert, sich auf drei Ideen festzulegen und diese weiter auszuarbeiten. In der dritten Phase sollten ein kurzer Beschreibungstext und eine Skizze angefertigt werden, die eine (fiktive) Führungskraft vom erarbeiteten Konzept einer innovativen Dusche überzeugen sollte.

Die zweite Aufgabe im Rahmen des Experimentes war es, unter Berücksichtigung von konfligierenden Zielvorgaben ein Gebäude aus Legosteinen zunächst zu entwerfen und im Anschluss zu bauen. Die Teammitglieder sollten sich in die Rolle von Mitarbeitern eines Hochbauunternehmens versetzen, deren Aufgabe es war, ein originelles und repräsentatives Firmengebäude zu entwerfen. Folgende Gestaltungsvorgaben wurden in den Instruktionen mitgeteilt: 1) Das Gebäude soll eine Mindesthöhe von 80 cm nicht unterschreiten, 2) das Gebäude soll eine Aussichtsplattform besitzen und 3) es sollen möglichst wenig Steine verwendet werden. Die farbliche Gestaltung wurde nicht bewertet.

Zunächst sollten die Teilnehmer innerhalb von 10 min Entwürfe auf Papier skizzieren, im Anschluss folgte eine Einigungsphase, um den finalen Entwurf festzulegen. Die Legosteine durften in dieser Phase noch nicht verwendet oder begutachtet werden. Danach startete die Bauzeit von 30 min.

9.4.3 Variablen

Um das Gruppenergebnis beurteilen zu können, wurden für beide Aufgaben sowohl quantitative als auch qualitative Größen erhoben.

Im Brainstorming diente die Anzahl der generierten Ideen als quantitative Bewertungsgrundlage. Die Spannweite dieser Variablen reichte von drei bis 24 ($M=11{,}68$, $SD=4{,}39$). Darüber hinaus war die Anzahl der Ideen, basierend auf einer von McLeod und Lobel (1992) beschriebenen Prozedur, Grundlage für die Bestimmung der Anzahl der einzigartigen Ideen. Alle doppelt oder häufiger genannten Ideen wurden für diese Variable aus dem Gruppenergebnis entfernt und die Häufigkeiten der einzigartigen Ideen pro Gruppe verglichen. Die Spannweite dieser abhängigen Variablen reichte von null bis sieben ($M=2{,}38$, $SD=1{,}58$). Eine qualitative Beurteilung der Ideen wurde durch ein Expertenrating realisiert. Die Dimensionen der Ideenbeurteilung basierten auf Dean et al. (2006). Ein Experte aus einem Unternehmen der Sanitärindustrie (Vizepräsident Marktforschung mit langjähriger Praxiserfahrung) beurteilte die Originalität ($M=2{,}48$, $SD=1{,}81$), den Kundennutzen ($M=3{,}05$, $SD=1{,}40$) und die Realisierbarkeit ($M=5{,}52$, $SD=1{,}47$) jedes Duschkonzeptes mit Hilfe einer siebenstufigen Skala ($1=$Ausprägung sehr gering, $7=$Ausprägung sehr hoch). Die drei Dimensionen wurden zudem zu einer generalisierten Innovationsvariable summiert ($M=12{,}80$, $SD=1{,}55$).

Analog zu der Bewertung der Duschkonzepte beurteilten Architekten die Ergebnisse der Gebäudeaufgabe anhand von jeweils zwei Bildern, die aus zwei Perspektiven aufgenommen wurden. Die Bewertung fand auf den Dimensionen Originalität ($M=3{,}75$, $SD=1{,}28$), Kundennutzen ($M=4{,}41$, $SD=1{,}00$) und Realisierbarkeit ($M=4{,}63$, $SD=1{,}10$) statt. Die Skalen zur Einschätzung entsprachen der oben beschriebenen siebenstufigen Skala. In gleicher Weise wurden die drei Bewertungen zu einer generalisierten Kennzahl addiert ($M=11{,}12$, $SD=1{,}55$). Da sich die Erfassung des Gebäudevolumens, welches in der Realität ein Indikator für maximale Platzausnutzung bei gegebener Grundfläche ist, als nicht praktikabel erwies, wurden Gewicht und Höhe des Gebäudes verwendet um mit Hilfe eines Quotienten die Effizienz der Steineverwendung ableiten zu können.

Zur Erfassung der Konfliktstile wurde das Organizational Conflict Inventory-II eingesetzt (Rahim 1983; Rahim und Magner 1995; Deutsche Fassung: Bilsky und Wülker 2000). Die Teilnehmer beurteilten die Aussagen des Inventars auf einer fünfstufigen Likert-Skala ($5=$*stimme zu*, $1=$*stimme nicht zu*). Cronbachs-Alpha lag für die Subskalen *vermeidender Konfliktstil* (vier Items), *integrativer Konfliktstil* (fünf Items) und *dominierender Konfliktstil* (vier Items) in der vorliegenden Stichprobe bei 0,80, 0,88 und 0,81.

Die individuellen Werte für den Konfliktstil wurden in Form eines Gruppenmittelwertes aggregiert. LePine (2003) schlägt diese additive Form der Aggregation vor, wenn eine hohe Ausprägung der untersuchten Variable als erstrebenswert angesehen wird. Eine konjunktive Aggregation (der niedrigste Wert eines Gruppenmitgliedes wird als Gruppenwert herangezogen) ist nach LePine nur dann ratsam, wenn ein niedriger Wert eines Mitgliedes nicht durch die höhere Ausprägung der Variablen bei anderen Mitgliedern ausgeglichen werden kann. Die disjunktive Aggregation (der höchste Wert eines Gruppenmitgliedes dient als Gruppenwert) sollte nur dann verwendet werden, wenn das Gruppenergebnis größtenteils auf ein besonders aktives Mitglied zurückzuführen ist. Im vorliegenden Fall ist der Einfluss eines Konfliktstils auf das Gruppenergebnis umso stärker, je höher seine Ausprägung in der gesamten Gruppe ist. Aus diesem Grund ist die additive Aggregation die adäquate Form.

9.5 Ergebnisse

9.5.1 Deskriptive Statistik

Der aggregierte Mittelwert für den integrativen Konfliktstil liegt über dem Skalenmittelpunkt von 3 ($M=4{,}19$). Dieser Wert ist höher als die Mittelwerte für den dominierenden und vermeidenden Konfliktstil ($M=2{,}44$ bzw. $M=2{,}79$). Die Mittelwerte, Standardabweichungen sowie Korrelationen zwischen den in der Studie betrachteten Variablen sind in Tab. 9.1 dargestellt.

Die Skalenwerte der Expertenurteile hinsichtlich Originalität und Kundennutzen sind in beiden Aufgaben hoch positiv korreliert. Beide zeigen jedoch jeweils eine negative Korrelation zu den Skalenwerten der Realisierbarkeit. Ferner liegt eine signifikante positive Korrelation zwischen der Anzahl der generierten Ideen und der Anzahl der einzigartigen Ideen vor. Je mehr Ideen eine Gruppe produziert hat, desto größer ist die Wahrscheinlichkeit, dass unter den Ideen einzigartige Lösungen zu finden sind.

Aufgrund der geringen Anzahl an homogen jungen Gruppen und der daraus folgenden ungleichen Gruppengrößen (4 vs. 10 vs. 7 Gruppen) sind die Voraussetzungen für eine einfaktorielle Varianzanalyse (ANOVA) nicht gegeben. Eine Betrachtung der Mittelwert-Plots der abhängigen Variablen ließ jedoch die Tendenz erkennen, dass beide homogenen Gruppenarten (homogen jung und homogen alt) weitgehend gleiche Leistungen erzielten. Abbildung 9.3 zeigt exemplarisch die Mittelwerte des Expertenratings für die drei Gruppenkonstellationen im Hinblick auf die Dimension Originalität in der Brainstormingaufgabe. Da dieses Muster für nahezu alle abhängigen Variablen gefunden wurde, konnten die homogen jungen und homogen alten Gruppen zusammengefasst werden. Im weiteren Verlauf der Analyse werden diese beiden Gruppen als eine Gruppe aufgefasst.

Tab. 9.1 Mittelwerte, Standardabweichungen und Korrelationen der Variablen

Variable	M	SD	1	2	3	4	5	6	7	8	9	10	11	12	13
1. Integrativer KS	4.19	.27	---												
2. Vermeidender KS	2.44	.46	.00	---											
3. Dominierender KS	2.79	.46	.21	.29	---										
4. Anzahl Ideen	12.33	4.56	.00	-.25	.02	---									
5. Einzigartige Ideen	2.71	1.71	.30	-.30	-.03	.64**	---								
6. Originalität	2.48	1.81	.50*	.04	.17	.16	.31	---							
7. Kundennutzen	3.05	1.40	.49*	.12	.19	-.21	.03	.65**	---						
8. Realisierbarkeit	5.52	1.47	-.49*	-.13	-.24	.03	-.04	-.87**	-.67**	---					
9. Anzahl Entwürfe	4.38	1.96	.23	.14	.24	.09	.05	.27	-.12	-.40	---				
10. Höhe/Gewicht	8.00	4.13	-.13	-.27	.00	-.04	-.24	-.36	-.29	.42	-.26	---			
11. Originalität	3.75	1.28	.24	.07	.08	-.03	-.17	.00	.14	.01	-.13	.30	---		
12. Kundennutzen	4.41	1.00	.33	-.13	-.05	.00	-.14	-.02	.14	.02	-.05	.47*	.88**	---	
13. Realisierbarkeit	4.63	1.10	-.14	.02	-.39	-.09	.14	-.18	-.10	.09	.08	-.52*	-.77**	-.69**	---

$^*p < .05;$ $^{**}p < .01.$

Anmerkung: KS = Konfliktstil. Korrelation nullter Ordnung, zweiseitiger Signifikanztest, $N = 21$

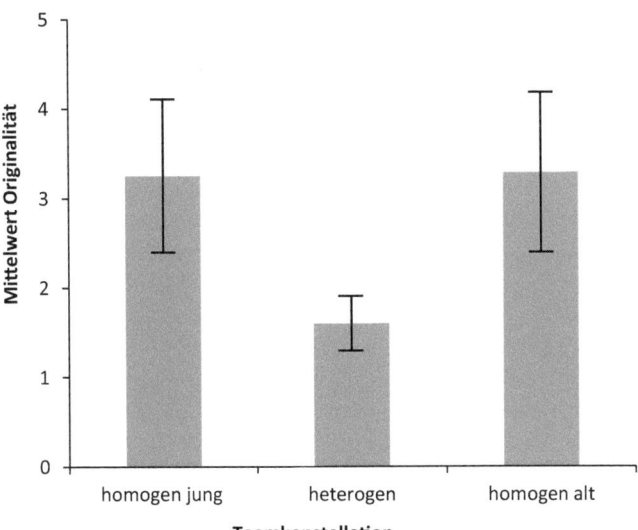

Abb. 9.3 Vergleich von homogen jungen, heterogenen und homogen älteren Teams bezüglich der Originalität von Duschkonzepten (Mittelwert und zugehöriger Standardfehler)

9.5.2 Hypothesentests

Die erste Hypothese sagt aus, dass Gruppen mit einer geringen Altersdiversität signifikant verschiedene Ergebnisse hinsichtlich der innovativen Leistungsmaße aufweisen als Gruppen mit hoher Altersdiversität. Bezüglich dieser Hypothese werden zunächst die Ergebnisse der Brainstormingaufgabe und im Anschluss die Ergebnisse der Gebäudeaufgabe berichtet.

Im Mittel generierten die altershomogenen Gruppen 12,45 Ideen ($SD=5{,}2$) und die altersheterogenen Gruppen 12,2 Ideen ($SD=4{,}02$). Der Unterschied zwischen diesen beiden Gruppenkonstellationen war nicht signifikant, wie ein zweiseitiger t-Test zeigte: $t(19)=0{,}12$, $p>0{,}05$. Obwohl die homogenen und heterogenen Gruppen eine nahezu gleich große Menge an Ideen erzeugten, produzierten die altershomogenen Gruppen mehr einzigartige Ideen ($M=3{,}27$; $SD=2{,}10$) als die heterogenen ($M=2{,}10$; $SD=0{,}88$). Die Signifikanz dieser Gruppenunterschiede wurde mittels Fishers exaktem Test überprüft. Der einseitig durchgeführte Test verfehlte jedoch das festgelegte Signifikanzniveau von $\alpha=0{,}05$ ($p=0{,}053$). Neben den quantitativen Maßen wurden qualitative Ratings eingesetzt, um die Gruppenergebnisse beurteilen zu können. Im Expertenrating erzielten die Ideen der homogenen Gruppen hinsichtlich der Dimension Originalität höhere Werte ($M=3{,}27$, $SD=2{,}05$) als die heterogenen Gruppen ($M=1,6$, $SD=0,97$). Im Rahmen der Analyse wies der Levene-Test für Varianzgleichheit einen signifikanten Wert auf ($F(1,19)=7,11$, $p=0,015$), weshalb im Folgenden die t-Statistik nicht vorliegender Varianzgleichheit berichtet wird. Für die Dimension Originalität konnte mit Hilfe eines zweiseitigen t-Tests ein signifikanter Unterschied nachgewiesen werden, $t(14,51)=2,42$, $p=0,029$, $d=1,04$. Dieser Effekt kann der Einteilung von Cohen (1988) zufolge als stark eingestuft werden. Für die Gruppenunterschiede hinsichtlich der Dimensionen Kundennutzen ($M=3,19$, $SD=1,40$ für die homogenen Gruppen; $M=2,9$, $SD=1,45$ für die heterogenen Gruppen) und Realisierbarkeit ($M=5,09$, $SD=1,76$ für die homogenen Gruppen; $M=6,0$, $SD=0,94$ für die heterogenen Gruppen) konnten keine signifikanten Werte nachgewiesen werden.

Die Ergebnisse der Gebäudeaufgabe weisen hingegen in die entgegengesetzte Richtung. Analog zur Brainstormingaufgabe entstanden in altershomogenen und altersheterogenen Teams in etwa die gleiche Anzahl an Entwürfen der zu erbauenden Gebäude ($M=4,73$, $SD=1,95$ bzw. $M=4,0$, $SD=2,0$). In der Art und Weise, wie die Gebäude realisiert wurden, ließen sich Abweichungen zwischen den beiden Teamarten feststellen. In der Aufgabe wurden die Teilnehmer instruiert, ein möglichst hohes Gebäude mit möglichst wenigen Steinen zu bauen. Durch Bildung des Quotienten aus Höhe und Gewicht konnte festgestellt werden, wie gut die Gruppen diese Vorgaben beachtet haben. Dabei deutet ein höherer Quotient auf eine bessere Umsetzung der Instruktionen hin als ein niedriger, da z. B. bei gleicher Bauhöhe weniger Steine verwendet wurden. Bei altersheterogenen Gruppen lag der Quotient im Durchschnitt bei 9,9 ($SD=4,8$), während altershomogene Gruppen lediglich einen mittleren Quotienten von 6,27 ($SD=2,56$) erreichten. Dieser Unterschied in den Mittelwerten verfehlte jedoch das festgelegte Signifikanzniveau ($t(13,44)=-2,13$, $p=0,052$). Bezüglich der qualitativen Leistungen ergaben sich keine Unterschiede hinsichtlich Originalität ($M=3,78$, $SD=1,58$ für altershomogene Teams; $M=3,71$, $SD=0,94$ für altersheterogene Teams), Kundennutzen ($M=4,32$, $SD=1,31$ bzw. $M=4,52$, $SD=0,055$) und Realisierbarkeit ($M=4,84$, $SD=1,03$ bzw. $M=4,41$, $SD=1,18$). Die ungerichtete Hypothese 1 wird durch die vorliegenden Ergebnisse teilweise gestützt.

Hypothese 2 postuliert, dass sich ein vermeidender Konfliktstil negativ auf die Gruppenergebnisse auswirkt. Der vermeidende Konfliktstil korreliert schwach negativ mit der Anzahl der Ideen ($r=-0,24$) und der Anzahl von einzigartigen Ideen ($r=-0,30$) sowie dem Quotienten aus Höhe und Gewicht ($r=-0,27$). Keiner dieser Zusammenhänge ist jedoch statistisch signifikant, so dass Hypothese zwei nicht bestätigt werden kann.

Hypothese 3 zu Folge ist ein dominierender Konfliktstil negativ mit dem Innovationserfolg der Gruppe assoziiert. Die Ergebnisse zeigen, dass dieser Konfliktstil sowohl positive als auch negative Korrelationen mit den abhängigen Variablen aufweist. Auffallend ist die negative Korrelation mit der Realisierbarkeit der Duschkonzepte ($r=-0,24$) sowie der Realisierbarkeit der Gebäudemodelle ($r=-0,39$). Da keine der Korrelationen mit den Innovationsmaßen statistisch signifikant sind, kann Hypothese drei ebenfalls nicht angenommen werden.

Der integrative Konfliktstil hat Hypothese 4 zu Folge einen förderlichen Effekt zu Gunsten der Ergebnisse der Innovationsaufgabe. Tabelle 9.1 zeigt, dass dieser Konfliktstil eine signifikant positive Korrelation mit den Expertenratings der Duschkonzepte in den Dimensionen Originalität ($r=0,50$, $p<0,05$), Kundennutzen ($r=0,49$, $p<0,05$) und eine signifikant negative Korrelation mit der Dimension Realisierbarkeit ($r=-0,49$, $p<0,05$) aufweist. Die Anzahl der einzigartigen Ideen ist ebenfalls positiv mit dem Vorliegen eines integrativen Konfliktstils korreliert ($r=0,30$), dieser Zusammenhang ist jedoch nicht statistisch signifikant. Zwischen dem integrativen Konfliktstil und der Anzahl der Ideen sowie den qualitativen Bewertungen der Gebäude besteht kein korrelativer Zusammenhang. Die Ergebnisse zeigen, dass, zumindest für die Ideengenerierung, das Vorliegen eines integrativen Konfliktstils förderlich sein kann. Hypothese 4 kann daher teilweise durch die vorliegenden Daten gestützt werden.

9.6   Diskussion

9.6.1   Verschiedene Aufgaben – verschiedene Teams

In diesem Kapitel wurde eine experimentelle Studie beschrieben, in der Teams mit unterschiedlicher Alterszusammensetzung Aufgaben bearbeiteten, die an innovative Aufgabenstellungen von realen Teams in der Industrie angelehnt sind. Das Ziel dieser Studie war, die Effekte der Alterszusammensetzung und dem Umgang mit Konflikten auf die Gruppenleistung zu untersuchen, so dass aus den Ergebnissen Gestaltungsempfehlungen für die Zusammenstellung von Teams in der betrieblichen Praxis abgeleitet werden können.

Theoretische Vorüberlegungen führten zu der Vermutung, dass die Alterszusammensetzung einer Gruppe die Prozesse, die zum Gruppenergebnis führen, beeinflussen und auf diese Weise zu unterschiedlichen Gruppenergebnissen führen können. Als wesentlicher Gruppenprozess, der die Leistung hemmen oder erhöhen kann, wurde der Umgang mit Konflikten identifiziert.

Die teilnehmenden Teams wurden in dieser Studie gebeten, zwei Aufgaben zu bearbeiten. Eine Aufgabe, die Erstellung eines Konzeptes für eine innovative Dusche, fokussierte primär die Generierung von Ideen. Die zweite Aufgabe, die Konstruktion eines Gebäudes, zielte hingegen auf die Anfertigung eines Prototyps ab und stellte so eine Ideenimplementierung dar. Ideengenerierung und Ideenimplementierung werden in der Regel als zwei notwendige, einander folgende Phasen in der Entstehung einer Innovation postuliert. Interessanterweise zeigen die vorlie-

genden Ergebnisse auf, dass – statistisch gesehen – zwischen den Experimental-
aufgaben kein Zusammenhang besteht. Weder die objektiven Variablen der beiden
Aufgaben, noch die subjektiven Bewertung von Originalität, Kundennutzen und
Realisierbarkeit durch Experten der jeweiligen Domäne weisen eine signifikante
Korrelation untereinander auf. Dies spricht für eine deutliche Unterscheidung in
die Phasen der Ideengenerierung und Ideenimplementierung und zeigt, dass beide
Phasen im vorliegenden Experiment hinreichend abgebildet wurden. Zum anderen sind unterschiedliche Phasen gleichbedeutend mit unterschiedlichen Aufgabentypen. Daraus ergibt sich eine Konsequenz für die Betrachtung der Teams im
Rahmen von Innovationsaufgaben: Da die Ergebnisse der abhängigen Variablen
unkorreliert sind, kann ein Team in einem Teil des Innovationsprozesses als gut
bezeichnet werden, während das gleiche Team in einem anderen Teil weniger gut
abschneidet. Es kann also nicht von „guten" oder „schlechten" Teams per se gesprochen werden. Daher gilt:

BEI DER ZUSAMMENSTELLUNG VON TEAMS SPIELT DER AUFGABENTYP EINE WESENTLICHE ROLLE.

Die Ergebnisse weisen darauf hin, dass die Anzahl der entstandenen Ideen und
die Anzahl der einzigartigen Ideen positiv miteinander in Beziehung stehen. Die
Chancen auf das Hervorbringen einer Innovation steigen entsprechend mit der Anzahl der vorgebrachten Ideen und Vorschläge. Dieses Ergebnis ist dabei unabhängig von der Altersstruktur des Teams. Da im vorliegenden Experiment die Anzahl
der Teammitglieder konstant gehalten wurde, kann an dieser Stelle nicht geklärt
werden, ob mehr Personen in einem Team in mehr generierten Ideen münden.

Altershomogene Teams erzielten im Experiment während der Ideengenerierung
im Hinblick auf Originalität und Kundennutzen bessere Ergebnisse als altersheterogene Teams. Die Differenzen der quantitativen Leistungsindikatoren (Anzahl
Ideen und Anzahl einzigartiger Ideen) zeigten ebenfalls Tendenzen zu Gunsten von
altershomogenen Gruppen, waren jedoch statistisch nicht bedeutsam. Es kann daher folgendes festgehalten werden:

IN DER IDEENGENERIERUNG SIND HOMOGENE TEAMS ZU BEVORZUGEN.

Ein anderes Bild zeigten die Ergebnisse der Ideenimplementierung auf. Bezogen
auf qualitative Variablen konnte kein Unterschied festgestellt werden. Tendenziell
erfüllten altersheterogene Gruppen die Vorgaben der Aufgaben besser. Obwohl das
Ergebnis die statistische Signifikanzschwelle nicht erreichte, kann tendenziell festgehalten werden:

IN DER IDEENIMPLEMENTIERUNG SIND HETEROGENE TEAMS ZU BEVORZUGEN.

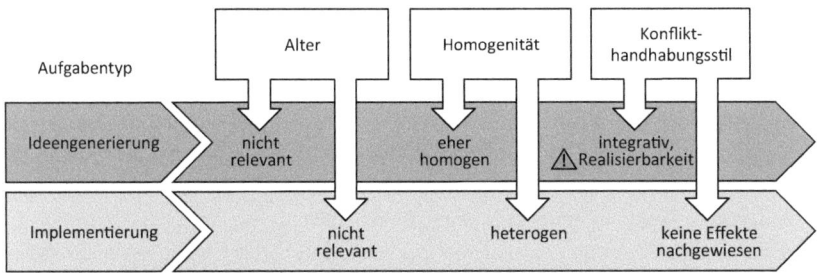

Abb. 9.4 Gestaltungsempfehlung für die Zusammenstellung von Teams

Homogene junge und homogen ältere Gruppen wurden in der Analyse als eine Einheit betrachtet. Dies war möglich, da vorab an keiner Stelle ein signifikanter Unterschied zwischen jüngeren und älteren Teams gefunden werden konnte. Somit gilt:

SOWOHL IN DER IDEENGENERIERUNG ALS AUCH IN DER IDEENIMPLEMENTIERUNG SPIELT IN HOMOGENEN GRUPPEN DAS ALTER DER EINZELNEN GRUPPENMITGLIEDER EINE UNTERGEORDNETE ROLLE.

Für beide Aufgabentypen kann festgehalten werden, dass Originalität und Kundennutzen jeweils positiv (und statistisch signifikant) miteinander in Beziehung stehen, während beide negativ (und statistisch signifikant) mit Realisierbarkeit korrelieren. In diesem Ergebnis zeigt sich das grundsätzliche Problem, dass Innovation mit sich bringt: Was gefällt und nützt, ist meistens nicht machbar; das was machbar ist, nützt nicht mehr als das, was es bereits gibt und ist zudem wenig attraktiv. Ein Patentrezept für „die Innovation" kann im Rahmen einer solchen experimentellen Untersuchung nicht formuliert werden.

Die Analyse der Ergebnisse zeigte, dass von den untersuchten Konflikthandhabungsstilen (integrativ, vermeidend und dominierend) nur einer eine signifikante Auswirkung auf das Gruppenergebnis hatte. In der Brainstormingaufgabe geht ein integrativer Umgang mit Konflikten mit besseren qualitativen Bewertungen einher.

WÄHREND DER IDEENGENERIERUNG PROFITIEREN TEAMS VON EINEM INTEGRATIVEN KONFLIKTHANDHABUNGSSTIL (ABB. 9.4).

9.6.2 Einschränkungen

Im Rahmen einer experimentellen Untersuchung, wie sie in diesem Kapitel vorgestellt wurde, gibt es immer auch eine Reihe von Schwächen und Begrenzungen.

Die wichtigsten sollen abschließend noch kurz benannt werden. Wie bereits in der Aufgabenbeschreibung angerissen, stellt die Übertragung von Innovationsaufgaben in einen Laborkontext eine besondere Herausforderung dar. Gerade die Anforderung, Teams anhand von definierten Messgrößen in ihren Innovationsleistungen zu vergleichen, schränkt die Wahl der möglichen Aufgaben stark ein. In Anbetracht dieser Einschränkung entsprechen die gestellten Aufgaben annähernd solchen Aufgaben, denen Teams in der Praxis gegenüberstehen.

Eine zweite Einschränkung, die bei der Betrachtung der Ergebnisse nicht außer Acht gelassen werden sollte, bezieht sich auf die zusammengestellten Gruppen. Die Mitglieder dieser Teams kannten einander vor der Zusammenführung im Labor nicht. In der Realität arbeiten Teams meist über Jahre hinweg miteinander zusammen. Es kann vorkommen, dass ein Mitglied neu hinzustößt; die Bildung von komplett neuen Teams, bei denen sich die Mitglieder vorab nicht kennen, ist eher die Ausnahme.

Ebenso sind die meisten Gruppenmitglieder in der Praxis Experten auf ihrem Gebiet und können entweder auf eine (berufliche oder akademische) Ausbildung und/oder ihre Berufserfahrenheit zurückgreifen. Dieses Wissen können sie bei ihrer Arbeit zu Rate ziehen. Die Teilnehmer des Experimentes waren keine Experten auf den jeweiligen Sachgebieten. Nichtdestotrotz stellen die in dieser Studie gewonnen Erkenntnisse wertvolle Hinweise für die Ausgestaltung von Gruppen im Innovationskontext dar.

9.6.3 Fazit und Ausblick

Die beschriebenen Untersuchungen analysierten die Auswirkung der Alterszusammensetzung einer Gruppe auf die Teamleistung mithilfe von Experimentalaufgaben. Die Ergebnisse bieten branchenunabhängig und aufgabenspezifisch einen Anhaltspunkt für die Zusammenstellung von Teams zur erfolgreichen Bewältigung von Arbeitsaufgaben. Aufgrund der Unterschiedlichkeit von gestellten Arbeitsaufgaben lassen sich Gestaltungshinweise für die betriebliche Praxis ableiten. Diese Gestaltungshinweise sind zum Abschluss dieses Kapitels in Form von kurzen und prägnanten Empfehlungen formuliert.

Aus wissenschaftlicher Sicht steht, in der überwiegenden Mehrzahl der Fälle, am Ende einer Untersuchung nicht etwa die gefundene Antwort auf die Forschungsfrage im Mittelpunkt. Vielmehr, so zeigt der Regelkreis der Forschung, ergeben sich weitere, noch unbekannte Fragen, die auch nach einer Antwort verlangen. Im vorliegenden Fall stellt sich primär die Frage nach der Generalisierbarkeit der Effekte der Alterszusammensetzung. Bleiben diese Effekte auch in Gruppen erhalten, in denen die Mitglieder einander bereits kennen und seit längerer Zeit miteinander arbeiten? Oder tritt wohlmöglich sogar eine Umkehrung der gefundenen Effekte ein, da das Alter als leicht wahrnehmbares Merkmal in neu formierten Gruppen eine andere Rolle in der Meinungsbildung einnimmt, als in bestehenden Teams? Welche weiteren (demografischen) Faktoren sind für die Teamleistung von Bedeutung? Wie verhält sich die Teamleistung, wenn die Innovationsaufgaben nicht künstlicher, sondern realer Natur sind, d. h. wenn die Aufgabenstellung im Kontext realer Innovationsprozesse entsteht?

Ziel zukünftiger Forschungsarbeiten ist daher, die in diesem Kapitel beschriebene, experimentelle Studie auf ein konkretes Anwendungsszenario in der Industrie zu übertragen und die Untersuchung auf real existierende Teams auszuweiten. Mittels einer Feldstudie soll auf nach einer Antwort auf die Frage der Generalisierung gesucht werden. Weitere Forschungsarbeiten sollten, wie oben bereits beschrieben, den Einfluss anderer Faktoren, z. B. der Dauer der Betriebszugehörigkeit, auf die Teamleistung untersuchen. Gleichzeitig stellt sich auch die Frage, ob es sich bei dem untersuchten Effekt nicht um einen bidirektionalen Mechanismus handelt. Sollte dies der Fall sein, hätte es zur Folge, dass die individuelle Leistungsfähigkeit von der Konstellation des Teams abhängig wäre. Auch daraus ergibt sich ein Forschungszweig, den es zukünftig zu untersuchen gilt.

Hinweise für die betriebliche Praxis
Der Einsatz von altersgemischten Teams ist für uns als Unternehmen dahingehend reizvoll, dass jüngere Mitarbeiter von der Erfahrung der älteren profitieren und ältere angeregt werden, neue Ideen mindestens in Erwägung zu ziehen und somit in die Bewertung einzubeziehen. Jedoch bleibt immer zu bedenken, dass die Personalsituation eine entsprechende Kombination nicht ohne weiteres zulässt. Gerade die Unterscheidung in die zwei Phasen des Innovationsprozesses, Ideengenerierung und Ideenimplementierung und den damit verbundenen Vor- und Nachteilen des Einsatzes von altershomogenen und altersheterogenen Teams, eröffnet neue Perspektiven vor allem im Hinblick auf die Personaleinsatzplanung. Wir werden zukünftig verstärkt darauf achten, in der Umsetzung und Implementierung jüngere und ältere Mitarbeiter in einem Team zu platzieren, während wir für die Generierung von Ideen altershomogene Teams einzusetzen.

Bei der Zusammensetzung der Teams sind jedoch – sowohl für die Ideengenerierung als auch für die Ideenumsetzung – grundsätzlich die betrieblichen Ressourcen, d. h. u. a. Fachkunde und Erfahrung der potenziellen Teammitglieder, in die Planungen mit einzubeziehen.

Literatur

Adenauer, S. (2002). Die Potenziale älterer Mitarbeiter im Betrieb erkennen und nutzen. *Angewandte Arbeitswissenschaft, 172,* 19–34.

Adolph, K. E., Karasik, L. B., & Tamis-Lemonda, C. S. (2010). Motor skill. In M. H. Bornstein (Hrsg.), *Handbook of cultural developmental science* (S. 61–88). New York: Psychology Press.

Baltes, P. B., & Baltes, M. M. (1989). Optimierung durch Selektion und Kompensation. Ein psychologisches Modell erfolgreichen Alterns. *Zeitschrift für Pädagogik, 35,* 85–105.

Baltes, M. M., & Carstensen, L. L. (1996). Gutes Leben im Alter: Überlegungen zu einem prozessorientierten Metamodell erfolgreichen Alterns. *Psychologische Rundschau, 47*(4), 199–215.

Barney, J. (1986). Strategic factor markets: Expectations, luck, and business strategy. *Management Science, 32*(10), 1231–1241.

Barney, J. (1991). Firm resources and sustained competitive advantage. *Journal of Management, 17*(1), 99–120.

Bilsky, W., & Wülker, A. (2000). *Konfliktstile: Adaptation und Erprobung des Rahim Organizational Conflict Inventory (ROCI-II)* [Conflict Styles: Adaptation and empirical test of the Rahim Organizational Conflict Inventory (ROCI-II)]. Berichte aus dem Psychologischen Institut IV No. 21. Münster: Westfälische Wilhelms-Universität, Fachbereich 07.

Blake, R. R., & Mouton, J. S. (1970). The fifth achievement. *Journal of Applied Behavioral Science, 6*(4), 413–426.

Bowers, C. A., Pharmer, J. A., & Salas, E. (2000). When member homogeneity is needed in work teams: A meta-analysis. *Small Group Research, 31*(3), 305–327.

Brewer, M. B. (1979). In-group bias in the minimal intergroup situation: A cognitive-motivational analysis. *Psychological Bulletin, 86*(2), 307–324.

Bundesinstitut für Bevölkerungsforschung. (2013). *Erstmals seit 1974 mehr Erwerbstätige als Rentner unter den 60- bis 65-Jährigen.* Pressemitteilung 10/2013. Wiesbaden: Bundesinstitut für Bevölkerungsforschung (BiB).

Bullinger, H. J., Buck, H., & Schmidt, S. L. (2003). Die Arbeitswelt von morgen – alternde Belegschaften und Wissensintensivierung. *Zeitschrift für Praxisorganisation, Betriebswirtschaft und elektronische Datenverarbeitung, 4,* 98–100.

Byrne, D. (1971). The ubiquitous relationship: Attitude similarity and attraction. A cross-cultural study. *Human Relations, 24*(3), 201–207.

Cady, S. H., & Valentine, J. (1999). Team innovation and perceptions of consideration: What difference does diversity make? *Small Group Research, 30*(6), 730–750.

Cohen, J. (1988). Statistical power analysis for the behavioral sciencies (2. Aufl.). Hillsdale: Erlbaum.

Dean, D. L., Hender, J. M., Rodgers, T. L., & Santanen, E. L. (2006). Identifying quality, novel, and creative Ideas: Constructs and scales for idea evaluation. *Journal of the Association for Information Systems, 7*(10), 646–698.

Ely, R. J. (2004). A field study of group diversity, participation in diversity education programs, and performance. *Journal of Organizational Behavior, 25*(6), 755–780.

Feldhusen, J., & Grote, K. H. (2013). Einleitung. In J. Feldhusen & K. H. Grote (Hrsg.), *Pahl/Beitz Konstruktionslehre* (S. 5–11). Heidelberg: Springer Vieweg.

Herfurth, M., Kohli, M., & Zimmermann, K. F. (Hrsg.). (2003). *Arbeit in einer alternden Gesellschaft – Problembereiche und Entwicklungstendenzen der Erwerbsbeteiligung Älterer*. Opladen: Leske + Budrich.

Homberg, F., & Bui, H. T. M. (2013). Top management team diversity: A systematic review. *Group and Organization Management, 38*(4), 455–479.

Hülsheger, U. R., Anderson, N., & Salgado, J. F. (2009). Team-level predictors of innovation at work: A comprehensive meta-analysis spanning three decades of research. *Journal of Applied Psychology, 94*(5), 1128–1145.

Jackson, S. E., May, K. E., & Whitney, K. (1995). Understanding the dynamics of diversity in decision-making teams. In R. A. Guzzo & E. Salas (Hrsg.), *Team effectiveness and decision making in organizations* (S. 204–261). San Francisco: Jossey–Bass.

Jehn, K. A. (1995). A multimethod examination of the benefits and detriments of intragroup conflict. *Administrative science quarterly, 40*(2), 256–282.

Kanfer, R., & Ackerman, P. L. (2004). Aging, adult development, and work motivation. *Academy of Management Review, 29*(3), 440–458.

Kanter, R. M. (1977). Some effects of proportions on group life: Skewed sex ratios and responses to token women. *American Journal of Sociology, 82*(5), 965–990.

Kerschreiter, R., Mojzisch, A., Schulz-Hardt, S., Brodbeck, F. C., & Frey, D. (2003). Informationsaustausch bei Entscheidungsprozessen in Gruppen: Theorie, Empirie und Implikationen für die Praxis. In S. Stumpf & A. Thomas (Hrsg.), *Teamarbeit und Teamentwicklung* (S. 85–118). Göttingen: Hogrefe.

van Knippenberg, D., de Dreu, C. K. W., & Homan, A. C. (2004). Work group diversity and group performance: An integrative model and research agenda. *Journal of Applied Psychology, 89*(6), 1008–1022.

Köching, A. (2003). Human resources management under conditions of demographic change. In H. Buck & B. Dworschak (Hrsg.), *Aging and work in Europe – strategies at company level and public policies in selected European countries* (S. 99–106). Stuttgart: Fraunhofer IRB Verlag.

Kooij, D., de Lange, A., Jansen, P., & Dikkers, J. (2008). Older workers' motivation to continue to work: Five meanings of age. A conceptual review. *Journal of Managerial Psychology, 23*(4), 364–394.

Kozlowski, S. W. J., & Klein, K. J. (Hrsg.). (2000). *Multilevel theory, research, and methods in organizations. Foundations, extensions, and new directions*. San Francisco: Jossey-Bass.

Landau, K., Weissert-Horn, M., Rademacher, H., Brauchler, R., Bruder, R., & Sinn-Behrend, A. (2007). *Altersmanagement als betriebliche Herausforderung*. Stuttgart: ergonomia.

Lehman, H. C. (1953). *Age and Achievement*. Princeton: Princeton University Press.

LePine, J. A. (2003). Team adaptation and post change performance: Effects of team composition in terms of members cognitive ability and personality. *Journal of Applied Psychology, 88*, 27–39.

McCain, B. E., O'Reilly, C., & Pfeffer, J. (1983). The effects of departmental demography on turnover: The case of a university. *Academy of Management Journal, 26*(4), 626–641.

McLeod, P. L., & Lobel, S. A. (1992). The effects of ethnic diversity on idea generation in small groups. *Academy of Management Proceedings, 1*, 227–231.

Metger, O. (2006). Rente ab 70? Pro in „Pro & Contra". *ÖkologiePolitik, 131*, 18.

Milliken, F. J., & Martins, L. L. (1996). Searching for common threads: Understanding the multiple effects of diversity in organizational groups. *Academy of Management Review, 21*(2), 402–433.

Moewes, G. (2006). Rente ab 70? Contra in „Pro & Contra". *ÖkologiePolitik, 131,* 18.

Nonaka, I., & Takeuchi, H. (1997). *Die Organisation des Wissens: Wie japanische Unternehmen eine brachliegende Ressource nutzbar machen.* Frankfurt a. M.: Campus.

Penrose, E. T. (1959). *The theory of growth of the firm.* Oxford: Blackwell.

Polzer, J. T., Milton, L. P., & Swann, W. B. (2002). Capitalizing on diversity: Interpersonal congruence in small work groups. *Administrative Science Quarterly, 47,* 296–324.

Rachel, T. (2013). *Eröffnungsrede zur Demografietagung 2013.* Berlin.

Rahim, M. A. (1983). A measure of styles of handling interpersonal conflict. *Academy of Management Journal, 26,* 368–376.

Rahim, M. A., & Magner, N. R. (1995). Confirmatory factor analysis of the styles of handling interpersonal conflict: First-order factor model and its invariance across groups. *Journal of Applied Psychology, 80*(1), 122–132.

Richard, O. C., & Shelor, R. M. (2002). Linking top management team age heterogeneity to firm performance: Juxtaposing two mid-range theories. *International Journal of Human Resource Management, 13*(6), 958–974.

Ries, B. C., Diestel, S., Shemla, M., Liebermann, S. C., Jungmann, F., Wegge, J., & Schmidt, K. H. (2013). Age diversity and team effectiveness. In C. M. Schlick, E. Frieling, & J. Wegge (Hrsg.), *Age-differentiated work systems* (S. 89–118). Heidelberg: Springer.

Roth, C., Wegge, J., Schmidt, K.-H., & Neubach, B. (2006). Altersheterogenität als Determinante von Leistung in Arbeitsgruppen der öffentlichen Verwaltung. *Zeitschrift für Arbeitswissenschaft, 60,* 266–273.

Salas, E., Cooke, N. J., & Rosen, M. A. (2008). On teams, teamwork, and team performance: Discoveries and developments. *Human Factors: The Journal of the Human Factors and Ergonomics Society, 50*(3), 540–547.

Schaie K. W. (2005). *Developmental influences on adult intelligence: The seattle longitudinal study.* New York: Oxford University Press.

Schat, H. D., & Jäger, A. (2010). Einfluss demografischer Entwicklungen in Betrieben auf deren Innovationsfähigkeit. *Fraunhofer ISI Discussion Papers, Innovation Systems and Policy Anlaysis, 23.*

Schlick, C., Bruder, R., & Luczak, H. (2010). *Arbeitswissenschaft* (3. Aufl.). Heidelberg: Springer.

Schlick, C., Frieling, E., & Wegge, J. (2013). Age-differentiated work-systems: introduction and overview to a six-year reasearch program in Germany. In C. M. Schlick, E. Frieling, & J. Wegge (Hrsg.), *Age-differentiated work systems* (S. 1–24). Heidelberg: Springer.

Scholl, W. (2003). Modelle effektiver Teamarbeit – eine Synthese. In: S. Stumpf & A. Thomas (Hrsg.), *Teamarbeit und Teamentwicklung* (S. 3–34). Göttingen: Hogrefe.

Scholl, W. (2004). *Innovation und Information. Wie in Unternehmen neues Wissen produziert wird.* Göttingen: Hogrefe.

Scholl, W. (2009). Konflikte und Konflikthandhabung bei Innovationen. In E. H. Witte & C. H. Kahl (Hrsg.), *Sozialpsychologie der Kreativität und Innovation* (S. 67–86). Lengerich: Pabst Science Publishers.

Stangor, C., Lynch, L., Duan, C., & Glas, B. (1992). Categorization of individuals on the basis of multiple social features. *Journal of Personality and Social Psychology, 62*(2), 207–218.

Tajfel, H., & Turner, J. C. (1986). The social identity theory of intergroup behavior. In W. Worchel & W. G. Austin (Hrsg.), *Psychology of intergroup relations* (S. 7–24). Chicago: Nelson–Hall.

Thomas, K. (1976). Conflict and conflict management. In M. Dunnette (Hrsg.), *Handbook of industrial and organizational psychology* (S. 889–935). Chicago: Rand McNally.

Triandis, H. C. (1960). Cognitive similarity and communication in a dyad. *Human Relations, 13,* 175–183.

Vaupel, J. W., & Kistowski, K. V. (2005). Der bemerkenswerte Anstieg der Lebenserwartung und sein Einfluss auf die Medizin. *Bundesgesundheitsblatt Gesundheitsforsch. Gesundheitsschutz, 48*(5), 586–592.

Verworn, B. (2009). Does age have an impact on having ideas? An analysis of the quantity and quality of ideas submitted to a suggestion system. *Creativity and Innovation Management, 18*(4), 326–334.

Wegge, J., & Schmidt, K. H. (2009). The impact of age diversity in teams on group performance, innovation and health. In A. S. G. Antoniou, C. L. Cooper, G. P. Chrousos, C. D. Spielberger, & M. W. Eysenck (Hrsg.), *Handbook of managerial behavior and occupational health* (S. 79–94). Cheltenham: Edward Elgar Publishing.

West, M., Patterson, M., Dawson, J., & Nickell, S. (1999). *The effectiveness of top management groups in manufacturing organisations (CEPDP 426).* London: London School of Economics and Political Science.

Xie, J., Song, X. M., & Stringfellow, A. (1998). Interfunctional conflict, conflict resolution styles, and new product success: A four-culture comparison. *Management Science, 44*(12), 192–206.

Zimmermann, K. F. (2011). Renteneintritt muss flexibler gestaltet werden. *DIW Wochenbericht, 78*(5), 16.

Zülch, G. (2010). Stand und Entwicklungstendenzen der personalorientierten Simulation. *Integrationsaspekte der Simulation: Technik, Organisation und Personal, 14,* 1–19.

Philipp Przybysz M.Sc. studierte Arbeits- und Organisationspsychologie sowie International Business: Strategy and Innovation an der Universität Maastricht. Er ist seit 2011 am Institut für Arbeitswissenschaft der RWTH Aachen als wissenschaftlicher Mitarbeiter in der Abteilung Arbeitsorganisation tätig. Sein Arbeits- und Forschungsschwerpunkt liegt in der Untersuchung der Auswirkung des Alters auf die Zusammensetzung von Innovationsteams.

Dipl.-Ing. Sebastian Terstegen studierte Ingenieurinformatik mit Schwerpunkt Elektrotechnik an der Universität Paderborn. Er ist seit 2009 am Institut für Arbeitswissenschaft der RWTH Aachen als wissenschaftlicher Mitarbeiter in der Abteilung Arbeitsorganisation tätig. Seine Arbeits- und Forschungsschwerpunkte liegen in den Bereichen Prozessmanagement und Projektmanagement, insbesondere in der Entwicklung von Simulations- und Optimierungsverfahren.

Prof. Dr.-Ing. Dipl.-Wirt.-Ing. Christopher M. Schlick absolvierte ein Simultanstudium der Automatisierungstechnik und Wirtschaftswissenschaften an der TU Berlin. 1992 und 1993 arbeitete er als Projektingenieur in der Industrie. 1994 startete er seine Laufbahn als wissenschaftlicher Mitarbeiter am Institut für Arbeitswissenschaft der RWTH Aachen. Als Oberingenieur promovierte er 1999 an der Fakultät für Maschinenwesen der RWTH Aachen zum Dr.-Ing., wo er sich 2004 auch habilitierte. Ab dem Jahr 2000 leitete er die Abteilung Ergonomie und Führungssysteme bei der Forschungsgesellschaft für Angewandte Naturwissenschaften, bis er 2004 an die RWTH Aachen berufen wurde. Als Direktor des Instituts für Arbeitswissenschaft der RWTH Aachen verantwortet er seither zahlreiche Forschungsvorhaben auf den Gebieten der Arbeits- und Prozessorganisation, der Ergonomie sowie der Gestaltung von Mensch-Maschine-Systemen. Zudem ist er seit April 2005 Mitglied der Institutsleitung des Fraunhofer-Instituts für Kommunikation, Informationsverarbeitung und Ergonomie.

Dipl.-Psych. Madlen Hiller studierte Psychologie an der Universität Potsdam und der Universität Toulouse Le Mirail. Sie absolvierte die Ausbildung an der HPI School Design Thinking und arbeitete dort als wissenschaftliche Mitarbeiterin im Design Thinking Research Program. Heute ist sie wissenschaftliche Mitarbeiterin am Lehrstuhl für Arbeits- und Organisationspsychologie der Universität Greifswald sowie freiberufliche Mediatorin. Ihre Forschungsschwerpunkte sind Interaktionsmuster beim kreativen Problemlösen in Gruppen, Konfliktstile und Diversität.

Dr. Anne Köhn ist wissenschaftliche Mitarbeiterin am Lehrstuhl von Prof. Dr. Bornewasser und Mitarbeiterin im BMBF-geförderten Projekt derobino. Nach einem Studium der Psychologie arbeitete sie in der Rechts- und Staatswissenschaftlichen Fakultät der Universität Greifswald am Lehrstuhl von Frau Prof. Dr. Bouncken, beschäftigte sich dort intensiv mit Problemen der empirischen Forschung und der quantitativen Methodenlehre und verfasste ihre Dissertation zum Thema Führung und Innovation. Nach erfolgter Promotion konzentrierte sie sich im BMBF-geförderten Projekt Kosipol (Prof. Dr. Frevel, Münster) zusätzlich auf Fragen des subjektiven Sicherheitsempfindens.

Personalentwicklungsmaßnahmen zur Herstellung von Innovationsfähigkeit in KMU

10

Dorit Hahn

Zusammenfassung

Die Innovationsfähigkeit und Innovationsbereitschaft von KMU wird über Organisations- und Personalentwicklung gefördert. Anhand in einer Eisengießerei in M-V durchgeführter Entwicklungsmaßnahmen werden in diesem Kapitel die Neustrukturierung von Arbeitsprozessen sowie unternehmensspezifische Kurztrainings beschrieben, die sich auf die Führung und Zusammenarbeit altersgemischter Teams, den altersgerechten Personaleinsatz und den intergenerativen Erfahrungsaustausch beziehen. Dabei werden praktische Werkzeuge vorgestellt, die sowohl eine Führungskraft als auch ein Team in die Lage versetzen, den demografischen Wandel vorausschauend zu bewältigen und wichtiges unternehmensinternes Know-how zu bewahren.

D. Hahn (✉)
Abteilung für Arbeits- und Organisationspsychologie,
Ernst-Moritz-Arndt-Universität Greifswald,
Franz-Mehring-Str. 47, 17487 Greifswald, Deutschland
E-Mail: dorit.hahn@uni-greifswald.de

© Springer Fachmedien Wiesbaden 2015
M. Bornewasser et al. (Hrsg.), *Teamkonstellation und betriebliche Innovationsprozesse*, DOI 10.1007/978-3-658-07386-2_10

10.1 Personalentwicklung in Unternehmen – Anforderungen und Konzepte

10.1.1 Die demografische Entwicklung erfordert Maßnahmen zur Aufrechterhaltung von Wettbewerbs- und Innovationsfähigkeit

Der *demografische Wandel* in Unternehmen geht mit einer veränderten Altersstruktur und der Alterung von Beschäftigten in allen Unternehmensbereichen einher. Er führt zu einem zunehmenden Fach- und Nachwuchskräftemangel sowie einem verstärkten Werben um qualifizierte Beschäftigte. In diesem Zusammenhang droht Wissens- und Erfahrungsverlust, der in den Unternehmen durch verschiedenste Maßnahmen des rechtzeitigen Wissenstransfers aufgefangen werden muss. Hierzu gehören nicht nur die traditionellen Werkzeuge des Wissensmanagements sowie altersspezifische Instrumente der Wissensweitergabe, sondern auch verschiedenste Formen der Qualifizierung und der Organisationsentwicklung. Alle diese Maßnahmen dienen dazu, die Wettbewerbs- sowie die Innovationsfähigkeit von Unternehmen aufrechtzuerhalten. Personal- und Organisationsentwicklung können dabei als zwei sich ergänzende Strategien der Anpassung an die demografische Entwicklung gesehen werden.

Es wird immer wieder davon ausgegangen, dass die demografische Entwicklung sich auf die Geschehnisse in Unternehmen negativ auswirke und ihre Innovationsfähigkeit bedrohe. Dabei bleibt meist unklar, was unter Innovationsfähigkeit verstanden werden soll. Eine mögliche Antwort bieten Teece et al. (1997). Sie beschreiben Innovationsfähigkeit als eine dynamische, kompositorische Fähigkeit, die multidimensional wirkt und verschiedene Aspekte von Kapabilität auf personaler und organisatorischer Ebene umfasst. Die folgende Abb. 10.1 gibt einen zusammenfassenden Überblick über die Kapabilitäten, die zu unterschiedlichen, innovationsförderlichen Prozessen und Strukturen in Unternehmen führen. Grundlegend unterschieden werden hierbei Koordinations-, Rekonfigurations- und Lernprozesse.

- Operative Koordinationsprozesse beziehen sich unmittelbar auf die Gestaltung, Zusammensetzung und Synchronisation von einzelnen Projekten mit ihren spezifischen Zielstellungen und Abläufen. Sie betreffen letztlich die Aufgaben des Innovationsprozessmanagements, wie sie z. B. in Kap. 2 in Anlehnung an Hauschildt und Salomo (2011) beschrieben sind. Hier wird die Art und Weise festgelegt, wie in einem Unternehmen Innovationsprojekte bestritten werden, also z. B. zentral oder dezentral, in den Linien oder aber in Projekten, die einem expliziten Projektmanagement unterworfen sind oder ad hoc gesteuert werden.
- Strategische Koordinationsprozesse dienen der Steuerung der allgemeinen Geschäftsaktivitäten und der zukunftsorientierten Lenkung und Neuausrichtung des

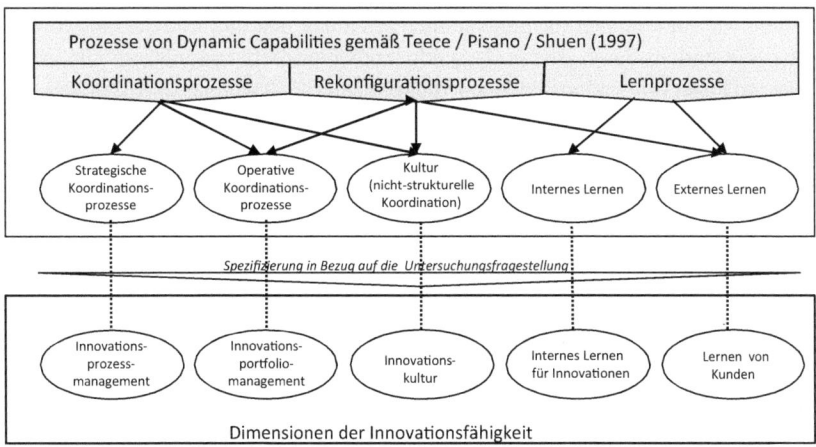

Abb. 10.1 Dimensionen der Innovationsfähigkeit. (Quelle: Teece et al. 1997)

Ressourcen- und Kompetenzgefüges des Unternehmens. Sie betreffen damit die Geschäftsfelder, die innovativ weiterentwickelt werden sollen, wobei diese Weiterentwicklung Produkte, Prozesse oder auch Dienstleistungen betreffen kann.

- Rekonfigurationsprozesse beschreiben all diejenigen Veränderungsprozesse, die weniger der direkten und aktiven Steuerung als vielmehr indirekten und kulturell geprägten Abwicklungsmodalitäten von Innovation unterliegen. Sie konstituieren damit letztlich Aspekte der Unternehmenskultur und nehmen somit Einfluss sowohl auf Koordination als auch auf Lernen in Unternehmen.
- Das interne Lernen eines Unternehmens bezeichnet den Prozess der effektiven unternehmensinternen Wissensentwicklung. Dabei umfasst das Konzept des Lernens vielfältige Aktivitäten, angefangen bei der Sicherstellung von Qualifikationen der einzelnen Mitarbeiter oder Einarbeitungsplänen für neue Mitarbeiter über die Organisation von gezielten Personalentwicklungsmaßnahmen bis hin zur Etablierung von elektronischen Maßnahmen zur Sicherung von relevanten Daten bezüglich aller Kunden, Produktionsprozesse und Produkte.
- Als externes Lernen werden alle Lernprozesse begriffen, die in Zusammenarbeit mit wichtigen externen Bezugsgruppen des Unternehmens erfolgen. Hierzu zählen etwa alle Formen der gemeinsamen Festlegung von Produktmerkmalen, die gemeinsam vorangetriebene Entwicklung von neuen Technologien in Verbünden oder auch die Gestaltung von Maßnahmen der sogenannten Open Innovation (Reichwald und Piller 2007).

Das Modell von Teece et al. (1997) konzentriert sich vornehmlich auf unternehmerische Prozesse, die in ihrer Gesamtheit ein Unternehmen danach klassifizieren lassen, wie stark es sich für Innovationen offen hält und ihre Entwicklung fördert bzw. wie stark es durch eine umfassende Innovationskultur geprägt ist. Unternehmen mit hoher Innovationskultur sind dann solche, die über eine hohe Innovationsfähigkeit verfügen und Innovation erfolgreich gestalten.

Jenseits der, in der Regel nur schwer zu erfassenden, Innovationskultur lassen sich auch weitere Merkmale benennen, die für Innovationen förderlich sind. Dabei wird implizit immer davon ausgegangen, dass Innovationen davon leben, dass Personen mit unterschiedlichen theoretischen und methodischen Wissensperspektiven aufeinandertreffen, sich füreinander öffnen und austauschen und aus dieser direkten Begegnung innovative Lösungsansätze für spezifische Fragestellungen entwickeln. In diesem Sinne kann vermutet werden, dass Unternehmen mit ausgeprägter Innovationskultur räumliche und soziale Strukturen bereithalten, die Kommunikation, Lernen, Kreativität, Austausch und Ausprobieren (als einer Form des sogenannten Prototyping) ermöglichen oder gar fördern.

Bergmann und Daub (2008) thematisieren in diesem Sinne z. B. flache Hierarchien mit kurzen Informationswegen, größeren Handlungs- und Entscheidungsspielräumen für die Mitarbeiter sowie einer größeren Chance zur Partizipation. Darüber hinaus schreiben sie der individuellen Verschiedenheit der Mitarbeiter (Diversity) und einer hohen Wertschätzung für alternative Sichtweisen hohe innovationsförderliche Wirkung zu (s. auch Kap. 6 in diesem Band).

Hansen et al. (2011) betonen ganz in diesem Sinne auch die kontinuierliche Kompetenzentwicklung, die den Mitarbeitern stets neue Perspektiven auf ihren Arbeitsgegenstand eröffnet. Die Innovationsfähigkeit im Unternehmen kann dann befördert werden, wenn das Unternehmen alle Beschäftigten in einem Prozess systematischer, lebenslanger Kompetenzentwicklung unterstützt und den Transfer aus der Lern- in die Arbeitssituation systematisch gestaltet. Dazu können auch innovative Formen der Arbeitsorganisation beitragen (Trantow et al. 2011), die Freiräume zum Lernen eröffnen und Möglichkeiten zulassen, auch am Arbeitsplatz neue z. B. methodische Kompetenzen im Kontext von Teamarbeit zu erwerben.

Dömötör (2011) schreibt insbesondere kleinen und mittleren Unternehmen aufgrund ihrer hohen Flexibilität, einer flachen Organisationsstruktur sowie der direkten, häufig auch informellen Kommunikation zwischen den Mitarbeitern und der Unternehmensleitung eine hohe Innovationsfähigkeit zu. Gefördert wird dies u. a. durch wenig formalisierte Abläufe, die sich vorteilhaft auf die Generierung von Ideen auswirken und gleichzeitig schnelle Reaktionen auf Anforderungen des Marktumfeldes ermöglichen.

Scholl et al. (2013) identifizieren auch die Beteiligung der Mitarbeiter an Entscheidungen als einen wesentlichen Treiber für Innovation. Dadurch wird die Transparenz erhöht und die Akzeptanz für veränderte Strukturen gesteigert (vgl. auch Klippert et al. 2009).

Erkennbar ist, dass die Innovationsfähigkeit eines Unternehmens stark von den internen Strukturen und Prozessen im Unternehmen abhängt und dass sich diese dann auch auf das individuelle interaktive und kommunikative Verhalten von Mitarbeitern auswirken. Die Innovationsfähigkeit lässt sich vor allem dann fördern, wenn Strukturen so gestaltet werden, dass sie auf Menschen einwirken und deren Kommunikations- und Veränderungsbereitschaft erhöhen. Jedoch kann die Innovationsbereitschaft nicht dadurch gesteigert werden, dass das Personal qualifiziert wird. Ohne Passung zwischen Strukturen und Personal scheitert jeglicher Transfer (Baldwin und Ford 1988). Es sollte zusätzlich bedacht werden, dass sich Strukturen und Personal noch relativ einfach modifizieren lassen, wohingegen die immer wieder beschworene Innovationskultur, wie jede andere Kultur auch, nur sehr schwer veränderbar ist. Kulturen entstehen über lange Zeiträume, teilweise ohne explizite Absicht und sind kaum beschreibbar, geschweige denn abrupt veränderbar (Schein 1985).

Unternehmen stehen in der Regel zwei Wege offen, Veränderungen hinsichtlich der Innovationsfähigkeit und Innovationsbereitschaft herbeizuführen: Der erste Weg ist durch die Personalentwicklung (PE) geprägt, der zweite durch die Organisationsentwicklung (OE). Der erste Weg impliziert die Arbeit am Personal und zielt auf eine Steuerung der Humanressourcen eines Unternehmens ab. Der zweite Weg betrifft die kooperativen und hierarchischen Strukturen des Unternehmens und zielt auf eine Steuerung der betrieblichen Strategien und Prozesse ab. Dabei sind beide Wege nicht unabhängig voneinander zu gestalten, zumal sich theoretisch betrachtet einmal in jeder Stelle Personenmerkmale und Strukturmerkmale kreuzen, sowie praktisch gesehen Veränderungen von Personen durch z. B. mehr Kompetenzen sich auch auf die Gestaltung von Strukturen auswirken. Ein kompetenter Mitarbeiter erwartet mehr Handlungsspielräume und Partizipationsmöglichkeiten. In diesem Sinne müssen PE- und OE-Maßnahmen eines Unternehmens sorgfältig aufeinander abgestimmt sein.

10.1.2 Aufgaben der Personal- und Organisationsentwicklung im Unternehmen

Personalentwicklung ist das Insgesamt der geeigneten Maßnahmen, um die Handlungskompetenz und Handlungsbereitschaft der Mitarbeiter weiterzuentwickeln, zu erhalten und ständig zu erneuern, und zwar mit dem Ziel, den Unternehmenserfolg unter weitestgehender Berücksichtigung des Mitarbeiterinteresses zu sichern (Münch 1995). Personalentwicklung umfasst eine Vielzahl von Instrumenten und reicht von der Personalauswahl über betrieblich gesteuerte Weiterbildungsmaßnahmen bis hin zur Vorbereitung auf den Austritt aus dem Unternehmen. Unter demografischen Gesichtspunkten spielen in zunehmendem Maße auch die Aspekte der Einführung neuer Mitarbeiter, die Sicherung des Wissenstransfers von erfahrenen auf unerfahrene Mitarbeiter sowie die Vermeidung von Erfahrungsverlusten infolge des Ausstiegs von älteren Leistungsträgern eine wichtige Rolle. Personalentwicklung ist am Menschen orientiert und fördert Lernprozesse auf allen Ebenen des Unternehmens. Somit unterstützt sie den kontinuierlichen Aufbau einer Lern- und Veränderungskompetenz der Mitarbeitenden. Zusätzlich ist Personalentwicklung in starkem Maße verhaltensbezogen. Personalentwicklung unterstützt die in einer Organisation arbeitenden Menschen, mit veränderten Anforderungen z. B. im Rahmen der demografischen Entwicklung und der zunehmenden Globalisierung der Märkte zurechtzukommen. Personalentwicklung schafft somit die Voraussetzungen für selbstorganisiertes sowie strategieumsetzendes Lernen. Dabei liegt der Schwerpunkt oftmals auf Kompetenzerweiterungen, die durch spezifische Entwicklungen der Unternehmen gerade auch im Bereich der Technologie erforderlich werden.

Organisationsentwicklung wird von der Gesellschaft für Organisationsentwicklung als ein längerfristig angelegter, organisationsumfassender Veränderungsprozess von Organisationen und der in ihnen tätigen Menschen bezeichnet. In diesem Sinne zielt die OE zum einen auf eine planmäßige, mittel- bis langfristig wirksame Veränderung von Organisations- und Kommunikationsprozessen sowie strukturellen Regelungen, zum anderen auf eine kontinuierliche Anpassung von Einstellungen, Verhaltensmustern und Kompetenzen von Organisationsmitgliedern ab (vgl. Bornewasser 2009). Dabei wirkt die Organisationsentwicklung auch direkt auf die Prozessdimensionen der Innovationsfähigkeit ein, wie sie in Abb. 10.1 beschrieben wurden. In diesem Sinne kann OE die Koordination von z. B. Geschäftsprozessen und Innovationsprojekten beeinflussen oder aber zur Einführung von neuen Technologien oder Gruppenarbeitsformen beitragen. Darüber hinaus kann sie auf die strategischen Prozesse eines Unternehmens Einfluss nehmen, wenn sie z. B. zur Aufstellung einer Balanced Scorecard oder zur Einführung von spezifischen Controllinginstrumenten führt. Nicht zuletzt wirkt sie auch auf die Unternehmenskultur ein, indem sie etwa mit Leitbild und Grundsätzen für Führung und Zusammenarbeit im Unternehmen bestimmte Richtlinien ausgibt, die struktur- und verhaltensprägend wirken.

Personal- und Organisationsentwicklung sind eng miteinander verknüpft. Von daher sind Erfolge solcher Maßnahmen immer davon abhängig, wie PE und OE aufeinander abgestimmt sind. Dies setzt Controllinginstrumente voraus, über die viele KMU nicht verfügen. In der Folge kann etwa die Bildung von Projektteams daran scheitern, dass nur unzureichend Personal jenseits der Linien abgestellt werden kann oder es scheitern sogenannte Mentorenprogramme daran, dass die Bereitschaft zur Kooperation mit einem Mentee zwar gegeben ist, jedoch die optimale qualifikatorische Zuordnung nicht realisiert werden kann. Andersherum können personale Veränderungsbereitschaften z. B. daran scheitern, dass etwa Rotationsmaßnahmen in einem Unternehmen nicht gewollt sind oder für spezifische Ausstattungen des Arbeitsplatzes keine Ressourcen bereitgestellt werden. Es kommt also darauf an, in Organisationen PE und OE zu organisationalen Schlüsselkompetenzen auszugestalten, um auf diese Weise erfolgversprechende traditionelle und moderne IT-basierte Ansätze zu verbinden und zu praktizieren. Gerade die modernen Ansätze setzen dabei weniger auf direkte Kommunikation und Austausch als vielmehr auf die Dokumentation von Prozessen oder Vorgehensweisen in elektronischer, visualisierter Form.

10.2 Ein umfassender Ansatz zur Gestaltung von Maßnahmen der Organisations- und Personalentwicklung

Der demografische Wandel schafft im Verbund mit zunehmendem Wettbewerbsdruck eine Situation, in der Unternehmen sowohl die aktuelle als auch die zukünftige Wirtschaftlichkeit ihrer Prozesse sowie auch die kurz- und längerfristige Verfügbarkeit von adäquaten Humanressourcen im Auge behalten müssen. Dabei geht es unter demografischen Gesichtspunkten oftmals um die Problematik der Zusammenarbeit von jungen und alten Mitarbeitern sowie die Sicherung und den Transfer des Wissens von den älteren hin zu den jüngeren Arbeitnehmern. Unter wirtschaftlichen Gesichtspunkten steht verstärkt die Gestaltung von Strukturen, Technologien und Prozessen im Vordergrund. Ein umfassender Ansatz impliziert dabei immer eine Kombination von OE- und PE-Maßnahmen. Ein solcher Ansatz wurde im Verbundprojekt derobino gemeinsam mit dem betrieblichen Partner konzipiert und erfolgreich durchgeführt. Er umfasst sowohl Maßnahmen zum Umgang mit dem Problem des Wissenstransfers, der personalen Kompetenzentwicklung als auch der Gestaltung von Arbeitsprozessen. Ein generelles Problem eines solchen Ansatzes liegt darin, dass er ganz und gar auf die Spezifikationen des Unternehmens zugeschnitten ist, wodurch kaum Generalisierungen auf andere Unternehmen möglich sind.

Das moderne Unternehmen beschäftigt mehr als 500 Mitarbeiter und ist in einer strukturschwachen Region ein bedeutsamer Garant für Arbeitsplatzsicherheit und Wirtschaftserfolg. Darüber hinaus genießt das Gießerei-Unternehmen bei der Bevölkerung der Region hohes Ansehen. Mit der einseitigen Ausrichtung der Unternehmensstrategie auf erneuerbare Energien liefert das Unternehmen in einem stark wachsenden Wirtschaftssegment Teile für Windkraftanlagen und weitere Anlagen der Energieerzeugung. Im Zuge der Globalisierung, der Finanzkrise und der politischen Neubewertungen der Energieerzeugung steht das Unternehmen in äußerst harter Konkurrenz mit anderen Wettbewerbern in einem stark umkämpften Wirtschaftssektor. Es ist daher gezwungen, mit innovativen, kundenspezifischen Lösungen seine Marktpräsenz durch Leistungsstärke zu erhalten. Unter der insbesondere in dieser Region stark spürbaren demografischen Entwicklung ist es unbestritten, dass dabei vermehrt ältere Mitarbeiter im Produktionsprozess gehalten werden müssen, um den ausbleibenden oder nur schwer zu rekrutierenden Nachwuchs zu ersetzen und wertvolles Know-how im Unternehmen zu halten. Die gefertigten Produkte zeugen von immer anspruchsvolleren Produkt- und Zertifizierungsanforderungen. Die genauen Arbeitsprozesse werden später dargestellt.

Die hier etwas ausführlicher dargestellten Maßnahmen gliedern sich in die bestehenden Umstrukturierungs- und Optimierungsmaßnahmen des Unternehmens ein. Sie betreffen insbesondere die ablaufenden Prozesse, die Teambildung und das Verhalten der Führungskräfte im Hinblick auf die alternde Belegschaft im Bereich der Nachbereitung der gegossenen Produkte. Eine besondere Ausrichtung von Maßnahmen allein auf die demografischen Besonderheiten des Unternehmens erfolgte in Abstimmung mit der Unternehmensleitung hingegen nicht. Dies hatte vornehmlich drei Gründe:

- Das Unternehmen erkennt in der demografischen Entwicklung noch keine Bedrohung, die solche Maßnahmen rechtfertigen und gegenüber den Shareholdern legitimieren würden.
- Das Unternehmen setzt verstärkt auf die Nachwuchsgewinnung durch eine geregelte Einwanderung und Integration von polnischen Arbeitskräften, wobei sowohl unbefristete als auch befristete und auf atypischer Vertragsgrundlage eingesetzte Arbeitskräfte zum Einsatz kommen.
- Der aktuelle wirtschaftliche Druck lässt keinen Raum für umfassende demografieorientierte Personalentwicklungsmaßnahmen. Bevorzugt werden Maßnahmen, die in erster Linie der Erhöhung der Wirtschaftlichkeit dienen, erst in zweiter Linie können dabei auch demografische Aspekte mitbearbeitet werden.

Vor diesem Hintergrund bestand die Notwendigkeit, alle PE- und OE-Maßnahmen möglichst unter Einsatz minimaler ökonomischer Aufwendungen und konvergent aufeinander zugeschnitten zu betreiben. Alle PE-Maßnahmen sind so konzipiert worden, dass sie von kurzer Zeitdauer sind, während der Arbeitszeit (in der Regel im Anschluss an die Mittagspause) und eingebettet in die Arbeitsabläufe erfolgen und innerhalb des Unternehmens durchgeführt werden. Auf diese Weise wurden größere Störungen der Betriebsabläufe vermieden. Ferner wurden alle Maßnahmen auf die die Prozesse tragenden Arbeitsteams zugeschnitten, so dass ein möglichst ausgewogenes Verhältnis von wirtschaftlichen und demografischen Aspekten resultierte. Abbildung 10.2 gibt diese restriktiven Anforderungen übersichtsartig wieder.

Auf dieser Grundlage wurde das Instrument der wiederholten 15-min-Workshops entwickelt, welches das Unternehmen in seiner Zielstellung der Prozessoptimierung auf der Ebene der Mitarbeiter und der Führungskräfte unterstützt. Dieses Instrument basiert auf vier Modulen, die sich der Führung von altersgemischten

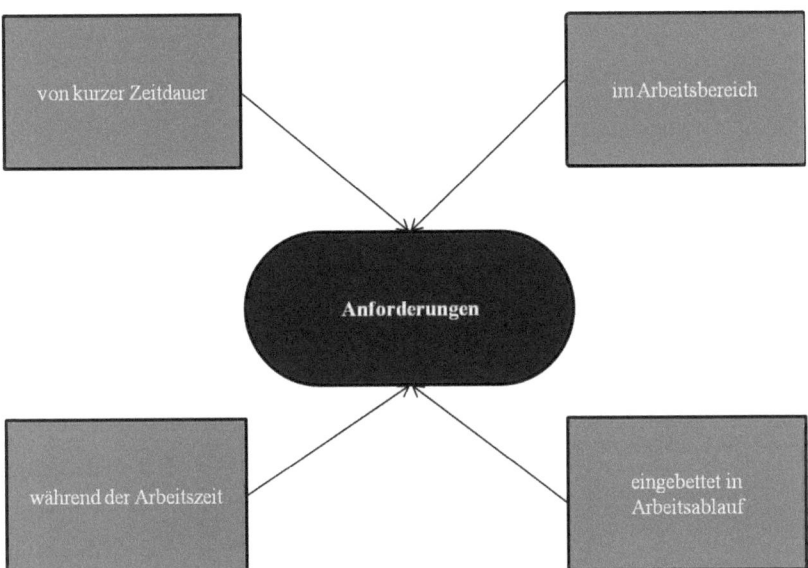

Abb. 10.2 Anforderungen des Unternehmens an die eingesetzten PE-Werkzeuge

Teams, der Teamarbeit in altersdiversen Teams, dem altersgerechten Personaleinsatz sowie dem Erfahrungstransfer in einer altersgemischten Belegschaft widmen.

Eingerahmt wurden diese zeitlich sehr befristeten „Weiterbildungshäppchen"
durch eine umfassende Prozessoptimierungsmaßnahme, die in mehreren Klein-
gruppenworkshops mit unterschiedlicher Besetzung aus der Führungsetage durchgeführt wurde. Bei dieser Maßnahme handelte es sich um die Konzipierung und
Umsetzung einer Prozessinnovation innerhalb des Unternehmens, die letztlich zu
einer Veränderung der bis dahin praktizierten Arbeitsorganisation führte. Von daher lassen sich beide Maßnahmen als eine verschränkte OE- und PE-Maßnahme
zur Steigerung der Innovationsfähigkeit begreifen. Im Folgenden wird zunächst
die Maßnahme der Prozessoptimierung und daran anschließend das Maßnahmen-
paket der auf die Prozessveränderungen zugeschnittenen Personalentwicklung vorgestellt. Eine Evaluation der Maßnahmen steht noch aus.

10.3   Die Maßnahme der Prozessoptimierung

Betriebliche Veränderungs- und Optimierungsmaßnahmen basieren in der Regel
auf der Diagnose eines aktuellen Ist-Missstandes sowie der Konzeption und Umsetzung eines Maßnahmenpakets zur Reorganisation, die an einem verbesserten

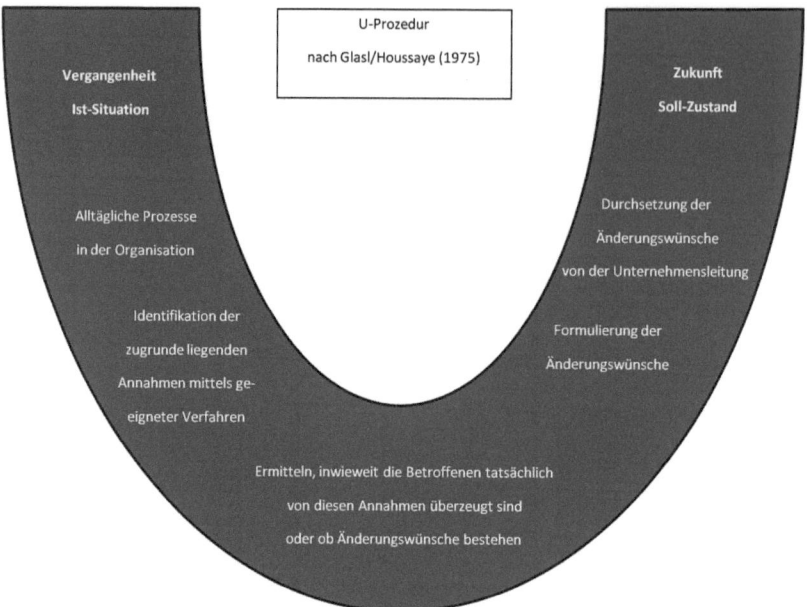

Abb. 10.3 Ablaufmodell zur Prozessreorganisation

Soll-Modell orientiert ist. Die detaillierte Vorgehensweise richtete sich an einem mehrstufigen Ablaufmodell aus, das in der folgenden Abb. 10.3 wiedergegeben ist.

Das methodische Vorgehen umfasste verschiedene Ansätze, die im Verlauf der Maßnahme zum Einsatz kamen. Sie reichten von ausgiebigen Unternehmensbegehungen und Prozessbeobachtungen über strukturierte Interviews mit der Unternehmensleitung und ausgewählten Führungskräften sowie die Analyse von bereitgestellten Personal- und Prozessdaten bis hin zu Gesprächen mit operativen Arbeitskräften vor Ort und während der laufenden Arbeitszeiten. In diese diagnostische Phase waren 15 Personen eingebunden. Die Koordination aller Schritte lag beim Leiter Qualitätsmanagement des Unternehmens.

Die zentralen Analyse- und Reorganisationsschritte erfolgten im Kontext von mehreren mehrstündigen Workshops, in denen je nach Zeitpunkt der Maßnahme Mitglieder verschiedener Arbeitsbereiche in der Produktion und der Administration zusammengeführt wurden, um die Ist-Lage zu beschreiben und die angestrebte Soll-Lage zu konzipieren.

10.3.1   Die Analyse der Ausgangslage

Der gesamte Produktionsprozess in der Gießerei lässt sich durch die Prozessschritte *Formen, Gießen, Vorputzen, Nacharbeiten* und *Prüfen* beschreiben.

- Jeder einkommende (Neu-)Auftrag wird im Bereich der Konstruktion bearbeitet, bevor sodann die Konstruktionszeichnungen über die Technologie in den Bereich der Formerei übermittelt werden. Hier erfolgt die Anfertigung hitzebeständiger Gussformen aus Formsand, in die später das flüssige Metall gegossen wird. Um eine Verbindung von Metall und Form zu vermeiden, werden alle Formteile mit einer sogenannten Schlichte bestrichen. Wenn diese Arbeiten ausgeführt sind, werden die in Kästen aufgebauten Formen zusammengesetzt und mittels Klammern zusammengehalten. Durch spezifische Öffnungen kann dann das flüssige Metall in die Form hineingegossen werden.
- Im zweiten Schritt erfolgt das Gießen. Die auf eine Temperatur oberhalb der Schmelztemperatur aufgeheizte Schmelze wird in die am Hallenkran hängende Gießpfanne eingefüllt. Die Gießpfanne wird an die Form gebracht, dort kann sie gekippt werden. Durch den Einguss und den Lauf füllt die Schmelze dann steigend von unten nach oben die Form. Die Luft entweicht durch die Formentlüftung. Wenn die Form gefüllt ist, kühlt die Schmelze ab, erstarrt und erkaltet.
- Nachdem das Gussteil in der Form erkaltet ist, wird der Kasten geöffnet, der Sand und der Formkasten entfernt und das sogenannte Schwarzteil aus der Gießerei in die Putzerei transportiert. Hier wird es zunächst vorgeputzt, d. h. alle Stützteile, restlichen Sande und Kühlkörper werden entfernt und das Schwarzteil gestrahlt, bevor es dann mit schweren Schleifmaschinen weiter geputzt wird. Bei Bedarf erfolgt anschließend noch einmal ein Handstrahlprozess.
- Sodann erfolgt die aufwändige Prüfung des fertig geputzten Gussteils. Diese erstreckt sich ausgehend von der visuellen Prüfung über die Ultraschallprüfung bis hin zur Magnetrissprüfung sowie gegebenenfalls der Farbeindringprüfung.
- Falls Mängel entdeckt werden, erfolgt eine Korrektur im Zuge einer Nachbearbeitung. Dabei wechseln sich visuelle Prüfung und Schleifen bis zum optimalen Qualitätsmaß des kundenspezifisch gewünschten Standards ab. Die Prüfergebnisse werden in einem Prüfprotokoll dokumentiert und zur Endkontrolle an den Bereich QM übergeben.

Dieser Prozess dauert in der Regel mehrere Tage. Pro Woche werden mehrere hundert Tonnen Guss geplant und in drei verschiedenen Produktionshallen bearbeitet. Je nach Auftraggeber erfolgen die Schritte teilweise in modifizierter Form, teilweise sind auch mehrere Iterationen von Vorputzen und Putzen erforderlich. Das in

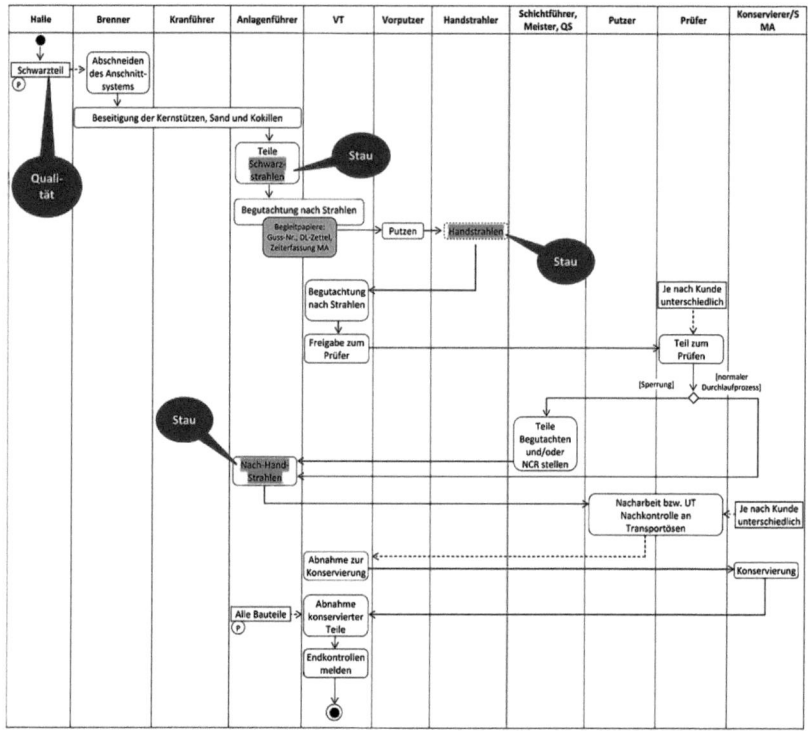

Abb. 10.4 Prozessablauf im Bereich Putzen/Prüfen

der diagnostischen Phase ermittelte Ablaufmodell wird in der folgenden Abb. 10.4 wiedergegeben. Diese Abbildung veranschaulicht den Prozess, der über verschiedene Funktionen hinweg abläuft. Dabei stellte sich die Problematik heraus, dass insbesondere im Bereich Putzen und Prüfen Engpässe aufgrund schwankender Qualitäten seitens der zu putzenden Gussteile bestehen. Diese führten in der Vergangenheit zu einer verlängerten Bearbeitungszeit von Gussteilen und daraus resultierten verzögerte Lieferzeiten, die in der Summe bereits zu einer verringerten Kundenzufriedenheit und zu vermehrten Ausschussquoten geführt haben.

Die Abbildung verdeutlicht die zentralen Defizite des aktuellen Prozesses: Die angelieferten Teile sind teilweise von geringer Qualität und es entstehen deshalb aufgrund von Verzögerungen beim Putzen der Teile immer wieder Staubildungen insbesondere am Engpass der Strahlanlage. Hier sammeln sich zeitweise bis zu zehn Teile an, die abgestrahlt werden müssen. Dabei entstehen häufig weitere Verzögerungen, weil jeder Transport der bis zu hundert Tonnen schweren Gussteile mit aufwändigen und langwierigen Kranbewegungen einhergeht.

Die bisher etablierte Arbeitsteilung im Produktionsbereich unterscheidet funktionelle Abteilungen, also voneinander getrennt operierende Bereiche des Putzens, des Prüfens und der Nacharbeit. Jedes Gussteil läuft über verschiedene Stationen sowie zwei Schnittstellen, die durch Krantransporte durch die Halle geprägt sind. Alle Arbeitsschritte werden formell durch ein Produktionsplanungssystem gesteuert. Gearbeitet wird in Früh- und Spätschichten, bei allzu großen Verzögerungen erfolgt teilweise Nachtarbeit, um Engpässe im Bereich des Abstrahlens zu beseitigen.

In drei Workshops wurde die Ist-Lage anhand der in Abb. 10.4 dargestellten Prozessablaufskizze auf Stärken und Schwächen hin analysiert. Dabei wurden folgende zentralen Schwächen identifiziert:

- Qualitätsdefizite: Die Qualität der aus der Gießerei angelieferten Schwarzteile ist teilweise unzureichend. Dadurch ergibt sich ein höherer Aufwand im Bereich des Vorputzens und Putzens, woraus eine teilweise erhebliche Verlängerung der Durchlaufzeiten resultiert. Eine Zurückweisung fehlerhafter Teile lässt sich nicht realisieren, da sich dadurch Liefertermine nicht halten lassen. Von daher muss der erhöhte Aufwand in Kauf genommen werden.
- Kooperationsdefizite zwischen Abteilungen: Die Einteilung der Arbeit nach Funktionalität bringt den Nachteil mit sich, dass immer wieder Gussteile mit Defiziten behaftet bleiben und dann vorschnell in die nächste Abteilung übergeben werden. Von daher kommt es zu häufigen Iterationen im Prozess, die immer wieder mit zusätzlichen Krantransporten verknüpft sind. Da nur ein Kransystem zur Verfügung steht, führt dies zu erheblichen Leerzeiten an den einzelnen Stationen.
- Planungsdefizite im Bereich der IT: Die Dauer des Gesamtprozesses vom Gießen bis zum Vertrieb wird mit ca. 4 Wochen kalkuliert, davon liegt der Anteil für den Bereich Putzen/Prüfen bei 1–1,5 Wochen. Diese Angaben beziehen sich auf die reine Prozesszeit plus anfallende Liegezeiten. Es existiert in der Regel eine Diskrepanz zwischen Planung und Durchführung der Produktionsprozesse, sodass auch eine Diskrepanz zwischen Tonnenvorgabe und Tonnenablieferung zustande kommt.
- Führungsdefizite in den Abteilungen: Mit der Umstrukturierung im Bereich Putzen/Prüfen wurden aus der Linie heraus geeignete Mitarbeiter ausgewählt, die in der neuen Struktur Führungsverantwortung als Bereichsleiter, Schichtleiter oder Teamsprecher übernehmen. Diese Neuregelung verlief ohne Training der neu in Führungsverantwortung gekommenen Mitarbeiter und führt teilweise zu erkennbaren Defiziten in der Akzeptanz durch die Kollegen.

• Defizite in der Zusammenarbeit der operativen Mitarbeiter: Aufgrund schwankender Auftragszahlen werden hohe Anforderungen an die Mitarbeiter gestellt. So erfordern kurzfristige Wochenendeinsätze und eine zusätzlich eingeführte Nachtschicht eine hohe Flexibilität. Hinzu kommen zusätzliche Anlernaufgaben für Zeitarbeitnehmer und Verständigungsschwierigkeiten mit polnischen Arbeitnehmern. Die Mitarbeiter im Bereich Putzen und Prüfen sind explizit auf ihren eigenen, spezifischen Aufgabenbereich trainiert, sodass ein übergreifender Einsatz bisher nicht möglich war.

Die Ist-Lage wies damit nicht nur erkennbare Defizite in den Ablaufstrukturen der Prozesse auf, sondern auch in der Gestaltung der Arbeitsteilung, in der Nutzung von IT-basierten Planungsinstrumenten sowie der Personalführung. Vorangegangene Reorganisationen der Prozessabläufe (etwa hinsichtlich eines rationellen Krantransportkonzepts) hatten zwar bereits zu einer Verbesserung der Abläufe beigetragen, jedoch noch nicht die Details der operativen Abläufe erreicht. Einzelne angedachte Maßnahmen fielen auch den Kostensenkungszielen des Unternehmens zum Opfer.

10.3.2 Die Konzeption der Soll-Lage

In drei weiteren Workshops wurden eine verbesserte Soll-Lage entworfen sowie daraus abgeleitete Veränderungsmaßnahmen evaluiert. Dabei kam es zentral darauf an, die aus der Analyse abgeleiteten Veränderungen mit den strategischen Vorgaben des Unternehmens zu verknüpfen. Diese Vorgaben der Unternehmensleitung lagen in der Kürzung der Durchlaufzeiten im Bereich Putzen und Prüfen sowie in der Einführung von Gruppenarbeit mit sich selbst steuernden Arbeitsgruppen, um Führungspositionen zu reduzieren. Dazu sollte die bisherige funktional geprägte Abteilungsstruktur aufgegeben werden. An ihre Stelle sollte eine ganzheitlich orientierte Struktur treten, in der einzelne Teams zugewiesene Gussteile von Anfang bis Ende bearbeiten. An die Stelle einer vertikal geprägten Funktional- tritt damit faktisch eine horizontal geprägte Arbeitsgruppenstruktur. Es war eine Aufgabe der Produktionsleitung, die personellen Zuordnungen nach Funktionalitäts- und Diversitätsgesichtspunkten vorzunehmen. Abb. 10.5 gibt die seitens der Unternehmensleitung gewünschten und vorzunehmenden Veränderungen der Beschäftigtenstruktur wider.

Diese als Prozessinnovation zu begreifende Veränderung besteht in einer komplexen Umstrukturierung der zu erledigenden Arbeiten in den einzelnen Arbeitsgruppen. Jede einzelne Arbeitsgruppe sollte zukünftig in eigener Verantwortung die Prozessschritte des Putzens, Prüfens und Nacharbeitens an zugewiesenen Ob-

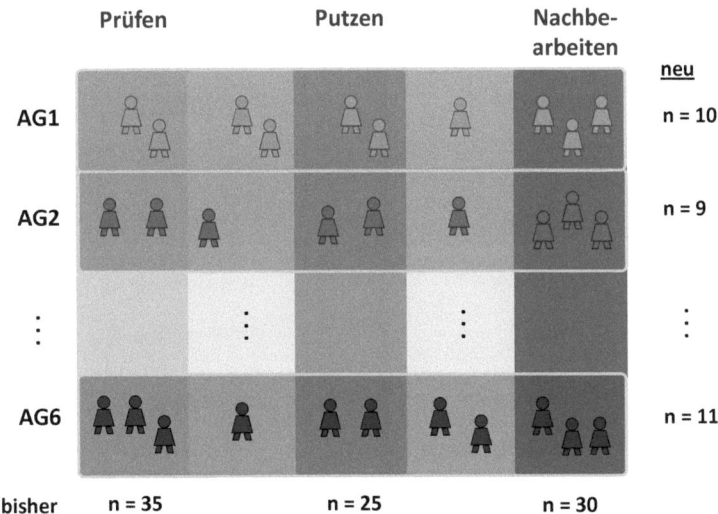

Abb. 10.5 Von der funktionalen Abteilungsstruktur zu einer ganzheitlichen Arbeitsgruppenstruktur (eigene Darstellung)

jekten in zugeordneten, eigens ausgewiesenen Stationen erledigen. Die Zuweisungen der einzelnen zu produzierenden Objekte auf die Arbeitsgruppen erfolgt durch eine Assistenzstelle auf der Grundlage von Planungsunterlagen. Dabei sollte es zudem möglich werden, einzelnen Arbeitsgruppen spezifische Kundensegmente oder Produkte, die ein spezifisches Know-how erfordern, zuzuordnen.

Es wurde festgelegt, dass pro Schicht je nach Arbeitsanfall vier bis sechs Arbeitsgruppen gebildet werden sollten, die normale Aufträge bearbeiten. Für weitere Spezialarbeiten wurden gegebenenfalls zusätzliche Arbeitsgruppen gebildet. Pro Arbeitsgruppe sollten von den Schichtleitern eine bestimmte Zahl von Putzern, Prüfern und Nacharbeitern benannt werden, die ein möglichst diverses Team bilden sollten und aus deren Mitte heraus ein Gruppensprecher bestimmt wurde. Der Teamsprecher bestimmte jeweils zu Arbeitsbeginn, welche Personen welche zu produzierenden Objekte zu bearbeiten hatten. Der Status der von den Arbeitsgruppen zu bearbeitenden Teile wurde jeweils an einer Informationswand ausgewiesen.

Die Organisation von Arbeitsteams wurde durch eine stabile Zuordnung von kooperierenden Teams ergänzt, sodass es zu nachvollziehbaren Übergaben zwischen den Schichten kommen konnte (Team A aus Schicht 1 übergibt an Team A aus Schicht 2). Eine weitere Regel wurde hinsichtlich des Austauschs von Mitarbeitern zwischen parallel tätigen Arbeitsgruppen getroffen (in Schicht 1 tauscht Team

Zuordnung von Arbeitsgruppen

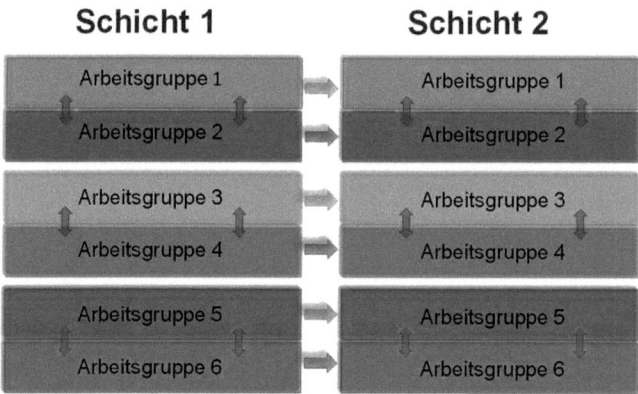

Abb. 10.6 Organisation der Gruppenarbeit

A Arbeitskräfte mit Team B aus). Abbildung 10.6 gibt diese Überlegungen wieder: Einerseits wurden über die Schichten hinweg stabile Verbindungen zwischen Teams geschaffen, andererseits wurden innerhalb der Schichten Arbeitsgruppenzuordnungen geschaffen, sodass auch ad hoc zu treffende Personalentscheidungen zwischen Arbeitsgruppen (z. B. Springer) realisiert werden konnten. Das zentrale Ziel dieser Maßnahme wurde in einer verstärkten wechselseitigen Kontrolle der Qualität der Arbeitsprodukte durch die Gruppenmitglieder selbst gesehen („Prüfer erziehen sich ihre Putzer").

Weitere Themen, die für die Soll-Lage von Bedeutung waren, wurden ausgiebig erörtert, ohne dass hier näher auf sie eingegangen werden kann. Hierzu zählten insbesondere die verbesserte Zusammenarbeit mit der Produktionsplanung sowie die verbesserte Nutzung der vorhandenen Dokumentationssysteme, um auftretende Doppelarbeit zu vermeiden und genaue Zeitangaben hinsichtlich der Produktionsabläufe zu ermitteln. Ferner wurden die veränderten Zuschnitte der Aufgaben und Kompetenzbereiche der Führungskräfte sowie die resultierenden Belastungsstrukturen der operativen Mitarbeiter neu bestimmt. Eine besondere Herausforderung bildete die Einrichtung einer zusätzlichen Schicht, die vollständig mit polnischen Arbeitskräften besetzt wurde. Alle diese Veränderungsmaßnahmen wurden durch gezielte Schulungsmaßnahmen seitens der Unternehmensleitung unterstützt (z. B. zu Lean-Prinzipien, zum Qualitätsmanagement, zur Logistik). Ziel war die Sensibilisierung der Mitarbeiter für die Steigerung von Qualität und Effizienz, aber auch von Eigenverantwortung und Teamkooperation.

Für die in Verbindung mit der Prozessreorganisation neu entstandenen Teams wurden spezifische Kurztrainings entwickelt und durchgeführt, die in mehreren Modulen quasi „häppchenweise" während der Arbeitszeit für unterschiedliche Abnehmer angeboten wurden. Diese Module werden in der Folge kurz nach einem einheitlichen Schema vorgestellt. Dabei werden die Zielgruppen beschrieben, die inhaltlichen Themen knapp erörtert und Maßnahmen zum Transfer in die betriebliche Praxis erläutert.

10.3.3   Modul 1: Führung von altersgemischten Teams

10.3.3.1   Zielgruppe

Dieses Modul richtet sich an die Führungskräfte im Produktionsbereich. Diese umfassen den Produktionsleiter und seinen Assistenten sowie die Schichtleiter. Die Teamsprecher wurden explizit nicht einbezogen, weil sie seitens der Unternehmensleitung nicht als Führungskräfte, sondern als Mitarbeiter mit besonderer Funktion begriffen wurden. Dieses Modul wird durch einen externen Berater in sechs kurzen Sitzungen durchgeführt.

10.3.3.2   Thema

Ausgangslage
Die Verantwortung der Führungskraft im Produktionsprozess liegt in erster Linie in der Sicherstellung der erforderlichen Personen und Qualifikationen, die für die Bewältigung der Aufgaben erforderlich sind. Bei starken Auftragsschwankungen sind auch Zeitarbeitnehmer einzuplanen, ebenso gelegentliche Sonderschichten. Bei der Zusammensetzung der Teams ist angesichts der demografischen Entwicklung darauf zu achten, dass die Alters- und Erfahrungsstrukturen möglichst divers ausfallen, sodass auch wechselseitiges Lernen und Erfahrungsaustausch sowie Maßnahmen der Job Rotation möglich werden (teilweise müssen Vorputzer auch Arbeiten im Bereich der Nacharbeit übernehmen können, teilweise können Putzer auch Prüftätigkeiten übernehmen, falls sie zuvor ein Prüfzertifikat erworben haben). All dies erfordert von den Führungskräften eine verstärkte Fokussierung auf die Ermittlung und die Kontrolle von Kompetenzen sowie die Beratung ihrer Mitarbeiter in Richtung auf den Erwerb (durch Weiterbildung oder Wissensaustausch) und die Aufrechterhaltung spezifischer Qualifikationen (durch Wechsel der Arbeitstätigkeiten).

Modulinhalte

1. Grundsätze der Teambildung und Erkenntnisse zur Teamdynamik: Teams gelten als abgegrenzte Einheit von Mitarbeitern, die auf ein gemeinsames Ziel kooperativ ausgerichtet sind und von einer Person geleitet werden. Teams halten nach innen hin zusammen (Kohärenz) und grenzen sich gegen andere Teams ab (Konflikte).
2. Die Bedeutung von Alters- und Erfahrungsdiversität in Teams: Teams setzen sich aus Mitarbeitern unterschiedlichen Alters und unterschiedlicher Berufserfahrung zusammen. Je diverser Teams zusammengesetzt sind, desto größer werden die Möglichkeiten des wechselseitigen Lernens insbesondere in solchen Situationen, in denen neue Lösungen gefunden werden müssen.
3. Ermittlung der Kompetenzen der einzelnen Teammitglieder: Für die Zusammensetzung der Teams ist es entscheidend, dass die Kompetenzen so verteilt sind, das effektives und effizientes Arbeiten des Teams möglich ist (Tonnage in Zeit). Von daher kommt es darauf an, die Beschäftigten nach Kompetenz und Kompetenzausprägung zu differenzieren. Hierauf wird im nächsten Abschnitt spezifisch eingegangen.
4. Kompetenzerwerb durch Job Rotation: Um zu vermeiden, dass bestehende Kompetenzen durch Nichtnutzung verloren gehen und noch nicht bestehende Kompetenzen durch praktisches Tun erworben werden, müssen systematische Pläne zur Job Rotation erarbeitet werden.
5. Mitarbeitergespräche im Sinne einer Zielvereinbarung zur längerfristigen Qualifizierung: Mit den Teammitgliedern sind Zielvereinbarungsgespräche zur Kompetenzentwicklung zu führen, die nach einem bestimmten Muster ablaufen und auch fortlaufend überprüft werden sollten.
6. Längerfristige Personaleinsatzplanung bei Absicherung der erforderlichen Kompetenzen: Führungskräfte müssen über grundlegende Kompetenzen im Bereich der Personaleinsatzplanung sowie über Kenntnisse zur Nutzung von entsprechenden Softwareprogrammen verfügen.

Die Führungskräfte werden angeleitet, sich über die Kompetenzen und den Reifegrad der Kompetenzausprägungen pro Teammitarbeiter via Personalakte und Mitarbeitergespräche zu informieren sowie entsprechende Klassifizierungen vorzunehmen. Dies kann mithilfe eines Kompetenzrades erfolgen (vgl. North et al. 2005). In diesem Kompetenzrad werden die unterschiedlichen Kompetenzbereiche des Putzens, Prüfens und Nachputzens gekennzeichnet und dazugehörende Kompetenzen ausgewiesen. Sie werden pro Mitarbeiter in einem Muster konzentrischer Kreise abgetragen, wobei der Reifegrad zum Zentrum hin vom Kenner über den Könner bis zum Experten zunimmt. Die grau schraffierten Felder spiegeln die

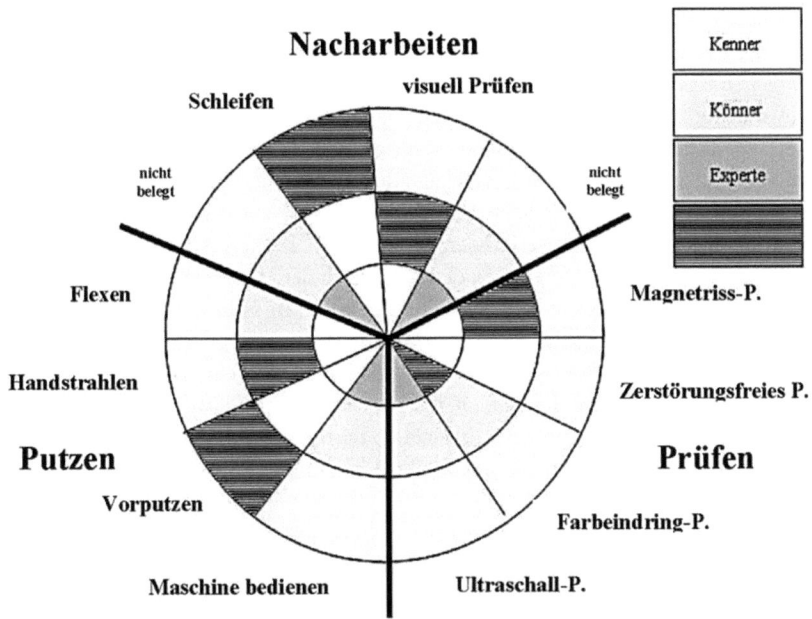

Abb. 10.7 Kompetenzrad in Anlehnung an North et al. (2005)

Einschätzung der Kompetenzen des jeweiligen Mitarbeiters wider. Die folgende Abb. 10.7 gibt einen Eindruck davon, wie ein Kompetenzrad eines Mitarbeiters hinsichtlich seiner fachlichen Kompetenzen angelegt werden könnte. Dieses Rad kann auch als Einstieg in weitere Qualifizierungsmaßnahmen dienen.

Dabei zeichnet sich der Kenner durch vorhandenes theoretisches Wissen, jedoch geringe Anwendungserfahrung aus. Der Könner dagegen weist vielfache Anwendungsmöglichkeiten auf und kann auf unvorhergesehene betriebliche Situationen angemessen reagieren. Ein Experte arbeitet weitgehend selbstorganisiert und verfolgt erfolgreich eine selbstständige, intuitive Problemlösung. In Abhängigkeit von den Kompetenzausprägungen des jeweiligen Mitarbeiters kann z. B. vereinbart werden, dass ein junger, unerfahrener Mitarbeiter ein Einarbeitungsprogramm absolviert, ein erfahrener Mitarbeiter eine Mentoring-Rolle für z. B. neu eingestellte Mitarbeiter übernimmt oder ein guter Putzer zusätzlich für Prüfaufgaben vorbereitet wird.

10.3.3.3 Transferhinweise

Für die Einführung von Kompetenzrad und den damit verknüpften Mitarbeitergesprächen ist eine enge Abstimmung mit dem Betriebsrat und evtl. die Erarbeitung
einer Betriebsvereinbarung anzustreben. Das Kompetenzrad bedarf der regelmäßigen Überarbeitung, um es als Planungsgrundlage für den Personaleinsatz nutzen
zu können. Es dient auch zur Steuerung aller Maßnahmen, die auf einen Personal-
austausch zwischen Teams oder den Ersatz für ausgeschiedene Mitarbeiter abzielen. In vergleichbarer Weise müssen auch die Mitarbeitergespräche systematisch
durchgeführt, dokumentiert und auch hinsichtlich der Umsetzung von abgestimmten Maßnahmen überprüft werden. Die Führungskraft informiert den Mitarbeiter
über anstehende Gespräche und kann ihm zur Vorbereitung auf das Gespräch ein
bereits zuvor ausgefülltes Kompetenzrad oder im Erstfall ein unausgefülltes Muster überlassen. Die für die Personalentwicklung verantwortliche Führungskraft
sollte darüber informiert werden, welche Qualifizierungsmaßnahmen seitens des
Unternehmens jenseits der internen Maßnahmen möglich sind.

10.3.4   Modul 2: Teamarbeit in altersgemischten Teams

10.3.4.1   Zielgruppe

Dieses Modul richtet sich an die Mitarbeitenden von Teams, die zusammen in
einer Schicht des Produktionsbereichs arbeiten und ihren jeweiligen Schichtleiter.
Als Moderator kann im ersten Schritt ein Mitarbeiter eines anderen Bereichs des
Unternehmens fungieren. Dieses Modul wurde für alle Arbeitsteams in jeweils vier
Sitzungen durchgeführt.

10.3.4.2   Thema

Ausgangslage
Jedes Team trägt für seine Ergebnisse Verantwortung. Unter dem Motto: „Wir
machen uns besser!" sollen Lernpotenziale ermittelt werden. Dabei ist es von
Bedeutung, den Beitrag jedes einzelnen Teammitglieds für das Teamergebnis zu
eruieren. Ziel ist es herauszufinden, welche Fähigkeiten und Fertigkeiten im Team
vorhanden sind und wie notwendige Kompetenzen in einem altersgemischten
Team weitervermittelt werden können. Wieder steht die Eigenverantwortung des
Teams im Mittelpunkt des Interesses. Grundlage ist gerade nicht die Defizithypothese, sondern die Wertschätzung und Anerkennung der im Team vorhandenen
Kompetenzen und das Zusammenspiel der unterschiedlichen Wissensträger. Die
Team-Wissensmatrix stellt hierbei einen hilfreichen Einstieg in das selbstorgani-
sierte Lernen im altersgemischten Team dar.

Modulinhalte

1. Team-Kompetenz-Analyse: Die Mitarbeiter setzen sich mit ihren Aufgaben auseinander und schaffen Transparenz über die im Team vorhandenen Kenntnisse und Fähigkeiten, um diese Aufgaben zu bewältigen.
2. Lernfeldanalyse: Die Teammitglieder ermitteln mit der Team-Wissensmatrix Lernfelder für den im Team anzustoßenden Lernprozess. Dabei beachten Sie, ob je Kompetenzfeld ausreichend Mitarbeiter zur Verfügung stehen.
3. Wissenstransfer organisieren: Die Teammitglieder bestimmen mit Hilfe der Team-Wissensmatrix Wissensträger im Team, die für den Lerntransfer im Team von besonderer Bedeutung sind. Zusätzlich machen sie Vorschläge zu zeitlichen und räumlichen Umsetzungsmöglichkeiten von Lerneinheiten.
4. Führungsverantwortung im Lernprozess: Der Schichtleiter trägt die Verantwortung für die optimale Zusammenstellung seines Teams und rekrutiert mithilfe der Team-Wissensmatrix im Team, aber auch teamübergreifend Personal zur optimalen Aufgabenbewältigung. Dabei beachtet er besonders die Altersverteilung im Team und trägt die Verantwortung für die Umsetzung der Lernprozesse.

Die Teammitglieder werden angeleitet, jeden Mitarbeiter ihres Teams in eine der drei Gruppen – Neueinsteiger (Kenner), mittelerfahrene Mitarbeiter (Könner) und Routinier (Experte) – zu kategorisieren. Selbstorganisiert erarbeiten sie Lösungen zu den Fragen: *Wer* kann *was* und *wer* weiß *was*? Um dies zu bewältigen, erhalten die Teammitglieder konkrete Kennzahlen (*/**/***). Grundlage für die Einschätzung der Kompetenzen je Aufgabenbereich ist das persönliche Kompetenzrad. Wenn kein Kompetenzrad zum Einsatz kommt, erstellt das Team die Team-Wissensmatrix im Diskurs. Für die Bewertung in Kenner – Könner – Experte nutzen die Teammitglieder die Selbsteinschätzung jedes Einzelnen, die Einschätzung durch die anderen Teammitglieder und den Schichtleiter und im Bedarfsfall noch weitere das Arbeitsergebnis beurteilende Personen. Der Maßstab für die Bewertung ist die über das Team im Konsens erarbeitete Bewertung des Besten im Team, abgeleitet von den beobachteten Tätigkeiten im Team. Gehen die Kompetenzen über die rein fachlichen hinaus, definieren die Teammitglieder einen Rahmen, in dem das Team und jedes einzelne Teammitglied innerhalb des Produktionsbereichs im Unternehmen Verantwortung wahrnimmt. Dies sorgt vor allem bei Schnittstellenproblemen zwischen einzelnen Bereichen des Produktionsbereichs für Transparenz und deckt bereichsübergreifend evtl. vorhandene Verantwortungslücken auf.

Zum Einstieg werden die Teammitglieder aufgefordert, ihre eigene Team-Wissensmatrix aufzustellen.

	MA 1	MA 2	MA 3	MA 4	MA 5	MA 6	MA 7	MA 8	MA 9
Kompetenz									
Handstrahlen	*	**	*	**	***	*	**	***	*
Fehlerbehandlung	*	**	**	*	***	*	***	**	*
Prüfung	***	*	*	*	*	***	*	*	***
....									

Kenner * – Könner ** – Experte ***

10.3.4.3 Transferhinweise

Die Team-Wissensmatrix zeigt den Gesamtüberblick über alle Teammitglieder
und deren Kompetenzen. Somit ist sie nicht auf eine Person bezogen zu betrachten, sondern auf das gesamte Team. Sie stellt den Einstieg in mehrere Schritte der
Teamentwicklung dar, die innerhalb des jeweiligen Teams in konkrete Maßnahmen
münden sollen. Diese sind Mentoring oder Lern-Tandems zur Teilung des im Team
vorhandenen Wissens. Dabei werden insbesondere Cross-Tandems hinsichtlich der
wechselseitigen Wissensvermittlung umgesetzt. Die Eins-zu-Eins-Beziehung fördert das gegenseitige Verständnis zwischen älteren und jüngeren Arbeitskräften
und in der Folge die wechselseitige Unterstützung im Team. Langfristig stärken
funktionierende Lernteams die soziale Kompetenz der Teammitglieder und haben
auch günstige Effekte auf die Integration von Berufsrückkehrer und externe Be-
triebsangehörige. Darüber hinaus werden Patenschaften im Team und Rotation
innerhalb des Teams umgesetzt. Teamübergreifend schafft der Schichtleiter bei
potenziellem Personalausfall mithilfe der Team-Wissensmatrix einen Puffer. Die
Team-Wissensmatrix ist keine Leistungsbeurteilung eines Mitarbeiters und sollte
wie auch das Kompetenzrad mit dem Abschluss einer Betriebsvereinbarung im
Unternehmen verankert werden. Damit die Team-Wissensmatrix wirksam ist, wird
sie in eine gezielte Personalentwicklung sowie in ein Konzept von Entwicklungs-
gesprächen eingebunden.

10.3.5 Modul 3: Alternsgerechter Personaleinsatz

10.3.5.1 Zielgruppe

Dieses Modul richtet sich an die Schichteiter einer Schicht, die ein Team im Produktionsbereich führen. Darüber hinaus können Teamsprecher, die vor Ort für den
reibungslosen Tagesablauf sorgen, sowie übergreifend der Arbeitssicherheitsinge-
nieur und der Betriebsarzt hinzugezogen werden. Dieses Modul wird durch einen
externen Berater in sechs kurzen Sitzungen durchgeführt.

10.3.5.2 Thema

Ausgangslage

Die Belastungsfaktoren im Produktionsbereich einer Eisengießerei sind sehr ausgeprägt und reichen von schwerster körperlicher Arbeit bis hin zu gesundheitsgefährdenden Rahmenbedingungen durch Hitze/Kälte, Staub und Lärm. Aus diesem Grund kann die Personaleinsatzplanung in einem altersdiversen Team dazu beitragen, den Arbeitsalltag für ältere Mitarbeiter im Team gesundheitsschonender zu gestalten.

Modulinhalte

1. Die Altersstruktur der Mitarbeitenden in einem Team mithilfe der Personalabteilung ermitteln: Dazu werden aus den Personaldaten des Betriebes das Geburtsdatum und Geschlecht aller Teammitarbeiter in einer Excel-Datei dokumentiert. Die Führungskraft wird sensibilisiert, sich frühzeitig auf den demografischen Wandel vorzubereiten und Handlungsbedarf aufzuzeigen.
2. Tätigkeitsanalyse: Die im Arbeitsprozess des Produktionsbereichs anfallenden Tätigkeiten werden entsprechend des Produktionsprozesses tabellarisch aufgelistet. Dazu wird bis auf den einzelnen Arbeitsschritt im Bereich Putzen und Prüfen „heruntergebrochen". Auf diese Weise kann ein Überblick geschaffen werden, welche Tätigkeiten durchgeführt werden müssen und welche Qualifikationen eine jeweilige Tätigkeit erfordert.
3. Belastungsanalyse: Die aufgelisteten Tätigkeiten werden nach ihrer körperlichen Belastung kategorisiert. Dabei gelten die drei Stufen leicht–mittel–schwer. Die Belastungsanalyse beinhaltet im Bereich Putzen/Prüfen vorrangig physiologische Kriterien, kann aber auch zu psychologischen Faktoren durchgeführt werden. Dabei spielen Hitze, Lärm, Staub, Heben, Krafteinsatz etc. eine Rolle.
4. Vertrauliche Mitarbeitergespräche: Nur im Gespräch mit dem einzelnen Mitarbeiter können über die Personaldaten hinausgehende Einschätzungen zum persönlichen Erleben des Mitarbeiters erfragt werden. Hier stehen für den Mitarbeiter belastende Arbeitsfaktoren und individuelle Wünsche des Mitarbeiters, z. B. auch aus dem familiären Umfeld, im Vordergrund.
5. Erstellen einer Aufgaben-Eignungsmatrix: Auf Grundlage der Personaldaten und des Mitarbeitergesprächs wird die Eignung eines Mitarbeiters für eine bestimmte Tätigkeit durch den Schichtleiter in einer Excel-basierten Tabelle dokumentiert.
6. Nutzung der Aufgaben-Eignungsmatrix: Im Kontext des altersgerechten Personaleinsatzes trägt der Schichtleiter die Verantwortung für den Einsatz von Organisations- und Personalentwicklungsmaßnahmen. So können Selektion von Aufgaben nach individueller Eignung, Job Rotation im Team oder teamübergreifend flexible Arbeitszeitmodelle oder Maßnahmen der Betrieblichen Gesundheitsförderung zur Anwendung kommen.

Aufgaben 1-6 (leicht, mittel, schwer)

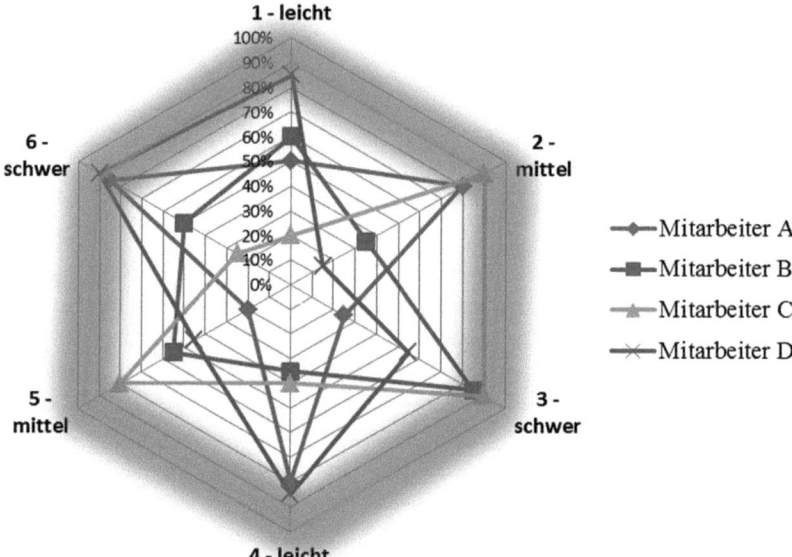

Abb. 10.8 Aufgaben-Eignungsnetz

Grundlegend gilt die Annahme, dass ein Mitarbeiter bei einer Eignung von 80 %
gute Voraussetzungen mitbringt, um eine Aufgabe zu bewältigen. Um einen älteren
Mitarbeiter gesundheitsschonend einzusetzen, werden seine Aufgaben selektiert.
Dadurch kann der Mitarbeiter seine langsam sinkenden Ressourcen auf wenige
Bereiche konzentrieren und effizienter nutzen. Für jeden älteren Mitarbeiter kann
der Schichtleiter ermitteln, für welche Aufgaben er die besten Ressourcen besitzt.
Auf diese Weise kann in einem altersgemischten Team eine Zuteilung von Aufgaben in Abhängigkeit der Schwere der körperlichen Arbeit und dem Eignungsgrad
des jeweiligen Mitarbeiters erfolgen. Der Eignungsgrad wird mit dem Mitarbeiter
besprochen. Bei Unstimmigkeiten hat der Mitarbeiter das Recht, sich an den Betriebsrat zu wenden. Der Eignungsgrad wird in einem Aufgaben-Eignungsnetz dargestellt (s. Abb. 10.8).

10.3.5.3 Transferhinweise

Die Aufgaben-Eignungsmatrix wird bei Bedarf um weitere Aspekte der Arbeits-
belastungen, wie z. B. psychische Faktoren und seitens der Mitarbeiter z. B. mit
familiären Hintergründen ergänzt. In einem vertrauensvollen Gespräch mit dem

jeweiligen Mitarbeiter erfragt die Führungskraft, welche Schritte der Mitarbeiter selbst unternehmen möchte, um beispielsweise seine Eignung in bisher geringerem Umfang zu steigern. Dies erfolgt z. B. durch Training oder Schulung im Bereich der Betrieblichen Gesundheitsförderung. Auf der anderen Seite erfragt die Führungskraft in diesem vertrauensvollen Gespräch, welche Schritte von ihr ausgehend den älteren Mitarbeiter unterstützen würden, seine noch vorhandenen körperlichen Ressourcen optimal einzusetzen. Dies führt zur Umsetzung personalentwicklerischer Maßnahmen wie z. B. die Integration des älteren Mitarbeiters in ein Job-Rotation-Programm. Letztlich trägt der Schichtleiter die Verantwortung dafür, dass in seinem Team alle Aufgaben optimal erledigt werden und dabei alle Teammitglieder über Selektion von Aufgaben, kontinuierliche Rotation und gesundheitsschonende Rahmenbedingungen langfristig motiviert und leistungsstark agieren. Voraussetzung für eine erfolgreiche Personaleinsatzplanung ist die Einbeziehung des Betriebsrates. Unter Umständen ist auch hier der Abschluss einer Betriebsvereinbarung angezeigt, um den förderlichen Einsatz des Instruments sicherzustellen.

10.3.6 Modul 4: PE-Instrumente für einen intergenerativen Erfahrungsaustausch

10.3.6.1 Zielgruppe

Dieses Modul richtet sich an die Führungskräfte im Produktionsbereich. Diese umfassen den Produktionsleiter, die Bereichsleiter und ihre Assistenten sowie die Schichtleiter. Dieses Modul wird durch einen externen Berater in vier kurzen Sitzungen durchgeführt.

10.3.6.2 Thema

Ausgangslage
Der intergenerative Wissens- und Erfahrungsaustausch unterstützt erfahrene Mitarbeiter, ihr Wissen zu aktualisieren und bewahrt weniger erfahrene Mitarbeiter davor, das „Rad ständig neu zu erfinden". Damit aber der Wissens- und Erfahrungsaustausch im Produktionsbereich der Eisengießerei erfolgreich verläuft, muss die Führungskraft dem erfahrenen Mitarbeiter deutlich machen, wie wichtig sein Wissen und seine Erfahrung für den Bereich, aber auch für das gesamte Unternehmen sind (North 2011). Dann stellt der Bereichsleiter in Absprache mit dem Schichtleiter Erfahrene und weniger Erfahrene in einer Arbeitsgruppe zusammen und durch den Teamsprecher wird die Wissensweitergabe in den täglichen

Geschäftsablauf durch klare organisatorische Maßnahmen integriert. Es gilt aber auch seitens der Teammitglieder zu erklären, dass das Wissen die Holschuld desjenigen ist, der die Tätigkeiten übernehmen wird. Der unerfahrene Mitarbeiter muss sich das Wissen abholen, für sich verarbeiten und aufbereiten. Mögliche bestehende Hemmfaktoren für den intergenerativen Erfahrungsaustausch wie z. B. Abteilungsegoismus werden durch den Abbau räumlicher Grenzen und den Einsatz von Springern abgebaut.

Modulinhalte

1. Mentoring: Mentoring ist gekennzeichnet durch die Begleitung eines eher unerfahrenen Mitarbeiters, Mentee genannt, beim Einstieg in eine neue berufliche Situation durch einen erfahrenen Mitarbeiter, den sogenannten Mentor. Im Hinblick auf den intergenerativen Wissensaustausch in einem Unternehmen wird der ältere Mitarbeiter als Mentor zu einem erfahrenen Berater, der mit seinem fachlichen Wissen und seinem Erfahrungswissen die persönliche Entwicklung des Mentees fördert, indem er unternehmensspezifisches Wissen überträgt.
2. Tandem: Das Tandem-Modell ist eine Methode, die durch starke Interaktion und einen hohen Anteil kommunikativer Elemente gekennzeichnet ist. Kompetenz- oder Projekt-Tandems verfolgen über einen längerfristigen Prozess hinweg das Grundprinzip der Zusammenarbeit von einem jüngeren, weniger erfahrenen Mitarbeiter mit einem älteren, erfahrenen Mitarbeiter. Jüngere Mitarbeiter sammeln im Tandem schneller Praxiserfahrungen und gleichzeitig profitieren ältere Mitarbeiter von dem meist aktuelleren Wissenstand der jüngeren.
3. Intergeneratives Arbeitsteam: In intergenerativen Arbeitsteams werden spezifische Defizite der einen Altersgeneration durch die entsprechenden Stärken der anderen Altersgeneration ausgeglichen. Diese Organisationsform wirkt effektiv und nachhaltig und nimmt somit positiven Einfluss auf die Beziehungen zwischen jüngeren und älteren Mitarbeitern innerhalb eines Unternehmens, welches auch positive Effekte auf die Arbeitsergebnisse nach sich zieht.
4. Job Rotation: Insbesondere im intergenerativen Erfahrungsaustausch ist Job Rotation ein probates Mittel, die intergenerative Kommunikation zu erhöhen, von den Erfahrungen der älteren Mitarbeiter zu profitieren und kurzfristig gezielt Wissen aufzubauen. Das durch Job Rotation erworbene Wissen und die neuen Erfahrungen tragen dazu bei, dass Mitarbeiter qualifizierter und flexibler im Unternehmen eingesetzt werden können und fördern gleichzeitig das Verständnis füreinander.

Mentoring und Tandems kommen im Unternehmen zum Einsatz. Dabei ist die Wissensbewahrung und Wissensweitergabe von zentraler Bedeutung. Damit implizites Wissen transparent gemacht wird und sich ein Mitarbeiter seines Wissens- und Erfahrungsreichtums bewusst wird, werden Hilfsmittel eingesetzt.

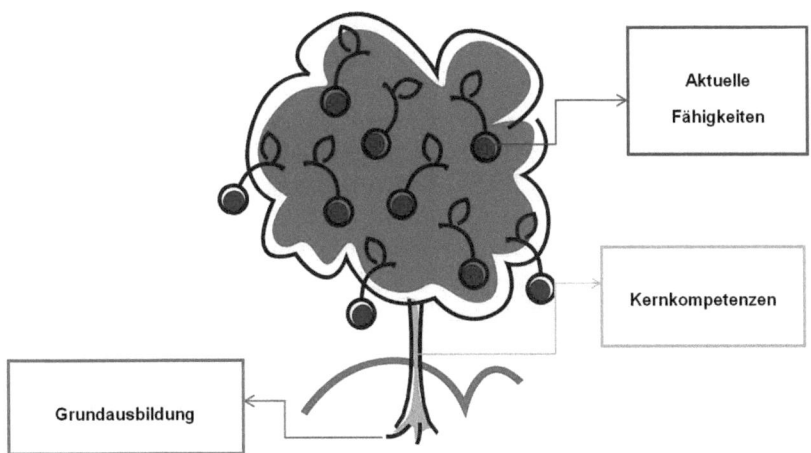

Abb. 10.9 Wissensbaum (eigene Darstellung)

Eine gute Möglichkeit für ausscheidende Mitarbeiter, ihren Wissens- und Erfahrungsschatz dem Unternehmen transparent zu machen und so den Transfer innerbetrieblich zu unterstützen, ist der Wissensbaum (Willke 2007). Mit dem Wissensbaum (s. Abb. 10.9) erhält die Führungskraft auf einfache Weise ein strukturiertes Kompetenzportfolio eines Mitarbeiters und verdeutlicht dem ausscheidenden Mitarbeiter die Wertschätzung seiner Kompetenzen. Gleichzeitig erhöht sich die Motivation des erfahrenen Mitarbeiters, wenn er seine Erfahrungen an die nächste Generation weitergeben kann, denn es geht nicht um die reine Wissensvermittlung, sondern gerade auch um informelle Dinge, die nicht dokumentiert sind.

Die Führungskraft stellt den Wissensbaum als Blanko-Übersicht zur Verfügung und leitet den ausscheidenden Mitarbeiter an, die Ausgangspunkte der beruflichen und fachlichen Grundausbildung an den Wurzeln, am Stamm seine Kernkompetenzen und an den Blättern und Früchten die heutigen praktischen Fähigkeiten einzutragen. Dabei beziehen sich die Kernkompetenzen neben den fachlichen insbesondere auf die methodischen, sozialen und personalen Kompetenzen, die der Mitarbeiter im Laufe seiner Berufslaufbahn aufgebaut hat. Denn im alltäglichen Tagesgeschäft geht es häufig nicht um das reine Wissen, sondern um praktische Umsetzungsmöglichkeiten und unternehmensübergreifende Strukturen. Zur Unterstützung werden dem ausscheidenden Mitarbeiter Kernkompetenzen vorgestellt, die sich in den jeweiligen Kategorien wiederfinden. Als Arbeitsgrundlage eignet sich der KODE®X-Kompetenzatlas (Erpenbeck 2007). In im Einarbeitungsprozess regelmäßig durchgeführten Gesprächen mit dem anzulernenden Mitarbeiter gibt der ausscheidende Mitarbeiter anhand seines Wissensbaums wertvolle, informelle unternehmensinterne Tipps weiter, die den Unerfahrenen dazu befähigen, sich im Unternehmen zurecht zu finden.

Auch bei der Bildung von Tandems lassen sich mit dem Wissensbaum geeignete Tandem-Partner zusammenbringen, da gerade die Tandem-Methode auf das gegenseitige Lernen ausgerichtet ist. Der Schichtleiter im Produktionsbereich zielt auf einen flexiblen Einsatz seiner Mitarbeiter und fordert einen aufgabenübergreifenden Einsatz oder einen Einsatz als teamübergreifender Springer. Ausgewählte Kompetenzträger wie z. B. Putzer versus Nacharbeiter werden durch die Führungskraft im Bereich Putzen/Prüfen angehalten, mithilfe der transparent gemachten Wissensbauminformationen einen wechselseitigen Lernprozess zu initiieren. Dazu übergibt der Schichtleiter den Tandem-Partnern die jeweiligen Tätigkeitsprofile Putzer vs. Nacharbeiter sowie jeweils einen Blanko-Wissensbaum (A4-Größe). Beide Beteiligte füllen im Anschluss separat ihren persönlichen Wissensbaum mit Informationen. Im Anschluss legen sie die Wissensbäume nebeneinander und vergleichen, wo es Wissensüberschneidungen gibt und welche Kenntnisse im gegenseitigen Lernprozess aufgebaut werden können. Beide Tandem-Partner sind zugleich Lernende und Lehrende. Sie informieren den Schichtleiter über den selbstorganisierten Lernprozess und geben ihm eine Rückmeldung, wenn der Lernprozess abgeschlossen ist. Über eine Arbeitsprobe überprüft der Schichtleiter den aktuellen Kenntnisstand der jeweiligen Tandem-Partner.

10.3.6.3 Transferhinweise

Personalentwicklungsinstrumente für einen intergenerativen Erfahrungsaustausch können isoliert nur unzureichend effektiv eingesetzt werden. Besser eignet sich ein unternehmensumfassender Organisations- und Personalentwicklungsprozess, um Maßnahmen koordiniert einzuführen. In diesem Zusammenhang ist es von Bedeutung, die Mitarbeiter in die Entwicklung einzubeziehen und über Mitarbeiterbefragungen Anregungen und Vorschläge zu erhalten, wie die Organisation im Produktionsbereich weiter verbessert werden kann. Bezogen auf die vorgestellten Module sind weitere Voraussetzungen zu beachten.

Im Hinblick auf den Mentoring-Prozess ist es der Eisengießerei wichtig, frühzeitig geeignete Nachfolger zu bestimmen, damit ein adäquater Zeithorizont eine hohe Qualität der Einarbeitung unterstützt. Insbesondere unternehmensspezifische Spielregeln, die Unternehmenskultur, die gelebten Werte und implizite Verhaltensmaßstäbe spielen neben fachlichen Wissensbestandteilen eine Rolle.

Tandems eignen sich vor allem auch in Innovationsprojekten. Sind wie in der Eisengießerei nur wenige Mitarbeiter eines Funktionsbereiches vorhanden, um in Innovationsprojekten mitzuarbeiten, werden Tandems in den jeweiligen Funktionsbereichen eingerichtet, um Unterstützung für die im Projekt arbeitenden Mitarbeiter aufzubauen, auch wenn der Aufwand zunächst etwas höher erscheint. Entscheidende Erfolgskriterien für intergenerative Arbeitsteams in der Eisengießerei sind die gegenseitige Akzeptanz der unterschiedlichen Altersgruppen, gegenseitiger Respekt und Anerkennung der Leistung, Anreize für Erfahrungsträger, ihre Erfahrungen mit anderen zu teilen, eine positive Fehlerkultur, offene Feedback Kultur, klare Arbeitsziele sowie Freiräume zum selbstorganisierten Lernen. Je komplexer die Arbeitsaufgaben sind, desto wichtiger ist die Zusammenführung der Erfahrungen und des Fachwissens der Teammitglieder unterschiedlicher Altersgruppen. Hier spielen insbesondere Teamführungsfragen eine entscheidende Rolle, z. B. in Fragen der Entscheidungsautonomie der einzelnen Teammitglieder. Im Hinblick auf altersdiverse Arbeitsteams sind vor allem die mit dem Alter zusammenhängenden Faktoren, wie z. B. Ausbildungsgrad, Betriebszugehörigkeit, Spezialisierung und Bildungshintergrund sowie relevante Branchenerfahrungen bedeutsam.

Job Rotation stellt auch im Alternsmanagement eine erfolgreiche Methode dar, um die Motivation und Leistungsfähigkeit von älteren Mitarbeitern zu erhalten. In der Eisengießerei zielt das Instrument vorrangig auf Abwechslung in der Belastung und bietet als Nebeneffekt den Erfahrungsaustausch zwischen Mitarbeitern verschiedener Bereiche. Durch die Erweiterung der Aufgabenvielfalt kann neben der Herausbildung von fachlichen und insbesondere der sozialen Kompetenzen zudem Monotonie vermieden werden.

10.4   Fazit

Das hier dargestellte Programm einer kombinierten OE- und PE-Maßnahme bezieht sich zum einen auf die Optimierung von Produktionsprozessen, zum anderen auf die Gestaltung von Arbeitsprozessen in unterschiedlich zusammengesetzten Arbeitsteams. Dabei betrifft die Zusammensetzung einmal die im Team zusammentreffenden funktionalen Qualifikationen sowie die Konstellation von Vertretern unterschiedlicher Altersgruppen und Berufserfahrungen. Die Art und Weise der Zusammensetzung kann als eine wichtige Voraussetzung für erfolgreiche Arbeitsleistungen als auch die Innovationsfähigkeit im Team angesehen werden (s. Kap. 4, 6 und 9 in diesem Band). Dieses Programm hatte seine zentrale Triebfeder weniger in der demografischen Entwicklung der Beschäftigten, als vielmehr in der wirtschaftlichen Gestaltung von Produktionsprozessen. Demografische Probleme rangierten eindeutig hinter wirtschaftlichen Problemen; auch Überlegungen zum Erhalt der Innovationsfähigkeit traten hinter die Überlegungen zur Aufrechterhaltung der Wirtschaftlichkeit zunächst einmal zurück. Allerdings ließ sich die OE-Maßnahme infolge der veränderten Arbeitsstrukturen gut mit auch demografisch bedingten Maßnahmen der Kompetenzentwicklung kombinieren. Dennoch bleibt festzuhalten, dass Themen des intergenerativen Lernens oder der alternsgerechten Führung eher von nachgeordneter Bedeutung waren.

Diese kurze Überlegung möge verdeutlichen, dass die demografische Entwicklung nicht als ein isolierter Treiber für betriebliche Maßnahmen jeglicher Art anzusehen ist. Sie stellt einen zu berücksichtigenden Faktor neben einer Vielzahl anderer Faktoren dar. Von daher kann sie vorübergehend mehr in den Vordergrund rücken, genauso wie sie auch angesichts von krisenhaften Entwicklungen gänzlich aus dem Blickwinkel geraten kann. Zudem ist festzustellen, dass die ergriffenen Maßnahmen immer nur in Relation zu den strukturellen Spezifikationen des Unternehmens zu sehen sind. Was sich in einem Unternehmen als erfolgreich erwiesen hat, muss sich nicht auf andere Unternehmen übertragen lassen bzw. kann dort sogar zu einem Misserfolg geraten.

Die aufgezeigten PE-Maßnahmen verdeutlichen ein weiteres Problemfeld: Häufig verbindet sich mit der Vorstellung einer PE-Maßnahme eine extern durchgeführte Trainingsmaßnahme, die über mehrere Tage läuft. Diese Vorstellung musste hier von Anfang an aufgegeben werden. Unter dem Aspekt der zunehmenden Arbeitsbelastung wird es gerade auf der operativen Ebene immer bedeutsamer, in den Arbeitsprozess integrierte Formen der Wissens- und Erfahrungsvermittlung zu entwickeln. Training-on-the-job muss dann die klassische Form der Weiterbildung ersetzen, möglicherweise gepaart mit Formen des e-learning, sofern dazu die Voraussetzungen erfüllt sind. Spezielle Trainingsmaßnahmen nur für ältere oder nur für jüngere Mitarbeiter finden nur wenig Akzeptanz. Dies gilt sowohl für Führungskräfte als auch für die operativ Beschäftigten.

Maßnahmen der Organisations- und Personalentwicklung verlangen im klassischen Sinne nach einer Evaluation. Diese konnte im laufenden Projekt nicht realisiert werden, zumal die theoretisch geforderten Voraussetzungen nicht gegeben waren (Bornewasser 2009) und auch die Umsetzung der Maßnahmen die für eine Evaluation erforderliche Konstanz nicht immer garantieren konnte. Die dargestellte Prozess- und Arbeitsrestrukturierung konnte zudem nicht als eine in sich abgeschlossene Maßnahme durchgeführt werden, die nach kurzer Zeit erledigt war. Fortlaufend wurden nachträgliche Veränderungen vorgenommen, wurden z. B. Teams neu konstelliert, Vorgesetztenverhältnisse neu geregelt oder auch Dokumentationsstandards neu eingeführt. Von daher konnten die OE- und PE-Maßnahmen auch nur beschränkt aufeinander bezogen und kaum summativ bewertet werden. Der wissenschaftliche Anspruch scheitert hier an den praktischen Realitäten eines sich fortlaufend entwickelnden Unternehmens.

Hinweise für die betriebliche Praxis

Die durchgeführten Workshops und PE-Maßnahmen können eine Geschäftsleitung sowie beteiligte Prozessverantwortliche sehr in der Reflexion der Prozesse und der damit verbundenen Fallstricke unterstützen. Die formulierten Entwicklungsschritte zur Qualitätsverbesserung können einem Unternehmen durch den oft genannten „Blick von außen" besonders zugutekommen. Denn häufig steht im laufenden Tagesgeschäft nur wenig Zeit zur Verfügung, eine Auszeit zu nehmen und den Prozess bzw. das Produktionsverfahren von einer Metaebene her zu beurteilen.

Die entworfenen Personalentwicklungsmaßnahmen sind innerhalb eines rollierenden Schichtsystems nur mit einer absolut stringenten Planung und Organisation umsetzbar. Aus diesem Grund ist es sinnvoll, die Schichtleitung im Produktionsbereich speziell auf die zeitliche und organisatorische Steuerung der Module zu verpflichten. Die Unternehmensleitung sollte das Vorhaben durch Bezahlung zusätzlicher Arbeitszeit bzw. Freizeitausgleich unterstützen.

Die bisherige Erfahrung mit anderen Instrumenten hat gezeigt, dass eine konsequente Information der Mitarbeiter unter Beteiligung des Betriebsrats zu einer relativ offenen Grundeinstellung gegenüber neuen Instrumenten führt. Größtmögliche Transparenz und das Vorbild der agierenden Führungskräfte sind dabei unerlässlich. Da es gerade in einer Eisengießerei schwere körperliche Belastungsfaktoren gibt, ist besonders der altersgerechte Personaleinsatz von praktischer Relevanz. Allein durch die Beschäftigung mit der Thematik und die Kommunikation untereinander wird das Verständnis für den Kollegen und die gegenseitige Wertschätzung im Produktionsprozess befördert.

Auch das Thema Teamarbeit ist in jedem Unternehmen, das Gruppenarbeit eingeführt hat, von großer Bedeutung. Denn damit verbunden sind strukturelle und personelle Veränderungen. Die optimale Zusammenstellung eines Teams spielt dabei eine besondere Rolle. Da ein Schichtleiter seine Mitarbeiter nicht immer alle persönlich kennen kann, wird es als sehr hilfreich angesehen, eine Wissensmatrix über die im Team arbeitenden Mitarbeiter zu erstellen. Auch hier muss von Anfang an klar sein, dass es nicht um eine Defizitbetrachtung geht, sondern um die vorrangige Frage: Wie kann das Wissen in einem Team optimal genutzt werden und welche Teammitglieder sind aufgrund ihres Know-hows in einem Teilbereich besonders wertvoll für das Team. Das Installieren von Lern-Tandems und die Ausbildung von Mentoren bewähren sich derzeit insbesondere bei der Einarbeitung von unerfahrenen Mitarbeitern.

Aufgrund der Einführung von Gruppenarbeit neu in Verantwortung kommende Führungskräfte werden in einem ersten Schritt zu Fragen der Mitarbeiterführung und zum Führen von Mitarbeitergesprächen geschult. Um eine möglichst neutrale Position des Trainers zu gewährleisten, kommen externe Berater zum Einsatz. Führungskräfte werden zunächst mit den Führungsaufgaben vertraut gemacht, so z. B. Beurteilungen von Mitarbeitern, Gespräche führen, Arbeitsproben bewerten etc. Dies ist vor allem vor dem Hintergrund von besonderer Bedeutung, dass neue Führungskräfte zuvor in der Linie gearbeitet haben und nun eine herausgehobene Position einnehmen. Die Auswahl der neuen Führungskräfte erfolgte anhand von Erfahrungswerten (Beurteilungen, Mitarbeitergespräche etc.) der Produktionsleitung. Über Reviews wird geprüft, ob die ausgewählten Führungskräfte ihrer neuen Aufgabe gewachsen sind. Wenn nicht, werden besondere Aufgaben, z. B. Projektverantwortung den Neigungen und Kompetenzen des Mitarbeiters entsprechend übertragen.

Literatur

Baldwin, T. T., & Ford, J. K. (1988). Transfer of training. A review and directions for future research. *Personnel Psychology, 41*(1), 63–105.

Bergmann, G., & Daub, J. (2008). *Systemisches Innovations- und Kompetenzmanagement. Grundlagen – Prozesse – Perspektiven* (2. Aufl.). Wiesbaden: Gabler.

Bornewasser, M. (2009). *Organisationsdiagnostik und Organisationsentwicklung.* Stuttgart: Verlag Kohlhammer.

Dömötör, R. (2011). *Erfolgsfaktoren der Innovativität von kleinen und mittleren Unternehmen.* Wiesbaden: Gabler.

Erpenbeck, J. (2007). KODE®X Kompetenzdiagnostik und -entwicklung. In J. Erpenbeck & L. Rosenstiel (Hrsg.), *Handbuch Kompetenzmessung. Erkennen, verstehen und bewerten von Kompetenzen in der betrieblichen, pädagogischen und psychologischen Praxis* (2. Aufl., S. 489–504). Stuttgart: Verlag Schäffer-Poeschel.

Glasl, F., & Houssaye, L. de la. (1975). *Organisationsentwicklung. Das Modell des Niederländischen Instituts für Organisationsentwicklung und sein praktische Bewährung.* Bern: Haupt.

Hansen, A., Trantow, S., Richert, A., & Jeschke, S. (2011). Strategien und Merkmale der Innovationsfähigkeit von kleinen und mittleren Unternehmen. In S. Jeschke (Hrsg.), *Innovation im Dienste der Gesellschaft. Beiträge des 3. Zukunftsforums Innovationsfähigkeit des BMBF* (S. 263–284). Berlin: Campusverlag.

Hauschildt, J., & Salomo, S. (2011). *Innovationsmanagement* (5. Aufl.). München: Verlag Franz Vahlen.

Klippert, J., Wölk, M., & Potzner, C. (2009). Beitrag partizipativer Aspekte der Arbeits-gestaltung und des Wissensaustausches zum Innovationserfolg. *Arbeit. Zeitschrift für Arbeitsforschung, Arbeitsgestaltung und Arbeitspolitik, 18*(2), 93–106.

Münch, J. (1995). *Personalentwicklung als Mittel und Aufgabe moderner Unternehmens-führung. Ein Kompendium für Einsteiger und Profis.* Bielefeld: Bertelsmann.

North, K. (2011). *Wissensorientierte Unternehmensführung. Wertschöpfung durch Wissen* (5. Aufl.). Wiesbaden: Gabler.

North, K., Reinhardt, K., & Sieber-Suter, B. (2005). *Kompetenzmanagement in der Praxis. Mitarbeiterkompetenzen systematisch identifizieren, nutzen und entwickeln* (1. Aufl.). Wiesbaden: Gabler.

Reichwald, R., & Piller, F. (2007). *Interaktive Wertschöpfung. Open Innovation, Individua-lisierung und neue Formen der Arbeitsteilung.* Wiesbaden: Gabler.

Schein, E. H. (1985). *Organizational culture and leadership. A dynamic view.* San Francisco: Jossey-Bass series.

Scholl, W., Breitling, K., Janetzke, H., & Shajek, A. (2013). *Innovationserfolg durch aktive Mitbestimmung. Die Auswirkungen von Betriebsratsbeteiligung, Vertrauen und Arbeit-nehmerpartizipation auf Prozessinnovationen.* Berlin: Edition Sigma.

Teece, D. J., Pisano, G., & Shuen, A. (1997). Dynamic capabilities and strategic manage-ment. *Strategic Management Journal, 18,* 509–533.

Trantow, S., Hansen, A., Richert, A., & Jeschke, S. (2011). Emergence of innovation. Eleven strategies to increase innovative capability. In K.R.E. v. Huizingh, S. Conn, M. Torkkeli, & I. Bitran (Hrsg.), *Proceedings of the XXII ISPIM Conference.* Lappeenranta University of Technology Press.

Willke, H. (2007). *Einführung in das systemische Wissensmanagement* (2. Aufl.). Heidel-wwberg: Carl Auer.

Dorit Hahn M.A. studierte nach einem abgeschlossenen Erststudium (Diplom) nebenbe-ruflich an der Universität Kaiserslautern im Studiengang Personalentwicklung im lernenden Unternehmen (M.A.) und arbeitete anschließend in der Rentenversicherung Rheinland-Pfalz als Organisations- und Personalentwicklerin. 2006 wechselte sie nach M-V und agierte als Personalentwicklungsberaterin vorrangig für KMU im Auftrag der Landesregierung. Seit 2011 arbeitet sie im Projekt derobino an der Universität Greifswald und unterstützt in diesem Kontext ausgewählte Unternehmen bei der Etablierung von unternehmensinternen Weiter-bildungsmaßnahmen im Rahmen des demografischen Wandels.

Organisationsentwicklungsmaßnahmen 11

Martin Ratzmann

Zusammenfassung

Fachkräftemangel, veränderte Altersstrukturen und Wissensverlust werden als drei bedeutende Herausforderungen für Unternehmen im demografischen Wandel angesehen und erfordern ein Umdenken auf allen Ebenen von Organisationen. Es wird aufgezeigt, welche Perspektiven und Notwendigkeiten sich aus Demografie-, Diversitäts- und Wissensmanagement für das Personalmanagement ergeben und welche Maßnahmen sich für die Arbeit in altersdiversen Innovationsteams ableiten lassen. Dabei bilden alterssensible Regelungen, soziale Kompetenzen und intergeneratives Lernen wichtige Grundsteine, die zur Wertschätzung von Altersdiversität und zur Sicherung von nachhaltigem Unternehmenserfolg beitragen.

11.1 Demografischer Wandel

Die situative und vorausschauende Analyse der Bevölkerungsentwicklung weist darauf hin, dass ein radikales Umdenken in Unternehmen erforderlich ist, um im Wandel der demografischen Entwicklungen langfristig wettbewerbsfähig und innovativ aufzutreten.

Im Folgenden wird auf drei Konsequenzen der demografischen Entwicklungen eingegangen, die nicht voneinander isoliert zu betrachten sind. Während Unter-

M. Ratzmann (✉)
Lehrstuhl für Strategisches Management und Organisation,
Universität Bayreuth, Universitätsstr.
30, 95440 Bayreuth, Deutschland
E-Mail: martin.ratzmann@uni-bayreuth.de

© Springer Fachmedien Wiesbaden 2015
M. Bornewasser et al. (Hrsg.), *Teamkonstellation und betriebliche Innovationsprozesse*, DOI 10.1007/978-3-658-07386-2_11

299

nehmen in einigen Branchen und Regionen schon seit einigen Jahren stärker von einem zunehmenden Mangel an qualifizierten Fachkräften betroffen sind, müssen sich Unternehmen aufgrund der Bevölkerungsentwicklung in Deutschland mittelfristig auch auf deutlich veränderte Altersstrukturen innerhalb der Belegschaft einstellen. Darüber hinaus wird der demografische Wandel Unternehmen mittelfristig mit überdurchschnittlich vielen Personalaustritten durch Übergang in den Ruhestand begleitet. Dadurch gehen Unternehmen nicht nur wichtige Fachkräfte, sondern auch wesentliche Wissens- und Erfahrungsressourcen verloren. Die Entwicklung angemessener Strategien kann als Herausforderung und Chance zur Sicherung des Fachkräftebedarfs und zur Sicherung des Fachwissens angesehen werden (Lange 2012).

11.1.1 Fachkräftemangel

Mit dem Rückgang der Bevölkerung im erwerbsfähigen Alter geht eine zunehmende Verknappung des Erwerbskräftepotenzials einher, die zu möglichen Personalengpässen führen kann (Bruch et al. 2010, S. 42). In vielen Branchen sind die Auswirkungen der Veränderungen noch nicht spürbar. Bestimmte Qualifikationsprofile (IT-Experten und Ingenieure) (Deller et al. 2008, S. 16), Branchen und Regionen (Lange 2012) sind aber schon heute stärker betroffen. Um dem Rückgang von qualifiziertem Nachwuchs zu begegnen, ist es zweckmäßig, Unternehmen dafür zu sensibilisieren die Potenziale der häufig vernachlässigten Gruppe der älteren Beschäftigten besser zu nutzen (Bruch et al. 2010; Krins 2013). Eine entscheidende Rolle nehmen dabei organisationale Bildungs- und Qualifizierungssysteme sowie die Etablierung eines organisationalen Wissensmanagements ein. Ihre Bedeutung steigt nicht nur, weil insgesamt weniger Erwerbstätige mit entsprechender Qualifikation vorhanden sein werden, sondern auch weil ältere Erwerbstätige länger im Beruf verbleiben und unter Umständen auch zunehmend geringer qualifizierte Mitarbeiter oder Quereinsteiger eingestellt werden könnten (Krins 2013).

11.1.2 Veränderte Altersstrukturen

Als zweite einschneidende Veränderung müssen sich Unternehmen mittelfristig auf eine deutlich veränderte Altersstruktur der Belegschaften einstellen. Dabei werden einerseits weniger Beschäftigte im mittleren Alter zur Verfügung stehen, gleichzeitig steigt aber auch der Anteil der über 50-Jährigen deutlich an. Insgesamt führt dies zu einem höheren Altersdurchschnitt und einer zunehmenden Altersdiversität (Bruch et al. 2010; Ratzmann et al. 2014a; Schat 2013). Diese Entwicklung wird zunehmend dadurch verschärft, dass die Personalpolitik von Unternehmen in den vergangenen Jahrzehnten häufig darauf ausgerichtet war, vorrangig jüngere Mitarbeiter zu qualifizieren und die älteren Beschäftigten aus dem aktiven Arbeitsprozess (z. B. durch Frühverrentung oder Vorruhestand) auszuschließen (Jasper et al. 2001). So beschäftigten laut einer Umfrage des Instituts für Arbeitsmarkt- und Berufsforschung im Jahr 2001 rund 40 % der deutschen Unternehmen keine Mitarbeiter über 50 Jahren mehr (Bruch et al. 2010).

11.1.3 Wissensverlust

Viele Entwicklungen, Produktionsfortschritte und Innovationen der letzten Jahrzehnte gehen auf die Leistungen der geburtenstarken Jahrgänge zwischen 1955 und 1965 (der sogenannten Generation der Babyboomer) zurück (Bruch et al. 2010). Die Vertreter dieser Generation stehen derzeit kurz vor dem Ruhestand und mit ihrem Ausscheiden kann den Unternehmen wichtiges Know-how verloren gehen (Bruch et al. 2010; Jasper et al. 2001; Weber und Hipp 2013). Insofern gewinnen der Wissenstransfer zwischen älteren und jüngeren Beschäftigten und die Förderung von Intergenerativem Lernen zunehmend an Bedeutung. Um die wertvollen Erfahrungen der älteren Belegschaft für jüngere Beschäftigte bereitzustellen (Jasper et al. 2001), können die Zusammenarbeit in altersdiversen Teams, die Organisation von innerbetrieblichem Lernen (Krins 2013), aber auch Regelungen zur „Verrentung mit Widerrufsrecht", die Bildung von internen Beratungsteams unter Mitwirkung von Beschäftigten über das Renteneintrittsalter hinaus oder die zeitweilige Wiederbeschäftigung von Experten nach erfolgter Pensionierung (Bruch et al. 2010) beitragen.

11.2 Organisationsentwicklung

Organisationsentwicklungen umfassen vielfältige Praktiken, Techniken und Methoden zur Weiterentwicklung von Organisationen und ihrer Mitglieder, um besser auf spezifische Herausforderungen (z. B. neue Technologien und Märkte, aber auch Fachkräftemangel und veränderte Belegschaftsstrukturen) einzugehen und einen notwendigen Wandel herbeizuführen und zu gestalten (Jones und Bouncken 2008). Veränderung und Wandel können auf der Ebene der Gesamtorganisation, der Teams und ihrer Mitarbeiter verortet sein und erfordern jeweils spezifische Maßnahmen der Umsetzung (Jones und Bouncken 2008).

Ein typisches Merkmal der Organisationsentwicklung ist die langfristige Planung, welche die gesamte Organisation und die Betroffenen miteinbezieht. Dabei wird der Wandel durch erfahrungsgeleitete Lern- und Problemlöseprozesse herbeigeführt und durch Verfahren der angewandten Sozialwissenschaften ausgelöst und unterstützt (Nerdinger 2011, S. 150), um die Effektivität von Arbeitsprozessen zu verbessern und die Möglichkeiten und Potenziale der Mitarbeitern zu fördern (Jones und Bouncken 2008). Insofern liegen die Ziele von Organisationsentwicklungsmaßnahmen nicht nur in der Steigerung der Produktivität, sondern auch vielmehr in der Verbesserung von Lebensqualität und Problemlösekompetenz innerhalb der Organisation (Nerdinger 2011, S. 150). Während die klassischen Konzeptionen der Organisationsentwicklung primär auf eine Änderung der Einstellung und des Verhaltens der Organisation ausgerichtet sind und zu einer positiven Veränderung innerhalb der Organisation beitragen sollen, heben neuere Konzepte die Bedeutung der Innovationsfähigkeit und Innovationsförderung sowie das Streben nach einer lernenden Organisation hervor (Nerdinger 2011, S. 154). Um eine Koevolution von Organisation und Umwelt zu erreichen, sollten die Maßnahmen der Organisationsentwicklung daher über die Verhaltensänderungen der Mitarbeiter hinausreichen und die Zielsetzung der Innovation verfolgen (Nerdinger 2011, S. 155).

Innerhalb von Unternehmen werden zentrale Aspekte der Organisationsentwicklung durch Maßnahmen des Personalmanagements bestimmt. In Hinblick auf die demografische Entwicklung fordern Bruch et al. (2010) daher:

- dem Fachkräftemangel durch den Einsatz der Potenziale älterer Beschäftigter zu begegnen,
- die Leistungsfähigkeit und Innovationsfähigkeit der alternden Belegschaft zu erhalten und
- die Potenziale einer zunehmenden Altersdiversität innerhalb der Belegschaft zu erkennen.

Die Reduktion dieser Auffassung durch Lange (2012) zeigt die Notwendigkeit auf, personale (Fachkräftebedarf) und organisationale Ressourcen (Fachwissen) zu sichern.

Grundsätzlich werden Unternehmen aber künftig nicht nur stärker vor der Frage stehen, welche Organisationsstrukturen und Prozesse zum Erhalt der Innovations- und Wettbewerbsfähigkeit beitragen können, „bei der die grundsätzliche Beteiligung aller Altersgruppen möglich ist" (Jasper et al. 2001), sondern auch, wie die Chancen der zunehmend altersdiversen Belegschaft durch Wertschätzung und einen individuell angepassten Umgang mit Menschen aller Generationen (Bruch et al. 2010) gegenüber den Risiken überwiegen können (Berblinger et al. 2013).

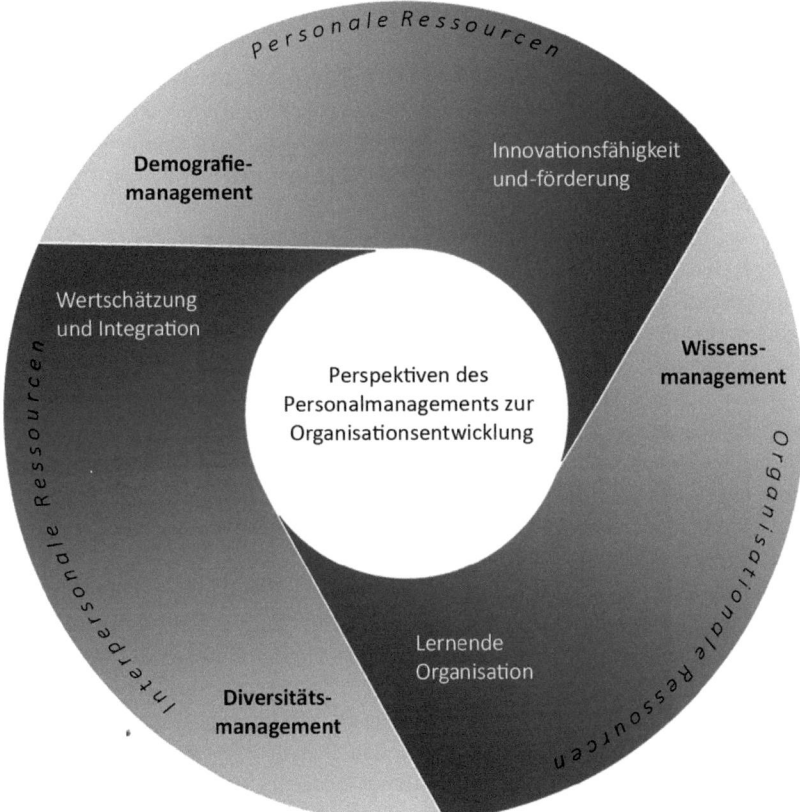

Abb. 11.1 Perspektiven des Personalmanagements bei der Umsetzung von Zielen der Organisationsentwicklung

So wie die interpersonellen Konflikte innerhalb von Teams die gesamte Organisation schädigen können, stellen auch konstruktive Lösungen über die Teamebene hinaus einen Gewinn für die Organisation dar (Nerdinger 2011, S. 40). Insofern wird Teamarbeit auch als Schnittstelle zwischen individuellem und organisationalem Verhalten angesehen und die Zusammenarbeit innerhalb von Teams repräsentiert die Verhaltensnormen der Organisation (Nerdinger 2011, S. 96).

Die drei dargestellten Perspektiven lassen sich den Bereichen Demografiemanagement, Diversitätsmanagement und Wissensmanagement zuordnen, welche sich in ihren Handlungsfeldern teilweise überschneiden und in unterschiedlicher Gewichtung auf die Ressourcen der Organisation ausgerichtet sind (vgl. Abb. 11.1).

11.2.1 Demografiemanagement

In Anlehnung an Deller et al. (2008, S. 112 f.) lassen sich die Handlungsfelder des Demografiemanagements den Bereichen des Personalmanagements (Beschaffung, Entlohnung, Führung, Entwicklung, Austritt) und den übergreifenden Aufgaben des Wissensmanagements, der Arbeitsgestaltung und der betrieblichen Gesundheitsförderung zuordnen.

Dabei ist es das zentrale Ziel des Demografiemanagements, dem Fachkräftemangel durch eine gezielte und alterssensible Personalplanung und Personalbindung sowie Karriere- und Weiterbildungsmöglichkeiten zu begegnen und Organisationsstrukturen zu schaffen, die eine altersunabhängige Integration von Beschäftigten sowie individuelle Lösungen für ihren Einsatz bieten (Jasper et al. 2001).

Das Personalmanagement in deutschen Unternehmen ist bisher stark darauf ausgerichtet, vermehrt Nachwuchskräfte zu rekrutieren, auszubilden und Anreize für die Nachwuchsbindung zu schaffen (Schat 2013, S. 409). Dies bestätigt auch eine Umfrage aus dem Jahr 2010, wonach die meisten Unternehmen auf den demografischen Wandel verstärkt mit der Rekrutierung jüngerer Mitarbeiter reagieren (Berblinger et al. 2013).

Die Ausrichtung auf die gering besetzten jüngeren Jahrgänge geht mit eher großen Defiziten hinsichtlich Rekrutierung, Weiterbildung und Karrieremöglichkeit der viel zahlreicheren älteren Beschäftigten einher (Berblinger et al. 2013; Schat 2013).

Dieser sogenannte War of Talents wird sich zunehmend verschärfen und eskalieren, wenn die Potenziale von älteren und altersdiversen Belegschaften nicht erkannt werden. Innerhalb von Unternehmen bedarf es daher einer höheren und differenzierteren Sensibilisierung für das Thema und der Entwicklung wirksamer Strategien für eine nachhaltige Personal- und Organisationsentwicklung (Jasper et al. 2001). Die konsequente Bewusstmachung und Neuorientierung hinsichtlich der Einstellungen, Verhaltensweisen und Werte gegenüber dem Alter und Altersdiversität ist auf allen Ebenen des Unternehmens notwendig (Jasper et al. 2001) und muss mit einer Neuausrichtung des Personalmanagements einhergehen, um den bevorstehenden Fachkräftemangel zu bewältigen.

11.2.2 (Alters-)Diversitätsmanagement

Um die künftigen sozialen und technischen Herausforderungen zu meistern, wird die stärkere Ausrichtung von Unternehmen auf die Integration des gesamten demografischen Beschäftigungspotenzials wichtiger. Höhere Wertschätzung und ein konstruktiver Umgang mit Diversität könnte es Unternehmen ermöglichen, die

Wissensverluste zu reduzieren, die Einarbeitungszeit von Mitarbeitern zu beschleunigen (Bieling 2013, S. 484), das Kompetenzniveau durch intergenerativen Wissenstransfer und Wissensaustausch zu fördern und den Wandel zu einer lernenden Organisation zu stimulieren, welches die interpersonalen Ressourcen im Unternehmen als Flexibilitätspotenzial realisieren kann (Ely und Thomas 2001; Krins 2013).

Dem liegt die Annahme zugrunde, dass sich Unternehmen auch ökonomische Vorteile verschaffen, wenn sie die altersbezogene Diversität der Beschäftigten – insbesondere im Rahmen des Personalmanagements – zielgerichtet einsetzen. Dies erfordert jedoch, dass das Unternehmen nicht ausschließlich an den Potenzialen, Erwartungen und Bedürfnissen einer bestimmten (jungen) Altersgruppe ausgerichtet ist, sondern Beschäftigte aller Altersgruppen aktiv in das Unternehmen und seine Prozesse integriert (Bieling 2013).

Eine hohe Altersdiversität der Beschäftigten kann Unternehmen aber auch vor eine Zerreißprobe stellen, wenn Konflikte zwischen Generationen eskalieren und ein schlechtes Arbeitsklima zu Unzufriedenheit und Motivationsverlusten beiträgt (Bieling 2013, S. 484).

Daher besteht ein zentraler Ansatz des Diversitätsmanagements darin, die Personalprozesse – auch über Altersunterschiede hinaus – auf die Integration der demografischer Vielfalt auszurichten, die Wertschätzung, Motivation und Potenziale aller Beschäftigten zu fördern und aufzuzeigen, welche Erwartungen und Werte daraus für das Miteinander einhergehen (Kay 2012).

Die Herausbildung von Strukturen (Krins 2013) und Prozessen, welche der Herausbildung eines positiven Arbeitsumfeldes und der Wertschätzung von Gemeinsamkeiten und Unterschieden der Beschäftigten dienen (Patrick und Kumar 2012), können aus dieser Perspektive als Grundlage einer nachhaltigeren Wandlungs- und Wettbewerbsfähigkeit angesehen werden.

Wie das Demografiemanagement setzt auch ein erfolgreiches Altersdiversitätsmanagement an allen Bereichen des Personalmanagements (Rekrutierung und Bindung, Einsatz, Entwicklung, Bewertung und Entlohnung, Führung) an (Bieling 2013; Stock-Homburg 2013).

In Abgrenzung dazu zeigt ein Diversitätsmanagement jedoch eine stärkere Gewichtung auf die interpersonellen Ressourcen der Diversität. Diversität wird dabei eher als Potenzial und weniger als Bedrohung angesehen und dementsprechend gezielt (z. B. in altersdiversen Teams) eingesetzt (Deller et al. 2008, S. 118).

11.2.3 Wissensmanagement

Wissensmanagement im Sinne des Austausches zwischen Generationen und nachhaltigen Nachfolgeplanungen hat besonders in hochspezialisierten Bereichen eine sehr hohe Bedeutung (Deller et al. 2008, S. 4). Die Wissensbasis von Unternehmen besteht zum größten Teil aus persönlichem, kontextspezifischen und nur schwer kommunizierbarem Wissen (Deller et al. 2008, S. 181 f.). Insbesondere wenn es sich um erfolgskritisches Wissen handelt, sind Strukturen und Prozesse notwendig, die sicherstellen, dass dieses Wissen in formales und systematisches Wissen umgewandelt wird und der Transfer dieses Wissens z. B. bei der Einarbeitung von neuen Mitarbeitern ermöglicht wird (Deller et al. 2008, S. 182).

Darüber hinaus werden Wissen bzw. Kompetenz immer häufiger auch als wichtige Ressource der Produktivität angesehen (Schiersmann und Thiel 2014, S. 355) und die Wertschöpfung aus wissensintensiven Tätigkeiten nimmt spürbar zu. Als zentrale Ziele eines unternehmensweiten Wissensmanagements sind nach Schiersmann und Thiel (2014, S. 355) die folgenden Schwerpunkte hervorzuheben:

- die Etablierung einer Wissenskultur und Definition von Wissenszielen,
- die Identifikation von relevantem Wissen,
- die gezielte Generierung und Verteilung von neuem Wissen,
- die Nutzung dieses Wissens und
- die Evaluation und Bewertung des Gesamtprozesses.

11.2.4 Hemmnisse der Organisationsentwicklung

Wandelbarrieren treten auf allen Ebenen der Organisation auf und ihre Ursachen können vielfältig (z. B. in Machtkämpfen zwischen Individuen oder Gruppen; unterschiedlichen Wahrnehmungen und Einstellungen) begründet sein (Jones und Bouncken 2008, S. 636). Daher ist es in der Regel notwendig, die gesamte Mitarbeiterschaft in die Maßnahmen einzubeziehen und durch Rückkoppelung sicherzustellen, dass Vertrauen für die Veränderungsprozesse geschaffen und Misstrauen sowie Widerstände abgebaut werden (Schiersmann und Thiel 2014, S. 46).

11.2.4.1 Negative Einstellung und Vorurteile

Für Unternehmen ist es in Hinblick auf die demografischen Prognosen längst eine zentrale Notwendigkeit geworden, ihre Einstellung gegenüber dem Alter(n) neu zu bewerten (Jasper et al. 2001). Die verbreitete einseitig-negativ geprägte Sichtweise entwickelte sich häufig unbemerkt und auf der Grundlage eines Überschusses an Fachkräften geburtenstarker Jahrgänge und führte bis in die 90er Jahre zu der Sichtweise, dass die ältere Belegschaft beliebig durch junge Erwerbstätige ersetzt werden könnte. Der Fokus der Personalpolitik war dabei eindeutig auf die jüngere und mittlere Generation ausgerichtet (Bruch et al. 2010; Krins 2013) und in der Denkweise vieler Personalverantwortlicher manifestierte sich das Defizitmodell des Alter(n)s zu einer tiefverwurzelten Entscheidungsgrundlage für die Personalauswahl und Personalentwicklung (Börsch-Supan et al. 2005; Bruch et al. 2010; Müller 2013). Die typischen Vorurteile weisen den älteren Mitarbeiter als generell unflexiblen und nur bedingt belastbaren Menschen aus, dem jegliche Bereitschaft zum Lernen fehlt und der zudem durch eine höhere gesundheitliche Anfälligkeit sowie eine prinzipiell geringere Leistungsbereitschaft gekennzeichnet ist (Bruch et al. 2010; Wegge et al. 2011a).

Entwicklungen in Richtung einer alterssensitiven Personalpolitik blieben lange Zeit aus, obwohl die Grundannahme der Defizit-Hypothese – ein mit dem Alter stetiger Abbau der Leistungsfähigkeit –nicht mehr unumstritten ist.

Der Fakt, dass mit dem zunehmenden Alter ein offensichtlicher Leistungsabfall einhergeht, wird immer öfter durch Anmerkungen, wie z. B. bei hohen sensomotorischen Arbeitsanforderungen oder wenn keine Kompensation durch Tätigkeitsoptimierung oder Tätigkeitsselektion möglich ist, spezifiziert und eingegrenzt. Darüber hinaus werden zunehmend auch Leistungssteigerungen älterer Mitarbeiter festgestellt, wenn die Tätigkeiten höhere Anforderungen an Wissen, Erfahrung oder soziale Kompetenz erfordern.

Diese Tatsache erfordert ein Umdenken bei zahlreichen Personalverantwortlichen, um den Fachkräftemangel durch die Integration älterer Beschäftigter nachhaltig zu überwinden und die Innovations- und Wettbewerbsfähigkeit der Unternehmen auch in Zukunft zu sichern.

Die aktuellen Gegebenheiten und die prognostizierten Entwicklungen der Altersstruktur in Bevölkerung und Unternehmen weisen auf die Chance und Notwendigkeit hin, alters- und generationsspezifische Bedürfnisse und Präferenzen zu erkennen und den Forderungen von Naegele und Tews (1993) nach einer Abwendung der einseitigen Negativ-Sicht des Alters und der Hinwendung zu den Potenzialen des Alters gerecht zu werden.

Hierfür reicht es aber nicht aus, die negative Sichtweise von Alter und Altersdiversität durch eine positive Auslegung zu ersetzen, sondern es geht vielmehr darum, die spezifischen Facetten der Altersdiskriminierung und der Vorurteile gegenüber Älteren abzubauen (Wegge et al. 2011a, b, 2012), wie es der Fall ist, wenn Personalentscheidungen aufgrund des Alters und nicht aufgrund der individuellen Qualifikation getroffen werden (Wegge et al. 2011a).

11.2.4.2 Diversität als Bedrohung

Da die Integration aller Mitarbeiter zu den wichtigsten Merkmalen eines innovativen Arbeitsumfelds gehört (Thamhain 2003) und um die Chancen einer altersdiversen Belegschaft nutzen zu können (Bieling 2013), muss die Kultur des Unternehmens von gegenseitiger Wertschätzung, einem Klima konstruktiver Kooperation und des offenen Austausches geprägt sein.

Während die Wahrnehmung von Gemeinsamkeiten zwischen Menschen die Herausbildung einer sozialen Identität und eines positiven Selbstbildes unterstützt, kann Diversität jedoch auch als Bedrohung der eigenen Identität wahrgenommen werden (Strauss et al. 2003, S. 35). Diese Auslegung kann mit geringem Arbeitseinsatz, einem geringeren organisationalen Commitment und Engagement (van Emmerik et al. 2007, S. 152) sowie einer geringeren Toleranz gegenüber abweichenden Normen oder Gruppen einhergehen (van der Zee und van der Gang 2007).

Da die Wertschätzung von Diversität sowohl eine Grundlage für den Erfolg altersdiverser Belegschaften ist und gleichwohl als Konsequenz vorausgehender Erfahrungen oder Erwartungen gegenüber Altersdiversität anzusehen ist, sollte die altersgemischte Belegschaft nicht als Konsequenz struktureller Notwendigkeiten angesehen werden, sondern als bewusst eingesetztes Instrument, um Wissenstransfer und Einsatzflexibilität durch die Zusammenarbeit diverser Belegschaften zu fördern und die wechselseitigen Vorurteile zwischen Jüngeren und Älteren abzubauen (Jasper et al. 2001).

11.2.4.3 Wissenstransfer als Machtverlust

Persönliche Erfahrungen, Wissen über Arbeits- und Entscheidungsprozesse und Netzwerke können durch den Übergang von Beschäftigten in den Ruhestand verloren gehen. Um dem entgegenzuwirken, ist es wichtig, dieses Wissen rechtzeitig jüngeren Mitarbeitern zu vermitteln. Menschen teilen aber nicht immer bereitwillig ihr Wissen mit anderen, weil es Vorteile mit sich bringt, eine Basis von Macht darstellt und der Wissenstransfer für die Beteiligten aufwändig und immer auch mit Zeit und Aufmerksamkeit verbunden ist. Insbesondere ältere Beschäftigte setzen häufiger den Transfer von fachlichem Wissen mit ihrer „Ersetzbarkeit" gleich und daher sollte ihre Angst vor dem Verlust ihres Wissenskapitals berücksichtigt werden (Deller et al. 2008, S. 118). Da diese Ansicht nur für Stellen zutrifft, deren Aufgabenkomplexität eher gering ist (Busch 2008, S. 56), sollten Unternehmen Anreize schaffen, welche die Teilung, den Austausch und den Transfer von Wissen fördern.

Einerseits sollten klare Wissensziele gesetzt und Freiräume für ihre Umsetzung geschaffen werden, in denen die Freude am gemeinsamen Lernen durch eine ausgeprägte Lernkultur und eine gute Lernatmosphäre überwiegt (intrinsische Anreize), andererseits können auch extrinsische Anreize wie z. B. Beförderung, Prestige und Entlohnungskoppelung unterstützend eingesetzt werden.

Durch komplementäre Fähigkeiten von Jüngeren und Älteren (Schat 2013) sowie wechselseitige Kenntnis über die Kompetenzen der anderen (Busch 2008, S. 57) kann der Austausch und Transfer von Wissen zusätzlich gefördert werden, so dass die Angst vor der „Ersetzbarkeit der Arbeitskraft" abgebaut wird und aus den Kompetenzen der Älteren erfolgreiche Innovationsprozesse abgeleitet werden können.

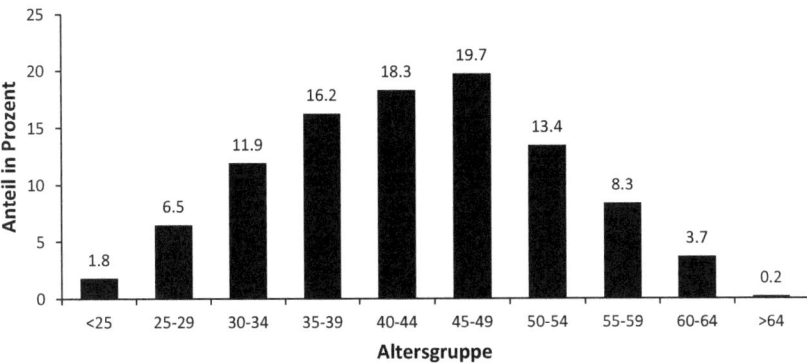

Abb. 11.2 Altersstruktur der Beschäftigten in Innovationsteams von 290 Unternehmen des Verarbeitenden Gewerbes

11.2.5   Hinweise für das Personalmanagement

Im Folgenden wird aufgezeigt, welche Möglichkeiten und Handlungsfelder sich aus den aufgezeigten Perspektiven im demografischen Wandel ergeben. Dabei wird näher auf die Rekrutierung, den Einsatz und die Qualifikation von Beschäftigten eingegangen, welche nach Stock-Homburg (2013) dem Personalmanagement zugeordnet werden können.

11.2.5.1   Altersstrukturanalysen

Altersstrukturanalysen können dazu beitragen den Unternehmen aufzuzeigen, in welchem Ausmaß und in welchem Zeitrahmen sie von Auswirkungen des demografischen Wandels betroffen sein werden (Bruch et al. 2010). Solche Analysen geben darüber Aufschluss, welche Verteilung oder Anordnung die Altersgruppen der jungen, mittleren und älteren Mitarbeiter im Unternehmen aufweisen. Auf der Basis dieser Kennzahlen können aber auch Prognosen der künftigen Altersstruktur (vgl. Abb. 11.3) erarbeitet werden, die zur Grundlage von alterssensitiven personalpolitischen Entscheidungen herangezogen werden können (Bruch et al. 2010; Krins 2013).

Die Analyse der Altersstruktur in Abb. 11.2 verdeutlicht, dass im Jahr 2013 etwa jeder vierte Beschäftigte in Innovationsteams des Verarbeitenden Gewerbes älter als 50 Jahre war. Demgegenüber war „nur" jeder zehnte Arbeitnehmer jünger als 30 Jahre. Eine einseitige Ausrichtung auf die Bedürfnisse und Erwartungen der Jüngeren zur Bindung dieser Beschäftigten kann auf den deutlich größeren Anteil der Beschäftigten (die Älteren) demotivierend wirken.

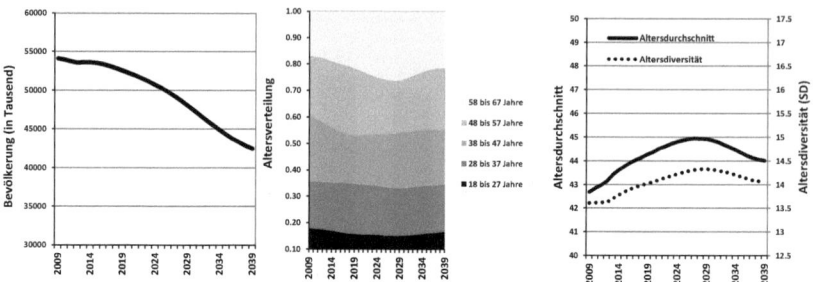

Abb. 11.3 Prognose der Bevölkerung im erwerbsfähigen Alter auf der Basis der Bevölkerungsvorausberechnung des Statistischen Bundesamtes (2009)

11.2.5.2 Alterssensible Rekrutierung

Altersstrukturanalysen ermöglichen die gezielte Rekrutierung spezifischer Altersgruppen. Eine solche alterssensible Rekrutierung hat die Veränderung der betrieblichen Altersstruktur zum Ziel. Während in den vergangenen Jahrzehnten komprimierte, junge Altersverteilungen angestrebt wurden, werden immer häufiger die Vorteile einer Balance der Altersklassen innerhalb der Belegschaft betont und als optimale Voraussetzung für den nachhaltigen Erfolg von Unternehmen im demografischen Wandel angesehen (Bruch et al. 2010; Krins 2013).

Der damit verbundene Prozess der „Gewinnung und Eingliederung altersdiverser Kompetenzträger" wird auch als Age Diverse Recruiting (Krins 2013) bezeichnet. Im Rahmen eines Age Diverse Recruiting wird der Schwerpunkt des Personalmanagements von der alterszentrierten auf eine altersunabhängige Rekrutierung von Mitarbeitern verlagert. Als zentrales Kriterium tritt dabei die hohe „situationsübergreifende Handlungs- und Problemlösefähigkeit" der Beschäftigten in den Fokus der Entscheidungen (Krins 2013).

11.2.5.3 Qualifikation (Weiterbildung)

Durch den längeren Verbleib der Älteren in der Erwerbstätigkeit und den zunehmenden Mangel an qualifiziertem Nachwuchs führt die praktizierte Ausgrenzung der älteren Belegschaft aus der Weiterbildung zur Stagnation und Veralterung ihres Wissens (Jasper et al. 2001). Begleitet wird diese Gewohnheit häufig von Vorurteilen, aufgrund derer oder weil diese Beschäftigten nicht entsprechend ihrer realen Stärken und Schwächen eingesetzt werden und wertvolle Erfahrungen der Älteren nicht genutzt werden (Jasper et al. 2001).

Zur Förderung der Leistungsfähigkeit, Produktivität und Innovationsfähigkeit der alternden Belegschaften ist es notwendig, innovative und altersgerechte Weiterbildungsmaßnahmen einzusetzen (Bruch et al. 2010; Schat 2013). Gleichzeitig kann die Integration aller Beschäftigten in die betriebliche Weiterbildung auch die (An-)Forderung an ein lebenslanges Lernen betonen und die Beschäftigungsfähigkeit der Mitarbeiter bis ins fortgeschrittene Alter fördern (Kay 2012). Um die Bereitschaft älterer Beschäftigter gegenüber Qualifizierungsmaßnahmen zu fördern und den Erfolg der Maßnahmen zu steigern, sind jedoch gegebenenfalls altersgerechtere Lernformen zu etablieren (Kay 2012).

11.2.5.4 Einsatz

Während auf die Besonderheiten des Einsatzes von altersdiversen Teams (vgl. 11.2.6) noch genauer eingegangen wird, hat auch die Gestaltung der Arbeitszeit einen unmittelbaren Einfluss auf die persönliche Lebensgestaltung der Beschäftigten und kann ihre Motivation und Zufriedenheit steigern. In allen Lebensphasen ist es für Beschäftigte wichtig, eine Balance hinsichtlich ihrer beruflichen und privaten Beanspruchung zu erreichen und zu erhalten. Während flexible Arbeitszeitmodelle primär im Unternehmensinteresse eingeführt wurden, stellt die *selbstbestimmte* Flexibilität der Arbeitszeit eine Möglichkeit zur besseren Vereinbarkeit von Berufs- und Privatleben dar (Ratzmann und Deurloo 2012).

Auch das viel weiter gefasste Konzept der Lebensarbeitszeit stellt eine potenzielle Variante alterssensibler Arbeitszeitregelungen dar. Diese Regelung zielt dabei weniger auf die Variabilität der täglichen Arbeitszeit an sich, sondern auf die Flexibilisierung der Arbeitszeit über die Lebensspanne ab. Bereits zwei von drei Unternehmen sehen darin ein wichtiges Instrument, um ihren Mitarbeitern eine flexible und altersgerechte Arbeitszeiteinteilung anzubieten (Berblinger et al. 2013) und die Möglichkeit einzuräumen, aufgrund individueller Notwendigkeiten (z. B. Kindererziehung, Pflege von Angehörigen) oder privater Bedürfnisse die Arbeitsphasen der Voll- oder Teilzeit bzw. Freistellung zu kombinieren (Bruch et al. 2010).

11.2.6 Hinweise für die Arbeit in altersdiversen Teams

Verstärkt durch den demografischen Wandel in Deutschland arbeiten in Innovationsteams immer häufiger auch Personen unterschiedlichen Alters (Ratzmann et al. 2014b). In den Beobachtungen von Führungskräften überwiegen häufig negative Vorurteile gegenüber dem Alter (Wegge et al. 2011a) und die negativen Aspekte altersdiverser Teams. So fallen altersdiverse Teams häufiger durch ein schlechteres Gruppenklima und geringere Zufriedenheit, schlechtere Kommunikation und durch eine hohe Fluktuation der älteren Teammitglieder auf (Wegge et al. 2011a).

Die negativen Einstellungen und Erwartungen von Vorgesetzten gegenüber der Leistung von Älteren können dabei selbst eine Grundlage für die Realisierung

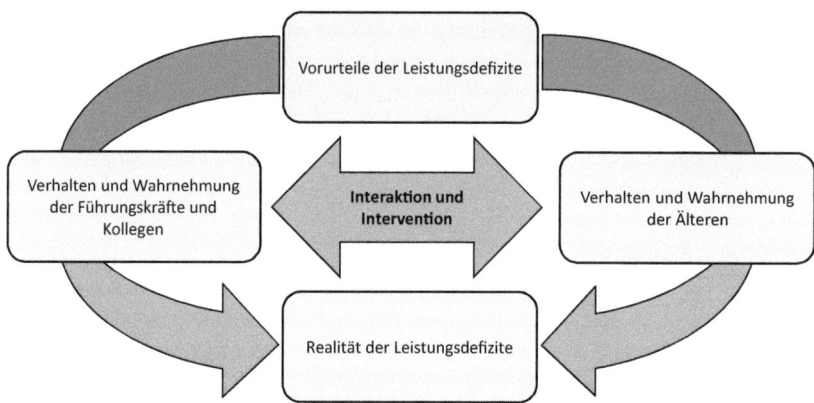

Abb. 11.4 Das Phänomen der self-fulfilling prophecy durch Vorurteile gegenüber Älteren

dieser Vorurteile bieten, weil Ältere unangemessen eingesetzt werden oder den älteren Beschäftigten falsche Anreize angeboten werden (vgl. Abb. 11.4). So zeigt beispielsweise Büttner (2013) auf, dass die Aussichten auf Beförderung und den damit verbundenen höheren Status zwar prinzipiell altersunabhängig sind, aber mit zunehmendem Alter der Beschäftigten weniger als Hygiene- und Motivationsfaktor wirken. Bieling (2013) weist darauf hin, dass ältere Beschäftigte weniger an vielfältigen als an Arbeitsaufgaben interessiert sind, die ihre persönliche Weiterentwicklung fördern.

Ebenso wichtig sind die persönlichen Einstellungen der Teammitglieder gegenüber dem Alter und die Wertschätzung von Diversität im Team. Sie stellen eine zentrale Grundlage für den Erfolg altersgemischter Teamarbeit dar (Wegge et al. 2011a) und sind gleichwohl Ergebnis vorausgehender Erfahrungen. Beschäftigte können sich eher mit einem diversen Team identifizieren, wenn sie der Diversität des Teams eine positive Wertschätzung beimessen. In der Konsequenz setzen sie sich auch mehr dafür ein (van Dick et al. 2008) und bauen eher gegenseitige Unterstützung auf (Haslam et al. 2011).

Die Erfahrungen mit altersdiversen Teams gehen häufig nicht darüber hinaus, Vorurteile, Kommunikationsprobleme und Konflikten zu erörtern, weil diese offensichtlichen Fakten die Produktivität des Teams verschlechtern und den Erfolg des ganzen Unternehmens gefährden können (Bruch et al. 2010). Ein besseres Verständnis der sozialen und aufgabenrelevanten Prozesse in der Zusammenarbeit von Jung und Alt kann aber dabei helfen, die Chancen altersdiverser Teams zu erkennen und gezielte, erfolgreiche Interventionen zu ermöglichen.

Die Begegnung von Teammitgliedern verschiedener Altersklassen führt häufig, aufgrund unterschiedlicher sozialer Identitäten, zu einer gegenseitigen Abgrenzung, so dass das Team nicht als Ganzes agieren kann und die Koordination zwischen den Mitgliedern erschwert wird (Bruch et al. 2010). Die Grundlagen für diese Abgrenzung innerhalb eines Teams bilden die Überbewertung altersbezogener Merkmale durch die Teammitglieder (manifeste Vorurteile zwischen Jungen und Älteren) und Unkenntnis über das Ziel der Altersdiversität im Team. Durch eine ungünstige Altersstruktur innerhalb des Teams kann die soziale Abgrenzung zusätzlich verstärkt werden (Wegge et al. 2011a, S. 441). Ebenso kann eine schwach ausgeprägte Teamorientierung im Sinne von fehlender Zielbindung, schlechter Aufgaben- und Rollenverteilung oder durch die ungleiche Zuweisung von Befugnissen eine soziale Abgrenzung verstärken.

11.2.6.1 Team-Zusammenstellung

Ein Klassiker des Missmanagements besteht darin, Teamarbeit für Aufgaben einzusetzen, die besser von Einzelnen ausgeführt werden könnten (Hackman 1998). Ebenso bedeutsam sind die Anforderungen der Aufgabe für den Erfolg altersdiverser Teams. Ihre Stärke liegt in der Bearbeitung von Aufgaben, in denen Informationen auf einer breiten Basis unterschiedlichen Wissens ausgetauscht, kombiniert und ersterzeugt (Busch 2008) werden müssen. Die Zusammenstellung altersdiverser Teams sollte insofern nicht im Mangel an Alternativen, sondern in der Notwendigkeit (komplementäre Kompetenzen) begründet sein und allen Beteiligten als klare Zielsetzung kommuniziert werden (Bruch et al. 2010). Die Wertschätzung von Altersdiversität kann nach Wegge et al. (2011b) allgemeine und handlungsorientierte Komponenten beinhalten (Wegge et al. 2011b).

Bei der Zusammensetzung altersdiverser Teams sollte die Altersstruktur des Teams hinsichtlich bestehender „Spannungs- oder Verwerfungslinien" (Bruch et al. 2010) analysiert werden. Diese sogenannten Faultlines weisen auf ungünstige Anordnungen der Altersgruppen hin, die zur Verstärkung von Abgrenzungen und Teamspaltung führen können (Ratzmann et al. 2014a; Wegge et al. 2011a). Idealerweise sollten sich jüngere und ältere Teammitglieder in ihrem aufgabenrelevanten Wissen ergänzen, aber auch dann müssen sie nicht die Fähigkeit aufweisen, auch als Team zusammenzuarbeiten (Hackman 1998). Fachwissen liefert insofern die Basis für einen effizienten Informationstransfer innerhalb des Teams und ist damit für die Zielerreichung notwendig (Busch 2008). Für die erfolgreiche Zusammenarbeit entscheiden aber auch soziale Kompetenzen und Wissen der Teammitglieder übereinander.

Um einen positiven Teamgedanken und die gemeinsame Zielsetzung zu fördern sowie eventuelle Altersvorurteile abzubauen, sollten Vorgesetzte den Kompetenzen aller Beteiligten von Anfang an Wertschätzung entgegenbringen und dies auch klar nach innen und außen kommunizieren (Bruch et al. 2010). Darüber hinaus sollte innerhalb des Teams nicht nur eine gemeinsame Vorstellung über das Teamziel entwickelt werden, sondern es sollte auch eine ausreichende wechselseitige Kenntnis über die Kompetenzen der Teammitglieder aufgebaut werden, um sich dem gemeinsamen Ziel anzunähern (Busch 2008).

11.2.6.2 Rahmenbedingungen

Unterschiede zwischen Teammitgliedern gehen häufig auch mit unterschiedlichen Erwartungen, Vorstellungen, Werten und Verhaltensweisen einher. Damit die Potenziale altersdiverser Teammitglieder genutzt werden können, sind häufig Strukturen nötig, um die intensive Zusammenarbeit der Menschen zu stimulieren (Jones und Bouncken 2008). Insbesondere in frühen Phasen der Zusammenarbeit besteht häufig noch ein sehr hoher Koordinationsbedarf, weil Rollenzuweisungen und Aufgabenverteilung innerhalb des Teams zu diesem Zeitpunkt noch undifferenziert oder unklar sind (Bruch et al. 2010). Dabei ist es für die Teammitglieder enorm wichtig, möglichst schnell herauszufinden, wie die anderen „ticken", um destruktive Reibungen und Unstimmigkeiten zu vermeiden (Busch 2008). Bereits in dieser frühen Phase der Zusammenarbeit sollte daher die Teamentwicklung von der Seite des Unternehmens unterstützt werden. Die Begegnung außerhalb der gewohnten Arbeitsumgebung, sogenannte Off-Site-Anlässe oder die Teamentwicklung durch Outdoor-Trainings, können sehr nützlich sein, um Erfahrungen im Umgang miteinander zu machen, wechselseitiges persönliches Wissen aufzubauen und erwünschte Normen für den gemeinsamen Umgang festzulegen (Bruch et al. 2010; Busch 2008). Ebenso können „Cross-Trainings" dabei helfen, die Teamfähigkeit der Beteiligten zu fördern (Busch 2007, S. 224). Davon profitieren die Beteiligten umso mehr, wenn die Teammitglieder solche Trainings gemeinsam absolvieren. Untersuchungen haben aufgezeigt, dass Teams, deren Mitglieder gemeinsam trainiert wurden, später bessere Leistungen erbrachten als Gruppen, deren Mitglieder in genau denselben Inhalten, aber getrennt voneinander trainiert wurden (Busch 2008).

Während Teams mit der konkreten Arbeitsaufnahme beschäftigt sind, sollte die Ausgestaltung der anfallenden Arbeitszusammenhänge bewusst so gestaltet werden, dass die Mitglieder des Teams in hohem Maße miteinander interagieren. Die Förderung arbeitsteiliger Prozesse kann dazu beitragen, dass sich die Beteiligten verstärkt als Team wahrnehmen, sich persönlich besser kennenlernen und wechselseitige Vorurteile leichter und schneller überwunden werden (Busch 2008). Dazu bieten räumliche Nähe (Bouncken 2011; Busch 2008) und regelmäßige Meetings die Möglichkeit, Perspektiven und Probleme zu diskutieren und einzuschätzen, um gemeinsame Lösungswege zu finden (Bruch et al. 2010). Sogenannte Team-

Rooms können z. B. die kommunikativen Rahmenbedingungen für einen intensiven informellen und formellen Austausch, aber auch für ein häufigeres Feedback, einen spontanen Ideenaustausch und wechselseitige Fortschrittskontrolle begünstigen (Busch 2008). Dabei handelt es sich um Räumlichkeiten, welche die Arbeitsplätze der Teammitglieder umfassen und dem Team während seiner Arbeit dauerhaft zu Verfügung stehen. Ebenso kann es förderlich sein, wenn Beschäftigten auch in ihren Pausen ausreichende Austauschmöglichkeiten zu Verfügung stehen (z. B. Teeküche, Kaffeeecke) (Bieling 2013; Busch 2008).

Arbeitszusammenhänge und Strukturen sollen den Teammitgliedern selbstgesteuerte Lernprozesse bewusst machen und im direkten Arbeitsumfeld anregen. Dieses sogenannte kompetenzorientierte Lernen im Prozess der Arbeit (Krins 2013, S. 331) unterstützt auch die Weitergabe von Erfahrungswissen zwischen den Teammitgliedern. Um sicherzustellen, dass die Potenziale des Teams in allen Situationen voll ausgeschöpft werden können, sollten dem Team darüber hinaus organisationale Wissensressourcen und Bildungssysteme frühzeitig bekannt und zugänglich sein (Hackman 1987).

Interpersonal-beziehungsorientierte Ansätze der Teamentwicklung (Schiersmann und Thiel 2014, S. 257) und eine gemeinschaftliche Herangehensweise an Probleme tragen dazu bei, ein positives Arbeitsklima, Vertrauen und Sympathie zwischen den Beteiligten zu schaffen (Busch 2008) und durch ihre kohäsionsfördernde Wirkung (Busch 2008) eine aufgabenbezogene Teamidentität zu entwickeln (Bruch et al. 2010). Gleichzeitig verlieren aber auch potenzielle altersbasierte Abgrenzungen zwischen den Teammitgliedern an Bedeutung, so dass einer Teamspaltung aufgrund sozialer Konflikte vorgebeugt wird (Bruch et al. 2010).

Anreiz- und Kompensationssysteme sollten auf die unterschiedlichen Erwartungen und Motive von Jüngeren und Älteren abgestimmt, aber teambasiert gestaltet werden (Bruch et al. 2010), da die Benennung des Teams als Leistungseinheit an Glaubwürdigkeit verliert, wenn die Mitglieder durch Vorgesetzte eher individuell behandelt werden (Hackman 1998). Ebenso sollte die Teamleistung bei der Bewertung und Beurteilung im Vordergrund stehen und einen zusätzlichen Anreiz für wechselseitigen Einsatz, Unterstützung und gemeinsame Zielerreichung bilden (Bruch et al. 2010).

11.2.6.3 Konflikte in Teams

Das Potenzial für Konflikt (ein sogenannter verdeckter oder latenter Konflikt) kann ganz unterschiedliche Ursachen haben und nimmt in größeren Teams zu. Ein möglicher latenter Konflikt zwischen „Jung" und „Alt" kann beispielsweise durch ungünstige Altersstrukturen im Team (altersbasierte Faultline) begünstigt vorliegen und sollte von Vorgesetzten frühzeitig erkannt werden. In solchen Teamkonstellationen kann die Manifestation von Generationskonflikten durch einen bewusste Einsatz von Maßnahmen des Diversitätsmanagements gemindert werden (Berblinger et al. 2013, S. 327).

Konflikte können in der Teamarbeit sehr vielfältige Erscheinungsformen annehmen und nicht immer ist es einfach, die zugrundeliegende Ursache zu erkennen. Gerade in altersdiversen Teams ist es wichtig, die Konflikte in einem weiteren Rahmen als dem der Altersunterschiede zu interpretieren. Im Umgang mit Konflikten kann eine häufige Thematisierung und starke Bewusstmachung von Altersunterschieden zu Lasten von „kompetenzbasierten Handlungen und der Bewusstmachung von Gemeinsamkeiten" (Tomenendal 2013, S. 442) gehen. Um einen konstruktiven Umgang mit Konflikten über den gesamten Zeitraum der Teamarbeit zu fördern, ist es daher hilfreich, verschiedene Konfliktformen zu differenzieren (Jehn und Bezrukova 2010; Jehn und Mannix 2001).

Beziehungskonflikte zwischen Teammitgliedern treten in einem breiten Spektrum in Erscheinung. Alle Formen, von Antipathie bis hin zu aktiven Auseinandersetzungen, weisen auf eine zwischenmenschliche Inkompatibilität hin. Wenn die „Chemie" zwischen den Teammitgliedern nicht stimmt, lenken die emotionalen Verwerfungen die Beteiligten von ihren gemeinsamen Zielen ab oder die Ziele werden gar nicht erst als gemeinsam angesehen. Solche Beziehungskonflikte können zu unangemessener Kommunikation zwischen den Teammitgliedern führen, die Arbeitszufriedenheit verringern und zu Motivationsverlusten beitragen, die Zusammenarbeit unterbinden und gesundheitliche Beschwerden und Kündigungsabsichten verstärken. Als Grundlage für Beziehungskonflikte werden in der Regel unterschiedliche soziale Identitäten angesehen oder anders formuliert, die Teammitglieder sehen sich wechselseitig als (zu) unterschiedlich an (Bruch et al. 2010). Die wohl wichtigste Aufgabe für das Management ist es daher, die Chancen einer diversen Gemeinschaft zu vermitteln, da die anfängliche Wahrnehmung von Unterschieden in der Regel noch offen lässt, welche Bedeutung ihr von den Beteiligten zugewiesen wird (Riach 2009). In solchen Situationen kann es immer wieder notwendig sein, den Unterschieden ein Gegengewicht in Form von Gemeinsamkeiten entgegenzustellen und über die altersspezifischen Besonderheiten von Jüngeren und Älteren aufzuklären. Eine über die bloße Akzeptanz hinausgehende Wertschätzung von Diversität kann als Grundvoraussetzung für die kooperative Zusammenarbeit zwischen Jung und Alt angesehen werden und zur Reduzierung von negativen Vorurteilen und Stigmatisierungen beitragen, in welcher Misserfolge nicht allein auf das Alter, Altersunterschiede oder Generationskonflikte zurückgeführt werden und eine höhere Flexibilität in der Wahrnehmung und dem Verhalten gegenüber allen Teammitgliedern erreicht wird.

Beziehungskonflikte sollten zu jeder Zeit durch die Vorgesetzten offen angesprochen werden, um die Gefahren einer Eskalation zu reduzieren (Jehn und Mannix 2001). Die Möglichkeit der Aussprache im Rahmen offener, nicht verletzender Kommunikations- und Umgangsregeln sollte zwischen den Beteiligten aufgezeigt und eingeräumt werden, um den Blick wieder auf die gemeinsame Zielsetzung und die wechselseitige Abhängigkeit im Team zu fokussieren (Bruch et al. 2010).

Unterschiedliche Auffassungen hinsichtlich der Teamaufgabe und wie sie zu lösen ist umschreiben den Bereich der Aufgabenkonflikte (De Dreu und Weingart 2003; Jehn und Mannix 2001). Aufgabenkonflikte können in Form einer erwünschten, intensiven Diskussion in Erscheinung treten und mit hohem persönlichen Einsatz verbunden sein. Im Gegensatz zu Beziehungskonflikten stehen dabei aber nicht negative Emotionen, sondern die Suche nach dem optimalen Lösungsansatz im Vordergrund. Insofern sind sie auch innerhalb altersdiverser Teams, die durch stärkere Unterschiede in technologischem und erfahrungsbasiertem Wissen geprägt sind, erwünscht. Die Auseinandersetzung innerhalb von Aufgabenkonflikten sollte durch klare Kommunikations- und Diskussionsregeln strukturiert und gesteuert werden, damit die Möglichkeit für einen intensiven fachlichen und inhaltlichen Austausch gegeben ist, ohne dass diese in Beziehungskonflikte übergehen (Bruch et al. 2010). Durch den Einsatz von Projektplänen sollten klare Zeitfenster für Aufgabenkonflikte eingeräumt werden, innerhalb derer sie durch Brainstormingsitzungen angeregt, aber auch abgeschlossen werden. Mit fortschreitender Projektlaufzeit bieten sich geringere Möglichkeiten, um Aufgabenkonflikte sinnvoll zu nutzen, da die Möglichkeit größerer inhaltlicher Abweichungen zum Ende des Einsatzes abnimmt (Bruch et al. 2010; De Dreu und Weingart 2003).

Die dritte Form von Konflikten bezieht sich auf Verteilung von Zuständigkeiten und die Delegation sowie die Zuweisung von Ressourcen und Verantwortung. Prozesskonflikte können wie Aufgabenkonflikte durch unterschiedliches Wissen und Erfahrung verstärkt hervorgerufen werden und weisen auf unterschiedliche Auffassungen innerhalb des Teams hin. Sie treten vermehrt zum Beginn und Ende der Zusammenarbeit auf und sollten durch Vorgesetzte moderiert werden, um ihren Übergang in Beziehungskonflikte zu vermeiden (Bruch et al. 2010; Jehn und Mannix 2001).

11.2.6.4 Aufgabengestaltung

Die Potenziale altersdiverser Teams liegen in der Bearbeitung komplexer Aufgabenstellungen (Bruch et al. 2010; Wegge et al. 2008, S. 1302), in denen Entscheidungen getroffen, Probleme gelöst und unterschiedliches Wissens ausgetauscht und kombiniert werden muss (Busch 2008). Die theoretischen Grundlagen für diese Annahmen bilden der sogenannte Elaborationsansatz (Homan et al. 2007) und die kognitive Diversitäts-Hypothese (Miller et al. 1998). Demnach tragen das unterschiedliche Wissen und die Vielfalt von Erfahrungen zu einem größeren Pool an relevanten Informationen bei, die im Kontext komplexer und wissensintensiver Aufgaben zu höherer Kreativität und Innovationsfähigkeit beitragen können (Backes-Gellner und Veen 2013; Bruch et al. 2010). Durch die unterschiedlichen Ansichten, die von Menschen unterschiedlichen Alters eingebracht werden, kann aber auch ein breiteres Verständnis für Kunden und ihre Bedürfnisse aufgebaut werden (Bruch et al. 2010).

Die Zusammenarbeit der Teammitglieder sollte so gestaltet werden, dass im Team klare Strukturen für selbstgesteuerte Lernprozesse und Wissenstransfer bekannt und verfügbar sind (Krins 2013) und die Zusammenarbeit der Teammitglieder durch vielfältige Interaktionen (Bruch et al. 2010), eine hohe Arbeitsteilung sowie gegenseitige Unterstützung (Busch 2008) geprägt wird. Diese Voraussetzungen regen die aufgabenrelevante Elaboration, den intergenerativen Wissensaustausch (Deller et al. 2008, S. 184) und Wissenstransfer sowie wechselseitige Lernprozesse (Bruch et al. 2010) in altersdiversen Teams an und fördern ihren nachhaltigen Erfolg.

11.2.6.5 Führung

Altersdiverse Teams sollten bewusst als Instrument eingesetzt werden. Dabei ist es eine zentrale Führungs- und Managementaufgabe, die negativen Effekte von Altersdiversität zu schwächen und gleichzeitig die positiven Potenziale zu entfalten und zu stärken (Bruch et al. 2010).

Während die Aufgabengestaltung, durch die vermehrte Interaktion der Teammitglieder zu wechselseitiger Beobachtung, Unterstützung (Bruch et al. 2010) und dem Abbau von Vorurteilen beitragen kann (Ely und Thomas 2001; Jasper et al. 2001), hat die Art der Teamführung einen entscheidenden Einfluss auf die Ergebnisse der Teamarbeit. Ein Vorteil der Führung besteht in der Möglichkeit, sich auf das Team als Ganzes zu beziehen (Bass 1995). Insbesondere ältere Mitarbeiter schätzen eine gute Führung und sehen Führungsverhalten als einen bedeutenden Faktor zur Verbesserung der Arbeitsfähigkeit (Wegge et al. 2011a) und des Teamerfolges an.

Als erfolgreicher Führungsansatz von altersdiversen Teams wird eine Kombination von transaktionaler und transformationaler Führung angesehen (Bruch et al. 2010, S. 162). Während der transaktionale Teil der Führung auf eine höhere Bindung an die gewünschten Ziele und Ergebnisse ausgerichtet ist, ermöglicht es der transformationale Führungsstil, die gemeinsame Identität (ein „Wir"-Gefühl) in der Zusammenarbeit zu fördern (Bruch et al. 2010).

Transaktionale Führung basiert auf dem Konzept der Zielvereinbarung (Management by Objectives) (Antoni 2005; Greenwood 1981). Ziele sind demnach so zu gestalten, dass sie für das gesamte Team als spezifisch, messbar, attraktiv, realistisch und terminiert (s.m.a.r.t.) gelten. Das Konzept der transaktionalen Führung sieht darüber hinaus vor, dass mit der Zielvorgabe auch eine spezifische Gegenleistung verhandelt wird (contingent reward). Die Ziele und Anreize sollten im Kontext altersdiverser Teams so formuliert werden, dass sie das Team als Ganzes einbeziehen, weil das Eigeninteresse der Teammitglieder damit auf die gemeinsame Leistung ausgerichtet wird (Bruch et al. 2010).

Durch die klare Vorgabe von Zielen und Anreizen kann den Teammitgliedern ein höheres Maß an Partizipation und Autonomie bei der Umsetzung der Aufgabe eingeräumt werden. Dieses als Management by Exception bezeichnete Prinzip transaktionaler Führung sieht vor, dass das Team innerhalb bestimmter Grenzen selbstbestimmt und eigenverantwortlich agieren kann. In kritischen Situationen, die das Ziel der Teamarbeit gefährden, modifiziert die Führungskraft die Teamprozesse (Bruch et al. 2010). Transaktionale Führung wird insbesondere von älteren Teammitgliedern geschätzt, führt zu einer zeitlichen Entlastung der Führungskraft und bietet die Möglichkeit, Führungsarbeit auf anderen Ebenen (z. B. der Teamentwicklung) zu leisten (Bruch et al. 2010).

Transformationale Führung trägt dazu bei, dass die Teammitglieder ein höheres Niveau hinsichtlich ihrer Motive und Bestrebungen erreichen können. Teamarbeit zeigt dabei die Bedeutung und den Sinn kollektiver Ziele und geteilter Ideale über die eigennützig ausgerichtete Partnerschaft hinaus auf. Führungskräfte richten ihre eigenen Verhaltensweisen darauf aus, die spezifischen Stärken und Potenziale, die individuellen Werte, Einstellungen und Ziele der Mitarbeiter zu erkennen und ihnen durch Offenheit und Authentizität zu begegnen, um motivierende Anreize und geistige Inspiration zur persönlichen Entfaltung und Entwicklung anzubieten (Avolio et al. 1999; Bruch et al. 2010). Eine zentrale Rolle dabei liegt in der Vermittlung einer attraktiven Vision für das Team, welche die Begeisterung bei den Teammitgliedern weckt und eine gemeinsame Orientierung vorgibt (Bruch et al. 2010, S. 172; Nerdinger 2011, S. 88).

11.2.7 Hinweise für ein übergreifendes Wissens- und Kompetenzmanagement

Die zunehmende Relevanz von Wissensressourcen für die Produktivität von Unternehmen (Weber und Hipp 2013) und steigende Wertschöpfung aus wissensintensiven Tätigkeiten (Schiersmann und Thiel 2014, S. 354) weisen auf die Notwendigkeit hin, Unternehmensstrukturen für eine nachhaltige Wissenskultur zu etablieren, welche den Wissenstransfer und (intergenerative) Lernprozesse anregen und sichern (Weber und Thiel 2013).

Das Wissen von älteren Mitarbeitern ist aus zwei Perspektiven relevant. Einerseits geht den Unternehmen Wissen durch das Ausscheiden älterer Mitarbeiter verloren, andererseits weisen ältere Mitarbeiter durch ihre Fähigkeiten und Erfahrungen eine notwendige Ressource für die Generierung intergenerativen Wissens auf (Weber und Thiel 2013).

Eine Orientierung an kollektiven Lernprozessen und der Austausch darüber, wie Teammitglieder ihr Wissen teilen, kann die Effektivität von unternehmensinternen Bildungssystemen gegenüber der einseitigen Förderung von Talenten deutlich steigern (Hackman 1987). Um das Potenzial von organisationalen Wissensressourcen oder Bildungssystemen zu realisieren und vollständig auszuschöpfen, müssen diese Ressourcen auch allen Mitarbeitern bekannt und zugänglich sein (Hackman 1987).

11.2.7.1 Intergenerativer Wissenstransfer

Insbesondere in hochspezialisierten Bereichen ist der Transfer von Wissen zwischen älteren und jüngeren Mitarbeitern besonders wichtig, um eine nachhaltige Nachfolgeplanung zu ermöglichen (Deller et al. 2008, S. 4). Obwohl die Wissensweitergabe von älteren an jüngere Mitarbeiter vornehmlich durch ihre Interaktion bestimmt wird, schließt sie auch immer den Vorgesetzten mit ein (Bruch et al. 2010, S. 135). Weil die Weitergabe von Wissen auf der Seite des Wissensgebers immer auch mit Unsicherheit und Machtverlust wahrgenommen werden kann, hat der Vorgesetzte die entscheidende Aufgabe, ein vertrauensvolles Klima zu schaffen, in dem der Wissenstransfer überhaupt stattfinden kann (Bruch et al. 2010, S. 135). Auf der anderen Seite muss die Motivation des Wissensnehmers gesichert sein, da der Wissenstransfer immer auch mit Anstrengungen verbunden ist.

11.2.7.2 Intergenerativer Wissensaustausch und Lernen

Das zentrale Merkmal von intergenerativem Wissensaustausch und Lernen besteht in der zielgerichteten Diffusion und Kombination von Wissen auf Grundlage unterschiedlicher Wissensbasen. Eine entscheidende Voraussetzung liegt dabei in der Akzeptanz einer wechselseitigen Wissensvermittlung (Deller et al. 2008, S. 186), der Vernetzung der individuellen Wissensbestände (Busch 2008, S. 57) und der Frage, „wie sich unterschiedliche, einander ergänzende Begabungen von Mitarbeitern effizient auf ein nur gemeinsam erreichbares Ziel ausrichten lassen" (Busch 2007, S. 223). Die klare Ausrichtung auf Ziele und die Auswahl von Beteiligten anhand notwendiger Kompetenzen (Deller et al. 2008, S. 186) können dazu beitragen, wechselseitige Abgrenzungstendenzen in diesen Prozessen zu verringern. Als wichtige Grundlage dafür, dass gleichermaßen jüngere und ältere Mitarbeiter Wissen und Erfahrungen in ihre Zusammenarbeit einbringen können, sehen Deller et al. (2008) eine Wissens- und Lernkultur, welche „die Anerkennung von Wissen und Erfahrung fördert" (Deller et al. 2008, S. 184). Die Unternehmenskultur sollte darauf ausgerichtet sein, generationsbezogene Unterschiede als Stärke zu kommunizieren und ihren strategischen Nutzen hervorzuheben (Deller et al. 2008,

S. 186). Darüber hinaus sollte die Unternehmenskultur Formen und Normen für den wechselseitigen Umgang vorgeben, die einerseits Unterschiede und Widerspruch zulassen, aber andererseits auch die gemeinsamen Werte und wechselseitigen Abhängigkeiten aufzeigen.

Hinweise für die betriebliche Praxis
Den Veränderungen im gesellschaftlichen Wandel können sich Unternehmen nur schwer entziehen. Um das Ausmaß der eigenen Betroffenheit aufzuzeigen, angemessene Strategien zur Sicherung personaler, interpersonaler und organisationaler Ressourcen zu entwickeln und Zielsetzungen für organisationale Entwicklungsmaßnahmen festzulegen, ist es wichtig:
- Altersstrukturanalysen der Beschäftigten mit demografischen Prognosen abzugleichen und
- die Relevanz der Innovationsfähigkeit sowie das Ausmaß des Fachkräftemangels und potenzieller Wissensverluste im Unternehmen realistisch einzuschätzen.

Die alterssensible Rekrutierung und Bindung des Personals sollte stärker auf eine Balance aller Altersklassen ausgerichtet werden und mit einem organisationalen Wandel verbunden sein, der die Attraktivität des Unternehmens für alle Altersgruppen steigert. Mentorenprogramme, Generationstandems und altersdiverse Teams sollten zielgerichtet dort eingesetzt werden, wo Wissensverluste drohen oder die Kombination unterschiedlicher Wissensquellen als Potenzial zur Innovationsförderung angesehen wird. Diese Maßnahmen erfordern von der Mitarbeiterschaft:
- eine positive Einstellung gegenüber dem Alter(n),
- die Wertschätzung von Altersunterschieden (Diversität) und
- soziale Kompetenzen aller Beteiligten im gemeinsamen Umgang.

Weil Mitglieder innerhalb der Teamarbeit nicht nur fachliches Wissen austauschen und erzeugen, sondern auch persönliches Wissen über ihre Kollegen aufbauen, lernen sie die Eigenheiten und Arbeitsstile von Kollegen besser einzuschätzen. Dies kann zu effektiverer Zusammenarbeit und hochwertigeren Ergebnissen in folgenden Projekten führen. Daher sollten erfolgreiche Teams auch zukünftig in ihrer Zusammensetzung beibehalten werden. Weiterhin kann es hilfreich sein, wenn räumliche und zeitliche Ressourcen zum persönlichen Austausch innerhalb und außerhalb der Arbeit eingeräumt werden.

Da die Ausgestaltung von Teamprozessen durch „optimierte Teamkonstellationen" nur eine bedingte Wirksamkeit aufweist, sollte dem Umgang mit

Diversität eine höhere Aufmerksamkeit entgegengebracht werden. Dabei ist es notwendig, alle Ebenen des Unternehmens für dieses Thema zu sensibilisieren und in Entwicklungsmaßnahmen einzubeziehen. Entwicklungsmaßnahmen sollten, über die reine Einstellungs- und Verhaltensänderung der Mitarbeiter hinaus, den Sinn diverser Teamgestaltung aufzeigen und auf die Förderung von Innovationen sowie die Herausbildung einer Wissenskultur im Sinne einer anpassungsfähigen, lernenden Organisation abzielen.

Literatur

Antoni, C. (2005). Management by objectives – An effective tool for teamwork? *International Journal of Human Resource Management, 16*(2), 174–184.
Avolio, B. J., Bass, B. M., & Jung, D. I. (1999). Re-examining the components of transformational and transactional leadership using the Multifactor Leadership. *British Psychological Society, 72*, 441–462.
Backes-Gellner, U. & Veen, S. (2013). Positive effects of ageing and age diversity in innovative companies – Large-scale empirical evidence on company productivity. *Human Resource Management Journal, 23*(3), 279–295. doi:10.1111/1748-8583.12011.
Bass, B. M. (1995). Transformational leadership – looking at other possible antecedents and consequences – comment. *Journal of Management Inquiry, 4*(3), 293–297.
Berblinger, S., Ďuranová, L., & Knörzer, M. (2013). Demografiemanagement in deutschen Unternehmen: Status quo und Implikationen für die Personalpolitik. In M. Göke & T. Heupel (Hrsg.), *Wirtschaftliche Implikationen des demografischen Wandels: Herausforderungen und Lösungsansätze*. Wiesbaden: Springer Gabler.
Bieling, G. (2013). Age Diversity Management. In R. Stock-Homburg (Hrsg.), *Handbuch Strategisches Personalmanagement* (S. 483–502). Wiesbaden: Springer Fachmedien.
Börsch-Supan, A., Düzgün, I., & Weiss, M. (2005). Altern und Produktivität: Zum Stand der Forschung. *MEA discussion papers*, 73.
Bouncken, R. (2011). Kommunikationsbarrieren und Pfadabhängigkeiten – Die ambivalente Wirkung unterschiedlicher Näheformen auf kollaborative Wissensarbeit. In O. Ibert & H. Kujath (Hrsg.), *Räume der Wissensarbeit* (S. 251–267). Wiesbaden: VS Verlag für Sozialwissenschaften.
Bruch, H., Kunze, F., & Böhm, S. (2010). *Generationen erfolgreich führen: Konzepte und Praxiserfahrungen zum Management des demografischen Wandels*. Wiesbaden: Gabler.
Busch, M. W. (2007). ZP-Stichwort: Cross training. *Zeitschrift für Planung & Unternehmenssteuerung, 18*(2), 223–230. doi:10.1007/s00187-007-0025-0.
Busch, M. W. (2008). *Kompetenzsteuerung in Arbeits- und Innovationsteams*. Wiesbaden: Gabler.
Büttner, R. (2013). Zur Korrelation des Alters mit Arbeitsmotivation und -zufriedenheit: Eine empirische Studie zu Einstellungsveränderungen hinsichtlich der Motivations- und Hygienefaktoren der 2-Faktoren-Theorie. In M. Göke & T. Heupel (Hrsg.), *Wirtschaft-

liche Implikationen des demografischen Wandels: Herausforderungen und Lösungsansätze (S. 367–382). Wiesbaden: Springer Gabler.

De Dreu, C. K. W. & Weingart, L. R. (2003). Task versus relationship conflict, team performance, and team member satisfaction: A meta-analysis. *Journal of Applied Psychology, 88,* 741–749.

Deller, J., Kern, S., Hausmann, E., & Diederichs, Y. (2008). *Personalmanagement im demografischen Wandel: Ein Handbuch für den Veränderungsprozess.* Heidelberg: Springer.

van Dick, R., van Knippenberg, D., Hägele, S., Guillaume, Y. R. F., & Brodbeck, F. C. (2008). Group diversity and group identification: The moderating role of diversity beliefs. *Human Relations, 61*(10), 1463–1492. doi:10.1177/0018726708095711.

Ely, R. J. & Thomas, D. A. (2001). Cultural diversity at work: The effects of diversity perspectives on work group processes and outcomes. *Administrative Science Quarterly, 46*(2), 229–273.

van Emmerik, I. J. H., Euwema, M. C., & Bakker, A. B. (2007). Threats of workplace violence and the buffering effect of social support. *Group & Organization Management, 32,* 152–175.

Greenwood, R. C. (1981). Management by objectives: As developed by Peter Drucker, assisted by Harold Smiddy. *Academy of Management Review, 6*(2), 225–230. doi:10.5465/amr.1981.4287793.

Hackman, J. R. (1987). The design of work teams. In J. W. Lorsch (Hrsg.), *Handbook of organizational behavior* (S. 315–342). Englewood Cliffs: Prentice-Hall.

Hackman, J. R. (1998). Why teams don't work. In R. S. Tindale, et al. (Hrsg.), *Theory and research on small groups* (S. 245–267). New York: Plenum.

Haslam, S. A., Reicher, S. D., & Levine, M. (2011). When other people are heaven, when other people are hell: How social identity determines the nature and impact of social support. In J. Jetten, C. Haslam, & S. A. Haslam (Hrsg.), *The social cure: Identity, health, and well-being* (S. 157–174). New York: Psychology Press.

Homan, A. C., van Knippenberg, D., Van Kleef, G. A., & De Dreu, C. K. W. (2007). Bridging faultlines by valuing diversity: Diversity beliefs, information elaboration, and performance in diverse work groups. *Journal of Applied Psychology, 92*(5), 1189–1199. doi:10.1037/0021-9010.92.5.1189.

Jasper, G., Rohwedder, A., & Schletz, A. (2001). Innovieren mit alternden Belegschaften. In J. Moser (Hrsg.), *Vom alten Eisen und anderem Ballast* (S. 60–68). München: Rainer Hampp Verlag.

Jehn, K. A. & Bezrukova, K. (2010). The faultline activation process and the effects of activated faultlines on coalition formation, conflict, and group outcomes. *Organizational Behavior AND Human Decision processes, 112*(1), 24–42. doi:http://dx.doi.org/10.1016/j.obhdp.2009.11.008.

Jehn, K. A. & Mannix, E. A. (2001). The dynamic nature of conflict: A longitudinal study of intragroup conflict and group performance. *Academy of Management Journal, 44*(2), 238–251.

Jones, G. R. & Bouncken, R. B. (2008). *Organisation – Theorie, Desing und Wandel* (5. Aufl.). München: Pearson Studium.

Kay, R. (2012). Demographischer Wandel: personalpolitische Herausforderungen, Problembewusstsein und Anpassungsstrategien von KMU. In Charta der Vielfalt e.V. (Hrsg.), *JUNG – ALT – BUNT. Diversity und der demographische Wandel* (S. 22–24).

Krins, C. (2013). Age Diverse Recruiting: Konzeptionelle Überlegungen zu personalpolitischen Herausforderungen des demografischen Wandels. In M. Göke & T. Heupel (Hrsg.), *Wirtschaftliche Implikationen des demografischen Wandels: Herausforderungen und Lösungsansätze*. Wiesbanden: Springer Gabler.

Lange, A. (2012). *Bewältigung von Herausforderungen des demografischen Wandels: Voraussetzungen und Ergebnisse von Demografiemanagement – Erkenntnisse aus einer Reihe von Abschlussarbeiten*. Working Paper Nr. 12. Cottbus: TU Cottbus.

Miller, C. C., Burke, L. M., & Glick, W. H. (1998). Cognitive diversity among upper-echelon executives: Implication for strategic dicision processes. *Strategic Management Journal, 19*, 39–58.

Müller, A. (2013). Kompetenzträger 50plus – Erwartungen älterer Mitarbeiter. In M. Göke & T. Heupel (Hrsg.), *Wirtschaftliche Implikationen des demografischen Wandels: Herausforderungen und Lösungsansätze* (S. 461–475).Wiesbaden: Springer Gabler.

Naegele, G. & Tews, H. P. (1993). *Lebenslagen im Strukturwandel des Alters*. Opladen: Leske + Budrich.

Nerdinger, F. W. (2011). Organisationsentwicklung. In F. W. Nerdinger, G. Blickle & N. Schaper (Hrsg.), *Arbeits- und Organisationspsychologie* (2. Aufl., S. 149–158). Berlin: Springer.

Patrick, H. A. & Kumar, V. R. (2012). Managing workplace diversity: Issues and challanges. *SAGE Open, 2*(2), 1–15. doi:10.1177/2158244012444615.

Ratzmann, M. & Deurloo, J. (2012). Work-Life-Balance und flexible Arbeitszeiten als Ziel und Vorbedingung des Erfolges. In R. B. Bouncken & M. Bornewasser (Hrsg.), *Beiträge zur Flexibilisierung: Flexibilität in Unternehmen – Rahmenbedingungen und Perspektiven* (Bd. 2, S. 103–124). München: Rainer Hampp Verlag.

Ratzmann, M., Lehmann, C., & Bouncken, R. (2014a). *Konsequenzen einer alternden Belegschaft in FuE – Einschränkungen oder Potenzial für den Innovationsprozess*. GfA-Frühjahrskongress 2014: Gestaltung der Arbeitswelt der Zukunft, München.

Ratzmann, M., Lehmann, C., Köhn, A., & Hiller, M. (2014b). Alters- und Rollenstruktur in Innovationsteams am Beispiel des Verarbeitenden Gewerbes in Deutschland. In R. B. Bouncken, J. Pampel, H. Fischer, & C. Lehmann (Hrsg.), *BaRoS – Bayreuth Reports on Strategy* (Vol. 8). Bayreuth: Universität Bayreuth.

Riach, K. (2009). Managing ‚difference‘: Understanding age diversity in practice. *Human Resource Management Journal, 19*(3), 319–335. doi:10.1111/j.1748-8583.2009.00096.x.

Schat, H.-D. (2013). Demografische Personalmaßnahmen und Innovationserfolge. In M. Göke & T. Heupel (Hrsg.), *Wirtschaftliche Implikationen des demografischen Wandels: Herausforderungen und Lösungsansätze* (S. 399–415). Wiesbaden: Springer Gabler.

Schiersmann, C. & Thiel, H. U. (2014). *Organisationsentwicklung: Prinzipien und Strategien von Veränderungsprozessen* (4. Aufl.). Wiesbaden: Springer VS.

Statistisches Bundesamt. (2009). *Bevölkerung Deutschlands bis 2060 – Ergebnisse der 12. koordinierten Bevölkerungsvorausberechnung*. Wiesbaden.

Stock-Homburg, R. (2013). Strategisches Personalmanagement. In R. Stock-Homburg (Hrsg.), *Handbuch Strategisches Personalmanagement* (S. 3–8). Wiesbaden: Springer Fachmedien.

Strauss, J. P., Connerley, M. L., & Ammermann, P. A. (2003). The „Threat Hypothesis“, personality, and attitudes toward diversity. *Journal of Applied Behavioral Science, 39*(1), 32–52. doi:10.1177/0021886303039001002.

Thamhain, H. J. (2003). Managing innovative R & D teams. *R & D Management, 33*(3), 297–311.

Tomenendal, M. (2013). Zur Effektivität altersgemischter Teams – die Fallstudie eines mittelständischen Dienstleistungsunternehmens. In M. Göke & T. Heupel (Hrsg.), *Wirtschaftliche Implikationen des demografischen Wandels: Herausforderungen und Lösungsansätze* (S. 433–443). Wiesbaden: Springer Gabler.

Weber, D. & Hipp, C. (2013). Wissenswerter Wissenswert – Wie Unternehmen das unsichtbare Kapital schätzen lernen. In M. Göke & T. Heupel (Hrsg.), *Wirtschaftliche Implikationen des demografischen Wandels: Herausforderungen und Lösungsansätze* (S. 447–459). Wiesbaden: Springer Gabler.

Wegge, J., Roth, C., Neubach, B., Schmidt, K.-H., & Kanfer, R. (2008). Age and gender diversity as determinants of performance and health in a public organization: The role of task complexity and group size. *Journal of Applied Psychology, 93*(6), 1301–1313. doi:10.1037/a0012680.

Wegge, J., Jungmann, F., Liebermann, S., Schmidt, K. H., & Ries, B. C. (2011a). Altersgemischte Teamarbeit kann erfolgreich sein. *Sozialrecht + Praxis, 7,* 433–442.

Wegge, J., Schmidt, K.-H., Liebermann, S., & van Knippenberg, D. (2011b). Jung und Alt in einem Team? Altersgemischte Teamarbeit erfordert Wertschätzung von Altersdiversität. In P. Gellèri & C. Winter (Hrsg.), *Potentiale der Personalpsychologie. Einfluss personaldiagnostischer Maßnahmen auf den Berufs- und Unternehmenserfolg* (S. 35–46). Göttingen: Hogrefe.

Wegge, J., Jungmann, F., Liebermann, S., Shemla, M., Ries, B., Diestel, S., & Schmidt, K. H. (2012). What makes age diverse teams effective? Results from a six-year research program. *Work: A Journal of Prevention, Assessment and Rehabilitation, 41,* 5145–5151.

van der Zee, K. & van der Gang, I. (2007). Personality, threat and affective responses to cultural diversity. *European Journal of Personality, 21*(4), 453–470.

Dipl.-Psych. Martin Ratzmann, geboren 1974, studierte Psychologie an der Universität Greifswald. Er arbeitete u. a. als wissenschaftlicher Mitarbeiter an der Universität Greifswald und promoviert im Bereich Betriebswirtschaftslehre an der Universität Bayreuth. Seine Forschungsschwerpunkte betreffen Kooperation und Wissenstransfer von Zulieferern in der Supply Chain, Flexibilisierung der Arbeit mit dem Schwerpunkt Zeitarbeit sowie Innovationsprozesse in diversen Teams.

Validierung des entwickelten Simulationsmodells und praktische Erprobung des Simulationswerkzeugs im Unternehmen

12

Sebastian Terstegen, Christopher M. Schlick, Reinhard Weiß und Philipp Przybysz

Zusammenfassung

Zur Validierung des entwickelten Simulationsmodells (s. Kap. 8) wurde ein realer Innovationsprozess im Unternehmen analysiert. Die Prozessdaten wurden bei der Eisengießerei Torgelow GmbH erhoben. In dem beschriebenen Innovationsprozess wird ausgehend von einem Kundenauftrag ein Eisengussteil, zum Beispiel für Windkraftanlagen, den Getriebebau oder Anlagenbau, entwickelt. Da der Prozess in ähnlicher Weise regelmäßig von den Mitarbeitern der Entwicklungsabteilung bearbeitet wird, liegt für diesen Prozess valides prozedurales Wissen vor. Daher konnten Bearbeitungsdauern, Iterationswahrscheinlichkeiten und weitere Prozessdaten, die für die Simulation des Innova-

S. Terstegen (✉) · C. M. Schlick · P. Przybysz
Lehrstuhl und Institut für Arbeitswissenschaft, RWTH Aachen University,
Bergdriesch 27, 52062 Aachen, Deutschland
E-Mail: s.terstegen@iaw.rwth-aachen.de

C. M. Schlick
E-Mail: c.schlick@iaw.rwth-aachen.de

P. Przybysz
E-Mail: p.przybysz@iaw.rwth-aachen.de

R. Weiß
Qualitätsmanagement, Eisengießerei Torgelow GmbH, Borkenstraße 15a,
17358 Torgelow, Deutschland
E-Mail: weiss@eisengiesserei-torgelow.de

© Springer Fachmedien Wiesbaden 2015
M. Bornewasser et al. (Hrsg.), *Teamkonstellation und betriebliche Innovationsprozesse*, DOI 10.1007/978-3-658-07386-2_12

tionsprozesses erforderlich sind, reliabel geschätzt werden. Simulationsbasierte Untersuchungen arbeitsorganisatorischer Varianten, wie der Einfluss zusätzlicher Arbeitspersonen und zusätzlicher Arbeitsaufgaben im Innovationsprozess, wurden durchgeführt und ermöglichen, Optimierungsansätze sowohl für die Aufbau- als auch für die Ablauforganisation zu identifizieren.

12.1 Entwicklung des Simulationswerkzeugs

Die in Kap. 8 beschriebene Entwicklung eines Modells für die Simulation komplexer Innovationsprozesse begann mit der Definition der Problemstellung, in der die Anforderungen des zu modellierenden und zu analysierenden realen Systems beschrieben sowie das Untersuchungsziel, die gewünschte Ergebnisgenauigkeit und die erforderliche Modelldetaillierung festgelegt wurden. Durch die Analyse der Problemstellung und der Modellierung des realen Systems wurde anschließend das Konzeptmodell entwickelt, das eine sowohl mathematische als auch verbale Beschreibung des realen Systems für den gewählten Arbeitsbereich darstellt. Durch eine Programmierung und Implementierung des Konzeptmodells in Form eines Computerprogramms wurde das Konzeptmodell in einem operativen, computergestützten Modell, dem sogenannten Simulationsmodell, mit Hilfe eines selbstentwickelten Simulationswerkzeugs umgesetzt.

Das Simulationswerkzeug wurde mit Hilfe der Java-Technologie implementiert und in der objektorientierten Programmiersprache Java programmiert. Aufgrund der im Konzeptmodell definierten informatorischen Abhängigkeiten zwischen Prozessaktivitäten (reales System) wurde ein ereignisdiskreter Simulationsansatz für die Implementierung des Simulationswerkzeugs gewählt. Die Programmiersprache Java unterstützt diesen Ansatz durch sogenanntes Multithreading. Beim Multithreading wird ein Übergang von einem Modellzustand in einen anderen durch ein Ereignis (engl. event) ausgelöst, das zuvor in die sogenannte Eventqueue geschrieben wurde. Der ereignisdiskrete Simulationsansatz wird durch das Programmierkonzept unmittelbar abgebildet und konnte dadurch einfach umgesetzt werden.

Die wesentlichen Modellbestandteile des Simulationswerkzeugs (s. Abb. 12.1) sind Aktivitäten und Ressourcen. Als Ressourcen werden aus Gründen der Vereinfachung, wie erwähnt, Arbeitspersonen und Sachmittel bezeichnet, die zur Ausführung einer Aktivität in bestimmter Art und Anzahl zur Verfügung stehen müssen.

Eine Aktivität besitzt eine eindeutige Identifikationsnummer, eine Bezeichnung, eine Drei-Punkt-Schätzung der Dauer, d. h. eine abgeschätzte minimale, wahrscheinliche und maximale Dauer, auf gleiche Weise abgeschätzte Kosten, die nicht-variable Kosten für Sach- oder sonstige Mittel darstellen, und Anforderungen an die funktionalen Rollen der zur Verfügung stehenden Ressourcen. Eine Aktivität ist einer Organisationseinheit zugeordnet. Die informatorischen Abhängig-

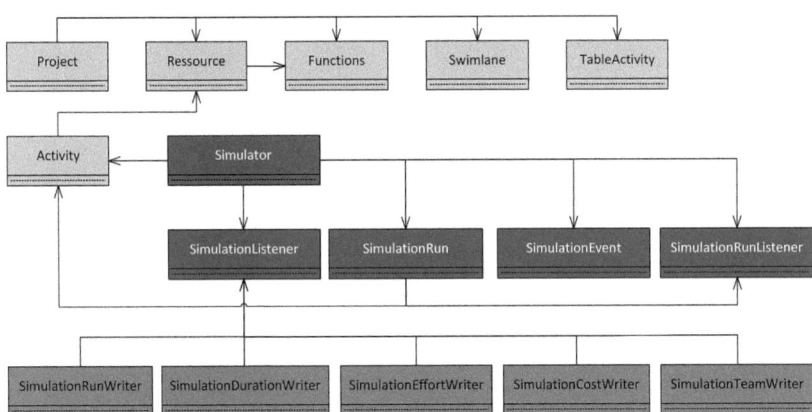

Abb. 12.1 UML-Klassendiagramm des entwickelten Simulationswerkzeugs. Klassen wie Activity und Ressource entsprechen direkt den Elementen des Simulationsmodells. Die Prozesssimulation erfolgt ereignisgesteuert in den Simulator- bzw. Simulation-Klassen. Die Writer-Klassen sind für das Erzeugen der Simulationsergebnisse zuständig

keiten einer Aktivität zu anderen Aktivitäten werden in Form des Startzeitpunkts in Beziehung zum Vorgänger, der Iterationswahrscheinlichkeit erster und zweiter Ordnung, des aus Iterationsschleifen resultierenden Mehraufwands sowie der Abnahme der Iterationswahrscheinlichkeit modelliert. Die Iterationswahrscheinlichkeit erster Ordnung entspricht der Wahrscheinlichkeit, dass eine Nachfolger-Aktivität die erneute Bearbeitung einer Vorgänger-Aktivität auslöst. Die Iterationswahrscheinlichkeit zweiter Ordnung entspricht der Wahrscheinlichkeit, dass die Nachfolger-Aktivität durch diese Iterationsschleife ebenfalls erneut bearbeitet werden muss.

Eine Ressource besitzt eine eindeutige Identifikationsnummer, eine Typenbezeichnung, um zwischen Arbeitspersonen und Sachmitteln differenzieren zu können, eine Bezeichnung bzw. einen Namen, einen Kostensatz bzw. ein Entgelt, wie z. B. Stundenlohn in [€], eine oder mehrere funktionale Rollen bzw. Funktionen, ein Alter in [Jahre], wenn es sich um eine Arbeitsperson handelt, bzw. eine Anzahl, wenn es sich um ein Sachmittel handelt. Eine Ressource ist ebenso wie eine Aktivität einer Organisationseinheit zugeordnet.

Diese Modelleingangsdaten werden vom Anwender zu Beginn eines Simulationsexperimentes mit Hilfe der in Kap. 8 beschriebenen DSMs und DMMs modelliert. Insgesamt umfasst das Modell Aktivitäten-, Ressourcen-, Organisationseinheiten- und Funktionen-DSMs sowie Aktivität-Ressourcen-, Aktivität-Organisationseinheiten-, Aktivität-Funktionen-, Funktion-Aktivitäten-, Ressource-Organisationseinheiten- und Ressource-Funktionen-DMMs, mit denen die komplexen wechselseitigen Abhängigkeiten zwischen den Modelleingangsdaten vollständig erfasst werden.

Zunächst werden in dem Simulationswerkzeug die vom Anwender in Form der DSMs und DMMs modellierten Eingangsdaten und Simulationsparameter, wie die Anzahl der Simulationsläufe etc., initialisiert und eingelesen. Mit Beginn eines Simulationslaufs werden diejenigen Aktivitäten identifiziert, die als nächstes bearbeitet werden können, d. h. deren Vorgängerbeziehungen erfüllt sind. Aufgrund der informatorischen Abhängigkeiten zwischen Aktivitäten ist die Erfüllung einer Vorgängerbeziehung gleichbedeutend mit dem Vorliegen aller erforderlichen Informationen der Vorgängeraktivitäten. Aus diesem Ansatz ergibt sich, wie bereits beschrieben (s. Kap. 8), entweder eine sequenzielle, parallele oder überlappende Bearbeitung der Aktivitäten. Mit einer bestimmten Wahrscheinlichkeit werden Aktivitäten, insbesondere informatorisch gekoppelte Aktivitäten, in Iterationsschleifen bearbeitet. Iterationsschleifen entsprechen dabei geplanten oder ungeplanten Änderungen oder aufgrund geänderter Informationen notwendigen Anpassungen, die während der Durchführung des Innovationsprozesses auftreten können. Das Auftreten einer Iterationsschleife wird durch Zufallsvariablen simuliert, die mit den vom Anwender modellierten Iterationswahrscheinlichkeiten verglichen werden. Im Falle einer Iterationsschleife wird die Dauer der betroffenen Aktivitäten erhöht und die Aktivitäten für die Dauer der erforderlichen iterationsbedingten Mehrarbeit erneut bearbeitet. Aufgrund der mit jeder Iterationsschleife steigenden Qualität des Arbeitsergebnisses einer Aktivität wird in der Regel die Wahrscheinlichkeit für eine weitere Iterationsschleife mit jeder durchgeführten Iterationsschleife reduziert. Die Variablen im Simulationswerkzeug werden dementsprechend angepasst. Zusätzlich wird für jedes diskrete Ereignis, d. h. für die Bearbeitungszeitpunkte einer Aktivität, überprüft, ob die erforderlichen Arbeitspersonen und Sachmittel (Ressourcen) zur Verfügung stehen. Falls die erforderlichen Ressourcen nicht in ausreichender Kapazität zur Verfügung stehen sollten, werden die betroffenen Aktivitäten unterbrochen bzw. deren Bearbeitungszeitpunkt verzögert. In jedem Simulationslauf werden die genannten Programmschritte so lange wiederholt, bis alle Aktivitäten vollständig bearbeitet wurden. Die Gesamtdauer eines simulierten Innovationsprozesses entspricht dem Intervall zwischen Beginn des Simulationslaufes und Fertigstellungszeitpunkt der zuletzt ausgeführten Aktivität.

12.2 Vorgehen bei der Prozessanalyse und Datenerhebung

Die Eisengießerei Torgelow GmbH ist eine der größten Handformgießereien und stellt Gussstücke für Windkraftanlagen sowie für den Anlagen-, Maschinen- und Getriebebau her. Sie hat ein hohes Maß an Fachkompetenz im Bereich von handgeformtem Grau- und Sphäroguss erworben. Eine leistungsstarke Belegschaft und die kontinuierliche Weiterentwicklung des metallurgischen Know-hows ermöglichen es, Gussteile für technologisch anspruchsvolle Anwendungen mit komplizierten Bauteilgeometrien zu produzieren und die Aufträge der Kunden kurzfristig, flexibel, zuverlässig und effizient abzuwickeln.

Zunächst wurde in Zusammenarbeit mit den Bereichs- bzw. Abteilungsleitern sowie den prozessverantwortlichen Mitarbeitern der Eisengießerei ein geeigneter Innovationsprozess ausgewählt, der sich für eine Betrachtung als Fallstudie und eine anschließende arbeitsorganisatorische Simulation eignet. Um aussagekräftige Ergebnisse ermitteln zu können, sollte der Prozess einerseits nicht zu trivial sein, andererseits sollte er aber auch nicht zu komplex sein, um die Aktivitäten und Entscheidungsprozesse gut nachvollziehen zu können. Zur Aufnahme der für eine Simulation des Prozesses benötigten Daten wurden Interviews mit den am Prozess beteiligten Mitarbeitern des Vertriebs, der Qualitätssicherung, der Gewerke sowie der Technologie- und der Konstruktionsabteilung geführt. Darüber hinaus wurden im Rahmen einer Dokumentenanalyse die Qualitätsmanagementunterlagen des Unternehmens untersucht und ausgewertet. Durch die Befragungen und die Dokumentenanalyse wurden die folgenden Prozessdaten und Prozessinformationen erfasst:

- Aufbauorganisation des Unternehmens,
- Ablauforganisation des Prozesses in Form der standardmäßig zu bearbeitenden Aktivitäten,
- Drei-Zeiten-Schätzung (kürzeste, wahrscheinlichste, längste Bearbeitungsdauer) der Aktivitäten für die gegebenen Ausführungsbedingungen in Anlehnung an die PERT-Methodik (Shtub et al. 2005),
- Kontrollfluss des Prozesses in Form von Informationsabhängigkeiten zwischen den Aktivitäten; hieraus ergibt sich der früheste Bearbeitungsbeginn der Aktivitäten,
- Rückwärtsgerichteter Kontrollfluss des Prozesses in Form von Iterationswahrscheinlichkeiten von einer Nachfolger- zu einer Vorgängeraktivität,
- In einer Iterationsschleife zu leistender Mehraufwand,
- Abnahme der Iterationswahrscheinlichkeit bei mehrfachen Iterationsschleifen,
- Im Prozess eingesetzte Mitarbeiter und deren Qualifikation.

Die Dauer einer Aktivität entspricht dabei der Zeitdauer, die ein Entwicklungsmitarbeiter bzw. eine Arbeitsgruppe benötigt, um ausschließlich die Aktivität unabhängig von weiteren Aufgaben anderer Prozesse bei den gegebenen Sach- und Betriebsmitteln zu erledigen.

Aus Gründen der Vertraulichkeit der Daten wurden die Prozessaktivitäten und zu entwickelnden Produkte verallgemeinert. Die Zeitdaten wurden mit einem Faktor multipliziert und werden im Folgenden ganz allgemein in [Zeiteinheit] angegeben.

12.3 Beschreibung des erhobenen Innovationsprozesses

In der Fallstudie wird ein Innovationsprozess zur kundenspezifischen Entwicklung eines Eisengussteils und der entsprechenden Produktionsprozesse betrachtet. Wie oben erwähnt, umfassen die erhobenen Prozessdaten Informationen zur Aufbau- und Ablauforganisation sowie zu Arbeitspersonen und Arbeitsmitteln des Prozesses, die im Folgenden dargestellt werden.

12.3.1 Aufbauorganisation

Die Aufbauorganisation der Eisengießerei (s. Abb. 12.2) ist in Form einer Ein-linien-Organisation gegliedert. Die Organisationsform ist dadurch charakterisiert, dass jede Stelle nur eine übergeordnete Instanz hat, durch die Weisungen erteilt werden können (Grundsatz der Einheit der Auftragserteilung). Durch die Abgrenzung von Verantwortlichkeiten entstehen klare Kommunikationswege und können einheitliche, zielorientierte Entscheidungen getroffen werden. Zudem wird der Koordinationsaufwand reduziert. Es besteht aber auch die Gefahr der „Bürokratisierung" und der Vernachlässigung einer systematischen Entscheidungsvorbereitung. Darüber hinaus erfolgt zwischen hierarchisch gleichrangigen Instanzen und Stellen meist keine direkte Kommunikation.

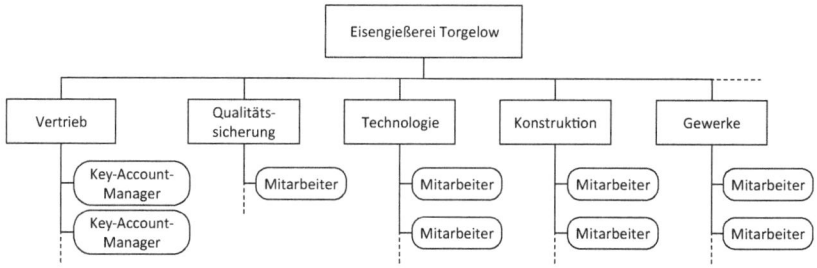

Abb. 12.2 Aufbauorganisation der Eisengießerei Torgelow GmbH mit den für die Simulationsstudie relevanten Abteilungen

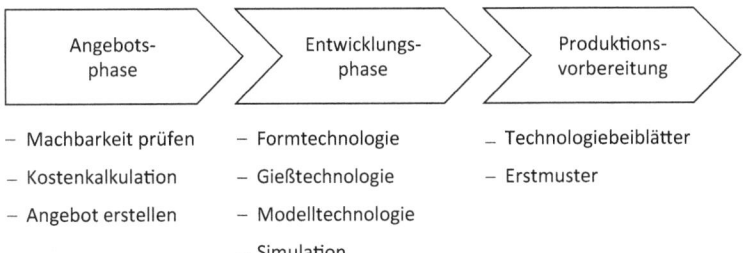

Abb. 12.3 Phasenmodell des untersuchten Innovationsprozesses der Eisengießerei Torgelow und korrespondierende Aktivitäten in den Phasen

Die Entwicklung des Gussteils beginnt mit der Anfrage bzw. dem Auftrag des Kunden und erfolgt dann in Kooperation mit dem Auftrag gebenden Kunden von der Angebotsphase, in der unter anderem die Machbarkeit des Auftrags geprüft wird, über die Entwicklungsphase, in der die Fertigungstechnologie festgelegt wird, bis zur Produktionsvorbereitung (s. Abb. 12.3). Der Innovationsprozess endet mit dem erstellten Erstmuster. Der darauffolgende Prozess ist überwiegend ein standardisierter Fertigungsprozess, der von den Mitarbeitern im Gewerk durchgeführt wird. Dieser Fertigungsprozess wurde aufgrund der Fokussierung des Verbundprojektes *derobino* auf die Forschungsfrage nicht weiter untersucht.

Der Kunde bestimmt die geometrischen und mechanischen Bauteileigenschaften, den zu verwendenden Werkstoff sowie sonstige Bauteileigenschaften, wie Beständigkeit und Festigkeit. Darüber hinaus wird der Kunde in die Angebotsphase eingebunden und steht in direktem Kontakt mit den Vertriebsmitarbeitern. Der Vertrieb ist für den Kundenkontakt, die Angebotserstellung und Angebotsabgabe sowie für die generelle Kommunikation mit dem Kunden verantwortlich. Hierzu sind im Vertrieb Mitarbeiter als Key-Account-Manager verschiedenen Kunden zugeordnet. Die Technologieabteilung ist der Leitung des Vertriebs zugeordnet. Sie plant die Technologie, die zum Einsatz kommt, um das vom Kunden gewünschte Gussteil herstellen zu können. Die Qualitätssicherung führt die Endkontrolle des Gussteils nach Fertigstellung durch. Sie entscheidet, ob ein Gussteil freigegeben werden kann oder in Absprache mit dem Kunden überarbeitet werden muss. Der Produktionsbereich ist hauptsächlich für die Herstellung der Gussteile zuständig. Ihm unterstellt sind auch die technischen Unterstützungsprozesse, wie die Arbeitsvorbereitung, Stahlbau und Instandhaltung. Etwa 80 % der Beschäftigten der Gießerei sind im Produktionsbereich tätig. Während der Entwicklung eines Neuproduktes sind die Mitarbeiter des Produktionsbereichs bzw. der Gewerke hauptsächlich für Holzbau-, Metallbau- oder Schmiedearbeiten verantwortlich und unterstützen damit sowohl die Entwicklungstätigkeiten als auch die Produktionsvorbereitung.

12.3.2 Ablauforganisation

Der untersuchte Innovationsprozess gliedert sich, wie erwähnt, in die Phasen Angebot, Entwicklung und Produktionsvorbereitung (s. Abb. 12.3). Im Folgenden werden diese Phasen entsprechend ihrer Ausgestaltung bei der Entwicklung des Gussteils näher beschrieben.

Die informatorischen Abhängigkeiten der Aktivitäten des Innovationsprozesses zur Entwicklung eines kundenspezifischen Gussteils sind in Abb. 12.4 als grafisches Prozessmodell dargestellt. Hierfür wurde die K3-Methode verwendet (Killich et al. 1999; Luczak et al. 1999). Das Prozessmodell umfasst insgesamt 17 Aktivitäten, die sowohl sequenziell, parallel, synchron als auch iterativ bearbeitet werden. Anhand des grafischen Prozessmodells sowie der Iterationsschleifen wird die Komplexität des untersuchten Innovationsprozesses deutlich.

Insbesondere gekoppelte Aktivitäten im Sinne des Concurrent Engineering, die iterativ bearbeitet werden, sind in diesem Innovationsprozess weit verbreitet. Auffällig sind die hochgradig durch Iterationen interdependenten Aktivitäten der Angebotsphase und der Entwicklungsphase. In diesem Prozessstadium ist die Iterationswahrscheinlichkeit hoch. Hierbei handelt es sich teilweise um geplante Iterationen, die der Ergebnisverbesserung dienen. Der in einer Iterationsschleife entstandene Mehraufwand wird vor allem von der Anzahl der von einer Iterationsschleife betroffenen Aktivitäten beeinflusst. So bewirken schon geringe, durch den Kunden veranlasste Änderungen des Auftrags umfangreiche iterationsbedingte Mehraufwände in der Angebotsphase. Aufgrund der mit jeder Iteration steigenden Qualität sinken allerdings die Wahrscheinlichkeiten für eine erneute Iteration.

Die im Rahmen der Drei-Zeiten-Schätzung festgelegten kürzesten, durchschnittlichen und längsten Bearbeitungsdauern der Aktivitäten wurden von den am Prozess beteiligten Mitarbeitern auf Basis ihres Erfahrungswissens für jede Aktivität separat geschätzt.

Zu den Aktivitäten wurden Zusatzinformationen erfasst und als Attribute in das grafische Prozessmodell eingebunden. Für die Simulation kommt der Attributierung von Prozesselementen und Prozesskonnektoren eine besonders hohe Bedeutung zu (s. Kap. 8). Für die Fallstudie umfasst die Attributierung der Aktivitäten eine Identifikationsnummer (ID), die von den Prozessmitarbeitern geschätzte Dauer (D) in Form einer Drei-Zeiten-Schätzung, Vorgängerbeziehungen (V) in Form eines 4-Tupels sowie die Anzahl und die erforderlichen Funktionen bzw. funktionalen Rollen der Ressourcen (R). Die in Form eines 4-Tupel bzw. Quadrupel abgebildeten Beziehungen zwischen Aktivitäten umfassen den Startzeitpunkt einer Aktivität in Beziehung zu ihren Vorgängern, die Iterationswahrscheinlichkeiten erster und zweiter Ordnung, den aus Iterationen resultierenden Mehraufwand sowie die Abnahme der Iterationswahrscheinlichkeiten aufgrund von Lerneffek-

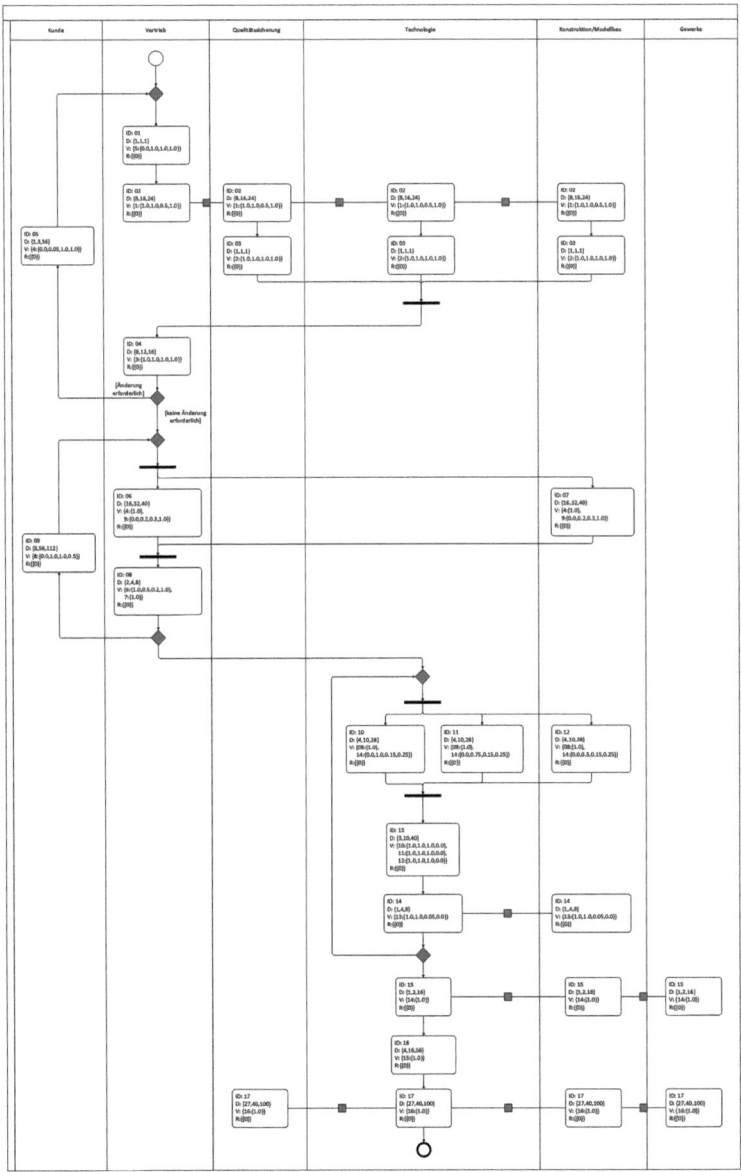

Abb. 12.4 K3-Modell des Innovationsprozesses der Eisengießerei. Attribute der Aktivitäten: Identifikationsnummer (*ID*), Dauer (*D*), Vorgängerbeziehungen (*V*), Funktionen der Ressourcen (*R*)

ten der Arbeitsperson. Die leere Menge repräsentiert den Fall, dass eine Aktivität keine Vorgänger und Iterationen besitzt. Als Ressourcen werden aus Gründen der Vereinfachung sowohl Arbeitspersonen als auch Sachmittel, d. h. Einsatz- und Betriebsmittel, bezeichnet, die zur Ausführung einer Aktivität in bestimmter Anzahl zur Verfügung stehen müssen. Funktionale Rollen einer Arbeitsperson sind z. B. fachliche Kompetenzen und Qualifikationen, über die eine Arbeitsperson verfügt und die zur Ausführung einer Aktivität erforderlich sind.

Nach der Anfrage des Kunden nach einem spezifischen Gussteil wird die technische Machbarkeitsprüfung veranlasst. Bereichsübergreifend wird die technische Machbarkeit sowohl vom Vertrieb als auch von der Qualitätssicherung, Technologie und Konstruktion geprüft. Das Prüfungsergebnis wird anschließend vom Vertrieb in Zusammenarbeit mit dem Kunden analysiert. Gegebenenfalls werden Änderungen des Auftrags umgesetzt und der Teilprozess iterativ durchgeführt.

Sobald der Teilprozess abgeschlossen ist, werden die Entwicklungs- und Produktionskosten kalkuliert, das Angebot erstellt und dem Kunden vorgelegt. Für diese Aktivitäten ist der Vertrieb verantwortlich. Er wird aber von der Konstruktion unterstützt, beispielsweise bei der Kostenkalkulation. Auch dieser Teilprozess wird gelegentlich iterativ durchgeführt, falls der Kunde Nachbesserung im Angebot einfordert.

Wenn das Angebot akzeptiert und der Auftrag erteilt wurde, erfolgt die eigentliche Entwicklung des Gussteils. In der Entwicklungsphase sind überwiegend die Technologie- und Konstruktionsabteilungen für die Durchführung der Aktivitäten verantwortlich. Sie legen in einem parallelen Teilprozess die Formtechnologie, Gießtechnologie und Modelltechnologie fest und erstellen die Konstruktionsdokumente. Anschließend wird die Herstellung des entwickelten Gussteils mit einer speziellen Gießprozess-Simulationssoftware simuliert. Die Software ermöglicht die genaue Vorhersage des Herstellungsprozesses, beispielsweise im Hinblick auf Strömungs- und Erstarrungsvorgänge, die Kernherstellung und Wärmebehandlung sowie die daraus resultierenden Bauteileigenschaften, wie Spannungen, Gefüge oder mechanische Eigenschaften. Aufgrund der Relevanz der Simulation für den späteren Herstellungsprozess und die Bauteileigenschaften wird diesem Teilprozess eine hohe Bedeutung beigemessen. Meist wird dieser Teilprozess daher mehrfach iterativ durchgeführt, um die Qualität des Gussteils zu sichern und die im Auftrag festgelegten Bauteileigenschaften garantieren zu können. So werden die Aktivitäten zur Festlegung der Form-, Gieß- und Modelltechnologie und die anschließende Simulation und Prüfung der Simulationsergebnisse in der Regel vier bis zehn Mal wiederholt durchgeführt.

Sofern die Simulationsergebnisse erwarten lassen, dass das entwickelte Bauteil den Anforderungen laut Angebot entspricht, wird die Produktion des Gussteils vorbereitet. Zunächst findet bereichsübergreifend eine Technologievorbesprechung statt, in die alle an der Entwicklung beteiligten Mitarbeiter eingebunden sind. Für die spätere Herstellung des Gussteils werden entsprechende Konstruktions- und Fertigungsdokumente erstellt, die alle relevanten Informationen über das Produkt und den Herstellungsprozess enthalten. Der Innovationsprozess endet mit der Fertigstellung des Erstmusters und der Technologieendbesprechung. Das Erstmuster stellt den ersten Prototypen des entwickelten Gussteils dar. Im Zusammenhang mit der Qualitätssicherung wird das Gussteil erstmals unter serienmäßigen Fertigungsbedingungen erzeugt und auf die Erfüllung vorgegebener Eigenschaften geprüft. Somit erbringt die Eisengießerei mit dem Erstmuster den Nachweis, dass das entwickelte Gussteil die vom Kunden geforderten Qualitätsanforderungen erfüllt.

12.3.3 Arbeitspersonen

In der Fallstudie werden fünf unterschiedliche Abteilungen bzw. Organisationseinheiten des Unternehmens berücksichtigt. In jeder Organisationseinheit steht jeweils eine Arbeitsperson für die Durchführung der Aktivitäten zur Verfügung. Somit sind die fünf Personen im Folgenden kurz als 1) Vertriebsmitarbeiter, 2) Mitarbeiter der Qualitätssicherung, 3) Technologe, 4) Konstrukteur und 5) Mitarbeiter des Gewerks benannt sowie der Kunde am Innovationsprozess beteiligt. Alle Personen verfügen über entsprechende Qualifikationen, um die ihrer Organisationseinheit zugeordneten Aktivitäten schnell, verlässlich und kompetent durchführen zu können.

12.3.4 Arbeitsmittel

Im Innovationsprozess wird eine Vielzahl an standardisierten Arbeitsmitteln eingesetzt, wie z. B. PCs, verschiedene Software für das rechnerunterstützte Konstruieren und die Festkörpersimulation nach der Finite-Elemente-Methode sowie Werkzeuge für die technische Produktdokumentation und Konstruktion. Diese Arbeitsmittel werden im Simulationsmodell nicht dezidiert berücksichtigt, weil davon ausgegangen werden kann, dass alle erforderlichen Arbeitsmittel im Prozess in ausreichender Kapazität zur Verfügung stehen. Lediglich eine spezielle Software für die Gießprozess-Simulation wurde gesondert untersucht. Aufgrund begrenzter Kapazität könnte sie zu Engpässen im laufenden Innovationsprozess führen. In der betrachteten Fallstudie war dies allerdings nicht der Fall, sodass auch dieses Arbeitsmittel im Simulationsmodell nicht explizit berücksichtigt werden muss.

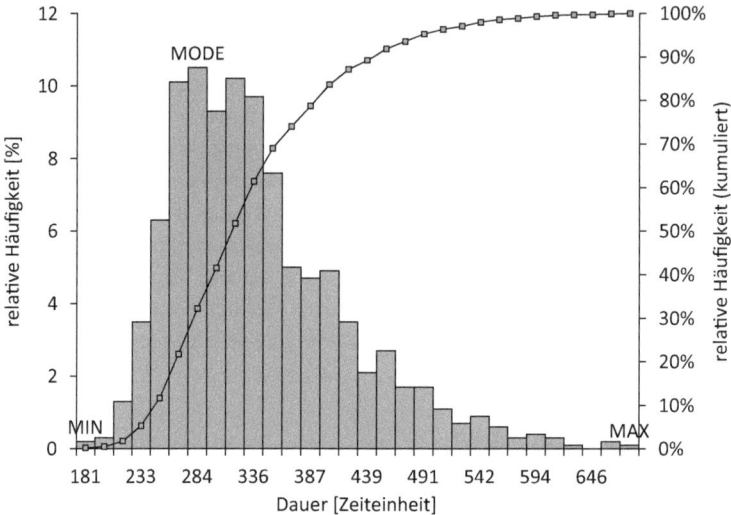

Abb. 12.5 Histogramm der simulierten Prozessdauern. Zusätzlich ist die kumulierte relative Häufigkeit dargestellt

12.4 Simulationsbasierte Untersuchung arbeitsorganisatorischer Varianten

Für die simulationsbasierte Untersuchung arbeitsorganisatorischer Varianten wurde jedes Simulationsexperiment standardmäßig mit einem Stichprobenumfang von 1000 Simulationsläufen durchgeführt. Aufgrund von Erfahrungswerten vergangener Simulationsstudien ist davon auszugehen, dass der Stichprobenumfang ausreichend hoch gewählt wurde, sodass für die reale Fallstudie valide Ergebnisse erzielt werden können.

Die Simulation des Innovationsprozesses der Eisengießerei zur Entwicklung eines kundenspezifischen Gussteils ergibt eine minimale Prozessdauer von 181 Zeiteinheiten (ZE), eine mittlere Prozessdauer von 270 ZE und eine maximale Prozessdauer von 680 ZE, mit einer Standardabweichung *SD* von 79.9 ZE. Die Häufigkeitsverteilung der simulierten Prozessdauern korrespondiert mit einer logarithmischen Normalverteilung und ist in Abb. 12.5 in Form eines Histogramms dargestellt. Die logarithmische Normalverteilung bringt zum Ausdruck, dass der Mittelwert größer als der Modalwert ist. Somit kann das bekannte Phänomen auftreten, dass der Innovationsprozess aus Sicht der Mitarbeiter unerwartet lange dauern kann (Huberman und Wilkinson 2005).

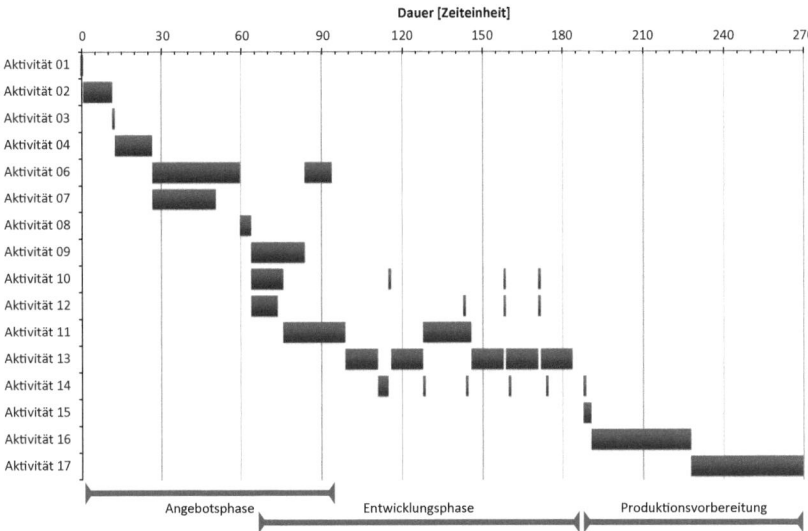

Abb. 12.6 Gantt-Diagramm für die mittlere simulierte Prozessdauer (MODE)

Die Häufung der Prozessdauer um den Modalwert von 270 ZE ist auf geplant und ungeplant auftretende Iterationsschleifen zurückzuführen. Insbesondere in der Entwicklungsphase verlängert sich die Prozessdauer mit jeder Iterationsschleife um durchschnittlich 80 ZE. Da in jedem Simulationslauf die Wahrscheinlichkeit des Auftretens von Iterationsschleifen mit der Anzahl der bereits aufgetretenen Iterationsschleifen abnimmt, ergibt sich die im Histogramm dargestellte rechtsschiefe Verteilung.

In Abb. 12.6 ist das Gantt-Diagramm für die mittlere simulierte Prozessdauer (MODE) gegliedert nach den Projektphasen dargestellt. Sehr deutlich zu sehen ist, dass die drei Phasen Angebot, Entwicklung und Produktionsvorbereitung gleichmäßige Anteile an der Gesamtdauer des Prozesses besitzen und somit eine, im Hinblick auf die Belastungssituation, angemessene Einteilung des Prozesses in Phasen gefunden wurde.

Auffällig ist die verhältnismäßig lange Dauer der zwei letzten Aktivitäten des Prozesses, in denen die Technologiebeiblätter und das Erstmuster erstellt werden. Zusammen betragen die Aktivtäten in etwa 30 % der Gesamtprozessdauer. Diese Aktivitäten bergen ein hohes Optimierungspotenzial, da mit einer entsprechenden Maßnahme, z. B. dem Einsatz zusätzlicher Arbeitspersonen oder dem Einsatz effizienterer Maschinen oder Technologien, eine hohe Zeitersparnis erreicht werden kann.

Eine weitere Maßnahme zur Verkürzung der Prozessdauer ist das weit verbreitete Organisationskonzept Concurrent Engineering (CE). Bei dieser Vorgehensweise werden Aktivitäten integriert und hochgradig parallel durchgeführt. Zwar müssen Aktivitäten meist in Iterationsschleifen wiederholt bearbeitet werden, bis durch das iterative Vorgehen eine zufriedenstellende Qualität des Arbeitsergebnisses erreicht wurde. Allerdings kann dennoch eine deutliche Zeitersparnis erreicht werden. In einem nächsten Schritt würde erhoben werden, welche sequenziell ausgeführten Aktivitäten prinzipiell auch überlappend bearbeitet werden können. Mit dem vorliegenden Simulationsmodell könnte dann überprüft werden, welche Auswirkungen die Überlappung sequentieller Aktivitäten auf die Prozessdauer hat, wie hoch der Überlappungsgrad sein darf, ohne dass sich die Ergebnisqualität verschlechtert, und welche Zeitersparnis durch das CE erzielt wird.

Am Ende des ersten Teilprozesses, der die Machbarkeitsprüfung umfasst, wird das Prüfungsergebnis in Zusammenarbeit mit dem Kunden analysiert. Gegebenenfalls müssen Änderungen des Auftrags umgesetzt werden. Die Prozesserhebung ergab, dass durch den direkten Dialog mit dem Kunden Änderungen des Auftrags aus technologischen Gründen nur sehr selten erforderlich sind. Daher ist auch die Iterationswahrscheinlichkeit für diesen Teilprozess sehr gering, und nur in sehr wenigen Simulationsläufen trat überhaupt eine Iterationsschleife im ersten Teilprozess auf. In Abb. 12.6 ist dies anhand der nicht durchgeführten Aktivität 5 zu sehen.

Bei allen Simulationsläufen kam es bei den Aktivitäten 10 und 11 zu einem Engpass in der Arbeitskapazität der Arbeitspersonen. Die Aktivitäten können parallel von Arbeitspersonen der Organisationseinheit Technologie durchgeführt werden. Da aber nur eine Arbeitsperson in dieser Organisationseinheit für die Durchführung der Aktivitäten zur Verfügung steht, müssen die Aktivitäten 10 und 11 sequenziell durchgeführt werden. An dieser Stelle ergibt sich eine weitere Optimierungsmöglichkeit; mit einer entsprechenden Maßnahme, wie dem Einsatz einer zusätzlichen Arbeitsperson, kann eine Zeitersparnis von ca. 10 ZE bis 25 ZE erzielt werden.

Aus Gründen der Qualitätssicherung wird der Teilprozess bestehend aus der Technologieentwicklung und dem anschließenden Testen mit Hilfe der Gießprozess-Simulation mehrfach iterativ durchgeführt. In dem Simulationslauf mit der durchschnittlichen simulierten Prozessdauer (s. Abb. 12.6) kommt es bereits zu fünf Iterationsschleifen, wodurch sich eine Dauer von ca. 120 ZE für diesen Teilprozess ergibt. Diese Dauer entspricht fast der Hälfte der Gesamtprozessdauer. In dem Simulationslauf mit der maximalen simulierten Prozessdauer (MAX) kommt es zu zehn Iterationsschleifen, wodurch sich die Dauer der Entwicklungsphase gegenüber dem Simulationslauf mit der durchschnittlichen simulierten Prozessdauer vervierfacht und dieser Teilprozess ca. 520 ZE dauert (s. Abb. 12.7). Der

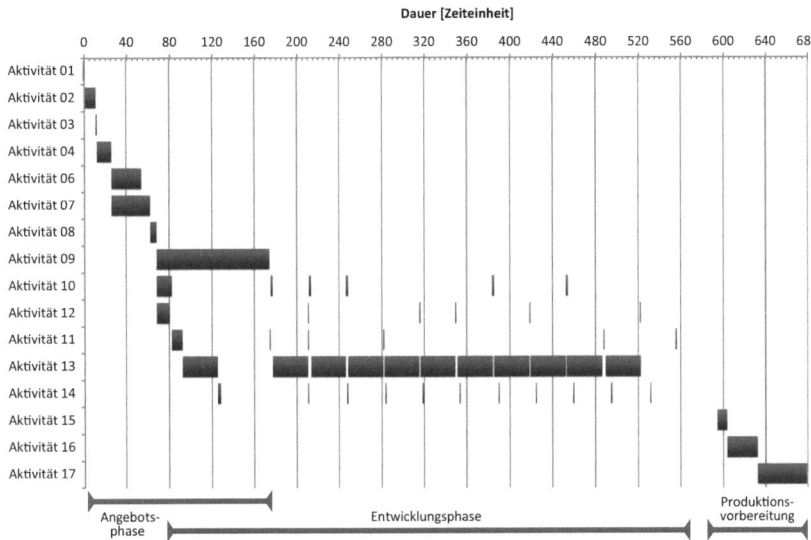

Abb. 12.7 Gantt-Diagramm für die maximale simulierte Prozessdauer (MAX)

Simulationslauf mit der maximalen simulierten Prozessdauer stellt eine äußerst pessimistische Abschätzung dar. Die Wahrscheinlichkeit, dass dieser Worst Case eintritt, beträgt nur knapp 1 %. Es ist also davon auszugehen, dass dieser Prozessverlauf in der normalen Auftragsabwicklung tatsächlich nicht eintreten wird.

12.4.1 Einfluss zusätzlicher Arbeitspersonen

Mit dem Simulationsmodell können nun arbeitsorganisatorische Varianten des erhobenen Innovationsprozesses der Eisengießerei untersucht werden. Insbesondere soll überprüft werden, welche Auswirkungen der Einfluss zusätzlicher Arbeitspersonen auf die Prozessdauer hat und wie sich zusätzliche Arbeitsaufgaben im Sinne einer Multiprozessplanung auf die Belastung bzw. Auslastung der Arbeitspersonen und die Gesamtdauer der einzelnen Innovationsprozesse auswirken.

Durch den Einsatz zusätzlicher Arbeitspersonen kann theoretisch die Entwicklungszeit und damit die Prozessdauer verkürzt werden. Mit Hilfe der Simulation kann abgeschätzt werden, um welchen Prozentsatz die Prozessdauer durch den Einsatz zusätzlicher Arbeitspersonen verringert werden kann. Somit lässt sich abschätzen, ob sich zusätzliche Aufwände im Verhältnis zu der gewonnen Prozessverkürzung lohnen.

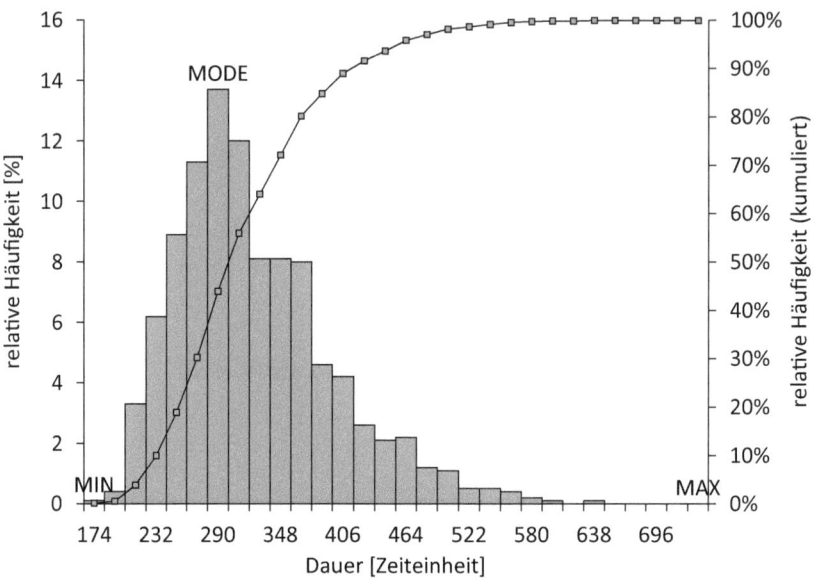

Abb. 12.8 Histogramm der simulierten Prozessdauern für das Simulationsexperiment mit drei Arbeitspersonen je Organisationseinheit. Zusätzlich ist die kumulierte relative Häufigkeit dargestellt

In einem weiteren Simulationsexperiment wurde daher die Anzahl der in jeder Organisationseinheit verfügbaren Arbeitspersonen von einer Arbeitsperson auf drei Arbeitspersonen erhöht. Weiterhin gilt, dass alle Arbeitspersonen über entsprechende Qualifikationen verfügen, um die ihrer Organisationseinheit zugeordneten Aktivitäten durchführen zu können. Mit den zusätzlichen Arbeitspersonen ist es nun möglich, mehrere Aktivitäten, die einer Organisationseinheit zugeordnet sind, parallel durchzuführen.

Die Simulation des Innovationsprozesses mit jeweils drei in einer Organisationseinheit zur Verfügung stehenden Arbeitspersonen ergibt eine minimale Prozessdauer von 174 ZE, eine mittlere Prozessdauer von 266 ZE und eine maximale Prozessdauer von 735 ZE, mit einer Standardabweichung *SD* von 73.7 ZE. Die Wahrscheinlichkeitsverteilung der simulierten Prozessdauern beschreibt abermals eine logarithmische Normalverteilung und ist in Abb. 12.8 in Form eines Histogramms dargestellt. Auch hier ergibt sich eine rechtsschiefe Verteilung, die auf geplant und ungeplant auftretende Iterationsschleifen zurückgeführt wird.

Im Vergleich zum Simulationsexperiment mit einer Arbeitsperson je Organisationseinheit (minimale Prozessdauer: 181 ZE, mittlere Prozessdauer: 270 ZE,

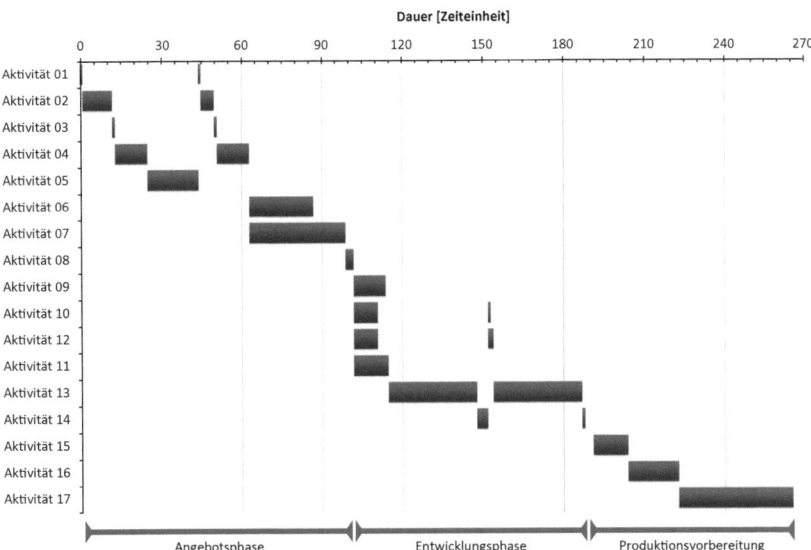

Abb. 12.9 Gantt-Diagramm für die mittlere simulierte Prozessdauer für das Simulationsexperiment mit drei Arbeitspersonen je Organisationseinheit

maximale Prozessdauer: 680 ZE, Standardabweichung: 79.9 ZE) kann im statistischen Mittel keine Reduzierung der Prozessdauer festgestellt werden. Im Gegenteil erhöht sich die Prozessdauer bei der Mehrzahl der Simulationsläufe sogar. Dies ist zurückzuführen auf die Abschätzungen der Bearbeitungsdauern der Aktivitäten, aufgrund derer die simulierten Dauern der Aktivitäten je Simulationslauf stark, ggf. auch asymmetrisch variieren, sowie die Eintrittswahrscheinlichkeiten der Iterationsschleifen.

Wie bereits zuvor erwähnt, kann eine Zeitersparnis ausschließlich bei den Aktivitäten 10 und 11 erzielt werden, da nur diese Aktivitäten parallel von mehreren Arbeitspersonen einer Organisationseinheit durchgeführt werden können. Wie im Gantt-Diagramm in Abb. 12.9 zu sehen, werden die Aktivitäten 10 und 11 in dem Simulationsexperiment, in dem drei Arbeitspersonen je Organisationseinheit zur Verfügung stehen, parallel von zwei Technologen durchgeführt. Diese Zeitersparnis von 10 ZE wird jedoch überkompensiert durch eine Iterationsschleife in der Angebotsphase, die in etwa 20 ZE in Anspruch nimmt.

Insgesamt kann die Entwicklungszeit und damit die Prozessdauer durch den Einsatz zusätzlicher Arbeitspersonen zwar verkürzt werden; für die minimale Prozessdauer ergibt sich beispielsweise eine Zeitersparnis von 7 ZE, für die mittlere Prozessdauer eine Zeitersparnis von 4 ZE. Mit Hilfe der Simulation konnte aber gezeigt werden, dass sich die zusätzlichen Aufwände im Verhältnis zu der gewonnen Prozessdauer nicht lohnen, da der erforderliche Personalaufwand überproportional zur erzielten Zeitersparnis zunehmen würde, wenn vorausgesetzt wird, dass die Arbeitspersonen über die gesamte Prozessdauer ausschließlich für die Durchführung der Aktivitäten dieses Innovationsprozesses zur Verfügung stehen.

12.4.2 Einfluss zusätzlicher Arbeitsaufgaben

Typischerweise erhält die Eisengießerei Torgelow zeitgleich bzw. zeitnah mehrere Kundenanfragen für Neuprodukte, sodass mehrere Innovationsprozesse parallel bzw. zeitlich überlappend bearbeitet und mehrere Gussteile gleichzeitig entwickelt werden müssen. Für die verantwortlichen Prozessmanager sowie die am Prozess beteiligten Mitarbeiter stellt sich die Frage, wie sich die zusätzlichen zu bearbeitenden Aktivitäten mehrerer Innovationsprozesse auf die Belastung bzw. Auslastung der Arbeitspersonen und die Gesamtdauer der einzelnen Innovationsprozesse auswirken. Mit dem Simulationsmodell können hierfür szenariobasierte Untersuchungen durchgeführt werden.

Im folgenden Simulationsexperiment wird der zuvor erhobene Innovationsprozess dreimal durchgeführt. Erfahrungsgemäß erhält die Eisengießerei in etwa alle 80 Zeiteinheiten eine Kundenanfrage für ein Neuprodukt. Daher wird simuliert, dass neben dem zum Zeitpunkt 0 gestarteten Innovationsprozess zu den Zeitpunkten 80 und 160 jeweils eine Kundenanfrage gestellt und dementsprechend ein zusätzlicher Innovationsprozess parallel durchgeführt wird. Um dieses Szenario simulieren zu können, wurde das Prozessmodell um die zusätzlichen Aktivitäten erweitert. An den Prozessdaten der Aktivitäten wurden keine Änderungen vorgenommen. In jeder Organisationseinheit steht jeweils eine Arbeitsperson für die Durchführung der ihr zugeordneten Aktivitäten zur Verfügung.

Ein typisches Simulationsergebnis ist in Abb. 12.10 in Form eines Gantt-Diagramms für die minimale simulierte Prozessdauer dargestellt. Für die Darstellung wurde das Gantt-Diagramm für die minimale simulierte Prozessdauer gewählt, da in diesem Prozessverlauf die geringste Anzahl an Iterationen auftrat und somit das Diagramm am einfachsten zu überblicken ist. Die Ergebnisse der übrigen Simulationsläufe zeigen vergleichbare Prozessverläufe. Deutlich zu erkennen ist, dass sich die drei Innovationsprozesse aufgrund der parallelen Durchführung gegenseitig beeinflussen und durch die Inanspruchnahme der freien Kapazitäten der Arbeitspersonen jeweils gegenseitig verzögern. So wird der Beginn der Produktionsvorbereitungsphase des ersten Innovationsprozesses um ca. 200 ZE verzögert, da die für die Durchführung dieser Aktivitäten erforderlichen Arbeitspersonen in

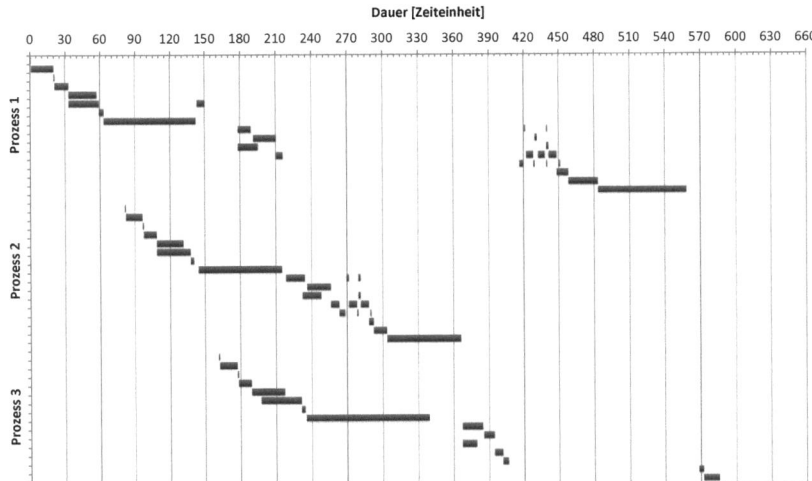

Abb. 12.10 Gantt-Diagramm für die minimale simulierte Prozessdauer für das Simulationsexperiment mit drei parallelen Innovationsprozessen und jeweils einer Arbeitsperson je Organisationseinheit

diesem Zeitraum mit der Durchführung der Aktivitäten des zweiten und dritten Innovationsprozesses beschäftigt sind. Die Produktionsvorbereitungsphase des dritten Innovationsprozesses wird wiederum deutlich verzögert (160 ZE), da zum Zeitpunkt, zu dem die entsprechenden Aktivitäten durchgeführt werden könnten, die erforderlichen Arbeitspersonen bereits die gleichen Aktivitäten des ersten Innovationsprozesses ausführen.

Durch die Simulation kann abgeschätzt werden, welchen Einfluss zusätzliche Arbeitsaufgaben in einer Multiprozessumgebung auf die Belastung bzw. Auslastung der Arbeitspersonen und die Gesamtdauer der einzelnen Innovationsprozesse hat. Die Simulation der drei parallel durchgeführten Innovationsprozesse ergibt eine früheste Fertigstellung nach 654 ZE, eine durchschnittliche Fertigstellung nach 915 ZE und eine späteste Fertigstellung nach 1942 ZE, mit einer Standardabweichung SD von 195.9 ZE (s. Abb. 12.11). Verglichen mit dem ursprünglichen Prozessverlauf (s. Abb. 12.5) haben sich die Prozessdauern der einzelnen Innovationsprozesse dadurch erhöht. Durchschnittlich dauert für die betrachtete Prozesskonfiguration ein Innovationsprozess in der Multiprozessumgebung 13 % länger als in einer Einzelprozessumgebung, da in der Multiprozessumgebung auf freie Kapazitäten der erforderlichen Arbeitspersonen gewartet werden muss.

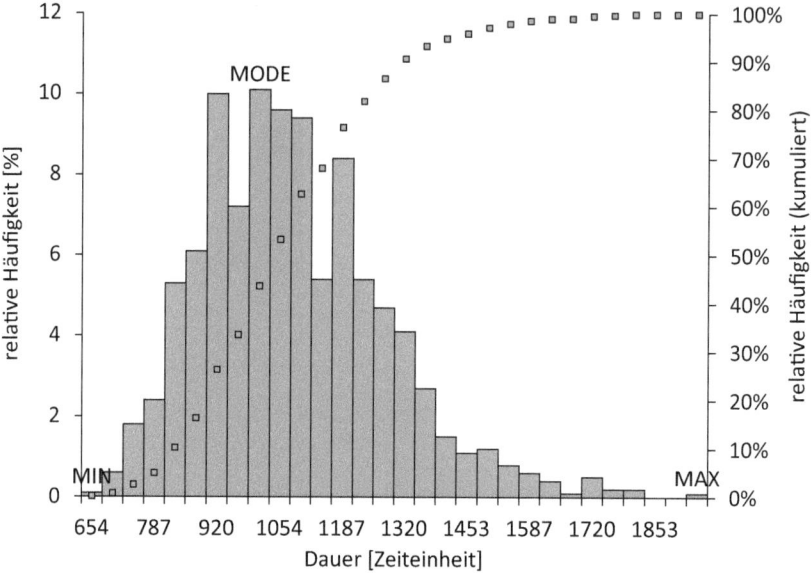

Abb. 12.11 Histogramm der simulierten Prozessdauern für das Simulationsexperiment mit drei Innovationsprozessen und jeweils einer Arbeitsperson je Organisationseinheit. Zusätzlich ist die kumulierte relative Häufigkeit dargestellt

Im letzten Schritt wird überprüft, ob die Arbeitspersonen entlastet werden können, indem erneut die Anzahl der in jeder Organisationseinheit verfügbaren Arbeitspersonen von einer Arbeitsperson auf drei Arbeitspersonen erhöht wird. Die Simulation der drei parallel durchgeführten Innovationsprozesse mit jeweils drei in einer Organisationseinheit zur Verfügung stehenden Arbeitspersonen ergibt eine minimale Prozessdauer von 360 ZE, eine mittlere Prozessdauer von 542 ZE und eine maximale Prozessdauer von 938 ZE, mit einer Standardabweichung *SD* von 77.2 ZE. Die Fertigstellungszeitpunkte der Innovationsprozesse werden durch die insgesamt erhöhte Kapazität an Arbeitspersonen bedeutend reduziert. Durchschnittlich dauert ein Innovationsprozess in der Multiprozessumgebung somit genauso lange wie in einer Einzelprozessumgebung. Bezogen auf einzelne Innovationsprozesse kann die Entwicklungszeit und damit die Prozessdauer durch den Einsatz zusätzlicher Arbeitspersonen zwar nicht verkürzt werden. Mit Hilfe der Simulation konnte aber gezeigt werden, dass sich die zusätzlichen Aufwände im Verhältnis zu der gewonnenen Prozessdauer in einer Multiprozessumgebung mit mehreren parallel durchgeführten Innovationsprozessen definitiv lohnen, da deutliche Zeitersparnisse erzielt werden.

Literatur

Killich, S., Luczak, H., Schlick, C., Weissenbach, M., Wiedenmaier, S., & Ziegler, J. (1999). Task modelling for cooperative work. *Behaviour & Information Technology, 18*(5), 325–338.

Huberman, B. A., & Wilkinson, D. M. (2005). Performance variability and project dynamics. *Computational & Mathematical Organization Theory, 11,* 307–332.

Luczak, H., Wolf, M., Schlick, C., Springer, J., & Foltz, C. (1999). Personenorientierte Arbeitsprozesse und Kommunikationsformen. In M. Nagl & B. Westfechtel (Hrsg.), *Integration von Entwicklungssystemen in Ingenieranwendungen* (S. 403–422). Berlin: Springer Verlag.

Shtub, A., Bard, J. F., & Globerson, S. (2005). *Project Management – Processes, Methodologies, and Economics*. Upper Saddle River: Pearson Prentice Hall.

Dipl.-Ing. Sebastian Terstegen studierte Ingenieurinformatik mit Schwerpunkt Elektrotechnik an der Universität Paderborn. Er ist seit 2009 am Institut für Arbeitswissenschaft der RWTH Aachen als wissenschaftlicher Mitarbeiter in der Abteilung Arbeitsorganisation tätig. Seine Arbeits- und Forschungsschwerpunkte liegen in den Bereichen Prozessmanagement und Projektmanagement, insbesondere in der Entwicklung von Simulations- und Optimierungsverfahren.

Prof. Dr.-Ing. Dipl.-Wirt.-Ing. Christopher M. Schlick absolvierte ein Simultanstudium der Automatisierungstechnik und Wirtschaftswissenschaften an der TU Berlin. 1992 und 1993 arbeitete er als Projektingenieur in der Industrie. 1994 startete er seine Laufbahn als wissenschaftlicher Mitarbeiter am Institut für Arbeitswissenschaft der RWTH Aachen. Als Oberingenieur promovierte er 1999 an der Fakultät für Maschinenwesen der RWTH Aachen zum Dr.-Ing., wo er sich 2004 auch habilitierte. Ab dem Jahr 2000 leitete er die Abteilung Ergonomie und Führungssysteme bei der Forschungsgesellschaft für Angewandte Naturwissenschaften, bis er 2004 an die RWTH Aachen berufen wurde. Als Direktor des Instituts für Arbeitswissenschaft der RWTH Aachen verantwortet er seither zahlreiche Forschungsvorhaben auf den Gebieten der Arbeits- und Prozessorganisation, der Ergonomie sowie der Gestaltung von Mensch-Maschine-Systemen. Zudem ist er seit April 2005 Mitglied der Institutsleitung des Fraunhofer-Instituts für Kommunikation, Informationsverarbeitung und Ergonomie.

Philipp Przybysz M.Sc. studierte Arbeits- und Organisationspsychologie sowie International Business: Strategy and Innovation an der Universität Maastricht. Er ist seit 2011 am Institut für Arbeitswissenschaft der RWTH Aachen als wissenschaftlicher Mitarbeiter in der Abteilung Arbeitsorganisation tätig. Sein Arbeits- und Forschungsschwerpunkt liegt in der Untersuchung der Auswirkung des Alters auf die Zusammensetzung von Innovationsteams.

Dr.-Ing. Reinhard Weiß studierte und promovierte an der RWTH Aachen im Fachbereich Metallurgie und Werkstofftechnik (Abschluss 1994). Nach dreijähriger Tätigkeit als Postdoc im FZ Jülich wechselte er in die Stahl- und Metall verarbeitende Industrie, um dort die Leitung eines akkreditierten Werkstoffkundelabors zu übernehmen. Darüber hinaus war er in Forschungs- und Entwicklungsprojekte schwerpunktmäßig für die Automotive Industrie eingebunden und als Berater für diverse Kunden aus der Metall herstellenden und verarbeitenden Industrie tätig. 2005 übernahm er die Leitung des Qualitätsmanagements eines konzerngeführten Metall verarbeitenden Unternehmens. Seit 2009 ist er Leiter der Qualitätssicherung und des Qualitätsmanagements der Eisengießerei Torgelow GmbH, einem Metall erzeugenden Unternehmen.

Innovation im Spannungsfeld von personalen und strukturellen Bedingungsfaktoren

13

Manfred Bornewasser, Christopher M. Schlick
und Ricarda B. Bouncken

Zusammenfassung

Zum Abschluss erfolgt ein Fazit, in dem noch einmal kritisch resümierend die Bedingungsfaktoren der Innovationsfähigkeit von Personen und Organisationen erörtert werden. Die häufig unterstellte Annahme, infolge des demografischen Wandels reduziere sich die Innovationsfähigkeit, lässt sich empirisch nur schwer prüfen. Dies hat seine Gründe in begrifflichen Unklarheiten, die z. B. das Konzept der Innovation und des Innovationsprozesses betreffen, oder auch in methodologischen Ungereimtheiten, die etwa Schlüsse von der Alterung der Erwerbstätigen auf die Innovationsfähigkeit von Unternehmen implizieren. Vor

M. Bornewasser (✉)
Abteilung für Arbeits- und Organisationspsychologie,
Ernst-Moritz-Arndt-Universität Greifswald,
Franz-Mehring-Str. 47, 17487 Greifswald, Deutschland
E-Mail: bornewas@uni-greifswald.de

C. M. Schlick
Lehrstuhl und Institut für Arbeitswissenschaft,
RWTH Aachen University, Bergdriesch 27,
52062 Aachen, Deutschland
E-Mail: c.schlick@iaw.rwth-aachen.de

R. B. Bouncken
Lehrstuhl für Strategisches Management und Organisation,
Universität Bayreuth,Universitätsstr. 30, 95440 Bayreuth, Deutschland
E-Mail: bwl6@uni-bayreuth.de

© Springer Fachmedien Wiesbaden 2015
M. Bornewasser et al. (Hrsg.), *Teamkonstellation und betriebliche Innovationsprozesse*, DOI 10.1007/978-3-658-07386-2_13

diesem Hintergrund wird die Nützlichkeit von Werkzeugen der Personal- und Organisationsentwicklung erörtert. Auch ihnen liegen spezifische Begrifflichkeiten und theoretische Annahmen (z. B. zu Innovationsprozessen oder zur Diversität von Arbeitsteams) zugrunde, die die Bewertung von praktischen Instrumenten in spezifischen betrieblichen Kontexten leiten.

Sozialforschungsprogramme streben in der Regel die Aufklärung und Beseitigung von erkennbaren Defiziten an. Sie haben von daher immer eine diagnostische und eine verändernde Komponente: Die diagnostische Komponente umfasst die theoriegeleitete Beschreibung und Versuche, die zentralen Bedingungen aufzudecken, die den ermittelten defizitären Zustand verursachen. Die Veränderungskomponente impliziert die Beseitigung der verursachenden und die Schaffung von neuen Bedingungen, die eine Überwindung der bestehenden Defizite erwarten lassen. Das vorliegende Buch zeichnet ein solches Programm nach: Es reicht von einer Beschreibung des Gegenstandes über die Bestimmung von Verursachungsfaktoren bis hin zur Entwicklung und Erprobung von Werkzeugen und Veränderungsmaßnamen.

Im Mittelpunkt des Programms steht die Innovationsfähigkeit. Sie stellt ein zentrales Gut unserer Gesellschaft dar, welches es zumindest zu erhalten, wenn nicht gar zu steigern gilt. Dieses Gut ist – so eine weitverbreitete Annahme – durch den demografischen Wandel in doppelter Hinsicht bedroht: Immer weniger junge Menschen und immer mehr ältere Menschen führen über zwei unabhängige Verursachungspfade in den defizitären Zustand abnehmender Innovationsfähigkeit. Von daher – so die nächste Annahme – müssen die Qualifikationen und darauf aufbauend die Kompetenzen der jungen und alten Erwerbstätigen gesteigert werden, um Ausfälle und Rückgänge an Innovationsfähigkeit zu kompensieren. Dabei wird der Begriff der Innovationsfähigkeit entsprechend der Annahmen so gefasst, dass solche an Personen gebundenen Kompetenzen ursächlich für die Fähigkeit sind, Tätigkeiten und Prozesse auszulösen, die zu innovativen Objekten führen, handele es sich hierbei um Produkte, Prozesse, Dienstleistungen oder sogar größere Systeme. Diese den Tätigkeiten und Prozessen zugrundeliegenden Kompetenzen – so eine weitere Annahme – lassen sich zusätzlich durch strukturelle Faktoren günstig beeinflussen. Die folgende Abb. 13.1 gibt noch einmal das theoretische Grundgerüst des ausgeführten Programms wieder. Bedingt durch den demografischen Wandel reduzieren sich die verfügbaren Innovationskompetenzen in den Unternehmen. Dieser Verlust an Kompetenz (infolge der Alterung des Personals) kann durch strukturelle Maßnahmen indirekt und personale Maßnahmen der Kompetenzsteigerung direkt wieder ausgeglichen werden.

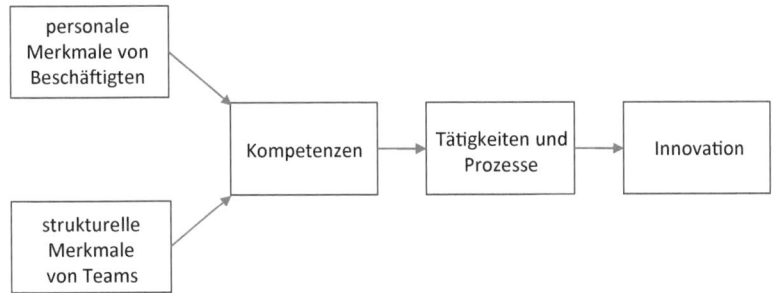

Abb. 13.1 Theoretisches Grundgerüst

13.1 Bedingungsfaktoren der Innovationsfähigkeit

Diese Beschreibung vor Augen hat das Projekt derobino sich mit der Innovationsfähigkeit in dieser doppelten, diagnostischen und (re-)organisatorischen Hinsicht auseinandergesetzt:

- Vor dem Hintergrund einer allgemeinen Debatte um das, was als Innovation und Innovationsfähigkeit beschrieben wird, geht es um eine diagnostische Erhellung von personalen und strukturellen Hintergrundfaktoren innovativen Verhaltens. Dabei stehen einmal das Alter der Beschäftigten und sodann die Struktur von Arbeitsteams im Vordergrund der Betrachtung. Entsprechend der Abb. 13.1 wird davon ausgegangen, dass sich diese beiden Faktoren auf den Innovationsprozess und den Innovationserfolg auswirken.
- Der Diagnose folgt die Erarbeitung von Veränderungsmaßnahmen bzw. Werkzeugen, um mögliche altersbedingte Kompetenzverluste zu kompensieren bzw. mit maximaler Kompetenz Innovationsprozesse zu gestalten. Aus den analytischen Befunden werden praktische Werkzeuge abgeleitet, die auf verschiedene Weise und über verschiedene Ansatzpunkte dazu beitragen können, Innovationsprozesse zu gestalten. Ansatzpunkte sind hier die Alters- und Kompetenzstrukturen von Unternehmen, die Gestaltung von Innovationsteams sowie der Ablauf von innovativen Prozessen. Als praktische Werkzeuge wurden dabei demografische Analysen, ein Prozesssimulationswerkzeug, ein Diversitätsplaner für die Zusammensetzung von Innovationsteams sowie Werkzeuge zur betrieblichen Personal- und Strukturentwicklung erarbeitet. Befunde und Werkzeuge wurden in den einzelnen Kapiteln näher beschrieben.

In einem Fazit stellen sich nun zwei zentrale Fragen:

1. Gibt es Hinweise darauf, dass es den vielfältig beklagten Zusammenhang von Demografie, Altersentwickung und Innovationsfähigkeit tatsächlich in der Form gibt, wie er durch die eingangs dargestellten Annahmen nahegelegt wird? Dieser Zusammenhang wird in der Beschreibung der Ausgangslage vorausgesetzt, ja geradezu suggeriert. Allerdings gibt es zahlreiche Hinweise darauf, dass die Annahme eines altersbedingten Kompetenzverlustes in Frage zu stellen ist.

2. Können die aufgezeigten Werkzeuge einen Beitrag dazu leisten, dass Unternehmen innovative Prozesse besser organisieren können und so das innovative Niveau gehalten werden kann? Dabei ist zu beachten, dass gute Werkzeuge auch unabhängig von der Richtigkeit der grundlegenden Annahme etwa zur Reduktion der Kompetenzen infolge zunehmenden Alters der Beschäftigten gemacht werden können.

Im Folgenden wird ein abschließender Versuch unternommen, diese beiden Fragenkomplexe ausführlich zu beantworten.

13.2 Zum Zusammenhang von Demografie, Alter und nachlassender Innovationsfähigkeit

13.2.1 Die demografische Entwicklung ist klar: Weniger und älter

Die Demografie zeigt seit Jahren unmissverständlich auf, wie sich die Bevölkerung in den nächsten Jahren entwickelt. Deutschland wird – sofern sich die grundlegenden Rahmenbedingungen nicht unvorhersehbar ändern – in der Tat durch eine doppelte Entwicklung geprägt sein: Die Bevölkerungsanteile der Kinder und Jugendlichen gehen immer weiter zurück und gleichzeitig legen die Bevölkerungsanteile an Älteren permanent zu. Deutschland wird weniger und die Wenigen werden immer älter.

Dies wird Auswirkungen vor allem auf das Erwerbspersonenpotenzial und den Fachkräftenachwuchs haben. Gegenwärtig wird ein Absinken des Erwerbspersonenpotenzials noch durch mehr Frauen, durch Ältere, die nicht in die Rente gehen, durch die Mobilisierung der stillen Reserve und auch durch mehr Migranten kompensiert. Im Bereich des qualifizierten Fachkräftenachwuchses werden jedoch weiterhin Lücken eintreten, weil weniger Auszubildende da sind, weil viele junge

Leute zu lange Ausbildungswege gehen und weil nicht ausreichend junge Leute technologisch orientierte Studiengänge absolvieren (Rump und Walter 2013). Folglich werden zunehmende innerbetriebliche Bildungszeiten und eine verstärkte Nutzung von Weiterbildung gerade auch für Ältere für Kompensation sorgen.

Die demografischen Prognosen gelten als gesichert. Man kann zwar unterschiedliche Szenarien annehmen (z. B. hinsichtlich der Migration), die die Auswirkungen mehr oder weniger gravierend erscheinen lassen, jedoch werden sich die erkennbaren Trends nicht umkehren lassen. Ein Bundesland wie Mecklenburg-Vorpommern kann als Beispiel für die Entwicklung gesehen werden, das schon relativ frühzeitig von diesen Bedingungen grundlegend betroffen war und aktuell Erfahrungen sammelt, wie mit dem demografischen Wandel umgegangen wird. Diese Bedingungen treten in Bayern erst verzögert in Erscheinung, weil die Geburtenraten erst Jahre später drastisch zurückgingen und auch aktuell noch ein äußerst positiver Migrationssaldo besteht. In Mecklenburg-Vorpommern fällt dabei auf, dass in vielen Bereichen noch relativ viel Gelassenheit herrscht: Gute Unternehmen haben sich bereits mit jungen Nachwuchskräften versorgt und ihren Altersdurchschnitt der Belegschaft reduziert, andere Unternehmen, etwa in der Hotelbranche und auch gerade Einrichtungen des öffentlichen Dienstes, klagen über viele Mitarbeiter in hohem Alter und auch über eine schwierige Neurekrutierung von Jugendlichen.

13.2.2 Uneindeutigkeit Nr. 1: Wie wirkt sich Alter auf die betriebliche Innovationsfähigkeit aus?

Weit weniger faktisch bestimmt sind die Überlegungen hinsichtlich der mit der zunehmenden Alterung der Bevölkerung einhergehenden Reduktion der Innovationsfähigkeit der Arbeitnehmer sowie der Unternehmen. Es gibt kaum eindeutige Hinweise darauf, dass sich mit zunehmendem Alter der Beschäftigten die kognitive Leistungsfähigkeit im Arbeitsprozess deutlich verändert. Dies hängt vermutlich damit zusammen, dass

- der Gesundheitsstatus der älteren Arbeitnehmer weit besser ist als noch vor 40 Jahren und die Lebenserwartung seit Jahren immer weiter ansteigt,
- der betriebliche Arbeitsschutz über zahlreiche Investitionen in die Verhältnisprävention immer weiter verbessert wurde,
- viele Arbeitsplätze aufgrund zunehmender Technisierung und Automatisierung auch kognitiv anspruchsvolle Arbeitssysteme geworden sind,

- über die Partizipation und über KVP ständig Reflexion über gegebene Verhältnisse abläuft,
- eine allgemein zunehmend anregende Umwelt besteht, die mit anspruchsvoller
  Informationsverarbeitung und damit kognitiver Leistung einhergeht.

Die in Rente gehenden Beschäftigten sind auch bei ihrem Austritt aus dem Arbeitsleben noch weitgehend gesund – sieht man einmal von Beschäftigen ab, die
schwere körperliche Arbeiten unter ungünstigen Ausführungsbedingungen zu erledigen hatten. Wo man früher nur noch wenige Jahre Rente bezog, bezieht man
heute durchschnittlich 15 und mehr Jahre Rente. Mit dem Gesundheitszustand
hängt auch zusammen, dass die körperlichen und geistigen Defiziterscheinungen
nur verzögert auftreten und kaum mehr das Arbeitsleben betreffen und dort, wo
dies dennoch der Fall ist, geeignete Kompensationsmaßnahmen ergriffen werden,
entweder vom Einzelnen oder aber strukturiert für die gesamte oder ausgewählte
Teile der Belegschaft (Baltes und Baltes 1990). Gerade im Bereich der kognitiven
und kreativen Fähigkeiten liegen kaum neuere Belege für ein altersbedingtes Defizit vor (Birren und Schaie 2001). Anders mag dies in einzelnen Bereichen der
körperlichen Fähigkeiten aussehen, wo jedoch auch verstärkt nach Möglichkeiten
gesucht wird, ergonometrisch gute Arbeitsplätze zu schaffen, die das Erkrankungs-
risiko mindern (s. Bruder und Schaub 2010; Börner et al. 2013; Schlick et al. 2013).
Von daher überrascht es nicht, dass auch Krankheit keine Angelegenheit von perso-
nalem Alter ist. Viele Statistiken zeigen, dass weniger ältere als vielmehr jüngere
Mitarbeiter eine höhere Arbeitsunfähigkeitsquote aufweisen (Hinweise aus TKK
2013). Auch im Bereich von Fehlern am Arbeitsplatz infolge von Erkrankung ist
wenig Eindeutiges zu Lasten der älteren Beschäftigten zu erkennen. Diesen Überlegungen wird zwar oftmals das Healthy-worker-Argument entgegengehalten, jedoch gibt es kaum eindeutige empirische Befunde, wonach Gesundheitseinbußen
der Grund für frühzeitiges Ausscheiden sind. Vielmehr wurden über Jahre hinweg
Anreize gesetzt, diesen Schritt zu gehen, egal ob krank oder gesund, um letztlich
jungen Beschäftigten Arbeitsplätze zu schaffen, die aber gar nicht mehr geboren
wurden oder ganz andere Wege ins Arbeitsleben wählten.

Man könnte die Innovationsfähigkeit von FuE-Teams oder Unternehmen gut
vorhersagen, wenn es wie im Bereich der Kriminalität valide Hinweise darauf
gäbe, wie sich das innovative Verhalten auf unterschiedliche Altersgruppen verteilt
(wie viel Innovative auf 1000 pro Altersgruppe; wie ändern sich die Besetzungen
der Klassen; mit wie viel Innovativen ist dann zu rechnen, wenn die demografische
Entwicklung so eintritt, wie vorhergesagt?). Niemand kann zuverlässig sagen, wie
erfolgreiche Innovationsteams bisher zusammengesetzt waren und welche Rollen
in diesen Teams Jungen und Alten zugekommen sind. Das hängt u. a. auch damit

zusammen, dass bislang weitgehende Unklarheit darüber besteht, was unter innovativem Verhalten zu verstehen ist und wie sehr personale Merkmale an der Innovation beteiligt sind. Wenn man annimmt, dass die immer wieder zitierte Defizithypothese nicht stimmt und es keinen Abbau an z. B. allen Kompetenzen und Fähigkeiten gibt, die für innovatives Handeln wichtig sind, dann sollte sich das Innovationsverhalten auch unter demografischem Wandel nicht wesentlich verändern. Es wäre auch kein Widerspruch, wenn sich die Innovationsfähigkeit sogar erhöht, zumal nicht auszuschließen ist, dass angesichts des demografischen Wandels viel mehr Aufmerksamkeit auf die Gestaltung und Strukturierung von Innovationsprozessen gelegt wird. Ferner ist zu bedenken, dass der Globalisierungsdruck zunimmt und mit zunehmend kürzeren Lebenszyklen der Produkte dazu zwingt, mehr Innovation zu erzeugen. Schließlich zwingt auch die zunehmende Individualisierung die Unternehmen dazu, verstärkt auf neue Produktions- und Marketingverfahren zu setzen und immer wieder neuartige oder verbesserte Produkte anzubieten. Unabhängig von der Alterung der Erwerbsbevölkerung muss immer wieder Neues geschaffen und auf den Markt gebracht werden. Es spricht einiges dafür, dass solch alte Gesellschaften wie Deutschland und Japan den jungen Gesellschaften wie Indien und Brasilien dabei teilweise überlegen sind, weil die strukturellen Rahmenbedingungen in den beiden erstgenannten Ländern innovationsförderlich sind.

Weder lassen sich der negative Alterseinfluss noch die Reduktion einer Innovationsfähigkeit sicher belegen, geschweige denn lassen sich kausale Annahmen zum Zusammenhang von Demografie, Alterung und Innovationsfähigkeit allein anhand des Innovationsgehalts der Produkte bestätigen. Wenn letztere sinken sollte (was ja nur über Jahre hinweg festzustellen ist), kann dies viele Ursachen haben, z. B. kann der Aufwand für Patentanmeldungen zu hoch sein oder kann sich mit der Entwicklung der Industriestruktur hin zur Dienstleistungsstruktur z. B. das Patentaufkommen verändern. Gerade diese vielschichtigen Zusammenhänge sind empirisch kaum eindeutig zu prüfen, zumal sich kaum jemand die Mühe macht (oder damit vermutlich auch überfordert wäre), die Makroentwicklungen auf die Mikroebene herunterzubrechen und z. B. mehrebenenanalytisch zu untersuchen (s. Coleman 1990 zum methodologischen Individualismus). Vermutungen ersetzen hier oftmals Wissen.

Zahlreiche Untersuchungen bestätigen nicht eindeutig die Annahme, dass Alte weniger leistungsstark, kreativ oder innovationsfähig sind, ebenso wenig ist eindeutig belegt, dass das zunehmende Alter einer Person die individuelle Leistungsfähigkeit vorhersagbar reduziert und damit Gruppen, die von vielen Alten besetzt sind, weniger innovativ sind. Solche pauschalen Aussagen lassen sich kaum halten, hier wäre viel mehr Differenzierung auf allen Seiten erforderlich. Dabei wird meist übersehen, dass gerade hinsichtlich der Kreativität und auch in der Gruppe nicht allein der Personenfaktor zählt, sondern vor allem die Struktur wichtig ist. Die Vorstellung, allein das Alter einer Person sei für kognitive Leistungen relevant, ist irreführend. Viel entscheidender sind die Umgebung und die Interaktion (Sternberg et al. 2005). Die Einbeziehung von Alten ist dann kein Nachteil, sondern kann unter günstigen strukturellen Bedingungen sogar ein erheblicher Vorteil sein. Altersdiversität, also die Einbeziehung von jungen und alten Beschäftigten, wird dann zu einer Ressource. Dabei sehen allerdings Autoren, die der Theorie der sozialen Kategorisierung nahestehen, in der Diversität auch Risiken und Gefährdungen, da über die Einteilung von Jungen und Alten soziale Konflikte ausgelöst werden und zum Auseinanderbrechen von Innovationsteams führen können. Alt und Jung agieren unter diesen Bedingungen nicht mit-, sondern gegeneinander. Ein Miteinander kann nur dort entstehen, wo das gemeinsame Ziel die Gruppe vereint und dadurch den Blick von personellen Merkmalen wie Alter oder Geschlecht ablenkt. Geschlossenheit steht dann gegen Zerfallstendenzen. Erneut liegt das Erfolgsgeheimnis in der Struktur, nicht in der kaum zu vermittelnden Wertschätzung für die Diversität, wie sie Wegge, Schmidt, Liebermann und van Knippenberg (2011) postulieren. Dabei bleibt zudem dunkel, wie diese Wertschätzung erzeugt wird, z. B. durch Einstellungsänderungen oder durch betriebliche Strukturen (etwa altersmäßig ausgeglichene Schichten oder Dienstgruppen). Andere Autoren sehen im Alter vor allem den Erfahrungsreichtum, der sich mit der kognitiven Risikobereitschaft von jüngeren Mitarbeitern gewinnbringend ergänzen kann.

Erwähnt seien an dieser Stelle noch drei zusätzliche Aspekte, die in der Innovationsforschung im Hinblick auf die Relation von Alter und Innovation weitgehend vernachlässigt werden:

• Bislang wurde immer nur gesehen, dass die älteren Beschäftigten in der Inventionsphase aufgrund ihrer Defizite ausfallen oder Nachteile mit sich bringen. Die anderen Phasen der Innovation wurden gar nicht gesondert bedacht. Selbst wenn die Behauptung der Minderung sich bestätigen sollte, dann gilt immer noch, dass eine Invention noch lange keine Innovation ist. Zur Innovation wird sie erst, wenn sie an den Markt kommt. Über die dazu erforderlichen Prozesse gibt es jedoch noch erheblich weniger Erkenntnisse als hinsichtlich der Alterseinflüsse auf die Invention.
• Bislang hat man Innovationen oft nur als Closed Innovation gedacht. Es sieht aber viel danach aus, dass Innovationen mehr und mehr zu einer Open Innovation ausgebaut werden. Auf diese Weise wird der Pool der einbezogenen Individuen immer breiter und einzelne Jugendliche nehmen an immer mehr Innovationen in Unternehmen mit zunehmend älterer Belegschaft teil. Öffnung und

multiple Teilnahme erhöhen die Einflüsse von jungen Mitarbeitern und reduzieren die defizitäre Wirkung von vielen Alten im Team, sofern es diese überhaupt gibt.

• Bislang wurde die Innovation in Unternehmen vornehmlich unter dem Gesichtspunkt Forschung und Wissenschaft gesehen. Ohne eine gute FuE-Abteilung gibt es keine Innovation. Gerade neuere Modelle zeigen jedoch auf, dass technologisches Erfahrungswissen und dass Pfadabhängigkeiten für Innovationen von großer Bedeutung sind (Kline und Rosenberg 1986). In dem Sinne trägt Erfahrung zentral zur Innovation bei, die gerade ältere Mitarbeiter einbringen können. Innovationen bauen auf Betriebswissen und betrieblichen Produktionsbedingungen auf.

Die psychologische Forschung fokussiert sich immer wieder stark auf Merkmale von Personen und vernachlässigt die systematische Untersuchung des Einflusses der sozialen Umwelt. Dies erklärt auch den überbordenden Einsatz von Befragungsmethoden, die prozessuale und strukturelle Aspekte weitgehend vernachlässigen oder über eine Subjektivierung wieder für Befragungen zugänglich machen (z. B. im Sinne von Moderatoren). Vieles von dem, was Menschen denken und tun, basiert jedoch auf sozialen Konventionen und Strukturen. Es wird z. B. angenommen, die Fähigkeiten nähmen im Alter ab, aber der wirkliche Hintergrund liegt darin, dass viele Unternehmen die Fähigkeiten nicht mehr abrufen und sie vernachlässigen oder dass sich soziale Verhältnisse etwa im Bereich der Altersrentengesetzgebung verändern, wozu dann passende Entwicklungen der Persönlichkeit behauptet werden.

13.2.3 Uneindeutigkeit Nr. 2: Das Innovationskonzept ist weitgehend unbestimmt

Ein weiteres zentrales Problem stellt das Konzept der Innovation dar. Es gibt keinerlei verbindliche Definition dieses Konzepts. Hauschildt und Salomo (2011) zitieren mindestens zehn verschiedene Definitionen, weitere 20 lassen sich ohne Mühe auffinden. Legt man diese Definitionen übereinander, so lassen sich einzelne Aspekte immer wieder feststellen, die auch dem hier präsentierten Ansatz entsprechen:

• Innovationen stellen einen Prozess dar, der Neues hervorbringt.
• Innovationsprozesse sind in organisatorische Kontexte eingebunden.

- Innovationsprozesse setzen sich aus verschiedenen Tätigkeiten zusammen, die in einer zeitlichen Strukturierung ablaufen (Phasenmodelle).
- Innovationsprozesse erfordern in den Anfängen vor allem kognitive Tätigkeiten, später dann auch technologische und distributive Tätigkeiten.
- Innovationsprozesse werden aufgrund der unterschiedlichen Tätigkeiten in Teams mit verschiedenen „Teamplayern" durchgeführt.

Von daher stehen Tätigkeiten im Vordergrund, die über die Zeit oder über Rollen aufgeteilt werden. Am Anfang steht das Nachdenken über ein bestehendes Problem, am Ende die Umsetzung und Implementation einer neuartigen Problemlösung bzw. von etwas Neuem in die vertrauten Kontexte im Unternehmen oder am Markt. Das alte Bild der Zusammenfassung von Invention und Exploitation oder die neuere Erweiterung von Problemkonzeption, technologischer Invention und wirtschaftlicher Exploitation (Trott 2002) beschreibt immer noch ganz gut, aber auch sehr grobkörnig ein prozessuales Geschehen, das auf ein innovatives Objekt gerichtet ist.

Neben der unklaren Definition besteht ein weiteres Problem darin, auf welchen Objektbereich das Konzept angewendet werden kann. Innovationen als Prozesse des Neuschöpfens treten in vielfältigsten Variationen auf. Für den Soziologen Popitz (1997) liegt der Anfang der Innovation im Nein eines sozialen Partners (Kind möchte A, Mutter sagt Nein, Kind sucht nach neuem Weg, sein Bedürfnis zu befriedigen), für einen kognitiven Psychologen in der Identifikation einer Problemlage und für einen Betriebswirt z. B. in der Gestaltung des Innovationsmanagements und für einen Ingenieur in der Entwicklung neuer Produktionstechnologien oder verbesserter Werkzeuge. Sozialwissenschaftler verbinden das Innovationskonzept auch mit der Neugestaltung von ganzen Lebensbereichen, etwa des Krankenhauswesens und sprechen dann von sozialen Innovationen. Die Abgrenzung zwischen Neuartigem und Bestehendem ist und bleibt schwierig: Neuschöpfung liegt auch dann vor, wenn ein neuer Auftrag mit einzelnen Spezifikationen erteilt wurde und konstruktiv bearbeitet wird. Schwierig ist zudem, die unendliche Vielfalt von Neuem zu ordnen und eine Grenze zu ziehen, wo tatsächlich Innovation anfängt. Sie liegt auch bereits im betrieblichen Vorschlagswesen vor; mehr noch, wenn ein bestehender dokumentierter und gelebter Prozess immer wieder neu auf Effizienz hin analysiert, weiterentwickelt und angepasst wird (KVP). Selbst das Qualitätsmanagement ist letztlich innovationsorientiert, wenn systematisch Fehler ausgeschaltet werden. Die Übergänge zwischen Change Management und Innovationsmanagement sind fließend.

Im betrieblichen Alltag wird täglich Neues geschaffen, ohne dass an Innovation gedacht wird. Gleichzeitig wird bei Innovation immer vorschnell an die radikale

Innovation gedacht, mit der gänzlich neuartige Produkte erzeugt werden, die einem Unternehmen einen kurzen Wettbewerbsvorteil am Markt einbringen, ehe eine Kopie entsteht. Aber die radikale Innovation ist ein absolutes Ausnahmeereignis. Erstaunlich, dass in den durchgeführten Befragungen 75 % der Respondenten meinen, an einer radikalen Innovation gearbeitet zu haben.

13.2.3.1 Innovationen sind tätigkeitsbasiert

Trotz aller Differenz um Arten und Formen ist weitgehend unumstritten, dass Innovationen auf Tätigkeiten basieren. Tätigkeiten sind konkrete Ereignisse, die auf Objekte gerichtet sind und diese Objekte verändern oder gezielt dazu beitragen, dass natürliche Veränderungen nicht oder nur in der gewünschten Zielrichtung eintreten. In diesen Tätigkeiten steckt eine zeitliche Struktur: Um Licht zu machen, muss man sich einem Schalter nähern, die Hand erheben, einen Finger nach vorn strecken und einen Schaltknopf drücken oder einen Knebel ergreifen und die Hand bis zu einem bestimmten Anschlag drehen. In vergleichbarer Weise muss ein Beschäftigter aus einem Container ein Teil herausnehmen, es vor sich platzieren, eine Schraube lösen, ein Teil hinzufügen, die Schraube wieder anziehen und das Teil auf ein Fließband stellen. Solche prozessualen Abläufe kann man mit dem bekannten MTM-Verfahren exakt beschreiben (Britzke 2010), zeitlich berechnen und sogar normativ fixieren. Alle diese Tätigkeiten lassen sich wie technische Abläufe in Ablaufdiagrammen darstellen und auch trainieren. Sie unterliegen über den Tag hinweg spezifischen Verlaufscharakteristiken, wie sie z. B. die traditionelle „Arbeitscurve" von Kraepelin zum Ausdruck bringt (Landau 2013, S. 194): Die tägliche Leistung fällt nach mehreren Stunden ab. Dieses Merkmal gilt für den einzelnen Beschäftigten oder für Beschäftigtengruppen, es lässt sich aber nicht generell auf Altersgruppen übertragen. Ein Schluss von der Arbeitskurve auf eine Alterskurve ist nicht zulässig.

Innovationen sind jedoch ungleich komplexere Tätigkeitsabfolgen, die sich aber trotz aller Komplexität schließlich zumindest grob beschreiben lassen, wie dies in Kap. 2 erfolgt ist. Phasenmodelle drücken die zeitliche Abfolge von Tätigkeiten aus, wobei jede einzelne Phase (als eine Art Container) eine weitgehend offene Klasse von Tätigkeiten umschreibt, die für einen bestimmten Zeitpunkt im Gesamtablauf charakteristisch ist. Niemand kann die Klasse der Tätigkeiten, die als Ideengenerierung beschrieben wird, exakt bestimmen (Elemente sind unbestimmt und nicht einmal immer eindeutig zuzuordnen). Hierauf kommt es letztlich auch nicht an. Entscheidend ist vielmehr, dass die Ideengenerierung logisch vor der nächsten Phase z. B. der Ideenbearbeitung auftritt, wobei angenommen werden kann, dass innerhalb einer jeden Phase die Tätigkeiten mehr Ähnlichkeit aufweisen als zwischen den einzelnen Phasen, was aber auch wieder nicht ausschließt, dass einzelne Elemente der zweiten Phase auch schon in die erste Phase eingeflossen sind und umgekehrt. Ideengenerierung kennt keinen festen Zeitpunkt, sie kann aber zu bestimmten Zeitpunkten bewusst angeregt oder auch verhindert werden (wenn im Team z. B. eine Entscheidung für eine bestimmte Problemlösung gefällt wurde, sollten weitere Lösungsvorschläge unterlassen werden).

13.2.3.2 Innovationen werden von Personen vorgenommen

Ein zweites unbestrittenes Faktum: Tätigkeiten werden von Personen ausgeführt. In einem Innovationsprozess werden spezifische Tätigkeiten erwartet, die von Mitgliedern von Teams ausgeführt werden. Dabei bleibt meist offen, ob diese Tätigkeiten einzelnen Mitgliedern oder allen Mitgliedern zugeordnet sind. So ist etwa zu erwarten, dass sich alle Mitglieder in den Teilprozess der Ideengenerierung einbringen, während der Prozess der Koordinierung verschiedener Arbeitsschritte, z. B. in der Phase der technologischen Umsetzung, nur von einer Person ausgeführt wird. Alle können ihre Erfahrungen einbringen, thematisieren und Lösungsvorschläge begründen, koordinieren kann jedoch nur eine Person zu einem Zeitpunkt (was nicht ausschließt, dass zu verschiedenen Zeitpunkten ähnlich wie beim shared leadership (Carson et al. 2007) die Koordination von unterschiedlichen Personen ausgeübt wird).

Tätigkeiten verweisen damit nicht nur auf Zeit und zeitliche Abfolgen, die logisch vorgegeben sind (Generieren kommt vor Umsetzen) und auch praktisch in dieser Reihenfolge ablaufen und koordiniert werden (was nicht ausschließt, dass z. B. während der technologischen Umsetzung eine neue Idee generiert wird, die dann aber entweder verworfen wird oder aber zu einem vorübergehenden Abbruch der Umsetzung führt). Alle Phasenmodelle sind Modelle auf einer Zeitachse, die ideale Prozesse beschreiben. Vielfalt von Formen, Dynamik, Iteration oder gar Abbruch und Wiederaufnahme sind im idealen Modell nicht vorgesehen, treten aber in der Praxis ständig in Erscheinung. Modelle gehen zudem immer vom Erfolg aus, Innovationsprojekte können aber auch scheitern, wobei die Tätigkeiten dennoch ausgeführt wurden (man könnte in Anlehnung an Fehlhandlungen von Fehlinnovationen sprechen). Die Ursachen liegen dann meist weniger in den Tätigkeiten als solchen, als vielmehr in einbettenden Strukturen und Konflikten oder im unzureichenden Zusammenspiel von Personen.

Tätigkeiten verweisen aber auch auf Personen, die mit Aufgaben betraut sind und von denen spezifische Tätigkeiten erwartet werden. In diesem Falle werden keine zeitlichen Relationen geschaffen, sondern Zuordnungen von Tätigkeiten zu Mitgliedern zu bestimmten Zeitpunkten getroffen. Es entstehen quasi Tripel von Mitgliedern, Tätigkeiten und Zeitpunkten, die auch als Rollen (s. Kap. 3) beschrieben werden können, wobei anzunehmen ist, dass einzelne Tätigkeiten von allen

Mitgliedern, andere wiederum nur von einzelnen Mitgliedern erbracht werden können (Technologen werden für bestimmte Aufgaben im Zuge der technologischen Invention nötig, Marketingfachleute, wenn es um die Exploitation geht). Je nach Expertise kann es also so sein, dass einzelne Tätigkeiten nur von einzelnen Mitarbeitern durchgeführt werden können. Wenn diese nicht zu einem bestimmten Zeitpunkt zur Verfügung stehen, kommt es zu Verzögerungen im Innovationsprozess. Das ist im Kern das Rationale der durchgeführten Simulationsuntersuchungen (s. Kap. 8 und 12).

13.2.3.3   Prozess bleibt weitgehend eine Black Box

Trotz aller Klassifikationen bleibt der Prozess selbst eine mehr oder weniger unbekannte Black Box. Man kann ihn theoretisch über die Zeitachse hinweg modellieren, allerdings bleibt die interne Dynamik eines solchen Prozesses weitgehend ausgeblendet. In gleicher Weise bleibt die Zuordnung einzelner Tätigkeiten zu einzelnen Mitgliedern weitgehend dunkel. Dies hat seinen zentralen Grund in der Ausdehnung des Prozesses: Der gesamte Innovationsprozess ist viel zu komplex, als dass er in einem Modell überzeugend abgebildet werden könnte. Von daher erfolgen fortwährend Partionierungen: Psychologen konzentrieren sich auf Kreativität, Elaboration und Entscheidungsprozesse, also den Anfang des Prozesses. Sie generalisieren dann gern von der Invention auf das Gesamte. Technologen hingegen reduzieren sich auf spezifische Abschnitte der Umsetzung, in unserem Fall etwa die Bewältigung eines Auftrags für die Entwicklung eines neuen Produkts mittels einer Konstruktionszeichnung oder der Schaffung eines Prototyps. Start- und Endpunkt, Tätigkeiten, die Abfolge der Tätigkeiten, durchschnittliche zeitliche Erstreckung der Tätigkeiten, Bereitstellung von Personal für einzelne Tätigkeiten zu bestimmten Zeitpunkten: All das sind Grundelemente der hier vorgenommenen Simulation.

Der Gegenstand Innovation ist offensichtlich zu groß, als dass man ihn als Psychologe, Ökonom oder Ingenieurwissenschaftler umfassend untersuchen könnte. Von daher sind überall Neigungen zu verspüren, ihn auf einen Teil zu reduzieren, was aber in der Regel nicht davon abhält, dass alle Forscher von Innovation sprechen. Jeder Einzelforscher hat einen Teil des Elefanten in der Hand gehabt, aber man spricht nicht vom Schwanz, den Ohren oder vom Rüssel, sondern immer vom Elefanten (dieses instruktive Bild findet sich bei Finke 2014). In Wirklichkeit können wir nur Teile in einem strukturierten Ganzen untersuchen und müssen diese Teile so aufeinander zuschneiden, dass sie nachher zusammenpassen. Was Maschinenbauingenieuren offensichtlich gelingt (Motor passt zum Getriebe, Bremsen passen zur Lenkung) gelingt gerade sozialwissenschaftlichen Forschern meist weit weniger. Ein Grund hierfür könnte darin liegen, dass ein Fahrzeug oder ein Bauteil ein wesentlich konkreteres Objekt darstellt, auf das sich alle einlassen und von dem alle eine gemeinsam geteilte Vision haben müssen. Innovationsforschern fehlt zumeist dieses gemeinsame Ziel.

13.2.4 Uneindeutigkeit Nr. 3: Wie geht der Prozess im strukturierten Team vor sich?

Psychologen konzentrieren sich in ihren Modellen weitgehend auf singuläre Individuen, die meist unabhängig von äußeren organisatorischen Umständen agieren. In diesem Sinne werden Gruppen oder Teams auch gern als Ansammlungen von Personen begriffen, die Tätigkeiten ausführen. Jedoch stellen Innovationsteams eher soziale Systeme mit internen Strukturen und mindestens grundlegenden Formalisierungen dar. Personen sind Mitglieder, sind Teile von Systemen, die über Aufgaben (das sind Erwartungen von konkreten Tätigkeiten, die sich hinsichtlich eines angestrebten Ziels bewährt haben) auf ein gemeinsames Ziel hin ausgerichtet sind. Es gibt vermutlich keine Innovation in Unternehmen, ohne dass eine formale Struktur dahintersteht. In diesem Sinne ist Högl und Gemünden zuzustimmen: „(…) a team can be defined as a social system of three or more people, which is embedded in an organization (context), whose members perceive themselves as such and are perceived as members by others (identity), and who collaborate on a common task (teamwork)" (2001, S. 436).

Entscheidend für jedes Team ist das Ziel des Projekts und damit verbunden die Aufgabe für jedes einzelne Mitglied, die sich aus seinen funktionalen Qualifikationen ergibt (man lässt keinen Dachdecker Maurerarbeiten machen). Alle Mitarbeiter werden auf das Ziel hin ausgerichtet. Das Ziel schweißt die Mitarbeiter zusammen. Das gemeinsame Ziel ist das zentrale strukturierende Moment, das allen Anstrengungen Richtung gibt. In diesem Sinne richtet sich auch alle Phasenbildung (etwa im Sinne der Planung des Einsatzes aller Gewerke) am Ziel aus.

Von entscheidender Bedeutung ist die Koordinationsstruktur über den Aufgaben. Sowohl Ziel, Aufgaben, Tätigkeiten und zeitliche Abfolgen müssen über kommunikative und sonstige Prozesse geregelt werden. Ideenaustausch, wechselseitige Unterstützung, Balance der Mitarbeiter und der eingebrachten Anstrengungen müssen funktionieren. Wichtig sind vermutlich aber auch die Randbedingungen, wie die zur Verfügung gestellten finanziellen Mittel, die Konkurrenz um die kreativen Köpfe, die Verknüpfung von Alltagsgeschäft und Innovationsaktivitäten sowie die Anreize für erfolgreiche Innovation.

„Teamwork" stellt das Kernmerkmal eines jeden Innovationsteams dar. Das einzelne Mitglied ist weniger wichtig, weil es austauschbar ist und weil Defizite durch Koordination und Kompensation durch andere Mitglieder auszugleichen sind. Es gibt zweifelsohne Situationen, in denen der Einsatz eines einzelnen Mitglieds, z. B. einer Fußballmannschaft, entscheidend ist, aber das ist die Ausnahme. Man kann diese Ausnahmeform jedoch durch explizite Regelungen auch zum Normalfall machen, wenn z. B. starke hierarchische Strukturen gebildet und unterstützt werden (man denke an das Phänomen des Groupthink (Janis 1972) oder an das Stanford-Prison-Experiment von Zimbardo 2007). Ob Innovationen gelingen oder nicht gelingen, hängt dann nicht mehr von einzelnen Personen ab, sondern von der Gruppe, vom Team bzw. von den Merkmalen des Teams. Bestimmte Merkmale erzeugen eine hohe Qualität, andere Merkmale eine geringe Qualität von Teamwork.

Wichtige Voraussetzungen für Teamwork sind die Zusammensetzung und die Koordination:

• Zusammensetzung betrifft die Auswahl von Personen, die in einem Team zusammenarbeiten sollen. Dabei ist grundsätzlich zu entscheiden, ob und wie divers oder homogen das Team hinsichtlich verschiedener Dimensionen besetzt wird. Dies wird davon abhängen, ob man in der Diversität einen Vorteil oder einen Mangel erkennt (zum Konzept des value in diversity s. Swann et al. 2004). Diversität gilt vielen Autoren dann als vorteilhaft, wenn es um die Elaboration von Information geht. Andere Autoren sehen stärker nachteilige Effekte, weil die Diversität zu sozialen Spannungen und zur Separation in der Gruppe führt, wodurch das Team letztlich sein Ziel verfehlt.
• Koordination betrifft die Strukturierung der innovativen Teamarbeit. Zahlreiche Befunde deuten an, dass Koordination in verschiedenster Form ein wichtiger Erfolgsfaktor ist. Dabei handelt es sich um Koordination durch Führung und Kommunikation, durch etablierte Regelungen und um Koordination durch Formalisierungen wie Protokolle, Standards oder selbst die Dokumentation von Misserfolgen. Hier zeigen sich zahlreiche Parallelen zum normalen Projektmanagement, wo im Project Management Office alle koordinativen Anforderungen zusammengefasst sind (s. Kap. 2).

In der Praxis wird diese Koordination oftmals erschwert. Wenn diese Koordination z. B. durch Not-invented-here-Effekte, durch unzureichendes Konfliktmanagement oder durch unklare Kommunikationsregeln gestört wird, dann treten Verzögerungen oder auch Abbrüche ein. Zu erkennen ist, dass Personenmerkmale der Mitglieder dabei in der Regel von untergeordneter Bedeutung sind. Sie gewinnen erst dann an Relevanz, wenn die Koordination aller Aktivitäten auf ein gemeinsames Ziel hin nicht erfolgreich durchgeführt wird. Solange der gemeinsame Erfolg in Aussicht steht, spielen die personalen Merkmale der Mitglieder keine entscheidende Rolle.

Insgesamt bleibt als ein vorläufiges Fazit festzustellen, dass die wissenschaftliche Basis für zentrale Kernannahmen des grundlegenden Programms recht dünn ist. An den demografischen Entwicklungen ist nicht zu zweifeln, jedoch sind die damit verbundenen Annahmen der Alterung und der damit verknüpften reduzierten Innovationsfähigkeit zweifelhaft. Es gibt keine eindeutigen Hinweise, dass alternde Menschen durch einen gravierenden Abbau ihrer kognitiven Fähigkeiten bedroht sind und von daher keinen Beitrag mehr zu Innovation leisten können. Das mag in manchen Branchen differenzierter zu betrachten sein, z. B. ist die Softwarebranche im Durchschnitt mit jüngeren Mitarbeitern (sogenannte Digital Natives) besetzt, während öffentliche Verwaltungen oftmals ein sehr viel höheres Durchschnittsalter ihrer Beschäftigten aufweisen, die zudem seltener mit moderner Informationstechnologie vertraut sind. Ferner ist weitgehend unklar, was überhaupt unter Innovation und Innovationsfähigkeit zu verstehen ist. Innovationen reichen von den ersten kreativen Ideen bis hin zur Diffusion in Märkte, ohne dass in vielen Studien das bearbeite Referenzobjekt konkret gefasst und eingegrenzt würde. Unumstritten ist, dass Innovationen verschiedenartige Prozesse zugrunde liegen, allerdings bleiben diese in empirischen Untersuchungen nach wie vor eine Black Box. Retrograde Studien über abgelaufene Projekte, aber auch hochgradig formalisierte Simulationsansätze für reduzierte Prozessmodelle können die Black Box Innovationsprozess zwar etwas erhellen, bleiben jedoch weit entfernt davon, den komplexen Prozess in all seiner Dynamik abzubilden. Schließlich ist zu sehen, dass nicht einzelne Personen zu Innovationserfolgen beitragen, sondern strukturierte Teams mit klarer Aufgabenspezifikation und gemeinsam repräsentiertem Ziel. Wichtige Teammerkmale sind die kognitive Repräsentation eines gemeinsamen Ziels und die Koordination der interdependenten Aufgaben und Tätigkeiten.

13.3   Praktische Lösungen trotz theoretischer Lücken?

Die demografische Entwicklung schreitet voran und hinterlässt Spuren. Dabei stellt sich die Frage, worin das zentrale Problem dieser Entwicklung liegt: Im zunehmenden Alter der Bevölkerung oder im Mangel an Fachkräften, völlig unabhängig vom Alter. Die Simulationsbefunde machen ja gerade dafür sensibel, dass Innovationsprozesse dann zeitlich verzögert werden, wenn es keine hinreichend große Zahl an Fachkräften gibt, die wichtige Aufgaben übernehmen können. So wie bereits normale Schichtsysteme auf eine angemessene Zahl von Fachkräften angewiesen sind (Fünf-Schicht-Systeme mit jeweils zwei Fachkräften erfordern dann zehn gleichartige Fachkräfte), so sind auch parallel verlaufende Innovationsteams oder Projekte darauf angewiesen, dass hinreichend viele Fachkräfte zu spezifischen Zeiten im Innovationsprozess zur Verfügung stehen. Viele Projekte scheitern an diesem Aspekt der Quantität, nicht am Alter bzw. der Qualität der Fachkräfte. Das Problem der Quantität bereitet in der Praxis mehr Sorge als das Problem der Qualität.

Wenn die Kausalzusammenhänge fraglich sind, wie sieht es dann um die Mittel-Zweck-Zusammenhänge aus? Werkzeuge sind Instrumente, die in Mittel-Zweck-Relationen eingebunden sind. Sie dienen als Instrumente dazu, in unserem Fall die Innovationsfähigkeit der Unternehmen zu erhalten. In diesem Sinne können die Instrumente dazu dienen, feststellbare Defizite in Zeiten des demografischen Wandels zu vermeiden. Offen bleibt dabei zunächst, ob hierbei quantitative oder qualitative Aspekte und bei letzterem wiederum personale oder strukturelle Aspekte zum Gegenstand werden. Strukturelle Probleme sind zumeist unabhängig von der Alterszusammensetzung der Belegschaft, sie zeigen sich jedoch deutlicher, wenn die Verfügbarkeit von Beschäftigten eingeschränkt ist.

Die Annahme von Alterungseffekten bedeutet immer zu postulieren, dass Leistung abfällt. Alterung erscheint dann wie oder analog zu Ermüdung: Ab einem bestimmten Punkt in der Kurve wird die Arbeit langsamer oder fehlerhafter ausgeführt und die Beanspruchung nimmt zu. Dann müssen Zeitzuschläge hinsichtlich der Normzeiten gewährt oder vermehrt Pausen eingelegt werden. Geradezu so, als würde der Mangel eines solchen Analogieschlusses intuitiv erspürt, wird dieses Postulat von den Unternehmen, zu denen Kontakte bestanden haben und mit denen dauerhaft Zusammenarbeit gepflegt wurde, ganz und gar nicht geteilt. Von daher stoßen in der Regel spezifisch auf Alte zugeschnittene Maßnahmen auch auf wenig Verständnis (abgesehen von Arbeitsplätzen, an denen dauerhaft schwere körperliche Arbeit geleistet werden muss), teilweise werden sie auch mit Verweis auf das Anti-Diskriminierungsgesetz zurückgewiesen. Da zudem viele Unternehmer, Geschäftsführer und Vorstände in der Regel älter sind als viele ihrer Mitarbeiter, werden solche Angebote teilweise auch als Bedrohung des eigenen Selbstkonzepts begriffen und abgelehnt.

Das Alter wird in der Praxis gewöhnlich nicht als ein Problem von Leistungs- und schon gar nicht von Innovationsfähigkeit angesehen. Das Alter ist eher ein administratives Problem der Organisation, da das Alter auf den zu erwartenden Ausstieg aus dem Arbeitsleben verweist und frühzeitige Überlegungen auslöst, ob und wie Ersatz zu beschaffen ist und die Problematik eines drohenden Verlusts an Wissen und Erfahrung angegangen werden kann. Für viele Unternehmen sind Altersstrukturanalysen mittlerweile eine vertraute Praxis der Personalarbeit, allerdings oftmals nur reduziert auf das Datum des Ausstiegs und die Neurekrutierung, weniger systematisch ausgerichtet auf den Verlust und den Transfer von Qualifikationen und deren ununterbrochene Absicherung, z. B. durch frühzeitige

Ausbildung, Rotation oder Schaffung von Teilzeitregelungen für Übergangszeiträume.

Auch nur relativ wenige Erfahrungen bestehen hinsichtlich der Gestaltung von arbeitsorganisatorischen Maßnahmen zur Reduzierung von körperlichen Belastungen im Alter. Spezifische Schichtgestaltungen, die das Alter berücksichtigen, sind gang und gäbe, allerdings tun sich viele Unternehmen schwer, Arbeitsplätze auch nach ergonometrischen Gesichtspunkten altersgemäß zu gestalten bzw. auf Altersphasen anzupassen. Was an Maßnahmen ergriffen wird, ist letztlich auch eine Frage der wirtschaftlichen Verhältnisse von Unternehmen: Kann man sich solche Maßnahmen kurzfristig erlauben und hat man genügend Puffer- und Ersatzkapazität in der „Mannschaft", um Rotation oder Teilzeitregelungen zu schaffen oder z. B. ältere Beschäftigte aus Nachtschichten ganz herauszunehmen? Alle diese Elemente eines altersgerechten Personalmanagements werden rational unter verschiedensten Aspekten erörtert, ohne dass damit eine Wertschätzung für ältere oder jüngere Kollegen zum Ausdruck gebracht würde. Dabei geht es vornehmlich um Qualität und Wirtschaftlichkeit, oftmals zusätzlich um die sogenannte Arbeitgeberattraktivität, die vor dem Hintergrund des Fachkräftemangels zunehmend an Bedeutung gewinnt.

Das Projekt derobino mit seinen Wissenschafts- und Praxispartnern hat insgesamt fünf Werkzeuge erarbeitet, die für eine weitere Verwertung anstehen:

1. Demografieinstrument: Auf der Basis von verschiedenen Datensätzen aus Betrieben, Ländern und der Arbeitsagentur wird eine Vorhersage über die Abgänge und die Wiedereinstellung von Mitarbeitern mit unterschiedlichen Qualifizierungen und Berufs- und Branchenerfahrungen getroffen und werden Empfehlungen zur Bewältigung der bedrohlichen Lage gegeben.
2. Sensibilisierungsinstrument im Sinne eines Kartenspiels zur Zusammenstellung von diversen Teams: Mehr spielerisch und oberflächlich werden Aufgaben zur Zusammenstellung verschiedener Arbeitsteams geben.
3. Diversitätsplaner: Ein Instrument zur Bestimmung optimaler Diversität in einem maximal achtköpfigen Innovationsteam unter Berücksichtigung funktioneller, sozialer und kultureller Merkmale von potenziellen Mitgliedern und einer Führungskraft sowie der Ausstattung des Innovationsprojekts mit hinreichenden Ressourcen.
4. Simulationstool zur Planung der den Innovationsteams einzuräumenden Prozesszeiten: Auf der Basis einer umfänglichen Prozessaufnahme (Tätigkeiten, Zeiten, Qualifikationen der Mitarbeiter, Verfügbarkeit von Personalressourcen) werden erforderliche Prozessverläufe simuliert und liefern dadurch unterschiedliche Erkenntnisse zum erforderlichen Einsatz von Personal.

5. Weiterbildungsinstrumente zur Prozess-, Team- und Personalentwicklung: Ein kombiniertes Instrument zur Prozessinnovation, zur Teamreorganisation und zur Personalentwicklung unter Beachtung von altersbedingten körperlichen Belastungen. Dieses Instrument ist in seiner dargestellten Umsetzung an den spezifischen Rahmenbedingungen eines metallverarbeitenden Unternehmens orientiert und verweist auf die generelle Notwendigkeit, sich bei personen- und strukturbezogenen Veränderungsprozessen an den spezifischen Betriebsbedingungen auszurichten.

13.3.1 Prozess und Diversität als Kernkonzepte der Werkzeuge

Die vorgestellten Werkzeuge sind – abgesehen vom Demografiewerkzeug – stark am Prozess der Innovation und an der Diversität von Innovationsteams orientiert. Dabei stellt sich natürlich die Frage, ob ein Innovationsprozess ein besonderer Leistungsprozess ist, der sich von anderen Leistungsprozessen unterscheidet. Wie bereits in Kap. 2 ausgewiesen, stellen Innovationsprozesse eine Klasse von Problemlöseprozessen mit stark kognitiven Komponenten dar, die zudem durch eine weitgehende Abkehr von Arbeitsroutinen geprägt sind. In diesem Sinne lässt sich etwa das Simulationswerkzeug zweifelsohne auch auf andere als Innovationsprozesse übertragen, zumal es hier ohnehin schon auf einen sehr eingeengten Prozess der Entwicklung eines in Auftrag gegebenen Produkts zugeschnitten ist. Generell stellt sich hier eher die Frage, wie schwach strukturierte und längerfristige interaktive Prozesse in welchen Detaillierungsstufen abzubilden sind. Auch der Diversitätsplaner lässt sich auf andere Leistungsprozesse anwenden, sofern sie in interaktiven Teams erfolgen, an funktionale Qualifikationen gebunden sind und ein hohes Maß an elaborativer Informationsverarbeitung ausweisen (z. B. könnte dies für OP-Teams, eine Schiffscrew, Management-Teams oder polizeiliche Krisenbewältigungs-Teams gelten). Überall, wo ein hohes Maß an interaktiv gestalteter Problemlösekompetenz erforderlich ist, lassen sich Parallelen zu Innovationsprozessen ziehen.

Das Simulationswerkzeug wie auch der Diversitätsplaner gehen zudem von der Annahme aus, dass aus einem Pool von passenden Mitarbeitern ausgewählt werden kann, die allesamt nur mehr oder weniger gut in ein divers zu besetzendes Team hineinpassen (selbst ein Top-Experte, der 60 Jahre alt ist, kann am Ende in einem Team, das nur 25-Jährige aufweist, scheitern) und auch mehr oder weniger sicher zur Verfügung stehen. Wo Knappheit an Fachkräften besteht, Tätigkeiten aber nur von Fachkräften gut ausgeführt werden können, kommt es zu Verzögerungen. Umgekehrt kann aber auch gelten, dass in Fällen, wo ein hinreichendes Maß an Fachkräften gegeben ist, aus ganz anderen Gründen mit erheblichen Zeitaufwendungen zu rechnen ist (weil z. B. Schnittstellen nicht sauber definiert sind oder es zu vielen Iterationen aufgrund von Nachbesserungswünschen der Kunden kommt). Diese Bedingung einer Auswahl liegt in vielen KMU gar nicht vor, wo man z. B. nur jeweils eine oder zwei Personen in spezifischen Funktionen als Konstrukteure oder Fertigungstechnologen eingestellt hat. In solchen Unternehmen wird viel Innovationstätigkeit in Routineverfahren abgewickelt, an denen immer wieder die gleichen Mitarbeiter mitwirken, von denen anzunehmen ist, dass sie mit zunehmender Betriebszugehörigkeit immer wieder auf bereits erfolgreiche, traditionelle Lösungen zurückgreifen. Dieses Muster wird evtl. dann durchbrochen, wenn ein neuer Mitarbeiter mit anderen Erfahrungen (z. B. ein junger Absolvent einer Fachhochschule oder ein erfahrener Konstrukteur aus einer anderen Branche) in das Unternehmen eintritt. Wo das nicht der Fall ist, bleibt nur der Weg offen, die Entwicklungen am Markt sorgfältig zu überwachen und sich Innovationen z. B. in Form von neuen Maschinen gegebenenfalls einzukaufen.

Das in Kap. 10 beschriebene Werkzeug der Prozess-, Team- und Personalentwicklung beschreibt eine innovative kombinierte Maßnahme, die gemeinsam mit dem Industriepartner entwickelt und erprobt wurde. Hierbei spielt insbesondere der neu zu gestaltende Prozess und weniger die Diversität der Schichten eine Rolle. Im Prozessteil werden die üblichen Elemente der Prozessdiagnostik und Prozessreorganisation eingesetzt, im Teamteil werden Aspekte der Altersdiversität beachtet und im Personalteil schließlich auch Momente der altersmäßig bedingten körperlichen Leistungsfähigkeit berücksichtigt. Das Neuartige liegt in der Kombination und im Versuch, diese Maßnahmen möglichst dual (Planung und Umsetzung sind eng verbunden) und betriebsnah on the job zu gestalten, wodurch sich einerseits eine zeitliche Erstreckung der Maßnahme, andererseits eine sehr kleinteilige Portionierung der vermittelten Inhalte ergibt. Die zeitliche Erstreckung resultiert aus den parallel zu erledigenden Reorganisationsmaßnahmen, die kleinteilige Portionierung aus der Tatsache, dass eine längerfristige Abwesenheit von ganzen Schichten an Arbeitsplätzen nicht zu realisieren war.

Im Zentrum aller Anstrengungen steht dabei weniger die Innovationsfähigkeit der Mitarbeiter als vielmehr die allgemeine Leistungsfähigkeit des Unternehmens hinsichtlich seiner dokumentierten Leistungsprozesse. Solange die Routineprozesse nicht sauber gestaltet sind und beherrscht werden, ist es eigentlich auch wenig sinnvoll, sich auf die Innovation solcher Prozesse oder auf die selteneren Innovationsprozesse jenseits der Routine zu konzentrieren. In der Teammaßnahme wurde auch weniger auf Differenzen zwischen Alt und Jung reflektiert als vielmehr auf eine Verbesserung der Schnittstellen zwischen Produktionsabschnitten. Altersdiversität und Innovativität erscheinen als Randphänomene, im Kern der Maßnahme stehen der laufende Prozess und die Verbesserung dieses Prozesses im Sinne einer Optimierung. Es geht also nicht in erster Linie um Personen und deren Kompetenzentwicklung, sondern vor allem um die Gestaltung von Prozessen und Strukturen, wobei diese durchaus der Tatsache Rechnung tragen können, dass auf Besonderheiten der Teammitglieder Rücksicht genommen wird.

13.3.2   Notwendigkeit weiterer Validierung

Die entwickelten Werkzeuge haben alle prototypischen, vorwettbewerblichen Charakter und bedürfen weiterer Validierung und Entwicklung. Sie stellen in einem Innovationsprozess erste arbeitsfähige Versionen dar, die einerseits weiter verfeinert, andererseits aber auch für einen breiteren Anwendungsbereich aufbereitet werden müssen. Der Grund hierfür liegt weniger in den immanenten Schwierigkeiten der Herstellung der Werkzeuge, als vielmehr in den strukturellen Randbedingungen, also der erforderlichen Interdisziplinarität der beteiligten Wissenschaften sowie der Praxispartner. Diversität ist wertvoll, braucht aber unter Umständen viel Zeit, etwa wenn Partner sehr autonom arbeiten. Ein Verbundprojekt ist ein schönes Beispiel dafür, dass zuviel Diversität auch zu einem Nachteil werden kann, wenn die Partner sich nicht von Anfang an hinreichend kennen, kein klar definiertes gemeinsames Ziel haben und die Koordination wegen großer räumlicher Distanzen nur schwer zu realisieren ist.

Es ist über vielfältige Interaktionen dennoch gelungen, die verschiedenen Ansätze im Projekt direkt aufeinander zu beziehen, gleichwohl unterschiedliche Theorien und Methoden hohe Hindernisse für ein gemeinsames Produkt sind. In diesem Sinne wird weiterhin verstärkt daran zu arbeiten sein, personale, strukturelle und prozessuale Elemente in der Simulation eines Innovationsprozesses zu vereinigen. Bislang berücksichtigt die Simulation z. B. die Differenzierung nach funktionalen Qualifikationen mittels der Kategorien Kenner, Könner und Experten, wobei angenommen wird, dass Kenner mehr und Experten weniger Zeit brauchen, um eine erforderliche Tätigkeit in einem Innovationsprozess auszuüben (z. B. benötigt ein Konstruktionsexperte weniger Zeit als ein Anfänger für die Anfertigung einer Konstruktionszeichnung). Wichtig ist aber auch: Es gibt wenige Experten, so dass gerade deren Einsatz genau zu planen ist. Zukünftig könnten in die Simulation auch Angaben zum Neuigkeitsgrad des Projekts (mehr Zeit), zur Teamfähigkeit der Mitglieder (weniger Konflikte, Bereitschaft zur Akzeptanz von Entscheidungen machen weniger Zeit erforderlich) oder zur erwarteten Qualität der Teamwork (weniger Zeit) einfließen. Entscheidend ist bei allen Merkmalen, dass sie sich auf Prozesszeiten oder die Anzahl von iterativen Schleifen auswirken müssen, wobei aktuell noch wenig empirische Befunde darüber vorliegen, wie die einzelnen Merkmale auf die Zeit wirken und wie sie sich in der Interaktion auf die Prozesszeiten auswirken.

Voraussetzungen für einen Erfolg dieses Ansinnens sind aber genaue Festlegungen dessen, was unter einer Innovation verstanden wird, wie ein Innovationsprozess in seinen Grundzügen zu beschreiben ist und auf welches Ergebnis dieser Prozess hinauslaufen soll. Eine Optimierung des Prozesses ist zudem nur möglich, wenn Anfang und Ende bekannt sind. Anfang und Ende sind Konstituenten des Prozesses. Ohne ein bestimmtes Ende gibt es keinen Prozess, sondern bestenfalls Verläufe von Tätigkeiten. Ohne ein Ende gibt es auch keine prozessbezogene Zeitmessung bzw. keine Aussage darüber, ob ein Prozess kürzer oder länger andauert. In der Metapher „Kurzen Prozess machen" klingt an, dass man eine Entscheidung, die erforderlich ist, um weitermachen zu können, sehr rasch und ohne viel argumentativen Aufwand herbeiführt. Vorgegebene Projektmeilensteine und eindeutige Entscheidungskriterien können hier hilfreich sein, um die Prozesszeit kurz zu halten.

Erst danach wird es möglich sein, personale und strukturelle Aspekte einzubeziehen, wie sie etwa im Diversitätsplaner benannt oder in den Untersuchungen zur Koordination herausgearbeitet wurden. In diesem Sinne wird zunächst ein Prozessmodell mit den zugrundeliegenden Tätigkeiten erstellt, das dann durch gelungene Koordination in den Prozesszeiten verkürzt bzw. unzureichende Koordination verlängert wird. Lassen sich diese Zusammenhänge stabil aufzeigen, so kann sodann der Faktor Diversität z. B. in den Ausprägungen stark und schwach einbezogen und hinsichtlich Verkürzung oder Verlängerung analysiert werden. Vorauszusetzen ist dabei, dass der Innovationstyp festliegt und auch wiederholt abgelaufen ist, damit man überhaupt zu reliablen Schätzungen der zeitlichen Aufwendungen kommen kann. Das setzt eine gewisse Routine des Innovierens voraus, die aber z. B. in FuE-Teams bei hohem Neuigkeitswert kaum gegeben ist. Viele Innovationsprojekte scheitern gerade daran, dass die vorgegebenen Zeiträume zur Findung einer Problemlösung und ersten Prototypenbildung häufig unrealistisch kurz angesetzt werden. Einzelne Elemente des Innovierens lassen sich bei neuartigen Innovationen aber kaum vorausberechnen, wodurch die aufgestellten Meilensteine dann nur die Funktion haben, Zeitpunkte der Beratung festzulegen, festzustellen, ob ein Ausufern von wenig erfolgversprechenden Aktivitäten zu unterbinden ist oder aber sich weitere Versuche in einer bestimmten Richtung lohnen. In der Praxis stellt sich die Frage, ob die Prozesse so rational und routinisiert ablaufen. Viele Projekte scheitern zwar an unzureichender Planung, viele scheitern aber auch an der Flüchtigkeit von Managemententscheidungen und der wettbewerbsbedingten geringen Ausdauer und dem damit verknüpften schwachen Commitment (Hintergrund könnte hierbei auch die Furcht sein, in die Falle eines eskalierenden Commitments hineinzulaufen, s. Staw 1976).

Die Praxis ist bunt und vielfältig und orientiert sich bei weitem nicht an Modellen. Man hat Innovationen bisher immer so gedacht, dass sie im abgeschlossenen Kontext des Unternehmens ablaufen, vielleicht auch nur im abgeschlossenen Kontext einer Abteilung. Diese Vorstellung scheint mittlerweile überholt zu sein, denn Innovation wird mehr und mehr zu einer Angelegenheit, in die auch Personen eingebunden werden, die anderen Abteilungen oder gar externen Einrichtungen angehören. Das Intranet und das Internet machen eine Bewegung hin zur Open Innovation innerhalb und außerhalb der betrieblichen Grenzen möglich. Unter diesen Bedingungen verliert der Innovationsprozess mehr und mehr an linearer Struktur, er wird weniger überschaubar und erfordert ganz andere Formen der Koordination. Von daher ist auch mit anderen Prozesszeiten zu rechnen. Hier stellt sich unter koordinativen Gesichtspunkten vor allem die Aufgabe, maximale Offenheit für Vorschläge von außen zu erzeugen. Hierin liegt vermutlich eine ähnlich schwierige Aufgabe wie in der Gestaltung der Diversität, weil Lösungsvorschläge, die von außerhalb kommen, oftmals abgewertet werden. Der sogenannte Not-invented-here-Effekt beschreibt ja auch nur eine Art der Diskriminierung, die in ihrer destruktiven Wirkung ebenfalls nur durch die Konzentration auf das gemeinsame Ziel zu vermeiden ist. Möglicherweise reicht aber auch bereits ein erhöhter Zeitdruck aus, die drohenden Konflikte um sachfremde Dinge zu umgehen.

13.4 Ein kurzes Fazit statt weitreichender Empfehlungen

Das Verbundprojekt derobino ist angetreten, einen Beitrag zur angewandten Forschung zu leisten. Es wollte wissenschaftlich fundierte Werkzeuge und Empfehlungen für die Praxis liefern, damit diese der Herausforderung der Innovationsfähigkeit im Zeitalter des demografischen Wandels effektiv begegnen kann. Diese Intention basiert auf drei Annahmesäulen, über deren Gegebensein man streiten kann:

1. **Säule**: Das Problem einer unzureichenden Innovationsfähigkeit aufgrund der Alterung der Bevölkerung. Es wird immer unterstellt, dass der demografische Wandel zu einer Alterung der Belegschaften führt und dadurch die individuelle Innovationsfähigkeit absinkt. Dies als Unterstellung zu sehen ist wichtig, denn faktisch wird dieses Problem in den Unternehmen nur selten wahrgenommen.
2. **Säule**: Die wissenschaftliche Untermauerung für diese Annahme ist gegeben. Die Wirklichkeit sieht jedoch oftmals anders aus und es finden sich nur höchst widersprüchliche Befunde. Dies hat zwei Gründe: Die Grundbegriffe der gesamten Problembeschreibung sind nicht eindeutig und variieren selbst

innerhalb ein und derselben Disziplin von Untersuchung zu Untersuchung. Es gibt keinen einheitlichen Innovationsbegriff, der Innovationsprozess bleibt weitgehend dunkel, der Begriff des Alters ist umstritten, die Defizitannahme wird häufig zurückgewiesen, der Gruppen- und Teambegriff ist umstritten und schließlich auch der Diversitätsbegriff. Die theoretischen Grundlagen sind oftmals selbst für Insider eines Faches kaum exakt zu bestimmen, geschweige denn für externe Forscher aus anderen Disziplinen. Wo die Begriffe bereits schwer zu verwenden sind, können natürlich auch keine expliziten Kausalannahmen aufgestellt und geprüft werden. Dieses Problem betrifft sodann auch die sogenannten Metaanalysen.

3. **Säule:** Die Praxis hat einen Bedarf an wissenschaftlich fundierten Werkzeugen zur Steigerung der individuellen Innovationsfähigkeit: Jedes wissenschaftlich fundierte Werkzeug lässt sich gut verkaufen, sofern es ein Praxisproblem zu lösen hilft. Dann sind solche Werkzeuge immer willkommen. Aber entscheidend bleibt die Nachfrage: Wo keine Nachfrage ist, bleibt es auch uninteressant, ob das Instrument wissenschaftlich begründet ist oder nicht. Und die Nachfrage nach unterschiedlichen Instrumenten zur Bewältigung des demografischen Wandels ist unterschiedlich ausgeprägt: Altersstruktur- und Qualifikationsstrukturanalysen sind gefragt und der Bedarf ist abgedeckt, aber die Notwendigkeit der umfassenden Schulung von älteren und jüngeren Mitarbeitern hinsichtlich einer verbesserten Zusammenarbeit wird nicht für erforderlich gehalten. Stattdessen sieht die Praxis angesichts des Fachkräftemangels einen Bedarf an Werkzeugen zur verbesserten Gestaltung von Prozessen und Strukturen und dies relativ unabhängig von allen Altersfragen der Beschäftigten.

Dem deutschen Psychologen Kurt Lewin wird gern die Aussage „Es ist nichts so praktisch wie eine gute Theorie" zugeschrieben. Dem ist zuzustimmen, allerdings müssen sich die beteiligten Forscher fragen, ob es eine gute Theorie gibt und ob wir mit der Theorie ein praktisches Problem beschreiben und verändern können. Hier stellen sich gelegentlich Zweifel ein. Diese sind mehrfach in den Einzelbeiträgen angeklungen. Begriffliche Vielfalt, Vielfalt der Ansätze und widersprüchliche Befunde erschweren belastbare Aussagen und machen jede Werkzeugentwicklung zu einem riskanten Ansinnen. Die Zweifel gelten auch für die Praxis, die weniger ein Problem mit der Alterung im Prozessualen oder Inhaltlichen hat, als vielmehr damit, für ältere Mitarbeiter einen adäquaten Ersatz zu finden. Das Alterungsproblem ist ein vornehmlich quantitatives Problem: Findet man genügend Fachkräfte? Es geht nicht darum, Ältere auf ihre Qualitäten hin zu prüfen und nachzuschulen. Ältere müssen irgendwann ersetzt werden. Und die Wahrscheinlichkeit wächst, dass dieser Ersatz nur schwer zu rekrutieren ist.

Zudem stehen im Innovationskontext eigentlich nicht Aspekte der Person im Zentrum, sondern Aspekte der vorhandenen Strukturen. Wo förderliche Strukturen gegeben sind und wo Innovationsprozesse gut gestaltet und koordiniert werden, wird es Innovation geben. Gute Strukturen können personelle Defizite ausgleichen, das gilt für alle Beschäftigten und alle Führungskräfte. Und wo Prozesse gut dokumentiert sind, ist auch das Transferproblem von Alt nach Jung kaum relevant. Was in vielen Unternehmen fehlt, sind gut dokumentierte Prozesse und gut gestaltete Strukturen. Dieses Defizit fällt unter dem Druck des demografischen Wandels verstärkt auf. Das Simulationswerkzeug ist daher wichtig, um sich über Prozesse und Verfügbarkeiten von Fachkräften Klarheit zu verschaffen. Das gleiche gilt auch für den Diversitätsplaner, der ein Nachdenken über Teamstrukturen und Teamzusammensetzungen auslöst, aber eben auch aufzeigt, an welchen Stellen es zu Personalengpässen kommt, die kaum mehr die gewünschte Diversität zulassen. Auch die Personal- und Organisationsentwicklung setzt nicht an Personen, sondern an Prozessen an, die zwar von Personen gestaltet werden, aber auch diese Personen stehen in Interaktion mit Team- und Ablauflaufstrukturen. Personen oder Mitglieder allein sind wenig interessant, wichtig ist immer die Verknüpfung von Struktur, Prozess und Qualifikation. Das abgelaufene Projekt gibt Anlass, über diese Verknüpfungen und angemessene methodische Vorgehensweisen weiter nachzudenken.

Literatur

Baltes, P. B., & Baltes, M. M. (1990). Psychological perspectives on successful aging: The model of selective optimization with compensation. In P. B. Baltes & M. M. Baltes (Hrsg.), *Successful aging: Perspectives from the behavioral sciences*. Cambridge: Cambridge University Press.

Birren, J. E., & Schaie, K. W. (Hrsg.). (2001). *Handbook of the psychology of aging*. San Diego: Academic.

Börner, K., Scherf, C., Leitner-Mai, B., & Spanner-Ulmer, B. (2013). Field study of age-critical assembly processes in the automotive industry. In C. M. Schlick, E. Frieling, & J. Wegge (Hrsg.), *Age-differentiated work systems* (S. 347–368). Heidelberg: Springer.

Britzke, B. (Hrsg.). (2010). *MTM in einer globalisierten Wirtschaft*. München: FinanzBuch Verlag.

Bruder, R. & Schaub, K. (2010). Ergonomie und MTM. In B. Britzke (Hrsg.), *MTM in einer globalisierten Wirtschaft* (S. 91–98). München: FinanzBuch Verlag.

Carson, J. B., Tesluk, P. E., & Marrone, J. A. (2007). Shared leadership in teams: An investigation of antecedent conditions and performance. *Academy of Management Review, 50,* 1217–1234.

Coleman, J. S. (1990). *Foundations of social theory*. Cambridge: Harvard University Press.

Finke, P. (2014). *Citizen science. Das unterschätzte Wissen der Laien*. München: oekom.

Hauschildt, J. & Salomo, S. (2011). *Innovationsmanagement*. München: Vahlen.

Hoegl, M. & Gemuenden, H. G. (2001). Teamwork quality and the success of innovative projects: A theoretical concept and empirical evidence. *Organisation Science, 12*, 435–449.

Janis, I. (1972). *Victims of groupthink: A psychological study of foreign-policy decisions and fiascoes*. Oxford: Houghton Miffin.

Kline, S. J. & Rosenberg, N. (1986). An overview of innovation. In R. Landau & N. Rosenberg (Hrsg.), *The positive sum strategy* (S. 275–305). Washington, DC: The National Academic Press.

Landau, K. (2013). *Mehr Tun Müssen? 100 Jahre Produktivitätsmanagement*. Stuttgart: ergonomia.

Popitz, H. (1997). *Wege der Kreativität*. Tübingen: Mohr Siebeck.

Rump, J. & Walter, N. (2013). *Arbeitswelt 2030*. Stuttgart: Schäffer-Poeschel.

Schlick, C., Vetter, S., Bützler, J., Jochems, N., & Mütze-Niewöhner, S. (2013). Ergonomic design of human-computer interfaces for aging users. In C. M. Schlick, E. Frieling, & J. Wegge (Hrsg.), *Age-differentiated work systems* (S. 347–368). Heidelberg: Springer.

Staw, B. M. (1976). Knee-deep in the big muddy: A study of escalating commitment to a chosen course of action. *Organizational Behavior and Human Performance, 16*, 27–44.

Sternberg, R. J., Lubart, T. I., Kaufman, J. C., & Pretz, J. E. (2005). Creativity. In K. J. Holyoak & R. G. Morrison (Hrsg.), *The Cambridge handbook of thinking and reasoning* (S. 351–369). New York: Cambridge University Press.

Swann, W. B., Jr., Polzer, J., Seyle, D. C., & Ko, S. J. (2004). Finding value in diversity: Verification of personal and social self-views in diverse groups. *Academy of Management Review, 29,* 9–27.

TKK. (2013). *Gesundheitsreport 2013*. Hamburg: Techniker Krankenkasse.

Trott, P. (2002). *Innovation management and new product development*. London: Prentice Hall.

Wegge, J., Schmidt, K.-H., Liebermann, S., & van Knippenberg, D. (2011). Jung und Alt in einem Team? Altersgemischte Teamarbeit erfordert Wertschätzung von Altersdiversität. In P. Gellèri & C. Winter (Hrsg.), *Potentiale der Personalpsychologie. Einfluss personaldiagnostischer Maßnahmen auf die Berufs- und Unternehmenserfolg* (S. 35–46). Göttingen: Hogrefe.

Zimbardo, P. G. (2007). *The lucifer effect: Understanding how people turn evil*. New York: Random House.

Prof. Dr. Manfred Bornewasser leitet die Abteilung für Arbeits- und Organisationspsychologie am Institut für Psychologie der Universität Greifswald. Seine Forschungsschwerpunkte liegen im Bereich der angewandten Personal- und Organisationsentwicklung, hier insbesondere der Prozessgestaltung. Er ist Leiter verschiedener BMBF-geförderter Projekte. Im Projekt derobino beschäftigt er sich intensiv mit Problemen der Teamdiversität und deren Auswirkungen auf die Innovativität, im Projekt Pikoma mit Problemen der Prozessgestaltung und Kompetenzentwicklung in Wirtschaft und Verwaltung. Im Kontext des Projekts Service4Health setzt er sich in Kooperation mit dem Fraunhofer IAO in Stuttgart mit Fragen der Produktivität von Dienstleistungsarbeit im Bereich von Anästhesie und OP von Krankenhäusern auseinander.

Prof. Dr.-Ing. Dipl.-Wirt.-Ing. Christopher M. Schlick absolvierte ein Simultanstudium der Automatisierungstechnik und Wirtschaftswissenschaften an der TU Berlin. 1992 und 1993 arbeitete er als Projektingenieur in der Industrie. 1994 startete er seine Laufbahn als wissenschaftlicher Mitarbeiter am Institut für Arbeitswissenschaft der RWTH Aachen. Als Oberingenieur promovierte er 1999 an der Fakultät für Maschinenwesen der RWTH Aachen zum Dr.-Ing., wo er sich 2004 auch habilitierte. Ab dem Jahr 2000 leitete er die Abteilung Ergonomie und Führungssysteme bei der Forschungsgesellschaft für Angewandte Naturwissenschaften, bis er 2004 an die RWTH Aachen berufen wurde. Als Direktor des Instituts für Arbeitswissenschaft der RWTH Aachen verantwortet er seither zahlreiche Forschungsvorhaben auf den Gebieten der Arbeits- und Prozessorganisation, der Ergonomie sowie der Gestaltung von Mensch-Maschine-Systemen. Zudem ist er seit April 2005 Mitglied der Institutsleitung des Fraunhofer-Instituts für Kommunikation, Informationsverarbeitung und Ergonomie.

Prof. Dr. Ricarda Bouncken, geboren 1969, studierte nach ihrer Berufsausbildung zur Bankkauffrau Betriebswirtschaftslehre an der Universität Hamburg. Nach Abschluss des Studiums arbeitete sie 1995/96 als wissenschaftliche Angestellte an der Universität der Bundeswehr Hamburg am „Institut für Marketing". 1996 wechselte sie an die Universität St. Gallen, wo sie als wissenschaftliche Mitarbeiterin am „Institut für Betriebswirtschaftslehre" im Jahr 1997 promovierte. Nach einer Projektmitarbeit am „Lehrstuhl Strategisches Management und Tourismusmanagement" an der Universität Lüneburg trat sie dort 1998 eine Stelle als wissenschaftliche Assistentin am „Lehrstuhl für Entscheidung und Organisation" an. Hier habilitierte sie im WS 2001/02. Im Jahr 2002/03 hatte sie eine Vertretungsprofessur des Lehrstuhls „Allgemeine Betriebswirtschaftslehre und Personal- und Organisationsökonomie" an der Universität Greifswald inne. Nach einem Ruf an die Brandenburgisch Technische Universität (Cottbus) übernahm sie dort von 2003 bis 2004 den Lehrstuhl für „Allgemeine BWL und Besondere der Planung und des Innovationsmanagements". Von 2004 bis 2009 war sie Lehrstuhlinhaberin des Lehrstuhls für „ABWL und Organisation, Personal sowie Innovationsökonomie" an der Ernst-Moritz-Arndt-Universität Greifswald. Im Jahr 2009 erhielt sie einen Ruf an die Universität Bayreuth und leitet seither den Lehrstuhl für „Strategisches Management und Organisation". Zu ihren Forschungsschwerpunkten zählen die Strategie und Organisation von Innovationsprozessen in und zwischen Unternehmen, die Gestaltung, Führung und Strategie von horizontalen und vertikalen Unternehmenskooperationen und die Organisation von internationalen Unternehmen, insbesondere die Handhabung von interkulturellen Diversitäten.

MIX
Papier aus verantwortungsvollen Quellen
Paper from responsible sources
FSC® C105338

If you have any concerns about our products,
you can contact us on
ProductSafety@springernature.com

In case Publisher is established outside the EU,
the EU authorized representative is:
**Springer Nature Customer Service Center GmbH
Europaplatz 3, 69115 Heidelberg, Germany**

Printed by Libri Plureos GmbH
in Hamburg, Germany